國際貿易原理與政策

王騰坤博士　著

三民書局

國家圖書館出版品預行編目資料

國際貿易原理與政策／王騰坤著. －－初版一刷. －
－臺北市：三民，2005
　　面；　　公分
　　ISBN 957–14–4152–X　（平裝）

　1. 貿易

558　　　　　　　　　　　　　　　　　94001386

網路書店位址　http : // www. sanmin. com. tw

© **國際貿易原理與政策**

著作人　王騰坤
發行人　劉振強
著作財　三民書局股份有限公司
產權人　臺北市復興北路386號
發行所　三民書局股份有限公司
　　　　地址／臺北市復興北路386號
　　　　電話／(02)25006600
　　　　郵撥／0009998–5
印刷所　三民書局股份有限公司
門市部　復北店／臺北市復興北路386號
　　　　重南店／臺北市重慶南路一段61號
初版一刷　2005年9月
編　　號　S 552130
基本定價　拾參元陸角
行政院新聞局登記證局版臺業字第○二○○號

ISBN　957–14–4152–X　（平裝）

代　序

　　隨著全球化時代的到來，整個世界成為一個龐大的經濟體。各國在這個體系當中，扮演著分工的角色；彼此之間也進行跨國貨品、資金、人力與人才等各方面的流通及交易。近年來，更是積極降低或消除國家間商品與服務相關貿易的障礙，簽定兩國或是多國之間相互合作的協定，走向區域經濟整合 (regional economic integration)。因此國際分工、區域經濟與國際經貿組織等，一直是近幾年來相當熱門的研究議題。此外，我國自從加入世界貿易組織 (World Trade Organization, WTO)，對因應入世後與國貿相關之政經議題也愈來愈受到重視。這次王騰坤老師所出版的國際貿易專書中，對這些熱門的研究議題也多所著墨，確為該領域有所貢獻，本人應邀寫序，實感榮幸。

　　該書主要分成三大部分，依序是貿易理論、貿易政策、與經貿組織。在探討第一部份的貿易理論之前，首先告知讀者如何使用此書的七大步驟，並將書中內容與學習標的做適當的連結。由此，讀者能大略理出一個全盤的架構，益於其後細部的瞭解與吸收，以收學習的最大成效，此為本書別出心裁的特色之一。

　　由於貿易理論的探討須有經濟理論基礎，以及經濟分析技能；有鑑於此，作者即先針對理論部分所需的經濟分析工具加以講解說明。這對於經濟專業知識較不足的讀者而言，在學習了一些經濟學的基礎後，進入國貿領域後將更加得心應手。再者，作者更以圖表分析作為輔助，希冀透過圖表來幫助讀者瞭解理論模型之內涵；且不時以不同的字體強調一些重要的國貿概念，讓讀者更能加深印象、強化學習效果。尤其，本書在理論說明之後適時的列舉一些高普考及特考的試題，除了可讓讀者知道重點所在外，更可明瞭國家考試的題型，可謂相當的用心貼切。

　　對於我國而言，國際間的貿易至為重要；而我國也在 2002 年 1 月 1 日正式加入 WTO，成為第 144 個會員國。入會後，我國的經濟必更加充分展現國際分工的特色、發揮專業生產的利益；與會員國間的產業內貿易 (intra-industry trade) 也愈趨熱絡。因此，相較於早期的國貿書籍僅止於名詞之定義或簡介，作者特別將產業內貿易的相關理論以專章（第八章）的方式來詳加探討，以彰顯其重要性。此外，在以本土化為訴求的今日，介紹我國國際貿易經驗的書籍，尤為重要。作者在書中多處以臺灣為例來說明或印證理論，例如：在現今兩岸互動頻繁的情況下（由臺商到大陸設廠至近日的農產品零關稅政策等），本書也特別分析我國與大陸貿易現況。隨著時間的轉

移，這部分的探討勢必益形重要；這也是本書的特色之一。另外，有關我國國際產業競爭力的探討，以及加入 WTO 對我國的影響及因應之道等議題，書中皆有十分精闢的分析。

因為國貿與政治密不可分，故本書以相當多的篇幅來探究貿易政策，顯示作者對於國貿政經面分析的重視。回顧 90 年代發生的波斯灣戰爭，致使國際石油短產；油價的高漲與世界景氣衰退、各國國際貿易量頓減的現象不無相關。再者，前不久的美國出兵伊拉克，其背後原因與石油的進出口貿易也大有關聯，結果造成中東地區的政局不穩也連帶影響到該地區的經濟成長。易言之，國際政治上的紛擾不安，對貿易發展而言，是一項很大的阻力。因此，在研習國貿時，對於國際政經情勢亦需有所認識。由於作者對於政治經濟學一向多所重視，所以在第二部分的貿易政策中，處處可見政經的整合分析；其中特別在第十三章以專章來介紹國際政治經濟學，協助讀者以不同的角度來分析國際貿易的現象，更是本書的一大特色。

最後一部分是國際經貿組織的介紹。從早期的關稅暨貿易總協定 (General Agreement on Tariffs and Trade, GATT) 到今日的 WTO 之貿易規範與架構，以及會員國間貿易爭端的解決機制等，書中皆有詳盡的說明。各國政府常藉由補貼 (subsidy) 國內產業或是廠商以傾銷 (dumping) 的方式來提升國內產業對外貿易的競爭力，造成國家之間的不對等交易。因此，對於這些違反公平交易的國家，得以透過 WTO 的爭端解決小組（Dispute Settlement Body, DSB）來裁決。例如：會員國若對該國出口產業有補貼的情形時，進口國可因其國內競爭產業嚴重受損而向 DSB 申請仲裁，獲准後得加課同於補貼額的平衡稅 (countervailing duty)；以及為抵制出口國產品的傾銷而可採取反傾銷措施 (antidumping measures) 等貿易救濟的措施，皆可經由閱讀本書而有所瞭解。作者更在附錄中將我國歷年反傾銷案件的處理情形加以整理，讓讀者對於政府之經貿政策的執行結果有更深入的認識。

區域經濟整合是當今最重要的國際趨勢，目前在 WTO 架構認可的自由貿易區（free trade area, FTA）就超過 250 個，洽簽中的也高達七十多個。其中最受矚目者，莫過於三大經濟區塊的成形，包括歐盟朝東擴的整合理想邁進，東協（東南亞十國）FTA 外延而分別與中、日、韓、印度等國達成 FTA 的初步架構也儼然成局；以及即將成立的美洲自由貿易區（北美自由貿易區的繼續南向延伸，涵蓋整個美洲範圍）。作者因此特別於書中的第十五章對這些區域組織詳加介紹，讓讀者能對國際間區域經濟整合的情勢有深層的認識。

理論與實務間的隔閡，是許多學生的學習落差，以致學習興趣低落。其實，無法將理論應用於實務的重要癥結在於，對於現實中所發生的現象不知道該字何種角

度來思考。所以，作者於書中也特別以一些個案研究，幫助讀者將理論與實務結合起來。藉由實際個案的說明與應用，再以引導的方式讓讀者思索回答問題，以訓練讀者的思考能力，希冀能學以致用。

　　王騰坤老師目前執教於國立中正大學經濟學系暨國際經濟學研究所，同時也擔任國立成功大學政治經濟學研究所的兼任教師。王老師不但在國貿實務方面有相當豐富的經驗，且有多篇著作被刊登於採取「雙盲評審 (double-blind referee process)」制度的國內外知名期刊中，可見其於該領域有相當廣泛及深入的研究。在認識王老師的數年間，對其從事研究工作之勤勉與努力，本人深表肯定。關於國貿的理論及實務面，在此《國際貿易原理與政策》書中，皆有十分詳盡的解析。無論是在取材或是在內容講解，均益於讀者對國際貿易理論與政策有清楚的認識與運用。對許多熱門國貿議題進行深入的探討與解析（如：國際組織、區域經濟整合、我國與中國大陸的貿易狀況、產業內貿易及國際分工等），對有心研習國際貿易在我國經濟發展的重要性的讀者而言，本書也是相當值得參考的書籍。

謝文真　謹誌

自 序

　　在浩瀚的經濟理論與分析領域裡所涉及的科學技術，往往著重其知識的創新與演變，而國際貿易所探討的，就是來自這源源不絕的研究發現。國際貿易理論與政策及國際金融與匯兌分屬於國際經濟學的兩大分類，前者屬於長期理論，是以商品貿易或勞動、資本等生產要素所產生的實質面問題；而後者較重視短期的探討，著重於貨幣因素對國際交易之經貿活動影響。而本書主要內容為對國際貿易問題之探討，其可分為貿易理論、政策與經貿組織三大部分。

　　筆者在教導這堂課時，有鑑於學子深感對此經貿理論之艱深，在解析過程中多會遇到繁複的數學推理，再加上以圖解說明，似乎頗感不易。因此，運用自身學習與授課之經驗，以深入淺出的剖析方式編撰此書，以供大專院校莘莘學子學習與自修之用，也可作為研究所相關課程的入門書。本書結合中、西方在國際貿易教科書之優點，汰粕存菁，使用基本數理推演及圖解為工具，將抽象的國貿理論，辨明為具體的概念，並加以運用來分析相關經貿問題。

　　本書內容可歸納為三大篇，共十六章。第壹篇為國際貿易理論構面，包含第一章導論在內，共分為八章，第二至三章在建立讀者經貿理論之分析技巧，從基本的個體經濟分析出發來與國貿理論相結合。第四、五章討論古典貿易理論與新古典要素稟賦模型。第六章說明當特殊的要素稟賦發生時，如何在要素報酬間如何與國貿四大定理相互結合。第七至第八章，分析國際貿易對經濟成長與國際分工的均衡關係，並討論產業內貿易現象。第貳篇為國際貿易政策構面，第九、十章說明關稅與非關稅政策，而第十一、十二章為國際貿易政策在市場不完全之下經濟交互作用之剖析，第十三章則以政治經濟學之角度切入探討對國際貿易策略之影響。第參篇為國際經貿組織構面，第十四、十五章為介紹全球性與區域性之經貿組織；而第十六章專門深入對相關國際貿易規範來討論，來增加本書新穎性，力求理論與事實兼顧。

　　本書在各章均附有相關高普考題目的隨堂測驗、老師叮嚀與個案討論，來幫助讀者的思考與演練。最後要感謝國立中正大學國經系所之同仁與同學的協助還有家人與好友的適時鼓勵與關懷，同時感謝中華經濟研究院院長陳添枝博士給予建議，以及國立成功大學謝文真教授為本書作序，使得本書得以順利完成。雖盡心成書，但難免有遺珠之處，歡迎先進給予指正與建議。

王騰坤　謹誌

本書使用方式

主要內容

安排用意

導論
基本個體經濟分析
提供曲線與貿易利得

基本功訓練：工欲善其事必先利其器，本部分乃國貿理論分析基礎工具，不可不知。

古典貿易理論
現代國際貿易理論
特定要素模型
經濟成長與國際貿易
產業內貿易理論

古往今來論貿易：介紹最重要的各項貿易理論。貿易理論經由學者不斷激盪，累積經驗至今，在此強調讀者必須要學習到國際貿易模型的建立，還有國際經貿互動之分析，模型分析的前提假設一定要注意。

國際貿易政策之探討
關稅與經濟福利影響之探討
非關稅貿易障礙
不完全競爭與策略性貿易政策
國際政治經濟學

貿易決策大影響：由貿易理論衍生應用的各項貿易政策，將左右政治經濟的各項發展。讀者要學會分析各項政策的影響，知道政策的形成不是沒有來由，小小調整會有大大影響。

關稅暨貿易總協定與世界貿易組織
區域經濟整合與貿易合作協定
國際經貿糾紛機制之探討

貿易世界觀：本部分要讓讀者體會到全球貿易的各項重要組織，在在影響到世界經貿，本書在此收納了最完整的介紹，省下讀者自行收集資料的功夫，提供最完整的經貿組織介紹及重要議題探討。

打開學習知識庫

為您設計的學習步驟

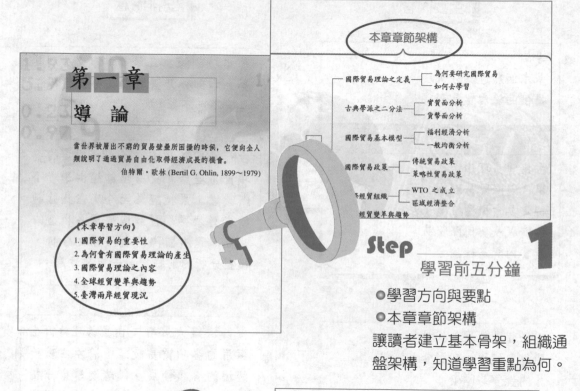

第一章

導　論

當世界被層出不窮的貿易壁壘所困擾的時候，它便向全人類說明了通過貿易自由化取得經濟成長的機會。

伯特爾·歐林 (Bertil G. Ohlin, 1899～1979)

《本章學習方向》
1. 國際貿易的重要性
2. 為何會有國際貿易理論的產生
3. 國際貿易理論之內容
4. 全球經貿變革與趨勢
5. 臺灣兩岸經貿現況

本章章節架構

國際貿易理論之定義 —— 為何要研究國際貿易／如何去學習

古典學派之二分法 —— 實質面分析／貨幣面分析

國際貿易基本模型 —— 福利經濟分析／一般均衡分析

國際貿易政策 —— 傳統貿易政策／策略性貿易政策

國際經貿組織 —— WTO 之成立／區域經濟整合

經貿變革與趨勢

Step 1
學習前五分鐘

● 學習方向與要點
● 本章章節架構

讓讀者建立基本骨架，組織通盤架構，知道學習重點為何。

Step 2
正文暖身操

● 前言

以簡單的介紹幫助讀者瞭解基本背景。

前言

二次世界大戰後，國際經濟體系間各國相互依存的趨勢不斷增加，⋯彼此影響的競合遊戲當中，日益突出新的觀點，並對國際貿易理論⋯之前所探討在李嘉圖模型中透過比較利益，各國可以進行專業化⋯的經濟成長。由於前面幾章所探討的只侷限在國際貿易的靜態分析⋯⋯，要素稟賦會變動，技術會改變，經濟會成長，因此，貿易型態⋯以本章將著重在上述原因對國際貿易之相互影響，進行動態分析。⋯先我們會先探討經濟成長發生的原因，進而對國際貿易發生之影響進⋯

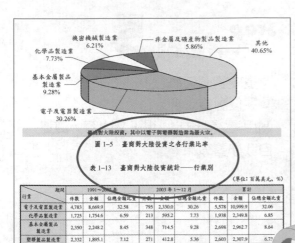

圖 1-5　臺商對大陸投資之各行業比率

表 1-13　臺商對大陸投資統計——行業別

（單位：百萬美元，%）

行業	期間 1991~2002年			2003年1~12月			累計		
	件數	金額	佔總金額比重	件數	金額	佔總金額比重	件數	金額	佔總金額比重
電子及電器製造業	4,783	8,669.9	32.58	795	2,330.0	30.26	5,578	10,999.9	32.06
化學品製造業	1,725	1,754.6	6.59	213	595.2	7.73	1,938	2,349.8	6.85
基本金屬製品製造業	2,350	2,248.2	8.45	348	714.5	9.28	2,698	2,962.7	8.64
塑膠製品製造業	2,332	1,895.1	7.12	271	412.8	5.36	2,603	2,307.9	6.73
食品及飲料製造業	2,328	1,491.3	5.60	105	353.1	4.59	2,433	1,844.3	5.37
紡織業	1,068	976.9	3.67	87	321.2	4.17	1,155	1,298.1	3.78
非金屬及礦產物製品製造業	1,267	1,271.8	4.78	121	451.4	5.86	1,388	1,723.2	5.02
運輸工具製造業	836	1,000.0	3.76	158	321.0	4.17	994	1,320.9	3.85
機械製造業	1,006	875.8	3.29	208	281.6	3.66	1,214	1,157.4	3.37
精密機械製造業	2,506	1,416.1	5.32	381	478.2	6.21	2,887	1,894.3	5.52
農林及漁牧業	474	167.9	0.63	54	37.3	0.48	528	205.2	0.60
服務業	1,326	875.8	3.29	302	287.8	3.74	1,628	1,163.6	3.39
其他產業	5,275	3,966.5	14.91	832	1,114.8	14.48	6,107	5,081.3	14.81
合計	27,276	26,609.8	100.00	3,875	7,698.8	100.00	31,151	34,308.6	100.00

註：1. 依據「兩岸人民關係條例」第三十五條規定，赴大陸投資廠商補辦許可登記者已列入此一統計。
　　2. 細項數字不等於合計數係因數字四捨五入之故。

資料來源：中華民國經濟部投資審議委員會。

個案研究

豐田汽車對保護主義壓力的回應

1960 年代以前，日本豐田汽車還是一個微不足道的汽車公司，但隨著其不斷的研發、努力，從 1950 年僅生產 11,700 輛汽車，到 1970 年生產 160 萬輛以及 1990 年為 412 萬輛，在成長過程當中讓豐田汽車成為世界第三大汽車公司和最大的汽車出口商。大多數經濟分析家認為，豐田汽車因世界經濟發展而兩產業豐厚的利潤大大成為公司的製造和設計技術，不僅成為世界上最具生產力而且成為不斷生產最高品質和設計的汽車公司。

由於豐田汽車一直從事汽車生產與出口；然而，到 1980 年代初期，在美國和歐洲的政治干預與國產化的要求與壓力，迫使豐田不得不重新思考它的出口策略。1981 年豐田汽車同意對美實行「自動出口限制」，結果讓豐田汽車在 1981~1984 年間的出口呈現停滯成長，故在 1980 年代初期，其開始設為其海外建立製造與業務的基地。

豐田汽車第一家海外生產廠是 1983 年 2 月 5 日與美國通用汽車公司各出資 50% 的合資金額，命名為新聯合汽車製造公司，廠址在加州的佛里蒙德，並在 1984 年 12 月開始為通用生產雪佛萊車，佛萊當德廠的最大生產能力為一年製造約 25 萬輛。

隨堂測驗

(1)何謂經濟利潤？何謂會計利潤？何謂正常利潤？以機會成本去考慮如何？

(2)好吃水餃店的水餃真材實料，老闆說他沒賺什麼錢，只是賺一點工資而已。他的話有無矛盾？他所說的沒有賺錢的「賺」和賺一點工資指什麼「利潤」？（91 年特考）

3. 現代國際貿易理論

新古典學派如同古典學派未解釋兩國生產之機會成本為何會不同

Step 3

正文學習

●圖表說明
清楚圖說幫助記憶。

●重點套色
快速掌握重點。

四、自動進口擴張

自動進口擴張 (Voluntary Import Expansion, VIE) 是與自動出口前貿易政策措施，其是一種擴張而非限制貿易的方法，即進口國要求出口占進口國市場的某一比例時。國際間會施行此措施的國家，大多或當貿易收支失衡的時候才進行。例如，美國在 90 年代為了對於其半導體在日本市場的占有率要求達到 20%，其不僅可的技術提升，也可以減少美日間貿易的逆差，不啻為一項妥

個案研究

豐田汽車對保護主義壓力的回應

Step 4

正文學習小幫手

●個案研討
不定期穿插個案小故事，轉換學習心情，腦力激盪。

●老師叮嚀
包含名詞複習、小知識補充、記憶祕訣。

●隨堂測驗
擷選高普考題，同時提醒讀者該單元是出題重點。

老師叮嚀

貨幣面紗指的是當經濟行為受到名目價格而非實質價格影響時，因造成大眾經濟行為的改變，也就是消費大眾無法認清因貨幣的供需波法確實反應真實的經濟活動。

2. 新古典學派國際貿易理論

哈樂得 (G. Haberler) 針對李嘉圖 (D. Ricardo) 之勞動價值說，說明兩國間之所以存在貿易現象，是以機會成本的觀點來看機會成本較小的商品，而相對進口其機會成本較大者。

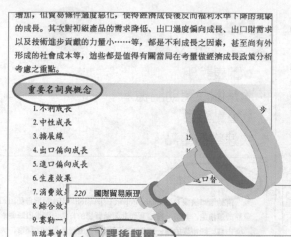

增加，但貿易條件過度惡化，使得經濟成長後反而福利水準下降的現象的成長。其次對初級產品的需求降低、出口過度偏向成長、出口財需求以及技術進步貢獻的力量小……等，都是不利成長之因素，甚至尚有外形成的社會成本等，這些都是值得有關當局在考量做經濟成長政策分析考慮之重點。

重要名詞與概念

1. 不利成長
2. 中性成長
3. 擴展線
4. 出口偏向成長
5. 進口偏向成長
6. 生產效果
7. 消費效果
8. 綜合效果
9. 麥勒一
10. 瑞畢曾
11. 中性技術

220 國際貿易原理

課後評量

1. 請探討經濟成長所發生的原因？
2. 何謂「中性成長」、「出口偏向成長」、「
3. 在生產效果的經濟成長中，如何判定其定理說明之。
4. 在要素稟賦充分就業的情形之下，如何品的生產水準。
5. 請分析說明當兩種生產要素增加對兩種

附錄　馬婁條件 (Marshall-Lerner Condition) 之證明

國際收支帳根據國際貨幣基金 (IMF) 之規範等於經常帳、資本帳與金融帳之加總，但在彈性分析法中，我們往往忽略資本帳與金融帳，因為國際收支帳的大宗來自於進出口，所以國際收支帳事實上等於經常帳之收支餘額，也就是出口總額 $(P_X X)$ 與進口總額 $(eP_Y Y)$ 之差額，故以 (2A–1) 式表示

$$BOP = P_X X - eP_Y Y \qquad (2A\text{--}1)$$

BOP: 以本國貨幣表示之國際收支帳　　　　P_X: 出口財價格

X: 出口量　　　　　　　　　　　　　　e: 名目匯率

P_Y: 進口財價格　　　　　　　　　　　　Y: 進口量

為名目匯率為兩國對同一商品的物價比值，故名目匯率改為國際收支之條件為 0，在貿易收支均衡時 $P_X X = eP_Y Y$，故

$$\frac{dBOP}{de} = \frac{d(P_X X - eP_Y Y)}{de} = P_X \frac{dX}{de} - P_Y Y \frac{de}{de} - eP_Y \frac{dY}{de}$$

第一章

導　論

當世界被層出不窮的貿易壁壘所困擾的時候，它促向全人類說明了通過貿易自由化取得經濟成長的機會。

伯特爾‧歐林 (Bertil G. Ohlin, 1899～1979)

Step 5
複習檢視

● 重要名詞與概念
● 課後評量
利用這2單元，回想正文內容，評量自我學習效果。

Step 6
更進一步

● 附錄
想要更巨細靡遺的瞭解理論源頭，請看附錄安排的高階數理推導分析，讓讀者更上一層樓。
● 名人輕鬆說
章扉頁有國貿名人觀點。

Step 7
自己動腦時間

回到本章章節架構，回想本章學習到了什麼，形成讀者自己的架構圖。

國際貿易原理與政策

目次

第六章　特定要素模型

第七章　經濟成長與國際貿易

第八章　產業內貿易理論

第貳篇　貿易政策構面

第一章

導 論

當世界被層出不窮的貿易壁壘所困擾的時候，它便向全人類說明了通過貿易自由化取得經濟成長的機會。

伯特爾・歐林 (Bertil G. Ohlin, 1899～1979)

《本章學習方向》
1. 國際貿易的重要性
2. 為何會有國際貿易理論的產生
3. 國際貿易理論之內容
4. 全球經貿變革與趨勢
5. 我國兩岸經貿現況

本章章節架構

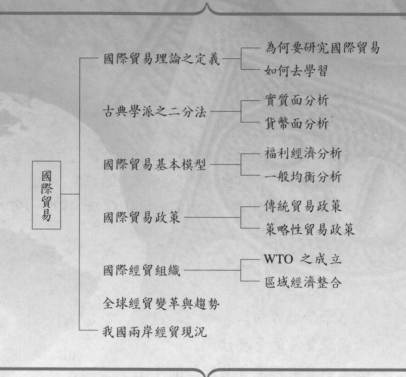

- 國際貿易
  - 國際貿易理論之定義
    - 為何要研究國際貿易
    - 如何去學習
  - 古典學派之二分法
    - 實質面分析
    - 貨幣面分析
  - 國際貿易基本模型
    - 福利經濟分析
    - 一般均衡分析
  - 國際貿易政策
    - 傳統貿易政策
    - 策略性貿易政策
  - 國際經貿組織
    - WTO 之成立
    - 區域經濟整合
  - 全球經貿變革與趨勢
  - 我國兩岸經貿現況

前 言

　　國際經濟學可分為以個體經濟學 (Microeconomics) 所運用分析的國際貿易理論，及以總體經濟學 (Macroeconomics) 所延伸探討的國際金融理論，兩者共同來探討國際間經貿活動的交互關係及影響。本書主要著重在國際貿易理論的探討，同時加以應用並對政府貿易政策進行分析，之後融入在國際經貿組織內，來對相關貿易運作予以規範。國際貿易理論可定義成：一國與另一交易對手國間所發生的商品及勞務等的抵換 (Trade-off) 行為，並以經常性交易為主要對象之理論研究；另外部分學者，則有不同定義：如 Caves, Frankel-Jones (1996)，定義其為國際交換 (International Exchange) 所造成的結果並以經濟分析角度切入探討；而 Krugman-Obstfeld (1994) 則著重於經濟互動 (Economic Interaction) 所產生國與國之間福利變動的問題。

第一節　國際貿易之定義

一、國際貿易的重要性

　　國際貿易泛指國與國之間商品和勞務的交易。其與國內貿易的主要不同在於使用不同的語言、文字、貨幣，且各國法律及風俗習慣也互不相同，而買賣雙方在交易過程中所遭遇的困難及其所冒的風險也相較於國內貿易為多，且交易過程及處理手續也較複雜多變。

　　隨著國民所得的增加以及商品的國際專業化分工，我們可以看到在臺北街頭，年輕族群在星巴克 (Starbucks) 喝著由南美洲進口咖啡豆所研磨的摩卡咖啡，女性手中提著法國時尚品牌路易威登 (Louis Vuitton) 的都會手提包，上班族在微雨之中穿著英國巴寶莉 (Burberry) 大衣，繁忙的馬路上充斥著日本豐田 (Toyota) 汽車等，在我們日常生活中充斥著國外製造的進口商品，國與國彼此之間的貿易依存度也愈來愈高；因此，國際貿易在提升我們生活水準中扮演一個相當重要的關鍵角色。

老師叮嚀

　　貿易依存度：係指一國的經濟對於對外貿易的依賴程度。貿易依存度通常以一定時點的貿易總額占國民所得 (National Income) 或國民生產毛額 (GNP) 的比率表示。貿易依存度又稱為貿易比率，可細分為輸入依存度及輸出依存度。

　　在今日的高度文明世界裡，沒有一個國家會再採取鎖國政策，也沒有一國的經濟是屬於完全的自給自足 (Autarky)。透過國際貿易的運作，各國會朝向專業化生產其具有比較利益之商品且出口之，用以交換其不具比較利益之進口品；因此，透過國際間的專業化分工，使消費者能有更多選擇去消費多樣化商品。

　　從李嘉圖 (D. Ricardo) 以來，由於生產要素不能隨便越離國境（如人員不可隨便至他國工作），但是商品卻可以跨越國界來銷售，藉由商品的自由移動來取代生產要素的國際流動。當然國際貿易對不同國家的重要程度不一樣，例如，小國（如臺灣、新加坡等）因資源缺乏、市場狹小，所以對貿易的依賴程度就較高；反觀大國（如美國、加拿大等），因資源豐富、市場廣大，對貿易的依賴程度就較低。國際貿易與國內貿易的主要差異茲整理如下：

⑴國際間生產要素（像土地、資本、勞動等）之移動相較於商品移動來得困難。

⑵各國之生產條件、技術能力、地理環境皆不太相同，造成生產成本之差異。

⑶資源稟賦的不同，專業化生產的商品也就不一樣。

⑷消費型態的不一致，對各國商品市場的供需情況也就不相同。

⑸所採取的政經制度、工商業條件在各國之間也不一定相同。

　　由以上幾點可知，國際貿易所扮演的重要性角色也就與日俱增，一國或多或少都與外國有商品與勞務間之往來；因此，自由貿易就理論上而言，皆會提高貿易國之福利水準。

 隨堂測驗

國際貿易為何會產生？貿易進行之後對於參與貿易的國家而言有何好處？與工業化國家進行貿易，對於擁有眾多廉價勞工的開發中國家而言是否是一種剝削？（請於唸完本書之後再次思考）（89 年高考）

二、國際貿易理論模型的探討

一般國際貿易理論所探討的問題，可分為兩大類：第一為「貿易的基礎分析」(Basic Analysis of Trade)，第二為「貿易利得研究」(Study of Gain from Trade)。前者是以實證經濟學 (Positive Economics) 的角度去探討「貿易為何會發生」的相關問題，其命題不涉及「好或不好」或「是否為真」，皆要用實際的資料去驗證，判斷該理論是否與實際相符。後者是以規範經濟學 (Normative Economics) 角度去探討「貿易是否會增加社會福利」之問題，以先入為主的觀點來選擇研究所涉及的評判標準。在貿易理論建立之後，我們可以由其理論去推出另一個新的假設再加以檢定，此假設透過模型之建立又引導出許多分析工具和操作方法去衡量我們所要看的現象；最後再將所觀察的結果設定衡量尺度以求一般通則而歸納成理論。經濟學家在產生貿易議題創新的概念時扮演重要的角色，他們發展原始的國貿理論，成為後代經貿理論的基礎並提供了許多創新及相互關連的概念，徹底的改變人們對國際貿易的看法。

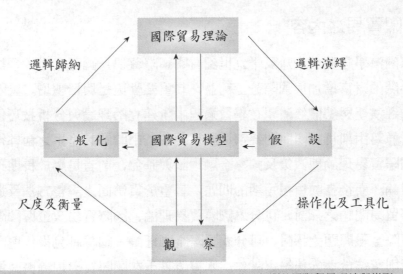

由所觀察到的貿易現象，加以演繹、歸納的結果，可以建立相關的國際貿易理論與模型。

圖 1-1 國際貿易理論與模型的研究流程

接下來有關國際貿易政策的分析，可分為定性分析 (Qualitative Analysis) 與定量分析 (Quantitative Analysis)。定性分析用於國際貿易上可包括政策的影響效果分析以及政策的選擇評估分析；因此，是以數理經濟模型的角度出發。定量分析是針對產業做個案的經濟計量模型，以數量實證分析來評估政策的影響力。定性分析與定量分析之比較，依 Creswell 研究，定性與定量分析的差異可以從本體論 (Ontology)、認識

論 (Espitemology)、價值論 (Valuism) 及方法論 (Methodology) 四大方面的假設差異作分析，茲整理如表 1-1：

表 1-1　定性分析與定量分析之比較

假設	問題探討	定量分析	定性分析
本體論	國際貿易的本質為何，真理何在。	真理是客觀、唯一、獨立於研究者之外。	真理是主觀、多重、須視參與者而定。
認識論	形成貿易知識的過程是如何去瞭解。	研究者獨立於研究之外。	研究者與研究進行互動。
價值論	研究者對於貿易價值所扮演的角色為何。	研究者的價值獨立於研究之外，重事實、無偏差。	研究者的價值影響研究本質，有偏差。
方法論	研究國際貿易的過程為何。	演繹法，因果關係，靜態分析，用來預測、解釋、瞭解現象，透過信度效度檢定正確性與可信度。	歸納法，多同時發生的因子，動態分析、範型、理論發展為了瞭解，利用證實、查核來檢定正確性與可信度。

三、國際貿易之內容

　　國際經濟學起源於十八及十九世紀有關國際貿易及國際金融的爭論，隨著殖民主義所伴隨的財富增加與國際分工利益，其重要性更是與日驟增。國際經濟學主要是以個體經濟學與總體經濟學在學習過程中所建立的理論與分析技巧作為政策探討的工具，並藉由剖析國際間的經濟活動及現象，來瞭解其產生之利弊得失，其內容可分為國際貿易理論與政策及國際金融理論與匯兌，前者是屬於長期理論，著重實質面之討論。而後者較重視短期的問題，著重於貨幣面之調整方法及過程。本課程對於國際貿易問題之探討，可分為國際貿易理論、國際貿易政策與國際經貿組織；而對於國際金融問題之探討，可分為國際金融理論、國際匯兌操作與國際貨幣制度等之分析則留待於本人後續之著作。本書將著重在國際貿易理論與政策以及國際經貿組織之探討，並環繞著下列五個主題：

1.貿易利得的分配 (Distribution of Gain from Trade)

　　從貿易利得 (Gains from Trade) 的觀點可知，國家間進行的商品及勞務之交易皆會使貿易雙方互蒙其利。以古典學派之觀點來看，一國會出口其生產效率較高的商品，而新古典學派則認為一國會出口機會成本低的商品。現代國際貿易理論所認定之出口，則為那些使用本國要素稟賦相對豐富的商品及透過貿易產生大規模專業化

之生產，來取得規模經濟以降低成本，兩者皆可說明貿易後能獲得利益的論點。

2. 貿易型態的決定 (Determinants of Patterns of Trade)

在國際貿易理論中，各國經濟學者提出各種國際貿易所可能發生的原因，並決定由誰來賣什麼、買什麼，以及其所依據的條件為何？然事實上有些貿易型態令人容易理解，但有些卻令人難以捉摸；所以必須依賴各國貿易型態為基準，說明在怎樣的交易條件 (Terms of Trade) 之下，來決定國與國間的貿易型態。

3. 策略性貿易政策的執行 (Practice of Strategic Trade Policies)

藉由市場的不完全性來討論在寡占及獨占性競爭的市場競爭之下，參賽者(Players) 採取賽局之回溯分析法 (Backward Induction)，來猜測對手國之貿易行為，以為本國自身之反應來進行決策探討。一般可分為以古諾行為 (Cournot Behaviour) 的數量分析，或以伯泰行為 (Bertrand Behaviour) 之價格分析。

4. 貿易保護主義的興起 (Renaissance of Trade Protectionism)

由於各國政府擔心國際間自由競爭將會影響該國重要產業的發展，紛紛實施貿易保護政策，如提高進口關稅、增加出口補貼、出口自動設限與進口設限等措施避免國際市場競爭，除了可增加額外的如關稅收入等，也可以遏止貿易對手國不正當的掠奪行為，然有鑑於二次世界大戰前因經濟大恐慌所造成貿易的混亂及萎縮，所以世界各國皆會以本國產業為優先考量，並透過國際雙邊與多邊談判來降低貿易障礙存在。

5. WTO 與區域整合 (WTO and Regional Integration)

傳統的經貿理論均假設生產要素在國內可自由移動，在國際間則否。然而隨著各國之間互動頻繁及區域整合的興起，無論是勞動或資本在國際間流動皆是常見現象，整個經營資源移動與對外直接投資亦是持續的增加。有鑑於各國貿易壁壘高築，使得貿易量萎縮，造成貿易蕭條及停頓，因此二次世界大戰後，組成關稅暨貿易總協定 (General Agreement of Tariffs and Trade, GATT) 來調控會員國之貿易政策，並於 1995 年元月由世界貿易組織 (World Trade Organization, WTO) 取代了四十多年來規範國際貿易的 GATT。除此之外，區域性的組織正如雨後春筍般形成，例如，歐盟 (EU) 及北美自由貿易區 (NAFTA) 等。一般學者均樂觀相信，此兩種組織型態是有助於將國際貿易推向國際經貿整合的過程。我國也於 2002 年 1 月 1 日正式加入 WTO，成為其第 144 個會員國。此部分會先從下列貿易情況予以討論: 如(1)關稅同盟理論，(2)關稅報復，(3)經濟整合之比較與分析，(4)相關貿易組織與法規之介紹等。

第二節　國際貿易理論、政策與組織概要

在國際貿易理論的模型中，其最基本之條件為一個兩國兩財貿易模型，在該模型之分析中有些重要的前提基本假設：

(1)將全世界分為兩國，即以本國及外國角度出發所形成的進口國與出口國。

(2)各國至少需生產兩財並專業化其中一財之生產。

(3)在長期假設下，貿易經常帳收支必達到均衡。

(4)各國的生產技術為已知且生產同質性 (Homogeneous) 商品，生產函數為位似 (Homothetic) 函數。

(5)所有國家之間需求型態相同 (Identical)。

(6)國內外的商品市場及生產要素市場，均為完全競爭市場。

(7)生產者在追求利潤極大化的條件下，決定商品供給量與要素需求量；反之，消費者在滿足效用極大化的條件下，決定商品需求量與要素供給量。

(8)生產或消費方面，沒有市場扭曲現象及外部性之存在。

(9)商品在國內外均可自由移動，生產要素在國內可自由移動，國際間則否。

(10)政府以自由放任的態度不干預民間之經濟活動。

一、國際貿易理論導論

對於國際貿易理論探討之推導過程，以及重要學者的論點茲整理如下所述：

1.古典學派國際貿易理論

古典學派將經濟活動以二分法的方式區分為實物面 (Real Side) 與貨幣面 (Money Side)。從生產函數的角度來看，古典學派依據勞動價值說所強調的是充分就業之下的產出水準，透過商品以及生產要素的相對價格來決定資源配置問題，即所謂的實物面看法，如圖 1-2 所示，均衡勞動量的決定取決在均衡所得水準之下，透過勞動市場的供需均衡條件所決定，其中 $\frac{w}{P}$ 為實質工資，Y 為產出水準，L 為就業量，

$$L^d(\frac{w}{P}) = L^s(\frac{w}{P}) = L^* \tag{1-1}$$

$$Y = F(L) \tag{1-2}$$

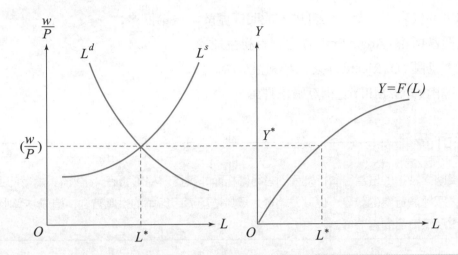

當勞動需求等於勞動供給時，決定 L^*，此時透過生產函數可決定 Y^*。

圖 1-2 勞動市場均衡

反之，如果對於商品及生產要素的貨幣價格以及利率水準予以考量，即在貨幣面紗 (Monetary Veil) 的觀點下，由於古典學派認為所有價格均能自動彈性調整而沒有價格僵固性 (Rigidity) 時，會使得經常性交易達成均衡，所有經濟活動就無貨幣幻覺現象存在，使得所有生產要素達到充分就業狀態，例如，將貨幣市場均衡時，就可決定均衡所得。

$$\frac{M}{P} = kY \tag{1-3}$$

$$(\frac{M}{P})^d = (\frac{M}{P})^s \tag{1-4}$$

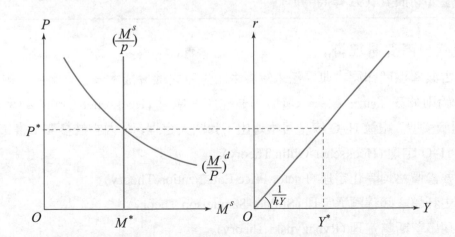

當貨幣供給 $(\frac{M}{P})^s$ 等於貨幣需求 $(\frac{M}{P})^d$ 時，決定均衡物價水準 P^* 進而決定 Y^*。

圖 1-3 貨幣市場均衡

其主要代表學說如下，其內容說明詳見於本書第四章：

⑴亞當斯密 (Adam Smith) 之絕對利益理論。

⑵李嘉圖 (D. Ricardo) 之比較利益理論。

⑶彌爾 (J. S. Mill) 之相互需求理論。

老師叮嚀

　　貨幣面紗指的是當經濟行為受到名目價格而非實質價格影響時，因物價與所得的上升，造成大眾經濟行為的改變，也就是消費大眾無法認清因貨幣的供需波動，造成物價水準無法確實反應真實的經濟行為。

2.新古典學派國際貿易理論

　　哈伯勒 (G. Haberler) 針對李嘉圖 (D. Ricardo) 之勞動價值說缺陷，提出機會成本說，說明兩國間之所以存在貿易現象，是以機會成本的觀點來解釋。一國會出口其機會成本較小的商品，而相對進口其機會成本較大者。

 隨堂測驗

1. 何謂經濟利潤？何謂會計利潤？何謂正常利潤？以機會成本去探討它們的關係如何？

2. 好吃水餃店的水餃真材實料，老闆說他沒賺什麼錢，只是賺一點工錢糊口而已。他的話有無矛盾？他所說的沒有賺錢的「賺」和賺一點工錢的「賺」各指什麼「利潤」？（91 年特考）

3.現代國際貿易理論

　　新古典學派就如同古典學派未解釋兩國生產之機會成本為何會發生，現代國際貿易理論則修正了此一缺失，發展出赫克紹—歐林 (Heckscher-Ohlin) 模型，簡稱 H–O 理論模型。根據 H–O 模型可推導出下列四大定理，其內容請參閱本書第五章：

⑴ H–O 定理 (Heckscher-Ohlin Theory)。

⑵要素價格均等化定理 (Factor Price Equalization Theory)。

⑶史托帕—薩穆爾遜定理 (Stolper-Samuelson Theory)。

⑷瑞畢曾斯基定理 (Rybczynski Theory)。

4. 特殊生產要素模型：

H–O 模型乃為長期模型，最重要假設之一是國內生產要素可以在產業間自由移動所推導的結論，若在短期之下，有些生產要素在產業間則無法自由移動，這些生產要素便成為該產業的特殊生產要素，因而發展出特殊生產要素模型。

而此模型，主要將探討如下，可參閱本書第六章：

(1)兩國間貿易型態如何決定。

(2)商品相對價格與要素實質報酬之關係。

(3)要素稟賦量對產業結構之影響。

(4)要素稟賦量變動與要素實質報酬之關係。

5. 經濟成長與國際貿易

在亞當斯密 (Adam Smith)《國富論》中提及，一國如果想要長期保持其國際競爭力須保持高度經濟成長，故此部分探討經濟成長對國際貿易之影響。根據 Johnson 在 Husted(2001) 書中指出的分析方法可分為消費面、生產面來探討五種偏向成長，但經濟成長也有可能來自於技術的提高，另外根據 Findlay 的看法可分為中性技術進步、勞動節省技術進步、資本節省的技術來加以討論。因此，此部分將探討如下，可詳見於本書第七章：

(1)各類型經濟成長與國際貿易之關係。

(2)單要素及雙要素稟賦量變動與國際貿易之關係。

(3)各類型技術進步與國際貿易之關係。

(4)交易條件改變下，「不利成長」是否發生。

6. 其他國際貿易理論

無論是古典學派、新古典學派或現代國際貿易理論，均著重於供給面與需求面之差異來解釋國際貿易的現象，然而有些貿易之發生無法依此來解釋；因此，就有些學者提出了其它的經濟理論來解釋貿易發生的原因，可參閱第八章：

(1)偏好相似理論。

(2)經濟成長階段理論。

(3)技術生命週期。

(4)產品生命週期理論。

(5)產業內貿易。

(6)規模報酬變動理論。

(7)不完全競爭市場理論。

隨堂測驗

何以一般相信國際貿易能提升貿易國彼此之間的國民經濟福利，請以國際貿易理論闡述之。

二、國際貿易政策導論

自由貿易一直是一種理想，但實際上並不存在，各國為了保護自己國內產業而採取一些貿易政策來達成。此部分將討論各種貿易政策，如關稅、補貼、配額之經濟效果，說明在任何貿易干預的情況之下，均會降低本國福利水準之效果。多年來，國際經濟學者已探索出一套簡單且十分有效的分析工具來確保貿易政策對國際貿易的影響，這分析方式可分為一般均衡與部分均衡分析，不但能預測貿易政策，還包含了成本效益分析，並假定政府何時干預經濟才是較有利的情況。現實的世界裡，每一個國家或多或少皆會採取一些貿易保護措施，主要的理由是市場的不完全性、扭曲現象的發生、規模報酬遞增或遞減情形等，以下將就其不同情境條件之下予以說明：

1.貿易政策的執行

貿易政策是指一國政府對於與國際貿易有直接關連時所採取的干預措施，可分為二種策略。第一為價格策略，如對進、出口予以課稅或補貼。第二為數量策略，即對於進、出口數量給予配額或限制。茲就其內容部分分述如下，並請參閱第九章。

　⑴進口關稅之經濟效果分析：

　　①梅茲勒矛盾 (Metzler's Paradox)。

　　②最適關稅率。

　　③有效保護率。

　⑵婁勒 (Lerner) 對稱性定理。

　⑶出口關稅之經濟效果分析。

　⑷進口補貼之經濟效果分析。

　⑸出口補貼之經濟效果分析。

　⑹進口限額之經濟效果分析。

　⑺自動出口設限之經濟效果分析。

2. 市場扭曲下之貿易政策

當市場發生扭曲時，不管是來自於商品市場或要素市場，皆會改變其商品的相對價格，也會間接地因為兩國間價格的差異而形成貿易，此部分我們將利用社會無異曲線之斜率（即兩財的邊際替代率 MRS_{XY}）與生產可能曲線之斜率（即兩財的邊際轉換率 MRT_{XY}） 加以說明。此部分將見於第十、十二章，其探討：

(1)不完全競爭下之貿易政策。

(2)要素市場扭曲之貿易政策。

(3)商品市場扭曲之貿易政策。

(4)政府政策扭曲之貿易政策。

3. 部分與一般均衡分析

首先我們將先定義何者是小國，何者是大國?一般而言，小國是指在國際市場上，市場規模小無法影響商品之國際價格，亦即是價格的接受者 (Price-taker)，不具有市場獨占力量稱之，所以大多採用部分均衡分析。而大國在國際市場上具有影響世界價格的力量，是價格的決定者 (Price-maker)，會改變商品的相對價格，所以採用一般均衡分析之。其內容將就下列兩部分予以探討，請參見第十一章。

(1)大國與小國之比較。

(2)相對價格之運作說明。

4. 生產要素之國際移動

當生產要素報酬有差異時，在沒有任何移動成本考量之下，生產要素會由價格較低的國家，流向價格較高的國家，造成生產資源的重新分配，提高生產效率。此部分將採用麥克－道格 (MacDougall) 模型來予以說明，而討論重點說明如下，參見第九章：

(1)勞動要素在國際間移動之經濟效果分析。

(2)資本要素在國際間移動之經濟效果分析。

(3)直接對外投資之經濟效果分析。

5. 市場的不完全性

此外，在不完全競爭市場之下，各國依據其規模經濟與產業政策所決定之策略性貿易政策與政策所主導的經濟行為，分別參見第十二章、第十三章，也於相關章節中討論。

三、國際經貿組織導論

全球化的結果造成商品、勞務、人員與資金的快速流動，更加速了區域整合的進行，由於國際社會中的許多活動均須透過各國協商機制進行，所以必須能參加這些協商組織才有參與國際活動的可能。國際組織分為政府間組織與非政府間組織，由於我國經貿實力不斷地成長，外匯存底也持續增加，與世界各國進行雙邊經貿合作也日趨頻繁，除了在國際社會所展現的活力外，也對世界經貿發展有所助益。我國非聯合國會員國（除了瑞士、梵諦岡外，共有 191 個會員國）故藉由一些經貿或是其他週邊的機制加入國際組織中，是必然的方向。在 2002 年我國正式加入 WTO後，跨出與世界經貿接軌的一大步，並更積極尋求加入其他國際貿易及金融機構組織的可能，有利拓展我國外交與經貿空間。

1. WTO 與 GATT

首先對世界貿易組織 (World Trade Organization, WTO) 予以介紹，並輔以GATT1947 與 1994 條文內容規範予以分析討論。世界貿易組織是現今最重要之國際經貿組織，迄至 2004 年底共擁有 148 個會員，另有 25 個觀察員，其貿易量佔全球貿易比重達 92% 以上，是一個具備有涵蓋全球經貿活動完整的多邊性組織。其會員國透過共識決或票決之方式，決定協定規範之內容及對各會員之權利義務，將多邊貿易體系予以法制化及組織化，各會員國據此制定與執行其國內之貿易法規。此外，建置經貿規範之相關論壇，負責監督會員執行及遵守相關協定之規範，並協助會員進行執行協定之技術合作，內容詳見第十四章。主要討論為：

(1) WTO 與 GATT 的原則內容。

(2) WTO 與 GATT 爭端解決機制。

(3) WTO 的最新發展。

(4)加入 WTO 對我國的意義。

2. 區域經濟整合

區域經濟整合，將世界上不同貿易區域組織，如歐洲聯盟 (EU)、北美自由貿易協定 (NAFTA)、和東南亞國協 (ASEAN) 等做相關性的介紹，並描述區域經濟整合靜態和動態影響，以及貿易創造和貿易移轉效果來說明貿易合作機制的建立，主要討論見第十五章，其內容如下：

(1)區域經濟整合的類型。

(2)經濟整合模型分析。

(3)各區域整合組織之介紹。

(4)貿易合作協定之討論。

3.相關國際貿易規範

本部分就其它重要的經貿規範，如：爭端解決機制討論，其次，反傾銷的規定對國際法與內國法之影響；以及對補貼暨平衡措施之影響與以探討。此外，再就美國貿易相關的報復條款，從 301 條款到超級 301 條款，特別 301 條款以及根據美國 1974 年通過的「美國貿易法」規定，美國貿易代表署 (USTR) 必須於每年 3 月底向國會提交「各國貿易障礙報告」來說明，其內容如下，參見第十六章。

(1) WTO 爭端解決機制之討論。

(2)補貼暨平衡措施。

(3)反傾銷內容之探討。

(4)美國貿易相關措施。

第三節　全球經貿變革與趨勢

國際貿易的進行，使得全球經濟的整合更加緊密，國際投資與資金流動日趨頻繁。由於貿易量逐步加大，互相依賴之全球化經濟也更日趨複雜化，也造成了國與國之間的談判與政策諮商日益增加，且帶動了相關的國際經貿組織的出現以及區域經濟整合的到來。以下茲就世界貿易統計資料進行分析，說明全球經貿的變革，及以後會面臨怎樣的競爭趨勢，來進行討論。

從表 1–2 中，我們得知國際貿易在生產的「量」的方面有逐漸下滑的趨勢，但國際貿易量的成長平均而言超越了產出的成長，而製造業的生產、出口，遠遠的超出農業與礦業。

從國際貿易的地理架構來看，全世界的主要出口區域為亞洲（特別是六大東亞貿易國），而北美洲（排除墨西哥）出口減緩，進口增加；歐洲貿易則平均的發展。此外，表 1–3 也清楚指出拉丁美洲內的國家相對的較少在彼此區域內從事貿易活動，最特殊的是中東歐、波羅的海諸國和獨立國協，這些國家剛從共產主義經濟體系過渡到資本主義體系，故依賴大量的進口，來扶植其經濟發展。

以區域結構所表現的貿易實力，其中歐盟已取代了北美洲（美國、加拿大）成為世界最大的貿易區，而在表中未列出的非洲與獨立國協，其所占世界貿易的總值比例仍然很小，有待再行開發。

表 1–2　世界商品出口與製造成長率（以產品別考量）

（單位：%）

年度	1995～2000	2000	2001	2002	2003
所有商品出口[*1]	7.0	11.0	−0.5	3.0	4.5
農業	3.5	4.5	2.5	2.5	3.0
礦業	4.0	6.0	−0.5	0.5	2.5
製造業	8.0	13.0	−1.5	3.0	5.0
所有商品製造[*2]	4.0	5.0	−0.5	1.0	3.0
農業	2.5	1.5	1.5	0.5	2.0
礦業	2.0	3.5	−0.5	0.5	3.5
製造業	4.0	6.0	−1.0	1.0	3.0
全球GDP[*3]	3.0	4.0	1.5	2.0	2.5

全球商品生產不同於世界 GDP，排除了勞務與建設。

*1 出口值是進出加出口的平均值。
*2 產出成長值實為實質 GDP。
*3 為名目 GDP 成長值。

資料來源：World Trade Organization (2004), *Annual Report 2004 : International Trade Statistics*.

表 1–3　世界商品貿易量成長的區域結構

（單位：%）

出口[c.]					進口[d.]			
1995～2000	2001	2002	2003		1995～2000	2001	2002	2003
7.0	−0.5	3.0	4.5	全球	7.0	−0.5	3.0	5.0
7.0	−5.5	−2.5	1.5	北美洲[a.]	10.5	−3.5	4.0	5.5
9.5	2.0	−0.5	4.0	拉丁美洲	10.5	−1.0	−5.5	0.5
6.0	2.0	1.5	0.5	西歐	6.0	0.0	−0.5	1.5
6.0	1.5	1.0	0.5	(15) 歐盟	6.0	0.0	−0.5	1.5
7.0	8.0	8.0	12.5	中東歐、波羅的海諸國和獨立國協	8.0	14.5	11.5	11.5
8.5	−4.0	10.5	12.0	亞洲	5.5	−1.5	9.5	11.0
4.5	−10.0	8.0	5.0	日本	4.5	−1.5	1.5	7.5
9.5	−6.5	8.0	9.5	六大東亞貿易國[b.]	4.5	−7.0	8.5	5.0

a. 排除墨西哥。
b. 包含我國、香港、新加坡、韓國、泰國、馬來西亞。
c. 出口是以離岸價格 (f. o. b.) 計。
d. 進口是以起岸價格 (c. i. f.) 計。

資料來源：World Trade Organization (2004), *International Trade Statistics*.

　　表 1-4 顯示以國家別的角度說明出美國與德國仍為世界最大的貿易國，英、日、法等國緊接在後，這五個已開發國家占了 46% 的世界貿易量，但最特別的是中國大陸，其於 2002 年加入 WTO 之後，其令人矚目的快速貿易成長，已位居在前六名之內。而我國則占世界貿易平均的第十五強，與南韓、香港、新加坡，並列於「亞洲四小龍」。另一方面，世界貿易傾向集中於世界前十大貿易國、約涵蓋全球一半之貿易量，世界其餘各國卻只占約 45%。

表 1-4　2003 年主要國家（地區）的商品進出口排名

(單位：十億美元、%)

出口				進口				
排名		總值	占有率	年變動率	排名		總值	占有率	年變動率
1	德國	748.3	10.0	22	1	美國	1303.1	16.8	9
2	美國	723.8	9.6	4	2	德國	601.7	7.7	23
3	日本	471.8	6.3	13	3	中國	413.1	5.3	40
4	中國	437.9	5.8	34	4	英國	390.8	5.0	13
5	法國	386.7	5.2	17	5	法國	390.5	5.0	19
6	英國	304.6	4.1	9	6	日本	382.9	4.9	14
7	荷蘭	294.1	3.9	20	7	義大利	290.8	3.7	18
8	義大利	292.1	3.9	15	8	荷蘭	262.8	3.4	20
9	加拿大	272.7	3.6	8	9	加拿大	245.0	3.2	8
10	比利時	255.3	3.4	18	10	比利時	235.4	3.0	18
11	香港	228.7	3.0	13	11	香港	233.2	3.0	12
	當地出口	19.6	0.3	7		原進口[a]	24.1	0.3	−1
	轉出口	209.1	2.8	14	12	西班牙	201.0	2.6	22
12	南韓	193.8	2.6	19	13	南韓	178.8	2.3	18
13	墨西哥	165.4	2.2	3	14	墨西哥	178.5	2.3	1
14	西班牙	151.7	2.0	21	15	新加坡	127.9	1.6	10
15	臺灣	150.3	2.0	11		原進口[a]	63.5	0.8	9
16	新加坡	144.1	1.9	15	16	臺灣	127.4	1.6	13
	當地出口	79.7	1.1	19	17	奧地利	98.0	1.3	25
	轉出口	64.4	0.9	10	18	瑞士	95.2	1.2	14
17	俄羅斯	134.4	1.8	25	19	澳大利亞	89.1	1.1	23
18	瑞典	101.2	1.3	24	20	瑞典	82.7	1.1	24
19	瑞士	99.4	1.3	13					
20	馬來西亞[b]	99.4	1.3	7					
	全球	7503.0	100.0	16		全球	7778.0	100.0	16

a. 原進口 (Retained Import) 其定義為進口扣除掉轉出口 (Re-export)。
b. WTO 秘書處統計。

資料來源：World Trade Organization (2004), *International Trade Statistics*.

國際貿易除了商品交易之外，其他的就是商業服務 (Commercial Service)，從表 1–5 中顯示，商業服務約占世界貿易量的四分之一強，如以國際產業標準分類 (International Standard Industrial Classification, ISIC)，其包括了批發零售、餐飲和旅館、運輸、倉儲、保險、金融、房地產、商業與非營利服務等。由於服務在本質上是很難去做估計並累積其價值；因此，必須針對其貿易內容進行規範，故就產生了服務暨貿易總協定 (General Agreement of Trade in Service, GATS)。我國在商業服務貿易上所扮演的角色較為薄弱，大多需要依賴進口，故在未來產業結構調整中，服務業會扮演著一個重大的角色。

表 1–5　2003 年商業服務的主要進口國家（地區）

（單位：十億美元、%）

排名	出口	總值	占有率	年變動率	排名	進口	總值	占有率	年變動率
1	美國	287.7	16.0	5	1	美國	228.5	12.8	8
2	英國	143.4	8.0	11	2	德國	170.8	9.6	17
3	德國	115.6	6.4	18	3	英國	118.3	6.6	13
4	法國	98.9	5.5	15	4	日本	110.3	6.2	3
5	西班牙	76.3	4.2	23	5	法國	83.7	4.7	22
6	義大利	72.7	4.0	22	6	義大利	74.0	4.2	20
7	日本	70.6	3.9	9	7	荷蘭	64.9	3.6	15
8	荷蘭	63.0	3.5	15	8	中國大陸	54.9	3.1	19
9	中國大陸	46.4	2.6	18	9	愛爾蘭	50.2	2.8	24
10	香港	44.6	2.5	4	10	加拿大	50.0	2.8	12
11	奧地利	43.0	2.4	24	11	西班牙	45.6	2.6	23
12	比利時	42.4	2.4	18	12	奧地利	42.8	2.4	24
13	加拿大	41.9	2.3	5	13	比利時	41.5	2.3	18
14	愛爾蘭	35.7	2.0	27	14	南韓	39.0	2.2	11
15	丹麥	32.1	1.8	18	15	瑞典	28.5	1.6	20
16	瑞士	32.0	1.8	15	16	丹麥	28.3	1.6	13
17	南韓	31.3	1.7	16	17	新加坡	27.2	1.5	0
18	新加坡	30.4	1.7	3	18	俄羅斯	26.5	1.5	16
19	瑞典	30.3	1.7	29	19	香港	25.2	1.4	−2
20	盧森堡	25.2	1.4	25	20	臺灣	24.8	1.4	4
	全球	1795.0	100.0	13		全球	1780.0	100.0	13

資料來源：WTO 秘書處統計 (2004)。

接下來，我們以區域整合之下的貿易結構來看，可說明一國的經濟與區域內會

員國有愈來愈不可分的關係,而彼此貿易伙伴間的經貿政策協調,也愈來愈形重要。從表 1–6 來看,如能打破區域的隔閡,區域內貿易 (Intra-regional Trade),相較於區域外貿易 (Extra-regional Trade) 是與日俱增的,且再從圖 1–4 來看,區域內整合的貿易量,不管是進口、出口,皆會隨著區域組織內之會員國歷年來政策的協調,更加深彼此間的互動,經濟範圍更形擴大。

表 1–6　2003 年選擇性區域整合協定下之商品貿易

(單位:十億美元、%)

	總價	進出口比率				年變動率		
	2003	1990	1995	2000	2003	1995～2000	2002	2003
APEC (21)								
總出口	3,136	100.0	100.0	100.0	100.0	6	3	13
區域內出口	2,266	67.5	72.4	72.7	72.8	6	4	12
區域外出口	869	32.5	27.6	27.3	27.2	6	−1	15
總進口[a]	3,469	100.0	100.0	100.0	100.0	7	3	13
區域內進口	2,384	65.4	71.7	71.2	70.0	7	4	11
區域外進口	1,086	34.6	28.3	28.8	30.0	7	3	18
EU (15)								
總出口	2,901	100.0	100.0	100.0	100.0	2	6	18
區域內出口	1,795	64.9	64.0	62.4	61.6	2	6	18
區域外出口	1,105	35.1	36.0	37.6	38.4	3	7	17
總進口	2,920	100.0	100.0	100.0	100.0	3	19	4
區域內進口	1,801	63.0	65.2	60.3	61.9	2	6	18
區域外進口	1,119	37.0	34.8	39.7	38.1	6	2	20
NAFTA (3)								
總出口	1,162	100.0	100.0	100.0	100.0	7	−4	5
區域內出口	651	42.6	46.0	55.7	56.5	12	−2	4
區域外出口	511	57.4	54.0	44.3	43.5	3	−6	6
總進口[b]	1,715	100.0	100.0	100.0	100.0	11	1	8
區域內進口	631	34.4	37.7	39.6	38.1	12	−2	4
區域外進口	1,084	65.6	62.3	60.4	61.9	10	4	10
ASEAN (10)								
總出口	451	100.0	100.0	100.0	100.0	6	5	11
區域內出口	105	20.1	25.5	24.0	24.0	5	8	8
區域外出口	346	79.9	74.5	76.0	76.0	6	4	12
總進口	389	100.0	100.0	100.0	100.0	1	4	10
區域內進口	91	16.2	18.8	23.7	23.6	5	9	9
區域外進口	298	83.8	81.2	76.3	76.4	−1	3	10

a 加、墨、澳進口值是以 f.o.b. 來衡量。
b 加、墨的進口值是以 f.o.b. 來衡量。

資料來源:WTO 秘書處統計 (2004)。

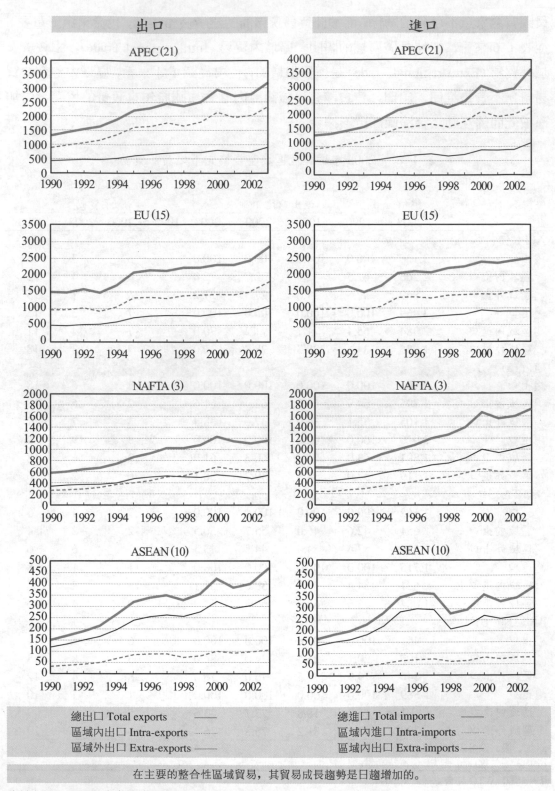

出口	進口

APEC (21) / APEC (21)

EU (15) / EU (15)

NAFTA (3) / NAFTA (3)

ASEAN (10) / ASEAN (10)

總出口 Total exports ———	總進口 Total imports ———
區域內出口 Intra-exports ------	區域內進口 Intra-imports ------
區域外出口 Extra-exports ———	區域內出口 Extra-imports ———

在主要的整合性區域貿易，其貿易成長趨勢是日趨增加的。

資料來源：WTO 秘書處統計 (2004)。

圖 1-4　區域整合的商品貿易（1990～2003 年；單位：十億美元）

個案研究

面臨 21 世紀策略轉型的雀巢公司

雀巢公司從創立以來，已從傳統的框梏型態慢慢地轉型，儘管有著無比的成功經驗，但它仍舊意識到市場已經慢慢成熟，很難再為其帶來高成長率，特別在西歐與北美洲國家。在這些國家中，人口增長已經停滯，食品消費也開始走下坡。雀巢公司由原先的名牌食品和飲料製造商轉向進入全國性的超市和連鎖店來進行價格競爭的割喉戰。

此時雀巢公司所做出的反應之一就是將市場轉向東歐、亞洲、拉丁美洲這些新興處女地尋求發展的可能性。雖然這些國家較為貧窮，但其經濟成長不容忽視。雀巢公司認為隨著所得的提高，這些國家中的消費者以名牌食品作為日常食物消費的可能性也就增加，可以讓雀巢公司創造出更大的市場利基。

雀巢公司的策略是在競爭對手之前提早進入這新興市場，並把初始市場集中在有限的幾個策略品牌上，並進一步在各市場中確立其主導地位。這種策略實施的結果讓雀巢公司擁有了墨西哥即溶咖啡市場的 85%，菲律賓奶粉市場的 66%，智利濃湯市場的 70%。但隨著生活水準的提高，雀巢公司漸漸退出這類初始市場，然後再以較高檔的商品搶攻次級市場。儘管雀巢公司的一些商品：諸如聞名於世的雀巢咖啡，它還是採用當地的品牌來量身訂製，而不是公司在新興市場中進行全球化的策略。此外，有關通路的建立，雀巢公司在這些地方不採用他在大多數國家中所慣用的建立一個中央倉庫的作法，而是在整個國家中建立一個個的小倉庫來進行配送網路，而且為了安全問題只在白天運送。

例如，雀巢公司在中國大陸黑龍江省生產奶粉和嬰兒食品，很快意識到該地公路建設十分落後，阻礙了鮮奶收集和商品的運送。雀巢公司沒有枯等當地基礎設施的完成，即在當地聯絡之間建立起他自己的配送網路──亦即著名的「牛奶路」，儘管這樣的作法乍看之下代價很高，但就長遠的觀點來看，對雀巢公司將來的發展卻是相當巨大的。雀巢公司即以此種就地取材的方式在許多開發中國家建立起自己的工廠網路，如中東地區的敘利亞、埃及等。

雖然在許多地方雀巢都如願擴展其事業版圖，但在日本卻遇到了困難。由於雀巢公司沒

有根據當地的情況來選擇咖啡品牌，且進入市場較慢，結果被其他的公司，如可口可樂搶走許多市場機會。例如，可口可樂平均年銷售額在日本罐裝咖啡市場達 40 億美元約占 40% 的市場占有率，而雀巢公司則直到 80 年代才進入，只占有 4% 的市場。此外，雀巢公司儘管市場總銷售量快速增長，但其價格與邊際利潤卻在逐步下降，這些皆值得做進一步的省思。

問題1：雀巢公司為何要進入開發中國市場？如何擴大其市場占有率？

問題2：雀巢公司是依據何種國貿理論與經營模式搶攻商品市場？請思考之。

第四節　兩岸之貿易狀況

我國是個典型的海島型經濟，由於腹地狹小、天然資源缺乏，因此拓展國際貿易成為其經濟成長的動力，所以本節是要讓讀者對現今我國對外貿易概況做初步之瞭解，根據相關貿易統計資料，來分析我國進、出口的實際情況。

一、對外貿易依存度

貿易依存度指的是一國的進出口總額占該國國內生產毛額(Gross Domestic Product, GDP) 或國民生產毛額 (Gross National Product, GNP) 的比例，以公式表示如下

$$\Omega = \frac{X + M}{\text{GDP or GNP}}$$

Ω：貿易依存度

X：一國一年內的總出口值

M：一國一年內的總進口值

GDP or GNP：一國在一年內所有商品與勞務生產的總值

表 1–7 說明了我國對外的貿易依存度約占所有國內生產毛額的 80% 以上，而表 1–8 說明了近年來我國對主要貿易國的進、出口概況。從資料中顯示，大陸不管對臺灣、美國、日本及香港，其貿易關係相形密切，見表 1–9，除了 2001 年因全球性的不景氣，其貿易成長率略為下降外，其餘各年皆有不錯的表現。而我國、大陸出口至美國之比率愈來愈低，而對香港的貿易比率卻愈來愈高，這是因為兩岸貿易日趨緊密，皆要透過香港做轉口貿易之故。因此，有鑑於對大陸的貿易依賴提高，接下

來要針對兩岸貿易進行探討。

表 1-7 我國貿易依存度

（單位：億美元）

年度	出口	進口	進出口總額	貿易依存度 1	貿易依存度 2
1993	850.91	77,061	161,978	72.23%	70.86%
1994	93,049	85,349	178,398	73.03%	71.84%
1995	111,659	103,550	215,209	81.23%	79.97%
1996	115,942	102,370	218,312	78.08%	76.98%
1997	122,081	114,425	236,506	81.50%	80.64%
1998	1105.82	104,665	215,247	80.57%	79.97%
1999	121,591	110,690	232,281	80.69%	79.95%
2000	148,321	140,011	288,332	93.18%	91.85%
2001	122,866	107,237	230,103	81.84%	80.22%
2002	130,642	112,591	243,233	86.40%	84.52%
2003	144,242	127,263	271,505	90.98%	88.00%

貿易依存度 1：以進出口總額/GDP 計算。
貿易依存度 2：以進出口總額/GNP 計算。

資料來源：《國民經濟動向統計季報》，2003 年資料依據 2004 國貿局資料推算。

表 1-8 主要地區貿易金額

（單位：億美元）

	1998 年		1999 年		2000 年		2001 年		2002 年		2003 年	
	出口	進口	出口	進口	出口	進口	出口	進口	出口	進口	出口	進口
中華民國	1105.8	1046.7	1215.9	1106.9	1483.2	1400.1	1228.7	1072.4	1306.0	1125.3	1441.8	1272.5
美國	6821.4	9119.0	6958.0	10246.2	7819.2	12180.2	7291.0	11410.0	6931.0	11613.7	7240.3	12594.9
日本	3869.0	2800.1	4174.1	3096.1	4793.0	3798.7	4030.2	3490.1	4158.4	3369.8	4706.5	3823.2
德國	5428.2	4706.7	5439.1	4741.8	5500.4	5014.9	5703.2	4860.3	6101.1	4913.0	7467.4	6004.2
法國	3062.0	2831.7	3024.8	2871.0	3003.0	3040.1	2967.3	2957.2	3097.7	3025.5	3596.3	3552.5
英國	2717.4	3078.7	2688.9	3131.8	2849.3	3349.3	2736.7	3321.7	2800.2	3500.2	3068.0	3828.8
韓國	1323.1	932.8	1436.9	1197.5	1722.7	1604.8	1504.4	1411.0	1624.7	1521.3	1938.2	1788.3
新加坡	1098.0	1015.0	1146.3	1110.0	1379.5	1346.7	1216.9	1159.2	1250.4	1163.4	1441.4	1279.1
香港	1740.0	1845.1	1739.0	1795.3	2018.6	2128.0	1899.0	2010.8	2000.9	2076.4	2237.6	2319.0
中國大陸	1837.1	1402.4	1949.3	1657.0	2492.0	2250.9	2661.6	2436.1	3255.7	2952.2	4383.7	4128.4

資料來源：財政部統計處〈進出口貿易統計〉；各國統計月報。

表 1–9　大陸與主要國家（地區）貿易金額統計表

（單位：億美元、％）

期間 國家	2000 年			2001 年			2002 年			2003 年 1–12 月		
	出口 成長率	進口 成長率	貿易總額 成長率	出口 成長率	進口 成長率	貿易總額 成長率	出口 成長率	進口 成長率	貿易總額 成長率	出口 成長率	進口 成長率	貿易總額 成長率
日本	416.5	415.1	831.7	449.6	428.0	877.5	484.4	534.7	1,019.1	594.2	741.5	1,335.7
	28.6	22.9	25.7	7.9	3.1	5.5	7.7	24.9	16.1	22.7	38.7	31.1
美國	521.0	223.6	744.7	542.8	262.0	804.8	699.5	272.3	971.8	924.7	338.6	1,263.3
	24.2	14.8	21.2	4.2	17.2	8.1	28.9	3.9	20.7	32.2	24.4	30.0
香港	445.2	94.3	539.5	465.5	94.2	559.7	584.7	107.4	692.1	762.9	111.2	874.1
	20.7	36.8	23.2	4.6	−0.1	3.7	25.6	14.0	23.7	30.5	3.5	26.3
南韓	112.9	232.1	345.0	125.2	233.9	359.1	155.0	285.7	440.7	201.0	431.3	632.3
	44.6	34.7	37.8	10.9	0.8	4.1	23.8	22.2	22.7	29.7	51.0	43.5
臺灣	50.4	254.9	305.3	50.0	273.4	323.4	65.9	380.6	446.5	90.0	493.6	583.7
	27.6	30.6	30.1	−0.8	7.2	5.9	31.7	39.2	38.1	36.7	29.7	30.7
德國	92.8	104.1	196.9	97.5	137.7	235.3	113.7	164.3	278.0	175.4	243.4	418.8
	19.3	24.9	22.2	5.1	32.3	19.5	16.6	19.3	18.2	54.2	48.2	50.6
新加坡	57.6	50.6	108.2	57.9	51.4	109.3	69.7	70.5	140.2	88.7	104.8	193.5
	28.0	24.6	26.4	0.5	1.6	1.0	20.3	37.1	28.2	27.3	48.7	38.1
英國	63.1	35.9	99.0	67.8	35.3	103.1	80.6	33.4	114.0	108.2	35.7	143.9
	29.3	20.0	25.8	7.5	−1.8	4.1	18.9	−5.4	10.6	34.3	7.0	26.3
法國	37.1	39.5	76.6	36.9	41.0	77.9	40.7	42.5	83.3	72.9	61.0	133.9
	26.9	4.4	14.2	−0.5	3.9	1.8	10.5	3.6	6.9	79.1	43.3	60.8
澳大利亞	34.3	50.2	84.5	35.7	54.3	90.0	45.9	58.5	104.4	62.6	73.0	135.6
	26.8	39.3	33.9	4.1	8.0	6.4	28.4	7.8	16.0	36.6	24.8	30.0
俄羅斯	22.3	57.7	80.0	27.1	79.6	106.7	35.2	84.1	119.3	60.3	97.3	157.6
	49.1	36.6	39.9	21.4	37.9	33.3	29.9	5.6	11.8	71.4	15.7	32.1

註：細項數字不等於合計數係四捨五入之故。

資料來源：中國大陸《中國對外經濟貿易統計年鑑》、《中國海關統計》。

二、兩岸貿易關係

　　有鑑於我國、香港海關統計資料的偏誤，請參考表 1–10、表 1–11、表 1–12，我國政府在 1992 年辜汪會談之後無法再對兩岸貿易的詳細狀況做深入的探討與研究；因此，自 2002 年 2 月起，為了對兩岸貿易政策及措施做有效的調整，要求臺商據實填報對大陸之貿易情形，並對估算公式有所更改。根據陸委會公式計算（表 1–12），2003 年兩岸貿易總額為 463.20 億美元，其中對大陸出口為 353.58 億美元，進口為 109.62 億美元。根據上述對兩岸貿易的估計，2003 年我國對大陸貿易占外貿比重

17.06%，其中，出口占總出口比重為 24.51%，進口占總進口比重達 8.61%，顯示出我國廠商愈來愈注重中國大陸這個新興市場。

表 1–10　我國對香港進出口與轉口大陸金額統計

（單位：百萬美元、%）

期間	我國出口至香港			我國自香港進口			臺港進出口合計		
	金額	其中：轉出口大陸		金額	其中：自大陸轉進口		金額	其中：對大陸轉口	
		金額	占對香港出口金額 (%)		金額	占自香港進口金額 (%)		金額	占對香港進出口金額 (%)
1981	1,921.8	384.2	20.0	432.1	75.2	17.4	2,353.9	459.4	19.5
1985	2,679.2	986.9	36.8	554.5	115.9	20.9	3,233.7	1,102.7	34.1
1990	7,446.7	3,278.3	44.0	2,724.1	765.4	28.1	10,170.8	4,043.6	39.8
1995	16,572.6	9,882.8	59.6	4,580.6	1,574.2	34.4	21,153.2	11,457.0	54.2
2000	15,919.5	9,593.1	60.3	5,102.6	1,980.5	38.8	21,022.1	11,573.7	55.1
2001	13,837.0	8,811.5	63.7	4,534.2	1,693.3	37.3	18,371.2	10,504.8	57.2
2002	14,859.8	10,311.8	69.4	4,433.4	1,708.1	38.5	19,293.2	12,019.8	62.3
2003	16,051.7	11,789.4	73.4	5,419.2	2,161.1	39.9	21,470.9	13,950.4	65.0

資料來源：香港海關統計處。

表 1–11　兩岸經香港轉口貿易金額統計

（單位：百萬美元、%）

期間	貿易總額		經香港轉口				順（逆）差
			我國向大陸出口		我國從大陸進口		
	金額	成長率 (%)	金額	成長率 (%)	金額	成長率 (%)	
1981	459.3	47.6	384.2	63.5	75.2	−1.3	309.0
1985	1,102.7	99.3	986.9	132.0	115.9	−9.3	870.9
1990	4,043.6	16.1	3,278.3	13.2	765.4	30.4	2,512.9
1995	11,457.0	16.8	9,882.8	16.0	1,574.2	21.8	8,308.6
2000	11,573.6	18.1	9,593.1	17.3	1,980.5	21.6	7,612.6
2001	10,504.8	−9.2	8,811.5	−8.1	1,693.3	−14.5	7,118.2
2002	12,019.8	14.4	10,311.8	17.0	1,708.1	0.9	8,603.7
2003	13,950.4	16.1	11,789.4	14.3	2,161.1	26.5	9,628.3

註：成長率係指較上年同期增減比例。

資料來源：香港海關統計處。

表 1–12　兩岸貿易金額之各種統計

（單位：百萬美元）

期間	香港海關統計			我國海關統計			大陸海關統計			陸委會估算		
	出口	進口	總額	出口	進口	總額	出口	進口	總額	出口	進口	總額
1997	9,715.1	1,743.8	11,458.9	626.5	3,915.4	4,543.2	16,441.7	3,396.5	19,838.2	22,455.2	3,915.4	26,370.6
1998	8,364.1	1,654.9	10,019.0	834.7	4,110.5	4,945.2	16,629.6	3,869.6	20,499.2	19,840.9	4,110.5	23,951.4
1999	8,174.9	1,628.1	9,803.0	2,536.9	4,522.2	7,061.7	19,537.5	3,951.7	23,489.2	21,312.5	4,522.2	25,834.7
2000	9,593.1	1,980.5	11,573.7	4,217.5	6,223.3	10,440.8	25,497.1	4,994.9	30,492.1	25,009.9	6,223.3	31,233.1
2001	8,811.5	1,693.3	10,504.8	4,745.4	5,902.2	10,647.8	27,339.4	5,000.2	32,350.0	21,945.7	5,902.2	27,847.9
2002	10,311.8	1,708.1	12,019.8	9,945.0	7,947.7	17,892.8	38,063.1	6,585.9	44,649.0	29,446.2	7,947.4	37,393.9
2003	11,789.4	2,161.1	13,950.4	21,448.1	10,961.6	32,409.7	49,362.3	9,004.7	58,367.0	35,357.7	10,962.0	46,319.7

註：　1. 表中「出口」係指我國對大陸出口金額，「進口」係指我國自大陸進口金額。
　　　2. 中華民國海關統計，在出口方面，因廠商常未據實填報最終目的地（大陸）卻填報香港為目的地，致造成統計誤差；至於進口方面，過去因我國限制大陸產品進口，部分大陸貨品可能以走私或偽造產地證明方式矇混進口，故統計有偏低現象。惟近年來我國對大陸產品進口限制已大幅放寬，此項統計可信度已明顯提高。
　　　3. 大陸海關統計，以往並未認真執行按原產國及消費國來統計（而多以輸出國及輸入國作為統計標準），故在統計上常高估其對香港的貿易，而低估對其他各國之貿易，惟 1993 年後已作調整，該資料的參考性已較為提高。

資料來源：香港海關統計處、中華民國財政部及陸委會。

三、臺商赴大陸投資概況

據經濟部投資審議委員會統計，至 2003 年年底臺商對大陸經核准投資件數共計 29,113 件，總核准金額為 31,204.8 億美元，臺商投資主要集中在江蘇、廣東、浙江、福建、河北等地區，投資金額分別依序約占總金額 48.13%、26.69%、7.89%、6.39%、3.79%。

至於臺商投資行業主要分布於電子及電器製造業、基本金屬製品製造業、化學品製造業、精密機械製造業、非金屬及礦產物製品製造業等，如以 2003 年資料顯示投資金額依序為 23.30 億美元（占總金額 30.26%）、7.15 億美元（占總金額 9.28%）、5.95 億美元（占總金額 7.73%）、4.78 億美元（占總金額 6.21%）、4.51 億美元（占總金額 5.86%），參見圖 1–5、表 1–13。

根據經濟部投資審議會統計，2003 年我國核准對外投資（含對大陸投資）件數共計 2,551 件，金額為 85.64 億美元，其中核准赴大陸投資金額為 45.95 億美元，占臺灣核准對外投資總額 53.66%，位居第一位。累計自 1991 年至 2004 年 1 月 1 日止，臺商對大陸投資總核准件數 29,113 件，總核准金額達 312.05 億美元，占我國核准對外投資總額的 44.65% 位居第一位，見圖 1–6、表 1–14。

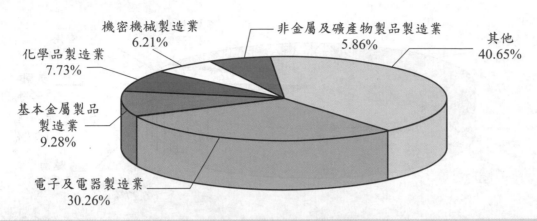

機密機械製造業
6.21%

非金屬及礦產物製品製造業
5.86%

其他
40.65%

化學品製造業
7.73%

基本金屬製品
製造業
9.28%

電子及電器製造業
30.26%

臺商對大陸投資，其中以電子與電器製造業為最大宗。

圖 1-5 臺商對大陸投資之各行業比率

表 1-13 臺商對大陸投資統計——行業別

(單位：百萬美元、%)

期間 行業	1991～2002 年			2003 年 1～12 月			累計		
	件數	金額	佔總金額比重	件數	金額	佔總金額比重	件數	金額	佔總金額比重
電子及電器製造業	4,783	8,669.9	32.58	795	2,330.0	30.26	5,578	10,999.9	32.06
化學品製造業	1,725	1,754.6	6.59	213	595.2	7.73	1,938	2,349.8	6.85
基本金屬製品 製造業	2,350	2,248.2	8.45	348	714.5	9.28	2,698	2,962.7	8.64
塑膠製品製造業	2,332	1,895.1	7.12	271	412.8	5.36	2,603	2,307.9	6.73
食品及飲料 製造業	2,328	1,491.3	5.60	105	353.1	4.59	2,433	1,844.3	5.38
紡織業	1,068	976.9	3.67	87	321.2	4.17	1,155	1,298.1	3.78
非金屬及礦產物 製品製造業	1,267	1,271.8	4.78	121	451.4	5.86	1,388	1,723.2	5.02
運輸工具製造業	836	1,000.0	3.76	158	321.0	4.17	994	1,320.9	3.85
機械製造業	1,006	875.8	3.29	208	281.6	3.66	1,214	1,157.4	3.37
精密器械製造業	2,506	1,416.1	5.32	381	478.2	6.21	2,887	1,894.3	5.52
農林及漁牧業	474	167.9	0.63	54	37.3	0.48	528	205.2	0.60
服務業	1,326	875.8	3.29	302	287.8	3.74	1,628	1,163.6	3.39
其他產業	5,275	3,966.5	14.91	832	1,114.8	14.48	6,107	5,081.3	14.81
合計	27,276	26,609.8	100.00	3,875	7,698.8	100.00	31,151	34,308.6	100.00

註： 1. 依據「兩岸人民關係條例」第三十五條規定，給予赴大陸投資廠商補辦許可登記者已列入此一統計。
2. 細項數字不等於合計數係四捨五入之故。

資料來源：中華民國經濟部投資審議委員會。

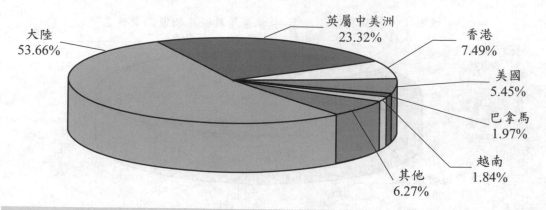

我國至國外投資的比例，以到中國大陸進行投資的比例最高，超過一半以上。

圖 1-6　我國對外投資之地區統計比例

表 1-14　我國對外投資統計——國家（地區）別

（單位：百萬美元、%）

期間 地區	1952～2002 年			2003 年 1～12 月			累計		
	件數	金額	比重	件數	金額	比重	件數	金額	比重
英屬中美洲	1,392	12,459.2	20.32	150	1,997.2	23.32	1,542	14,456.4	20.68
大陸	27,276	26,609.8	43.39	1,837	4,595.0	53.66	29,113	31,204.8	44.65
美國	4,020	7,100.6	11.58	229	466.6	5.45	4,249	7,567.3	10.83
新加坡	369	1,795.1	2.93	15	26.4	0.31	384	1,821.5	2.61
巴拿馬	56	876.7	1.43	3	169.1	1.97	59	1,045.8	1.50
日本	307	807.7	1.32	41	100.4	1.17	348	908.0	1.30
泰國	316	1,065.8	1.74	15	49.0	0.57	331	1,114.8	1.60
香港	712	1,384.0	2.26	60	641.3	7.49	772	2,025.3	2.90
南韓	94	206.1	0.34	9	10.7	0.12	103	216.8	0.31
越南	223	884.4	1.44	15	157.4	1.84	238	1,041.7	1.49
菲律賓	150	704.8	1.15	2	2.4	0.03	152	707.2	1.01
德國	102	111.6	0.18	11	10.9	0.13	113	122.5	0.18
其他地區	1,389	7,321.8	11.94	164	337.3	3.94	1,553	7,659.1	10.96
合計	36,406	61,327.5	100.00	2,551	8,563.6	100.00	38,957	69,891.0	100.00

註：　1. 本表之投資大陸金額，不含補辦金額。
　　　2. 細項數字不等於合計數係四捨五入之故。

資料來源：經濟部投資審議委員會。

　　根據以上分析，兩岸間貿易有日益增加的趨勢，大多數的商品銷往美國與日本；因此，主要的報價貨幣 (Offering Money) 也就以美元為主，根據 2004 年 1 月 1 日的匯盤價，1 美元兌新臺幣 33.98 元，大陸方面則為 1 美元兌人民幣 8.28 元，經美元折算後，1 元新臺幣換算 0.24 元人民幣，1 元人民幣則換算為 4.11 元新臺幣。臺幣對美元的匯率是採浮動管理制度，而人民幣對美元則採釘住固定匯率，也因此兩岸貨幣之兌換率，主要是看臺幣對美元的波動情形，見圖 1–7。加上大陸外匯存底已累積超過我國的 2 倍（我國為 2,066.32 億美元，大陸為 4,032.51 億美元），大陸已為世界第一大外匯存底的國家，因此世界各國皆要求大陸減緩經濟成長，並讓人民幣升值，才能均衡世界貿易之發展。

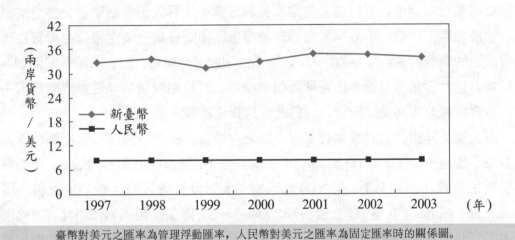

臺幣對美元之匯率為管理浮動匯率，人民幣對美元之匯率為固定匯率時的關係圖。

圖 1–7　兩岸貨幣對美元的匯率關係圖

　　中國人民銀行於 2005 年 7 月 21 日宣佈人民幣升值 2%，且將開始採行管理浮動匯率制度，放棄釘住美元匯率，以市場供需為基礎，來進行調節與管理人民幣匯率，未來人民幣、美元及新臺幣的匯率變動，將使得貿易關係更為複雜。

第五節　結　論

　　國際貿易理論與政策的核心，就是要用來解釋國際貿易發生的起因。由於世界各國所擁有生產要素稟賦的不同，造成生產上資源配置之差異，也就形成了國際分工理論。根據日本著名經濟學家入江豬太郎對國際分工之定義為：因專業化分工生產，使得各國可專精於特殊專長之行業生產，使得效率提高、產量增加。由於國與

國之間生產能力的不同與資源配置的不同，如果各國專業化生產後再進行國際貿易，將商品互通有無，建立其出口與進口的行銷管道，就可以預測其未來的貿易型態。

國際貿易的重要性，隨著全球化的腳步與世界貿易組織 (WTO) 的建立，即使是蕞爾小國或是位居洲陸偏僻國家，皆能享受全世界最好的商品與服務，並藉由全球行銷通路的建立，拉近國與國之間彼此的差異，並形成「天涯若比鄰」的距離，所以幾乎沒有一個國家可以完全孤立於世界貿易體系之外。其次，透過專業化大規模的製造，可以得到規模經濟，降低生產成本，更可以提高世界的社會福利水準。

在現實生活裡，國家之間仍有「藩籬」這條鴻溝存在，也就是因為它的存在，才能將市場予以區隔。不同的市場有不同的交易與管理方式；因此，一國的政策就會影響貿易情況的發生，所以有效的國際貿易政策不僅可以影響到國內、外之交易行為，也能遏阻不正當、不公平的交易現象發生。國際貿易政策主要是在對貿易作某種程度上的限制討論，可分為：一、對價格的限制，如關稅，二、對數量的限制，如配額等，這些政策工具皆會影響國際供需情形、貿易相對價格、要素稟賦使用……等，皆會對社會福利造成影響，故對此貿易政策要做審慎的評估。

過去幾十年來，世界整個貿易量不斷地在成長，加上各國關稅率不斷降低，貿易障礙不斷減少，並在 WTO 與 GATT 的規範之下，透過雙邊與多邊談判，消弭彼此貿易間的摩擦。目前 WTO 在 2004 年共有 148 個會員國（記住 GATT 是締約國：Contracting Parties，而 WTO 是會員國：Members），除了少數國家，如共產主義國家的古巴、北韓，宗教統治的阿富汗、伊朗，與政治因素的塞拉維亞、巴勒斯坦等，無法順利加入外，現在已經很少國家會採行像日本幕府時代的「鎖國政策」了。因此，為了探索國家間彼此貿易的原因，就成為國際貿易原理與政策所要進行的方向。

重要名詞與概念

1. 實證經濟學
2. 規範經濟學
3. 定性分析
4. 定量分析
5. 回溯分析法
6. 古諾行為
7. 伯奏行為
8. 世界貿易組織
9. 梅茲勒矛盾
10. 區域內貿易
11. 區域外貿易
12. 報價貨幣
13. 關稅暨貿易總協定
14. 國際產業標準分類
15. 服務暨貿易總協定

課後評量

1. 何謂國際貿易? 其與國內貿易有何異同之處? 其利益何在?

2. 請描述國際貿易理論之演變。

3. 請說明貿易大國與小國彼此之間的差異。

4. 請描述國際貿易理論模型之建構。

5. 國際貿易問題之探討,可分為幾個主題來討論,試申論之。

6. 請利用科學哲學的觀點,從國貿專業知識的本體論、認識論與方法論來做國貿理論之分析。

7. 試說明國際貿易理論模型,基本的主要假設為何?

8. 根據本書中的相關貿易資料,說明我國在全球經濟趨勢中所扮演的角色。

9. 從兩岸貿易資料中,說明我國是否對大陸具高度貿易依存度的情形。

10. 試簡要說明 WTO 組織對世界貿易的影響。

11. 請簡要說明我國為何要加入 WTO,其對我國國際貿易的衝擊與影響。

12. 請說明區域整合的意義,並試舉一實例簡要說明其發展概況。

第二章

基本個體經濟分析

利用社會無異曲線的幾何圖形分析說明國際貿易兩國間之均衡,藉由社會福利的變化來闡述壟斷的概念,並為邊際成本定價法則奠定基礎。當邊際收益與邊際成本相同時,決策者可利用此改善經濟效率,加上由一般均衡分析法來取代部分均衡分析法,可成為探究柏拉圖最適境界的準則。

婁勒 (Abba P. Lerner, 1903～1982)

《本章學習方向》

1. 生產可能曲線與社會無異曲線
2. 艾吉渥斯箱形圖與契約線
3. 柏拉圖最適境界
4. 要素密集度與要素稟賦
5. 婁勒分析法

本章章節架構

個體經濟分析

- 生產可能曲線的導出
  - 生產函數之定義
  - 等產量曲線
  - 等成本線
- 社會無異曲線
  - 需求與消費無異曲線
  - 社會無異曲線之特性
- 契約線的介紹 —— 從艾吉渥斯箱形圖推導，在公平與效率的原則之下進行資源配置的分析，進而達到柏拉圖最適境界
- 要素密集度的討論
  - 要素稟賦特性之歸類
  - 要素密集度逆轉
- 要勒分析法 —— 探討商品相對價格、要素相對報酬及要素密集度彼此間的關係

前言

由於世界上每個國家擁有的要素稟賦、生產技術及經濟發展程度不同，加上大部分的國家擁有許多貿易夥伴，每天都有數以萬種的不同商品在進行交易，因此我們應該如何去瞭解及解釋這些國際貿易活動的產生，成為接下來所要探討的問題。

為了試圖回答此問題，本章我們要開始來建立從事國際貿易的基本經濟模型並對其瞭解。一旦模型或理論被建立起來，它將可被用來回答一些重要的問題。例如，為何國際貿易會發生？國際貿易能獲得什麼利益（即貿易利得）？會產生什麼成本？在探討分析過程中，並不是國家中的每一個人都能從貿易中獲取同樣的利得，這似乎很明顯的造成資源分配不公，否則貿易不會是個持續到今日依然受爭論的議題。

國際貿易理論是以個體經濟學分析的角度出發，因為貿易理論是個體經濟分析之延伸，所以我們必須運用其相關分析概念與工具來探討兩國之間的貿易關係，並介紹國際貿易理論的基本概念，以俾未來在研讀本書的時候，有所助益。

第一節　生產可能曲線

生產可能曲線 (Production Possibility Frontier (Curve); PPF, PPC) 的導出，必須先從生產函數的內容加以定義。由於一國的生產代表整個社會的供給面，在既定的生產技術水準之下，由生產函數內的要素投入量 (Input) 所轉換成為商品產出量 (Output) 之間的函數比例關係。因此其意義為：在一定的技術水準與在既有的要素組合情形之下，生產商品其最大產量組合所形成的軌跡稱之為生產可能曲線。從上述可知，構成生產可能曲線的要件為：

(1)要素的投入及充分有效的使用。

(2)透過生產技術，投入及產出之間的關係所構成的生產函數。

(3)當要素使用量發生改變，對產出造成影響所導致的規模報酬 (Returns to Scale) 變化。

而其曲線的推導可透過個別生產者之等產量曲線，以及等成本線來找到其最適生產點。

隨堂測驗

美國與我國的生產可能曲線   (單位：百萬噸)

美國		我國	
蘋果	香蕉	蘋果	香蕉
600	0	300	0
400	100	200	200
200	200	100	400
0	300	0	600

(1)請以香蕉為橫軸，蘋果為縱軸，畫出美國與我國的生產可能曲線。

(2)美國與我國生產香蕉和蘋果的邊際機會成本分別為何？

(3)美國與我國應各自專業化生產何種產品？為什麼？

(4)美國與我國各自的進出口貿易型態為何？(92 年地方特考)

老師叮嚀

1. 規模報酬 (Returns to Scale)：當廠商對生產要素作倍數增減時，產出也同樣做增減的變化，可區分為固定規模報酬、規模報酬遞增、規模報酬遞減。

2. 規模經濟 (Economies of Scale)：係指當廠商擴大生產規模、增加產量時，由於勞工熟練使生產力提高，大量進貨可以較低的價格購買原料，並可獲融資借款方面的優待等因素，使得商品的單位成本隨產量的擴大而下降所帶來的市場占有率增加、利潤提高等的利益。

3. 範疇經濟 (Economies of Scope)：係指當廠商將生產技術性質相類似的商品集中生產，增加機器設備的運用範圍及使用率，使得同時生產多樣商品的聯合成本少於個別生產時的總成本，因而獲得降低成本的利益。

一、生產函數之定義

1.定義

所謂生產函數是指在既定的技術水準之下，不同的要素投入組合與可能獲得最大產出水準間的函數關係。如在完全競爭之下，為確保最有效率的生產，在固定的要素投入組合之下可獲得最大產出。由於生產函數在短期下有邊際報酬遞減 (Diminishing Marginal Returns) 的現象，而長期之下會發生規模報酬遞增、遞減或不變之情形，本章假設是在生產函數處於固定規模報酬 (Constant Returns to Scale) 的情況，就會形成齊次生產函數，亦即當要素投入以倍數增減時，產出也跟著呈倍數的

變化，為線性齊次生產函數。其數學說明如 (2–1)：

$$Q \equiv F(K, L) \tag{2-1}$$

(2–1) 式表示生產數量 Q 是要素投入 K 與 L 的函數，假設當要素投入，K 增加為 λK，L 也增加為 λL，當 $\lambda > 0$ 時，在固定規模報酬下，此時產出與要素投入呈同比例之變化。另 (2–1) 式可改為 (2–2) 式

$$\lambda Q = \lambda^r F(K, L) \tag{2-2}$$

因為線性齊次函數，當 $r = 1$ 為固定規模報酬，假如 $r > 1$ 時，則為規模報酬遞增 (Increasing Returns to Scale)，$r < 1$ 時為規模報酬遞減 (Decreasing Returns to Scale)。

2. 要素邊際生產力

接下來我們針對要素邊際生產力做比較分析，並將 (2–1) 式做全微分

$$dQ = dF(K, L) = 0 = \frac{\partial F}{\partial K}dK + \frac{\partial F}{\partial L}dL$$

$$= MP_K dK + MP_L dL = 0$$

$$-MP_K dK = MP_L dL$$

$$\therefore -\frac{dK}{dL} = \frac{MP_L}{MP_K} \tag{2-3}$$

(2–3) 式的解釋為資本對勞動的邊際技術替代率等於勞動與資本邊際生產力之比，如果我們再將 (2–2) 式以平均產出 (AP)、邊際產出 (MP) 以及要素密集度 ($\frac{K}{L} = k$) 之函數表示之

$$\lambda^r Q = F(\lambda K, \lambda L)$$

假如 $\lambda = \frac{1}{L}$，以及 $r = 1$ 時

AP 之推導

$$\frac{Q}{L} = F(\frac{K}{L}, 1) \rightarrow AP_L = F(k) \tag{2-4}$$

此外，當 $\lambda = \frac{1}{K}$，以及 $r = 1$ 時

$$\frac{Q}{K} = F(1, \frac{L}{K}) \rightarrow AP_K = F(\frac{1}{k}) \tag{2-5}$$

MP 之推導

$$\frac{\partial Q}{\partial L} = MP_L = \frac{\partial(L \cdot F(k))}{\partial L} = F(k) - kF'(k) \tag{2-6}$$

$$\frac{\partial Q}{\partial K} = MP_K = \frac{\partial(L \cdot F(k))}{\partial K} = LF'(k)\frac{1}{L} = F'(k) \tag{2-7}$$

$$\frac{dMP_L}{dk} = F'(k) - [F'(k) + kF''(k)] = -kF''(k) > 0 \text{❶} \tag{2-8}$$

$$\frac{dMP_K}{dk} = F''(k) < 0 \tag{2-9}$$

(2-8) 式表示勞動邊際生產力與要素密集度呈遞增關係，而 (2-9) 式表示資本邊際生產力則呈遞減關係。現在如果將 $r = 1$ 的假設條件拿開，則生產函數

$F(\lambda K, \lambda L) \equiv \lambda^r F(K, L)$，現將對 K 做偏微分

$$\frac{\partial F}{\partial(\lambda K)} \cdot \frac{\partial(\lambda K)}{\partial K} = \lambda^r \frac{\partial F}{\partial K}, \text{ 所以可得}$$

$$\frac{\partial F}{\partial(\lambda K)} \cdot \lambda \equiv \lambda^r \frac{\partial F}{\partial K}$$

$$\therefore \frac{\partial F}{\partial(\lambda K)} \equiv \lambda^{r-1}\frac{\partial F}{\partial K} \tag{2-10}$$

(2-10) 式表示資本等比例增加之邊際產出 ($\frac{\partial F}{\partial(\lambda K)}$) 等於資本未增加前之邊際產出 ($\frac{\partial F}{\partial K}$)，當 $r = 1$ 時，得到 $\lambda^{r-1} = 1$，稱之為線性齊次生產函數。

3.投入 n 種要素的邊際生產力

接下來，我們將要素投入由原本的兩種要素 (K, L)，擴展至 n 種的情況之下，所有要素投入的邊際生產力的報酬會將產出結果做均等分配，亦即所謂的尤拉定理 (Euler's theorem)。一般化之尤拉定理為

$$\frac{\partial F}{\partial X_1}X_1 + \frac{\partial F}{\partial X_2}X_2 + \cdots + \frac{\partial F}{\partial X_n}X_n \equiv rF(X_1, X_2 \cdots X_n)$$

在 $r = 1$，亦即為線性齊次函數之下去證明

$$F(\lambda X_1, \lambda X_2 \cdots \lambda X_n) \equiv \lambda^r F(X_1, X_2 \cdots X_n) \tag{2-11}$$

將 (2-11) 式對 λ 做微分，可得到

$$\frac{\partial F}{\partial(\lambda X_1)}\frac{\partial(\lambda X_1)}{\partial\lambda} + \cdots + \frac{\partial F}{\partial(\lambda X_n)}\frac{\partial(\lambda X_n)}{\partial\lambda} \equiv r\lambda^{r-1}F(X_1, \cdots X_n)$$

$$\therefore \frac{\partial\lambda X_1}{\partial\lambda} = X_1 \quad \therefore \sum_{i=1}^{n}\frac{\partial F}{\partial(\lambda X_i)}X_i \equiv r\lambda^{r-1}F(X_1, \cdots X_n)$$

---

❶須符合邊際生產力遞減法則，達到穩定狀態。

當 $r = 1$ 可推導得出 $\lambda^{r-1} = 1$ 時，則

$$\sum_{i=1}^{n} \frac{\partial F}{\partial X_i} X_i \equiv F(X_1 \cdots X_n) \tag{2-12}$$

根據上述之分析，我們可以利用柯布一道格拉斯生產函數 (Cobb-Douglas Production Function) 來加以說明

當 $Q = AL^{\alpha}K^{\beta}$ 時

$$\frac{\partial Q}{\partial L} = A\alpha L^{\alpha-1}K^{\beta} = MP_L$$

$$\frac{\partial Q}{\partial K} = A\beta L^{\alpha}K^{\beta-1} = MP_K$$

故 $\dfrac{MP_L}{MP_K} = \dfrac{\alpha}{\beta} \cdot \dfrac{K}{L} \Rightarrow MRTS_{LK} = \dfrac{\alpha}{\beta}k$

當 $\alpha + \beta = 1$ 表示線性齊次函數時，可以證明兩要素的邊際技術替代率是依據要素密集度的使用說明在製造生產過程中所佔之比例。當

$\alpha + \beta = 1 \rightarrow$ 為固定規模報酬

$\alpha + \beta > 1 \rightarrow$ 為規模報酬遞增

$\alpha + \beta < 1 \rightarrow$ 為規模報酬遞減

如果將此生產函數之方程式兩端取自然對數 (ln)，此時就成為線性函數了。

4.固定替代彈性生產函數

我們也可以用固定替代彈性生產函數（*CES* 生產函數）來證明之，其表示為

$$Q = r[\delta K^{\rho} + (1-\delta)L^{\rho}]^{\frac{\varepsilon}{\rho}}$$

$r \geq 0$: 效率因子，$0 \leq \delta \leq 1$: 配置因子，$\rho < 1$: 替代因子，ε: 規模因子，σ 為替代彈性 (Elasticity of Substitution)，是衡量要素相對使用比例 $\dfrac{K}{L}$ 的變動對邊際技術替代率 (*MRTS*) 變動的關係。

當 $\varepsilon = 1$ 時，為固定生產規模，此時 $\sigma = \dfrac{1}{1-\rho}$

$\varepsilon > 1$ 時，為生產規模遞增

$\varepsilon < 1$ 時，為生產規模遞減

因為，$\sigma = \dfrac{d\ln(\frac{K}{L})}{d\ln(MRTS)} = \dfrac{1}{1-\rho}$，故再經過我們的整理分析可得下列三種情形：

(1) $\rho = 1, \sigma = \infty$ 時為完全替代的生產函數。

(2) $\rho = 0, \sigma = 1$ 時為柯布—道格拉斯生產函數。

(3) $\rho \to -\infty$，即 $\sigma \to 0$ 時為完全互補的生產函數，也稱之為李昂鐵夫生產函數。

此外，尚有其它生產函數分析，如可變比例生產函數 (Variable Proportion Production Function)、總合生產函數 (Aggregate Production Function) ……，在此不再做額外說明，有興趣的讀者請參考相關的個體經濟分析叢書。

 隨堂測驗

請利用一國之「生產可能曲線」(Production Possibility Curve) 說明個別產業相對於另一產業產出為何存在「遞增成本條件」(Increasing Condition)？（92 年普考）

二、等產量曲線

等產量曲線 (Isoquant) 是指在一定技術水準下，為生產某一定量之商品，其所需二種不同生產因素的各種數量組合所形成的軌跡。我們以圖 2–1 來看，橫軸代表勞動量 (L)，縱軸代表資本量 (K)，假設生產 1 單位 X 財，可以 100 單位的資本配合 10

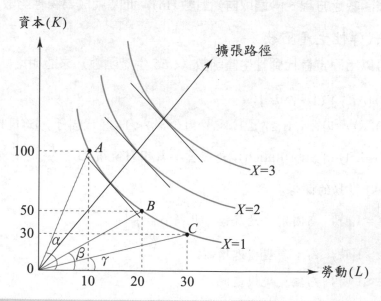

在 $\dfrac{K}{L}$ 比率不變之下，$MRTS_{LK}$ 也不會跟著改變之情況下，由原點出發結合與等產量曲線相同斜率的切線所形成的射線，即為擴張路徑。

圖 2–1　等產量曲線與擴張路徑

單位的勞動（*A* 點），也可以用 50 單位資本配合 20 單位的勞動（*B* 點），或 30 單位資本與 30 單位勞動（*C* 點），如將所形成要素組合這些點的軌跡連接起來，便得到一條連接 *A*、*B*、*C* 點的曲線，即稱為一等產量曲線，在要素價格不變之下，由原點開始之射線與各等產量曲線交點之切線，即邊際技術替代率（$MRTS_{LK}$），彼此間具有相同的斜率，加以連接起來，就成為了擴張路徑 (Expansion Path)。

等產量曲線之特性茲整理如下：

⑴任何一條曲線軌跡上之任一點，所表示的產量均相等。

⑵愈往右上方，表示產量愈高。

⑶等產量曲線斜率等於邊際技術替代率，且為負值，表示係在產量固定之下，當勞動量增加時，資本量必定減少，才能維持其均衡條件。

$$Q = F(K, L)$$

$$dQ = MP_K dK + MP_L dL = 0$$

$$\therefore -\frac{dK}{dL} = \frac{MP_L}{MP_K} = MRTS_{LK} \text{（邊際技術替代率）}$$

⑷兩兩要素間的替代率有逐漸縮小趨勢，即符合邊際技術替代率遞減法則。

$$-\frac{dK}{dL} = \frac{MP_L}{MP_K}$$

當增加 1 單位勞動的雇用，可以替代 $\frac{MP_L}{MP_K}$ 單位的資本雇用，隨著勞動使用上升，其所能代替的資本量則愈來愈少。

⑸凸向原點。由圖 2–1 可知，由 *A* 點移至 *B* 點，其雇用的資本勞動比下降時，$\frac{MP_L}{MP_K}$ 亦愈來愈小，主要是因為存在邊際技術替代率 (MRTS) 遞減法則，再加上要素密集度即 $\frac{K}{L}$ 比率，其可由原點與等產量曲線各點之連線表示之。

 隨堂測驗

1.何謂等產量曲線 (Isoquant)？其具有的特性有哪些？

2.請分別繪出直線型的等產量曲線與李昂鐵夫型的等產量曲線。

3.上述兩種不同形式的等產量曲線，其隱含生產要素之間的關係有何不同？請分別舉例說明之。

4.何謂價格擴張曲線 (Price Expansion Path)？其與需求曲線有何關係？

5. 何謂所得擴張曲線 (Income Expansion Path)？其與恩格爾曲線 (Engel Curve) 有何關係？

6. 請說明需求曲線與恩格爾曲線之間的關係。（90 外交特考）

三、等成本線

　　在企業的競爭過程當中，廠商無法確切知道其要投入多少的生產要素才能達到既定的生產規模，但是廠商可以先行瞭解此生產要素所支付的報酬，如工資 (w)、利息 (r) 等在固定的預算編列之下，來進行成本面的評估。因此，等成本線 (Isocost) 是在尋求固定成本之下，將兩種生產要素之間雇用量組合，在考量要素報酬的條件之下所形成的軌跡。

　　等成本線之特性，可陳述如下：

(1) 由於在完全競爭情形下，任一廠商均為要素價格的接受者。故廠商所面對工資價格 (w) 及資本價格 (r) 可視為一定，在考量預算生產成本 C 為固定下，等成本線方程式可表以線性方式為：

$\overline{C} = \overline{w}L + \overline{r}K$，對其做全微分可得

$d\overline{C} = \overline{w}dL + \overline{r}dK$，其也表示成 $0 = \overline{w}dL + \overline{r}dK$

故整理可得 $-\dfrac{dK}{dL} = \dfrac{\overline{w}}{\overline{r}}$

由於 $\overline{w}$、$\overline{r}$ 為已知固定值，故可決定斜率為一固定比率，故等成本線為一直線，見圖 2–2。

(2) 當等成本線愈往右上方時，代表成本愈高，而生產要素投入量也就愈多。

　　接下來，將等產量曲線與等成本線予以結合，就可以找出我們所要的最適生產點，此點為等產量曲線與等成本線相切點，亦即在固定成本之下能夠發揮最具效率的最大產出水準，或者在固定產出水準之下，將欲生產之成本支出降至最小，此時所決定之時點為最適生產點，如用圖 2–3 加以說明，其最適生產點所應具有的特性如下：

(1) 在最適生產點上，必符合 $\dfrac{\overline{w}}{\overline{r}} = \dfrac{MP_L}{MP_K} = MRTS_{LK}$。

(2) 最適生產點到原點連線斜率稱之為生產該商品之要素密集度 ($\tan\alpha$)。

上述所討論的只是單一廠商而已，如果由個別廠商推至整個產業，並同時考慮兩

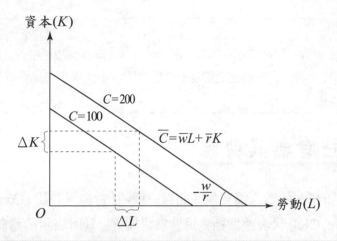

在固定的要素報酬之下，藉由預算成本的編列可反映出在固定成本下要素雇用組合所形成的軌跡。

圖 2-2　等成本線之推導

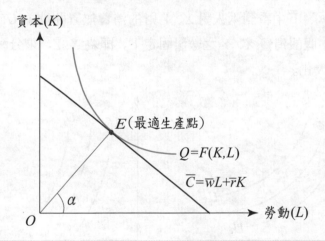

當等產量曲線所決定之 $MRTS_{LK}$ 等於等成本線所決定的相對要素價格比時，亦即兩者相切於 E 點時，稱之為最適生產點。

圖 2-3　最適生產點的推導

種商品之生產，若兩產業均在最適生產點的地方生產，則需符合 $(\frac{MP_L}{MP_K})_X = (\frac{MP_L}{MP_K})_Y = \frac{w}{r}$ 的條件之下，亦即在 X 及 Y 兩商品等產量曲線相切時，才可能得到最大產量組合。如果在不同要素相對報酬之下，分別得到不同最大產量組合的情形，這些最大產量組合所形成的軌跡，稱之為契約線 (Contract Curve)，其內容探討，將留在後面再來討論。

老師叮嚀

　　契約線：假設資源已經做了很有效率的配置，且存在兩種商品的情況，如果無法再增加某一商品之產量而不減少另一商品之產量的條件之下，由此兩種商品各等產量曲線相切而成的效率軌跡。

第二節　社會無異曲線

　　如同經濟學所探討的個人消費無異曲線一樣，社會無異曲線 (Community or Social Indifference Curve, CIC) 代表整個社會消費需求偏好。其所表示的意義如下：在社會偏好已知之下，兩種商品可作各種不同的消費組合，均能對社會全體產生相同效用水準，此種不同消費組合所形成的軌跡，稱之為社會無異曲線。

　　由於社會無異曲線是個人無異曲線的加總，現在我們先以兩人的效用加總來說明，可從圖 2–4 (a)、(b)中看到兩人對 X、Y 財的消費無異曲線為 U_1 與 U_2，其原點分別為 O_1 與 O_2，在假設消費 X、Y 之數量固定下，即為 $\bar{X}, \bar{Y}$，來分配給兩人，並使他們之效用達到最大化。

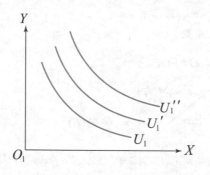
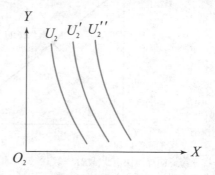

(a) U_1 較平表示消費者較偏好 Y 財　　　　　(b) U_2 較陡表示較偏好消費 X 財

圖 2–4　不同偏好消費者之無異曲線

　　其社會無異曲線如以加總方式表示之的話，必須先假設每人的效用曲線是相似的，因此我們可先固定第一人之效用水準，仍然再行加總，如圖 2–5 所示。

　　當兩人的無異曲線形狀不同時，如圖 2–4 (a)、(b)所示，此時可利用艾吉渥斯箱形圖 (Edgeworth Box) 求解。我們將 O_1 與 O_2 列在箱形圖的兩頂端，在固定商品數量 $\bar{X}$、$\bar{Y}$ 之狀態下，兩條無異曲線之相切點，即為柏拉圖最適境界 (Pareto Optimality)❷。

❷柏拉圖最適境界的達成是在不損及他人的效用水準之下，滿足自己效用水準的極大，詳細內容請參閱本章第三節。

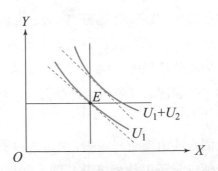

圖 2–5　社會無異曲線是個人無異曲線之加總

如果我們將這些相切點 1、2、3 與 O_1、O_2 連接起來，其軌跡成為消費的契約線 (Contract Curve)。圖 2–6 中，點 4 為兩無異曲線相交之點，而非相切點，故並非是最適點，兩人的消費效用仍可做增減變動，直至兩曲線相切並等於相對價格線 $\dfrac{P_X}{P_Y}$ 為止。圖中點 1、2 所表示的分配方式不一樣。社會無異曲線對應著價格線的差異，進而求出相交的社會無異曲線。

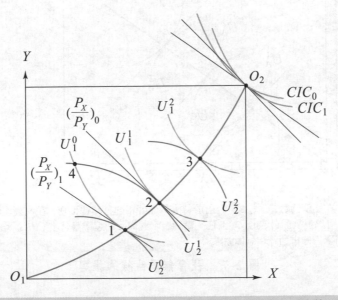

圖 2–6　利用艾吉渥斯箱形圖求出社會無異曲線

社會無異曲線其導出是藉由在顯示性偏好 (Revealed Preference) 的假設之下，亦即在一定的偏好及所得限制下，追求效用的最大，社會無異曲線若要由個人無異曲線直接加總，且所找到的無異曲線是唯一的一條時，需在下列情況下方能滿足：

(1)整個社會上只存在 1 位居民時（魯賓遜理論），此時個人之無異曲線代表整個社會的無異曲線。

(2)社會之經濟活動由個人或組織統一規劃，決策的目標是在提高社會福利水準。

(3)當社會上的每個人偏好及所得均相等時，個人無異曲線的加總即可代表社會無異曲線。

(4)偏好一致 (Identical) 且偏好同質不變 (Homogeneous)。所謂偏好相同乃指個人無異曲線形狀相同、位置相同，而偏好同質乃指若所得發生了重分配之後，仍不會影響個人消費兩財之比例，兩財消費的比例只受商品相對價格改變的影響，因此所得消費線 (Income-Consumption Curve) 成為一條通過原點的直線，見圖 2–7。

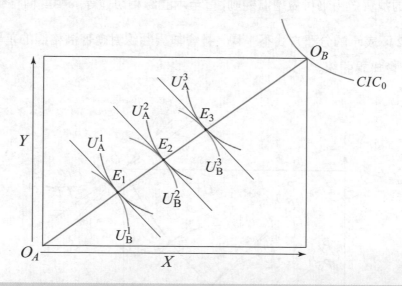

當社會存在 2 個消費者 A、B 時，由於每人的偏好相同且同質不變，在資源能做適當配置之下，可以得到對角線 $O_A O_B$ 上任一點均表示對商品的邊際替代率 (MRS) 均相同，故只能得到單一確定的社會無異曲線。

圖 2–7　社會無異曲線的推導

老師叮嚀

個人無異曲線不可有相交的情況，但社會無異曲線則可以。

接下來，我們將社會無異曲線做推廣說明：

(1)假設有 A、B 兩人，消費 X、Y 兩財，A、B 兩人所求得社會無異曲線可視為當兩人效用水準為固定水準時，各種商品消費數量之組合。故 CIC_0 之求出可採固定 U_0^A，滑動 U_0^B，所以 O_B 也需跟著滑動，方能維持整個社會效用水準於不變。見圖 2–8 當 U_0^B 往左上方移時，切點由 E 移至 E'，第二人的原點亦移至 O_B'，兩財之消費組合由 (X_0, Y_0) 改為 (X_1, Y_1)，如滑動 U_0^B，可找各種不同消費組合，故 O_B 所行經軌跡可視為兩人個人無異曲線加總之社會無異曲線。

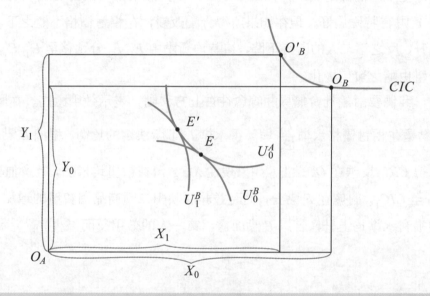

在先固定 A 消費者的情況，即已知 A 的無異曲線，接著由 B 消費者，在 A 消費無異曲線軌跡做滑動，而推導社會無異曲線 CIC 之滑動軌跡。

圖 2–8　社會無異曲線的推導

(2)若要得到唯一一條社會無異曲線，則 A、B 兩人無異曲線形狀相同、位置相同，不管固定誰，滑動何者，所得之社會無異曲線均相同。另外為了使消費契約曲線上任何一點所對應之社會無異曲線均重疊，故應假設偏好同質的條件之下方能滿足。

(3)在偏好相同且同質假設下，此時消費契約曲線為箱形圖之對角線，其符合每人之所得消費曲線相同且為發自原點的一直線。

另外一方面，當個人消費無異曲線的假設條件改變的話，那麼所得消費線的情

形會做怎樣的改變?如果個人的無異曲線相同,但不同質時,所得消費線就不能以直線情況表示,而變成曲線的情況。當每個人的無異曲線相同且同質時,所得消費線為通過原點的直線,以圖 2–9 (a)表示。但如果不同質時,則以圖 2–9 (b)表示。假設兩人一開始的消費均衡在 A 點,當均衡點從 A 點移動至 B 點時,表示第一人的所得水準下降,效用減少,而第二人的所得增加,效用上升;反之如果從 A 點移動至 C 點,則情況相反。因為 AB 的斜率大於 AC,表示社會上所消費的兩種商品在所得分配情況之下也隨之改變。接下來,如果個人無異曲線同質,但不相同時,在相同所得水準之下會產生不同商品的偏好,如圖 2–9 (c)所示,說明第一人對 X 財有強烈偏好,第二人對 Y 財有特殊偏好。現在如果所得分配改變,在相對價格不變之下,第一人的所得上升,反之第二人的所得下降,這時均衡點由 E_1, E_2 分別移至 E'_1, E'_2,兩種商品的消費量也隨之發生變化。

　　最後,我們要討論社會無異曲線愈往右上方移動,表示效用愈高。在圖 2–9 (d)當中,E 點是在相對價格水準 $\dfrac{P_X}{P_Y}$ 與所得水準 I_0 下所決定的均衡,根據 E 點的組合,我們可求得 CIC_0 反映在 O_2 點上。如果現在 X、Y 消費數量均增加,社會無異曲線由 CIC_0 上升至 CIC_1,對應在 F 點上,此時並非反映出二種商品消費量的增加,也不代表兩人的福利水準均上升,若以 F 點而言,第一人的效用反而減少。

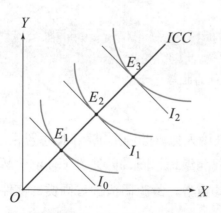

(a)　當個人無異曲線相同且同質時,
　　ICC 為通過原點之直線

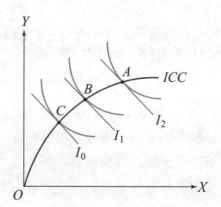

(b)　無異曲線相同但不同質時

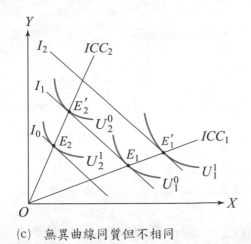

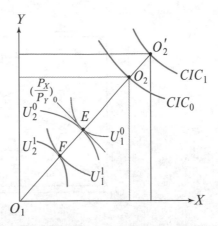

(c)　無異曲線同質但不相同　　　　(d)　社會無異曲線愈往右上方效用愈高

圖 2-9　所得消費線

第三節　柏拉圖最適境界

柏拉圖最適境界又稱做配置最適效率，滿足柏拉圖最適境界就是具有經濟效率的，反之不滿足柏拉圖最適境界就是缺乏效率。例如，如果商品在消費者之間的分配達到此境界就是具有效率，亦即任何重新分配都會至少降低一個消費者的滿足水準；那麼這種狀態就是最佳或最有效率的境界。柏拉圖最適境界包括交換最佳條件、生產的最佳條件以及交換和生產的柏拉圖最佳條件。

一、交換最佳條件

首先我們假定生產兩種商品分別為 X 與 Y 財，其既定數量為 $\overline{X}$ 與 $\overline{Y}$，其消費者分別為 A 與 B，接下來利用艾吉渥斯箱形圖的工具來分析這兩種商品在兩個消費者間的分配狀況，參見圖 2-10。箱形圖的水平長度表示整個經濟中第一種產品 X 的數量 $\overline{X}$，垂直長度表示第二種產品 Y 的數量 $\overline{Y}$，O_A 為第一個消費者 A 的原點，O_B 為第二個消費者 B 的原點。從 O_A 水平向右測量消費者 A 對 X 財消費為 X_A，垂直向上測量 Y 財消費為 Y_A，從 O_B 水平向左測量消費者 B 對 X 財消費為 X_B，垂直向下測量對 Y 財消費為 Y_B。

如以箱形圖 2-10 之點 a 來加以考量，a 對於消費者 A 的消費量 (X_A, Y_A) 和對於消費者 B 的消費量 (X_B, Y_B)，需滿足下列式子：

$$X_A + X_B = \overline{X} , Y_A + Y_B = \overline{Y}$$

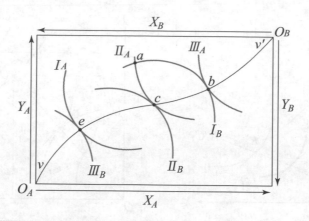

利用艾吉渥斯箱形圖來討論可能產品的分配狀態，透過無異曲線來表示消費的最大效用滿足。

圖 2–10　交換最佳條件

箱形圖中任意一點確定了一種消費組合，因此在確定兩種商品在兩消費者間所有可能的分配情況之後，接下來要在艾吉渥斯箱形圖中全部可能的商品分配狀態中，找出哪一個才是柏拉圖最適境界。為了分析此觀點，需要在艾吉渥斯箱形圖中加入消費者偏好，亦即加入每個消費者的無異曲線。由於 O_A 是消費者 A 的原點，故 A 的無異曲線斜率向右下方傾斜並凸向原點。I_A、II_A、III_A，分別是消費者 A 的效用水準，$I_A < II_A < III_A$。一般而言，從 O_A 點向右移動，表示消費者 A 效用增加。同理，O_B 是消費者 B 的原點，故 B 的無異曲線向右下方傾斜並凸向原點。I_B、II_B、III_B，分別是消費者 B 的效用水準，$I_B < II_B < III_B$。一般而言，從 O_B 點向左移動，表示消費者 B 效用增加。

　　由於消費函數是連續的，故點 a 必然處於消費者 A 某一條無異曲線上，同時也處於消費者 B 某一條無異曲線上，即消費者 A 與 B 分別有一條無異曲線經過 a 點，因此，這兩條無異曲線會在 a 點相切或相交。我們假設在 a 點相交（如圖 2–10 所示，a 點為 II_A 與 I_B 之交點），此時 a 點可能不是柏拉圖最適境界，這是因為若改變該初始分配狀態，如從 a 點變動到 b 點，則消費者 A 的效用水準從 II_A 增加至 III_A，而消費者 B 的效用水準並未變化，仍停留在 I_B 上，所以在 a 點仍有改善的餘地。如從 a 點到 c 點，則消費者 A 的效用不變，仍停留在 II_A，但消費者 B 效用則由 I_B 上升至 II_B。由此得到結論，在交換的艾吉渥斯箱形圖中任意一點，如果處於消費者 A 和 B 的兩條無異曲線的交點上時，他就不是柏拉圖最適境界，因為在這種情形之下，存在柏拉圖改善的餘地，即可以改變該狀態，但至少有一人的狀況會變好，且在沒有

人會變壞的條件之下，直至商品分配狀態處於兩條無異曲線的相切點，如點 *c* 上，則此時不存在任何柏拉圖改善的餘地，即可稱之為柏拉圖最適境界。

在艾吉渥斯箱形圖中無異曲線的切點不止只有點 *c*，如點 *b*、*e* 都代表處於柏拉圖最適境界，所有無異曲線切點的軌跡所構成的曲線 *vv'*，就稱之為交換的契約線（或效率曲線），表示兩種商品在兩個消費者間所有的最適分配（即柏拉圖最適境界）的集合。從交換的柏拉圖最適境界可以知道交換的最佳狀態是無異曲線的切點，而無異曲線的切點條件是該點上的兩條無異曲線斜率相等，其斜率的絕對值為兩種商品的邊際替代率 (MRS_{XY})，因此交換的柏拉圖最適境界可以用邊際替代率來表示，使 *X* 與 *Y* 兩商品在消費者 *A* 與 *B* 間之分配到達柏拉圖最適境界亦即：

$$MRS^A_{XY} = MRS^B_{XY} \tag{2--13}$$

 隨堂測驗

在桃花島上。郭靖和黃蓉發現 500 公斤玉米，郭靖的效用為 $U_1 = \frac{1}{2}\sqrt{Q_1}$，黃蓉的效用為 $U_2 = \sqrt{Q_2}$，Q_1 及 Q_2 分別代表其消費量。

⑴若我們將玉米平分給郭靖及黃蓉其效用各為何？

⑵若桃花島主東邪黃藥師，想要使全島總效用 ($U_1 + U_2$) 達到極大，請問應如何分配？

⑶若想使兩人的效用相等，玉米應如何分配？

二、生產最佳條件

交換最佳條件研究兩種既定數量商品在兩消費者間的分配情形，而生產最佳條件則要研究兩種既定生產要素在兩生產者間分配情形。假設，這兩種要素分別為 *L* 和 *K*，既定數量為 $\bar{L}$ 與 $\bar{K}$，其兩生產者分別為 *C* 與 *D*，於是要素 *L*、*K* 在生產者 *C*、*D* 之間的分配情形亦可以用艾吉渥斯箱形圖表示，參見圖 2–11。在既定要素數量為 $\bar{L}$ 與 $\bar{K}$ 下，O_C 為第一個生產者 *C* 的原點，O_D 為第二個生產者 *D* 的原點。從 O_C 水平向右測量生產者 *C* 對第一種要素生產消費量 L_C，垂直向上測量對第二種要素生產消費量 K_C，從 O_D 水平向左測量生產者 *D* 對第一種要素生產消費量 L_D，垂直向下測量對第二種要素生產消費量 K_D，以下式表示之：

$$L_C + L_D = \bar{L}$$
$$K_C + K_D = \bar{K} \tag{2--14}$$

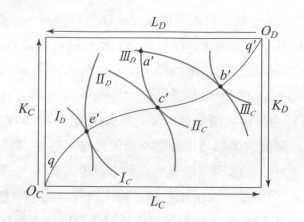

此部分是透過要素投入來形成生產量，透過等產量曲線來看生產者彼此間是否達成要素使用最有效率。

圖 2–11　生產最佳條件

　　其箱形圖中任意一點確定了兩種生產要素在兩生產者之間所有可能的分配情形，但在艾吉渥斯箱形圖中，哪一個是柏拉圖最適境界呢？在此我們加入生產者的等產量曲線，由於 O_C 是生產者 C 的原點，故 C 的等產量曲線如 I_C、II_C、III_C，分別是生產者 C 的生產水準，$I_C < II_C < III_C$。一般而言，從 O_C 點向右移動，表示生產者 C 生產增加。同理，O_D 是生產者 D 的原點，故 D 的等產量曲線如 I_D、II_D、III_D，分別是生產者 D 的生產水準，$I_D < II_D < III_D$。一般而言，從 O_D 點向左移動，表示生產者 D 生產增加。其分析方法如同交換最佳條件一樣，如在艾吉渥斯箱型圖存在任一點處於生產者 C 和 D 的兩條等產量曲線的交點上，它就不是柏拉圖最適境界，直到處於兩等產量曲線的切點 c' 點上，此時不存在任何柏拉圖改善的餘地，即達到柏拉圖最適境界。

　　等產量曲線的切點不止只有 c' 而已，如圖所示，尚有 b'、e' 等也都是等產量曲線的切點，故也是柏拉圖最適境界，所有等產量曲線的切點軌跡構成曲線 qq'，其稱之為生產的契約線，表示兩種生產要素在兩個生產者間的最佳分配狀態之集合。生產的柏拉圖最適境界是等產量曲線的切點，而等產量曲線切點的條件是該點上兩條等產量曲線的斜率相等，而等產量曲線斜率的絕對值又叫做兩種要素的邊際技術替代率 ($MRTS_{LK}$)，如對生產者 C 與 D 來說，L 代替 K 的邊際技術替代率分別說明生產的柏拉圖最適境界，即

$$MRTS_{LK}^{C} = MRTS_{LK}^{D} \tag{2–15}$$

三、交換和生產的柏拉圖最佳條件

現在我們要將交換和生產這兩方面綜合起來討論交換和生產的柏拉圖最佳條件。交換的最佳條件是說明消費是最有效率的；而生產的最佳條件只是說明生產是最有效率的。為了把交換和生產結合在一起加以論述，我們將在前面討論中分別研究它們時所做的假定也加以合併如下，即假設整個經濟只包括兩消費者 A 和 B，他們在兩種商品 X 和 Y 財之間進行選擇；此外，兩個生產者 C 和 D，他們在兩種要素 L 和 K 之間進行選擇以生產兩種商品 X 和 Y，並且消費者的效用函數（無異曲線）為既定不變，而生產者的生產函數（等產量曲線）也既定不變的假設條件之下加以討論。

1. 從生產契約曲線到生產可能曲線

現在的生產是兩生產者 C 和 D 在兩種要素 L 和 K 之間進行選擇，分別生產 X 和 Y。我們知道圖 2–11 中的生產契約曲線 qq' 代表了所有生產的柏拉圖最適境界的集合。具體說來，生產契約曲線 qq' 上的每一點均表示兩種要素投入在兩生產者之間的分配為最佳投入。但是生產契約曲線還向我們提供了另一有用的訊息，即在該曲線上的每一點，也表示了一定量的投入要素在最佳配置時所能生產的一組最佳的產出。現在考慮上述所有最佳產量的集合特點。在圖 2–12 中可以畫出最佳產量的軌跡。例如，對應於圖 2–11 中生產契約曲線上的點 c'，最佳產量為 (X_1, Y_1)，該產量在圖 2–12 中就是圖中的 c'' 點。同樣的對應於生產契約曲線上的 e'，最佳產量為 (X_2, Y_2)，該產量在圖 2–12 中就是圖中的 e'' 點。將生產契約曲線上每一點均通過這種方法轉換到圖 2–12 中來，便得到生產可能曲線 PP'。

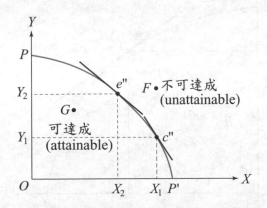

從生產契約線上的探討，其表示在線上每一點皆達成生產最佳條件，因此可從箱形圖中對應出生產可能曲線。其生產曲線可能線外之 F 點，表示不可達成之生產組合；反之 G 則為可達成之生產組合。

圖 2–12　從艾吉渥斯箱形圖所推導之生產可能曲線

　　生產可能曲線的特點有二，第一，它向右下方傾斜；第二，它向右上方凸出。如果假設商品 X 產出變動量為 ΔX，商品 Y 產出變動量為 ΔY，則它們的比率的絕對值 $\left| \dfrac{\Delta Y}{\Delta X} \right|$ 可以衡量 1 單位 X 財轉換為 Y 財的比率。該比率的極限則定義為 X 財對 Y 財的邊際轉換率 MRT，亦即

$$MRT = \lim_{\Delta \to 0} \left| \frac{\Delta Y}{\Delta X} \right| = \left| \frac{dY}{dX} \right| \tag{2-16}$$

換句話說，所謂商品的邊際轉換率就是生產可能曲線的斜率絕對值。

　　在詳細的討論了生產可能曲線的情況之後，我們接下來研究如何利用該曲線將生產和交換兩方面綜合在一起，從而得到生產和交換的柏拉圖最適境界。參見圖 2–13，首先在圖中的生產可能曲線上任選一點，例如 O_B 點。由生產可能曲線的性質可知，O_B 點是生產曲線上的一點，故滿足生產的柏拉圖最適境界。另一方面，O_B 點表示一組最佳產出，即交換的最佳條件 $(\bar{X}, \bar{Y})$。如果從 O_B 點出發分別引一條垂直線到 $\bar{X}$ 和一條平行線到 $\bar{Y}$，則得到一個矩形 $O_B \bar{X} O_A \bar{Y}$。該矩形恰好與艾吉渥斯箱形圖相同，故該矩形中任意一點也表示既定產出 $\bar{X}$ 和 $\bar{Y}$ 在兩消費者之間的一種分配。由於 vv' 上任意一點均為交換的柏拉圖最適境界；因此，在給定生產契約曲線上一點即給定柏拉圖最適境界，若現在有一條交換的契約線存在，則會有無窮多的交換柏拉圖最適境界與之對應。因此可得到

$$MRS_{XY} = MRT_{XY} \tag{2-17}$$

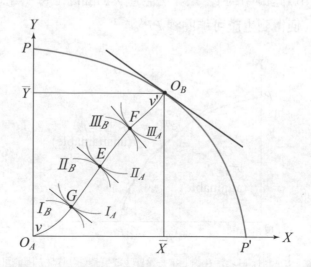

當生產與消費達到資源使用配置最有效率時，就可以達成生產與交換的最佳條件，使得柏拉圖最適境界得以出現。

圖 2–13　生產與交換的最佳條件

四、小結

現在我們將柏拉圖最適境界綜合表示如下：

1. 交換最佳條件

任何兩種產品的邊際替代率對所有的消費者都相等。用公式表示即是：

$$MRS_{XY}^A = MRS_{XY}^B \tag{2-13}$$

式中 X 和 Y 為任意兩種產品；A 和 B 為任意兩消費者。

2. 生產最佳條件

任何兩種要素的國際技術替代率對所有生產者都相等。用公式表示即是：

$$MRTS_{LK}^C = MRTS_{LK}^D \tag{2-15}$$

式中 L 和 K 為任意兩種要素；C 和 D 為任意兩生產者。

3. 生產和交換的最佳條件

任何兩種商品的邊際轉換率等於它們的邊際替代率。用公式表示即是：

$$MRS_{XY} = MRT_{XY} \tag{2-17}$$

當上述三個邊際條件均得到滿足時，稱之為經濟體系達到柏拉圖最適境界，另外當任意兩種商品在消費者 A 的邊際替代率等於這兩種商品的價格比率時，

$$MRS_{XY}^A = \frac{P_X}{P_Y} \tag{2-18}$$

同樣地，其他消費者如 B 在效用最大化條件，亦即是任意兩種商品的邊際替代率等於這兩種的價格比率，

$$MRS_{XY}^B = \frac{P_X}{P_Y} \tag{2-19}$$

由上述 (2-18) 式和 (2-19) 式即得到：

$$MRS_{XY}^A = MRS_{XY}^B = \frac{P_X}{P_Y}$$

這就是交換的柏拉圖最適境界，如同 (2-13) 式。

其次來看生產者的情況，在完全競爭經濟中，任一個生產者，例如，C 的利潤極大化條件之一是對任意兩種要素的邊際技術替代率等於這兩種要素的價格比率，即有：

$$MRTS_{LK}^C = \frac{P_L}{P_K} \tag{2-20}$$

同樣的，另一生產者如 D 在完全競爭條件下的利潤極大化條件是，任意兩種要素的邊際技術替代率等於這兩種要素的價格比率，即是：

$$MRTS_{LK}^D = \frac{P_L}{P_K} \tag{2-21}$$

由上述 (2-20) 式和 (2-21) 式即得到：

$$MRTS_{LK}^C = MRTS_{LK}^D \tag{2-21}$$

這就是生產的柏拉圖最佳條件，如同 (2-15) 式；因此，要素的均衡價格實現了生產的柏拉圖最適境界。最後來看生產者與消費者綜合分析，說明在完全競爭市場之下，如何滿足生產與交換的柏拉圖最適境界。為此，先對商品的邊際轉換率再做解釋。X 商品對 Y 商品的邊際轉換率就是：

$$MRT_{XY} = \left| \frac{\Delta Y}{\Delta X} \right| \tag{2-23}$$

它表示增加 ΔX 就必須減少 ΔY，或者增加 ΔY 就必須減少 ΔX。因此，ΔY 可以看成是 X 的邊際成本（機會成本）；另一方面 ΔX 也可以看成是 Y 的邊際成本。如果用 MC_X 和 MC_Y 分別代表商品 X 和 Y 的邊際成本，則 X 財對 Y 財的邊際轉換率可以定義為兩種商品的邊際成本的比率：

$$MRT_{XY} = \left| \frac{\Delta Y}{\Delta X} \right| = \left| \frac{MC_X}{MC_Y} \right| \tag{2-24}$$

此時生產者利潤最大化的條件是商品的價格等於其邊際成本，於是有：

$$P_X = MC_X, P_Y = MC_Y$$

亦即 $\frac{MC_X}{MC_Y} = \frac{P_X}{P_Y}$，再由消費者效用最大化條件：$MRS_{XY} = \frac{P_X}{P_Y}$，故可得：

$$MRS_{XY} = \frac{P_X}{P_Y} = MRT_{XY} \tag{2-25}$$

(2-25) 式即表示了生產與交換的柏拉圖最適境界。

 隨堂測驗

試分別說明為何下列情況表示尚未達到柏拉圖最適境界：

(1) A 和 B 兩人邊際替代率不相等，如：$MRS_{XY}^A > MRS_{XY}^B$

(2) X 和 Y 的邊際轉換率大於邊際替代率，如：$MRT_{XY} > MRS_{XY}^{A \, or \, B}$

並說明應如何變動才可趨向柏拉圖最適境界？（89 年特考）

第四節　要素密集度及要素稟賦

一、要素密集度

要素密集度 (Factor Intensity) 表示的是生產一單位商品，在最適生產情形下，其所雇用的生產要素之間的相對組合比率。在假設有兩種生產要素的情況下──勞動 (L) 與資本 (K)，要素密集度就是資本─勞動比率 ($\frac{K}{L}$)。

在完全競爭情形下，其均衡點是在等產量曲線及等成本線相切點，即在生產成本最小或生產產量最大之要素組合比率，故 $(\frac{K}{L}) = \tan\alpha$，其表示生產成本最小或利潤最大之要素組合比例，也就是要素的邊際技術替代率 ($MRTS_{LK}$) 等於要素相對報酬 ($\frac{w}{r}$) 之條件下的要素組合比例。

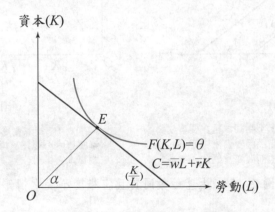

在特定的生產函數之下，要素密集度 ($\frac{K}{L}$) 的推導反映在邊際技術替代率 ($MRTS$) 與要素相對報酬 ($\frac{w}{r}$) 相等之條件下。

圖 2-14　要素密集度對邊際技術替代率與要素相對報酬之反映

接下來，我們要探討要素密集度歸類問題：

1. **要素密集度歸類不變：**

每一種商品皆可依據其商品特性之不同，被歸類為資本密集財 (Capital-intensive Good) 或勞動密集財 (Labor-intensive Good)，在任何情形之下，其商品之要素密集被歸類之後均不會再發生改變，表示其商品特性不會再改變。若要素密集度要確保密

集歸類不變，其成立之充分條件為：

(1)固定規模報酬。

(2)要素相對報酬不變。

(3)兩商品之等產量曲線僅交於一點。

　　若上述三個條件均成立，則可得到兩商品之生產擴張線為兩條永不相交直線（見圖 2–15 (a)）或互相平行（圖 2–15 (b)）之兩條商品要素密集線，此時兩種商品之要素密集線要相互平行且與要素相對報酬 $(\frac{w}{r})$ 呈單調遞增函數關係。

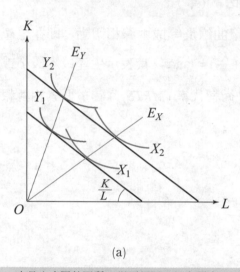

(a)

商品生產函數同質，但不相同，且在要素相對報酬不變之下，商品的要素密集度不會隨著商品產量的增加而改變。

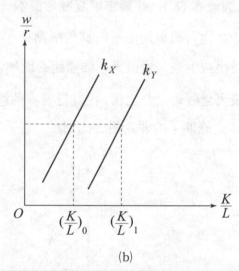

(b)

X、Y 財兩條要素密集線相互平行表示要素密集度不變，X 財為勞動密集財、Y 財為資本密集財。

圖 2–15　生產函數同質且密集度不變之情形

2.要素密集度歸類改變

　　要素密集度歸類改變時稱為要素密集度逆轉 (Factor Intensity Reversal)，亦即表示如果一種商品在某些條件下為資本密集財，在某些條件之下這一種商品又可能成為勞動密集財，商品的屬性會隨著環境條件的改變而跟著不同，例如，黑白電視機，在 60 年代為資本密集財，但在 80 年代之後卻變成勞動密集財。

　　若上述三項有關要素密集度歸類不變充分條件有部分不成立時，即可能發生要素密集度逆轉的情況。例如，

　　(1)至少有一種商品之生產函數處於非固定規模報酬的時候，見圖 2–16。

　　隨著生產規模擴大，在考量生產函數是否相同與同質的情況之下，隨著產量的

增加，生產要素如果不是呈比例的增加，則 X 財與 Y 財之生產擴張線就會產生相交情形。此時商品因要素使用的比例改變，就會造成要素密集度逆轉，商品歸類就隨之改變。

　　(2)兩商品之等產量曲線相交一點或二點，且要素相對報酬 ($\frac{w}{r} = \omega$) 會改變的時候，見圖 2–17。

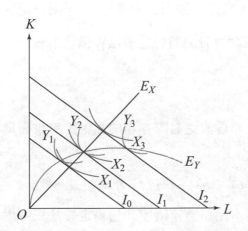
當商品的生產函數不是同質時，要素密集度的歸類會改變。

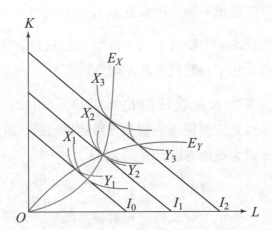
當商品的生產函數不同且非同質時，會改變要素密集度之歸類。

圖 2–16　商品生產函數的特性對要素密集度歸類之影響

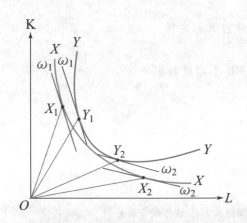
當要素相對報酬改變時，造成要素密集度逆轉。

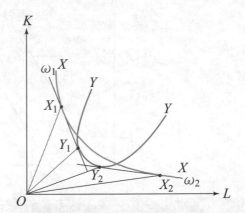
在非線性齊次函數情況之下要素相對報酬的改變，會造成要素密集度逆轉。

圖 2–17　要素相對報酬改變對要素密集度之影響

在圖 2–17 中說明了要素相對報酬改變，形成要素密集度逆轉的情形，當要素相

對報酬為 ω_1 時，X 財為資本密集財，Y 財為勞力密集財 (點 X_1 之要素密集度大於點 Y_1 之要素密集度)，當要素相對報酬為 ω_2 時，X 財為勞力密集財，Y 財為資本密集財 (點 X_2 之要素密集度小於點 Y_2 之要素密集度)。

二、要素稟賦

衡量一國之要素稟賦 (Factor Endowments) 乃是一種相對的概念 ($\frac{K}{L}$) 而非絕對的概念 (以 K 或 L 表示)，而衡量要素稟賦的觀念可分為實物定義法與價格定義法兩種，接下來我們將此兩類分別說明

1. 實物定義法 (Physical Definition)

此定義僅考慮實體存量的供給面，即以生產要素之實際存量的相對比率來衡量一國之要素稟賦，見圖 2–18。

$$若 (\frac{K}{L})_h < (\frac{K}{L})_f,\ K: 資本量,\ L: 勞動量,\ h: 本國,\ f: 外國$$

表示本國為勞動相對豐富國家，外國為資本相對豐富國家。這種定義法只考慮相對大小，而非絕對大小，例如，即使本國擁有大量的資本量，但因人口眾多，例如，美國 (US)，其資本量與人口量皆大於英國 (UK)，但 $(\frac{K}{L})_{uk}$ 比值卻大於 $(\frac{K}{L})_{us}$。

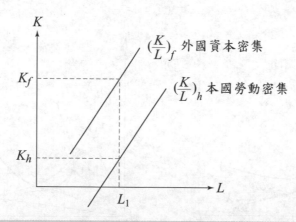

以實物定義法來看，在相同的勞動量 L_1 之下，外國資本 K_f 大於本國資本 K_h。

圖 2–18　實物定義法下之要素密集度

2. 價格定義法 (Price Definition)

此定義同時考慮供需兩面，即以要素相對報酬來衡量一國要素稟賦。

若 $(\frac{w}{r})_h < (\frac{w}{r})_f \Rightarrow \omega_h < \omega_f$

　　w：工資價格　　r：資本價格　　ω：要素相對報酬

　　此表示本國為勞動相對豐富國家，外國為資本相對豐富國家，因為外國相對工資高於本國。這種定義法只考量要素相對報酬大小，而忽視要素絕對報酬之多寡，見圖 2–19。如我們將兩種定義法予以比較來衡量要素稟賦之標準，主要不同之處在於實物定義法只考慮供給面，而不像價格定義法同時考慮供給與需求面。在一般情況之下，兩種定義法的結果應該是相同的，但在下列情況之下則有例外：

(1)若產生要素需求逆轉 (Factor Demand Reversal) 現象時，才會發生實物定義及價格定義產生不一致的現象。

(2)古典貿易理論模型所採的是實物定義法，若要素需求逆轉時，將發生相關的理論定理不成立，因此需假設兩國需求型態相同之條件來避免之。

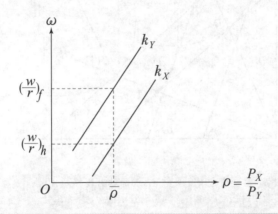

在商品相對價格及要素密集度固定之下，兩國要素相對報酬就會產生差異。

圖 2–19　以價格定義法來看要素價格之變動

第五節　婁勒分析法

　　婁勒 (Lerner) 分析法之介紹主要在探討一商品相對價格 (ρ)、要素相對報酬 (ω) 及要素密集度 (k) 之關係，在現行的技術水準之下，透過生產函數在要素稟賦充分使用（亦即在充分就業的狀態）之下，決定兩種商品的生產水準。

　　現在，我們先假設 Y 財為資本密集財，X 財為勞力密集財，其生產函數均為線性齊次生產函數，且兩商品之等產量曲線均切於同一條等成本線上，見圖 2–20。若

要素相對報酬為 ω_1 時，此時 X 財及 Y 財之最適生產點分別位在 k_X、k_Y 線上的 A、B 兩點上，此時商品相對價格 $\rho = \dfrac{P_X}{P_Y} = 1$（切於同一條等成本線）。若要素相對報酬為 ω_2 時，此時 X 財及 Y 財之最適生產點分別為 A'、B' 兩點，此時商品相對價格大於 1，A' 點之要素密集度大於 A 點，B' 點之要素密集度亦大於 B 點，故要素相對報酬提高時，兩財之要素密集度上升且兩財相對價格亦上升。

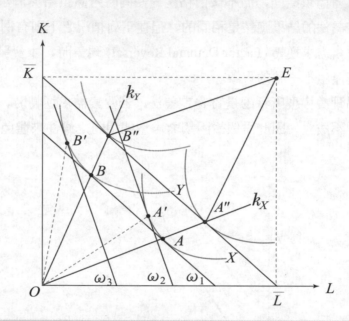

要素稟賦量增加時，當要素密集度不變時，均衡點由 A 移至 A'' 點，B 移至 B'' 點；但是如果間接引起要素相對報酬改變時，均衡點分別移至 A' 及 B' 上。

圖 2-20　要素相對報酬改變時在要素密集度不變下，要素稟賦之變動情形

在充分就業的情況之下，資本與勞動兩要素已充分的使用在 X、Y 財的生產上，所以可得到

$$L_X + L_Y = \bar{L}$$
$$K_X + K_Y = \bar{K} \tag{2-26}$$

L_X、K_X：生產 X 財所使用的勞動與資本量

L_Y、K_Y：生產 Y 財所使用的勞動與資本量

再加以整理可得到

$$\frac{K_X}{\bar{L}} + \frac{K_Y}{\bar{L}} = \frac{\bar{K}}{\bar{L}} = k \tag{2-27}$$

因為 $\dfrac{K_X}{L_X} = k_X$, $\dfrac{K_Y}{L_Y} = k_Y$，所以 (2–27) 式可成為

$$k_X \frac{L_X}{\bar{L}} + k_Y \frac{L_Y}{\bar{L}} = k \tag{2–28}$$

一國的要素密集度＝(X 財之要素密集度×生產 X 財所占勞動量比例)＋(Y 財之要素密集度×生產 Y 財所占勞動量比例)

(2–28) 式表示如下：

因為 $L_X + L_Y = \bar{L}$ 其又可表示成一國的要素密集度等於兩種商品要素密集度的加權平均。

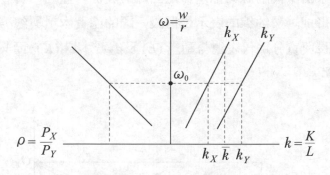

要素密集度不變時，要素相對報酬與商品相對價格間之關係。

圖 2–21　要素密集度不變，要素相對報酬與商品相對價格之變化情形

若此時發生要素密集度逆轉 X 財變為資本密集財，Y 財變為勞力密集財時，同理可推，商品相對價格 $\rho(\dfrac{P_X}{P_Y})$，要素相對報酬 $\omega(\dfrac{w}{r})$ 及要素密集度 $k(\dfrac{K}{L})$ 之關係改為圖 2–22 所示，要素相對報酬會隨著商品相對價格的改變而變動。

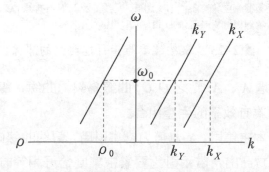

要素密集度發生逆轉時，商品相對價格與要素相對報酬之間的關係也隨之發生變化。

圖 2–22　要素密集度改變，商品與要素相對報酬變化之情形

根據上述說明，在要素稟賦可以衡量，且生產函數與要素報酬已知的條件之下，按照婁勒分析，可以知道要素稟賦的使用情形，用以求出最大產出。

一般相關國際貿易研究會採用「實物定義法」來比較兩種生產要素存量，以決定何國為資本豐富或勞動豐富，而「價格定義法」，是以要素相對報酬為準。如果 $\omega_h < \omega_f$，表示外國為資本豐富國家，本國為勞動豐富國家。當資本多的時候，其資本報酬 (r) 就低，所以要素相對報酬 $(\omega = \frac{w}{r})$ 就相對較高，反之則然。實物定義法與價格定義法其表示不見得相等，唯有在兩貿易國需求型態相同且同質時 (Identical and Homogeneous) 時，其定義才會一致。

接下來我們來討論契約線與生產可能曲線的關係，並利用實物定義與價格定義來說明契約線的形成。契約線的表示是假設一國的總資本量與總勞動量固定，以艾吉渥斯箱形圖的長與寬分別代表總勞動量 $(\bar{L})$ 及總資本量 $(\bar{K})$。而契約線的特性說明如下，見圖 2–23：

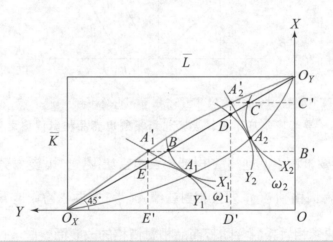

契約線上的每一點皆反映出最有效率之生產配置與搭配消費效用滿足均衡點，在要素相對報酬 (ω) 不變與要素密集度不變 (k) 之下，契約線即為對角直線 O_XO_Y；反之，如果 ω 與 k 改變時，契約線變成對角弧線 O_XO_Y。

圖 2–23　契約線與生產可能曲線的關係

(1)偏向右下方通過 A_1、A_2 點之 O_XO_Y 曲線為契約曲線，線上任何一點（例如，A_1、A_2 點）均為有效率的生產組合。

(2)若假設 Y 為資本密集財，X 為勞力密集財時，契約曲線向右下方凸出；反之契約曲線向左上方凸出，若兩財之要素密集度恰好相等時，契約曲線恰為箱形圖之對角線。

(3)由 A_1 至 A_2，X 財及 Y 財之要素密集度愈來愈高，要素相對報酬亦不斷地提高 ($\omega_2 > \omega_1$)。

(4)若 X 財之等產量曲線愈離 O_X 愈遠，則 X 財產量愈高 ($X_2 > X_1$)，若 Y 財之等產量曲線愈離 O_Y 愈遠，則 Y 財產量愈高 ($Y_2 > Y_1$)。

(5)由契約曲線導出生產可能曲線，令 OX 軸當做 X 軸代表 X 財產量大小，OY 軸當做 Y 軸代表 Y 財產量大小，則通過 A_1'、A_2' 點之 $O_X O_Y$ 曲線則為相對應之生產可能曲線。(記得是對應 A_1, A_2 之契約線) 若 OO_Y 表示社會資源完全專業化生產 X 財之最大產量時，則依照 $\dfrac{O_X B}{O_X O_Y} = \dfrac{OB'}{OO_Y}$ 可知 OB' 可代表契約曲線上 A_1 點所對應的 X_1 產量，依照 $\dfrac{O_X C}{O_X O_Y} = \dfrac{OC'}{OO_Y}$ 可知 OC' 可代表契約曲線上 A_2 點所對應之 X_2 產量。同理可證 OE' 及 OD' 分別代表契約曲線上 A_1、A_2 所對應的 Y 財產量 (Y_1、Y_2)。

第六節　結　論

　　本章主要是以個體經濟理論分析的工具介紹為主軸，導入國際貿易理論的討論當中，藉由這些分析工具，有助於讀者探討國際貿易的來龍去脈。一開始由古典學派所提出的貿易商品為完全競爭市場且可在國與國之間彼此互通，但是生產要素如勞動 (L) 則可在國內自由移動，在國際則否的假設條件之下，各國的生產可透過生產函數的建立，在生產規模報酬固定、遞增或遞減的情形下，藉由等產量曲線與等成本線的介紹，推導在最適生產條件下，如何將生產資源做有效的配置。

　　接下來我們著重在社會無異曲線上的分析，不同於個人消費無異曲線的特性：如凸向原點，兩兩互不相交，愈往右上方效用表示愈高等等；社會無異曲線是個人無異曲線的加總，在考量消費者的偏好是相同且同質的情況之下，才會與個人無異曲線相似，否則其形狀可能會受到上述因素之影響而改變其特性。

　　探討社會福利，我們不能忘記艾吉渥斯箱形圖分析法與契約線的推導。契約線上的每一點均表示在生產與消費最適均衡下所產生之柏拉圖最適境界結果，我們可經由交換的最佳條件、生產的最佳條件以及交換與生產的最佳條件來加以說明分析。這部分的介紹篇幅較長，是希望讀者經由其中內容的介紹，可以充分瞭解到國際貿易所重視的交易行為，最希望能做到「雙贏」的局面，不然也必須做到在不損失他

國效用滿足水準之下，達到本國效用滿足之極大。

有關要素稟賦與要素密集度的歸類，也是本章所討論的重點。在商品相對價格改變之下，要素相對報酬也會隨之變動，其要素密集度也會隨之受到影響。一國的資本－勞動比率 $(\frac{K}{L} = k)$，說明何國生產資本密集財或勞動密集財，如果有發生如要素密集度逆轉的情形，即該國生產資源配置的情形也就會隨之改變，進一步就會影響其貿易型態。

重要名詞與概念

1. 規模報酬
2. 邊際報酬遞減
3. 固定規模報酬
4. 規模報酬遞增
5. 規模報酬遞減
6. 尤拉定理
7. 等產量曲線
8. 擴張路徑
9. 等成本線
10. 契約線
11. 艾吉渥斯箱形圖
12. 柏拉圖最適境界
13. 顯示性偏好
14. 消費線
15. 要素密集度
16. 要素密集度逆轉
17. 要素稟賦
18. 實物定義法
19. 價格定義法
20. 生產可能曲線
21. 社會無異曲線

課後評量

1. 請說明生產函數在長期之下為何會發生規模報酬遞增、遞減與固定不變之情形。
2. 請利用數學證明一要素其邊際生產力遞增時，另一要素的邊際生產力卻呈遞減狀態。
3. 請說明等產量曲線 (Isoquant) 與等成本線 (Isocost) 的特性?
4. 請利用無異曲線說明在消費均衡時，一商品的價格上升而另一商品的價格不變，消費者會對此兩種商品的相對消費會有何影響?
5. 請利用個人無異曲線來推導出社會無異曲線。
6. 請利用艾吉渥斯箱型圖說明契約線的推導過程,以及如何達成柏拉圖最適境界。
7. 請利用艾吉渥斯箱型圖說明契約線與生產可能曲線之間的關係,請利用圖形分析說明之。

8. 假設有兩種產業皆為固定規模報酬,如果在艾吉渥斯箱型圖中的契約線是對角線的形式,請問生產可能曲線的形狀會是如何?若一國的資本存量增加,艾吉渥斯箱型圖會如何變化?生產可能曲線的形狀又會是如何?

9. 請說明要素密集度的意義。要確保要素密集歸類不變,其成立的充分條件為何?

10. 請利用實物定義法與價格定義法說明要素稟賦的觀念。

11. 請利用婁勒分析法,如何在現行技術水準之下,透過生產函數將要素稟賦充分使用,決定商品的生產水準。

12. 當要素密集度逆轉時,請說明商品相對價格與要素相對報酬之間的關係。

13. 若兩國的貿易均衡點皆位在契約線上,此時的兩國貿易皆符合柏拉圖最適境界,表示兩國實質所得已達到最高水準。請就本章的圖形分析說明在自由均衡貿易之下的貿易均衡情形。

附　錄　基礎經濟數學運算

一、微積分基本技巧說明

國際經濟學可說是經濟學的延伸應用,但其屬於跨越兩國或兩國以上之分析,故其複雜性實是有過之而無不及,且隨計量經濟發展,原侷限於圖形分析之模型有數量化趨勢,對原本數學底子不好的同學,又增加了一層學習障礙。其實簡單的模型只用到一些下列基本的微分技巧,故在此我們將這些常用到的微積分公式做個複習:

(1) 若 $f(X) = c$ 為一常數函數,則 $\dfrac{df(X)}{dX} = f'(X) = 0$

(2) 若 $f(X) = X^n$,$n \in R$,則 $\dfrac{df(X)}{dX} = f'(X) = nX^{n-1}$

(3) 若 c 為常數,則 $\dfrac{d(cf(X))}{dX} = c\dfrac{df(X)}{dX} = cf'(X)$

(4) 若函數 $f(X)$ 與 $g(X)$ 均為可微分,則

$$\frac{d}{dX}(f(X) \pm g(X)) = \frac{df(X)}{dX} \pm \frac{dg(X)}{dX} = f'(X) \pm g'(X)$$

(5) 若函數 $f(X)$ 與 $g(X)$ 均為可微分,則

$$\frac{d}{dX}(f(X) \cdot g(X)) = \frac{df(X)}{dX}g(X) + f(X)\frac{dg(X)}{dX}$$

$$= f'(X) \cdot g(X) + f(X)g'(X)$$

(6)設函數 $f(X)$ 與 $g(X)$ 均為可微分，且 $g(X) \neq 0$，則

$$\frac{d}{dX}(\frac{f(X)}{g(X)}) = \frac{\dfrac{df(X)}{dX} \cdot g(X) - f(X) \cdot \dfrac{dg(X)}{dX}}{(g(X))^2}$$

$$= \frac{f'(X) \cdot g(X) - f(X) \cdot g'(X)}{(g(X))^2}$$

(7)若函數以自然指數方式表示，如 $Y = e^X$，則 $\dfrac{dY}{dX} = \dfrac{d}{dX}e^X = e^X$

(8)若函數 $Y = e^{f(X)}$，則對 X 微分為 $\dfrac{dY}{dX} = \dfrac{d}{dX}e^{f(X)} = e^{f(X)}f'(X)$

(9)若函數以自然對數方式表示，如 $Y = \ln X$，則 $\dfrac{dY}{dX} = \dfrac{d}{dX}\ln X = \dfrac{1}{X}$

(10)若函數 $Y = \ln f(X)$，則對 X 微分為 $\dfrac{dY}{dX} = \dfrac{d}{dX}\ln f(X) = \dfrac{1}{f(X)}f'(X)$

(11)當存在連鎖法則時，如 $Z = f(Y), Y = g(X)$，則當函數 Z 對 X 微分時，則

$$\frac{dZ}{dX} = \frac{dZ}{dY} \cdot \frac{dY}{dX} = f'(Y) \cdot g'(X)$$

(12)偏微分 (Partial Differentiation)：

若函數 f 為 X、Y 的函數，表為 $f(X, Y)$，若求變數 X 對 f 之影響表為 $\dfrac{\partial f}{\partial X}$，此時視 Y 為常數。若求變數 Y 對 f 之影響表為 $\dfrac{\partial f}{\partial Y}$，此時視 X 為常數。

(13)全微分 (Total Differentiation)：

若函數 f 為 X、Y 的函數，表為 $f(X, Y)$，則 f 之變動量可視為兩變數 X 及 Y 變動之和，即 $df = \dfrac{\partial f}{\partial X}dX + \dfrac{\partial f}{\partial Y}dY$。

(14)基本的積分公式 (The Power Rule)

$$\int X^n dX = \frac{1}{n+1}X^{n+1} + C \quad (n \neq -1)$$

(15)定積分 (Definite Integral)

設 $F(X)$ 表示任何 $f(X)$ 的積分，則 $\displaystyle\int_a^b f(X)dX = F(b) - F(a)$

圖形意義：

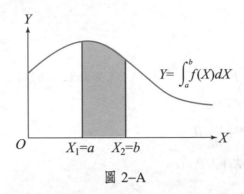

圖 2–A

(16)行列式值如方形矩陣 $A = [a_{ij}]$ 的行列數值，一般以 detA 或 det $|A|$ 來表示。

① $\text{detA} = \begin{vmatrix} a_{11} & a_{12} \\ a_{21} & a_{22} \end{vmatrix} = a_{11}a_{22} - a_{12}a_{21}$

② $\text{detA} = \begin{vmatrix} a_{11} & a_{12} & a_{13} \\ a_{21} & a_{22} & a_{23} \\ a_{31} & a_{32} & a_{33} \end{vmatrix} = a_{11}a_{22}a_{33} + a_{12}a_{23}a_{31} + a_{13}a_{21}a_{32} - a_{13}a_{22}a_{31} - a_{23}a_{11}a_{32} - a_{12}a_{33}a_{21}$

(17)克萊姆法則 (Cramer's Rule)

根據方形矩陣之方法，可以用來求解線性方程式組之解，即為克萊姆法則

設 detA $\neq$ 0，則矩陣方程式 $AX = B$ 有一解，為：$X_j = \dfrac{\text{detA}_j}{\text{detA}}, j = 1, 2, \cdots, n$。

當 $\begin{cases} aX + bY = e \\ cX + dY = f \end{cases}$ 則 X 與 Y 之解可表示成：

$$X = \frac{\begin{vmatrix} e & b \\ f & d \end{vmatrix}}{\begin{vmatrix} a & b \\ c & d \end{vmatrix}}, \qquad Y = \frac{\begin{vmatrix} a & e \\ c & f \end{vmatrix}}{\begin{vmatrix} a & b \\ c & d \end{vmatrix}}$$

二、經濟模型之推導

一般而言，在推導經濟的模型中，不外乎最後求得供需的均衡，也就是生產等於消費。在國際貿易中，一國的生產函數來自於資本 (K) 與勞動 (L) 的投入，最適的產量決定於兩要素的邊際技術替代率 (*MRTS*)，而一國消費之判別在於兩商品消費的最大滿足，即兩財

的邊際替代率 (*MRS*)。

1.最適條件：

(1)若等產量曲線函數 $F(K, L)$ 為資本 (K) 及勞動 (L) 函數：

則

$$dF(K, L) = \frac{\partial F}{\partial K}dK + \frac{\partial F}{\partial L}dL$$
$$0 = MP_K dK + MP_L dL$$

故　$-\frac{dK}{dL} = \frac{MP_L}{MP_K} = MRTS_{LK}$

(2)若社會無異曲線 $U(C_X, C_Y)$ 為本國消費 X 財及 Y 財數量之函數：

則

$$dU(C_X, C_Y) = \frac{\partial U}{\partial C_X}dC_X + \frac{\partial U}{\partial C_Y}dC_Y$$

$$MU_X dC_X + MU_Y dC_Y = 0$$

故　$-\frac{dC_Y}{dC_X} = \frac{MU_X}{MU_Y} = MRS_{XY}$

2.特性

若生產函數為固定規模報酬，則其具有一重要特性，即 AP_L、AP_K、MP_L、MP_K 均為要素密集度 $(\frac{K}{L}) = k$ 之函數：若生產函數 $Q = F(K, L)$ 為固定規模報酬，則 $\lambda Q = F(\lambda K, \lambda L)$，即投入 λ 倍，則產出增加 λ 倍。

(1)求出 AP_L：

$$AP_L = \frac{Q}{L} = F(\frac{K}{L}, 1) = F(k)$$

(2)求出 AP_K：

$$AP_K = \frac{Q}{K} = F(1, \frac{L}{K}) = F(\frac{1}{k})$$

(3)求出 MP_L：

$$MP_L = \frac{\partial Q}{\partial L} = \frac{\partial (L \cdot F(k))}{\partial L} = F(k) - kF'(k)$$

(4)求出 MP_K：

$$\frac{\partial Q}{\partial K} = \frac{\partial (AP_L \cdot L)}{\partial K} = \frac{\partial AP_L}{\partial K} \cdot L + AP_L \cdot \frac{\partial L}{\partial K}$$

$$= \frac{\partial F(k)}{\partial k} \cdot \frac{\partial k}{\partial K} \cdot L + 0$$

$$= F'(k) \cdot \frac{1}{L} \cdot L = F'(k)$$

三、經濟學常用之函數圖形與練習

1. 函數關係

$Y = F(X)$，我們說「Y 是 X 的函數」。其中 X 是自變數 (Independent Variable)，Y 是應變數 (Dependent Variable)，也就是 Y 的變動量是來自於 X 的變化。

2. 函數形式

(1)線型方程式 (Linear Equation)：$Y = a + bX$

(2)非線性方程式 (Non-linear Equation)：$Y = a + bX + cX^2$

3. 圖形的表示──線型方程式

Y 軸截距 (Intercept) 為 a，該線斜率 (Slope) 為 b。

$$斜率 = \frac{\Delta Y}{\Delta X} = \tan\theta = b$$

(1) Y 軸截距改變對該線影響：使整條線平行移動。例如，由 Y 至 Y_1（因為 a_0 變成了 a_1），見圖 2-B。

(2)斜率改變對該線影響（b 變成 b_1）：如 Y 移至 Y_2，見圖 2-C。

(3)同一條線上不同點的移動，是由內生變數中的自變數改變數值所引起的。

(4)整條線的移動，則由外生變數的變化所引起的。

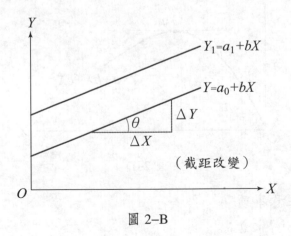

圖 2-B

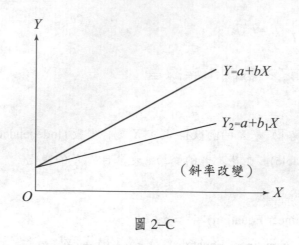

圖 2–C

4.圖形表示的─非線性方程式

(1)任何特定點之斜率係以通過該點切線斜率衡量之，該值為其「邊際」量。以數學表示即 $\dfrac{dY}{dX}$。

(2)某一點與原點 O 之連線，即 Y 的平均值。

(3)求 Y 極大值的必要條件為 $\dfrac{dY}{dX}=0$，充分條件為 $\dfrac{d^2Y}{dX^2}<0$，見圖 2–D。

(4)求 Y 極小值之必要條件為 $\dfrac{dY}{dX}=0$，充分條件為 $\dfrac{d^2Y}{dX^2}>0$。

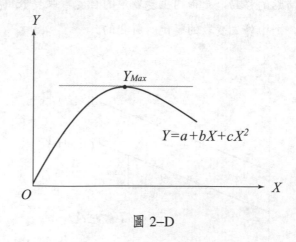

圖 2–D

5.使用圖形應注意事項

(1)務必標明兩軸代表之意義。

(2)不要忘了標示原點。

(3)X、Y 軸是以射線表示之。

6.基本練習

例(1) $F(X) = 3X^{-2}$, $F'(X) = -6X^{-3}$

例(2) $F(X) = 4X^3$, $F'(X) = 12X^2$

例(3) $Y = (4X + 3)(3X^2)$，令 $F(X) = 4X + 3$, $g(X) = 3X^2$

$$\frac{d}{dX}[(4X + 3)(3X^2)] = (4)\cdot(3X^2) + (4X + 3)(6X)$$

$$= 36X^2 + 18X$$

$$= 18(2X^2 + X)$$

例(4) $\dfrac{d}{dx}\left(\dfrac{2X - 3}{X + 1}\right) = \dfrac{2(X + 1) - (2X - 3)(1)}{(X + 1)^2} = \dfrac{5}{(X + 1)^2}$

例(5) $z = Y^{17}$, $Y = X^2 + 3X - 2$

則 $\dfrac{dz}{dX} = \dfrac{dz}{dY}\dfrac{dY}{dX} = 17Y^{16}(2X + 3) = 17(X^2 + 3X - 2)^{16}(2X + 3)$

例(6) $Y = f(X_1, X_2) = 3X_1^2 + X_1 X_2 + 4X_2^2$

則 $\dfrac{\partial Y}{\partial X_1} = f_1(X_1, X_2) = 6X_1 + X_2$

$\dfrac{\partial Y}{\partial X_2} = f_2(X_1, X_2) = X_1 + 8X_2$

例(7) $Y = t^3 \ln t^2$，求 $\dfrac{dY}{dt}$

則 $\dfrac{dY}{dt} = t^3 \dfrac{d}{dt}\ln t^2 + \ln t^2 \dfrac{d}{dt}t^3 = t^3(\dfrac{2t}{t^2}) + 3t^2\ln t^2 = 2t^2 + 3t^2\ln t^2$

例(8) $\displaystyle\int X^3 dX = \frac{1}{4}X^4 + C$

例(9) $\displaystyle\int_1^5 3X^2 dX = (3 \cdot \frac{1}{2 + 1}X^{2+1})\Big|_1^5 + C = X^3 \Big|_1^5 = (5)^3 - (1)^3 = 125 - 1 = 124$

例(10)

$$\begin{vmatrix} 2 & 1 & 3 \\ -4 & 5 & 6 \\ 0 & 7 & 8 \end{vmatrix}　則　|A| = 56$$

四、顯函數與隱函數

在經濟模型數理分析當中，其函數可分為顯函數 (Explicit Function) 與隱函數 (Implicit Function)，可藉由各參數 (Parameters) 求解出內生變數 (Endogenous Variables) 與外生變數 (Exogenous Variables) 的均衡值，只要透過比較靜態分析 (Comparative Statics) 即可，其分別表示如下：

①需求函數是顯函數→ $Q = 10 - 3P$

②需求函數是隱函數→ $Q = F(P, Y), F_P < 0, F_Y > 0$

現在如有一聯立方程式體系，其中 X_i 為外生變數，Y_i 為內生變數，其可表示為

$$F_1(X_1, \cdots, X_n; Y_1, \cdots, Y_m) = 0$$
$$\vdots$$
$$F_m(X_1, \cdots, X_n; Y_1, \cdots, Y_m) = 0$$

$F_i, i = 1 \cdots m$ 表連續可微分函數，我們可以透過 Jacobian 來將外生變數 X 加以表示

$$|J| \equiv \frac{\partial(F_1, \cdots, F_m)}{\partial(Y_1, \cdots, Y_m)} = \begin{vmatrix} \dfrac{\partial F_1}{\partial Y_1} & \cdots & \dfrac{\partial F_1}{\partial Y_m} \\ \vdots & \ddots & \vdots \\ \dfrac{\partial F_m}{\partial Y_1} & \cdots & \dfrac{\partial F_m}{\partial Y_m} \end{vmatrix} \quad (\text{其為 } m \times m \text{ 矩陣})$$

接下來，我們將 $Y_i, i = 1 \cdots m$ 分解成 $X_i, i = 1 \cdots n$ 的函數，即

$$Y_1 = F_1(X_1, \cdots, X_n)$$
$$\vdots \quad \vdots$$
$$Y_m = F_m(X_1, \cdots, X_n)$$

五、齊次函數 (Homogenous Function)

若一函數滿足 $\lambda^K F(X, Y) = F(\lambda X, \lambda Y), \lambda \geq 0$，則稱為齊次函數。當 $\lambda \in R^+$，且 $K = 0$ 時，表示為零次齊次函數。

　　柯布－道格拉斯生產函數，則為齊次函數之特性。齊次函數的等斜率線為一條從原點出發的直線，若要素使用比例 $(\dfrac{K}{L})$ 不變，則等產量曲線的斜率 $(MRTS)$ 也會一致。

例(13)：$Q = K^{\alpha}L^{\beta}$，當 $\alpha + \beta = 1$ 時，為一次齊次函數，

其 $MRTS = \left| \dfrac{dK}{dL} \right|_{Q=Q_0} = \dfrac{\beta}{\alpha}\dfrac{K}{L}$

當要素增加 λ 倍時，

$MRTS = \left| \dfrac{dK}{dL} \right|_{Q=\lambda Q_0} = \dfrac{\beta}{\alpha}\dfrac{(\lambda K)}{(\lambda L)} = \dfrac{\beta}{\alpha}\dfrac{K}{L}$

六、位似函數 (Homothetic Function)

(1)齊次函數

位似函數具有齊次函數之特性，為其一般化之表示，故其定義較為寬鬆。假設函數 $\Omega = F(Y)$，具有下列兩項特性時，則稱為位似函數：

① Y 為一個齊次函數，$\lambda^{k}Y = F(\lambda X_1, \lambda X_2, \cdots, \lambda X_n)$

② Ω 為一單調遞增函數，$\dfrac{\partial \Omega}{\partial Y} > 0$

(2)尤拉定理 (Euler's Theorem)

若 $\Omega = F(X, Y)$ 為 k 次齊次函數，則

$$\dfrac{\partial F}{\partial X} \cdot X + \dfrac{\partial F}{\partial Y} \cdot Y = kF(X, Y)$$

〔證明〕因為 $F(X, Y)$ 為 k 次齊次函數，所以 $F(\lambda X, \lambda Y) = \lambda^{k}F(X, Y)$

$$\dfrac{\partial \lambda^{k}F(X, Y)}{\partial \lambda} = \dfrac{\partial F}{\partial \lambda X} \cdot \dfrac{\partial \lambda X}{\partial \lambda} + \dfrac{\partial F}{\partial \lambda Y} \cdot \dfrac{\partial \lambda Y}{\partial \lambda}$$

$$k\lambda^{k-1}F(X, Y) = \dfrac{\partial F}{\partial \lambda X} \cdot X + \dfrac{\partial F}{\partial \lambda Y} \cdot Y$$

當 $\lambda = 1$ 時

$$kF(X, Y) = \dfrac{\partial F}{\partial X} \cdot X + \dfrac{\partial F}{\partial Y} \cdot Y$$

七、拉格蘭茲 (Lagrange) 乘數分析法

　　拉格蘭茲乘數分析法常用在解決經濟問題，當其受到條件限制時，來加以求解極值的問題。假設我們給定一需求目標函數 $Q = F(X, Y)$，受到預算條件限制 $P_X X + P_Y Y = M$ 的情

形下，我們可將此需求函數表示如下：

$$Max \quad Q = F(X, Y)$$

$$S.t \quad P_X X + P_Y Y = M$$

把其整理成拉格蘭茲函數為

$$\mathcal{L} = F(X, Y) + \lambda(M - P_X X - P_Y Y)$$

由於預算限制式必為零，即 $M - P_X X - P_Y Y = 0$，表示在充分就業之下，資源已充分利用。

在限制條件求解極值之情形為第一階微分 $= 0$

$$F.O.C. \quad = \frac{\partial \mathcal{L}}{\partial X} = F_X - \lambda P_X = 0$$

$$= \frac{\partial \mathcal{L}}{\partial Y} = F_Y - \lambda P_Y = 0$$

$$= \frac{\partial \mathcal{L}}{\partial \lambda} = M - P_X X - P_Y Y = 0$$

反之，我們也可求極小值之情形。假定成本函數為 $C = C_X X + C_Y Y$，在效用滿足條件 $U_0 = U(X, Y)$ 限制之下，其表示為

$$Min \quad C = C_X X + C_Y Y$$

$$S.t \quad U_0 = U(X, Y)$$

把其整理成拉格蘭茲函數為

$$\mathcal{L} = C_X X + C_Y Y - \lambda(U(X, Y) - U_0)$$

並利 $F.O.C.$ 條件求極值，可得

$$\frac{\partial \mathcal{L}}{\partial X} = C_X + \lambda U_X = 0$$

$$\frac{\partial \mathcal{L}}{\partial Y} = C_Y + \lambda U_Y = 0$$

$$\frac{\partial \mathcal{L}}{\partial \lambda} = U(X, Y) - U_0 = 0$$

之後，再加以聯立求解之。

第三章

提供曲線與貿易利得

為獲致物質幸福所需的個人及社會行為及所探討彼此間之
關係，除了一方面要研究財富之外，更重要的一方面要研
究人，藉由「慾望與滿足」的實證研究，來組織並強化知
識的功能。

馬歇爾 (Alfred Marshell, 1842～1924)

《本章學習方向》
1. 提供曲線的介紹與推導
2. 提供曲線的彈性與穩定條件
3. 透過提供曲線達成國際貿易一般均衡
4. 貿易利得

本章章節架構

提供曲線之介紹 ─┬─ 交易條件的意義 ──┬─ 大國是價格決定者
　　　　　　　　 │　　　　　　　　　　└─ 小國是價格接受者
　　　　　　　　 ├─ 提供曲線的定義 ── 相對價格，國內、外提供曲線的介紹
　　　　　　　　 ├─ 提供曲線的推導 ── 相互需求的條件 ─┬─ ①相對價格線
　　　　　　　　 │　　　　　　　　　　之下　　　　　　　├─ ②貿易無異曲線
　　　　　　　　 │　　　　　　　　　　　　　　　　　　　└─ ③生產可能方塊
　　　　　　　　 ├─ 提供曲線的彈性與穩定條件
　　　　　　　　 └─ 國際貿易的一般均衡

貿易利得 ─┬─ 部分均衡分析
　　　　　 └─ 一般均衡分析

前 言

在國際貿易的場合當中使用超額需求 (Excess Demand) 和超額供給 (Excess Supply) 分析世界均衡是很有用的，見圖 3–1，而交易條件（也就是商品相對價格）如何決定也是在分析過程中一個重要的議題。由於貿易的發生實際上是一國生產與消費間的差額，在既定的價格水準之下，來反映出貿易實際活動。在本章，我們首先說明交易條件之意義以及推導提供曲線之方法，並利用提供曲線 (Offer Curve) 討論兩國間交互需求交易條件之決定問題。

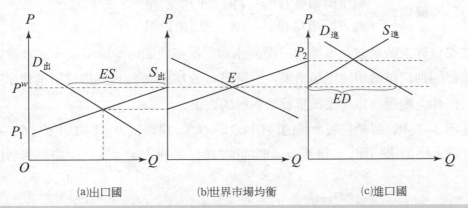

(a)出口國　　　　　　　(b)世界市場均衡　　　　　　(c)進口國

在圖(a)中出口國在世界價格 P^w 水準之下，對商品的製造有超額供給；相對地在圖(c)中進口國在世界價格 P^w 水準之下，對商品的消費有超額需求，藉由世界價格的進行，將使兩地進行貿易，互通有無。

圖 3–1　利用超額需求 (ED) 與超額供給 (ES) 說明進口與出口發生的情形

 隨堂測驗

請繪圖說明兩國由沒有貿易變成自由貿易時，兩國人民福利的變化。(84 年普考)

第一節　提供曲線的介紹與推導

一、交易條件 (Terms of Trade; TOT) 之意義

交易條件 (TOT) 乃是本國輸出財價格 (P_X) 與輸入財價格 (P_Y) 之比例，可寫成 $TOT = \dfrac{P_X}{P_Y}$。當本國貿易收支獲得均衡時並表明在任何給定的相對價格下，貿易發生的情形，而本國之輸出總額必須等於本國輸入總額，以數學式表示輸出總額 ($P_X X$) = 輸出財價格 (P_X) × 輸出量 (X) = 輸入總額 ($P_Y Y$) = 輸入財價格 (P_Y) × 輸入量 (Y)。所以交易條件也可表示為本國出口一單位之商品可換得多少單位之進口財。

$$\text{交易條件} = \frac{\text{輸出財價格 } (P_X)}{\text{輸入財價格 } (P_Y)} = \frac{(Y) \text{ 進口財數量}}{(X) \text{ 出口財數量}}$$

交易條件之改善表示本國出口財價格相對提高，顯示本國出口一定數量之出口財所換得的進口財數量比以前增加，這是因為 TOT 可維持更高的實質消費水準。所以交易條件之變動可以用來衡量貿易利得的大小。

在圖 3–2 中，縱軸代表本國的進口 ($D_Y - Q_Y$)，橫軸代表本國的出口 ($Q_X - D_X$)，X 財表示本國的出口財，Y 財表示本國的進口財。E 點表示本國的生產與消費的均衡

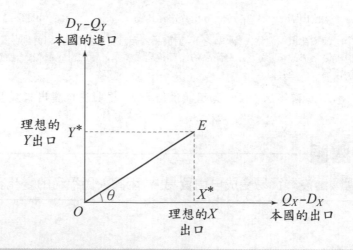

當既定相對價格 $\tan\theta = \dfrac{P_X}{P_Y}$ 時，會決定理想的出口 X^* 與理想的進口 Y^*，其中 Q_X 為 X 財之供給量，Q_Y 為 Y 財之供給量；反之，D_X 為 X 財之需求量，D_Y 為 Y 財之需求量。

圖 3–2　既定相對價格時本國的貿易情形

狀態。在 E 點，這時專業化生產 X 財之後，有 X^* 單位可供出口。同時當 Y 財的生產小於消費時，有均衡 Y^* 單位需要進口。由於

$$(D_Y - Q_Y) = (Q_X - D_X)\frac{P_X}{P_Y}$$

其中 $\frac{P_X}{P_Y}$ 為原點到 E 點的斜率，E 點就是本國在既定相對價格 $\frac{P_X}{P_Y}$ 之下所做出的提供量，表示它願意以 X^* 單位來交換 Y^* 單位，通過計算本國在不同相對價格下所願意做出的提供，就可畫出本國的提供曲線 (*OF*)。接著我們來看在交易條件的基礎，大國與小國所發生的情形。當本國為小國時（即本國經濟對於海外市場並沒有任何影響力，無法決定各種貿易商品之價格，本國即為價格接受者 (Price-taker)），交易條件可視為以世界價格表示之相對價格。但本國是大國時（即本國經濟對於海外市場有影響力，可影響各種商品之價格），交易條件則由本國以及外國所共同協商決定，本國則為價格決定者 (Price-maker)。此時，需要利用提供曲線來分析。

二、提供曲線之定義

提供曲線 (Offer Curve) 可定義為在各種不同的價格水準下，一國為獲得一定數量的進口財所願意提供的出口財數量之組合。換言之，在某一定價格水準下，一國所願意提供的出口與進口數量，其可以在該國的提供曲線上之一點來表示。

在圖 3–3，我們畫出本國提供曲線 (*OF*)，橫軸（X 軸）代表本國對 X 商品之輸

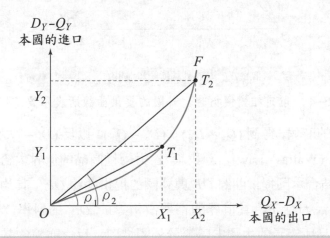

當相對價格線由 OT_1 改變為 OT_2 時，其所提供的進、出口數量也隨之改變。

圖 3–3 在不同相對價格之下，本國的提供曲線所表示之情形

出供給量，而縱軸（Y 軸）則代表本國對於 Y 商品之輸入需要量。如在 OT_1 價格水準下（即 $\rho_1 = (\frac{P_X}{P_Y})_1$），本國願意出口 OX_1 單位來換取 OY_1 單位之商品；而當價格水準改變為 OT_2（$\rho_2 = (\frac{P_X}{P_Y})_2$），本國則願意出口 OX_2 單位來換取 OY_2 單位之商品。因此，在各種不同的相對價格水準之下，我們可獲得各個不同的對應點（如 T_1, T_2 等點），將這些點連起來，即成為本國的提供曲線。此外當相對價格改變之後，如從 OT_1 變成 OT_2 時，本國原本出口 X_1 的單位與進口 Y_1 單位，變成出口 X_2 單位，進口 Y_2 單位。

同樣地，外國的提供曲線（OF^*）可用同樣的方法來加以推導，在圖 3–4 中，縱軸表示外國 Y 財的出口（$Q_Y^* - D_Y^*$），而橫軸表示 X 財的進口（$D_X^* - Q_X^*$），相對價格 $\frac{P_X}{P_Y}$ 越低，外國願意出口的 Y 財和進口的 X 財就越多。

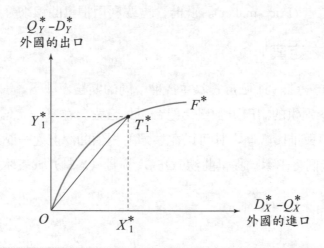

在既定相對價格 OT_1^* 時，外國所願意提供的進口與出口數量。

圖 3–4　既定相對價格時，外國的提供曲線所表示貿易情形

在國際均衡的時候，得到 $(Q_X - D_X) = (D_X^* - Q_X^*)$，以及 $(D_Y - Q_Y) = (Q_Y^* - D_Y^*)$。根據華爾拉茲法則（Walras' Law），$X$ 財與 Y 財兩種商品的世界供給與需求都必需相等。在圖 3–5 中結合本國提供曲線 OF 與外國的提供曲線 OF^*，其均衡點即為兩國提供曲線相交之處，如點 E，其世界的相對價格等於 OE 的斜率，也就是交易條件（TOT_0），同一商品所表示的本國出口等於外國進口，反之亦然。其說明了在一般均衡之下，反映出兩市場供需相等的情形。

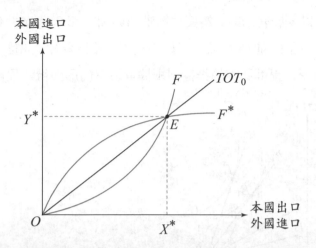

當兩國提供曲線 *OF* 與 *OF** 相交於相對價格所決定的均衡點 *E* 時，表示出本國與外國市場供需相等之情形。

圖 3-5　兩國提供曲線所表示之國際均衡

隨堂測驗

試以「提供曲線」繪圖說明兩國「交易條件」如何決定，並分析其中一國降低「進口關稅」(Import Tariffs) 對「交易條件」之可能影響結果？（92 年高考）

三、提供曲線之推導

　　提供曲線與本國的生產量、消費量之關係如何？與外國的生產量與消費量如何產生變化？本國之提供曲線如何求出等問題是值得探討的。提供曲線是一條表示出口與進口關係的曲線，故具有供給與需求的雙重身分，因此其曲線的變動也會受到相互需求間力量移動的影響。我們以 Meade (1952) 在其《國際貿易幾何分析》(*Geometry of International Trade*) 一書中所提之分析技巧來加以介紹。

　　為方便起見，首先假定本國 *X* 財與 *Y* 財之數量為固定，以圖 3－6(a)之 E_0 點座標來表示。U_0、U_1 以及 U_2 分別代表不同水準之社會無異曲線，而 q_0q_0、q_1q_1、q_2q_2 則代表不同水準之相對價格 $(\frac{P_X}{P_Y})$。當相對價格為 q_0q_0 時，社會無異曲線 U_0 在 E_0 點與之相切，表示本國供需均衡，故沒有貿易發生。當相對價格改變為 q_1q_1 時，消費均衡點也隨之移動為 E_1 點，貿易三角形為 $E_0E_1C_1$，顯示本國出口 E_0C_1 單位之 *X* 財來換取對方國 E_1C_1 單位之 *Y* 財。當 *X* 財相對價格提高為 q_2q_2 時，消費均衡點為 E_2 點，如果 *X* 財

之相對價格過低，以 q_3q_3 表示時，消費均衡點為 E_3 點。此時本國非但不出口 X 財，反而進口 X 財而出口 Y 財。通過 E_0 點，可以畫出很多不同斜率之相對價格線，而得到各種不同之貿易三角形，提供曲線的推導則根據貿易三角形而得，見圖 $3-6$ (b)。

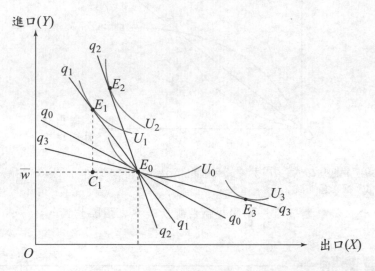

(a)　相對價格變化對社會無異曲線之影響

相對價格在 q_0q_0 時沒有貿易產生，此時如果相對價格改變，如上升至 q_1q_1，此時就有貿易三角形 $\triangle E_0E_1C_1$ 產生，所以藉由相對價格的改變會對貿易產生不同的變化。

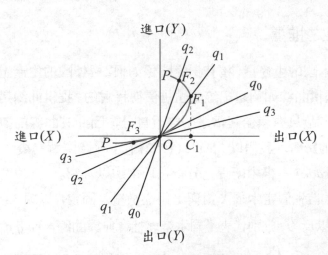

(b)　相對價格改變所形成的貿易三角形來改變提供曲線的形狀

與圖 $3-6$ (a)對照，藉由相對價格改變，造成供需的失衡，就會有進出口的貿易產生，間接地影響提供曲線的形狀。

圖 $3-6$　相對價格變化之影響

當相對價格為 q_0q_0 時沒有貿易發生，所以提供曲線 POP 通過原點表示進、出口量等於零。當相對價格為 q_1q_1 時，出口 OC_1 單位之 X 財，進口 F_1C_1 單位之 Y 財。當相對價格線更進一步改變為 q_2q_2 時其對外交易量則以 F_2 點之座標表示，由於提供曲線 POP 通過在此分析圖形中的第一象限以及第三象限，而在第一象限時，代表本國出口 X 財進口 Y 財；在第三象限時，本國出口 Y 財進口 X 財。

當本國 X 財的相對價格愈來愈高，其出口量是否會隨著其相對價格的提高而增加？從圖 3–6 (b)中得知，當提供曲線 POP 經過 F_1 點之後，就開始向左上方彎曲，表示隨著進口財 Y 財的增加，X 財的出口量剛開始有增加，但隨之下降；所以如果我們用個體經濟學的史拉斯基方程式 (Slutsky Equation) 表示之：

$$\frac{dX}{dP_X} = \frac{dX}{dP_X}\bigg|_{du=0} - X\frac{dX}{dI}$$

X：表示出口財數量

P_X：表示出口財價格

I：代表所得水準

等式右邊第一項表示替代效果 (Substitution Effect, SE)，第二項表示為所得效果 (Income Effect, IE)。

首先討論替代效果，當 X 財之相對價格上升時，本國之需要會由 X 財轉到 Y 財，所以國內 X 財之需要量減少（表示 X 財出口增加），Y 財之需要量增加（表示 Y 財進口增加）。若純粹考慮替代效果時，相對價格之上漲，會造成 X 財之出口量與 Y 財之進口量增加。其次探討所得效果，當本國之相對價格愈高（即本國之交易條件愈改善），代表本國之實質所得提高。在兩財均為正常財時，實質所得水準之提高，其對商品需要量均會增加。就所得效果而言，相對價格之提高反而會對 X 財出口減少，而 Y 財則有增加趨勢。所以隨著 X 財的相對價格之提高，其出口量是否能增加，主要決定於與替代效果及所得效果之相對大小而定。如果替代效果高過所得效果時 ($SE > IE$)，隨著 X 財的相對價格之提高，其出口量也會隨著增加。如圖 3–6 (b)提供曲線 OF_1 線段所代表。另一方面，若所得效果大過替代效果 ($IE > SE$) 時，隨著 X 財的相對價格之提高，其出口量反而減少，如圖 3–6 (b) 中之提供曲線 F_1P 線段所代表。接下來藉由圖 3–7 之分析，使讀者更能夠瞭解替代效果與所得效果在提供曲線分析之下所探討的情況。

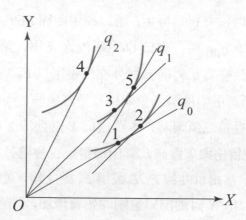

在原本相對價格線 Oq_0 之下，相對價格的改變，可以分為兩種情形：

(1)相對價格上升 $Oq_0 \uparrow$ 至 Oq_1：替代效果由 1 → 2 表示 $X\uparrow$，$Y\uparrow$

所得效果由 2 → 3 表示 $X\downarrow$，$Y\uparrow$

替代效果加上所得效果的總和效果為 $\Delta X \uparrow$，$\Delta Y \uparrow$

(2)相對價格上升 $Oq_1 \uparrow$ 至 Oq_2：替代效果由 3 → 5 表示 $X\uparrow$，$Y\uparrow$

所得效果由 5 → 4 表示 $X\downarrow$，$Y\uparrow$

替代效果加上所得效果的總和效果為 $\Delta X \downarrow$，$\Delta Y \uparrow$

圖 3–7　在提供曲線分析之下，探討相對價格變動的所得效果與替代效果

四、貿易無異曲線 (Trade Indifference Curve)

根據米德技巧 (Meade's Technique) 並藉由提供曲線的導引，在商品相對價格變動之下，會求導出貿易三角形，包含有多少的進口量與出口量。而貿易無異曲線是指假設在生產與消費兩種商品情況之下，其進、出口數量的不同組合均能使一國的福利水準維持不變，其各組合點所形成的軌跡稱之為貿易無異曲線。因此在達成生產與均衡的時候，其生產的邊際轉換率 (*MRT*) 會等於消費的邊際替代率 (*MRS*)，等於兩商品的相對價格。在此，我們假設兩商品為 *X* 財與 *Y* 財，*X* 財表示本國的出口財，*Y* 財表示本國的進口財，藉由生產可能方塊的移動 (The Movement of Production Possibility Block) 與 *X* 軸、*Y* 軸兩軸相互平行，使其與該國一定的社會無異曲線（其代表一定的實質所得水準）相切，並沿著社會無異曲線將整個生產可能方塊上下滑動，則生產可能方塊移動所形成的軌跡，即為貿易無異曲線，見圖 3–8。

貿易無異曲線會因生產可能方塊與不同水準的社會無異曲線相切情形，而形成不同的貿易無異曲線，圖 3–9 中 TIC_0、TIC_1、TIC_2 表示不同實質所得水準下的貿易無異曲線，愈往左上方，代表實質所得愈高，故 $TIC_2 > TIC_1 > TIC_0$，由於貿易無異曲線定義為在一定實質所得水準下，各種進、出口可能數量之組合；因此，在這裡我們

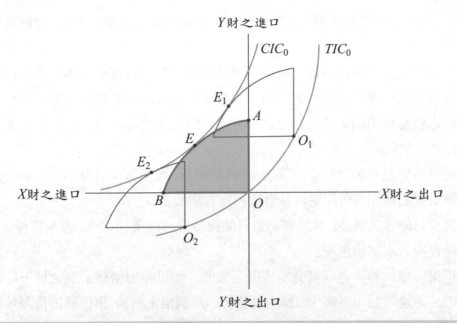

隨著生產可能方塊 ($\triangle OAB$) 的移動，並與社會無異曲線 (CIC_0) 相切的情況之下，生產可能曲線的原點座標連線即構成貿易無異曲線 (TIC_0)。

圖 3-8　貿易無異曲線可藉由社會無異曲線與生產可能方塊間的關係予以推導

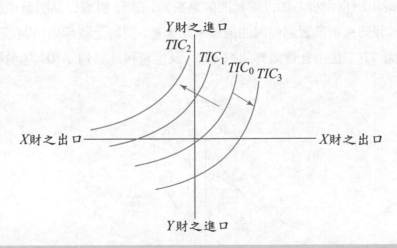

貿易無異曲線愈往左上方走，代表實質所得愈高，故社會福利水準也愈大；反之則愈小。

圖 3-9　貿易無異曲線圖

將引入邊際進出口替代率 (Marginal Rate of Import-Export Substitution, *MRIES*) 的概念，其代表著貿易無異曲線之斜率，再加上前面我們得知 $MRT_{XY} = MRS_{XY} = \dfrac{P_X}{P_Y} =$

$MRIES_{XY}$，故在貿易無異曲線的任何一點，均代表一國之生產、消費、及貿易同時達到均衡。

接下來，我們探討貿易無異曲線與提供曲線之關係，提供曲線其表示在不同的交易條件之下，一國為達到一定的福利水準所願意以出口數量換取進口數量所形成的軌跡，也就是以出口供給表示之進口需求，因此在推導的過程當中，形成下列幾點特性：

(1)當商品貿易前的相對價格等於交易條件時，表示無貿易發生，交易條件與貿易無異曲線相切於原點，社會福利沒有增加。

(2)當交易條件改變時，其與貿易無異曲線位置愈高者相切時，表示貿易量愈大，社會福利水準也愈高。

(3)提供曲線的斜率會隨著交易條件而改變，如以相對價格上漲之情形，表示進口品的邊際效用下降（因國內消費進口品數量上升），出口品的邊際效用上升（因國內消費出口品數量減少）。

(4)提供曲線是表示處於供需均衡狀態，是以實物定義法表示，而非價格定義法。

(5)提供曲線如呈後彎的形式，表示出口的機會成本愈大，進口量增加的結果反而造成出口量減少，如以彈性的觀點來看，表示對進口品的需求缺乏彈性。

接下來，我們來討論貿易無異曲線與本國生產、消費之關係如何？在圖 3–10 中，貿易無異曲線 TIC_1 是由社會無異曲線 CIC_1 及生產可能方塊 ARK 的軌跡滑動所產

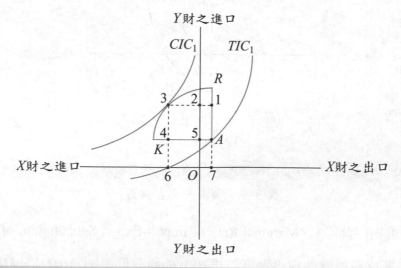

貿易無異曲線上任一點切線斜率等於其所對應生產可能方塊與社會無異曲線相切之斜率。

圖 3–10　貿易無異曲線所對應的生產可能方塊表示之進出口分配情形

生，如在 TIC_1 之任一點如 A，在生產可能方塊中可得到與之對應 CIC_1 切點 3，由點 3 分別畫出 X 軸的水平線及垂直線，交生產可能方塊於點 1 及點 4，於是，本國生產 $\overline{13}$ 單位的 X 財、$\overline{34}$ 單位的 Y 財。而以點 3 為消費均衡點，即本國消費 $\overline{45}$ 的 X 財及 $\overline{36}$ 的 Y 財，而出口 $\overline{5A}$ 的 X 財，進口 $\overline{5O}$ ($= \overline{A7}$) 的 Y 財。而 $\overline{O7}$ 為本國之超額供給（X 財生產 $\overline{67}$，消費 $\overline{6O}$），$\overline{46}$ 為本國之超額需求（Y 財生產 $\overline{34}$，消費 $\overline{36}$）成為國際貿易互通有無之基礎。此外，社會無異曲線與生產可能方塊之切點斜率，和貿易無異曲線上之對應點之斜率皆要相等。

第二節　提供曲線的彈性與穩定條件

由於提供曲線的建構是在進口與出口所具備的供給與需求曲線的特性，在國民所得水準為進、出口的函數情況之下，出口增加會帶動國民所得增加，而後再間接帶動進口增加，以下茲就提供曲線本身之特性來探討提供曲線彈性（即為進口需求之出口供給彈性）、進口需求價格彈性、及出口供給價格彈性。

一、提供曲線彈性——進口需求之出口供給彈性

其定義為：進口量隨出口量變動所發生之反應程度，亦即進口量變動百分比對出口量變動百分比之相對值，其公式為：

$$\varepsilon = \frac{\dfrac{dY}{Y}}{\dfrac{dX}{X}} = \frac{dY}{dX} \cdot \frac{X}{Y}, \quad 即 X 為出口財，Y 為進口財$$

以圖 3–11 提供曲線圖形 OR 線來看，A 點的斜率為 $\dfrac{AB}{BE}$，則彈性 $\dfrac{AB}{BE} \cdot \dfrac{OB}{AB} = \dfrac{OB}{BE}$，故

(1)從原點 O 至 A 點的直線彈性等於 1，$\varepsilon = 1$。

(2)原點 O 至 C 點之提供曲線彈性大於 1，$\varepsilon > 1$。

(3)點 C 至點 D 之提供曲線 $\varepsilon < 0$。

(4)點 D 之後的提供曲線為 $0 < \varepsilon < 1$。

 隨堂測驗

由於經濟不景氣，造成航空市場萎縮，此時航空公司為增加其收益應採取降價或漲價策略？請配合需求彈性觀念說明之。（91 年特考）

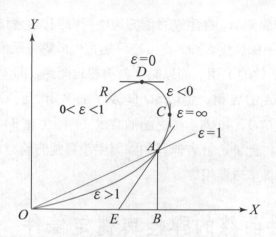

當提供曲線向後彎時，表示進口需求缺乏彈性。

圖 3–11　進口需求之出口供給彈性

二、進口需求價格彈性

其定義為：進口量隨其商品相對價格變動的反應程度，亦即進口量變動百分比對進口品相對價格變動百分比的相對值。

其公式為

$$e = \dfrac{\dfrac{dY}{Y}}{\dfrac{d(\frac{P_Y}{P_X})}{\frac{P_Y}{P_X}}} = \dfrac{dY}{d(\frac{P_Y}{P_X})} \cdot \dfrac{(\frac{P_Y}{P_X})}{Y}$$

在貿易均衡時 $P_X X = P_Y Y$，故 $\dfrac{P_Y}{P_X} = \dfrac{X}{Y}$ 代入上式，整理可得

$$e = \dfrac{\dfrac{dY}{Y}}{\dfrac{d(\frac{X}{Y})}{(\frac{X}{Y})}} = \dfrac{dY}{d(\frac{X}{Y})} \cdot \dfrac{(\frac{X}{Y})}{Y} = \dfrac{dY}{\dfrac{YdX - XdY}{Y^2}} \cdot \dfrac{X}{Y^2} = \dfrac{dY}{YdX - XdY} X$$

$$= \dfrac{\dfrac{dY}{YdX} \cdot X}{1 - \dfrac{X}{Y} \cdot \dfrac{dY}{dX}} = \dfrac{\dfrac{dY}{dX} \cdot \dfrac{X}{Y}}{1 - \dfrac{dY}{dX} \cdot \dfrac{X}{Y}} = \dfrac{\varepsilon}{1 - \varepsilon}$$

在提供曲線不後彎的時候，假設進口品 Y 財為正常財時，進口需求價格彈性一

定為負（但若在定義上加上負號，則可以用正號表示之），在圖 3–11 於 A 點時，其進口需求價格彈性一定為負。

$$e = \frac{\dfrac{OB}{EB}}{1 - \dfrac{OB}{EB}} = \frac{OB}{EB - OB} = \frac{1}{\dfrac{EB}{OB} - 1} = -\frac{OB}{OE} < 0$$

三、出口供給價格彈性

其定義為：出口量隨其相對價格變動而發生的反應程度，亦即出口量變動百分比對出口品相對變動百分比的相對值。

其公式為

$$\eta = \frac{\dfrac{dX}{X}}{\dfrac{d(\dfrac{P_X}{P_Y})}{(\dfrac{P_X}{P_Y})}} : 在貿易收支均衡時\ P_X X = P_Y Y，所以\ \frac{P_X}{P_Y} = \frac{Y}{X}\ 代入\ \eta$$

$$\eta = \frac{\dfrac{dX}{X}}{\dfrac{d(\dfrac{Y}{X})}{\dfrac{Y}{X}}} = \frac{dY}{d(\dfrac{Y}{X})} \cdot \frac{Y}{X^2} = \frac{dX}{\dfrac{XdY - YdX}{X^2}} \cdot \frac{Y}{X^2} = \frac{YdX}{XdY - YdX} = \frac{1}{\dfrac{dY}{dX}\dfrac{X}{Y} - 1} = \frac{1}{\varepsilon - 1}$$

在提供曲線不後彎時，假設出口品 X 財為正常財，出口供給價格彈性一定為正號。在 A 點的時候其出口供給價格彈性為正，$\eta = \dfrac{1}{\dfrac{OB}{BE} - 1} = \dfrac{BE}{OB - BE} = \dfrac{BE}{OE} > 0$。

茲將上述三種彈性之關係整理成表 3–1，並繪製於圖 3–12。

表 3–1　提供曲線相關彈性比較表

進口需求之出口供給彈性 (ε)	進口需求價格彈性 (e)	出口供給價格彈性 (η)
$\varepsilon = 1$	$e = -\infty$	$\eta = \infty$
$\varepsilon > 1$	$e < -1$	$\eta > 0$
$\varepsilon = \infty$	$e = -1$	$\eta = 0$
$0 < \varepsilon < 1$	$e > 0$	$\eta < -1$
$\varepsilon = 0$	$e = 0$	$\eta = -1$
$\varepsilon < 0$	$-1 < e < 0$	$-1 < \eta < 0$

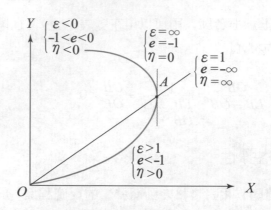

圖 3–12　各種提供曲線彈性之關係

四、提供曲線的穩定條件

在特定價格下，當進口需求量等於出口供給量時，其自由貿易均衡穩定的必要與充分條件為：本國進口需求價格彈性與出口供給價格彈性（＝外國進口需求價格彈性）之和必須要大於 1，此乃符合在馬婁條件 (Marshall-Lerner Condition) 的穩定均衡。因此穩定的充分條件為至少兩國中之其中一國的進口需求之價格彈性，必須在均衡點附近富有彈性，如圖 3–13 (a)、(b)所示，其中 OF 為本國提供曲線，OF^* 為外國提供曲線，其數學證明請參見本章附錄。

不穩定的必要條件是指兩國輸入需求的價格彈性在均衡點 E 附近且必須缺乏彈性，以提供曲線的形狀而言，須在均衡點 E 附近向後彎曲，如圖 3–14 所示。但要注意的是，此僅僅是必要條件而已（而非充分條件）。因為儘管一國的提供曲線在均衡點附近向後彎曲，但若滿足馬婁條件，還可能是穩定均衡。

如果交易條件改變，在不穩定的情況之下，可否透過市場的力量重新獲得均衡，答案是不一定的，如圖 3–14 所示，當 TOT_0 改變成 TOT_1 的時候，此時只有外國的提供曲線處在缺乏彈性的部分，本國的提供曲線非處在後彎的位置，所以市場可以重新獲得均衡，但是如果 TOT 的位置仍處在兩國提供曲線缺乏彈性的部位（例如，OF'），X 財有超額供給，Y 財有超額需求，不均衡的幅度反而會擴大，無法重新獲得調整。

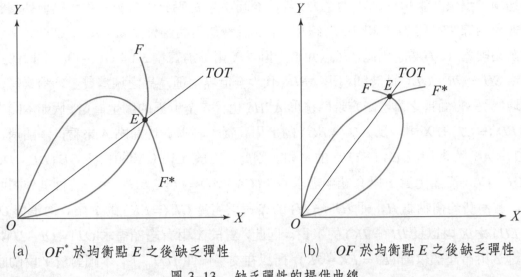

(a)　OF^* 於均衡點 E 之後缺乏彈性　　　(b)　OF 於均衡點 E 之後缺乏彈性

圖 3-13　缺乏彈性的提供曲線

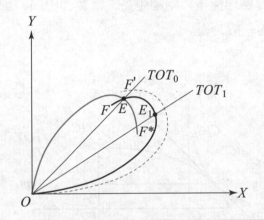

兩國進口需求價格彈性缺乏的情況，在均衡 E 點附近，兩國提供曲線皆缺乏彈性即在曲線後彎的部分，屬不穩定均衡。

圖 3-14　在不滿足馬婁條件下的提供曲線

第三節　國際貿易的一般均衡

當兩國的提供曲線相交時，就可以決定其交易條件，也就是表示兩國之進、出口量達成國際貿易一般均衡。當生產要素達到充分就業時，全世界產品的供給與需求也均達到均衡。

在圖 3-15 中，本國提供曲線 OF 與外國提供曲線 OF^* 相交於 E 點，交易條件線

通過兩條提供曲線相交 E 點的 TOT_0 線，而兩國在 E 點分別各有一條本國與外國貿易無異曲線 TIC 與 TIC^* 和 TOT_0 線相切，其社會無異曲線分別為 CIC_H、CIC_F，消費均衡點則為 A、H 點。因此，可以知道全世界 X 財的消費量 $SA = OC + OI$，Y 財的消費量 $SH = OB + OL$，此時四邊形 $ARHS$ 代表全世界兩種產品之總消費量，稱為消費方塊；另一方面稱之為生產方塊四邊形 $ARHS$ 也代表全世界的總生產量。假如本國生產 ED $(= CJ)$ 的 X 財，及 AD $(= BG)$ 的 Y 財，從本國消費均衡點 A 來看，本國消費 OC $(= AB)$ 的 X 財及 CA $(= OB)$ 的 Y 財。因此，對於 X 財有超額供給 GE $(DE - DG$ $= CJ - CO)$ 而產生對 Y 財有超額需求 OG $(CA - AD = OB - BG)$；另一方面就外國而言，其消費均衡點為 H，即 HK $(= IJ)$ 的 X 財與生產 GL $(= EK)$ 的 Y 財，而消費 OI $(= LH)$ 之 X 財以及 IH $(= JK)$ 的 Y 財。因此，對於 X 財有超額需求 OJ $(= OI - IJ)$，而對 Y 財有超額供給 $(EJ = EK - JK)$，所以在交易條件 TOT_0 下，本國對於 Y 財的超額需求等於外國對於 Y 財的超額供給，本國對於 X 財的超額供給等於外國對於 X 財的超額需求。在自由貿易均衡下，兩國生產、消費、出口、進口在交易條件決定之下，可達成國際貿易的一般均衡。

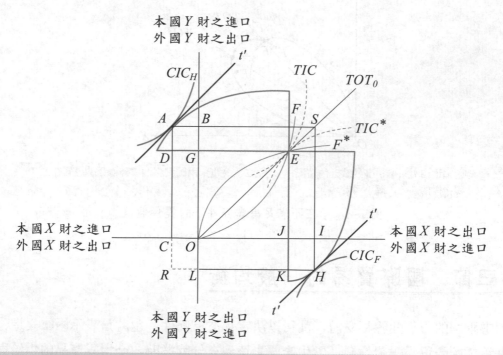

在交易條件 TOT_0 水準之下，藉由國際貿易一般均衡的達成，可反映出全世界的生產、消費、供給與需求皆達成均衡。

圖 3–15　國際貿易一般均衡的達成

　　國際貿易的均衡，在經濟學上屬於事前 (ex ante) 的概念，舉凡兩國達成了貿易均衡時，其也決定了生產、消費、貿易利得、要素所得分配、社會福利水準等之均衡。國際貿易一般均衡達成之條件表示了兩國願意進、出口的數量達成均等，其進出口相對價格所決定之交易條件，也使其均衡處在穩定狀態當中。根據華爾拉茲法則 (Walras' Law)，所有 n 個市場的超額需求總和為零，即 $\sum_{i=1}^{n} ED_i = 0$，以及當 $n-1$ 個市場達到均衡時，第 n 個市場也必然達到均衡。而均衡是否穩定，決定於國際貿易各個產品市場是否穩定，其失衡的調整可採華爾拉茲價格調整 (Walrasian Price Adjustment) 或馬歇爾數量調整 (Marshallian Quantity Adjustment)。此部分之分析，請讀者參閱相關書籍，在此不再多述。

　　要達到國際貿易一般均衡的分析，我們必須考量下列幾點特性：

(1)一般均衡之交易條件必介於兩國貿易之前的兩財交換比例或相對價格比。

(2)若兩國的提供曲線相切於原點，表示沒有國際貿易發生，見圖 3–16。

(3)均衡之交易條件愈接近貿易對手國的相對價格比，表示貿易福利愈大。

(4)在需求逆轉的情況之下，兩國的提供曲線就不再如圖 3–15 所表示，而是相交於第三象限，所有的供需條件也隨之發生逆轉的情況，見圖 3–17。

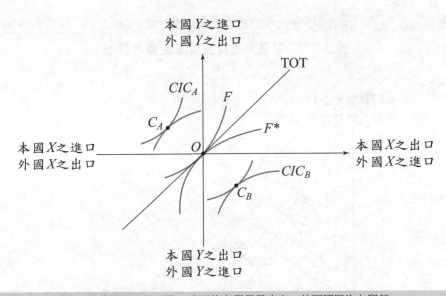

兩國提供曲線相切於原點，表示沒有貿易量產生，故兩國間沒有貿易。

圖 3–16　兩國提供曲線相切於原點之情形

(5)在均衡 E 點時，均衡交易條件與兩國貿易無異曲線相切，表示兩國的 *MRIES*
相等，國際貿易達成均衡，此時又與生產可能方塊和社會無異曲線相切，表
示 *MRS = MRT*，達成國際生產與消費的均衡，此時所有的兩國貿易無異曲線
相切於生產可能方塊與社會無異曲線的點所形成的軌跡，稱之為國際貿易契
約線 (International Trade Contract Curve) 見圖 3–18 表示。

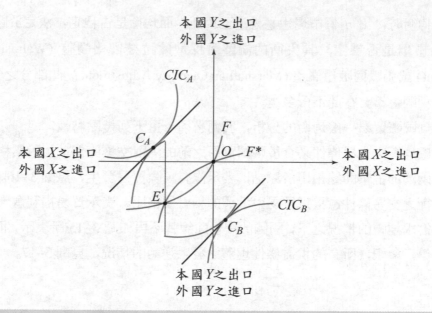

兩國需求發生逆轉，則提供曲線相交於第三象限。

圖 3–17　兩國如果發生需求逆轉之情形

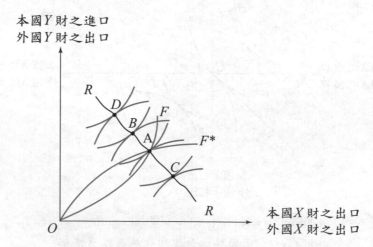

圖 3–18　兩國貿易無異曲線所有相切點所形成的軌跡，成為國際貿易契約線 (RR)

第四節　貿易利得

　　在第一節當中，我們提到交易條件是指一國輸出財價格與輸入財價格之比例，其也等於進口財數量與出口財數量之比例；因此當交易條件介於兩國交換分配比例之間時，就會有貿易利得的產生，當交易條件與對手國貿易前之交換比例愈接近時，本國的貿易利得就愈大；當與本國貿易前交換比例愈接近時，本國貿易利得就愈小。那麼對一個國家來說貿易利得是否會大於貿易損失呢？回答這個問題的方法就是一個福利比較的過程，如果可能將貿易利得用來補償貿易損失的話，貿易就可以使每人皆可得益。由於貿易利得的衡量可以用福利經濟分析來加以探討；據此，我們將分析方法區分為部分均衡分析與一般均衡分析來加以討論。

一、部分均衡分析 (Partial Equilibrium Analysis)

　　從國貿理論研究的角度來說明，部分均衡分析法適用於小國之分析比較，在假設所有的商品市場為完全競爭市場的情形之下，小國貿易量的變動對世界市場價格之決定並不具任何影響力；因此，如果小國在沒有貿易的情況下，也就是在封閉經濟條件之下的國內市場方能獲得供需均衡。我們知道在自給自足的情況下，小國的市場均衡價格顯然會高於世界價格，當貿易之後，小國商品的價格從原先在 e 均衡點所決定之 P^c 下降至世界價格 P^w，此時面對國內消費者的需求線 (D)，就會產生 bd $= q_1^w q_2^w$ 的超額需求 (Excess Demand)，故此部分應以進口填補以滿足國內需求。由於小國因價

　隨堂測驗

某甲和某乙分別生產 X, Y 兩種產品。某甲的生產可能線為：$X + 2Y = 6$；某乙的生產可能線為：$2X + Y = 6$。請回答下列問題：

　⑴請依條件畫出某甲和某乙的生產可能線。假設某甲和某乙原本自給自足，且兩人生產消費點完全相同，則兩人各生產消費 (X, Y) 多少單位？

　⑵請說明，誰在生產 X 產品上具有比較利益？誰在生產 Y 產品上具有比較利益？

　⑶假設甲、乙兩人決定專業化生產單一產品，然後平均分配兩產品，分工合作以獲利，則甲、乙分別應生產何種產品多少單位？

　⑷甲、乙兩人經過專業化分工合作，貿易利得為多少？（92 年特考）

格的改變，生產由原先的 Oq^c 降至貿易後的 Oq_2^w，而消費則由原先的 Oq^c 上升至貿易後的 Oq_1^w，這種生產與消費的改變，會造成社會各階層不一致的利害關係，也因此我們可以把一國的福利水準等於消費者剩餘 (Consumer Surplus) 與生產者剩餘 (Producer Surplus) 之總和表示之。當在封閉經濟時，小國的福利水準為 $\triangle aef$（＝消費者剩餘 $\triangle aeP^c$ ＋生產者剩餘 $\triangle eP^c f$）。開放貿易之後，小國的消費者剩餘增加至 $\triangle adP^w$，生產者剩餘下降至 $\triangle bfP^w$，但相較於貿易前之福利水準，則多增加了 $\triangle ebd$，此部分即為貿易利得。

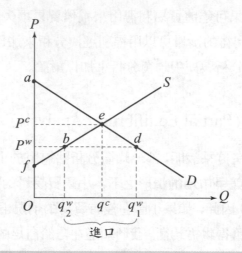

可藉由消費者剩餘與生產者剩餘表示一國之社會福利水準。

圖 3-19　世界價格會改變小國的封閉經濟下之供需均衡

　　從上述分析可知自由貿易的結果，在部分均衡分析的情況下，能進一步提高該國的福利水準，但是此並不是說明在社會中的每一階層均能在自由貿易之下獲利，只有在自由貿易所獲得的貿易利得能適時地補償因自由貿易所蒙受的損失，這時就能使每一階層的福利水準提高。其次，交易條件的改善，在其它條件不變之下，也可以增加一國的福利水準，假設 $TOT = \dfrac{P_X}{P_Y} = \dfrac{Y}{X}$ 當 ΔP_X 上升大於 ΔP_Y 下降，或 ΔP_X 不變大於 ΔP_Y 下降時，一定會使本國的 TOT 改變，並增加本國的福利水準。

老師叮嚀

1.消費者剩餘：消費者在購買某項商品時，所獲得的總效用超過其願意付出的部分。
2.生產者剩餘：生產者提供某項商品時，所獲得的總收入超過其實際生產的成本部分。
3.貿易利得：兩國貿易之後所獲得的報酬超過在自給自足下的部分。

4.社會無謂損失：因競爭的結果，造成資源配置無效率所形成的損失。

隨堂測驗

假設某航空公司由臺北往洛杉磯與舊金山航線商務艙之市場需求及成本，分別為洛杉磯 $D_a: P = 150 - 3q$，舊金山 $D_b: P = 120 - 1.5q$，此二航線之總成本為 $TC = 1000 + 30q$，請問在：

⑴該航空公司採差別定價時，其市場售價、銷售量、利潤分別為何？

⑵若單採一訂價時，其市場售價、銷售量、利潤又分別為何？

⑶差別定價與單一訂價何者具有較大消費者剩餘？

（P、TC 單位為千元，q 單位千人）（91 年特考）

個案研究

1997 年亞太金融風暴：泰銖的狂跌

　　亞洲的新四小虎之一的泰國，在 1985～1995 年間，其經濟年平均成長率為 8.4%，而每年的通貨膨脹率也都維持在 5% 左右（比較美國在此期間的經濟增長率為 1.3%，通貨膨脹率為 3.2%）。泰國經濟成長主要是靠出口導向型的經濟所創建，此舉促使泰國人對房地產大量投資。隨著房地產需求增加，曼谷的房價到達前所未有的高點，建商紛紛向銀行借貸來從事建築業，由於房地產價值不斷增長，銀行也很樂意貸款給房地產公司。

　　到 1997 年初，泰國房地產由原先的供不應求轉變為供過於求，同時泰國在基礎建設、工廠和商業等各方面投資的結果，大量引進外國商品，最後導致泰國國際收支帳戶出現赤字。儘管出口強勁，但是進口速度更加快速。到 1995 年，泰國的國際收支帳赤字已占其 GDP 的 8.1%。到 1997 年情況更加惡化，如：泰國一家地產開發商因無法按期支付一筆 800 億美元歐洲債券貸款的利息而宣布破產並實施清算。泰國的證券市場也自 1996 年初的最高峰下

跌了45%，原因是預期會有幾個房地產公司也會跟著被迫破產。

接踵而至的是泰國最大的金融機構——第一金融 (Finance One) 也瀕臨破產清算的邊緣。第一金融原以發行美元債券，將所得款項貸款給國內蓬勃發展的房地產開發商，並藉此賺取利率差價（即第一金融可以用低利率借入美元，再以高利率貸出泰銖）。由於 1997 年泰國房地產市場開始萎縮，開發商無法支付現金給第一金融，致使債台高築，而當時其他各家金融機構也難逃池魚之殃，造成第一金融的股票交易被迫中止。泰國政府試圖藉由中央銀行協助，由一家國際銀行來收購第一金融；然而問題不但沒解決，當年 5 月第一金融的股票復牌時，一天之內就跌了 70%，造成整個泰國房地產市場壞帳與日俱增，其他公司也岌岌可危。

在此同時，外國投機者開始有組織地對泰幣的進攻。從過去 13 年來，泰國按 1 美元 =25 泰銖的匯率限價從事固定交易匯率。外國投機者注意到泰國由於國際收支帳赤字不斷攀升，必造成其對美元的需求增加，而泰銖貶值。為了保衛泰銖，泰國政府絕對會動用了外匯準備購買泰銖，且花費了近 50 億美元，不僅將其外匯儲備降低到 "官方" 兩年最低的 330 億美元，而且泰國政府另外還將利率從 10% 提高到 12.5% 以提高泰銖的持有率，但此舉同時也提高了公司的借款成本，於是債務危機更形惡化。到 1997 年 7 月 2 日，泰國政府不得不宣布泰銖對美元自由浮動。泰銖立即貶值 18%，隨之一路下滑，到 1998 年 1 月外匯兌換率低到 1 美元 =55 泰銖，而泰國股票 SET 指數也從 1997 年 1 月的 787 點跌到 337 點。

問題 1：請說明國際貿易帳赤字，為何會對國內金融市場帶來衝擊？

問題 2：泰國政府在此次亞太金融風暴護盤當中，做錯了哪一項決定，造成泰銖狂跌？

二、一般均衡分析 (General Equilibrium Analysis)

不同於部分均衡分析主要是針對小國生產者剩餘與消費者剩餘情形做探討，一般均衡分析，則利用生產可能曲線與社會無異曲線來加以分析討論。先假設在封閉的經濟體系之下，每種商品的消費量必等於其生產量，在兩種商品 X、Y 情形之下，其邊際替代率 (MRS_{XY}) 必等於邊際轉換率 (MRT)，此時所面臨的相對價格 $(\frac{P_X}{P_Y})_0$，其生產與消費均在同一點 E 上，如圖 3-20 所示。在均衡點為 E 點時的相對價格下，一國達到自給自足的狀態，會有一條社會無異曲線 (U_0) 與之相切。當相對價格線改變之下，由 $(\frac{P_X}{P_Y})_0$ 上升至 $(\frac{P_X}{P_Y})_1$，此時生產點為 B 點，消費點為 C 點，會形成貿易三角形 ABC，其所對應的是較高的社會無異曲線 (U_2)，因 $U_2 > U_0 > U_0$，也因此造成社會福利水準上升。

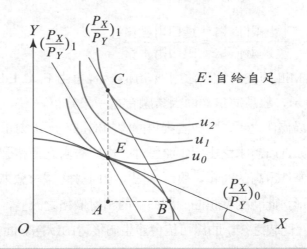

當相對價格線由 $(\frac{P_X}{P_Y})_0$ 上升至 $(\frac{P_X}{P_Y})_1$ 時表示 $P_X\uparrow$ 或 $P_Y\downarrow$，在改變之後，會產生貿易三角形，此時無異曲線可交於更高一點，表示福利水準愈大。

圖 3–20　當在大國情況之下，可以改變世界價格，相對價格線也隨之改變

　　自由貿易所產生的利得，其等於生產利得 (Production Gain) 再加上消費利得 (Consumption Gain)。生產利得其表示為當相對價格提高 $(\frac{P_X}{P_Y})\uparrow$ 時，本國生產者會多增加 X 財之生產，減少 Y 財之生產，生產點由 E 點移至 B 點。我們在 $(\frac{P_X}{P_Y})_1$ 相對價格線，於 E 點畫上一條與之平行的 EC_1 線，其所對應的效用水準 U_1 小於在 B 點相切所對應之 U_2，此 U_2-U_1 之差距，稱之為生產利得；相對於消費利得，當相對價格改變時，其效用水準之提高是因為交易條件的改變，表示以少量的 X 財可換取較多量的 Y 財，因 Y 財相對價格變得便宜，消費者會因此多增加購買而獲利，稱之為消費利得，所以自由貿易利得的產生可從生產利得與消費利得之總和表示之。

第五節　結　論

　　本章先就提供曲線的介紹與推導，來探討在商品相對價格所決定之交易條件下來衡量貿易利得。提供曲線是國際貿易理論當中最常用的分析工具，可藉由其推導出生產可能方塊來決定全世界兩種商品生產量，並在社會無異曲線定義下滿足所有消費者對全世界兩種商品之消費量，並間接地推導出貿易無異曲線。提供曲線是基於兩國的相互需求條件，一國為獲得一定數量之進口財時，所願意提供的出口財數量之組合，在貿易收支均衡的條件之下

$$交易條件 = \frac{輸出財價格}{輸入財價格} = \frac{進口財數量}{出口財數量}$$

提供曲線是由 J. S. Mill 的交互需求法則概念所產生，再由 F. Y. Edgeworth 與 A. Marshall 以具體圖形表示，故乃將供需面因素融合在一起分析。

因在不同的交易條件之下，會改變提供曲線的形狀，所以對於提供曲線的彈性我們就要加以探討，如進口需求之出口供給彈性、進口需求之價格彈性、出口供給之價格彈性。由於交易條件愈高的時候，表示本國對進口財之需求愈來愈多，但出口財之供給卻呈下降的情形，此時的提供曲線因商品的相對價格之改變，就會產生替代效果與所得效果，再相互比較之後，曲線可能會產生向後彎的狀態。而交易條件 (*TOT*) 是否為穩定條件，端視在原來供需情形之下，其交易條件改變是否可透過市場機能恢復至原來之狀態，若可以，則交易條件為穩定條件；反之，則為非穩定條件，其穩定條件為原來均衡點是發生在至少有一國的提供曲線是處在非後彎的部分（即富有彈性）時。

國際貿易一般均衡之達成，即為當兩國提供曲線交點為貿易均衡點時，代表兩國進口量與出口量相同，其交點所決定的交易條件即為出口財及進口財之國際相對價格比。在本章討論中，當生產要素達到充分就業時，全世界的供需也會達成均衡，因此生產可能方塊之面積與消費方塊之面積兩者要相等，在沒有需求逆轉的條件之下，達成 *MRS = MRT = MRIES = TOT* 的全面均衡。

最後有關貿易利得的探討，可分為小國的部分均衡分析（相對價格不會改變）與大國的一般均衡分析（相對價格會改變），藉由個體福利經濟分析的方法，瞭解消費者剩餘與生產者剩餘的增減變化，以及從生產可能曲線，社會無異曲線及相對價格線的變動，來瞭解是否有貿易利得與貿易損失的發生。

重要名詞與概念

1. 超額需求
2. 超額供給
3. 提供曲線
4. 價格接受者
5. 價格決定者
6. 華爾拉茲法則
7. 史拉斯基方程式
8. 替代效果
9. 所得效果
10. 米德技巧
11. 生產可能方塊
12. 馬妻條件
13. 華爾拉茲價格調整
14. 馬歇爾數量調整
15. 部分均衡分析
16. 消費者剩餘

17. 生產者剩餘　　　　　　　　20. 消費利得

18. 一般均衡分析　　　　　　　21. 邊際進出口替代率

19. 生產利得　　　　　　　　　22. 國際貿易契約線

課後評量

1. 假設一國對進口的商品需求增加，會不會因該國或貿易對手國是「大國」或「小國」而對該國的交易條件有不同的影響？請說明之。

2. 請說明在提供曲線分析當中，為何一國對同一商品的超額供給，是另一國相同商品的超額需求？

3. 提供曲線圖形分析中，兩軸分別為進、出口國對商品的供給與需求。現在若一軸為已開發國家之出口，另一軸為新興開發中國家的出口，我們知道已開發國家對新興開發中國家的商品需求緩慢，但新興開發中國家對已開發國家的商品需求卻快速增加，此時兩國的交易條件有何影響？該如何求提供曲線？

4. 請利用相對價格的變動來說明在提供曲線分析之下的替代效果與所得效果？

5. 利用米德技巧推導貿易無異曲線，其與提供曲線在推導過程中，有哪些特性？

6. 假設 A 國增加其貿易意願，同時 B 國降低其貿易意願，這對交易條件與貿易量之間的關係有何影響？但如果 A 國與 B 國同時增加貿易意願，這又會對交易條件與貿易量之間的關係有何影響？

7. 以下根據太平洋一小國 2004 年的貿易統計資料，如果價格指數以 2000 年為基期，出口價格為 110，進口價格為 140，出口量指數為 130，進口量指數為 100。請你計算該國 2004 年的商品交易條件與所得交易條件？

8. 請說明提供曲線彈性的穩定條件。

9. 請論述以彈性分析觀點說明提供曲線向後彎之情形。若國家的行為是理性時，也就是商品價格提高的時候，其出口會更多，是在提供曲線的哪一階段上？

10. 2003 年四月美國入侵伊拉克，並強制其他國家不准與伊拉克進行貿易，來封鎖伊拉克的經濟。這樣的行為，則會對伊拉克的交易條件與貿易量有何變化影響？請利用提供曲線解釋之？

11. 在比較利益模型下，不考慮匯率，試分析工資率與交易條件之間有何關係？如果同時考慮實質及貨幣因素，工資率與交易條件各如何決定？

12. 何謂交易條件？交易條件如何決定？交易條件與貿易利得之間有何關係？

13. 請利用部分均衡分析法說明其與貿易利得的關係。

14.在大國分析過程中，為何我們較常用一般均衡分析? 所考量的特性為何?

15.請比較貿易利得與交易條件兩者之關係?

附錄　馬婁條件 (Marshall-Lerner Condition) 之證明

　　國際收支帳根據國際貨幣基金 (IMF) 之規範等於經常帳、資本帳與金融帳之加總，但在彈性分析法中，我們往往忽略資本帳與金融帳，因為國際收支帳的大宗來自於進出口，所以國際收支帳事實上等於經常帳之收支餘額，也就是出口總額 ($P_X X$) 與進口總額 ($eP_Y Y$) 之差額，故以 (2A–1) 式表示

$$BOP = P_X X - eP_Y Y \tag{2A–1}$$

　　BOP: 以本國貨幣表示之國際收支帳　　　　P_X: 出口財價格

　　X: 出口量　　　　　　　　　　　　　　　e: 名目匯率

　　P_Y: 進口財價格　　　　　　　　　　　　Y: 進口量

　　因為名目匯率為兩國對同一商品的物價比值，故名目匯率改為國際收支之條件為 $\dfrac{dBOP}{de} > 0$，在貿易收支均衡時 $P_X X = eP_Y Y$，故

$$\frac{dBOP}{de} = \frac{d(P_X X - eP_Y Y)}{de} = P_X \frac{dX}{de} - P_Y Y \frac{de}{de} - eP_Y \frac{dY}{de}$$

$$= P_Y Y \left(\frac{P_X}{P_Y Y} \frac{dX}{de} - 1 - \frac{e}{Y} \frac{dY}{de} \right)$$

$$= P_Y Y \left(\frac{P_X X}{eP_Y Y} \cdot \frac{e}{X} \cdot \frac{dX}{de} - 1 - \frac{e}{Y} \frac{dY}{de} \right)$$

$$= P_Y Y \left(\frac{P_X X}{eP_Y Y} \eta_X - 1 + \eta_Y \right) \tag{2A–2}$$

在此 $\eta_X = \dfrac{dX}{de} \cdot \dfrac{e}{X}$ 為出口供給價格彈性

$\eta_Y = -\dfrac{dY}{de} \cdot \dfrac{e}{Y}$ 為進口需求價格彈性

在國際收支 (等於經常帳收支均衡，即 $P_X X = eP_Y Y$) 時，$\dfrac{dBOP}{de}$ 要大於零，其條件為

$$\eta_X + \eta_Y > 1 \tag{2A–3}$$

　　(2A–3) 式即為著名的馬婁條件。

第四章

古典貿易理論

兩個或兩個以上各自行事，並具有互不相容利益團體，在相互競爭時，其決勝的關鍵在於其是否能「採取最佳策略」，並依據「本身的優勢」來打倒對方。

摩根施特恩 (Oskar Morgenstern, 1902～1976)

《本章學習方向》

1. 國際貿易發生之假設條件
2. 學習了解絕對利益原理
3. 比較利益原理對貿易之重要性
4. 李嘉圖模型之分析
5. 均衡交易條件之決定
6. 多種商品下的比較優勢
7. 新古典貿易理論探討

本章章節架構

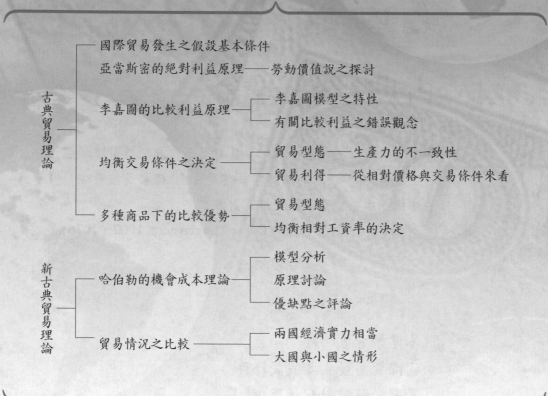

古典貿易理論
- 國際貿易發生之假設基本條件
- 亞當斯密的絕對利益原理——勞動價值說之探討
- 李嘉圖的比較利益原理
  - 李嘉圖模型之特性
  - 有關比較利益之錯誤觀念
- 均衡交易條件之決定
  - 貿易型態——生產力的不一致性
  - 貿易利得——從相對價格與交易條件來看
- 多種商品下的比較優勢
  - 貿易型態
  - 均衡相對工資率的決定

新古典貿易理論
- 哈伯勒的機會成本理論
  - 模型分析
  - 原理討論
  - 優缺點之評論
- 貿易情況之比較
  - 兩國經濟實力相當
  - 大國與小國之情形

前言

　　國際貿易之所以會發生是在於兩兩國家之間資源稟賦的差異，但這並非是主要原因，如同前面幾章所述，如果一國能專業化生產某特定商品，而不需生產所有商品，並在擴大生產規模情況下，就會獲得規模經濟使效率提高，所以貿易的基礎也就是在國際分工。在 1776 年亞當斯密 (Adam Smith) 在其著作《國富論》，其全名為 *A Nature and Cause of the Wealth of Nation* 中提出，國際貿易之發生，依據勞動價值說 (The Value of Labour)，因每個人所擅長生產的商品不同，也就是每人的邊際生產力依據不同商品生產而有不同的差異；例如，裁縫師做 1 件衣服需要 1 天時間，種植 1 公斤稻米需要 2 天時間；相對地，農夫種植 1 公斤稻米需 1 天時間，縫製 1 件衣服則需 2 天，兩人在自給自足情形之下，各別消費 1 件衣服及 1 公斤稻米各需 3 天，如果可以專業化生產並進行交易的話，裁縫師這 3 天專業化生產衣服可製作 3 件，農夫 3 天可專業化生產稻米 3 公斤；如果交換比例為 1：1 時，3 天的勞動可使裁縫師與農夫共可多消費 1 件衣服與 1 公斤稻米。如果將個人的分工推廣至國家之間的分工，認為透過國際分工各國分別專業化生產且出口其邊際力較高的商品，並進口外國比本國相對價格低的商品，如此能使大家均獲益。根據此部分探討，一國必須在某種商品生產的邊際生產力比貿易對手國高且勞動成本低時，才有可能出口這種產品；同時貿易對手國也必須有比本國勞動成本低的商品，國際貿易才能發生。

第一節　國際貿易發生的假設基本條件

一、貿易的影響

　　從事國際貿易的國家會存在著許多問題，例如，一國會出口哪些商品，及進口哪些商品？這是國際經濟理論中最古老的問題之一，如同我們將看到的，有著許多不同的答案。此外，貿易量將有多少？貿易量的大小和國家的整體經濟規模有關嗎？以及在何種價格下才會發生貿易？而一國交易條件的改變是否與這個國家能從國際貿易中獲得多少利得有關。在此，我們將以相關理論來解釋不同生產要素報酬的貿易

效果，即國際貿易如何影響勞動者的工資或資本財的利得（資金的利息或土地、廠房的租金），也是國際貿易所關心的最重要議題。從一開始看來，貿易似乎對工資或利得僅有些微影響；其實不然，進行貿易實則有非常深遠的意義。例如，來自國外鋼鐵商品的競爭，導致國內鋼鐵業的大規模失業及工資的下降，並從鋼鐵業影響到國內其他相關產業。當然在如此情形下，將產生對自由貿易的反對聲浪，因而要求政府採取貿易保護措施以防止國外商品的競爭。因此，我們也會解釋政府如何來規定限制國際貿易的數量（進口限額及關稅等措施），以及如此規定的影響效果為何（留待第貳篇之章節討論）？所以國際貿易在不同的模型假設條件之下，就會有不同的影響。

二、一般均衡模型

現在我們開始要來建立從事國際貿易的基本經濟模型，此模型即是所謂的一般均衡模型 (General Equilibrium Model)。藉由一般均衡分析，一國商品生產與消費的要素稟賦、要素報酬、相對價格及國際貿易型態將被同時決定。

一般均衡模型有許多優點，此模型主要的好處讓我們知道，當一國從事國際貿易時，其所有部門將發生什麼變化。而一般均衡模型最主要的缺點為，任何國家商品的生產或消費的改變，將會同時改變其生產量、消費量與所有商品的價格，此時會發現這樣的模型太大且複雜；因此，我們需要建立一些簡單的假設來加以限制。我們可從七項假設開始：

假設 1：所有的經濟單位，特別是廠商與消費者的行為都是理性的 (Rational Behavior)。

經濟單位都是目標導向 (Goal Oriented)，廠商生產決策的目的是要使利潤極大化，消費者透過消費決策使其獲得最大的效用（滿足）。若此假設不成立，則經濟的行為將會是隨機的 (Random) 並因而無法解釋。

假設 2：世界上僅有兩國家（本國與外國），並生產兩種財貨（X 財與 Y 財），每一個國家都各自消費每一種財貨。

此一假設是為了方便於幾何的衡量，其結果使一般均衡模型均可用代數來表示。其中，兩國兩財的模型可能因任意的生產而有超額產出，國際貿易的結果則會在這一般化的模型下完成。然而，當商品或國家的數量超過二個以上時，某些結果將無法完成。

假設 3：沒有貨幣幻覺 (Money Illusion)。

我們假設廠商作生產決策及消費者作消費選擇時，他們的行為會考慮所有的價格影響，而不是僅考慮某一些價格。如此一來，他們便不會在實質經濟變數沒有變化時，愚昧的改變其行為。

其次，在描述廠商及個人的經濟活動時，為避免受貨幣幻覺影響須假設，所有的經濟決策（如生產或消費決策）必須基於相對價格 (Relative Prices) 而非名目價格 (Nominal Prices) 所決定。名目價格意指貨幣價格，像 X 財的價格以 P_X 表示，Y 財價格以 P_Y 表示，相對價格意指價格比率：$\dfrac{P_X}{P_Y}$。為瞭解相對價格如何運作，可看下列重要法則：如果 $\dfrac{P_X}{P_Y} = k$，則 1 單位 X 的價值 $= k$ 單位 Y 的價值，或 1 單位 Y 的價值 $= \dfrac{1}{k}$ 單位 X 的價值。

就生產者而言，價格線可稱為收入曲線，其最重要特徵，即是此線的斜率告訴我們兩種商品的相對價格 $\dfrac{P_X}{P_Y}$。如圖所示，如果農夫出售 1 單位 X，我們知道出售的收入可以交換多少單位的 Y。如此，沿著此線移動反映等值的交易乃唯一但非強制接受的交換型態。就消費者而言，價格線被稱為交易條件線，顯示在固定貨幣數量之下，所能夠購買兩種商品的可能組合，故又稱為預算限制線 (Budget Constraint)。

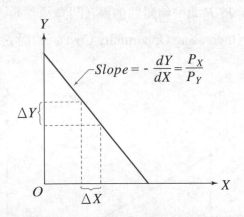

就消費者而言，價格線為交易條件線，就生產者而言，價格線為收入曲線。

圖 4–1　價格線、交易條件線、預算限制線

最後，假如 $\dfrac{P_X}{P_Y}$ 上升，對價格線有何影響？它將變得比較陡，此隱涵什麼？意指

相同的 X 數量現在可交換更多單位的 Y，也就是說，Y 相對的變得較便宜，或 X 相對的變得較貴。因此，價格線變陡峭表示 X 相對於 Y 變貴了。反之，價格線變平坦表示 X 相對於 Y 變便宜了。

假設 4：每個國家其要素稟賦 (Factor Endowments) 是固定的，且每個國家可利用的生產技術也是固定的。

假若這些條件成立，我們藉由生產可能曲線(Production Possibility Frontier, *PPF*，有些書稱之為生產可能前緣) 來分析。生產可能曲線告訴我們在固定的技術、固定的生產要素（土地、勞動、資本等）之下，一國所能生產 X 與 Y 商品的最大數量。圖 4–2 (a)說明 *PPF* 的形狀，在固定的生產資源下，產量可能發生的情形。如果生產點在 *DE* 線上，例如，*G* 點，表示生產資源已充分就業及生產是有效率的，因為在沒有減少另一商品的產量下，不可能再增加商品的產量；如果生產點在 *PPF* 線之內，例如，*I* 點，表示生產是沒效率的，所以即使沒有增加生產資源，也能維持自給自足；反之，生產點不會出現在 *PPF* 線之外如 *H* 點，因為這個國家的生產資源及技術無法達到此產出水準。

當生產資源已經有效率的運用時，在沒有減少另一商品的產量情形之下，不可能增加任一商品的產量。接下來我們定義生產的機會成本 (Opportunity Cost)，其為使用資源來生產 X (Y) 並用來代替 Y (X)，每增加一單位 X (Y) 所必須犧牲 Y (X) 的數量。如圖 4–2 (a)所示，*PPF* 為一條彎曲的線 (凹向原點)。此表示二種商品的生產受限於遞增的機會成本 (Increasing Opportunity Cost)。如從 *F* 點開始，當經濟體的生

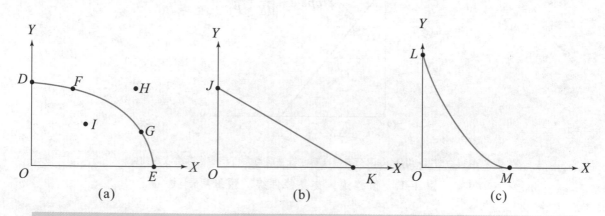

生產可能曲線在(a)規模報酬遞減，(b)固定規模報酬，(c)規模報酬遞增的情形，也與機會成本定義所表示之生產可能曲線形狀一樣。

圖 4–2 規模報酬的生產可能曲線

產逐漸移向 *G*（沿著 *PPF* 向右下移動）。如圖 4–2 (a)所示，每額外增加一單位 *X* 的生產，所減少 *Y* 的數量將逐漸增加。以數學式表示，我們可定義每額外增加一單位 *X* 的機會成本為 PPF 上生產點的交換比值並以負斜率表示之，即 $-\dfrac{\Delta Y}{\Delta X}$。而圖 4–2 (b)、(c)分割表示生產可能曲現在固定規模報酬與規模報酬遞增的情形。

假設 5：兩國兩產業都處於完全競爭狀態，生產並無外部性 (Externalities)。

多生產 1 單位 *X* 財的機會成本是 *Y* 財減少的數量，為確保市場價格能反映生產的真實社會（機會）成本，從個體經濟的基本原則來看，我們知道一個競爭的產業藉由價格等於邊際成本（如最後 1 單位生產的成本），在生產沒有外部性（如商品的製造過程中沒有產生污染的情況下），則多生產 1 單位商品的邊際成本會確實地等於生產資源使用在此商品的價值。在此有兩點值得一提的是，第一：此假設提供一個方便的對應關係，完全競爭必須是價格等於邊際成本的情形，即 $\dfrac{P_X}{P_Y} = \dfrac{MC_X}{MC_Y}$。第二，完全競爭的假設也可以延伸至要素市場。此表示要素價格（工資）等於完全競爭市場價格的假定，也就是 $\dfrac{P_X}{P_Y} = \dfrac{w}{r}$。見圖 4–3 之 *E* 點，達成生產與消費之均衡。

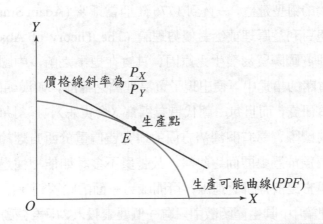

當價格線相切於生產可能曲線於均衡點 *E* 時，表示在自給自足之下的兩財生產與消費的組合。

圖 4–3 價格線與生產點之關係

假設 6：每一國家的兩產業間生產要素都可完全自由移動 (Perfectly Mobile)。

此假設意指生產要素在兩個產業之間的移動，能反映任何要素報酬上的潛在差

異。此確保一國的兩產業中某要素（如勞動力）的報酬（工資）相同（即 *Y* 產業的工資與 *X* 產業工資相同）。

假設 7: 團體在消費上的偏好可用一致的社會無異曲線來代表。

在此，我們假設有一社會無異曲線 (Community Indifference Curves, *CICs*)，用來表示社會大眾在消費不同商品組合的偏好，其和一系列個人偏好所表示無異曲線有相同的形狀。如果這些曲線是同質一致的，它們會具有個人無異曲線加總的特質。

這是非常強的假設，在效果上不同的個人可以被聚集起來，並要求他們排序他們所有可能組合的偏好。但在真實世界上，這比一開始想像還要困難，團體如何作出具有偏好的決策？因為團體所作決定會反映大多數的偏好。如果人們的偏好是不同但一致或個人的偏好一致，但彼此的偏好卻不同，則團體的偏好可能會不一致。

第二節　絕對利益原理與比較利益原理

一、絕對利益原理

國際貿易理論的雛型建立，一直到 1776 年亞當斯密 (Adam Smith) 在其著作《國富論》所提出之絕對利益原理或絕對優勢理論 (The Theory of Absolute Advantage) 後，西方才開始研究國際貿易發生之原因。其實在更早之前，中國為了商業利益以及拓展疆域，在有關的論述中，便出現了貿易理論之探討，如漢朝的《鹽鐵論》，即為東方最早的經濟研究，而且每一朝代皆有編寫〈食貨志〉，探討每一階層的經濟活動，可惜的是目前國際貿易有關經濟方面的研究皆偏重於西方理論的探討，而東方經濟之研究，則歸類於歷史層面之討論，故著墨不多。如能根據過去東方所經歷之貿易學說，透過西方經濟分析之運用，可開啟另一面的國貿理論研究。

在古典學派理論中，其生產函數中只有一個要素投入，即為勞動 (Labor, *L*)，是依據勞動價值說，並假設在兩國（本國以無 * 表示，外國以加 * 表示）兩財（*X* 財與 *Y* 財）的模型之中，所有社會生產資源（即為勞動）皆已達到充分就業的狀態，在商品市場以及要素市場皆為完全競爭市場之狀況，所以生產 1 單位商品之價格等於其生產成本，而實質工資水準 ($\frac{w}{P}$) 等於勞動的邊際生產力 (MP_L)。可以下面數學式表示之：

a_L: 表示生產 1 單位商品的勞動投入量

a_{LX}: 表示生產 1 單位 *X* 商品的勞動投入量

a_{LY}：表示生產 1 單位 Y 商品的勞動投入量

w_X、w_Y：分別為生產 X、Y 的工資水準

P_X、P_Y：分別為 X、Y 商品價格

$$P_X = a_{LX}w_X = a_{LX}w \tag{4-1}$$

$$P_Y = a_{LY}w_Y = a_{LY}w \tag{4-2}$$

$$P_X^* = a_{LX}^*w_X^* = a_{LX}^*w^* \tag{4-3}$$

$$P_Y^* = a_{LY}^*w_Y^* = a_{LY}^*w^* \tag{4-4}$$

因為 $w_X = P_X \cdot MP_{LX} = P_X \cdot \dfrac{1}{a_{LX}}$，表示 X 財之勞動邊際生產力等於生產 X 財之實質工資率，故

$$\frac{w_X}{P_X} = \frac{1}{a_{LX}} = \alpha = \frac{dX}{dL_X} = MP_{LX} \tag{4-5}$$

$$\frac{w_Y}{P_Y} = \frac{1}{a_{LY}} = \beta = \frac{dY}{dL_Y} = MP_{LY} \tag{4-6}$$

$$\frac{w_X^*}{P_X^*} = \frac{1}{a_{LX}^*} = \alpha^* = \frac{dX^*}{dL_X^*} = MP_{LX}^* \tag{4-7}$$

$$\frac{w_X^*}{P_Y^*} = \frac{1}{a_{LY}^*} = \beta^* = \frac{dY^*}{dL_Y^*} = MP_{LY}^* \tag{4-8}$$

而 α、β 之表示，可從柯布—道格拉斯生產函數 $(Q = AK^\alpha L^\beta)$ 的投入係數表示。

當兩國間沒有任何型式的貿易障礙 (Trade Barrier) 存在之下，兩國間進行自由貿易的結果，同一種商品以同一種貨幣表示時（假設匯率為 $e = 1$, $eP_X^* = P_X$），其結果必定相等，即

$$P_X = P_X^* \tag{4-9}$$

$$P_Y = P_Y^* \tag{4-10}$$

有了前述假設條件之探討後，我們根據表 4-1，來探討絕對利益之下有關國際貿易發生的原因。

表 4-1　兩國絕對利益下之貿易分析

	X 財	Y 財
本國	10 人 (a_{LX})	9 人 (a_{LY})
外國	8 人 (a_{LX}^*)	12 人 (a_{LY}^*)

　　表 4–1 表示本國生產 1 單位 X 財需要 10 人（$a_{LX} = 10$ 人），而外國僅需要 8 人（$a_{LX}^* = 8$ 人），很明顯地，外國在 X 財生產上具有絕對利益，因為 $a_{LX} > a_{LX}^*$，表示外國對 X 財之生產力較本國來得高（$\frac{1}{a_{LX}^*} = \frac{1}{8} > \frac{1}{a_{LX}} = \frac{1}{10}$）。而在 Y 財生產方面，本國生產 1 單位 Y 財需要 9 人（$a_{LY} = 9$ 人），外國則需要 12 人（$a_{LY}^* = 12$ 人），故本國在生產 Y 財方面具有絕對利益 $a_{LY} < a_{LY}^*$，表示本國對 Y 財之生產力較外國來得高（$\frac{1}{a_{LY}} = \frac{1}{9} > \frac{1}{a_{LY}^*} = \frac{1}{12}$）。根據上述之討論分析，本國會出口 Y 財進口 X 財，而外國會出口 X 財進口 Y 財，完全是基於 $a_{LX} > a_{LX}^*$, $a_{LY} < a_{LY}^*$ 的絕對利益條件之下，如以本國與外國對 X、Y 財投入人數比例表示之公式，$\frac{a_{LX}^*}{a_{LY}^*} < \frac{a_{LX}}{a_{LY}}$ 為其判定進出口商品之標準。

二、比較利益原理：李嘉圖模型

　　1817 年經濟學家李嘉圖（David Ricardo）提出勞動生產力之差異所形成比較利益原理或比較優勢理論（The Theory of Comparative Advantage），來探討國際貿易的另一成因，他認為絕對利益並非是國際貿易發生的必要與充分條件，比較利益才是國際貿易發生的主要原因。要理解比較利益在決定國際貿易中之作用，我們必先對第一節之基本假設作分析討論，在一個封閉的經濟體系之下，進行貿易之後，是否真的會產生貿易利得？當兩國的生產條件如變成以生產力或技術差異表示之時，如表 4–2 所示：

表 4–2　兩國比較利益下之貿易分析

	X 財	Y 財	$\frac{a_{LX}}{a_{LY}} = \gamma$
本國	12 人 (a_{LX})	10 人 (a_{LY})	$\frac{12}{10}$
外國	8 人 (a_{LX}^*)	9 人 (a_{LY}^*)	$\frac{8}{9}$

　　表 4–2 表示，外國不論在 X 財或 Y 財的生產方面均具有絕對利益，因 $a_{LX}^* < a_{LX}$、$a_{LY}^* < a_{LY}$。如根據亞當斯密的說法，在此兩國間不可能有貿易發生。但李嘉圖卻有不一樣之看法，雖然本國對 X 財與 Y 財之生產均不具絕對利益，但在兩財之絕對利益與絕對不利益之間卻有程度上的差異，從表 4–2 說明本國在 γ 之比值上（$\gamma = 1.2$）表

示，本國在生產 1 單位 Y 財可換取 1.2 單位的 X 財，而外國在 γ 比值上（$\frac{X}{Y} = \frac{8}{9}$ ÷ 0.89）表示生產 1 單位 Y 財，只能換取 0.89 單位的 X 財。表示本國對於 Y 財之生產具有比較利益，對 X 財生產具有比較不利益，而外國對於 X 財之生產具有比較利益，對 Y 財之生產具有比較不利益。我們以數學式表示之：

$$\frac{a_{LX}}{a_{LY}} > \frac{a_{LX}^*}{a_{LY}^*} \tag{4-11}$$

此時，外國對 X 財生產投入人力少於本國，應專業化生產 X 財，而本國對 Y 財生產投入雖多於外國，但在相對比較之下，其比值在 Y 財的生產上可換取較多的 X 財，故應專業化生產 Y 財。

 隨堂測驗

1. 假設甲國與乙國都只生產米與布。甲國每一勞工生產 10 單位米，或 2 單位布；乙國每一勞工生產 12 單位米，或 4 單位布。問：

   (1)甲國的絕對利益何在？

   (2)乙國的比較利益何在？

   (3)如果甲乙兩國各專業生產其比較利益產品，則在兩國的國際貿易上，一單位布可以交換多少單位的米？為什麼？

2. 假設甲、乙兩國有下列的生產技術：

產品	生產產品 S 或 T 所需之勞動力投入小時數	
	甲國	乙國
產品 S	2	12
產品 T	6	15

請問：

   (1)貿易前兩國產品 S 相對於產品 T 的相對價格為何？

   (2)何國對生產何種產品具絕對利益 (Absolute Advantage)？為什麼？

   (3)何國對生產何種產品具比較利益 (Comparative Advantage)？為什麼？

   (4)若兩國根據比較利益法則進行貿易，則甲國相對於乙國的容許工資範圍會落於何處？若甲國的工資 w_A 為一小時 10 元，則貿易後乙國的工資（已甲國貨幣衡量）為 w_B 必須介於 X 元與 Y 元之間。請計算 X 與 Y 各為多少？並說明原因。（93 年特考）

老師叮嚀

比較利益判定標準:

	X 財	Y 財
本國	a 人	c 人
外國	b 人	d 人

$\frac{a}{b}$ 與 $\frac{c}{d}$ 之間: 比值小者選分子, 乃專業化生產出口之商品
比值大者選分母, 乃專業化生產出口之商品

注意: 本口訣須視題目所給予的單位表示。

另外, 如果我們加上用價格表示的話

$$\rho^* = \frac{P_X^*}{P_Y^*} = \frac{a_{LX}^* w^*}{a_{LY}^* w^*} = \frac{a_{LX}^*}{a_{LY}^*} < \rho = \frac{P_X}{P_Y} = \frac{a_{LX} w}{a_{LY} w} = \frac{a_{LX}}{a_{LY}} \tag{4-12}$$

其貿易結果表示, 只要在相同假設條件之下其與 (4-11) 式相同成立。

由於各國的生產力不一致 ($a_{LX} \neq a_{LX}^*$, $a_{LY} \neq a_{LY}^*$), 可以用來解釋貿易發生之理由, 但自由貿易 (Free Trade) 對全世界及各國是否比在自給自足情況下各國各自生產 X、Y 財一單位, 福利水準更為增加? 根據表 4-2 結果表示, 如果本國專業化生產 *Y* 財 (1 單位 *Y* 財需 10 人投入), 故在本國所有勞動為 22 人之下, 全世界 *Y* 財之生產為 2.2 個單位; 而外國專業化生產 *X* 財 (1 單位 *X* 財需 8 人投入), 故在外國所有勞動為 17 人之下, 全世界 *X* 財之生產為 2.125 個單位, 見表 4-3; 因此, 如能進行貿易的話, 全世界 *X* 財生產多 0.125 單位, *Y* 財多 0.2 單位。由於需求因素未能決定, 也就無法得知目前交易條件為何? 但必須基於自由貿易利得不會低於自給自足之水準, 即二國交換比例, 須落在下列不等式之間:

本國商品交換比例　　　交易條件　　　外國商品交換比例

$$\frac{\frac{1}{a_{LX}}}{\frac{1}{a_{LY}}} = \frac{10}{12} = 0.83 \quad < \quad \frac{X}{Y} \quad < \quad \frac{\frac{1}{a_{LX}^*}}{\frac{1}{a_{LY}^*}} = \frac{9}{8} = 1.125$$

此不等式說明了交易條件愈往對手國之交換比例, 對自己國家愈有利。

表 4-3　專業化生產之貿易分析

	本國	外國	全世界增加量
X 財		17 人 ($\frac{17}{8} = 2.125$)	$\Delta X = 0.125$
Y 財	22 人 ($\frac{22}{10} = 2.2$)		$\Delta Y = 0.2$

第三節 李嘉圖模型之特性與探討

從上述分析之後，接下來我們針對李嘉圖模型來進行分析，首先介紹沒有貿易情形下之簡單李嘉圖模型，而後討論允許貿易發生情況之分析探討，以下將根據 Krugman-Obstfeld（2002）的看法來說明李嘉圖模型之概念；接著再指出一些較常被誤解之觀念。

一、李嘉圖模型基本特性

1. 單一生產要素之經濟體系

為介紹比較利益決定貿易型態，必須假設一國經濟體系僅具一生產要素：勞動（L），並生產兩種商品——X 財與 Y 財。

a_{LX}：生產 1 單位 X 財所需之勞動

a_{LY}：生產 1 單位 Y 財所需之勞動

L：總勞動供給量

⑴生產可能曲線

假設在資源之有限條件之下，生產因此受限制，多生產 1 單位的商品，必犧牲其他商品之生產，此關係以圖 4–4 表示即為生產可能曲線（如圖 *PPF*：其表示於任何既定之 X 財生產下，所能生產 Y 財的最大量），因為僅有一種生產要素時，生產可能曲線為一直線，其求導過程如下：令 Q_Y 為 Y 之產量，Q_X 為 X 之產量，則用以生產 Y 之勞動量為 $a_{LY}Q_Y = L_Y$，用以生產 X 之勞動量為 $a_{LX}Q_X = L_X$，而生產可能曲線受制於經濟資源（此模型為勞動量受限制之條件下），故生產上之限制可以 $a_{LX}Q_X + a_{LY}Q_Y \leq L$ 表示。

當生產可能曲線為直線時，機會成本為固定常數。如多生產一單位 X 需 a_{LX} 之人力小時（man-hours，單位勞動力），然若以 a_{LX} 來生產 Y，則可得 $\frac{a_{LX}}{a_{LY}}$ 單位之 Y 財，故生產 X 財之機會成本為 $\frac{a_{LX}}{a_{LY}}$，此又等於生產可能曲線之斜率。

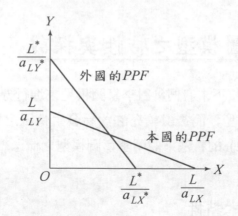

由於投入的勞動生產力的不同，形成外國生產可能曲線相較於本國生產可能曲線來得較陡。

圖 4–4　本國與外國之生產可能曲線

老師叮嚀

　　生產可能曲線 (Production Possibility Curve)，表示在經濟體系可生產之各種商品組合，為得知經濟體系之確實產量，則須知商品之相對價格。在競爭體系之下，供給由個人為追求其收入極大化而決定，而現在經濟體系內僅有勞動為唯一生產要素，因此各部門勞動之報酬差異影響勞動力之移動，進而決定兩種商品之供給。

(2)相對價格與供給

　　我們令 P_X, P_Y 分別表示 X 財與 Y 財之價格，a_{LX}, a_{LY} 之定義如前，在未產生貿易情形之下，生產 X 財部門之工資率等於 $\dfrac{P_X}{a_{LX}}$，生產 Y 財部門之工資率等於 $\dfrac{P_Y}{a_{LY}}$，在無利潤條件之下，收益等於成本，如下式所表示：

$$P_X \cdot Q_X = w_X \cdot a_{LX} \cdot Q_X$$

①當 $\dfrac{P_X}{P_Y} > \dfrac{a_{LX}}{a_{LY}}$ 表示 X 財部門之工資率較高，因此勞動力就會慢慢移向 X 財部門，最後導致專業生產 X 財。

②當 $\dfrac{P_X}{P_Y} < \dfrac{a_{LX}}{a_{LY}}$ 表示 Y 財部門之工資率較高，因此勞動力就會慢慢移向 Y 財部門，最後導致專業生產 Y 財。

③當 $\dfrac{P_X}{P_Y} = \dfrac{a_{LX}}{a_{LY}}$ 表兩部門之工資率相同，所以兩財均會生產。

若 X 財之相對價格大於其機會成本，則會專業生產 X 財，反之專業生產 Y 財，而相對價格等於機會成本 ($\frac{a_{LX}}{a_{LY}}$) 時，則兩財均生產，故可下一結論：無貿易情形下，相對價格必等於相對單位勞動投入。

2. 單一生產要素體系下之貿易情形

假設有兩國：一為本國 (Home)，一為外國 (Foreign)，兩者均僅有一生產因素 (勞動；L)，生產兩財 (X 財與 Y 財)，所有變數定義如前述，代表外國之變數為簡化分辨一律加上 * 表示之。

假設 $\frac{a_{LX}}{a_{LY}} < \frac{a_{LX}^*}{a_{LY}^*}$ 即 $\frac{a_{LX}}{a_{LX}^*} < \frac{a_{LY}}{a_{LY}^*}$，表本國 X 財的相對生產力大於外國，故本國於 X 財的生產上有比較利益。若僅是 $a_{LX} < a_{LX}^*$ 則只是表示本國生產力 ($\frac{1}{a_{LX}}$) 之勞動於 X 財生產上較外國更有效率，此時本國對 X 財具有絕對利益，如同前述，僅由絕對利益的結果無法決定貿易型態。

在已知勞動供給量及單位勞動投入量時，可求得各國之生產可能曲線，故在 $\frac{a_{LX}}{a_{LY}} < \frac{a_{LX}^*}{a_{LY}^*}$ 之假設下，外國之生產可能曲線相對於本國之生產可能曲線來得比較陡，如圖 4-4 所示。

在無貿易情形下，相對價格決定於相對單位勞動投入，因此本國 X 財之相對價格為 $\frac{a_{LX}}{a_{LY}}$，外國則為 $\frac{a_{LX}^*}{a_{LY}^*}$，而允許貿易之情況下，價格不再由各國單獨決定，而是由市場貿易財之供給與需求決定。若外國 X 財之相對價格高於本國，則由本國出口 X 財，外國出口 Y 財。

3. 貿易後相對價格之決定

貿易財之價格乃由市場供給及需求所決定，但其決定於 X 財及 Y 財之相對供給與相對需求，而非僅由 X 財及 Y 財之供給與需求決定，仍須考量其相對價格。在圖 4-5 中，RD 表示對 X 財之相對需求曲線，RS 表示對 X 財之相對供給曲線，兩者之交點決定國際相對價格，而有關 RS 之求導過程如下：

(1) $\frac{P_X}{P_Y} < \frac{a_{LX}}{a_{LY}}$, $\frac{P_X}{P_Y} < \frac{a_{LX}^*}{a_{LY}^*}$ 時，本國與外國均專業生產 Y 財，故 X 財之供給為零。

(2) $\dfrac{P_X}{P_Y} = \dfrac{a_{LX}}{a_{LY}}$ 時，本國兩財均生產，相對供給為水平線。

(3) $\dfrac{P_X}{P_Y} > \dfrac{a_{LX}}{a_{LY}}$ 時，則本國專業生產 X 財，產量為 $\dfrac{L}{a_{LX}}$。若 $\dfrac{P_X}{P_Y} < \dfrac{a_{LX}^*}{a_{LY}^*}$ 時，則外國專業

生產 Y 財，產量為 $\dfrac{L^*}{a_{LY}^*}$。故當 $\dfrac{a_{LX}}{a_{LY}} < \dfrac{P_X}{P_Y} < \dfrac{a_{LX}^*}{a_{LY}^*}$ 時，X 財之相對供給量為 $\dfrac{\dfrac{L}{a_{LX}}}{\dfrac{L^*}{a_{LY}^*}}$。

(4) $\dfrac{P_X}{P_Y} = \dfrac{a_{LX}^*}{a_{LY}^*}$ 時，外國兩財均生產，相對供給為水平線。

(5) $\dfrac{P_X}{P_Y} > \dfrac{a_{LX}}{a_{LY}}$，$\dfrac{P_X}{P_Y} > \dfrac{a_{LX}^*}{a_{LY}^*}$ 時，本國與外國均專業生產 X 財，Y 財之產量為零，X 財

之相對供給量為無限大。

由於相對需求曲線呈現出負斜率狀態，反映的是相對替代效果，表示當 X 財的相對價格上升時，消費者將減少 X 財並增加 Y 財之購買，故 X 財之相對需求降低。均衡相對價格由相對供給曲線與相對需求曲線之交點所決定。圖 4–5 中若 RS 與 RD 相交於點 1 時，X 財之相對價格介於兩國貿易前之價格間，此時各國專業生產具有比較利益之商品，本國專業生產 X 財，外國專業生產 Y 財，若 RS 與 RD 相交於 RS 水平部份，如點 2，則貿易後 X 財之相對價格等於本國生產 X 財之機會成本，此時本國兩財均生產，而外國則完全專業生產 Y 財。綜合上述可知，當一國專業生產某財時，顯示其於該商品生產上具有比較利益，除了專業化生產外，一般貿易之結果會使貿易財之相對價格介於兩國貿易前之價格間。

4.貿易利得

由上述討論已知，相對勞動生產力之差異將使各國專業化生產不同之商品，以下將指出兩國均因貿易後而獲利之情形。首先，將貿易視為生產的間接方法。原來本國可直接生產 Y 財，亦可生產 X 財，之後再與外國貿易以取得 Y 財，此間接「生產」Y 財較直接生產而言更具效率。以勞動力而言，本國使用一單位勞動可生產 $\dfrac{1}{a_{LY}}$

單位之 Y 財，或用以生產 $\dfrac{1}{a_{LX}}$ 單位之 X 財，而此 X 財可經貿易換得 $\dfrac{P_X}{P_Y} \cdot \dfrac{1}{a_{LX}}$ 之 Y 財，

因 $\left(\dfrac{1}{a_{LX}}\right)\left(\dfrac{P_X}{P_Y}\right) > \dfrac{1}{a_{LY}}$ 或 $\dfrac{P_X}{P_Y} > \dfrac{a_{LX}}{a_{LY}}$，故可知經由貿易所得之 Y 財較直接生產來的多。同理，

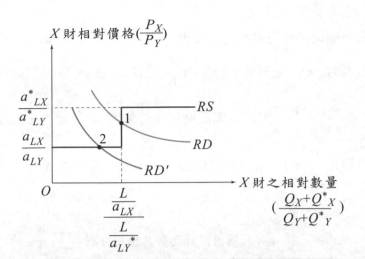

貿易後相對價格之決定來自需求與供給，在不同相對價格水準之下會產生不同貿易型態。

圖 4–5　相對價格與貿易型態

外國生產 Y 財，再經由貿易取得 X 財之方式較具效率，顯示兩國均因貿易而獲利。

此外，由貿易影響各國可能之消費，亦可推知兩者因貿易而獲利。於無貿易時，消費可能曲線與生產可能曲線相同（圖 4–6 實線 PF 及 F*P*），一旦允許貿易，則各經濟體系經由組合其生產可消費不同組合之 X 財及 Y 財，本國的消費可能曲線為圖 4–6(a)之虛線 TF，外國為圖 4–6(b)之虛線 F*T*，可知貿易使選擇之範圍擴大，顯示兩國均因貿易而間接獲益。

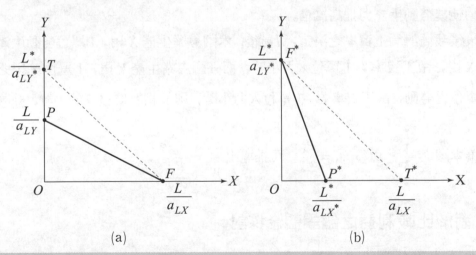

當價格改變或交易條件改變時，兩國所形成之價格差異會影響其專業化生產之導向，而貿易的結果使兩國間接的獲益。

圖 4–6　貿易影響兩國生產可能曲線與消費可能曲線之變動

5. 貿易型態與工資率之決定

假設本國與外國之單位勞動投入，如表 4–4 所列，顯示本國於兩財生產上均具有較高之勞動生產力。首先，討論相對價格 $\frac{P_X}{P_Y}$ 之決定。因相對價格必介於兩國 X 財之機會成本間，而 $\frac{a_{LX}}{a_{LY}} = \frac{1}{2}, \frac{a_{LX}^*}{a_{LY}^*} = 2$，因此交易條件範圍為 $\frac{1}{2} < \frac{P_X}{P_Y} < 2$，為舉例說明，假設均衡時相對價格 $\frac{P_X}{P_Y} = 1$。於此相對價格下，本國專業生產 X 財，外國專業生產 Y 財。

表 4–4　兩國兩財之貿易型態分析

	X 財	Y 財
本國	$a_{LX} = 1$	$a_{LY} = 2$
外國	$a_{LX}^* = 6$	$a_{LY}^* = 3$

其次我們來討論貿易利得：若採直接生產方式，本國 1 單位勞動僅可生產 $\frac{1}{2}$ 單位之 Y 財，若生產 1 單位之 X 財，經由貿易可得 1 單位之 Y 財，故本國確由貿易獲利。同理，外國 1 單位勞動可生產 $\frac{1}{6}$ 單位之 X 財 ($\frac{P_X}{P_Y} \cdot \frac{1}{a_{LX}}$)，同樣的勞動量則可生產 $\frac{1}{3}$ 單位之 Y 財，若經由貿易可交換得到 $\frac{1}{3}$ 單位之 X 財。可見於此例中，兩國經由貿易均使其勞動生產力提高二倍。

最後我們討論工資率之決定：貿易後，本國專業生產 X 財，1 單位勞動生產 1 單位之 X 財，故工資率為 1 單位人力小時，而外國專業生產 Y 財，1 單位 Y 財之生產需 3 單位之勞動，故工資率為 $\frac{1}{3}$ 單位人力小時，則於相對價格等於 1 時，外國之工資率為本國之 $\frac{1}{3}$，可得 $w_X = \frac{P_X}{a_{LX}}$，可推導出 $\frac{w}{w^*} = \frac{\frac{P_X}{a_{LX}}}{\frac{P_Y}{a_{LX}}}$。

二、對於比較利益之錯誤觀念探討

1. 生產力與競爭力之迷思

若一國之生產力足以應付國際競爭之前提下，自由貿易的結果將成為唯一有利

之途。此隱含著落後國家在未足以應付國際競爭之前，將會被隔離。《華爾街日報》曾有一專欄作家明言：許多小國無任何比較利益可言。如同前例說明：本國於 X 財及 Y 財之生產力均較高，與外國貿易之後，兩國均因貿易而獲利，因此根據該專欄作家之所述應為：許多小國無任何絕對利益，其並未瞭解絕對利益相對於比較利益而言，既非必要條件亦非充分條件，因此該產業之競爭利益不僅視其為相對於他國該產業之生產力，亦須視兩國之相對價格與工資水準而定。於前例中，外國於生產 Y 財上較本國不具效率，但於生產 X 財上更不利，因為外國生產力較低，故其工資水準須較本國為低，使得 Y 財之生產成本較低。但如果爭議在於低工資是否對兩國貿易產生不公平之影響？則將於下面進行討論。

2. 廉價勞力之爭論

以低工資為競爭力對貿易而言是不公平的，並會對其產業造成傷害。此爭議點常用在對抗國外競爭，並尋求貿易保護措施之理由。《紐約時報》曾刊載認為外國低工資的競爭會對美國產業造成傷害。此觀點的說明是不正確的：如果本國於兩產業上均較外國之生產力為高，而外國生產之成本較低乃因其低工資水準，由此可知，外國的低工資不妨礙本國之貿易利得，本國能獲利乃在於其生產 X 財經由貿易取得 Y 財較直接生產 Y 財有利。

3. 不公平交換產生剝削之謬論

若一國出口財使用之勞力較其進口財使用之勞力多時，則貿易對該國勞動而言產生剝削行為。此爭論乃依據馬克斯思想，因為價值由勞動所創造。以前例說明：本國以 1 單位勞動生產 1 單位 X 財，換回外國以 2 單位勞動生產之 1 單位 Y 財，但此不公平之勞動投入，無關於外國經由貿易獲利之結論。因此，若生產本國進口財的國家以少於本國之勞動生產該財，則對該國有利，亦是妨礙本國之貿易利得。

 隨堂測驗

當一個國家變大時，它的各種產品之國際比較利益是否都要提高？它從貿易上得到的利益是否也一起提高？試說明之。（84 年普考）

第四節　多種商品下之比較利益

為簡化分析並有助於說明比較利益及貿易交換之重點，將之前所探討的假設條件為存在兩財之情形予以擴展並將模型予以一般化，討論多種商品之情形。

假設兩國本國 (Home) 及外國 (Foreign) 均僅有一種生產因素（勞動），均可消費及生產 N 種商品，並予以編號從 1 到 N，例如，本國生產 1 單位第 i 財所需之勞動投入以 a_{Li} 表示，外國生產 1 單位第 i 財所需之勞動投入以 a_{Li}^* 表示，對於任何一種商品，我們都可以計算本國單位勞動投入與外國單位勞動投入的比例為 $\dfrac{a_{Li}}{a_{Li}^*}$，為了分析方便，編號愈小，比例也就愈低，且 $\dfrac{a_{L1}}{a_{L1}^*} < \dfrac{a_{L2}}{a_{L2}^*} < \dfrac{a_{L3}}{a_{L3}^*} < \cdots < \dfrac{a_{LN}}{a_{LN}^*}$ 的條件。

一、相對工資與專業化

貿易型態由兩國之相對工資來決定，只要我們知道這個比例，就可以確定何國該生產什麼? 令 w 表為本國之工資率，w^* 表外國之工資率，則兩國工資率的比例為 $\dfrac{w}{w^*}$；若 $\dfrac{a_{Li}^*}{a_{Li}} > \dfrac{w}{w^*}$ 則 $a_{Li}w < a_{Li}^* w^*$，則本國生產第 i 財之成本相對於外國較低，就由本國生產。若 $\dfrac{a_{Li}^*}{a_{Li}} < \dfrac{w}{w^*}$ 則 $a_{Li}w < a_{Li}^* w^*$，外國生產第 i 財之成本相對於本國較低，就由外國生產。在前面假設 $\dfrac{a_{L1}}{a_{L1}^*} < \dfrac{a_{L2}}{a_{L2}^*} < \cdots < \dfrac{a_{Lw}}{a_{Lw}^*}$，當 $\dfrac{w^*}{w}$ 介於不等式中時，位於 $\dfrac{w^*}{w}$ 左方者，由本國生產，位於 $\dfrac{w}{w^*}$ 右方者，則由外國生產。

以下，我們透過 Krugman-Obstfeld (2002) 書中的例子，在表 4–5 中，本國與外國均可消費及生產蘋果 (A)、香蕉 (B)、魚子醬 (C)、棗椰 (D)、墨西哥菜 (E) 五種商品。由兩國之相對工資可知貿易型態: 假設本國之工資率為外國之 5 倍，則 A、B 由本國生產，C、D、E 由外國生產，若相對工資水準改變，則商品生產類別也隨之改變。

然此專業生產方式是否對兩國均有利? 仍以前述「直接生產」與「間接生產」方式說明: 若本國之工資水準為外國之 3 倍，本國將進口 D、E，而外國生產 1 單位 D 需 12 單位之勞動於此相對工資下相當於 4 人力小時，小於本國所需之 6 人力小時。而於 E 之生產上，外國相對於本國擁有較高之生產力及低工資。經由貿易本國僅需

表 4–5　本國與外國之單位勞動投入

商品	a_{Li}	a_{Li}^*	$\dfrac{a_{Li}^*}{a_{Li}}$
蘋果	1	10	10
香蕉	5	40	8
魚子醬	3	12	4
棗椰	6	12	2
墨西哥菜	12	9	0.75

3 人力小時便可取得 1 單位 E，但自行生產則需 12 人力小時，故可知本國經由貿易獲利。同樣之推算方式，亦可知外國可由貿易中獲利。

隨堂測驗

試說明勞動生產力與平均每人所得之間的關係，並說明在「平均工作時數」與「就業人口佔總人口之比率」不變的條件下，勞動生產力提高會使得平均每人所得增加。

二、多種商品模型中，相對工資之決定

多種商品模型中，為決定相對工資水準，須由引申性需求（Derived Demand：商品之相對需求隱涵對勞動之相對需求）著手，因為當相對工資上漲，會使生產成本提高（$\dfrac{w}{w^*}\uparrow \to w \cdot a_{Li}\uparrow \to$成本↑），故其探討是基於下列兩項原因來解釋當本國對外國之相對工資上升時，本國對勞動之相對引申需求將減少：①因本國之勞動相對於外國較貴，故本國生產之商品相對價格較高，因此整個經濟體系對這些商品之需求乃降低。②當本國之工資水準提高時，其生產之商品將減少，外國生產之商品則增加；因此，本國對勞動之需求減少。可由前例來說明這兩項效果：假設本國之工資初為外國之 3.5 倍，此時本國生產 A、B、C，外國生產 D、E，若本國之工資提高為外國之 3.99 倍，則專業型態不變，但本國生產之財貨，價格相對提高了，因此相對需求將減少，而勞動之相對需求亦降低。假設相對工資水準又由 3.99 提高至 4.01，則專業型態改變，C 的生產由本國移至外國，本國對勞動之相對需求因而減少，若相對工資水準繼續上升，則本國對勞動之相對需求持續降低，至相對工資為 8 時，B 之生產又移至外國。

　　由圖 4–7 說明相對工資之決定與相對勞動量之關係，RD 為本國對外國之相對勞動需求曲線，RS 為相對勞動供給曲線。假設單位勞動不因工資而改變，則相對工資不影響相對勞動供給，故 RS 為一垂直線。而相對勞動需求曲線 RD 呈階梯式，曲線呈現為負斜率，其專業型態不變，水平部份（相對工資等於相對勞動生產力時）則表示專業型態改變，相對勞動需求亦隨之變動。均衡相對工資由 RD、RS 之交點決定，如圖示當均衡相對工資為 3 時，本國生產 A、B、C，外國生產 D、E。若 RS 與 RD 相交於 RD 之水平部份，則兩國均生產均衡點所表示之商品。

 隨堂測驗

在偏好、生產技術與資源稟賦比例等條件都相同的兩國，如果仍有貿易發生，則貿易的原因可能為何？（84 年高考）

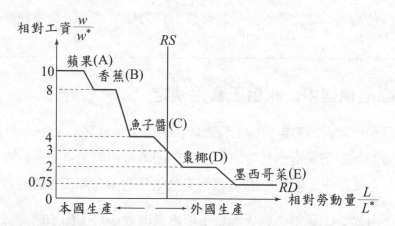

當工資不影響勞動供給時，RS 為垂直線，此時將 RD 分為二個部分。在 RS 左方者，比值大者由本國生產，在右方者，比值小者由外國生產。

圖 4–7　RD 與 RS 表示的財貨分配

三、運輸成本與非貿易財

　　運輸成本之加入並不改變比較利益之基本原則及貿易利得。在之前討論中所提及專業化生產之情形，以下有三項原因可說明專業化生產於實際經濟體系中，較為極端之狀況：

　　⑴實際經濟體系中，存在多種生產因素因而降低了專業化生產之趨勢。

　　⑵保護國內工業免於外國之競爭。

　　⑶運輸商品及勞務所費不貲，可能因運輸成本而採自行生產方式。

第五節　新古典國際貿易理論

在古典學派裡以勞動價值說來解釋商品價值的高低，但事實上勞動並非是唯一的生產因素，且亦非同質，故為使理論與現實相符並改善古典理論之缺失，哈伯勒 (Haberler Gottfried) 以機會成本的概念，也就是資源使用之「最有價值」，來對國際貿易提出新的看法。

其特性探討如下：

⑴著重於生產成本之供給面分析。

⑵以機會成本之概念來說明所有生產要素，並非只是勞動量變動多寡而已。

⑶以生產成本等於商品價格所處之完全競爭市場，即 $P = AC = MC = MR = AR$。

⑷一國應專業化生產並出口其機會成本較低的商品。

在此，我們假設在固定規模報酬 (Constant Returns to Scale) 之下，其生產可能曲線之任何一點切點斜率表示兩財以邊際成本所表示之邊際轉換率 (*MRT*)；其次，在完全競爭市場下，所有廠商為追求利潤極大化，故其切點斜率也等於兩財價格比。假設 X 財與 Y 財之生產函數與生產成本分別可寫成

$$X = F(K_X, L_X)$$
$$Y = F(K_Y, L_Y) \tag{4-13}$$

$$C_X = wL_X + rK_X$$
$$C_Y = wL_Y + rK_Y \tag{4-14}$$

假設在充分就業之下，勞動與資本已完全有效率的使用，即 $L_X + L_Y = \bar{L}, K_X + K_Y = \bar{K}$，故將上述二條件予以微分則

$$dL_X + dL_Y = 0 \tag{4-15}$$

$$dK_X + dK_Y = 0 \tag{4-16}$$

將 (4–13) 式全微分

$$dX = MP_{KX}dK_X + MP_{LX}dL_X$$
$$dY = MP_{KY}dK_Y + MP_{LY}dL_Y \tag{4-17}$$

將 (4–14) 式全微可得

$$dC_X = wdL_X + rdK_X$$
$$dC_Y = wdL_Y + rdK_Y \tag{4-18}$$

所以其邊際成本可分別表示為

$$MC_X = \frac{dC_X}{dX} = \frac{wdL_X + rdK_X}{MP_{KX}dK_X + MP_{LX}dL_X} \quad (在 \frac{MP_{LX}}{MP_{KX}} = \frac{MP_{LY}}{MP_{KY}} = \frac{w}{r} \text{ 的條件下})$$

$$= \frac{wdL_X + rdK_X}{MP_{KX}dK_X + (\frac{w}{r})MP_{KX}dL_X} = \frac{r(dK_X + \frac{w}{r}dL_X)}{MP_{KX}(dK_X + \frac{w}{r}dL_X)} = \frac{r}{MP_{KX}}$$

$$同理 \; MC_Y = \frac{dC_Y}{dY} = \frac{r}{MP_{KY}}$$

從上述得知

$$\frac{MC_X}{MC_Y} = \frac{MP_{KY}}{MP_{KX}} = -\frac{dY}{dX} \tag{4-19}$$

在完全競爭之下，廠商為追求利潤最大化，商品的價格必等於其邊際成本，即 $P_X = MC_X, P_Y = MC_Y$，故 $-\frac{dY}{dX} = \frac{P_X}{P_Y} = \frac{MC_X}{MC_Y}$，故一國應專業化生產且出口其機會成本較低，比較利益較大之產品。以下我們舉一實例來說明之，假設在固定規模報酬之下，其兩國生產可能曲線為直線性，假設：

A 國之生產可能曲線為 $5X + 6Y = 120$

B 國之生產可能曲線為 $4X + 3Y = 60$

就 X 財的生產而言：

A 國生產 X 財的機會成本為 $\frac{20}{24} = 0.83$ 單位的 Y 財

B 國生產 X 財的機會成本為 $\frac{20}{15} = 1.33$ 單位的 Y 財

因此，A 國生產 X 財的機會成本低，其比較利益較大，應專業化生產且出口。

就 Y 財的生產而言：

A 國生產 Y 財的機會成本為 $\frac{24}{20} = 1.2$ 單位的 X 財

B 國生產 Y 財的機會成本為 $\frac{15}{20} = 0.75$ 單位的 X 財

換言之，B 國生產 Y 財的機會成本低，其比較利益較大，應專業化生產且出口。接下來我們來分析當①兩國經濟實力相當時與②大國與小國之下的貿易利得分配之情形，從圖 4-8 來看，在無貿易時，A 國與 B 國在自給自足之下，其均衡點分別為 E_A 與 E_B，效用為 U_A^0 與 U_B^0，但貿易之後，假設相對價格為 $\frac{P_X}{P_Y} = 1$，A 國專業化生產 X 財，B 國專業化生產 Y 財，此時，A 國之生產點為 A，消費點為 C；B 國之生產點

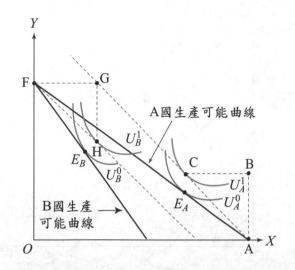

在貿易之下，兩國生產可能曲線移至相對價格線 $\frac{P_X}{P_Y}=1$ 上，專業化生產之後，產生貿易利得。

圖 4–8　兩國實力相當時之貿易利得

為 F，消費點為 H，$\triangle ABC$ 與 $\triangle FGH$ 分別為貿易三角形，$AB = GH$（表示 A 國進口的 Y 財＝外國出口的 Y 財），$BC = FG$（表示 A 國出口的 X 財＝B 國進口的 X 財），其效用分別增加由 $U_A^0\uparrow$ 至 U_A^1，$U_B^0\uparrow$ 至 U_B^1。

當一國為價格制定者 (Price-maker) 的大國與一國為價格接受者 (Price-taker) 的小國時，假設

　　A 國之生產可能曲線為 $5X + 3Y = 120$

　　B 國之生產可能曲線為 $4X + 3Y = 60$

在 B 國為小國的情況之下，貿易後的相對價格即為大國國內的交換比例，見圖 4–9 說明，貿易前 A 國與 B 國在自給自足之均衡點為 E_A 與 E_B，效用為 U_A^0 與 U_B^0，貿易後，小國追隨大國的交換比例，在專業化生產後小國效用提高 ($U_B^0\uparrow$ 至 U_B^1)，而大國雖有貿易但效用不變，亦無貿易利得。

新古典國際貿易理論的優點為放寬假設條件，生產因素不再侷限於勞動，並強調貿易發生的主因來自於機會成本的不同，而其缺點為在現實社會中沒有國家是完全專業化的。其次，機會成本並非是固定的情形，有可能為遞增或遞減之狀況。最後，貿易後的均衡取決於供給面，所以需求無法影響均衡價格。需求面的影響，我們留待在第五章進行討論。

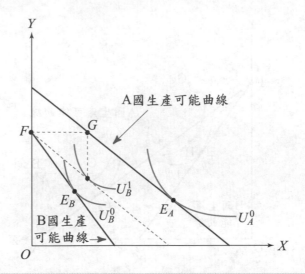

貿易後，小國改變其相對物價，使效用提高，但大國卻不變。

圖 4–9　大國與小國的貿易利得

第六節　結　論

　　古典貿易理論的基礎建立在勞動價值說，透過亞當斯密的絕對利益原理與李嘉圖的比較利益原理，說明專業化國際分工後進行貿易，在兩國兩財一要素 $(2 \times 2 \times 1)$ 的情況下，便得兩國皆獲得利益。國際貿易基本經濟模型的建立，在此是採用一般均衡分析，也就一國商品的生產、消費、要素稟賦、要素報酬、相對價格及國際貿易型態等同時被決定，並基於七項假設，如：①理性行為，②兩國兩財模型，③無貨幣幻覺，④要素稟賦固定，⑤完全競爭市場，⑥要素在國內可完全自由移動，在國際則否，⑦偏好具同質且一致性等，來加以說明。

　　根據絕對利益原理，一國應專業化生產且出口其具有絕對利益之商品，而進口生產上具有絕對不利益之商品。但李嘉圖根據此來加以修正，當一國具有兩財生產皆有絕對不利益時，仍會有國際貿易的發生而改採比較利益原理說明之，即在兩國兩財之國內交換比率不同情況下，就會發生國際貿易。而貿易型態之決定在於一國是否具有比較利益，如相對價格低，相對成本低、勞動生產力高等來專業化生產並出口之，以獲取貿易利得。

　　由於古典學派只考慮供給條件，故無法確切決定均衡的交易條件，但一定介於兩國進行國際貿易前國內交換比率之間。當然古典學派的貿易模型也存在許多缺失，如生產力與競爭力之迷思、廉價勞力之爭論，不公平交換產生之剝削等，皆會對國

際貿易之發生造成影響。現在如將兩財之限制解除並擴展至多財之情況，一國要生產何種商品種類，取決於兩國單位勞動投入比例，即 $\frac{a_{Li}}{a_{Li}^*}$，則反映在兩國相對工資水準上，並討論何種商品該「直接生產」或「間接生產」。

　　事實上，生產要素並非只有勞動而已，以哈伯勒為主的新古典學派提出以機會成本的概念來彌補古典貿易理論的缺失，主張在固定規模報酬下，一國應專業化生產並出口其機會成本較低的商品，並分析在兩國經濟實力相當時或存在大國與小國的情況下，貿易利得的分配情形。當然古典貿易理論尚有其它假設的缺失，如兩國商品是屬不完全競爭，存在運輸成本…等，都是日後國際貿易理論要剖析之重點，也成為未來新理論發展的方向。

重要名詞與概念

1. 勞動價值說
2. 生產可能曲線
3. 社會無異曲線
4. 貿易障礙

5. 引申性需求
6. 固定規模報酬
7. 絕對利益原理
8. 比較利益原理

課後評量

1. 何謂勞動價值說? 並依此條件說明亞當斯密與李嘉圖如何據以建立其絕對利益法則和比較利益法則?
2. 何謂絕對利益法則? 何謂比較利益法則，兩者的差異何在，試比較之。
3. 在絕對利益與比較利益模型下，工資率的變動有何限制?其對於貿易之發生影響如何? 試說明勞動生產力、工資率與比較利益及絕對利益之間的關係。
4. 試說明 Mill 的交互需求法則，並說明其對國際貿易發生之影響。
5. 當 A 國對 X 財生產具有絕對利益，而 B 國對 Y 財生產具有絕對利益，此時 A 國對 X 財生產具有比較利益且而 B 國對 Y 財生產具有比較利益，此句話是否成立? 請舉例說明之。
6. 試闡述有比較利益為何一定有絕對利益，但有絕對利益並不一定有比較利益?
7. 在李嘉圖模型中，開放貿易的結果將使工資水準提高，因此勞工們應該認為開放進口應對其有利。可是事實卻不一樣，因為面對進口競爭反而會造成失業現象，因而反對貿易。為何會有這樣的現象，對李嘉圖模型是否有嚴重的

挑戰，請評論之。

8. 下表表示英國與美國生產 1 單位汽車與飛機的勞動需求：

	汽車	飛機
英國	6 人／天	12 人／天
美國	4 人／天	10 人／天

(1)若英國有 600 人，美國有 500 人，請計算各國 1 天可生產汽車與飛機的最大數量。

(2)假設兩國各有 800 天的勞動可用，請畫出兩國的生產可能曲線。

(3)當交易條件為單位飛機等於 2 單位汽車時，所導出的消費可能線為何？

9. 根據第 8 題所述，假如英國希望以 1 單位飛機來換取 5 單位汽車得比例來消費，請說明英國在為貿易前之兩種商品之消費量為何？當進行貿易與完全專業化生產時，其消費組合為何？貿易利得又是多少？

10. 「如果臺灣經濟成長力無法追上其他貿易伙伴，臺灣將迅速喪失其國際競爭力，而且無法進口任何商品，國民生活水準與社會福祉將會滑落」，請評論之。

11. 假設兩國的勞動需求如下：

	運動鞋	礦泉水
中華民國	3 小時／雙	2 小時／加侖
泰國	4 小時／雙	2 小時／加侖

(1)此時兩國可否進行貿易？

(2)我國應該出口何種商品？泰國應該出口何種商品？是根據什麼條件？國際交易條件界於什麼之間？

(3)如果我國的工資率每小時 40 新臺幣，泰國工資率為每小時 35 泰銖，當現在匯率是 1 新臺幣對 1 泰銖時，商品的交易條件為何？

附錄　多種商品之下的李嘉圖模型分析
(A Ricardian Model with Many Goods)

一、技術與專業化

假設本國及外國仍僅具勞動一生產因素，總供量分別為 L 及 L^*，兩國均可消費及生產眾多之商品，z 表示商品指數 (Index)。

$a(z)$ 表本國生產一單位 z 財所需之勞動量。

$a^*(z)$ 表外國生產一單位 z 財所需之勞動量。

定義 $A(z) = \dfrac{a^*(z)}{a(z)}$，假設 $A(1) > A(2) > A(3) \cdots$

本國與外國各生產哪些商品乃由兩國之相對工資決定。若 $w \cdot a(z) < w^* \cdot a^*(z)$ ($\dfrac{w}{w^*} < \dfrac{a^*(z)}{a(z)}$，即 $A(z) > \dfrac{w}{w^*}$)，則表本國生產商品 z 之成本較低，故給定兩國相對工資水準 $\dfrac{w}{w^*}$，則可知各國之專業型態。假設存在一邊際商品 (Marginal Good) $\bar{z}$，$A(\bar{z}) = \dfrac{w}{w^*}$，見圖 4–A，則商品指數小於 $\bar{z}$ 之商品由本國生產，大於 $\bar{z}$ 之商品則由外國生產。

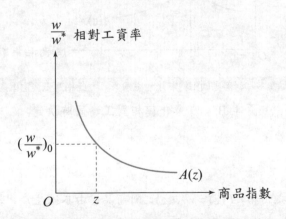

兩國相對工資率決定之下，可知兩國之專業型態並將商品的生產種類予以歸類。

圖 4–A　本國相對工資率所決定之產品種類

二、需求與均衡

　　相對工資之決定在假設消費者將其所得之一定比例 $b(z)$ 用以消費商品 z，令 $G(\bar{z})$ 表消費於本國所生產商品的所得比例 $G(\bar{z}) = b(1) + b(2) + \cdots + b(\bar{z})$，$\bar{z}$ 愈大，則 $G(\bar{z})$ 愈大。因 $z = \dfrac{a_i^*}{a_i}$ 所以消費於本國生產之商品的價值為

$$wL = G(\bar{z}) \times 世界所得 \text{ (World Income)}$$

又世界所得 $= wL + w^*L^*$，故 $wL = G(\bar{z})(wL + w^*L^*)$

$$\frac{w}{w^*} = \frac{G(\bar{z})}{1 - G(\bar{z})} \times \frac{L^*}{L} = B(\bar{z}) \times \frac{L^*}{L}$$

z 愈大，$B(\bar{z})$ 愈大，可知本國生產之商品愈多，對本國勞動之相對需求愈大，因此本國之相對工資愈高，由圖 4–B 可知專業化與相對工資乃同時決定。

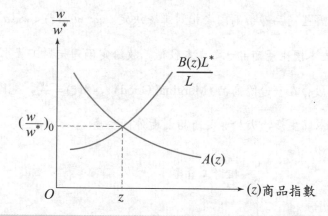

當本國生產商品愈多，對勞動的相對需求也就愈大，因此相對工資也就愈高。

圖 4–B　專業化與相對工資同時決定

三、貿易利得

　　令 $P(z)$ 表商品 z 之價格，$P(z) = w \cdot a(z)$，則商品 z 由本國生產，若 $P(z) = w^* \cdot a^*(z)$，則商品 z 由外國生產。本國若直接生產一單位 z 則需 $a(z)$ 單位勞動，此勞動收入為 $w \cdot a(z)$，若採進口則 $P(z) = w^* \cdot a^*(z)$，原支付給勞動之報酬 $w \cdot a(z)$ 可用以購買 $\dfrac{w \cdot a(z)}{P(z)}$ 單位之 z 商品。若 $\dfrac{w \cdot a(z)}{P(z)} = \dfrac{w \cdot a(z)}{w^* \cdot a^*(z)} > 1$，則表本國進口 z 之成本較直接生產低，此不等式可表為

$\dfrac{a^*(z)}{a(z)} = A(z) < \dfrac{w}{w^*}$，與前 $A(z) > \dfrac{w}{w^*}$ 時，商品 z 由本國生產相同；當 $A(z) < \dfrac{w}{w^*}$，商品 z 由外國

生產之結論同，故兩國均由貿易中獲利。

四、生產力成長

　　一國之生產力提高，對他國是否有益或有害？假設外國之生產力提高 10%，且此成長於每產業均同；因此，每產業生產一單位商品所需之勞動均減少 10%，因 $a^*(z)$ 下降 10%，故 $A(z)$ 下移 10%（圖 4–C 表示，$A^1(z) \to A^2(z)$），由圖顯示本國之相對工資 $\frac{w}{w^*}$ 下跌，本國生產之商品減少。但此不表示本國之競爭力惡化，因須由本國生產商品 z 之實質工資來判斷若所有部門之實質工資不變或上升，則本國受益。而外國生產力提高對本國工資的影響，可從圖中將所有商品區分為三組：外國生產力提高前後(1)均為本國之出口財，(2)均為本國之進口財，(3)由出口財轉為進口財。檢視三組實質工資之變化：

第一組：$P(z) = w \cdot a(z)$，實質工資 $\frac{w}{P(z)} = \frac{1}{a(z)}$ 不變。

第二組：$P(z) = w^* \cdot a^*(z)$，實質工資 $\frac{w}{P(z)} = \frac{w}{w^*}w[\frac{1}{a^*(z)}]$，當 $\frac{w}{w^*}$ 下跌之比例小於 $a^*(z)$，

　　　　故實質工資上升。

第三組：原為出口財時，實質工資 $\frac{w}{P(z)} = \frac{1}{a(z)}$，當 $P(z) < w \cdot a(z)$ 時，本國乃放棄 z 之生產改採進口，此時 $\frac{w}{P(z)} < \frac{1}{a(z)}$，表實質工資上升。綜合上述，可知外國之生產力提高，有益於本國。

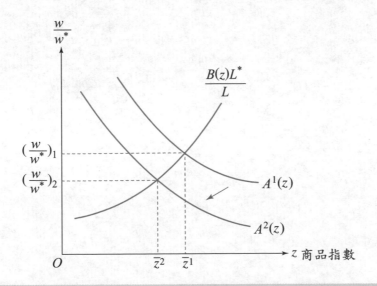

當外國生產力↑，本國生產力↓，表示本國相對工資率↓，商品數目減少。

圖 4–C　生產力變動對商品分類之情形

第五章

現代國際貿易理論

如果一個國家的勞動力相對於其他要素比例來得比另一國家高，我們稱之為勞動稟賦豐富國家；而其可生產商品稱之為勞動密集財。但這並非抽象概念，而是當文字敘述無法解釋此清楚觀念時，可用數學來加以美化，可以更加澄清及瞭解。

威廉・傑芬 (William Jevons, 1835～1882)

《本章學習方向》

1. 瞭解從要素稟賦差異推導的赫克紹─歐林定理
2. 當自由貿易後，要素價格均等化定理之產生
3. 在商品價格不變之下，生產要素稟賦的增減所造成的瑞畢曾斯基定理
4. 進、出口財貨價格變動時，所產生的史托帕─薩穆爾遜定理
5. 驗證李昂鐵夫的矛盾

本章章節架構

赫克紹—歐林定理 ——— 基本假設
(Heckscher-Ohlin Theorem)   定理之證明 ——— 實物定義法
價格定義法

H–O 模型
(Heckscher-Ohlin-
Model)

要素價格均等化定理 ——— 利用要素邊際生產力證明之
(The Factor Price Equalization Theorem)

瑞畢曾斯基定理 ——— 要素稟賦改變，促進經濟成長
(The Rybczynski Theorem)

史托帕—薩穆爾遜定理 ——————— 商品相對價格改變，產業也
(The Stolper-Samuelson Theorem)   跟著改變，形成「荷蘭病」

李昂鐵夫的矛盾——對 H–O Model 之驗證批判所產生的原因，以及其它比較利益理論
(Leontief Parodox)

李昂鐵夫實證研究過程與發現
李昂鐵夫矛盾與 H–O 定理之關聯
其他比較利益理論

前　言

經濟學家認為國際貿易的古典理論存在著一些不符合現行國貿現象之看法，而進一步地探索其發生之因果關係。部分經濟學家放棄古典理論之下的假設條件（如固定之機會成本），來尋求國際貿易之比較利益法則的另一詮釋。新古典貿易理論，利用機會成本理論修正了勞動價值說，說明貿易的發生是因為兩國的機會成本不同，但為何不同，則未再進一步予以解釋。現代國際貿易理論企圖嘗試發掘此根源，其中瑞典兩位經濟學家赫克紹 (E. F. Heckscher) 與歐林 (B. Ohlin) 所提出的赫克紹－歐林模型 (Heckscher-Ohlin Model)，在此情況之下應運而生。在兩國兩財的基本假設條件下，各國會依據其生產要素稟賦 (Factor Endowment) 的不同而生產不同財貨 (Goods)，一國如具有較低之生產要素成本，也就是其要素稟賦相對較多之商品來進行生產。Heckscher-Ohlin Model 除了赫克紹－歐林定理 (Heckscher-Ohlin Theorem) 之外，尚包括生產要素價格均等化定理 (The Factor Price Equalization Theorem)、瑞畢曾斯基定理 (The Rybczynski Theorem)、史托帕－薩穆爾遜定理 (The Stolper-Samuelson Theorem)，此號稱國貿理論之四大定理。

第一節　赫克紹－歐林模型

以要素稟賦量的多寡來形成貿易發生的原因，在 1919 年時赫克紹 (Heckscher) 就已用瑞典文發表了，但當時未受到主流學者的重視，之後歐林 (Ohlin) 用英文翻譯在國際發表，Heckscher-Ohlin 模型的觀點才很快地被世人所認同；其後，經過薩穆爾遜 (Samuelson)、瓊斯 (Jones) 等經濟學家利用數學模型推演，使得整個理論體系變得更加嚴謹，故又稱為 Heckscher-Ohlin-Samuelson 模型。其模型基本上相當簡單且具完整的邏輯推導，有助於瞭解國際貿易之因果關係。其假設如下：

⑴具有理性的特定消費者 (Consumer) 與廠商 (Firms)，生產與消費同質性 (Homogeneous)的商品。

⑵ 2×2×2 （兩國兩財兩要素）模型，世界市場由兩國所構成（本國與外國），

且使用兩種生產要素（資本與勞動）來生產兩商品（X 財和 Y 財）。

(3)無貨幣幻覺效果存在；在此採用實物定義法，但必須與價格定義法看法一致。

(4)各國的要素稟賦是固定的且其生產技術水準是相同的，表示生產 X 財、Y 財的資本與勞動投入係數乃固定不變。

(5)在完全競爭條件之下，無外部性存在。

(6)要素在一國內之產業間具完全流通，但在國際間則否。

(7)兩國之消費偏好是一致性的，且消費商品為同質的，社會的消費偏好以社會無異曲線表示之，且兩國人民對兩種商品的需求型態相同，且具有位似 (Homothetic) 齊次的特性。

(8)不存在任何的貿易障礙，也就是當貿易收支均衡時，其出口等於進口，並符合華爾拉茲法則 (Walras' Law)。

(9)打破將勞動 (Labor) 視為一生產要素之假設的李嘉圖模型，也就是勞動價值說之觀念，認為還有其它生產要素會影響生產函數，具有機會成本的概念。

(10)固定規模報酬 (Constant Returns to Scale) 的條件，同一商品之生產函數兩國相同，但不同商品之生產函數則互不相同。

(11)兩個生產要素 $(L \cdot K)$，其相對報酬為 $(w \cdot r)$；如果本國資本相對外國資本比較豐富時（外國以「*」表示），其相對報酬為 $(\frac{w}{r}) > (\frac{w}{r})^*$。

(12)各國之技術是一致的 (Identical)，且是可取得的 (Available)：表示具有相同的生產技術，所不同的是兩國的資本、勞動之投入係數不同。

(13)不同國家有不同的要素稟賦量，依其要素密集度，各國會生產其要素相對密集之財貨，如本國資本相對比較豐富，而外國勞動相對比較豐富時，則 $(\frac{K}{L}) > (\frac{K}{L})^*$。

　　以下分別就其假設條件之內容，加以重點說明：各國真正的生產，其選擇技巧在於各國的生產要素價格，假如兩國的要素價格是固定的，在既定的產業下之生產過程也是相同的情況之下，要素成本成為國際貿易比較利益之衡量標準。在本章節中，兩國生產兩財，分別為 X 財是勞動密集財，Y 財是資本密集財，並以產業之生產特性來說明製造 X 財所使用的勞動比生產 Y 財來得多；所以 $\frac{L_X}{K_X} > \frac{L_Y}{K_Y}$，也可寫成 $\frac{K_X}{L_X} < \frac{K_Y}{L_Y}$。

　　假設 A 國有相對豐富的勞動，B 國則有相對豐富的資本，所以 A 國的資本－勞動之要素密集度比 B 國來得小，以實物定義法 (Quantity Definition) 為 $(\frac{K_A}{L_A} < \frac{K_B}{L_B}) = (k_A < k_B)$，如以價格定義法 (Price Definition) 為 $\frac{w_A}{r_A} < \frac{w_B}{r_B}$，如以生產可能曲線來說明，其斜率為邊際替代率 (*MRS*)，兩軸表示為生產兩種商品數量之多寡。上述的假設條件為供給面上說明，由於假設條件是兩國的偏好是同質的，也就是兩國的相對物價水準、GDP、及消費兩個商品數量相等，接下來分別說明赫克紹－歐林定理，並在相關假設條件問題下作內容說明。

一、赫克紹－歐林定理之分析

　　由於兩國的要素稟賦比例不同，在沒有要素需求發生逆轉的情況下，擁有資本豐富的國家有相對較低的利率水準，而勞動豐富的國家有相對較低的工資水準。由於要素的價格與要素的密集度決定商品的生產成本；因此當要素價格與密集度不同時，就會產生成本差異，國際貿易就此發生。赫克紹－歐林理論就是在無要素密集度逆轉情況下，在兩國對同一商品之生產函數相同，但一國內不同商品之生產函數不同的條件下，其定義為：一國利用相對要素密集度，來說明當使用其要素稟賦相對豐富之商品具有比較利益者，應專業化生產且出口此種商品；相對於進口其要素稟賦相對貧乏的商品。以圖 5-1 來說明：

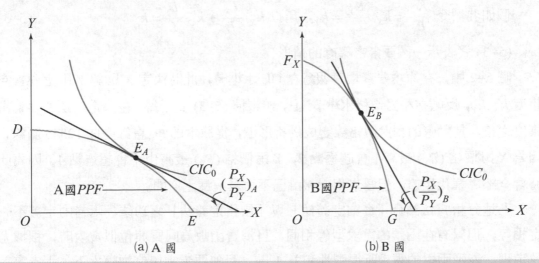

(a) A 國　　　　　　　　　　(b) B 國

由於 A、B 兩國生產可能曲線的不同，在自給自足的情況之下，其商品相對價格就會產生差異，就可決定其貿易方向。

圖 5-1　H-O 理論的證明

　　此圖分別代表 A、B 兩國在自給自足情形之下，兩國兩財之相對價格可決定其比較利益之方向。在相同的條件下，社會無異曲線 (CIC_0) 決定兩國之消費水準，其形狀是相同的，代表彼此有相同之偏好，此時消費與生產分別為在 E_A 與 E_B 點上 CIC_0 之斜率為 $MRS_{XY} = \dfrac{P_X}{P_Y}$，在 A 國時其斜率小於 B 國，即 $(\dfrac{P_X}{P_Y})_A < (\dfrac{P_X}{P_Y})_B$，故 A 國具有比較利益生產 X 財，B 國則具有比較利益生產 Y 財。由於 Y 是資本密集財，故需假設 A 國為勞動相對豐富的國家。

　　接下來我們來探討要素稟賦量在各產業之分配情形，在此利用要素相對報酬比例 ($\omega = \dfrac{w}{r}$)，商品相對價格 ($\rho = \dfrac{P_X}{P_Y}$) 與要素密集度 ($k = \dfrac{K}{L}$) 之關係做比較。在圖 5–2，令縱軸表示要素相對報酬，橫軸右邊表示要素密集度，左邊代表商品相對價格，由於假設 X 財是勞動密集財，Y 財是資本密集財，在古典學派充分就業以及勞動、資本存量固定不變之下，我們可知

$$L_X + L_Y = \bar{L}$$
$$K_X + K_Y = \bar{K} \tag{5-1}$$

L_X, L_Y, K_X, K_Y 分別代表生產 X、Y 財所需的勞動量與資本量，將 (5–1) 式整理可得

$$\frac{K_X}{L} + \frac{K_Y}{L} = \frac{\bar{K}}{L} = \bar{k} \tag{5-2}$$

假如我們令 $\dfrac{K_X}{L_X} = k_X$, $\dfrac{K_Y}{L_Y} = k_Y$, 所以 $k_X \cdot \dfrac{L_X}{L} + k_Y \cdot \dfrac{L_Y}{L} = \bar{k}$ $\tag{5-3}$

(5–3) 式表示一國要素密集度的情形

　　圖 5–2 中，在原本要素相對報酬在 OE 水準時，此時決定 X 財與 Y 財之要素密集度 k_X, k_Y，反映在相對價格水準 ρ^* 上，如根據 (5–3) 式所得，在決定一國的要素密集度之後，其對應的相對價格線變成拗折形狀，從原本的 $\overline{nn}$ 直線變成 12345 斷線，因為 X 財價格 (P_X) 最高不會超過點 2，Y 財價格 (P_Y) 最高也不會超過點 4，因為此時會全部專業化生產，但要素相對報酬已不再具上漲之空間。

　　上述分析方法結合「實物定義法」與「價格定義法」之功能，兩者的定義不一定相等，但只有在兩國的需求型態相同，且消費函數為同質與位似齊次時，根據尤拉定理，表示兩財的需求所得彈性和為 1 時，且無要素密集度逆轉之下，兩者定義即為一致。

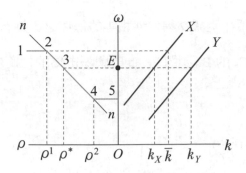

當要素密集度決定之後，其就會立即反映在要素價格 ω 上，並對應在商品相對價格 ρ。

圖 5–2 要素稟賦量所決定的要素密集度，反映在要素報酬與商品相對價格的變化

由於在貿易發生之前，商品價格發生差異會導致要素價格也發生差異，「價格定義法」說明市場供需的變動，會影響商品價格的變化，進而導致要素價格的改變，而「實物定義法」則只考量供給面之因素，不考慮需求面，故較符合 H–O 定理之原意。

 隨堂測驗

請比較說明李嘉圖和赫克紹－歐林的理論中對貿易基礎、貿易型態和貿易利得的解釋有何不同？（85 年普考）

二、赫克紹－歐林模型下之均衡

其假設要件為藉由市場之供需條件來決定國際貿易之方向，接下來，我們可透過商品價格的變動來說明其效果。當商品相對價格在 A 國上升，B 國下降，假如交易條件由 $(\frac{P_X}{P_Y})_0$ 上升至 $(\frac{P_X}{P_Y})_2$ 在原本自給自足之下，生產點 X_0 = 消費點 C_0，但隨著 TOT 之改變，其貿易三角形也逐漸形成並擴大，見圖 5–3。

商品相對價格如何決定及形成是個相當有趣的話題，跟李嘉圖模型 (Ricardian Model) 一樣，交易條件的決定是在於供需的力量，也就是所謂的相互需求 (Reciprocal Demand)。畢竟，貿易量就定義而言，是一個無法達成的均衡狀態，如果一國想要改變其貿易型態，可藉由其交易條件 (TOT) 之改變，也就是相對商品價格之改變，來決定其貿易政策。從圖 5–4 來看，A 國的貿易三角形其生產點在 X_A，消費點在 C_A，所以 A 國有多餘的 X 財可出口，但對於 Y 財的需求則增加，故需要加以進口。如何達

成貿易均衡? 也就是必須在兩國交易條件相等的條件之下進行, 也就是 $TOT = (\frac{P_X}{P_Y})_1$, $V_A X_A$ 的 A 國出口 $= V_B C_B$ 的 B 國進口, 此時國際市場的均衡就可達成。

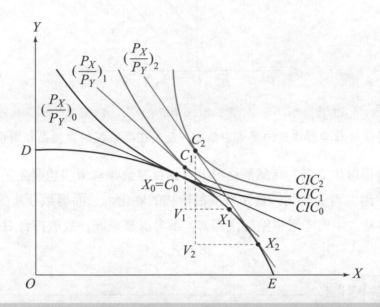

當 $X_0 = C_0$ 時為自給自足點, 生產 = 消費, 但隨著兩財世界相對價格不斷地上升, 由 $(\frac{P_X}{P_Y})_0$ 上升至 $(\frac{P_X}{P_Y})_1$ 或 $(\frac{P_X}{P_Y})_2$ 時, 社會無異曲線由 CIC_0 上升至 CIC_1, CIC_2, 而貿易三角形也逐漸擴大。

圖 5–3　世界相對價格上升對一國貿易之影響

　　除了在古典模型假設條件之下, 沒有一個國家會完全專業化其比較利益之產品, 不完全專業化 (Incomplete Specialization) 是指貿易之後, 仍會繼續生產部分進口替代商品, 可是會增加機會成本, 而生產將持續擴充直到生產的相對價格小於或等於其交易之相對價格。完全專業化生產可能發生在 H–O 模型上嗎? 也不盡然都是。就如前面所言, 生產是依據出口的相對價格, 假如出口品的價格上升, 會牽涉到所有經濟資源使用之分配。當要素的使用對另一商品相對增加時, 另一減少使用之商品會相對的失去其市場。其後又有學者, 如克魯曼 (Krugman)、巴納德 (Brander) 等所提出的規模報酬遞增, 不完全競爭理論等, 使 H–O 模型受到史無前例之挑戰。

三、相互需求理念的探討——H–O 理論與古典學派之差異

　　H–O 模型與古典模型第一個主要差異在於其相互需求的過程中, 會達成交易條件之均衡, 也就是透過兩國之相互需求達成進、出口之均衡。接下來根據 Husted-

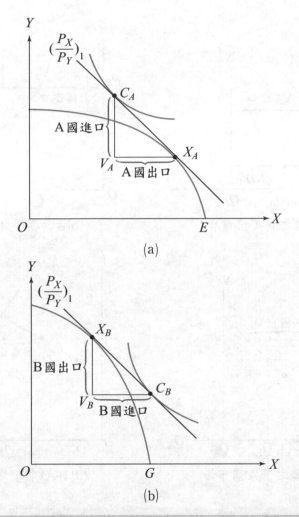

(a)

(b)

當世界相對價格為 $(\frac{P_X}{P_Y})_1$ 時，達成 A、B 兩國的相互需求相等，如 A 國 X 財的出口 ＝ B 國 X 財的進口，B 國 Y 財的出口 ＝ A 國 Y 財的進口，使得 A、B 兩國貿易達成均衡。

圖 5–4　H–O 模型下的貿易均衡

Melvin (2001) 書中以圖 5–5 加以說明：(a)(b)兩個圖表示在古典學派下之分析，其主要之差異在於供給曲線之形狀。在古典學派之假設分析下，其機會成本 (Opportunity Cost) 是固定不變的，所以起初的供給曲線是水平的 (Horizontal)，然後專業化生產變成垂直的 (Vertical)。在圖 5–5 (c)、(d)則是 H–O 模型之分析，其假設為機會成本增加，故是正斜率關係，垂直的情形為專業化生產。

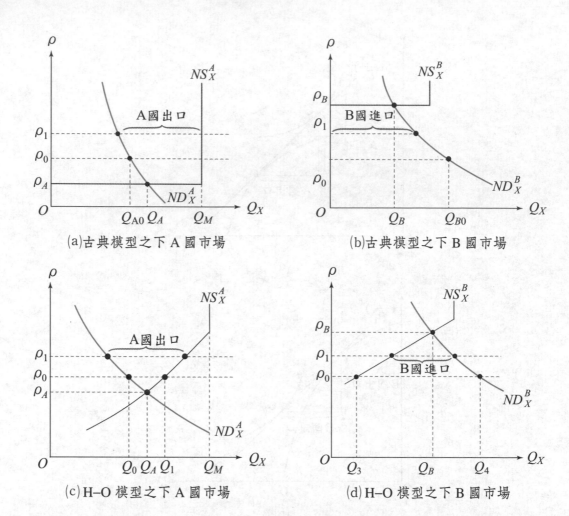

(a)古典模型之下 A 國市場   (b)古典模型之下 B 國市場

(c) H–O 模型之下 A 國市場   (d) H–O 模型之下 B 國市場

古典學派強調資源的充分就業效果，重視供給面的反應，當相對價格決定了兩國的比較利益後，就會進行專業化生產，而 H–O 理論則增加對需求面之探討，世界相對價格的變化會影響需求面的變動。在(a)、(b)圖中，強調充分就業水準，當相對價格決定在 ρ_1 時，A 國的出口 = B 國的進口，而(c)、(d)圖說明 H–O 理論下，隨著商品相對價格上漲，需求也隨之增加。

圖 5–5 　古典學派與 H–O 模型的相互需求

如果以 ρ 表示 $\dfrac{P_X}{P_Y}$，ρ_A、ρ_B 分別表示 A、B 兩國在自給自足下之生產價格，決定 Q_A、Q_B 之生產水準。假如 $\rho_A < \rho_B$，A 國對 X 財之生產具有比較利益，就會加以專業化生產且出口至 B 國。在圖 5–5 (a)、(b)中，當 $\rho = \rho_0$ 時，就會在 Q_M 生產 Q_{A0} 消費，其間的差異就是其出口量。就 B 國而言，假如 ρ_B 下降至 ρ_0 時，當地生產就會下降至零，消費上

漲至 Q_{B0}，其差異為 B 國之進口量。當價格上漲時，ρ_0 上升至 ρ_1 時，超額需求 (Excess Demand) 減少，假設世界之供給維持在 Q_M，可是兩國之消費皆下降。另一方面在 H–O 相互需求情況下，自給自足之價格與產出分別為 ρ_A、ρ_B、Q_A、Q_B，見圖 5–5 (c)、(d)，而 A 國對 X 財之生產具有比較利益的話，一旦貿易開放，因為 $\rho_A < \rho_B$，所以會增加 X 財從 A 國出口至 B 國之誘因。在 ρ_0 水準之下，A 國出口 Q_1Q_0，故對 B 國而言有同量的超額需求產生。當相對價格上漲時，如同前面所探討的，其兩國消費皆下降，但供給卻是增加的。也就是說，在出口國之相對世界價格愈高，其出口量愈多 (因為消費減少，供給增加之原因)。

　　H–O 模型與古典模型第二個最大差異在於需求面之探討。古典學派依據消費者偏好不論在貿易前、後，對商品皆會充分利用，而 H–O 模型是假設其偏好 (Taste) 是相同一致的。接下來，我們放棄此一假設，見圖 5–6，如果兩國的偏好不同，如 A 國強烈偏好 X 財，B 國則是相反，在供給曲線不變之下，需求曲線分別從 D_A 上升至 $D_A{}'$，而 D_B 下降至 $D_B{}'$，由於 $\rho_B{}' < \rho_A{}'$，X 財之比較利益就會移至 B 國。故如以生產水準來看，A 國因有較低之生產成本來創造比較利益，但需求之差異則改變了 H–O 理論之預測。

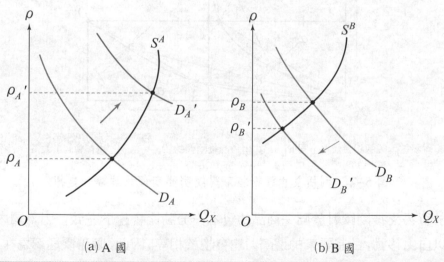

(a) A 國　　　　　　(b) B 國

當 A 國對 X 財有強烈偏好需求時，其需求線會由 D_A 上升至 $D_A{}'$，而 B 國則呈現相反情形由 D_B 下降至 $D_B{}'$。

圖 5–6　兩國消費偏好發生差異

第二節　要素價格均等化定理

要素價格均等化定理 (Factor Price Equalization Theorem) 其發生是在所有個別要素價格 (如 w、r 等) 在相同一致情況下,並以相同之貨幣來加以衡量;其定義為:兩國間生產要素缺乏流動性之假設下,進行國際貿易的結果,兩國之生產要素的絕對報酬與相對報酬均會趨於均等,即商品的自由貿易具有替代國際間生產要素自由移動之功能。以下藉由艾吉渥斯箱形圖 (Edgeworth Box) 圖形來加以說明,其需假設:

⑴兩國之生產函數相同,則兩國之要素價格、要素密集度及商品價格之關係也必然相同。

⑵貿易前要素密集度 ($\frac{K}{L}$) 不同,商品相對價格 $\frac{P_X}{P_Y}$,要素相對報酬 $\frac{w}{r}$ 也就不同,但貿易之後也會達成均衡。

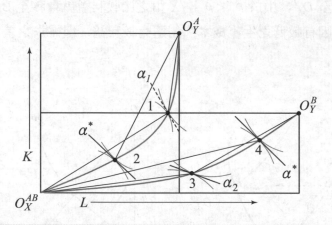

貿易前兩國的相對價格不同 $\alpha_1 \neq \alpha_2$,但貿易後兩國的 $\frac{K}{L}$、$\frac{P_X}{P_Y}$、$\frac{w}{r}$ 也都會趨於均等。

圖 5-7　利用艾吉渥斯箱形圖說明要素價格均等化定裡

由於貿易之後兩國對於同一商品的資本－勞動比會趨於一致,因為國內的生產因素可以自由移動,故其要素的邊際力也會趨於相等。因此,薩穆爾遜認為在 H–O 模型之下,國際貿易之發生,不但使兩國生產因素價格比 ($\frac{w}{r} = \omega$) 趨於一致,也就是兩國工資、利率水準趨於一致,也會造成商品相對價格趨於一致。

當貿易發生時,兩國生產 X 財、Y 財都是使用同樣資本－勞動比 (k_X, k_Y),所以兩國對於其 X 財、Y 財之勞動邊際生產力也相等,即 $MP_{LX}^A = MP_{LX}^B$,$MP_{LY}^A = MP_{LY}^B$,因

要素之生產報酬等於其邊際生產力乘以產品價格，所以

$$w_X^A = MP_{LX}^A \cdot P_X^A \qquad\qquad (5\text{--}4)$$

$$w_Y^A = MP_{LY}^A \cdot P_Y^A \qquad\qquad (5\text{--}5)$$

$$w_X^B = MP_{LX}^B \cdot P_X^B \qquad\qquad (5\text{--}6)$$

$$w_Y^B = MP_{LY}^B \cdot P_Y^B \qquad\qquad (5\text{--}7)$$

假定國內生產因素可以自由移動，所以 $w^A = w_X^A = w_Y^A$，$w^B = w_X^B = w_Y^B$，貿易發生之後，兩國對同一商品生產的邊際生產力會相等，故 $MP_{LX}^A = MP_{LX}^B$，$MP_{LY}^A = MP_{LY}^B$，嚴格地說，要素的報酬是指其要素的邊際生產力，所以兩國的勞動報酬（工資，w）也會趨於一致，$w^A = w^B$，$w_X^A = w_X^B$，$w_Y^A = w_Y^B$；同理也可證明出 $MP_{KX}^A = MP_{KX}^B$，$MP_{KY}^A = MP_{KY}^B$，兩國的資本報酬（利息）也會趨於一致。總之，要素價格均等化定理實等於要素之邊際生產力均等化定理，表示透過自由貿易，可讓各種生產因素在國際之間獲得最有效的分配。

第三節　瑞畢曾斯基定理

除了 H–O 理論可用來預測比較利益之方向，並說明國際貿易之經濟行為之外，經濟成長之貿易效果，則會影響此社會體系之下之所得分配，其效果可從瑞畢曾斯基定理 (Rybczynski Theorem) 來加以說明。其定義是：在商品價格不變之下，當一種生產要素增加，另一種生產要素不變時，密集使用生產要素增加之商品產量會增加，另一種密集使用生產要素不變之商品產量將會減少，而商品增加的比例大於要素增加之比例。

此定理說明在相對價格不變之下，要素稟賦量的變化對商品數量變化之情形，所強調的是與經濟成長有關，如當勞動數量增加，而資本數量不變時，會使勞動密集財的產量絕對地增加，資本密集財的產量絕對地減少，反之亦然。接下來我們利用艾吉渥斯箱形圖的情形來說明，見圖 5–8。

在圖形分析中，X 財為勞動密集財、Y 財為資本密集財，在均衡點 E 時，其產量分別為 X_1、Y_1；當勞動數量增加後，而資本數量不變時，箱形圖由原先的 aO_AbO_B 變成 $aO_Ab'O'_B$，契約線由原先的 O_AO_B 變成 $O_AO'_B$。在固定的要素密集度 k 下，X 財的產量由 O_AE 增加至 O_AE'，所以產量 $X_2 > X_1$，此時的 Y 產量，由原先 O_BE 減少為 O'_BE'，即 $Y_2 < Y_1$，此部分就證明出瑞畢曾斯基定理的內容。

另外我們也可以用生產可能曲線來說明之，根據 Krugman-Obstfeld 的詮釋如下：假如 X 財是勞動密集財，Y 財是資本密集財，要素投入係數分別為

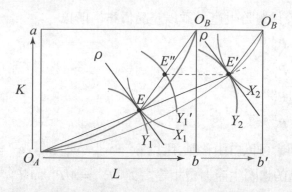

圖 5-8　當勞動稟賦量增加會改變相對生產數量

a_{KX} = 每單位 X 財所需的資本

a_{LX} = 每單位 X 財所需的勞動

a_{KY} = 每單位 Y 財所需的資本

a_{LY} = 每單位 Y 財所需的勞動

我們假設生產可能曲線是線性齊次函數，此時方程式就可寫成

$$a_{LX}X + a_{LY}Y = \overline{L} \tag{5-8}$$

$$a_{KX}X + a_{KY}Y = \overline{K} \tag{5-9}$$

假設生產技術係數是固定的 $a_{LX}(w, r), a_{LY}(w, r)$，因為 X 財與 Y 財的投入係數比不同，$\frac{a_{LX}}{a_{KX}} > \frac{a_{LY}}{a_{KY}}$ 造成此部分直線斜率的不同，其要素密集度也就不一樣，再從生產可能曲線來看，假設一國分別生產 X 與 Y 的產量，則

$$a_{LX}X + a_{LY}Y \leq \overline{L} \tag{5-10}$$

$$a_{KX}X + a_{KY}Y \leq \overline{K} \tag{5-11}$$

$$故 \; Y \leq \frac{L}{a_{LY}} - (\frac{a_{LX}}{a_{LY}})X \tag{5-12}$$

$$Y \leq \frac{K}{a_{KY}} - (\frac{a_{KX}}{a_{KY}})X \tag{5-13}$$

由於 X 財是勞動密集財，故 $(\frac{a_{LX}}{a_{KX}}) > (\frac{a_{LY}}{a_{KY}})$，可導出 $(\frac{a_{LX}}{a_{LY}}) > (\frac{a_{KX}}{a_{KY}})$，從 (5-12), (5-13) 式我們可畫出圖 5-9, 5-10。如果增加勞動量 L 時，此時生產可能區域為 $O\frac{K}{a_{KY}}E'\frac{L'}{a_{LX}}$，$X$ 財之生產增加量大於 Y 財生產的減少量。

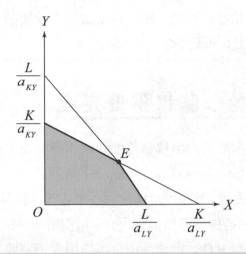

生產可能區域為 $O \frac{K}{a_{KY}} E \frac{L}{a_{LY}}$。

圖 5–9　瑞畢曾斯基定理下所決定之生產可能曲線

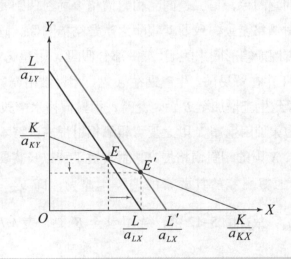

生產可能曲線的導出是在生產可能區域 $O \frac{K}{a_{KY}} E \frac{L}{a_{LX}}$ 的範圍內，當 L 要素增加至 L' 時，生產可能區域變為 $O \frac{K}{a_{KY}} E' \frac{L'}{a_{LX}}$。

圖 5–10　瑞畢曾斯基定理下兩條限制線相交可決定生產可能曲線

 隨堂測驗

(1)假設國際市場的產品相對價格固定，一個國家的資本快速累積，如何影響勞動密集產品的產量？

(2)若國際市場上的價格並非固定，則上述的成長對此國的交易條件有何影響 ？福利水準會不會因此反而惡化？（81 年高考）

第四節　史托帕─薩穆爾遜定理

要素價格均等化將兩國於自由貿易後的要素報酬與商品價格趨於一致，而史托帕─薩穆爾遜定理 (Stolper-Samuelson Theorem) 所要研究的是，商品之相對價格變動與要素報酬變動間之關係，其原因可能來自一國內生產條件或需求條件發生變動。其定義為：國際貿易使一國的出口財價格上升，進口財價格下跌，這將導致密集使用於出口財之生產要素報酬上升，密集使用於進口財之生產要素報酬下跌，相對要素價格的變化有著擴大效果的存在。

史托帕─薩穆爾遜定理依據其觀點可從三方面來討論；第一是商品相對價格變動與要素相對報酬間之關係，第二是商品相對價格變動對個別要素實質報酬間之關係，第三，商品相對價格變動導致要素報酬之產業結構關係。同樣地，我們先利用生產可能曲線和艾吉渥斯箱形圖來說明：第一部分假設 X 財是勞動密集財，Y 財是資本密集財，在圖 5–11 中在貿易前，生產點在 A 點，相對價格為 ρ_0，貿易之後，由於 X 財的價格上漲，導致生產增加至 B 點，此時，相對價格水準改為 ρ_1，由於 X 財是勞動密集財，會使密集使用生產 X 財之工資報酬相對提高，資本報酬相對下降。

第二部分為由於 X 財的相對價格提高，對實質工資以及實質資本報酬之影響，由於之前證明要素的報酬等於其要素的邊際生產力，即 $\dfrac{w}{P_X} = MP_{LX}$，$\dfrac{w}{P_Y} = MP_{LY}$，$\dfrac{r}{P_X} = MP_{KX}$，$\dfrac{r}{P_Y} = MP_{KY}$，故在圖 5–12 中，從 A' 移至 B' 點，表 $MP_{LX} \uparrow$ 導致 $\dfrac{w}{P_X} \uparrow$，相

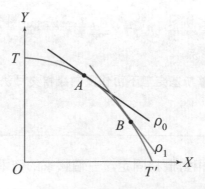

由於 X 財相對價格上升（$\rho_0 \uparrow$ 至 ρ_1），生產點由 A 點改變至 B 點。

圖 5–11　生產可能曲線上的相對價格變動

對反映在 Y 財，即 $MP_{KY}\downarrow$ 導致 $\dfrac{r}{P_Y}\downarrow$。最後根據商品價格與要素價格加權平均的關係，可得到要素報酬的變化大於商品價格的變化，並存在著一個擴大效果的關係，由於在固定規模報酬沒有受到市場扭曲之下，商品相對價格提高必會使密集使用該財之要素實質報酬提高，而其他要素之報酬下降。

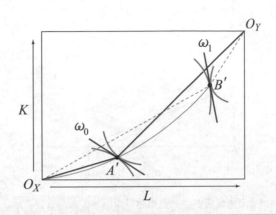

由於圖 5–11，$\rho_1 > \rho_0$ 所對照反映的 $\omega_1 > \omega_0$，因為 B' 點上的斜率大於 A'。

圖 5–12　艾吉渥斯箱形圖所對應的要素相對報酬變動

根據史托帕—薩穆爾遜定理，在第三部分為國際貿易後，商品價格上升之產業，其密集使用之要素報酬上升，導致其產業擴張，商品價格不變或下跌的產業，其要素報酬下跌，使得產業萎縮，這就是導致「荷蘭病」(Dutch Disease) 的原因，其故事是由 Corden (1982) 所發現，當北海發現石油後，導致石油工業快速成長，加上石油危機所引起的石油價格上漲，使得傳統出口產業因為生產成本提高，喪失國際競爭力造成產業萎縮的現象，稱之。

數學之推演，我們仍根據 Krugman-Obstfeld 的方式進行分析：假設

P_X：X 財的價格，P_Y：Y 財的價格，w：勞動要素報酬，r：資本要素報酬

接下來我們透過要素投入係數，將要素報酬反映在物價上

$$P_X = a_{LX}w + a_{KX}r \tag{5–14}$$

$$P_Y = a_{LY}w + a_{KY}r \tag{5–15}$$

$$\Rightarrow \frac{P_X}{a_{KX}} - \frac{a_{LX}}{a_{KX}}w = r \tag{5–14A}$$

$$\frac{P_Y}{a_{KY}} - \frac{a_{LY}}{a_{KY}}w = r \tag{5–15A}$$

由於 X 財是勞動密集財，Y 財是資本密集財，故 $\dfrac{a_{LX}}{a_{KX}} > \dfrac{a_{LY}}{a_{KY}}$，故方程式 (5–14A) 的斜率大於 (5–15A) 式，請參見圖 5–13。

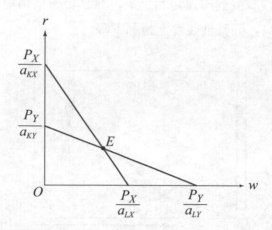

透過要素投入係數，商品價格可以反映要素的實質報酬。

圖 5–13　史托帕—薩穆爾遜定理所決定要素價格線

因此，當勞動密集財 X 的價格上漲時 ($P_X\!\uparrow$)，會造成勞動密集財密集使用生產要素的報酬—工資 (w) 上升，資本密集財的生產要素報酬下跌。此又隱含著要素報酬的相對變動對於商品相對價格的變動，透過數理加權平均分析存在著擴大效果的現象，參見圖 5–14。

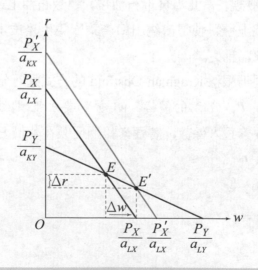

當 $P_X\!\uparrow$ 時，導致勞動密集財的實質報酬工資 w 上漲，資本密集財的實質報酬 r 下跌，要素報酬的相對變動對商品相對價格的變動存在著擴大效果。

圖 5–14　史托帕—薩穆爾遜定理下當商品價格變動之情形

隨堂測驗

自從魯賓遜 (Robinson) 救了星期五 (Friday) 後，兩人在荒島過著快樂的生活。平常他們除了各自忙著種田生產自己食用的小麥 (*W*)，還需抽空合建一艘長船 (*S*) 準備以後駛回英國。(*S*) 係共同建造，共同享有，他們也希望愈大愈好。已知他們的效用函數如下：

$$U_R = U_R(W_R, S) = W_R^{0.5} \cdot S$$
$$U_F = U_F(W_F, S) = W_F^{0.5} \cdot S$$

而他們的共同生產函數 F 為：

$$F(W, S) = W^2 + S^2 = X$$

其中 $W = W_R + W_F$ 為小麥產量，$X = X_R + X_F$ 為兩人所擁有的勞動稟賦，且已知 $X_R = 128$，$X_F = 1472$。然而，雖然小麥的生產很有效率，長船的建造卻遲遲沒有進展，因為兩人都希望對方多投入一些。你能幫他們分別解決下列問題嗎？

⑴魯賓遜能採用何種價格比例使得他們在生產兩種產品都具有效率。
⑵在此效率下，他們對於 *W* 和 *S* 之消費分別為多少？
⑶在此效率下，他們對於 *W* 和 *S* 之勞動投入分別為多少？（政大貿研）

第五節　驗證李昂鐵夫的矛盾

　　過去近五十年經濟學家將貿易數據導入古典理論模型及 H-O 模型，結果均無定論且常有爭議，這是因我們無法解決古典理論模型及 H-O 模型的效度問題，故有些經濟學者開始探索有關國際貿易的新思維，這些新模型與以往僅考量有限的商品類別或部分均衡有所不同，儘管有所限制，但最近的實證分析發現這些模型的預測仍獲得相當的支持。

一、古典理論模型驗證

　　首先說明第一個知名的古典理論模型驗證，它是由經濟學家 MacDougall 於 1951 年所發表，他使用 1937 年美英兩國依產業別對世界其他國家之出口資料，在此研究中之資料包含這兩國多種產業的商品，其所有產出以及勞力的投入，見表 5–1。
　　MacDougall 的驗證是很直接的。古典模型預測一國在某些商品具有比較利益，

是該國的商品較其他國家及其他商品在相對的勞力產出上更具有效率。MacDougall
所做的是依產業對產業來比較兩國之勞動生產力及出口值。他的假設是在這些產業
（稍後依不同之工資加以調整）中美國的相對勞動生產力高於英國，因此美國的出
口值將相對於英國要高。

表 5–1   MacDougall 驗證古典理論模型的結果

產業	US 每人產出/UK 每人產出	US 出口/UK 出口
收音機		8
玻璃容器		4
機械	> 2	1.5
紙業		1
煙草		0.5
針織品		0.33
可樂	1.4～2	0.2
纖維製品		0.09
啤酒		0.06
水泥		0.07
毛織品	< 1.4	0.04
人工奶油		0.03

資料來源: 摘自 MacDougall: *British and American Exports.*

　　MacDougall 要如何進行他的實驗？首先將產業的產出水準除以產業的勞動投
入，依此獲得每一國家每一產業的平均勞動生產力 (AP_L)，按照在研究中以美國的
AP_L 對英國的 AP_L 的方式來衡量出每一產業相對的勞動生產力。其衡量結果，美國工
人生產為英國工人的 3.5 倍。

　　在他研究進行時，美國的工資約為英國的 2 倍。因此依據古典模型，美國對英
國在相對勞動生產力超過 2 倍的相關產業，其具有比較利益；換句話說，即 Mac-
Dougall 所衡量的相對勞動生產力在表 5–1 中超過 2 倍的那些產業。表 5–1 是由
MacDougall 研究中摘錄，呈現一些實驗的結果，依表中資料所顯示來支持古典模型。
大多數商品符合假設，即美國的出口大於英國，而且在美國相對勞動生產力小於 2 的
產業，英國的出口有大於美國的傾向。可是我們由這個驗證可以獲得什麼結論？首先，
我們應接受出口值與勞動生產力間是有關係的證據，但這仍不是古典模型具有效度
的證據，它有三個理由：

　　第一，古典模型是為了解釋兩國間的貿易而非兩國對第三國的貿易，嚴格來說，
假設古典模型為真，要麼由美國出口，不然由英國出口，卻不是兩者同時都出口。

　　第二，MacDougall 的結果無法完全排除（優於）其他的模型。例如，在某些一般的條件下，H–O 模型也可預測 MacDougall 所觀察到的貿易型態。

　　第三，MacDougall 的驗證程序僅能讓我們比較相對出口水準與相對勞動生產力水準間之關係。它無法控制其他因素的影響，諸如運輸成本、商品差異化、以及特殊的貿易障礙，而這些因素或許能解釋 MacDougall 所觀察到的貿易型態。

二、H–O 模型的驗證

　　歷史上最有名的有關生產力的經濟驗證可能是李昂鐵夫 (Wassily Leontief) 於 1950 年代早期的 H–O 理論，在做驗證的時期李昂鐵夫已是哈佛的教師，也已是舉世聞名的經濟學者。尤其是他的一般均衡系統的實務模型化。他的分析所用的主要工具就是投入產出表，此表的重要性為他贏得 1973 年的諾貝爾經濟獎 (Nobel Prize)。

　　投入產出表描述經濟體每一部門中商品和勞務的流動，經濟體中的各個產業非常依賴其他產業的原料以及中間投入，例如，電腦商品需要鋼鐵、塑膠、半導體、紙製品（包裝）、甚至電腦服務（設計或諸如此類）。相同的情況，每一個產業亦需要使用到電腦。因此，電腦產業由其他產業購買商品，同時也銷售電腦商品到這些產業。產業間的相互關係在經濟體的每個部門都能被發現，投入產出表能詳盡描述在產製過程中這些產業間的交易。

　　投入產出表最大的優點是它很生動的描繪出產業間的關聯性(相互關係)。例如，為生產更多汽車則需要更多的鋼鐵、玻璃、汽車漆料……等。因此，假設某商品的生產會帶來某產業的擴張，例如，汽車業，則那些供應汽車業投入的產業也會擴張，而這些產業的成長又會引發其他關聯產業的擴張。因此投入產出表所附帶的訊息可詳述某產業在固定的產出下所需的勞動力與資本，故以純科學為基礎來瞭解經濟部門間的關係是很重要的，在某些實例裡，投入產出表被用來作為經濟規劃和經濟政策。

三、李昂鐵夫實證過程與發現

　　李昂鐵夫用美國二百個不同產業的資料來建立他的投入產出表，表中除詳述產業間之外，這個模型亦詳述這二百個各別產業所需的勞動力與資本。在二次大戰期間，他為美國政府的顧問，這模型被廣泛的用來作為經濟體生產決策的規劃。大戰結束後，政府的經濟規劃已不復需求，因此李昂鐵夫將他的模型轉而為新的用途，其中之一為用來驗證 H–O 模型的一般化效度。

　　首先，以投入產出表來驗證 H–O 模型似乎看起來不清楚，事實上是他的相關程序過於簡單和直接。李昂鐵夫由美國 1947 年的進出口資料開始，然後他考量下列的實證：假設在貿易均衡下美國的出口減少 100 萬則進口將增加 100 萬，那麼產出水準中的勞動力與資本將必須做怎樣的改變？在告訴你驗證的結果之前，讓我們思考所期待李昂鐵夫的發現是什麼。顯然的，1947 年美國支配著世界經濟，二次大戰並未損及美國的資本累積，並且幫助美國由大戰前的經濟蕭條中復甦，所有這些均暗示美國至少在當時仍是世界上資本最豐富的國家。假設如此，則 H–O 模型預測美國將會出口資本密集財而進口勞力密集財。在這情況下，他的實證應顯示美國出口中每人所消耗的資本密集財應該超過每人在美國所進口競爭產品的勞動密集財，但李昂鐵夫所發現的卻正好相反。

　　李昂鐵夫在其投入產出表上使用 1947 年之資料顯示見表 5–2，發現美國生產 100 萬美元的商品在出口與進口有明顯的不同，比較兩財的資本勞動比竟發現進口財資本勞動比（$18,184/1 人）高於出口財的資本勞動比（$13,991/1 人），根據此實證分析，則美國應傾向出口勞力密集，由於此結果與預期差異太大，它就被稱為李昂鐵夫矛盾 (Leontief Paradox)。

表 5–2　1947 年美國 100 萬美元出口財與進口財的資本—勞動比

	出口財	進口財
K: 資本量（以 1947 年的價格水準） *L*: 勞動（人）	$2,550,780 182.3 人	$3,091,339 170 人
資本—勞動比（$\frac{K}{L}$）	$13,991/1 人	$18,184/1 人

資料來源：摘自周宜魁，「國際貿易理論與政策」，第二版，p. 122。

　　H–O 模型會被大多數經濟學家視為解釋比較利益的最佳模型，是因為此模型在邏輯上的完整性吻合貿易流動的因果觀察，以及他較易於處理與方便研究貿易對經濟體系其他構面產生的影響力（例如，要素報酬），但這模型不能夠解釋所有貿易的型態，以美國這個驗證案例，便發現了李昂鐵夫矛盾並成為今經濟學家困惑、頭痛的例子之一。

四、李昂鐵夫矛盾與 H–O 定理之關聯

　　許多經濟學家藉由此模型的背景立即作出反應，對李昂鐵夫矛盾來發展解釋以便使此模型適用，李昂鐵夫認為它的結果肇因於模型所隱含的假定是不正確的，即

使是假設美國工人的生產力與外國相同工人的生產力是一樣的情形。由文獻上所指出，李昂鐵夫認為因美國工人相較於世界其他國家工人的生產力是非常高的，所以美國被視為有相對豐富的勞動力。在此條件下，李昂鐵夫的發現就吻合 H–O 理論。

李昂鐵夫他清楚的猜測到美國勞動力的相對優越性，並主張此優越性是建立在美國強調企業家精神和組織團結，同時社會觀念皆以生產力導向為基礎，透過一般教育系統將培養更有效率的工人。不過目前已有證據說明此優越性一說是不對的或者至少是誇張的。

Jaraslav Vanek 認為這樣的驗證，建立在一個簡單的兩要素模型（資本與勞動力），將會限制李昂鐵夫的發現，這是因為第三個重要的要素——天然資源，在分析中被忽略了。Vanek 的主張，假定美國在天然資源上相對稀少，但在資本及勞動力上相對豐富。在這情況下，則 H–O 模型預測美國應進口天然資源相對密集的商品，但李昂鐵夫未在他的資料中看出此點，尤其是天然資源（例如，礦藏）傾向在生產時使用資本密集的技術（例如，開採與精煉），這樣矛盾或許可以獲得解釋。故在兩要素基礎下，美國的進口應顯示與資本密集相關，但在三要素基礎下，事實上，這些商品與天然資源有密切相關。一些晚近的 H–O 模型驗證嘗試加以計算，Vanek 藉由排除天然資源密集商品的進出口資料，在某些個案中，矛盾的情形就消失了。

學者 W. P. Travis 在 1960 年代早期發表著作，認為李昂鐵夫矛盾能由美國的關稅結構來解釋，尤其是美國對勞力密集商品的關稅傾向很高，通常超過 25%，關稅對資本密集的項目傾向卻很低，這樣的關稅結構，Travis 主張美國原有的比較利益之貿易型態（即進口相對勞動密集的商品）會受到扭曲，就算 Travis 的論點正確，也很難確切的加以驗證，因為這樣的驗證將必須包括美國關稅所未注意的項目。

另一個在當時提出的解釋，即是假設偏好在國際上是相等的，而這與現實情況相違背。回想前面 H–O 模型，假定偏好在各國是完全相同的，如我們所指出，當貿易不需按照 H–O 模型所訂的方向移動，而假設各國的消費型態偏好是完全相同的。由於受到統計資料的限制，不論資料為何，似乎都暗示消費的型態有所差異。

最後我們注意另外一個對此矛盾的解釋，在李昂鐵夫驗證中使用美國的投入產出表來建構美國出口競爭商品所需的要素和進口競爭商品所需的要素，在 H–O 模型的技術完全相同的假設下，只有當要素價格在國際間都是一樣時，不同國家的產業其作為生產要素的勞動力及資本，彼此之間是無法取代（生產要素不可移動性），否則 H–O 模型就無法成立。由於在美國的相對勞動力高於世界其他國家，而李昂鐵夫認為美國會進口比世界其他國家實際上用於生產此商品較多的資本財，這是因為國

外製造者對較低的勞動力成本作出反應，與美國的情形來比較則會使用更多的勞力密集方法生產，也就是說明美國的勞動力相對較昂貴的現象。

為什麼美國工人的生產力會比國外工人來得高呢？李昂鐵夫只是大概提到美國工人教育普及，企業組織健全、管理技術、工會力量強大，製造生產系統較無缺陷等，但是這樣的說法較令人置疑，因為這種解釋沒有理論依據，為了解釋如此矛盾且有出入之現象，許多經濟學家則分別提出下列不同看法：

1. 研究與發展

美國多數的出口品為技術領先商品，即使是農產品也是經過溫度、濕度等之控管，這種研發密集度高的商品往往需要大量技術勞動的投入，因而導致其出口技術勞動密集的商品。

2. 兩國的需求型態不同

如果一國對於某種商品的需求特別強烈，雖然其為資本密集財，當有強烈需求時，其勞動分配在其商品上的比例也會增加，因此反而對原本財貨的勞動相對價格變得比較低，例如，美國的國民所得水準較高，對服務業的需求較強，勞動移至服務業的結果，造成其工資水準下降會導致美國選擇出口勞動密集財。

3. 有要素密集度逆轉的現象存在

一國若發生要素密集度逆轉時，一定會有一個國家違反其貿易進行方向。所謂的要素密集度逆轉指的是要素的相對報酬 ($\frac{w}{r}$) 發生變動時，商品的要素密集度也隨之發生逆轉的現象。當要素密集度逆轉發生時，在一國是勞動密集財，其在另一國反而變成是資本密集財。在正常的情況下，要素報酬的變動不會引起密集度的變動，此時 H–O 理論就會成立，可是當世界價格變動造成要素相對報酬變動時，就可能存在要素密集度逆轉的現象。

4. 兩國的生產函數不同，且生產要素不只兩種

當一個國家出現技術進步的時候，整個生產函數也就會隨之改變，而技術進步可分為中性技術進步，資本節省技術進步，勞動節省技術進步，因此就會產生不同程度的差異，資本與勞動使用的比例也就隨之改變；此外，生產要素在現實社會中不只兩種而已，尚有其他要素如土地、自然資源等，這些也會改變其各國的生產型態。

5. 貿易障礙的扭曲

現今貿易普遍存在著關稅與非關稅貿易障礙，這些措施多傾向於保護初級產品

（大多數為勞動密集財），所以這些商品被排除在進口之列，使得進口替代品的資本—勞動比提高，也間接說明李昂鐵夫矛盾的現象。

五、其他比較利益理論

自李昂鐵夫的發現出版後，這些非傳統的理論分為兩種主要的類別，其中某些是將 H–O 模型的一個或多個的限制性假設予以放寬鬆綁，其他剩下的例子則將 H–O 的架構完全拋棄，就如下面的討論所指出，新理論通常僅針對很少種類的商品來解釋，比 H–O 模型的普遍性要少得多。

1. 人力技術理論 (Human Skills Theory)

其中一個主要的理論由 Donald Keesing 所發展，在非傳統理論中他的想法與 H–O 模型最為接近，主要的差異是取代 H–O 模型專注於國與國以及商品與商品間資本和勞動力的差異，Keesing 認為應該強調熟練和非熟練工人的技術稟賦和強度，尤其是某些國家比其他國家擁有更多非常熟練的勞動力，某些商品比其他商品需要更高強度的熟練勞工（如電腦對紡織品），擁有相對較多的高熟練勞工稟賦的國家將會在需要相對強度熟練勞工的商品上具有比較優勢。

Keesing 的模型對李昂鐵夫矛盾提供直接的解釋，因為相對於其他許多國家，美國有高度受教育及訓練的勞動力，則美國出口應傾向熟練勞力密集。一個很有力的實證支持這個理論並由 Irving Kravis 所提供，他指出在美國的高工資產業解釋大部分的美國出口品，而美國進口品傾向集中在美國低工資產業所製造的。

2. 產品生命週期理論 (Product Life Cycle Theory)

Raymond Vernon 認為對於許多商品，比較利益可能隨時間由一國移轉到另一國，這是因為這些商品經歷了產品生命週期 (PLC)，生命週期包含商品的發明以及到市場檢驗的階段，在這段時間裡，商品的生產也經歷相當多的實驗。

當商品成功且在市場上立足，則標準化生產會發生。在這個時期，不同製造者的競爭商品逐漸的具有共同品，商品的製造程序方法也變得越來越完全一樣，這時商品就成為成熟品，在這階段它可能銷售許多年，或者可能隨時間被新發明所取代。

產品生命週期如何與比較利益有關連？答案很簡單，在商品生命的早期，發明商品的國家具有比較利益，當這個國家銷售商品到世界各地，商品逐漸的成為標準化，其他國家的競爭廠商可能會獲得市場占有率，而如果這些廠商在大量生產上具有成本優勢，在此情況下，則比較利益就由發明國移轉到成本較低的國家。

　　請注意這個模型如何能用來調整李昂鐵夫矛盾，假定美國是個發明國，生產許多新商品，美國將會在最近發明的製成品上具有比較利益，因為這些商品尚未標準化，因此他們的生產傾向勞力密集。投資於固定資本將會被延遲，直到商品的特色受到大眾的喜愛而且能大規模自動化生產該商品。因此，美國出口傾向於勞力密集而且標準化會牽涉更多資本密集技術的選擇。

　　產品生命週期 (PLC) 模型的應用也有所限制，為解釋商品的貿易行為，這些商品需要某種程度的發明、設計、與複雜技術。在某些例子，這個理論似乎能吻合事實，例如，彩色電視是在美國發明，在商品的早期，美國生產並出口這產品，然後隨著時間，彩色電視的生產幾乎完全移轉到諸如日本、臺灣、韓國、和其他國家。

　　其他複雜技術的商品，例如，電腦和飛機，這模型就沒這麼具適用性了。美國領導這些商品的發展，仍然保有很好的比較利益，即使這兩種商品現在事實上已是相對的成熟商品，也指出 PLC 模型基本上的弱點……它無法普遍化 (Generalize) 解釋比較利益隨時間而移位的預測。

3. 偏好相似理論 (Similarity of Preferences Theory)

　　迄今我們所有討論過的理論都有共同特徵，比較利益都是由供給面而來，即是說誰在生產上具有最低的生產成本則將出口該商品，這些已經檢測過的理論，它們的差異是在什麼要素之下，能解釋為何一國比他國具有較低的成本。

　　Linder 則認為不同商品的貿易力向應由需求面而非由供給面來看；因此，就商品的貿易，它拋棄所有我們曾考量過的解釋，提供一個全新的選擇 (Alternative)。其假設可敘述如下：在每個國家中，產業生產的商品是為滿足該國消費者的偏好 (Tastes)，但是沒有一個消費者是一樣的，某些消費者會偏好其他具有些許特性上差異的替代品，而國際貿易是提供這些商品的方法之一，所以國際貿易的好處是消費者可由多樣化的商品獲得消費者福利。

　　再深入一點，Linder 的假設解釋了哪類型的國家最有可能相互貿易，若國家間具有相似的生活水準將會傾向消費相似型態的產品，生活水準是決定某國家要素稟賦的一部分，擁有較大的每勞動資本 (Capital Per Worker) 的國家將會比擁有較低的勞動資本的國家來得富裕。因此，在相似的國家間應會有可觀的貿易量，則會導致富裕國將傾向與富裕國貿易，而貧窮國與貧窮國貿易。對 H–O 模型的預測，Linder 的假設提供一個強烈的對比，H-O 模型認為在那些要素稟賦不同的國家似乎應有最大的相互貿易的動機，因為它們在貿易前的相對價格存有最大的不同。

還有幾個其他的觀點值得指出，第一，Linder 的理論僅能應用在差異化商品，他解釋原料和農產品的貿易則傾向使用 H–O 型態的模型。第二，自從捨棄 H–O 型態對商品貿易的解釋，他發現李昂鐵夫矛盾變成不矛盾了，李昂鐵夫的發現是簡單的反映美國消費者對資本密集商品偏好的一部分。第三，Linder 的模型對某個重要的國際貿易現象提供解釋——即產業內貿易，當國家同時進、出口相同種類的商品時，就發生這種型態的貿易。比較利益的簡單模型似乎排除這種貿易行為。但是就 Linder 所提，貿易的進行是為了滿足不同的消費需求，因此像荷蘭這樣的國家，他出口 Heineken 啤酒而同時進口 Lowenbran 啤酒也就不令人意外了。最後，儘管 Linder 的假設有吸引力，我們注意到早期的理論研究，在實證上的支持是非常少，但最近的研究報告顯示，反而對 Linder 的理論結果有正面的回應。

第六節 結 論

本章討論現代國際貿易理論與有關比較利益的驗證結果，驗證古典模型的說法，即貿易進行的方向可由不同的勞動力來加以解釋，這論點看似可以支持此觀點但卻又不完全相同，而驗證 H–O 模型卻也無法得到更好且不會常產生矛盾的結果。可是我們由這些探討當中又能獲得什麼結論？

我們都知道世界是十分複雜的，模型建立的基礎在於簡化世界貿易的運作，以便我們瞭解某些特殊現象時能知道哪些是最重要的因素，例如，H–O 模型假設在技術、經濟規模、偏好等均無差異性，它嘗試依據各種要素稟賦在國際上的不同以解釋貿易的型態，最重要的是現今在驗證此理論時有證據顯示貿易型態與模型所要預測的結果相矛盾，但是這些驗證並無充分證明能拒絕 H–O 模型，這意味著這些驗證可能在程序上有問題，如資料的有效與衡量，又或是在真實世界中與 H–O 模型的假設之間存在著差異，而這差異強到足以改變 H–O 模型所預測之結果，到現在仍無人能說明何者才是對的。

由於經濟學家很難去發展出直接驗證比較利益的模型，再次回顧我們所討論過的H–O模型驗證，我們需要各國生產因素的詳細資料，否則衡量將很難比較。例如，在美國的不熟練工人可能比開發中國家不熟練的工人更熟練，因為他們有更佳的基礎教育，而產生了李昂鐵夫的矛盾，在其他的例子中某些因素的衡量根本無法比較，如以實體資本為例，產業間機器不同卻把它們直接加總並據以換算為金錢後的價值來衡量是不正確的。

最後，假使這些問題還不夠，政府整理、編輯貿易流向的資料也會導致不當的拒絕這些理論，假如政府對商品貿易的加總採用最終商品，而非生產因素的中間投入，以致清楚的驗證理論也就變的不可能。國際經濟學是逐步演進的一門科學，當一些經濟學家針對傳統模型的實務驗證結果作出反應，是藉由尋找能適合模型的證據，而其他的經濟學者開始去發展及探索新的貿易理論，即使這些新理論仍無法取代 H–O 模型成為解釋比較利益的最佳典範，但這些努力仍有許多值得學習之處。

重要名詞與概念

1. 赫克紹－歐林定理
2. 瑞畢曾斯基定理
3. 史托帕－薩穆爾遜定理
4. 華爾拉茲法則
5. 實物定義法

6. 價格定義法
7. 貿易三角形
8. 相互需求
9. 李昂鐵夫矛盾
10. 要素價格均等化定理

 課後評量

1. 請說明現代貿易理論的四大定理，請分別就其內容解釋說明之。
2. 請簡述赫克紹－歐林定理的基本假設，並述這些假設的必要性。
3. 試比較赫克紹－歐林定理與李嘉圖模型的異同。
4. 在適當的假設下，採要素稟賦價格定義法或採要素稟賦實物定義法，均可以證明赫克紹－歐林定理成立，試分別以價格定義法與實物定義法圖解證明赫克紹－歐林定理。
5. 試評論赫克紹－歐林定理的各個假設，並分析當這些假設不成立時，對赫克紹－歐林定理的影響。
6. 依 H–O 理論之說法，兩國之間貿易的基礎為何？一國應出口何種商品？請說明。
7. 請說明古典學派與 H–O 理論的相互需求的探討。
8. 假設有一 H–O 模型如下：

$$X = K_1^{0.3} L_1^{0.7}$$
$$Y = K_2^{0.8} L_2^{0.2}$$
$$K_1 + K_2 = 2$$
$$L_1 + L_2 = 3$$

請問哪一財貨生產較為資本密集？當生產完全專業化時，要素價格比是多少？

9. 何謂要素價格均等化定理，並證明之。

10. 請分析說明兩國在貿易之後，勞動稟賦豐富的國家其產業的要素密集度 $(\frac{K}{L})$ 比會上升，而資本稟賦豐富的國家其產業的要素密集度 $(\frac{K}{L})$ 會下降。

11. 請解釋要素密集度逆轉與需求逆轉之間的差異，其對 H–O 理論的有效性是否會造成同樣的影響？

12. 請利用簡單的數學與圖形證明瑞畢曾斯基定理。

13. 請利用簡單的數學與圖形證明史托帕－薩穆爾遜定理。

14. 請利用史托帕－薩穆爾遜定理說明「荷蘭病」發生的原因與現象。

15. 何謂「瑞畢曾斯基曲線」，請利用圖形分析說明之。

16. 請說明 MacDougall 對古典理論模型之驗證。

17. 何謂「李昂鐵夫」的矛盾？其與 H–O 理論的關連性為何？可以用什麼樣的經濟現象來說明之。

第六章

特定要素模型

由於自由競爭在經濟學是普遍現象的說法，明顯地已不符合事實，因而傳統經濟理論已經失去了它對現實環境所造成的直接影響，它很難引起人們的熱情，甚至於學者的喜愛。

瓊‧羅賓遜 (Joan Robinson, 1903～1983)

《本章學習方向》
1. 特定要素模型之基本假設
2. 生產可能曲線的推導
3. 生產均衡的決定
4. 商品相對價格變動的所得分配效果
5. 非貿易財型態的決定

本章章節架構

特定要素模型
- 基本模型假設——固定規模報酬
- 特定要素模型之下所推導之生產可能曲線
  - 生產函數
  - 邊際生產力
- 生產均衡的決定——透過邊際產值來加以推導
- 商品相對價格變動所形成之影響
  - 商品價格與要素報酬間之關係
  - 要素稟賦量與要素價格均等化之關係
- 非貿易財型態之決定——經由比較利益來決定

前　言

　　薩穆爾遜 (Paul A. Samuelson) 與瓊斯 (Ronald Jones) 在 1971 年發展出特定要素模型，是將 H–O 模型假設中的生產要素的限制假設予以推翻。由於生產要素在國內可以自由移動，在國際間則否，加上生產要素可否在不同產業部門間做轉換，則需要一段長時間才能予以調整。例如，農夫因為產業結構的轉型需到電子工廠上班，就須經過一段職前訓練才行；因此，當這些步驟完成就會造成所得重分配的問題，這是李嘉圖模型與 H–O 理論模型中所無法呈現的。另外，勞動經過訓練之後可以從農夫變成工人，但是機器設備卻無法變更其使用用途，如牽曳機無法當做液晶螢幕的壓片機來使用，所以生產要素中，若為某一專屬部門所用之要素，其它部門無法予以使用，此生產要素則形成特定要素 (Specific Factor)，而其所推導的模型，稱之為特定要素模型，成為與 H–O 理論模型並稱之國際貿易理論模型之一。

　　特定要素模型從使用的生產要素數目來看，可說是兩財三要素模型，其中一種要素可在兩部門間移動，另外兩種則是在部門間不能移動之特定要素。由於特定要素不會在部門間移動，故此一模型又稱為短期要素移動模型。各生產部門對於生產要素的需求情況不同，例如，電腦為資本密集財，會使用相對較多的資本來生產，而衣服為勞動密集財，生產時使用較多勞動，如果兩國間進行貿易，則專業化生產後所導致的相對需求改變時，也會影響要素報酬進而導致所得重分配效果。

　　要素在不同部門間如果移動成本過高或期間過短，此時特定要素模型就成為上述之短期模型，但由於各生產要素均處於充分就業狀態之下，因此就可對於生產、貿易與所得重分配的短期效果予以解釋，並有助於說明國際貿易理論間彼此之差異。

第一節　特定要素模型之基本假設

　　雖然在貿易的發生情況下與要素移動之間有著經濟分析上的相似性，但在實際現象之中卻存在著許多差異。例如，一個勞動充足的國家，可能面臨更嚴格的移民限制，加上各國所擁有之特殊資源，如我國所擁有的 12 吋晶圓與半導體產業，都會

形成特定要素模型,其基本假設依據第五章之基本條件並將其中兩項限制予以改變:

(1)世界上有兩個經濟體, 分別為本國與外國, 生產 X 財與 Y 財, 如: 食物與機器, 在生產函數為固定規模報酬的假設下來進行生產。

(2)存在三種生產要素,其分別為勞動 (L),資本 (K) 與土地 (T),要素稟賦 (Factor Endowment) 皆為固定, 其中勞動可在兩部門間移動, 但特定生產要素資本與土地則否。其模型表示如下

$$X = X(K, L_X) \tag{6-1}$$

$$Y = Y(T, L_X) \tag{6-2}$$

$$K = \overline{K}, T = \overline{T}, L = L_X + L_Y \tag{6-3}$$

上述三式分別說明了 X 財的生產使用資本與勞動, Y 財的生產使用了勞動與土地,勞動 (L) 可在部門間移動,但特定要素 (K, T) 則無法在部門間移動。由於 K 與 T,分別為生產 X 財、Y 財所必需的特殊要素,其數量固定不變 $(\overline{K}, \overline{T})$。$L_X$ 與 L_Y 分別代表生產 X 財與 Y 財的勞動量, 在充分就業的假設條件之下, 資源能有效率地使用。

第二節　生產可能曲線的推導

利用上述之關係式, 在 K 與 T 固定不變之下, X 財與 Y 財的生產函數表示其勞動投入與產出間之關係, 在圖 6-1 中的第 II、IV 象限分別針對特定要素數量為 K 與 T 時, 勞動數量為 L_X 與 L_Y 的 X、Y 財之生產函數, 在既定的 L_X, L_Y 的勞動充分使用的條件之下, 可以在第 I 象限中畫出其生產可能曲線。

1. 偏向的生產可能曲線

接下來, 我們來看當某一特定要素數量變動時 (K、T 的數量增減), 或「普通」生產要素變動時對生產可能曲線變動的影響。

(1)當生產 X 財的特定要素 K 增加時, 在其他條件不變之下, 必會引起 $F(X)$ 生產函數向右上方移動, 此時會多生產 X 財, 生產可能曲線也跟著向外擴張, 見圖 6-2。

(2)當生產 Y 財的特定要素 T 減少時, 在其他條件不變之下, 必會引起 $F(Y)$ 生產函數向左下方移動, 此時會少生產 Y 財, 生產可能曲線也跟著向內收斂, 見圖 6-3。

(3)當普通生產要素增加時, L 數量增加, 故整條線平行向左下方移動, 在其他條

件不變之下，第 I 象限的生產可能曲線平行向外移動，見圖 6-4。

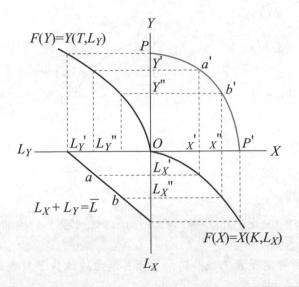

圖 6-1　特定要素模型下所導出的生產可能曲線

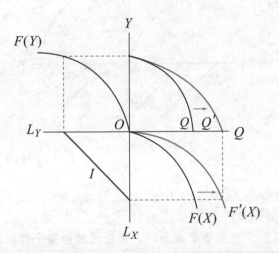

圖 6-2　特定要素 K 增加時，生產可能曲線偏向 X 財生產

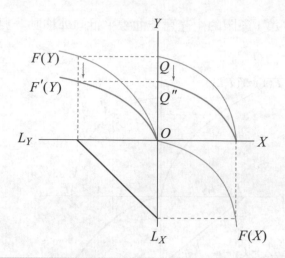

當 $T\downarrow$ 時，其他條件不變之下，$F(Y)$ 會下降至 $F'(Y)$，此時會帶動生產可能曲線減少 Y 財生產，由 Q 變成 $''Q$。

圖 6-3　特定要素 T 減少時，生產可能曲線減少 Y 財製造

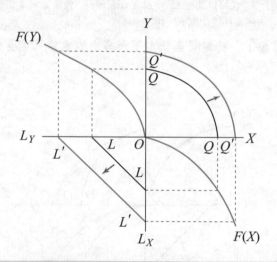

當 $L\uparrow$ 至 L' 時，整條 LL 線向外平行移動到 $L'L'$ 線，在其他條件不變之下，生產可能曲線由 QQ 平行向外移到 $Q'Q'$。

圖 6-4　當普通要素增加時，生產可能曲線平行向外擴張

　　雖然特定要素模型都假設 X 財與 Y 財的生產函數都是固定規模報酬，但所導出的生產可能曲線並非是一條直線，而是凹向原點的曲線，其原因是來自於要素報酬具有邊際生產力遞減的特性，如圖 6-5 所示，以數學式表示為

$$\frac{dQ}{dL} > 0, \frac{d^2Q}{dL^2} < 0$$

說明了其一階微分 (F.O.C) 勞動邊際產量增加，但其邊際報酬率即二階微分 (S.O.C) 卻呈遞減的現象。

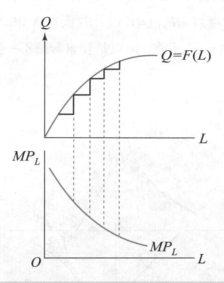

L 的增加會帶動產量的增加，但其邊際生產力卻呈遞減的現象。

圖 6–5　當隨著勞動 *L*↑ 時，其邊際生產力則下降

2. 與史托帕－薩穆爾遜定理之差異

接下來我們透過邊際生產力可反映出要素的報酬來說明其彼此關係，當勞動 (L) 的報酬為工資 (w)，而資本 (K) 與土地 (T) 的報酬分別為 r_X, r_Y，透過史托帕－薩穆爾遜定理，當商品相對價格變動時，($\rho = \dfrac{P_X}{P_Y}$) 會影響要素報酬 (w, r_X, r_Y) 的變化，我們可以用圖 6–6 來加以說明。在第 II、IV 象限可透過原先的生產可能曲線，導出勞動邊際生產力曲線 MP_{LX}, MP_{LY}，當商品相對價格決定後，反映在邊際生產力上就可決定其實質工資 ($\dfrac{w}{P} = MP_L$)，因此 $\dfrac{w}{P_X} = MP_{LX}$，$\dfrac{w}{P_Y} = MP_{LY}$，當 $\dfrac{\frac{w}{P_Y}}{\frac{w}{P_X}} = \dfrac{MP_{LY}}{MP_{LX}} = \dfrac{P_X}{P_Y} = \rho$，此時 M 點反映在 Y 財工人的實質報酬，M' 則反映在 X 財工人的實質報酬。如果當商品相對價格改變由 ρ 變成 ρ' 時，其要素報酬也會跟著變化，其 X 財的 $\dfrac{w}{P_X}\uparrow$、$\dfrac{r_X}{P_X}\downarrow$，$Y$ 財的 $\dfrac{w}{P_Y}\downarrow$、$\dfrac{r_Y}{P_Y}\uparrow$，造成與史托帕－薩穆爾遜定理相衝突，其說明當 $\rho\downarrow$ 時（即 $\dfrac{P_X}{P_Y}\downarrow$），

且當 X 財為勞動密集財，Y 財為資本密集財時，應該是 $\frac{r}{P_X}\uparrow,\frac{r}{P_Y}\uparrow,\frac{w}{P_X}\downarrow,\frac{w}{P_Y}\downarrow$，與上述特定要素產生的結果相矛盾。因為在特定要素模型下，其實質報酬，因 Y 財的 MP_{LY} 下降，所以其特定要素生產力 $MP_{TY}(=r_Y)$ 增加；而在 X 財分析上則 MP_{LX} 上升，導致其特定要素生產力 $MP_{KX}(=r_X)$ 下降。所以當要素報酬不一致時，也就違反了要素價格均等化定理。

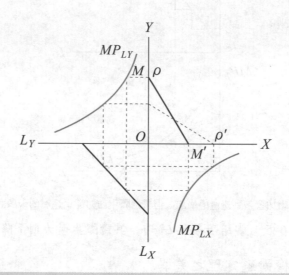

商品相對價格的變化，會導致在邊際生產力上並反映在要素相對報酬水準。

圖 6–6　商品相對價格決定要素報酬

3.與瑞畢曾斯基定理之差異

　　由於特定要素的增減會對生產可能曲線的形狀有所改變，在圖 6–2、6–3 中說明了其特定要素的增減，透過生產函數會反映在生產可能曲線偏向成長的情形。但是如果我們透過邊際生產力來看，假設 Y 財的特定要素 T 增加，會導致圖 6–7 中，Y 財的邊際生產力曲線 MP_Y 上升變成 MP_Y'，此時 L_Y 也會上升導致 Y 財的生產增加，在 L 固定之下，L_X 則下降，故 X 財的生產下降。另一方面，如果當勞動數量增加，其分別會造成 L_X 與 L_Y 的增加，此時會造成 X 財與 Y 財的增加，這一點就與瑞畢曾斯基定理不一致。在特定要素模型中，因為當某一種特定要素數量增加時，會使利用該特定要素生產之商品數量增加，而利用另一種特定要素生產的數量減少，可是當勞動數量增加時，又會造成兩種商品數量同時增加。而瑞畢曾斯基定理是指當某一生產要素數量增加，會密集使用該要素生產之商品數量增加，而密集使用其他要素生產的商品數量減少。此時的 MM', NN' 與 VV' 為相互平行線，表示商品相對價格 ρ 皆不變。

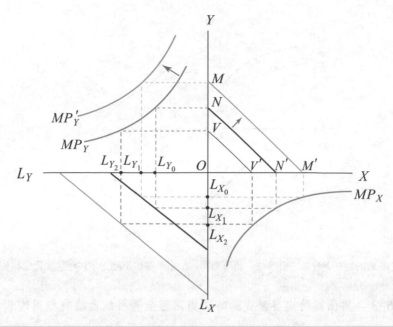

當① $T\uparrow$ 時, $L_{X_1}\downarrow$ 至 L_{X_0}, $L_{Y_0}\uparrow$ 至 L_{Y_1} ⇒ X 財↓, Y 財↑
　　② $L\uparrow$ 時, $L_{X_0}\uparrow$ 至 L_{X_2}, $L_{Y_1}\uparrow$ 至 L_{Y_2} ⇒ X 財↑、Y 財↑。

圖 6–7　特定與普通要素稟賦量變動之情形

4. 與 H–O 定理之差異

接下來，我們看其貿易型態如何決定，根據 H–O 定理，貿易型態主要是由要素稟賦量來決定，可是在特定要素模型中，如同前面所言，是一個短期要素移動模型，貿易型態的決定要由要素如何分配在各部門而定，所以不同於 H–O 定理由要素稟賦量來決定，而是由生產函數以及資源分配比例來做決定，因為短期間而言，一國會出口使用較多特定要素所生產之商品，才具有競爭優勢，見圖 6–8，當這裡考量兩國兩部門之生產時，會產生兩條生產可能曲線。原本說明本國勞動稟賦豐富時，應出口勞動密集財，進口資本密集財，但由於各國所擁有的特定要素不同，會依據其生產函數與要素分配比例來決定貿易型態。此時外國擁有較多的特定資本要素 (K)、本國擁有較多的特定要素土地 (T) 時，雖然起初本國擁有較多勞動，應出口勞動密集財 (X 財)，但根據圖 6–8，本國對 Y 財生產相對於 X 財來得多，應出口 Y 財，進口 X 財，違反了 H–O 定理，需依據生產要素稟賦量來說明。

接下來，我們根據上述之結果，將特定要素模型分別與 H–O 定理，史托帕－薩穆爾遜定理與瑞畢曾斯基定理做一個比較（如表 6–1）。

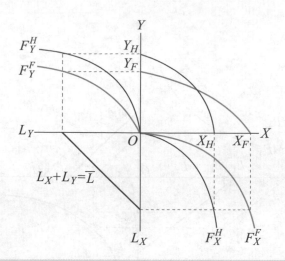

特定要素的變動，會造成對製成商品的影響，在相對價格不變之下，會造成貿易有更大的變化。

圖 6–8　當兩國特定要素變動時，對兩國生產可能曲線有相對的影響

表 6–1　特定要素模型與 H–O 定理、史托帕—薩穆爾遜定理、瑞畢曾斯基定理要素價格均等化定理比較表

	比較說明	
H–O 定理	1. 貿易型態	
	在於生產函數性質與要素分配比例	取決於生產要素的稟賦量
史托帕—薩穆爾遜定理	2. 消費型態	
	$\rho\downarrow$ 時 $\dfrac{w}{P_Y}\downarrow$, $\dfrac{w}{P_X}\uparrow$; $\dfrac{r_Y}{P_Y}\uparrow$, $\dfrac{r_X}{P_Y}\downarrow$	X 財——勞動密集 Y 財——資本密集 當 $\rho = \left(\dfrac{P_X}{P_Y}\right)\downarrow$ 時 $\dfrac{r}{P_X}\uparrow$, $\dfrac{r}{P_Y}\uparrow$; $\dfrac{w}{P_X}\downarrow$, $\dfrac{w}{P_Y}\downarrow$
瑞畢曾斯基定理	3. 要素稟賦變動	
	在 $\bar{\rho}$ 不變之下 $L\uparrow \to L_X\uparrow, L_Y\uparrow \Rightarrow X\uparrow, Y\uparrow$ $K\uparrow \to L_X\uparrow, L_Y\downarrow \Rightarrow X\uparrow, Y\downarrow$ $T\downarrow \to L_X\uparrow, L_Y\downarrow \Rightarrow X\uparrow, Y\downarrow$	在 $\bar{\rho}$ 不變之下 $L\uparrow \to$ 勞動密集財 $X\uparrow$ $\bar{K} \to$ 資本密集財 $Y\downarrow$
要素價格均等化定理	4. 要素報酬變動	
	一致	商品價格	一致
	不一致	要素價格	一致

特定要素模型

隨堂測驗

依據「特定要素理論」(Specific-factors Theory)，請以一國有 2 個產業競爭勞動投入為例，繪圖說明多數勞動移入高工資產業，可能產生的所得分配 (Income Distribution) 效果？ (91 年高考)

第三節 生產均衡的決定

不管是何種生產要素（普通或特定），應該如何在部門之間做最有效率的分配？而其均衡報酬又如何決定？所決定出的均衡產出又各自為何？這些原因迫使我們首先需要瞭解市場的均衡。其次，每個部門會雇用多少勞工呢？這要看商品的價格和工資率，而工資率有賴於每一部門的勞動需求。我們都知道，廠商是以利潤極大化為最大目標，所以必須滿足下列條件：即多雇用一單位勞動所產生的勞動邊際產值 (Value of Marginal Production) 等於其所增加一單位勞動所支付的工資成本。由於勞動是可移動的生產要素，因此它在兩部門間的工資率應當相等，否則勞動就會從低工資部門流向高工資部門，亦即

$$VMP_{LX} \equiv P_X \times MP_{LX} = w_x \tag{6-4}$$
$$VMP_{LY} \equiv P_Y \times MP_{LY} = w_y \tag{6-5}$$

此時總就業量必須等於總勞動供給，故 $L_X + L_Y = \bar{L}$。

由於勞動可在兩部門之間自由移動，所以兩部門間的工資在均衡狀態下會趨於一致，故

$$w_X = w_Y = w \tag{6-6}$$

將 (6-4), (6-5), (6-6) 三個方程式用圖 6-9 表示出來，並將上述勞動供需條件一併考慮，可以看到當 X 財與 Y 財價格給定的時候，在 VMP_{LX} 與 VMP_{LY} 的條件限制之下，就可得知每個部門的工資率與就業量是如何決定的。VMP_{LX} 與 VMP_{LY} 分別為 X 財與 Y 財的勞動邊際產值曲線，O_X 與 O_Y 分別代表 X、Y 兩部門的初始原點，而底線的長度也就是 $O_X O_Y$ 的距離就是總勞動供給量 $\bar{L}$。從 (6-4)、(6-5) 式中得知，兩部門的勞動邊際產值線交於 E 點，可決定生產 X 財與 Y 財的最適工資率與勞動就業量。

在求得生產均衡與勞動配置後，X 財與 Y 財的總產值可從該財所有勞動投入的邊際產值積分而得，亦即 X 財的總產值為 $BO_X AE$，Y 財的總產值為 $FO_Y AE$。此外在

要素所得方面，勞動要素所獲得的總工資為 $O_X CDO_Y$，而特定要素部分，BCE 為 X 財特定要素——資本 (K) 的所得，FED 為 Y 財特定要素——土地 (T) 的所得。

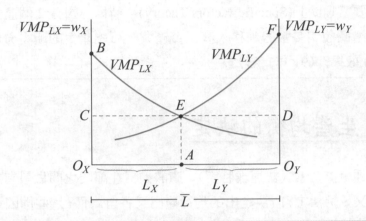

圖 6–9　生產均衡與勞動配置

第四節　相對價格變動與要素變動的所得重分配效果

　　由於在特定要素模型中，存在著三種生產要素，所以當商品價格發生變動時，根據史托帕—薩穆爾遜定理會對要素報酬造成影響；因此，就會造成不同部門間所得重分配的問題。本節先就商品價格變化對整個經濟體系的影響加以說明，其次探討當普通要素稟賦增加時，所產生的效果加以分析說明之。

一、價格變動效果

　　當商品價格變動時，在第一種情形下假設只有 X 財的價格變動，Y 財的價格不變，即 P_X 上漲，在生產 X 財的勞動量 L_X 不變之下，即其勞動邊際生產力 (MP_L) 不變下，其勞動邊際產值 VMP_{LX} 將上漲至 VMP'_{LX}，見圖 6–10，此時兩財邊際產值線其交點由 E 點移至 E'，勞動分配由 A 點變動至 B 點，表示 X 財分配到較多勞動量，$O_X A$ 增至 $O_X B$，在既定特定要素資本 $(\bar{K})$ 的情形之下，將多生產 X 財；反之，Y 財在既定特定要素 $(\bar{T})$ 的情形之下，將少生產 Y 財。其次，從圖 6–10 來看，由於 $VMP_{LX} = P_X \cdot MP_{LX}$，$VMP'_{LX} = P'_X \cdot MP_{LX}$，此時 P_X 上漲幅度為 EE''，而反觀工資上漲則從 w_0 上漲至 w_1，故要素報酬上漲幅度 $(\frac{w_1 - w_0}{w_0})$ 小於商品價格上漲幅度 $(\frac{P'_X - P_X}{P_X})$。

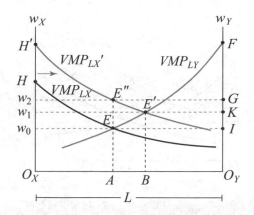

圖 6–10 當 P_X 上漲，P_Y 不變時的勞動邊際產值變動效果

1. 資本報酬的變化

在 X 財價格變動之前，資本報酬為 EHw_0，價格變動之後，其報酬變為 $E'H'w_1$，其等於 $E''H'w_2$ 與 $E''E'w_1w_2$ 之加總，其中 $E''H'w_1w_2$ 為資本報酬相較於原報酬 EHw_0 所增加的部分，所以資本報酬增加比例大於價格變動。

2. 土地報酬的變化

在 X 財上漲之前，Y 財的特定要素——土地，其報酬為 EFI，但 P_X 上漲之後，總報酬減為 $E'FK$，在土地數量不變之下，其報酬亦隨之下跌。總而言之，當 X 財價格上漲 $(P_X\uparrow)$，至導致工資上漲 $(w\uparrow)$，但其工資上漲率小於商品價格上漲率，此時 X 財的特定要素報酬上升 $(r_X\uparrow)$，而 Y 財的特定要素報酬下降 $(r_Y\downarrow)$。若以實質面來考量，如果價格以 P_X 來衡量時，其工資實質報酬皆下降；反之，以 P_Y 來衡量時，其工資實質報酬皆上升，至於資本的實質報酬 (r_X) 不論以 P_X、P_Y 來衡量皆會上漲，而土地的實質報酬 (r_Y) 則皆會下跌。

在第二種假設下，兩財價格變動幅度相同時，即 P_X 與 P_Y 同幅度變動時，X 財與 Y 財的勞動邊際產值曲線也會跟著同幅度的變動，因此對於勞動的分配也並未改變，所以對應配合的特定要素使用量也不會改變，故實質報酬也就不會受到影響，也就是說商品價格的漲幅與要素報酬的漲幅是相同的，請參見圖 6–11。

從上述可知，若兩財價格以同一比例上漲時，其實質產出與各要素報酬也將隨價格同比例地上漲。

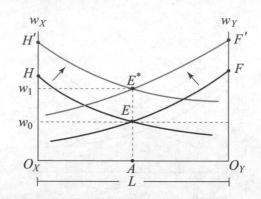

當 P_X 與 P_Y 同幅度上漲時，兩部門的各要素報酬也隨之上漲，且上漲的幅度皆相同。

圖 6-11　　X 財與 Y 財價格同幅度上漲時，其要素報酬也跟著同幅度上漲

二、特定要素增加的所得重分配效果

　　當 X 財所使用的特定要素資本 (K) 增加時，在固定規模報酬的假設條件下，所配合生產的普通要素勞動 (L) 也跟著增加，使其勞動的邊際產值維持不變，但是資本增加的結果，會造成其邊際生產力下降，也就是其要素報酬下降；相對地，普通要素勞動在 X 財生產上，因為尚未增加，故會使均衡工資水準上漲 $(w_X\uparrow)$ 使得 VMP_{LX} 往右上方移動，見圖 6-12，如右移至 VMP'_{LX} 時，均衡點將由 E 點移至 E' 點，此時會吸引 Y 部門的勞工移轉至 X 部門來生產，故會使 X 財產出增加，Y 財產出減少。由此可知，若某一商品生產的特定要素增加，將使兩財的特定要素報酬都下跌，但普通要素的報酬卻增加。

三、普通要素增加的所得重分配效果

　　若 X 財與 Y 財部門的普通生產要素——勞動 (L) 增加時，則整個分析圖形會向右移動，假設所增加的勞動數量為 ΔL，此時令 X 財之原點 O_X 不動，則 Y 財之原點則會從 O_Y 右移至 O'_Y，即 $O_Y O'_Y = \Delta L$，請參見圖 6-13。當勞動數量增加後，會造成 X 財與 Y 財的生產皆增加，可是其普通要素報酬——工資下跌，但特定要素的報酬上漲。

四、將一國擴展至兩國時的比較利益效果

　　當模型擴展成為兩國三要素的時候，假設兩國為本國 (Home) 與外國 (Foreign)，三要素為勞動 (L)、資本 (K) 與土地 (T)，並在 X 財與 Y 財的生產上，兩國擁有相同的生產技術；在消費上兩國對於 X 財、Y 財的需求型態相同；但是，兩國所擁有的資

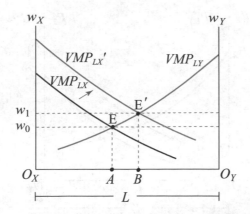

若 X 財特定要素資本 (K) 增加時,則 X 財與 Y 財的特定要素報酬 r_X, r_Y 均將下跌,但普通要素——勞動報酬 (w) 則增加。

圖 6-12 特定要素稟賦增加所形成的所得重分配效果

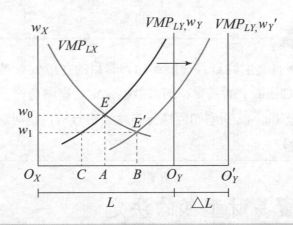

當勞動增加 ΔL 時,其工資水準從 w_0 下降至 w_1,但 L 的增加,帶動 L_x 與 L_y 的增加,使 X 財與 Y 財的生產增加;相對地,也帶動其特定要素報酬的上漲。

圖 6-13 普通要素稟賦量增加的所得重分配效果

源型態不同時,如本國的資本相對於外國來得豐富 ($K_H > K_F$),外國的土地相對於本國來得豐富 ($T_H < T_F$) 的情況下,此時本國所生產 X 財相對於 Y 財的數量來得比外國多;反之,外國所生產 Y 財相對於 X 財的數量來得比本國多。在圖 6-14 中,由於本國資本相對於外國來得豐富;因此,X 財的勞動邊際生產力較外國為高,而外國土地相對於本國來得豐富,使得外國在 Y 財的勞動邊際生產力高於本國,所以本國將會出口 X 財,進口 Y 財,因為依據比較利益原則,本國對於相對價格較低的 X 財具比較利益,應專業化生產且出口之;反之亦然,外國將出口 Y 財,進口 X 財。

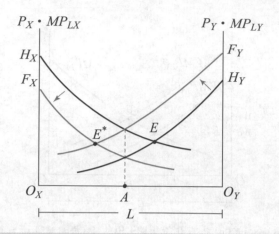

本國在 X 財的生產上其生產力較高，外國在 Y 財的生產上，其生產力較高，此時本國所生產的 X 財相對於 Y 財的數量將較外國為多。

圖 6–14　兩國生產均衡點的決定

 隨堂測驗

「目前臺灣正積極推動生物科技發展策略，其目的在於促使農產品生物技術變動 (Bio-technical Change) 的落實，而其效果一定對臺灣農產品的市場經濟效益產生良性的影響效果。」試問您如何進行產業經濟分析，並判斷此見解之正確性為何？（93 年特考）

第五節　非貿易財型態的決定

　　在前面章節的探討中，對於運輸成本與其他貿易障礙是否會對貿易型態造成影響都沒有加以討論。可是在現實社會中，這些情況皆會提高商品的相對成本，因此進口國就會自行生產這些商品後而不再進口，此時這些商品就成為非貿易財。例如，易腐壞變質之農產品等。再者，各國間對商品的偏好不同，社會文化的差異也會使一些商品的貿易發生困難，使得成本增加而變成非貿易財 (Non-trade Goods)。

　　非貿易財的存在使貿易變得更複雜，主要是因非貿易財的價格是由國內的供需所決定，不像貿易財的價格是由世界市場所決定。當然，這並不是說非貿易財的價格決定獨立於世界價格之外，但只要至少有一種生產要素是貿易財與非貿易財所共同使用，就會類似特定要素模型之分析。

在分析非貿易財問題之前,首先我們要先做一些假定:

⑴此國為一個開放經濟的小國。

⑵該國有三個部門,即:出口部門、進口替代部門與非貿易財部門。

⑶每個部門都有一個特定生產要素,同時還有一個可在部門間移動的普通要素。

開放經濟小國的假設在於將出口財與進口財的價格固定,這樣就可簡化成為一種商品,即貿易財 M,而非貿易財 N 則成為另一種商品。從非貿易財移轉至貿易財部門之生產要素在出口品生產與進口替代品生產間之配置,則由彼此間的相對價格來決定。如此,我們就可畫出貿易財 M 與非貿易財 N 的生產可能曲線。在利用代表消費的社會無異曲線,就可得到貿易財與非貿易財的均衡產出與消費水準。

在圖 6-15 中,在均衡點 E 時,非貿易財之生產與消費數量為 Q_N^*,貿易財之生產與消費數量為 Q_M^*,但在圖中我們無法得知本國生產的出口品與進口替代品的數量為何,也無法得知兩種商品消費量是多少。

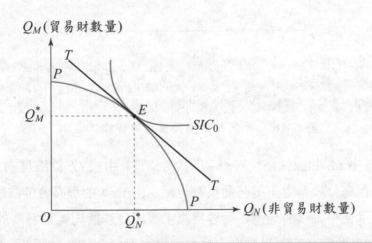

社會無異曲線 SIC_0 與生產可能曲線 $\overset{\frown}{PP}$ 相切於均衡點 E 點時,此時相切於 E 點的斜線 TT,表示為兩財相對價格比。

圖 6-15 貿易財與非貿易財之生產與消費均衡

接下來,我們要知道非貿易財的相對價格與可移動普通要素——勞動報酬之間的關係,在圖 6-16 中說明了這種關係之方法。首先我們要考慮勞動市場的均衡,與在特定要素模型中一樣,假定勞動供給固定為 $\bar{L}$,其對勞動的需求來自貿易財與非貿易財部門,每個部門的需求都是工資率與其商品價格比的函數,假設貿易財部門對勞動需求 L_M 可表示成 $L_M(\frac{w}{P_M})$,而非貿易財部門對勞動需求 L_N 可表示成 $L_N(\frac{w}{P_N})$,其

中 w 是工資率，P_M 和 P_N 分別是貿易財與非貿易財的價格。由於是在一個小型開放經濟體系，P_M 是由世界市場所決定，我們可以假設它為 1，這樣非貿易財之相對價格為 $\frac{P_N}{P_M} = P_N = \rho$，勞動市場供需相等的條件就是：

$$L_M(w) + L_N(\frac{w}{\rho}) = L \tag{6-7}$$

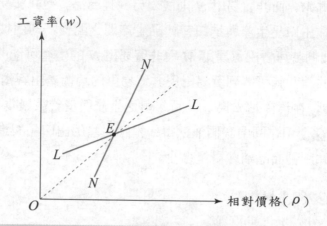

由於 w 與 ρ 同比例上升，在 OE 線上的點向右移動，但是 $\frac{w}{\rho}$ 卻沒有改變，故非貿易財的勞動需求也就不會改變。但當 w 改變時，如 $w\uparrow$ 則勞動需求 $\uparrow$，則會出現失業情況。LL 曲線表示勞動市場均衡，NN 曲線表示非貿易財市場均衡。

圖 6-16 非貿易財相對價格與實際工資率

在圖 6-16 中 LL 曲線就是代表 (6-7) 式的條件，由於 LL 曲線是向上傾斜，線上每一點皆代表在充分就業之下的勞動供需均衡。由於 ρ 的提高會使該部門對勞動的需求增加，為了使勞動供需均衡，就要提高工資率，新的均衡點需高於 E 點並在其右方。如圖中 LL 曲線必定比從原點出發並經過 E 點的射線來的平坦。其次，我們思考 w 與 ρ 同比例上升的影響，也就是 OE 線上的點向右移動，或延伸方向。由於 w 與 ρ 同比例上升，因此 $(\frac{w}{\rho})$ 就等於沒有改變，所以非貿易財部門的勞動需求就不會改變，但由於 w 上升，貿易部門對勞動的需求就會減少，失業的情形就會發生。在勞動市場充分運作的時候，失業的情形會迫使 w 下降，所以均衡點會低於 OE 射線之下。

現在回到國內非貿易財市場的均衡。假設勞動投入在貿易財部門是固定的，則非貿易財的供給就取決於勞動投入，也就是說非貿易財供給是 $(\frac{w}{\rho})$ 的函數，即 $Q_N =$

$Q_N(\frac{w}{\rho})$，另一方面，對非貿易財之需求取決於該商品的價格與實際所得 (Y)，而實際所得又取決於該非貿易財的相對價格，即 $D_N = C_N[\rho, Y(\rho)]$。如此，非貿易財市場均衡就要求

$$Q_N(\frac{w}{P}) = C_N[\rho, Y(\rho)] \tag{6-8}$$

在圖 6–16 中 NN 曲線就是代表 (6–8) 式的條件，首先我們要說明為何 NN 曲線必定向上傾斜。假設一開始的均衡點在 E 點，ρ 的提高會增加非貿易財的供給，因此也會帶動需求的增加，促使工資上升，所以新的均衡點必在 E 點的右上方。其次，我們要說明 NN 曲線必定比 OE 射線陡的情形；由於 w 與 ρ 同比例上升的影響，也就是 OE 線上的點向右移動，或是向右延伸，因此 ($\frac{w}{\rho}$) 就等於沒有改變，所以非貿易財的供給就不會改變。但對相對價格來說，非貿易財價格提高使得實際收入下降，對非貿易的需求也必然下降；因此，雖 w 與 ρ 同比例上升使非貿易財供給太多時，會造成 ρ 下降，均衡點回到 OE 線的左上方，使得 NN 曲線比 OE 射線來得陡。若此時 LL 曲線與 NN 曲線相交，其交點就是勞動市場與非貿易財市場同時達到的均衡點。假設這個小型開放經濟體系的勞動供給增加，則必會使 LL 曲線向下移動，在既定相對價格水準之下，新的均衡點上的工資率與非貿易財相對價格皆會下降。由於 NN 曲線較 OE 射線陡，非貿易財相對價格下降幅度必然小於工資率下降幅度。

第六節　結　論

特定要素模型在國際貿易理論中扮演著一個舉足輕重的角色，雖然要素移動會造成商品在國際消費上的相似性，但在現實生活中當商品價格發生變動時，就會造成要素報酬的變動，因此就會造成不同部門間所得重分配的問題。由於特定要素模型與傳統國貿理論的結果有很多出入，其特定要素稟賦的增減，會造成生產可能曲線偏向的成長。在充分就業的古典假設之中，我們可以透過要素的邊際產值，來決定其生產的均衡。特定要素模型是假設在兩財三要素的條件下，其中一要素為普通可移動之要素，可在部門間依據其報酬的高低來使資源做有效率的配置，另外兩個特定要素之使用，分別可以製造依其特定要素與普通要素，在固定生產規模條件下來製造其兩種不同的商品。

其次，我們將特定要素模型與傳統國貿四大定理，即 H–O 定理、瑞畢曾斯基定

理、史托帕一薩穆爾遜定理與要素價格均等化定理，來相互比較，可得知會產生不同結果，不同假設條件之下，會得到不同的結果。由於特定要素不能在部門間做移轉，所以在短期之內，一國會出口使用較多特定要素所生產之商品具有比較優勢，貿易型態的決定在 H–O 定理是取決於要素稟賦量，但在特定要素模型中，則是由生產函數與要素分配比例來做決定。在與瑞畢曾斯基定理做比較時，我們可以假設是某一特定生產要素的增減，與普通要素增減的情形，會影響利用該特定要素生產之商品數量增減之變化，可是當普通要素增減時，則會造成兩財產量做同方向的變動，改變了瑞畢曾斯基定理。由於透過邊際生產力與商品價格的變動可以得到要素稟賦報酬變化的情形，因此當商品價格改變時，應該會影響要素報酬的變動，但是所得到的結果造成與史托帕一薩穆爾遜定理相衝突，也間接地使得兩國間要素價格不一致，也推翻了要素價格均等化定理。

　　對於生產均衡的決定，取決於要素的邊際產值；間接地，我們會探討當相對價格變動與要素稟賦量變動時所造成的所得重分配的效果，其次我們將一國兩部門的分析，變成兩國兩部門的探討，依據比較利益效果可決定其貿易方向。最後，我們討論非貿易財型態的決定，在假設其為一小型開放經濟體系，並在該國存在著三部門：出口部門、進口替代部門與非貿易財部門，如同在特定要素模型探討一般，可以用來分析探討貿易財與非貿易財間的關係。

 個案研究

擁有獨特品味的瑞典宜家公司

　　瑞典宜家公司 (IKEA) 是一家堅持自我風味的家具陳設零售商，在市場擴展的開始階段，不因各國文化的不同而調整商品銷售，並打破國際上的零售法則，始終堅持無論在世界各地經營，都只銷售「瑞典式的」家具商品系列，可說是以生產面為導向，而不以消費者真正需求為主的銷售。

　　儘管無視於國際零售法則，宜家特殊的行銷手法仍在各國通行無阻。1974～1997 年間，宜家從擁有 10 家加盟店面的公司（當時只有 1 家加盟店在斯堪地那維亞之外），快速擴大至 28 個國家並擁有 138 家加盟店，銷售額接近 60 億美元。在 1997 年中，僅 11% 的銷售額來自於瑞典，大多數的銷售來自其他國家，如 29.6% 來自德國，42.5% 來自西歐其他各國，14.1% 來自北美。隨著在國際化的腳步，宜家現在正向亞洲進行擴展。

宜家的成功來自於它提供物超所值的商品給消費者，只要商品有瑕疵，不論任何理由一律更換，保障了消費者的權益。現今，宜家有相當完善的供應網絡，在目前銷售的 65 個國家中，共有 2,400 餘家公司為其提供商品。成為宜家的供應商將可從公司獲得長期的契約、技術和租賃設備，而宜家也要求訂立轉賣的契約以及促銷等低的競爭價格。這樣大量生產的策略讓宜家不僅在

品質上不亞於其他競爭對手，而且縱使降價 30% 仍能保持約 7% 的正常稅後利潤。

然而，此一策略在宜家打算進軍北美市場時卻遇到了瓶頸。1985～1996 年間，宜家在北美開了 26 家加盟店，但其營業績效並不如預期所想。部分問題乃因為匯率升值的變化所造成（如 1985 年，匯率為 1 美元 =8.6 瑞典克朗，至 1990 年變為 1 美元 =5.8 瑞典克朗，表示美元貶值，瑞典克朗升值）。但主要原因則是宜家一層不變的瑞典式商品與美國人不合。最後，不得不讓公司高層管理部門意識到，若想在北美獲得成功，必須依照當地人的品味對商品加以改變。此一決策實施後，果然銷售量馬上攀升了 30%，而且轉虧為盈，甚至到了 2002 年，宜家供應的全部商品中約有 1/3 的商品是完全為美國市場設計的。

宜家對傳統零售方式，在面對國際激烈競爭中所做出的突破，讓其獲利甚巨。所以國際企業的經營方式，不應一昧的一成不變，應當堅持自己風格，在不同環境之下有所調整。

問題 1：宜家海外市場成功的因素為何，請就歐洲市場與美國市場說明之。

問題 2：對於子契約 (Sub-contract) 的簽訂，在實務上對於加盟商而言是否有利？

重要名詞與概念

1. 特定要素
2. 要素稟賦
3. 勞動邊際產值

4. 非貿易財
5. 邊際報酬率
6. 所得重分配效果

課後評量

1. 請闡述特定要素模型的基本假設為何?

2. 在特定要素模型之下，其生產可能曲線如何推導?

3. 請說明分析特定要素模型與史托帕─薩穆爾遜定理之差異。

4. 請說明分析特定要素模型與瑞畢曾斯基定理之差異。

5. 請說明分析特定要素模型與 H–O 定理之差異。

6. 為何會有偏向的生產可能曲線的產生?當一般生產要素增加，其生產可能曲線如何變化?

7. 由於勞動可在兩部門間移動，所以兩部門間的工資水準可達均衡狀態，請利用勞動邊際產值曲線說明之。

8. 請分析當商品相對價格時所造成的所得重分配效果。

9. 請分析普通生產要素與特定生產要素變動時所造成的所得重分配效果。

10. 當有非貿易財的型態發生時，其生產要素如何在出口品與進口替代品之間作有效的配置。

11. 請分析並綜合整理特定要素模型與 H–O 定理、瑞畢曾斯基定理、史托帕─薩穆爾遜定理之異同。

第七章

經濟成長與國際貿易

失業的增加和生產過剩會造成工資和價格的下跌，從而提高人們貨幣餘額的實際價值，所以要透過商品與勞務的購買，多加消費，促使需求增加，充分就業得以恢復。

帕廷金 (Don Patinkin, 1922～1995)

《本章學習方向》

1. 經濟成長的原因：
   要素稟賦增加、技術進步、規模經濟

2. 要素增加之經濟成長的類型：
   (1) 依經濟成長方向區分
   (2) 依經濟成長效果分析

3. 技術進步之經濟成長的類型

4. 經濟成長與經濟福利水準變化

5. 不利的成長

本章章節架構

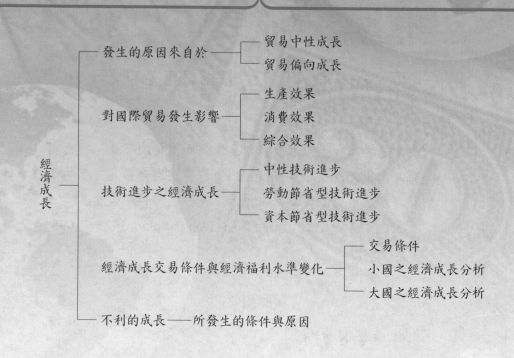

經濟成長

- 發生的原因來自於
  - 貿易中性成長
  - 貿易偏向成長

- 對國際貿易發生影響
  - 生產效果
  - 消費效果
  - 綜合效果

- 技術進步之經濟成長
  - 中性技術進步
  - 勞動節省型技術進步
  - 資本節省型技術進步

- 經濟成長交易條件與經濟福利水準變化
  - 交易條件
  - 小國之經濟成長分析
  - 大國之經濟成長分析

- 不利的成長——所發生的條件與原因

前言

　　第二次世界大戰後，國際經濟體系間各國相互依存的趨勢不斷增加，其在交互作用及彼此影響的競合遊戲當中，日益突出新的觀點，並對國際貿易理論開啟了另一啟示。之前所探討在李嘉圖模型中透過比較利益，各國可以進行專業化生產並促進產業的經濟成長。由於前面幾章所探討的只侷限在國際貿易的靜態分析，但隨著時間演進，要素稟賦會變動，技術會改變，經濟會成長；因此，貿易型態也隨之改變，所以本章將著重在上述原因對國際貿易之相互影響，進行動態分析。

　　首先我們會先探討經濟成長發生的原因，進而對國際貿易發生之影響進行討論，我們先從生產效果與消費效果切入，說明在現行技術水準之下，資源如能做最充分有效的使用，將使一國的福利水準達到極大，但如果生產稟賦增加，就會產生不同生產類型的貿易偏向效果。接下來，如果經濟成長使得所得水準提高，致使消費型態發生改變，此為消費效果。不過最後效果仍要看生產與消費後的效果而定。其次，我們放寬現行技術不變之假設，現實社會裡技術進步往往是促進經濟成長的主要原因，所謂的技術進步是指生產相同商品數量之下，使用比以前更少的要素資源，或等量的要素資源會生產比以前更多的商品數量的情形。

　　經濟成長會造成一國貿易型態的改變，也就是進、出口發生變化，也就會造成交易條件的改變，此時國家的類型，如小國與大國的狀況，對國際市場價格的影響力就會形成差異，所以交易條件會改變。在兩國開放經濟體系模型之下，經濟成長如何影響一國經濟福利水準，是否經濟成長一定都會對國家福利水準帶來正面的效果？當經濟過熱時是否會造成一國的交易條件過度惡化而形成不利成長 (Immiserizing Growth) 的現象，都是值得在本章做深入探討的。

第一節　經濟成長的原因與類型

　　在探討國際貿易理論的時候，依據古典學派的假設，說明生產要素稟賦是固定不變的且其生產技術也無改變的情形之下，為了使現存固定的生產要素做最充分、

有效的使用，可透過一般均衡分析的生產可能曲線來說明。其定義為在固定且可供代替的生產要素，在現行技術水準之下所能做到最有效率的兩種商品最大產量組合所形成的軌跡。如果現行的假設條件改變的話，就會迫使生產可能曲線發生變化，例如，生產要素稟賦增加、技術進步、專業化分工或規模經濟等，隨著時間的演變，不斷累積資源會造成生產可能曲線向外擴展，來表示經濟體系發生成長的情形。

根據上述，將探討一國發生經濟成長可歸類為下列四項原因：

①生產要素稟賦隨著時間演進而不斷累積增加

②生產函數的生產力因技術進步而提高

③專業化分工的生產，讓生產資源能做到最有效率的使用

④生產型態改變，形成規模經濟

當上述情況發生變化時，其依據假設條件，會改變生產可能曲線的形狀；因此，我們將之區分為：

1. 中性成長 (Neutral Growth)

假設生產可能曲線的兩軸分別代表生產出口財 (X) 與進口替代財 (Y)，當其發生經濟成長且其兩財的增加是以同比例的方式成長，如圖 7-1 所示，此時生產可能曲線 (TT) 平行向外移動至 (T^1T^1)，$\dfrac{X}{Y}$ 的比值不變，且在擴展線 (Expansion Line) 上向外移動。

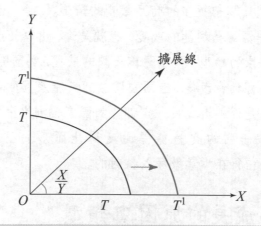

生產可能曲線平行向外擴展，由 TT 向外延展至 (T^1T^1)，但兩財變動比例仍維持不變。

圖 7-1　中性的經濟成長

2. 出口偏向成長 (Export-biased Growth)

當生產可能曲線因偏向某一種商品生產時，其偏好生產的商品會形成對兩種商品不同速度的成長。當國內的政策偏向於出口財 (X) 生產時，此時出口財成長的速度大於進口替代財 (Y)，成為圖 7–2 中的 T^2T^2 線。

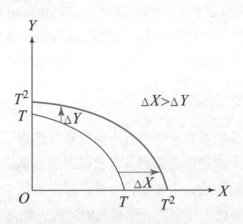

生產可能曲線偏向出口財 (X) 的成長，此時 $\triangle X > \triangle Y$，曲線由 TT 向右偏延展到 T^2T^2。

圖 7–2　出口偏向的經濟成長

3. 進口偏向成長 (Import-biased Growth)

當國內經濟環境改變，偏好於進口替代財 (Y) 生產時，此時進口替代財生產成長的速度大於出口財 (X) 生產成長的速度，如同圖 7–3 中的 T^3T^3 線。

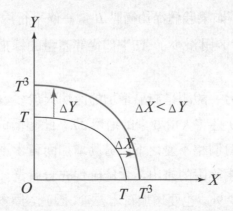

生產可能曲線偏向進口替代財 (Y) 的成長，此時 $\triangle X < \triangle Y$，曲線由 TT 向上偏延展至 T^3T^3。

圖 7–3　進口偏向的經濟成長

第二節　經濟成長對國際貿易之影響效果

因為經濟成長，可能會發生產業結構的改變，其貿易量也隨之發生改變，因此在商品產出方面發生變動，我們稱之為生產效果 (Production Effect)；另外，經濟成長所帶動的所得分配影響造成消費型態的改變，我們稱之為消費效果 (Consumption Effect)，將生產效果與消費效果合併探討，稱之為綜合效果 (Combined Effect)。

一、生產效果分析之經濟成長

首先我們先探討兩種生產要素中只有一種生產要素稟賦增加，另一種生產要素不變的情況下，對兩財生產情形之探討。我們可以透過瑞畢曾斯基定理來說明，接著排除掉商品價格變動所引起之生產替代效果，並僅就所得效果的部分，即進口或出口占國民所得比例的變化，來判斷經濟成長對國際貿易之影響。

假設在一個國家內生產兩種商品，分別為出口財 (X) 及進口替代財 (Y)，X 財為勞動密集財，Y 財為資本密集財，假定 X 財與 Y 財的資本勞動比不變，當勞動量增加時，新的均衡隨之產生，如同圖 7–4 所述，在相對價格不變之下，勞動密集財 (X) 的產量將會增加，在艾吉渥斯箱形圖中，均衡點由 A 點移至 B 點表示 X 財產量由 X_1 增至 X_2，Y 財產量由 Y_1 減到 Y_3。假設 $\frac{K}{L}$ 比值不變，由於 O_Y 原點移至 O_Y'，無法直接看出 Y 財的增減情形，如果我們從均衡點 B 畫一條平行線交 $O_Y A$ 於 B′ 點，此時就可知道 $O_Y'B$ 等於 $O_Y B'$，Y 財減少了 AB′；如從等產量曲線來看，可知 $Y_1 > Y_3$，所以得知 Y 財產量減少了。

瑞畢曾斯基定理的另一說明是商品增加的比例大於要素增加的比例，從圖 7–4 中可看出 X 財的增加 AB 必將大於要素的增量 ΔL，此超偏成長乃是為維持資源充分使用所導致。在商品相對價格不變之下，勞動增加而資本不變時，會增加勞動密集財的生產，而減少資本密集財的產出，才能確保充分就業。因為增加勞動密集財的生產除了增加勞動要素之外，也要增加資本要素；因此，原本資本密集財生產之要素資本被釋放出來，而導致資本密集財生產減少，就會產生超偏成長。

如何尋求在現行技術與價格水準下，使現存的要素稟賦獲得充分就業，從而決定兩種商品的生產水準，我們可以透過婁勒－皮爾斯 (Lerner-Pearce) 圖形來加以分析。在圖 7–5 中說明兩種商品的生產函數為直線齊次生產函數，等產量曲線的位置

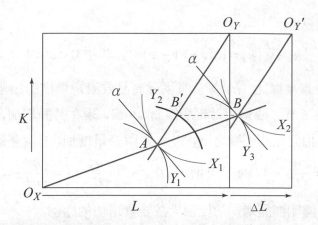

在相對價格不變之下，當勞動量 (L) 增加時，引起勞動密集財 (X) 的生產增加，另一資本密集財 (Y) 的生產減少。

圖 7–4　要素稟賦量增加時，會密集生產要素稟賦增加的專業化商品

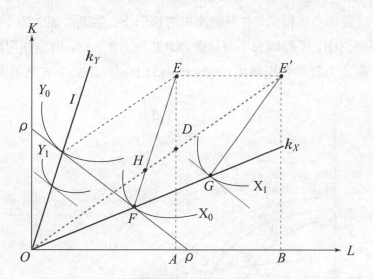

當勞動增加 $\overline{AB}$ 時，均衡點由 E 點移至 E' 點，代表 X 財產量增加 $X_1 > X_0$，Y 財產量減少 $Y_0 > Y_1$，且商品增加的比例大於要素增加的比例。

圖 7–5　婁勒－皮爾斯圖形分析

可以決定產量水準的多寡。要素相對報酬與等產量曲線決定要素密度線 k_X 與 k_Y，其擴張路徑是在沒有要素密集度逆轉之下的一直線。如以數學式表示：

$$\overline{K} = L_X k_X + L_Y k_Y, \quad 其中 \ k_X = \frac{K_X}{L_X}, k_Y = \frac{K_Y}{L_Y} \tag{7-1}$$

$$\overline{L} = L_X + L_Y \tag{7-2}$$

將 (7–1) 式除以 (7–2) 式得到

$$\frac{\overline{K}}{\overline{L}} = \overline{k} = \frac{L_X}{L}k_X + \frac{L_Y}{L}k_Y = \alpha k_X + (1-\alpha)k_Y, \quad 其中 \; 0 < \alpha < 1 \tag{7–3}$$

表示一國的要素稟賦比 $(\overline{k})$ 等於其兩種商品要素密集度的加權平均，在要素增加前要素稟賦量在 E 點，要素相對報酬線為 $\rho\rho$ 線，現在勞動增加，要素稟賦點移至 E'，在商品與要素相對報酬不變之下，得知 X 財產量增加，Y 財產量減少。勞動增加的比例為 $\frac{OB}{OA} - 1 = \frac{OE'}{OD} - 1$，而 X 財增加的比例為 $\frac{OG}{OF} - 1 = \frac{OE'}{OH} - 1$，由於 $OD > OH$，所以 $\frac{OE'}{OH} > \frac{OE'}{OD}$，證明商品增加的比例大於要素增加的比例。

將上述要素增長的情形，所導致的偏向經濟成長之生產可能曲線來看，在交易條件不變之下，即商品相對價格沒有改變，表示是在沒有影響國際市場的小國情形，單一要素的增加會有利於密集使用要素增加之產業發展，而不利於另一要素使用之產業。若經濟成長率不斷提高，在勞動增加的情形下，生產可能曲線不斷向外擴展，在交易條件不變之下，不斷向右下方移動，如 $E \rightarrow E^1 \rightarrow E^2$，將這些可能的均衡點所連接的軌跡，稱之為瑞畢曾斯基線 (Rybczynski Line)，見圖 7–6 之說明。

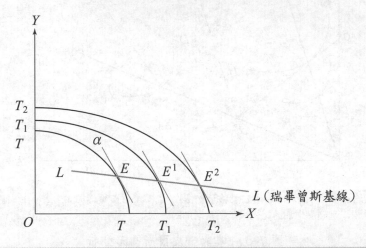

在交易條件不變下，即 α 線皆不會改變斜率來變動擴展的結果，使得 LL 線向右下方軌跡移動，此 LL 線稱之為瑞畢曾斯基線。

圖 7–6　瑞畢曾斯基基線的推導

若兩種生產要素增加的相對比率，與商品中的某一商品的要素密集度相同時，則該商品的產量會增加，另一種商品的產量不變，不同於在瑞畢曾斯基條件之下，其另一商品產量會減少。其證明可從 (7–3) 式來看並瞭解當要素增加時，對兩種商品

發生變化的各種情形，圖 7–7 說明當要素增加時，在要素密集度不變之下，要素稟賦點的移動對商品產量變化的影響，可分為下列五種情形。

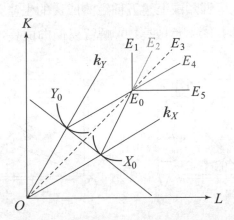

透過生產要素的變化，會影響要素均衡點的移動，此時會造成商品製造的偏向成長。

圖 7–7　生產要素增加對兩種商品產量增減之影響

(1)當 $E_0 \to E_1$ 時，表示 $\dfrac{\Delta K\uparrow}{\Delta L} = k\uparrow$，此時因 $\bar{k} = \alpha k_X + (1-\alpha)k_Y$，在 k_X, k_Y 不變之下，$\alpha\downarrow$, $(1-\alpha)\uparrow$，使得 $\Delta X\downarrow$, $\Delta Y\uparrow$，造成超逆貿易偏向成長。

(2)當 $E_0 \to E_2$ 時，表示 $\dfrac{\Delta K\uparrow}{\Delta L\uparrow} = k_Y$，因為 $\Delta K > \Delta L$ 且等於 Y 財的要素密集度，此時 $\Delta Y\uparrow$, X 財變動量不變以 $(\overline{\Delta X})$ 表示，形成逆貿易偏向成長。

(3)當 $E_0 \to E_3$ 時，表示 $\dfrac{\overline{\Delta K}}{\Delta L} = \bar{k}$，在 $\bar{k} = \bar{\alpha}k_X + \overline{(1-\alpha)}k_Y$ 條件下，此時 $\Delta X\uparrow$, $\Delta Y\uparrow$，$\dfrac{\Delta Y}{\Delta X}$ 比例則固定不變，形成中性成長。

(4)當 $E_0 \to E_4$ 時，表示 $\dfrac{\Delta K\uparrow}{\Delta L\uparrow} = k_X$，此時因為 $\Delta K < \Delta L$ 且等於 X 財的要素密集度，此時 $\Delta X\uparrow$, Y 財變動量不變以 $(\overline{\Delta Y})$ 表示，形成順貿易偏向成長。

(5)當 $E_0 \to E_5$ 時，表示 $\dfrac{\overline{\Delta K}}{\Delta L\uparrow} = k\downarrow$，此時因 $\bar{k} = \alpha k_X + (1-\alpha)k_Y$，$k\downarrow$ 在 k_X, k_Y 不變之下，$\alpha\uparrow$, $(1-\alpha)\downarrow$，使得 $\Delta X\uparrow$, $\Delta Y\downarrow$，形成超順貿易偏向成長。

現在我們可以藉由艾吉渥斯箱形圖中生產要素的變動來影響生產可能曲線變化的情形如圖 7–8。假設 X 財增加，Y 財減少的理由，可能在勞動增加而資本不變之下，形成勞動超額供給的現象，其要素報酬工資有下跌的趨勢，在商品相對價格不變之

下，工資報酬非得提高不可；因此，生產 Y 財的資本會移至 X 財部門，故會使 X 財生產增加，Y 財產量減少。但在現實生活中，兩種生產要素可能同時會做增減的動作，只是增減比例不同，因此可歸類成上述五種經濟成長的生產效果，即①超逆貿易偏向成長；②逆貿易偏向成長；③中性成長；④順貿易偏向成長；⑤超順貿易偏向成長。

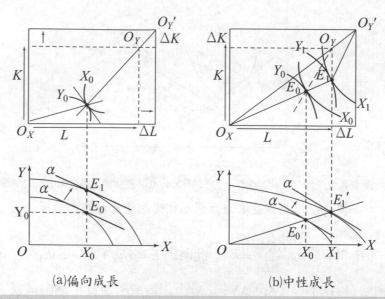

(a)偏向成長　　　　　　　　　　(b)中性成長

(a)圖為偏向成長，表示 X 財產量不變但 Y 財增加，雖然 $\Delta K \uparrow$，$\Delta L \uparrow$，但增加比例不同。
(b)圖為中性成長，表示 X 財、Y 財產量皆增加，但 $\Delta K \uparrow = \Delta L \uparrow$，形成同比例增加，在相對價格 α 不變之下，均衡點由 E'_0 移至 E'_1。

圖 7-8　透過要素的增長，經由艾吉渥斯箱形圖的變化對應在生產可能曲線上

　　接下來，我們藉由生產可能曲線說明經濟成長的生產效果，假設貿易前的生產可能曲線為 TT 線，交易條件（即相對報酬線）為 $\rho\rho$ 線，見圖 7-9 之說明。當經濟成長後，生產可能曲線由 TT 外移至 T^1T^1，此時均衡點 E 點在其它條件不變之下（如交易條件，商品生產要素稟賦……等）會向外擴展至 E' 點，其表示為中性成長之情形。當成長點移至第①、②、③、④區時，其分別代表著①: 超逆貿易偏向成長，②: 逆貿易偏向成長，③: 順貿易偏向成長，④: 超順貿易偏向成長。可是上述之偏向成長如何區分呢? 我們假設經濟成長率為 $\dfrac{TT^1}{OT} = \dfrac{\Delta GNP}{GNP}$，當新的生產點落在 $E'F$ 之區域的第③區域時，經濟成長率大於 Y 財增加率，即 $\dfrac{\Delta GNP}{GNP}\left(=\dfrac{\Delta I}{I}\right) > \dfrac{\Delta Y}{Y}$，表示出口財 (X) 的成長大於進口替代財 (Y)，故有順貿易偏向成長，依序類推。

　　此外,我們也可利用進口替代邊際供給傾向(Marginal Supply Propensity of Import

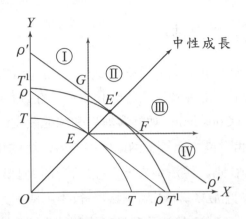

如以 EE' 為中性成長之分界，則
①：超逆貿易偏向成長　　　⑪：順貿易偏向成長
⑫：逆貿易偏向成長　　　　⑭：超順貿易偏向成長

圖 7-9　經濟成長生產效果的貿易型態

Substitution, *MSPIS*) 與進口替代平均供給傾向 (Average Supply Propensity of Import Substitution, *ASPIS*) 所推導的進口替代供給所得彈性 (Income Elasticity of Import Substitution Supply) 來說明經濟成長之生產效果所形成的貿易型態，因為

$MSPIS = \dfrac{\Delta Y_s}{\Delta I}$ 代表進口替代品 (Y_s) 的生產變動對國民所得變動的相對比例

$ASPIS = \dfrac{Y_s}{I}$ 表示平均每單位國民所得中進口替代品生產所占的百分比

$\sigma_{SPIS} = \dfrac{\frac{\Delta Y_s}{Y_s}}{\frac{\Delta I}{I}} = \dfrac{\Delta Y_s}{\Delta I} \cdot \dfrac{I}{Y_s} = \dfrac{MSPIS}{ASPIS}$，表示進口替代供給所得彈性，即進口替代品

生產隨所得變化的反應程度。

綜合上述分析結果，我們將經濟成長之生產效果歸類為表 7-1，來加以闡釋說明。

表 7-1　經濟成長之生產效果歸類表

生產效果	X: 出口財，Y: 進口替代財	*MSPIS* 與 *ASPIS* 之比較	σ_{SPIS}
超逆貿易偏向成長	$X\downarrow$, $Y\uparrow$	$MSPIS > 1$	$\sigma > 1$
逆貿易偏向成長	$X\uparrow$, $Y\uparrow$, $(\frac{Y}{X})\uparrow$	$MSPIS > ASPIS$	$\sigma > 1$
中性貿易成長	$X\uparrow$, $Y\uparrow$, $(\frac{Y}{X})$ 不變	$MSPIS = ASPIS$	$\sigma = 1$
順貿易偏向成長	$X\uparrow$, $Y\uparrow$, $(\frac{Y}{X})\downarrow$	$MSPIS < ASPIS$	$\sigma < 1$
超順貿易偏向成長	$X\uparrow$, $Y\downarrow$	$MSPIS < 0$	$\sigma < 0$

資料來源：作者自行整理。

二、消費效果分析之經濟成長

國際貿易的進行主要是促進商品交易的互通有無，也因此刺激了更多的消費，由於在生產成本固定之下才能導致完全專業化生產，在探討貿易的消費效果，我們要從預算限制線 (Budget Constraint) 與社會無異曲線的觀點切入。在經濟成長前，我們就圖 7–10 來看，在相對價格比等於兩財的邊際效用比的情況之下，以 MM 表示之，此時消費均衡點為 C 點，經濟成長後，在原商品相對價格不變之下，國民所得成長向外延伸至 M^1M^1，且 MM 與 M^1M^1 兩線平行表示成本比例也相對不變，但是經濟成長後的新消費點會在何處？就成為我們所進行的探討。在圖 7–10 中，在經濟成長後，分別自 C 點畫出其垂直線與水平線，交於成長後的 M^1M^1 線交於 D, C', H 三點，且分隔 M^1M^1 線為①、②、③、④四個區域。當消費點由 C 點移至 C' 點時，表示消費呈中性成長之情形，當如果消費點移至在第①、②、③、④區時，其分別代表著①: 超順貿易偏向成長，②: 順貿易偏向成長，③: 逆貿易偏向成長，④: 超逆貿易偏向成長。當我們假設經濟成長率為 $\dfrac{MM^1}{OM} = \dfrac{\Delta GNP}{GNP}$，且新的消費點落在第③區域時，其經濟成長率大於 Y 財消費的增加率，表示 X 財的消費大於 Y 財的消費，故有逆貿易偏向成長。

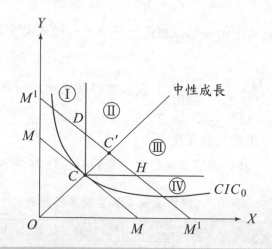

如以 $\overline{CC'}$ 為中性成長之分界，則
①: 超順貿易偏向成長　　　　　③: 逆貿易偏向成長
②: 順貿易偏向成長　　　　　　④: 超逆貿易偏向成長

圖 7–10　經濟成長消費效果的貿易型態

由於我們是利用消費的觀點來說明經濟成長的消費效果，如果所得水準只用來

消費兩財的情形之下

$$I = P_X C_X + P_Y C_Y \tag{7-4}$$

I: 國民所得

P_X、P_Y、C_X、C_Y: 分別代表 *X*、*Y* 財的價格與消費量

當令 $P_Y = 1$, $P_X = 1$ 時，則 $I = C_X + C_Y$，將此等式兩邊分別取自然對數，則

$$\ln I = \ln(C_X + C_Y) \tag{7-5}$$

再將 (7–5) 式分別對所得 (*I*) 做微分，則

$$\frac{1}{I}\frac{dI}{dI} = \frac{1}{C_X + C_Y} \cdot \frac{dC_X}{dI} + \frac{1}{C_X + C_Y} \cdot \frac{dC_Y}{dI}$$

$$= \frac{1}{C_X + C_Y}(\frac{dC_X}{dI} \cdot \frac{C_X}{C_X} + \frac{dC_Y}{dI} \cdot \frac{C_Y}{C_Y})$$

$$= \frac{C_X}{C_X + C_Y} \cdot \frac{dC_X}{C_X} \cdot \frac{1}{dI} + \frac{C_Y}{C_X + C_Y} \cdot \frac{dC_Y}{C_Y} \cdot \frac{1}{dI}$$

整理可得 $\Rightarrow \dfrac{dI}{I} = \dfrac{C_X}{C_X + C_Y} \cdot \dfrac{dC_X}{C_X} + \dfrac{C_Y}{C_X + C_Y} \cdot \dfrac{dC_Y}{C_Y}$

$$\Rightarrow \dot{I} = \alpha \dot{C}_X + (1 - \alpha)\dot{C}_Y \tag{7-6}$$

其中，$\alpha = \dfrac{C_X}{C_X + C_Y}, (1 - \alpha) = \dfrac{C_Y}{C_X + C_Y}$

(7–6) 式所表示的是經濟成長率 ($\dot{I}$) 等於兩種商品消費增加率的加權平均。因為 α 為固定值，如果 $\dot{C}_Y > \dot{C}_X$，表示 $\dfrac{C_Y}{C_X}$ 比例上升，$\dot{C}_Y$ 一定大於 $\dot{I}$，故 $\dfrac{C_Y}{I}$ 的比率一定上升；如果 $\dot{C}_Y < \dot{C}_X$ 則 $\dfrac{C_Y}{C_X}$ 比例下降，$\dot{C}_Y$ 一定小於 $\dot{I}$，故 $\dfrac{C_Y}{I}$ 的比率一定下降。

同樣地，我們利用與消費有關的邊際進口傾向 (Marginal Propensity to Import, *MPI*) 與平均進口傾向 (Average Propensity to Import, *API*)，以及進口需求所得彈性 (Income Elasticity of Demand for Import, ε_{MI}) 的大小來說明經濟成長之消費效果所形成的貿易型態，因為

$MPI = \dfrac{\Delta Y_M}{\Delta I}$，表示所得變動所引起的進口品消費量 ($Y_M$) 的變動

$API = \dfrac{Y_M}{I}$，表示每單位所得當中消費進口品所占的百分比

$$\varepsilon_{MI} = \frac{\frac{\Delta Y_M}{Y_M}}{\frac{\Delta I}{I}} = \frac{\Delta Y_M}{\Delta I} \cdot \frac{I}{Y_M} = \frac{MPI}{API},\ \text{表示進口需求所得彈性}$$

即進口品消費隨所得變動所發生的相對反應程度，綜合上述分析，我們將經濟成長之消費效果歸類為表 7–2 來加以說明分析。

表 7–2　經濟成長之消費效果歸類表

消費效果	X: 出口財, Y: 進口財	MPI 與 API 之比較	ε_{MI}
超順貿易偏向成長	$X\downarrow, Y\uparrow$	$MPI > 1$	$\varepsilon > 1$
順貿易偏向成長	$X\uparrow, Y\uparrow, (\frac{Y}{X})\uparrow$	$MPI > API$	$\varepsilon > 1$
中性貿易成長	$X\uparrow, Y\uparrow, (\frac{Y}{X})$ 不變	$MPI = API$	$\varepsilon = 1$
逆貿易偏向成長	$X\uparrow, Y\uparrow, (\frac{Y}{X})\downarrow$	$MPI < API$	$\varepsilon < 1$
超逆貿易偏向成長	$X\uparrow, Y\downarrow$	$MPI < 0$	$\varepsilon < 0$

資料來源: 作者自行整理。

三、經濟成長之綜合效果分析

在分別探討了生產效果與消費效果以後，我們將兩種效果予以合併討論來說明其對貿易之影響。生產效果與消費效果其作用方向正好相反，如在消費效果中，進口財消費的增加，導致出口財消費的減少，故可增加其出口量，是屬於順貿易偏向成長，但由生產效果來看，進口替代財生產的增加，導致出口財的產量減少，是屬於逆貿易偏向成長；因此，經濟成長對整個貿易量的影響，應就生產效果與消費效果所產生之綜合效果之變動方向與商品變動幅度來劃分經濟成長的型態，其原則為：

(1)生產效果與消費效果變動方向相同時

同時讓貿易量做增加或減少的變動，其綜合效果亦即做同方向之變動。

(2)生產效果與消費效果變動方向相反時

因為一則使貿易量增加，一則使貿易量減少，其綜合效果視兩者相對力量大小而定。

(3)商品變動幅度相同或有所差異時

①當變動幅度相同，表示兩財貿易比例不變，為中性效果。

②當變動幅度不同，表示兩財貿易比例有所變化，為偏向效果。

以圖 7–11 來說明經濟成長的綜合效果，假設 E_0 點與 C_0 點分別代表經濟成長的生產與消費均衡點，$\triangle E_0 G C_0$ 代表貿易三角形，其斜邊 $E_0 C_0$ 長度代表著貿易量的大小。若經濟成長使得貿易三角形發生變化，其斜邊長度（等於貿易量）也隨之發生變動，所以綜合效果得由 $E_0 C_0$ 的長短來加以判斷。當經濟成長後，生產可能曲線向外展延，由 TT 移至 $T^1 T^1$，此時我們可藉由 OA 與 OB 兩射線所決定的生產量與消費量之關係來決定其貿易變動方向。剛才說明了貿易量為貿易三角形之斜邊，當其成長比率為 $\frac{MM^1}{OM}$ 時，其貿易量所決定的斜邊長度為 $E_2 C_2$。由於 $\square C_0 E_0 E_2 C_3$ 為平行四邊形，表示 $E_0 C_0$ 等於 $E_2 C_3$ 說明了經濟成長沒有帶動貿易量的增加，此外，若斜邊長度等於 $E_2 C_2$ 時，則表示為中性的成長。以下我們分別其他貿易型態

(1)斜邊長度 $(\tilde{T})$ 大於 $E_2 C_2$ 時為順貿易偏向成長，其可區分為

    a. $E_2 C_2 < E_3 C_1 < \tilde{T}$ 時，為超順貿易偏向成長

    b. $E_2 C_2 < \tilde{T} < E_3 C_1$ 時，為順貿易偏向成長

(2)斜邊長度 $(\tilde{T})$ 小於 $E_2 C_2$ 時為逆貿易偏向成長，其可區分為

    a. $\tilde{T} < E_2 C_3 (= E_0 C_0)$ 時，為超逆貿易偏向成長

    b. $E_2 C_3 < \tilde{T} < E_2 C_2$ 時，為逆貿易偏向成長

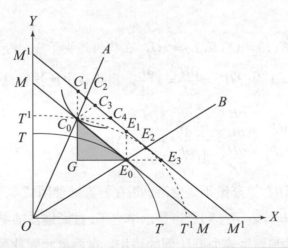

貿易三角形的斜邊長度代表著貿易量，若為中性成長時，則由 $E_0 C_0$ 變為 $E_2 C_2$，當貿易量的長度如果以 $E_2 C_2$ 為判斷依據時，斜邊長度 $\tilde{T}$ 不同會造成不同的貿易成長類型。

圖 7–11 以經濟成長的綜合效果所劃分之貿易成長型態

第三節 技術進步的經濟成長

一個經濟體系發生技術進步，乃是指生產同樣數量的商品使用比以前更少的要素投入，或是指一定數量的要素投入生產出更多的商品。所以就其意義而言，技術進步可當作在一定成本條件之下的生產要素使用減少的情形。在本節當中，我們討論在生產要素投入不變之下，發生技術進步的情形來予以分析討論。首先，我們將技術進步在兩財兩要素模型中歸類為：(1)中性技術進步 (Neutral Technical Progress)，(2)勞動節省的技術進步 (Labor-saving Technical Progress)，(3)資本節省的技術進步 (Capital-saving Technical Progress)，以下我們分別就其不同技術進步情形來加以探討。

一、中性技術進步

在商品的製造使用二投入生產要素時，在一定的資本—勞動比 ($\frac{K}{L}$) 之下，會反映出要素的邊際生產力並得到要素的相對報酬，也就是要素價格比 ($\frac{w}{r}$)。當技術進步時，資本與勞動的生產力同時提高，在一定要素相對報酬之下，其商品的要素密集度也不會改變，所以我們可以藉由等成本線 (Isocost) 與等產量曲線 (Isoquant) 的變化情形來加以說明。首先，我們先就數學層面來解釋何謂技術進步。

假設技術進步前一國的生產函數為 $Q = F(K, L)$，技術進步後其生產函數變為 $Q^* = H(K, L)$

令 $Q^* = H(K, L) = \lambda F(K, L) = \lambda Q$，在技術進步下 $\lambda > 1$，故

$MP_K^* = \frac{\partial H}{\partial K} = \lambda \frac{\partial F}{\partial K}$, $MP_L^* = \frac{\partial H}{\partial L} = \lambda \frac{\partial F}{\partial L}$，因此在中性技術進步之下，

$$MRTS_{KL}^* = \frac{MP_L^*}{MP_K^*} = \frac{\frac{\partial H}{\partial L}}{\frac{\partial H}{\partial K}} = \frac{\lambda(\frac{\partial F}{\partial L})}{\lambda(\frac{\partial F}{\partial K})} = MRTS_{KL}$$

在圖 7–12 中說明在等產量不變之下，現在要素的使用成本下跌，等產量此時會由 $Q^0 = 1$ 內移至 $Q^1 = 1$，表示在同等產量水準之下，技術進步的結果，使得成本下降，表示兩種生產要素的邊際生產力同比例的增加，在要素相對報酬不變之下，新的等產量曲線 $Q^1 = 1$ 與 P^1P^1 線相切於 E' 點，此時 O、E'、E 三點共線，表示最適生產的要素使用比率 ($\tan\alpha$) 維持不變。在上述數學式中，技術進步前後的邊際技術替代率皆相同。

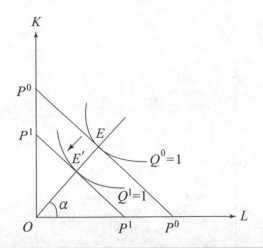

在要素價格不變之下，生產相同的商品，但卻使用較少的生產要素，且為同比例的減少，此時稱之為中性技術進步。

圖 7-12　中性技術進步

二、勞動節省的技術進步

在要素價格不變之下，即使用一定的資本—勞動比，技術進步後，若資本邊際生產力提高的程度大於勞動邊際生產力提高的程度時，此時生產者會因資本生產力相對地提高而多使用資本少使用勞動，故稱之為勞動節省的技術進步。由於最適的資本—勞動比 $(\frac{K}{L})$ 改變，如勞動的減少，使得最適資本—勞動比上升，即 $(\frac{K}{L\downarrow})\uparrow$（如圖 7-13），也就是由 $\tan\alpha$ 提升至 $\tan\alpha'$；同樣地，等產量曲線因技術進步由 $Q^0=1$ 內移至 $Q^1=1$，此時因均衡要素使用比例變為 $\tan\alpha'$，表示勞動節省的技術進步會導致更加資本密集的生產，也就造成勞動的相對報酬下降。

三、資本節省的技術進步

在固定的資本—勞動比例之下，若技術進步使得其資本邊際生產力提高的程度小於勞動邊際生產力提高的程度時，此時生產者因勞動生產力的提高而相對多使用勞動而少使用資本，此時稱之為資本節省的技術進步，由於最適資本—勞動比的改變，因資本使用的減少，造成最適資本—勞動比下降，即 $(\frac{K\downarrow}{L})\downarrow$，造成從 $\tan\alpha$ 下降至 $\tan\alpha''$，見圖 7-14；同樣地，等產量曲線因資本節省的技術進步，由 $Q^0=1$ 內移至 $Q^1=1$，導致更加勞動密集的生產，也形成資本的相對報酬下降。

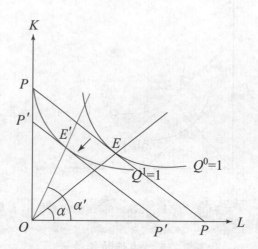

由於 $(\frac{K}{L\downarrow})\uparrow$ 是因為節省使用勞動的因素，在技術進步後等產量線內移，但偏向多使用資本少使用勞動之生產。

圖 7–13　勞動節省之技術進步

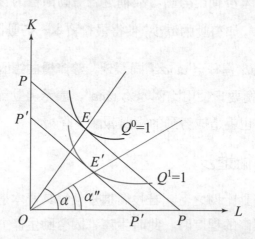

由於 $(\frac{K\downarrow}{L})\downarrow$ 是因為節省使用資本的因素，在技術進步後等產量線內移，但偏向多使用勞動，少使用資本之生產。

圖 7–14　資本節省之技術進步

隨堂測驗

1. 假設 A 國為勞動豐富國，現若其出口部門有勞動節省型之技術進步，請問技術進步 A 國之要素價格、產出、以及對外貿易各產生何等影響？（88 年高考）

2. 假設 A 國與 B 國生產一單位 X 財或 Y 財，所需使用之勞動力如下：

	A 國	B 國
X 財	10 人	8 人
Y 財	5 人	4 人

請問：

(1) 兩國是否可以進行貿易？為什麼？

(2) 若 A 國生產 X 財之技術有了進步，在技術進步後生產一單位 X 財所需使用之勞動力減半，請問兩國是否可以進行貿易？為什麼？兩國所具有比較利益之產品各為何？

(3) 與封閉經濟體系相比，自由貿易究竟可帶來什麼好處？既然有好處，為何在近幾年來世界上會出現一股反自由貿易之風潮？請闡述之。（90 年普考）

第四節 經濟成長交易條件與經濟福利水準的變化

　　從 19 世紀到 20 世紀，根據相關統計資料顯示，開發中國家與已開發國家貿易，往往遭受到不公平的剝削，使其交易條件有長期惡化的趨勢。由於一國經濟成長是指各個產業其邊際生產力增加或其產值增加之概念，透過專業化生產，貿易數量也會隨之提高，所以兩國之間的所得水準與經濟成長的關係依據傳統貿易理論，其差距應該慢慢減少才對，但是在現實世界中，其差距非但沒有縮小，反而有擴大的趨勢。自由貿易的結果，對已開發國家而言，尤其是大國，其可當作是世界市場價格的決定者，經由貿易之後可獲得貿易利得，但是如果交易條件改變的話，大國的經濟成長不見得會使經濟福利水準提高，反而會造成惡化現象。另一方面對開發中國家而言，由於是小國，其可當作是世界市場價格的接受者，自由貿易後不但可以獲得貿易利得，反而導致成進一步的經濟成長，故自由貿易對小國而言是有利的。

一、交易條件

　　一國經歷了經濟成長之後，會藉由採行貿易政策來發展其未來的經濟策略，特別是開發中國家，無非是想透過經濟成長後專業化生產擴充其產能，並藉由國際貿易的手段來擴大市場。由於國際貿易是實現工業化與現代化最快、最有效的方法，故貿易之後可獲取經濟成長中所最需要的資源或商品；因此，進口就成為我們所要先探討的主題。由於進口在總體經濟學中是屬於所得與匯率的函數，而外匯的收入與支出就決定了進口財與出口財的相對價格，因為匯率是影響外匯的重要因素，就會使進、出口商品價格發生變動，造成交易條件的變動，所以要評估經濟成長對國際貿易之影響，我們也應該考量交易條件的變動效果。

　　從交易條件的定義來看，其乃是一國出口財價格 (P_X) 與進口財價格 (P_Y) 的比例，表示為 $TOT = \dfrac{P_X}{P_Y}$。當一國的貿易收支達成均衡時，表示其輸出總額等於輸入總額，即 $P_X X = P_Y Y$，故交易條件用實物定義法也可表示為一國出口 1 單位之商品可換得多少單位之進口品，即 $TOT = \dfrac{Y}{X}$。所以經濟成長的結果造成交易條件改善，表示出口財價格相對於進口財價格提高，因此也說明了出口財貿易後所換取的進口財比以前增加，實質消費水準也相對提高；反之，經濟成長的結果，造成交易條件惡化（見第五節不利的成長），表示出口財相對於進口財價格降低，出口財貿易後所換取的進口財也相對的減少，造成兩財的實質消費水準降低。

　　交易條件的變動會對貿易對手國產生貿易利得的變動，當所分析的國家是小國時，對市場沒有影響力，故交易條件視為一固定比例值，但是當分析國是大國時，交易條件則是由本國與外國共同決定。最後，由於交易條件的變動，會影響前面幾章所提及的貿易無異曲線的變化，間接地影響一國的社會福利水準的大小。

二、小國之經濟成長分析

　　有了上述交易條件之探討之後，我們得知在小國的分析當中，由於其是市場價格的接受者 (Price-taker)，故在此我們將採用部分均衡分析法來探討經濟成長後對小國的的交易條件與經濟成長之情形。一般來說，小國經濟成長後，其貿易量變動的結果對交易條件並沒有影響；因此，也可以採用提供曲線分析法的方法加以討論。

1.部分均衡分析法

　　因小國是世界價格的接受者，沒有經濟的主導力，在圖 7－15(a) 中，小國原本的均衡價格應該為 G 點，而世界均衡價格決定在 $P_X^{W_0}$ 時，$P_X^{W_0}$ 在小國均衡價格之上，表示對 X 財有超額供給，因此會有 Q_1Q_2 的出口量。當世界需求增加 D^W 移動到 D^{W_1} 時，世界經濟成長帶動 X 財價格上升交易條件 (P_X 上升) 改變，供給增加，使得小國出口量由 Q_1Q_2 變動成為 Q_3 到 Q_4，福利水準提高，見圖 7–15(b)。

　　以經濟福利的觀點來看小國，可以得到生產者剩餘由 $LP_X^{W_0}I$ 變成 $LP_X^{W_0}K$ 增加 $P_X^{W_0}P_X^{W_1}IK$ 的生產者剩餘，扣除小國消費者剩餘減少的部分 $P_X^{W_0}P_X^{W_1}JH$，仍然使得小國的福利水準提升了 HJKI。

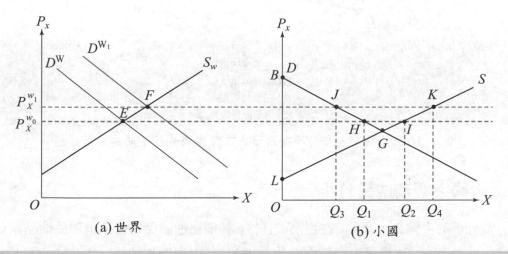

小國為世界價格之接受者，當世界需求增加時，會帶動小國之經濟成長。

圖 7–15　小國之部份均衡分析

2.提供曲線分析法

　　經濟成長會造成一國的進、出口商品的數量發生變化，其會影響到提供曲線的變動，但在小國的情形之下，雖然有經濟成長，貿易量發生變化，但是其交易條件卻不會改變，亦即 TOT 維持不變。在圖 7–16 中，說明透過交易條件 (TOT) 不變的情形，可將 TOT 線視為大國的提供曲線。小國經濟成長的結果，在提供曲線富有彈性的情形，其提供曲線會向外擴展，但進口財 (Y) 與出口財 (X) 變化的情形，可說明不同型態的貿易效果。當 OF_0 交 TOT 於 E_0 時表示初始狀態，當經濟成長後，假設 OF_0 移至 OF_3 交 TOT 於 E_3 點時表示中性的成長，則提供曲線的左右移動將形成不同貿易型態效果。

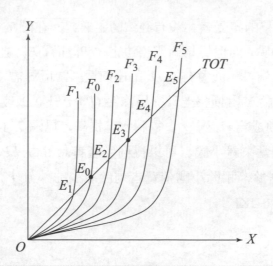

$E_0 \to E_1$：超逆貿易效果
$E_0 \to E_2$：逆貿易效果
$E_0 \to E_3$：中性效果
$E_0 \to E_4$：順貿易效果
$E_0 \to E_5$：超順貿易效果

圖 7–16　小國交易條件不變所形成在經濟成長後不同的貿易型態

三、大國之經濟成長分析

　　當分析的主體為大國時，在經濟成長後，其價格波動會影響到世界的價格，所以交易條件會改變，貿易量也會隨之變動。由於其是市場價格的決定者 (Price-maker)，在此部分的探討我們將藉由一般均衡分析法來加以說明，在經濟成長後，貿易量的變動會對交易條件造成影響；此外，我們也仍可以透過提供曲線的變化情形來分析探討。

1.一般均衡分析法

　　一國經濟成長會使貿易增加，產生貿易利得 (Gain from Trade)，此時在大國的情況之下，交易條件會獲得改善，就會增加貿易利得。由於大國有決定價格的能力，主導經濟活動的運作，透過圖 7–17 之分析則可得知，當經濟成長後，生產可能曲線由 TT 向外擴展至 $T^1 T^1$，在國際相對價格不變之下，其生產點則分別為 E_0 與 E_1 點，社會無異曲線 SIC_0 則提高至 SIC_1，此時經濟福利水準提高。如果當 P_X 相對於 P_Y 增加來得大的時候，表示 $\Delta P_X\uparrow$ 大於 $\Delta P_Y\uparrow$，使得相對價格由 $\rho\rho$，變成 $\rho'\rho'$ 時，經濟成長前，貿易三角形為 $\triangle C_2 O'' E_2$ 與經濟成長後貿易三角形 $\triangle C_3 O''' E_3$ 的面積大小，則不一定會有增減的現象。

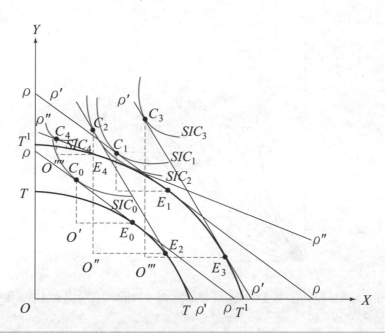

經濟成長會帶動生產可能曲線的變動，其進、出口貿易量的變化會帶動交易條件的改變。

圖 7–17　大國一般均衡分析對經濟福利之影響

其次，如果經濟成長使貿易量減少，使交易條件惡化時，因為在大多數的情形，大國發生經濟成長後，對貿易量的影響，一方面來自於需求面的決定（消費點），另一方面來自於供給面的決定（生產點），如果造成貿易量縮減的狀況，如相對價格變成 $\rho''\rho''$ 時，貿易三角形縮小變成 $\triangle C_4 O''''E_4$，此時會造成經濟福利水準的下跌。

2. 提供曲線分析法

一般而言，經濟成長會造成提供曲線向外移動，假設一國發生經濟成長，另一貿易對手國沒有，則大國發生經濟成長的結果，只有在超逆貿易偏向成長的例外情況下造成提供曲線向內移動，其餘皆向外移，表示只有在超逆貿易偏向成長的情況之下，交易條件改善，其餘皆會造成交易條件惡化，導致對進口財發生超額需求，對出口財發生超額供給。

經濟成長之後反而進一步使提供曲線向外移動，造成進口需求與出口供給的情況愈增明顯，故交易條件惡化的情況也就愈嚴重。在圖 7–18 中，說明只有在超逆貿易效果之下，交易條件才會改善，否則提供曲線向外擴展的結果，雖然貿易量增加，但會造成交易條件進一步惡化，我們把此部分留待下一節討論。

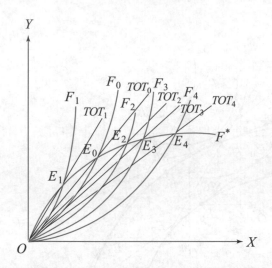

除了在超逆貿易偏向成長會使交易條件改善（TOT_0 左移至 TOT_1），其它情形皆會使交易條件惡化。

圖 7–18　大國交易條件改變所形成在經濟成長後不同的貿易型態

第五節　不利的成長

一般而言，大國發生經濟成長，在其他條件不變之下，將有助於經濟體系福利水準的提高，但是過度的經濟成長造成大國交易條件惡化時，雖然會使進、出口量大幅增加，相對價格發生改變，反而使經濟福利水準下降的力量超越因經濟成長而使福利水準上升的力量，也就是交易條件效果 (Terms-of-trade Effect) 大於經濟成長所引起所得水準提高的財富效果 (Wealth Effect) 或所得增加效果，最後經濟福利水準反而比經濟成長還來得低，造成全面經濟福利水準下降的現象，我們稱之為「不利的成長」(Immiserizing Growth)。

由於涉及到交易條件的變動，因此不利的成長根據上述之說明多發生在大國的情形，因為一國的經濟福利水準的高低是直接受到商品消費與價格波動之影響。在封閉型經濟體系內，其經濟的均衡條件是在供需均等的時候；因此，在古典學派的看法中只要產出增加即發生經濟成長；但是在開放型經濟體系之下則不然，在國際貿易達到均衡時須透過交易條件效果來說明消費水準，才能分析經濟福利水準的變化，如果此時雖然因經濟成長造成實質產出增加，但交易條件惡化的結果反而使消費水準比經濟成長前來得低的時候，其福利水準不增反減。

現在我們就經濟圖形來分析大國發生不利成長的情形，我們可以就一般均衡分析來加以說明，從圖 7–19 來看，經濟成長之前的生產可能曲線為 TT，生產均衡點與消費均衡點分別為 E_0 與 C_0，假設此時的交易條件為 $\rho_0\rho_0$，社會福利水準為 SIC_0；在經濟成長後，生產可能曲線外移至 T^1T^1，生產與消費均衡點分別位在 E_1, C_1 點，此時社會福利水準提高為 SIC_1。若此時因經濟成長造成財富增加，人們對於進口財的需求相對於出口財來得大時，其商品的相對價格 ($\frac{P_X}{P_Y}$) 則下降，因為 $P_X\downarrow, P_Y\uparrow$，交易條件變為 $\rho_1\rho_1$，此時反向造成社會福利水準下降至 SIC_2。

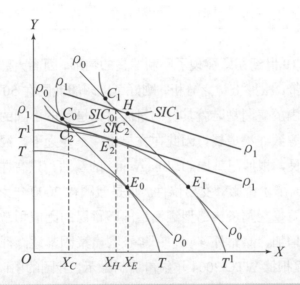

經濟成長使得生產可能曲線外移，在交易條件不變之下，$C_0 \to C_1$ 為所得效果，當交易條件改變時，由 $\rho_0\rho_0$ 變成 $\rho_1\rho_1$，此時消費由 $H \to C_2$，為交易條件效果，總和兩效果可得到經濟成長反而使福利水準下降，稱之為不利的成長。

圖 7–19　不利的成長

在圖形分析裡由於 SIC_0 上升至 SIC_1 為經濟成長所帶來的財富增加，使得消費水準由 C_0 上升至 C_1，故此部分稱之為財富效果，或所得增加效果。但是所得增加帶動對進口需求增加的時候，此時交易條件改變，相對價格由 $\rho_0\rho_0$ 降至 $\rho_1\rho_1$ 表示 Y 財價格上漲，X 財價格下降，在 SIC_1 水準下，消費點由 C_1 變為 H 點，稱之為交易條件替代效果。

當相對價格改變，反映在實質所得面上的時候，也就是對應在生產可能曲線在封閉經濟體系下的效果，也就是消費點從 H 變到 C_2 時，稱之為交易條件所得效果。此時將交易條件替代效果與交易條件所得效果結合就是交易條件效果，也就是 $C_1 \to H$ 加上 $H \to C_2$ 等於 $C_1 \to C_2$ 的距離。

現在我們將交易條件效果與財富效果來做比較，得知財富效果消費從 C_0 增至 C_1 為正面效果；而交易條件效果為 C_1 減至 C_2，為負面效果，此時就圖形分析負面效果大於正面效果時，整體經濟福利水準下降，經濟成長的結果其福利水準反而比在成長之前來得低，不利的成長情況於是產生。

 隨堂測驗

何謂「不利的成長」，何種情況下會較易發生不利成長，有何對策加以避免，為何開發中國家亦發生不利成長情形，原因何在。

彌勒 (Mill) 在 19 世紀初即發現了不利成長的情形，因而大肆主張進口替代政策來取代出口擴張政策，根據上述之分析，剛好可以印證我國在 50 年代、60 年代經濟起飛階段的說明，由於臺灣當時就其貿易量而言，是屬於小國的情形，當時採取兩次的出口擴張政策導致經濟成長，因此在交易條件不變之下，經濟福利水準是提高的。但是不利的成長，根據巴華提 (J. Bhagwati) 的看法，只有在大國成長的情況才會發生，因為只有大國才會影響交易條件。但是我國在 2000 年之後，政府仍著眼在出口擴張政策，因為臺灣屬於海島型經濟進出口貿易的比值相當大，但是經濟卻逐漸的蕭條，失業率增加、產業外移、……等不利產業因素逐漸浮出檯面，到底是什麼因素所形成的呢？根據 WTO 2004 年統計資料顯示，我國的出口占世界第十四強，進口占第十七強，進出口總值占全世界第十六強，在 WTO 共有 148 個會員國中，我國已經屬於經濟大國，會影響世界價格的變動，其交易條件也會隨之改變；因此，不利成長的情況已經慢慢的在我國發酵，所以建議相關決策當局，應以此篇探討為鑑，目前的經濟決策應該著眼在穩定中追求技術進步，不宜再做進一步的成長，避免交易條件惡化。

綜合上述之理由，就現代貿易理論的觀點，為了避免「不利成長」的現象發生，除了採取穩定的技術進步策略外，也可以運用「超逆貿易偏向成長」，將產業結構改變往輸入替代產業方向來走。我國最成功的例子是休閒觀光業，以往國人出國觀光的比例很高，但隨著產業結構的轉型，造成國外旅遊人數減低，國內旅遊人數增加，觀光事業就沒有不利成長的現象。導致不利成長的原因，不外乎下列這幾點：

⑴只有在大國發生經濟成長之下，才會導致交易條件惡化。

⑵在產業發展過程中，對初級產品的需求會逐漸降低，主要來自於技術進步的

改變。

(3)出口部門過度偏向成長，在需求不變之下，交易條件惡化。

(4)外國對本國經濟成長產業所製造之出口財需求缺乏彈性，當價格下跌時不會引起需求量的增加。

(5)技術進步的貢獻力量小，交易條件一旦開始惡化時，就會侵蝕掉技術進步所帶來的經濟成長。

我們都知道經濟成長，往往會帶來環境污染等社會外部成本的成本，在魚與熊掌不能兼得的情形之下，這些外部不經濟的力量，也會使得社會福利水準下降，導致不利成長的現象發生。因此政府相關部門在考慮經濟成長決策的時候，也應該就下列的情況予以分析探討，比起一昧追求經濟的快速成長更能給整體社會帶來最大之福祉。

(1)產業相關部門的均衡發展。

(2)生態環境的保護與改善。

(3)商品品質的改良與全面品質控制 (TQC)。

(4)改善產業升級所形成的污染源處理。

(5)重視產業結構改變，所造成的如失業、抗爭、勞資糾紛……等社會問題。

 隨堂測驗

1. 何謂內部規模經濟和外部規模經濟?
2. 生產有內部規模經濟時，市場結構較可能是完全競爭或廠商有獨占力量。
3. 任舉一建立於外部規模經濟的貿易學說。（86 年基乙）

第六節　結論

本章著眼在經濟成長、技術進步與經濟福利效果之分析討論，在不同型態的經濟成長條件之下對於貿易變動之看法。首先我們所探討的是生產要素的增減變化對進、出口部門形成貿易偏向成長的情形來做討論，可就生產可能曲線型態的改變來加以表示，分為中性成長、出口偏向成長與進口偏向成長。

由於經濟成長的原因可能來自於生產要素的變動、技術進步、規模經濟……等，我們緊接著分別就其經濟成長所引起的生產效果、消費效果與綜合效果來加以說明，

藉由進、出口財生產與消費的數量變化，以及相關的邊際傾向、平均傾向與所得彈性的大小變化來判定經濟成長所形成的貿易效果。其可分為：中性成長、順貿易偏向成長、超順貿易偏向成長、逆貿易偏向成長、超逆貿易偏向成長，來作為國際貿易影響的分類標準，並視經濟成長之生產與消費之綜合效果而定。而技術進步所形成的經濟成長，我們也分別就中性的技術進步、勞動節省的技術進步與資本節省的技術進步來加以討論。

　　經濟成長也會影響交易條件的變化，而進一步影響一國的經濟福利水準，所以就交易條件的現象予以說明，接下來分別就小國與大國是否會影響交易條件而產生福利水準的變化來加以探討。在小國的經濟成長分析方面，分別以部分均衡分析法與提供曲線分析法來說明當小國經濟成長在交易條件不變之下，自由貿易的結果對其經濟福利水準是提升的。另一方面對大國的經濟成長分析方面，我們以一般均衡分析法與提供曲線分析法來說明當大國經濟成長在交易條件改變之下，只有在超逆貿易偏向成長下，交易條件才會改善，否則成長之後，提供曲線往外移動，交易條件惡化的程度也就愈大。

　　一般而論，不利的成長只會發生在大國，雖然經濟成長造成進、出口數量大幅增加，但交易條件過度惡化，使得經濟成長後反而福利水準下降的現象稱之為不利的成長。其次對初級產品的需求降低、出口過度偏向成長、出口財需求缺乏彈性、以及技術進步貢獻的力量小……等，都是不利成長之因素，甚至尚有外部不經濟所形成的社會成本等，這些都是值得有關當局在考量做經濟成長政策分析時，應加以考慮之重點。

重要名詞與概念

1. 不利成長
2. 中性成長
3. 擴展線
4. 出口偏向成長
5. 進口偏向成長
6. 生產效果
7. 消費效果
8. 綜合效果
9. 婁勒－皮爾斯

10. 瑞畢曾斯基線
11. 中性技術進步
12. 勞動節省的技術進步
13. 資本節省的技術進步
14. 等成本線
15. 等產量曲線
16. 交易條件效果
17. 財富效果
18. 進口替代邊際供給傾向

19.進口替代平均供給傾向　22.平均進口傾向

20.進口替代供給所得彈性　23.進口需求所得彈性

21.邊際進口傾向

課後評量

1. 請探討經濟成長所發生的原因?

2. 何謂「中性成長」、「出口偏向成長」、「進口偏向成長」，請利用圖形說明之。

3. 在生產效果的經濟成長中，如何判定其對國際貿易之影響?請透過瑞畢曾斯基定理說明之。

4. 在要素稟賦充分就業的情形之下，如何透過婁勒─皮爾斯分析來決定兩種商品的生產水準。

5. 請分析說明當兩種生產要素增加對兩種商品產量增減之情形。請利用要素密集度與要素稟賦之影響分析之。

6. 請利用圖形分析說明經濟成長生產效果的貿易型態。

7. 何謂進口替代邊際供給傾向 (*MSPIS*)? 何謂進口替代供給所得彈性 (*ASPIS*)?

8. 請利用消費效果分析經濟成長，其可決定哪些貿易型態。

9. 何謂邊際進口傾向 (*MPI*)? 何謂進口需求所得彈性?

10. 請歸類分析生產效果與消費效果對經濟成長之綜合影響。

11. 何謂「中性技術進步」、「勞動節省技術進步」、「資本節省技術進步」。

12. 請利用部份均衡分析法說明小國經濟成長對經濟福利之影響。

13. 請利用一般均衡分析法說明大國經濟成長對經濟福利之影響。

14. 請利用提供曲線分析在大國交易條件改變之下所形成在經濟成長後不同的貿易型態。何謂「不利的成長」? 其形成之原因為何，請用圖形分析之。

15. 政府針對經濟成長的現象在制定相關政策時，應該考量何種條件或情況來加以處理?

第八章

產業內貿易理論

經濟研究對事實的重視，是要激發出政策取向免於空談與政治的偏誤。在理論研究當中，將「可驗證」的部分提析出來，並致力在經濟模型中的「實證內涵」，儘可能對政策的「主觀因素」予以剔除，以「客觀角色」對社會現象進行變數的實證分析。

黑格曼 (James Heckman, 1944～　)

《本章學習方向》

1. 探討產業內貿易發生的理由
2. 產業內貿易指數的衡量與產業間貿易之比較說明
3. 水平差異商品之特徵性偏好模型
   ——蘭卡斯特 (Lancaster) 模型
4. 水平差異商品之多樣性偏好模型
   ——克魯曼 (Krugman) 模型
5. 垂直差異商品之新要素比例模型
   ——范爾威 (Falvey) 模型
6. 臺灣國際產業競爭力之分析

本章章節架構

產業內貿易
├─ 發生之理由
│   ├─ 產品差異
│   ├─ 運輸成本
│   ├─ 規模經濟
│   ├─ 所得差距
│   ├─ 技術移轉
│   └─ 產品週期
│
├─ 產業內貿易指數之衡量
│   ├─ 產業內貿易指數 (IIT)
│   └─ 修正後之產業內貿易指數 (AIIT)
│
├─ 產業內與產業間貿易之比較說明
│   ├─ 產業間貿易 (Inter-industry Trade)
│   ├─ 產業內貿易 (Intra-industry Trade)
│   └─ Helpman-Krugman 之產業內貿易分析
│
├─ 相關理論探討
│   ├─ 蘭卡斯特之特徵性偏好模型
│   ├─ 克魯曼之多樣性偏好模型
│   └─ 范爾威之新要素比例模型
│
└─ 我國產業國際競爭力分析

前　言

　　從過去的國際貿易理論說明了要素稟賦與比較利益的不同,造成了貿易的發生,其是根據李嘉圖與赫克紹—歐林對傳統的進、出口間不同產業進行產業間貿易 (Inter-industry Trade) 之探討。但是從近三十餘年資料發現,在瑞典經濟學家林德 (Linder, 1961) 一反傳統的,由原本的供給面分析改為從需求面討論貿易發生的原因。當兩國經濟程度發展愈相近,每人國民所得也就愈接近,屬於相同產業的商品往往皆會有同時進口與出口的現象,也就發生了產業內貿易 (Intra-industry Trade)。

　　一般而言,產業內貿易就是國家彼此之間同時進口和出口本質上相同或相似的商品。例如,英國向臺灣出口服飾,同時也從臺灣進口服飾。對產業內貿易的研究始於 60 年代初對歐洲經濟共同體 (European Economic Community, EEC) 建立後內部貿易的研究,根據當時的羅馬條約,當歐洲共同市場成立之後,由於歐體內成員國的貿易版圖 (含殖民地) 與市場的擴大,若依據比較利益原則,有些國家會出口其具有比較利益的商品而進口其不具比較利益之商品,應該會造成各貿易國間有更大的貿易順差或逆差。但根據格魯貝爾與羅得 (Grubel and Loyd, 1975) 對歐體會員國在 1959~1967 年間對這些國家與其他工業化國家進行分析,發現歐體會員國的貿易量大增,但是貿易順差與逆差的變化情形不大。為何會有這大相逕庭的現象呢?其原因可能來自共同市場成立之後,對於商品為因應各國市場所需由商品標準化變為商品差異化的導向,由於消費者對商品的特徵與多樣性偏好的差異,而進、出口同一產業但具差異化之商品。在其實證研究當中,歐體會員國間的貿易增長有71% 來自於產業內貿易,而其他十個工業化國家也占有48% 以上,顯示瞭解產業內貿易會有助於貿易持續成長的現象。

　　另外,對於產業內貿易還有其他的解釋,可以納入前面所討論過的產業間貿易的模型中。首先,就運輸成本來說,例如,美國與加拿大有很長的共同邊界,美國願意在邊界的西端向加拿大出口某一產品,在邊界的東端從加拿大進口相同的產品,而不是在國內將此產品從西部運往東部,因為運輸成本太高,不如進、出口划算。反過來這對加拿大也一樣。從事對美國相同商品之進、出口反而比國內運輸成本還

來得低。第二，就氣候而言，季節的差別也會起一定的作用，例如，南半球國家可能會在它小麥收穫期之前從北半球國家進口糧食，而在收穫之後向北半球國家出口糧食。第三，是由於地理位置與政治上之考量，例如，香港，就其地理位置與政治因素，成為臺灣與中國大陸間商品的轉運站，進口同一商品之後，再出口至第三地。然而，這些簡單的解釋只能概括地觀察到產業內貿易中的很小一部分。為了對這種貿易方式作出更一般的解釋，許多經濟學家採用了不完全競爭模式，發展出所謂的「新貿易理論」，來說明產業內貿易的原因。

有關產業內貿易的理論涉及到後面會提到的商品的差異性、規模經濟、壟斷性競爭或寡占行為以及跨國公司國際分工的活動等等。由於產業內貿易理論涉及的範圍很廣，建立的不完全競爭模型要適用於不同的條件就相當困難，因此而可能出現的模型就會比產業間貿易模型多得多。本章概括性地選擇幾個產業內貿易模型來進行介紹，並比較其發生的原因與關係。

第一節　產業內貿易發生之理由

產業內貿易就是貿易國家間彼此同時進、出口本質相同或相似但略有差異化之商品，在國際間進行相同產業內專業化生產 (Intra-industrial Specialization)。在過去的傳統理論分析上，我們假設市場是在完全競爭且固定規模報酬的條件之下進行討論。但是近年來，對於國際貿易理論之研究最熱門之課題，打破了傳統之假設條件，而普遍被用來解釋產業內貿易理論的假設為在規模報酬遞增與不完全競爭之條件（如壟斷性競爭、獨占、寡占）下加以分析。

由於國際貿易之後，兩國間的廠商將面對更大的市場，生產規模擴大可使規模報酬遞增，降低製造成本，而另一生產規模報酬不變之廠商，將面臨在市場上被淘汰之命運。雖然貿易型態無法預知，但以規模報酬為基礎之貿易，一般而言對各國均有利，此乃因貿易所致之生產集中化 (Concentration of Production)，將可提高商品的生產力與購買力。

1. 國際貿易與分工

國際貿易的推動，已不再是由單一國家所主導，而是著眼於全球競爭之考量。現今和技術創新、資本與知識產業有高度相關的投資，以及追求附加價值並創造經濟最大福祉的活動則成為各國貿易政策之重要目標，而產業的發展理論也應承襲並延伸國

際貿易理論之探討。多國籍企業為擴大國際市場，依比較利益理論從事產業間貿易與產業內貿易，或依國際分工理論採「投資生產分工」與「貿易的水平與垂直分工」；或依產業理論分為「產業間分工」與「產業內分工」；或依技術理論分為產業內水平分工（技術相近而設計與用途不同）與產業內垂直分工（依技術差距或工程間之分工）。

所謂「垂直分工」，一般乃指初級商品（原料與農產品）和工業製品間之貿易，特別是發生在開發中國家與已開發國家間貿易。而「水平分工」是指貿易國彼此之間相互進、出口同質性之商品。其可再細分以下三點：① 要素密集度不同：如日本進口中國大陸「勞力密集」的運動裝，而出口「資本密集」的休閒裝。② 生產技術的不同：如臺灣進口技術較高的「重型機車」，而出口技術較低的「輕型機車」。③ 生產階段的不同：其雖屬同一產業，但卻在不同階段生產，如多國籍公司將生產初期階段的半成品在海外製造，然後載運回國內加工組裝。如自行車的製造，其車體與變速器，則在不同國家生產製造。

國際競爭力除了麥可・波特 (Michael Porter, 1996) 提出的國家競爭優勢的鑽石理論 (Diamond Theory) 外，林彩梅 (2003) 更提出以貿易特化係數作為國際分工計算模式，並以之計算導出產品之國際競爭力指標，此部分留待在後面說明。產業的經營策略常為貿易競爭策略，特別是在貿易依存度高的小國。根據馬維揚 (1998) 的一項調查顯示❶，高科技與全國製造業廠商策略前 5 項差異，在科技產業依序為①市場需求停滯，②人事費上升，③國內同業間激烈競爭，④原料價格上漲，及⑤技術革新急速發展；而在製造業依序為①原料價格高漲，②市場需求停滯，③國內同業間競爭激烈，④人事費上升，及⑤勞動力不足。兩者之間的顯著差異的項目，主要是由於產業與商品特性、產業政策及相關的基礎建設不同所造成，但相通點都是國內同業間競爭激烈所造成，這也就說明了產業內貿易的原因。

2. 商品差異化

商品差異化 (Product Differentiation) 是最常用來說明產業內貿易發生的原因，生產者為因應消費者之需求，針對商品的特徵與多樣性，來凸顯其商品特色，各國依據其文化、氣候、習慣、風俗……等之差異，來設計與製造差異性商品，所以國際間自然而然就會產生產業內貿易。對消費者而言，由於多樣化之偏好，有了更多的選擇，其效用水準自然增加。其次，由於商品差異化使價格因素在貿易中所扮演的角色降低，因此商品品質成為貿易型態的重要決定因素。

---

❶馬維揚 (1998，8 月)，《台灣高科技產業發展之實證之研究》，華泰書局出版，頁 89～114。

3. 規模經濟

當進行商品差異化貿易的時候，產業內貿易量就會增加，市場規模就會擴大，會加速該產業廠商數目之增加，同時消費者所能選擇的商品種類與數量也隨之增加，廠商的單位成本將因為「規模經濟」與「學習效果」而逐漸下降，更加速產業內貿易的進行。再來國際市場愈來愈競爭，完全的專業化、標準化生產似乎不太可能，因此貿易型態的決定方向完全在供給面的成本要件上，但是經濟發展程度相近且風俗習慣相同的國家間應更會相互進行以規模經濟考量下生產的產業內貿易。

4. 運輸成本

當兩國的地理位置緊鄰或國界邊境長，又同時生產同質性商品的情形之下，基於運費上之考量，會從事產業內貿易，例如，美國與加拿大其國境連接從太平洋到大西洋，再加上幅員遼闊，若將商品從紐約（大西洋）運至加州好萊塢比佛利山莊（太平洋），其運費反而比從加拿大溫哥華（太平洋）來得昂貴。透過巴納德和克魯曼 (Brander-Krugman) 分析把運輸成本引入這種產業內貿易的方法稱作相互傾銷 (Reciprocal Dumping) 由於模型的對稱性，兩個市場上的價格是相同的，每個生產者自己國內市場銷售價格必然高於他在出口市場銷售減去運輸成本的價格，也就是假定有一定比例的出口由於運輸費用而被「吸收」(Absorbed) 了，這是所謂的運輸成本的「冰山」(Iceberg) 模型。其模型之證明，我們可參考本章附錄。

5. 所得差距

兩國彼此間的所得差距愈小，根據林德 (Linder) 理論表示兩國的需求型態也就愈相近。偏好相似的消費者，愈有可能購買對方的差異化商品，例如，臺灣與南韓的每人國民所得相近，其網路線上遊戲的軟體需求型態也就愈相似，進而發生產業內貿易。其次，兩國間所得差距愈小，其要素稟賦差異也就愈小，如根據赫克紹—歐林理論，兩國彼此的貿易量將縮小；但是依據產業內貿易理論，因為兩國要素稟賦愈相似，所以會生產更多相同類型之商品，這也就說明了為何大多數的工業先進國家有大量的產業內貿易的產生。

一般而言，所得較高之已開發國家間之貿易情形會比開發中國家來得多，因為高所得國家其購買能力強，所選擇性的消費產品也就會增加，再加上所得增加所帶動的購買慾望，因此更會縮短商品在市場上銷售之期間。根據圖 8–1 所示：當所得增加時，其消費之商品品質也隨之提高，也間接說明了已開發國家彼此間的貿易量會比與開發中國家間之貿易來的多。根據 Linder 理論之看法，認為兩國對商品需要之

差異視為貿易發生之根源，在不同所得之下的國家，對商品品質的需求也就不相一致，所得水準較低的國家，要求其商品品質就會比所得水準高者來得低。也就是說一國之每人國民所得水準愈高（低），所需商品品質也就愈高（低），而 A、B 線代表各國所得階層對於商品品質要求之上、下限。在圖中有三個國家，其所得水準分別為 3,000、8,000 與 10,000，其說明了所得水準愈相近的國家，所追求的商品品質愈相近，其彼此間貿易量就會增加，這說明了為何工業國家間貿易額比較多，而工業國與農業國間貿易額較少之原因。

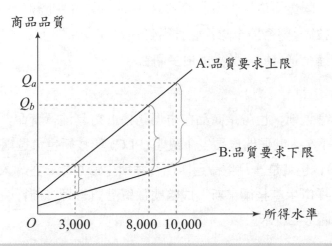

隨著所得水準的增加，其對商品消費之品質要求也隨之增加，也因此已開發國家間之貿易會比開發中國家來得多。

圖 8-1　所得水準與商品品質之關係

 隨堂測驗

經濟學者 Young 在 1994 年一篇探討新興工業化國家 (Newly Industrializing Countries) 高成長率的著名文章中指出，新興工業化國家之多要素生產力 (Multi-factor Productivity) 或技術水準之成長率並不比其他國家高。請根據總合生產函數說明：

(1)新興工業化國家過去在 GDP 上的高成長率從何而來？

(2)由於臺灣的人口成長率下降，而傳統產業也不斷外移至國外設廠，因此，如果臺灣未來不在教育上成為領先國家，不在技術、管理效率上有所突破，則高成長率將難以維持。（92 年特考）

6. 技術移轉

技術移轉策略主要是要延長商品銷售，並開發資源以提供世界利用，也建立了對新興工業化國家技術之發展。商品技術移轉需結合海外投資之策略，將開拓技術模仿國與技術革新國間之貿易、資金的流動關係，避免國內造成產業空洞化，並可助長國內產業結構高度化。

當技術接受國引進先進國家之先進技術，利用其長時間在「基礎研究」、「應用研究」及「開發研究」的成果為目標，在最短時間努力「學習、消化、改良或創新」，以生產比技術來源國更優良的產品，提高與技術來源國在國際競爭市場的競爭能力。進而將所累積的技術，整合為全球性之技術管理並成為海外子公司技術移轉的策略，如此利用可以加速企業發展，並獲取更多利益。

7. 產品週期

所謂產品生命週期，也就是商品在市場銷售上有其流行壽命，主要在於消費者的偏好不同。接下來，我們將產品生命週期 (PLC) 與技術生命週期 (TLC) 予以介紹（林彩梅，2003），也就是產品生命週期配合技術生命週期，在導入期採取新產品技術革新，成長期採取生產技術革新，成熟期採取品質管理革新，衰退期採取對外技術移轉策略，如圖 8–2所示。

第一階段：導入期→產品技術革新

大部分新產品都在高所得的工業國家生產及外銷，以下分別說明之。

(1)市場的需求

廠商創新某種新商品，通常是要因應市場的需求，例如，美國的廠商生產 LCD 平面電視，是因為美國市場的需求；英國的廠商生產無線通信設備，是因為英國市場的需求。理論上，創新新商品，世界上各地都可以生產，惟實務上，為儘快回收，通常會在本國生產，以節省運輸成本。

(2)地理的綜效

廠商利用科技生產新商品或新方法以改善舊商品，此時希望在原製造地上生產，如此可利用原先具有的知識進行創新研發，可帶動周遭產業成長，且均可以增加他們的競爭利益，所以，廠商會把生產置於科技重鎮，除了可發生管理學上的綜效之外，也可以就近服務顧客，如美國的矽谷與臺灣的新竹科學園區等。

(3)專業化訓練

在產品生命週期理論中的導入期階段，會比後面階段投入較多勞動，主要是因為商品還沒有標準化，而且在這階段製程裡，商品可能需要不斷修正，以符合顧客需求。這種情形很容易發生在工業國家，因為他們有較高級的人力，其教育及技術水準較高，會使得商品更符合市場之需要，且其人力資源更能符合接受專業化訓練，減少生產製程之錯誤，使其產出更有效率，如微軟 Office 軟體免費提供試用版，供專家使用。

⑷出口競爭優勢

由於新商品的出現，國際市場上尚無競爭對手的出現，故可以無視其他國家的威脅，由於只有在先進國家生產，其成本、工資等相關支出費用也來得比其他國家要高，所以不是價格─成本之競爭，而是技術革新之競爭，如日本 SONY 公司發行新一代 PS2 遊戲機。

第二階段：成長期→生產技術革新

在新商品進入成長期後，國際上的競爭者認為有利可圖，此時也開始進入市場。同時，再加上國外市場對新商品的需求也會增加，如果只是在先進國家製造，會無法滿足世界各地消費者之需要，此時，商品創新者會考慮在國外設廠，以降低製造與運輸成本，並修正商品之文化性，及該商品的使用是否符合當地之規範，可以更進一步滿足當地市場之需求。

第三階段：成熟期→品質管理革新

在這個階段中，各地商品因市場需求之差異需求增減互見，由於商品已經達到標準化並符合規模經濟之要求，所以成本變成一個相當重要的競爭因素。在新興國家當中，因為製造成本低廉，再加上當地為一新開發之市場，相對而言其市場需求就會增加，再加上原供應市場及技術已達飽和，原商品創新國不再有生產利益可言，所以就會把工廠利用國際技術合作方式，如整廠輸出、策略聯盟……等搬到新興國家生產，並利用其廉價的勞工與土地等相關生產因素，來達成商品標準化的目標。

第四階段：衰退期→對外技術移轉

當商品進入到了衰退期，商品在各個階段發生的問題也將繼續延伸下來，此時，商品在工業國家的市場急速滑落，但在新興國家的需求卻急速增加。此時透過國際貿易或是技術移轉，可使得開發中國家取得「學習效果」(Learning Effect)。一般學者如 Singer、Myrdal 認為新興國家從已開發國家中進行技術移轉，由於交易條件不

利於開發中國家，故會造成其福利水準下降。但另一派學者則認為，如 Keesing，新
興國家與先進國家在不斷交往競爭過程中，可以獲得新的觀念、技術與方法，進而
對其國家經濟有所貢獻。

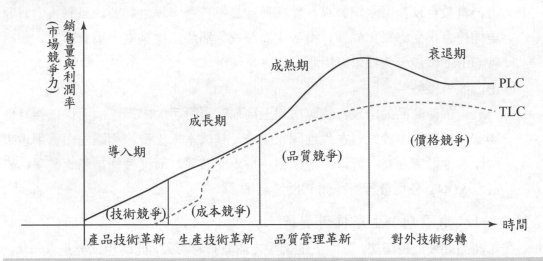

透過銷售量與利潤率將產品生命週期與技術生命週期予以結合討論。

資料來源：林彩梅 (2003)，《多國籍企業論》，p. 192，其與齊藤優教授之共同研究。

圖 8–2　資訊產業發展 PLC 與 TLC 策略

第二節　產業內貿易與產業間貿易

1. 產業內貿易指數的衡量

根據聯合國國際貿易商品分類規則 (Standard International Trade Classification,
SITC) 之歸類，將所有貿易商品予以分門別類，再經產業歸類之後，則進一步地利用
產業內貿易係數 (Intra-industry Trade Index) 來計算產業內貿易的多寡。產業內貿易
係數是指一國在一定時間內發生產業內貿易的程度，其計算公式如下

$$IIT = 1 - \sum_{i=1}^{n} \frac{|X_i - M_i|}{|X_i + M_i|} \tag{8–1}$$

X_i 與 M_i 分別代表某一國家中同屬第 i 種產業之出口額與進口額，公式中的分子
$|X_i - M_i|$ 表示為第 i 種產業之輸出淨額或輸入淨額之絕對值；而分母 $|X_i + M_i|$ 則
代表第 i 種產業的進出口貿易總額的絕對值。假定全國中有 n 種產業，$\sum_{i=1}^{n}$ 為所有分類
商品加總，所以加總之後再由 1 予以扣除，即得到產業內貿易指數。

如果當 IIT = 1 時，表示這個國家盛行產業內貿易，所有產業的進、出口額均相等時，其 $\sum_{i=1}^{n} |X_i - M_i| = 0$。另一方面，當 IIT = 0 時，表示這個國家幾乎沒有產業內貿易的現象，亦即 $\sum_{i=1}^{n} |X_i - M_i| = \sum_{i=1}^{n} |X_i + M_i|$，每一種產業不是進口就是出口，反之亦然。所以一般而言，當一國的產業內貿易指數較高時，表示 IIT 愈接近於 1；相反地，當一國的產業內貿易指數較低時，表示 IIT 愈接近於 0。根據 Caves, Frankel 與 Jones（1999）計算包括美國在內等 11 個先進國家的產業內貿易指數的平均數，在 1985 年時其平均值約為 0.6，而我國自 1990 年代開始，依據黃仁德 (1996) 資料，其產業內貿易指數也已達到 0.6 以上，都與世界其他先進國家相接近了。

在上述的產業內貿易的公式中，只能適用在國際收支帳均衡的時候（即總進口值等於總出口值）；假若當國際收支帳不均衡的時候（即總進口值不等於總出口值），此時修正後的產業內貿易指數 (Adjusted Intra-industry Trade Index, AIIT) 為

$$AIIT = 1 - \frac{\sum_{i=1}^{n} \left| (\frac{X_i}{X}) - (\frac{M_i}{M}) \right|}{\sum_{i=1}^{n} \left| (\frac{X_i}{X}) + (\frac{M_i}{M}) \right|} \tag{8-2}$$

公式中的 $\frac{X_i}{X}$ 與 $\frac{M_i}{M}$ 分別代表某一國家中第 i 種產業的出口占總出口值及其進口占總進口值的比例。依此公式計算須與商品的分類有密切的關係，特別是在國際間產業內貿易指數的比較時。

2.產業內貿易與產業間貿易之差異比較

依照前面的分析說明，產業間貿易的原因來自於要素稟賦生產之下的比較利益原則，著重於完全競爭之下在供給面上的分析。而產業內貿易發生的原因，在第一節中已有說明，著重在不完全競爭之下在需求面之分析。接下來，我們根據克魯曼 (2000) 對產業內貿易與產業間貿易之差異作比較性說明。假設現在世界上存在著兩國家（本國與外國），各自生產兩種產品（工業品為資本密集財、農產品為勞動密集財），本國為資本密集國家，外國為勞動密集國家。在前面我們提到當兩國間生產的是同質性商品 (Homogeneous Goods)，且需求型態為位似齊次 (Homothetic) 時，兩國間就不會發生貿易。但根據比較利益原則，由於本國的資本—勞動比例相較於外國高，即 $(\frac{K}{L})_{本國} > (\frac{K}{L})_{外國}$；因此本國與外國會進行工業品與農產品間的「產業間貿易」。圖 8-3 說明了本國與外國間進行產業間貿易的情形。

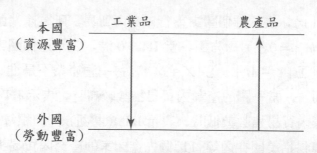

本國為資本豐富，外國為勞動豐富，依照比較利益原則，本國出口資本密集財——工業品至外國，而外國出口勞動密集財——農產品。

圖 8-3　產業間貿易

現在將完全競爭的條件予以改變，假設兩國的交易條件是在不完全競爭與規模經濟的情況之下發生，且假定工業品因上述之原因變成差異性商品，且兩國的需求型態相同，就會有產業內貿易 (Intra-industry Trade) 現象的發生。由於產業內貿易不受比較利益原則影響且其貿易型態也因歷史或偶然因素所造成，再加以不完全競爭之下規模報酬遞增的影響，本國與外國皆製造具有差異性質的工業品，本國原本出口自行生產之工業品，現在也進口稍具差異的外國工業品。圖 8-4 中說明了本國與外國間進行產業內貿易的情形。

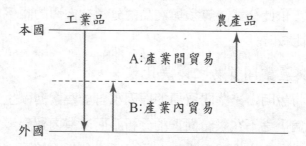

在圖上半段 A 區部分，本國出口工業品，而外國出口農產品，為產業間貿易。在圖下半段 B 區部分，本國與外國彼此間相互進、出口工業品，其為產業內貿易。

圖 8-4　產業間貿易與產業內貿易之比較

根據上述之討論，由於貿易收支在長期之下須達成均衡，也就是本國對農產品之進口值 M_A 長期之下必等於本國工業品之出口值 X_I，此時總貿易額等於農產品進口值加上工業品之出口值，即

$$T = M_A + X_I \tag{8-3}$$

T: 總貿易額

M_A: M 表示進口，A 表示為農產品

X_I: X 表示出口，I 表示為工業品

假設現在有產業內貿易現象的發生，本國除了進口農產品 (M_A) 之外，還進口具有差異性質的外國工業品 (M_I)；因此，新的貿易收支均衡的條件為

$$X_I = M_A + M_I \tag{8-4}$$

此時產業內貿易後的貿易總額 T^* 為

$$T^* = X_I + M_A + M_I \tag{8-5}$$

因為根據 (8-4) 式 $M_A = X_I - M_I$

故 $T^* = 2X_I$ $\qquad\qquad$ (8-6)

因此，我們可以重新定義產業內貿易後的貿易總額為工業品之兩國雙向出口貿易額之合計，而產業內貿易額 (I^*) 也可定義為工業品之兩國雙向進口貿易額之合計，即 $I^* = 2M_I$，如果我們令 k 代表全體貿易額中產業內貿易額所占之比率時，則

$$k = \frac{I^*}{T^*} = \frac{2M_I}{2X_I} = \frac{M_I}{X_I} \tag{8-7}$$

在產業間貿易的情況下，由於要素稟賦量比 ($\frac{K}{L}$)、要素相對報酬比 ($\frac{w}{r}$) 與兩國的所得水準均為外生變數，也就是都在已知的條件之下。由於兩國的消費型態相同，故兩國消費兩財（即農產品與工業品）的比例，也就由兩國的相對所得大小所決定。假設全世界所得 (Y) 由本國所得 (Y^H) 與外國所得 (Y^F) 加總所形成，故：

$$Y = Y^H + Y^F, \text{ 所以 } 1 = \frac{Y^H}{Y} + \frac{Y^F}{Y} = \alpha^H + \alpha^F \tag{8-8}$$

α^H: 本國所得所占比例

α^F: 外國所得所占比例

現在由於兩國對工業品進行產業內貿易，X_I^H 與 X_I^F 為本國與外國工業品之生產量，假設其單位價格為 P，並按所得比例消費所有的工業品，故本國消費者同時消費本國與外國之工業品數量為 $\alpha^H X_I^H, \alpha^H X_I^F$，而外國消費者同時消費本國與外國之工業品數量為 $\alpha^F X_I^H, \alpha^F X_I^F$。由於本國消費外國工業品的總值等於本國工業品之進口額 (M_I)，而外國消費本國工業品的總值等於本國工業品之出口額 (X_I)

故 $M_I = \alpha^H \cdot P \cdot X_I^F$

$\quad X_I = \alpha^F \cdot P \cdot X_I^H$

因此 $k = \dfrac{M_I}{X_I} = \dfrac{\alpha^H \cdot X_I^F}{\alpha^F \cdot X_I^H} = (\dfrac{\alpha^H}{\alpha^F}) \cdot (\dfrac{X_I^F}{X_I^H})$

當兩國的所得比例等於兩國的工業品之生產比例時，則

$$\frac{\alpha^H}{\alpha^F} = \frac{X_I^H}{X_I^F}$$
(8–9)

此時 $k = 1$，表示兩國之間的貿易全部皆為產業內貿易，k 值愈低表示產業內貿易愈小，反之亦然。

接下來，我們利用 Helpman-Krugman (1985) 的艾吉渥斯箱形分析方法來說明產業內貿易發生之原因與產業間貿易之關係。在圖 8–5 中，全世界只存在本國與外國，其生產要素稟賦總量固定為 $(\overline{K}, \overline{L})$，在產業內貿易分析下，我們假設兩國間生產的農產品是同質的，但工業品則是具有差異性的。此時，在圖中，由於工業品是資本密集財，故 $O_H M$ 代表兩國所生產之工業品總量，而農產品是勞動密集財，故 $O_H N$ 代表兩國所生產之農業品總量，只要要素密集度 $(\frac{K}{L})$ 之值不要落在 $O_H O_F$ 線上，就會有貿易產生。為什麼呢？因為在產業內貿易情況下，兩國的需求型態相同，且 $(\frac{K}{L})$ 一致時，表示產品沒有差異性，就不會有貿易發生。當要素相對報酬 $(\frac{w}{r})$ 決定之後，各國依據不同要素稟賦比生產具有差異性質的工業品並相互進、出口。

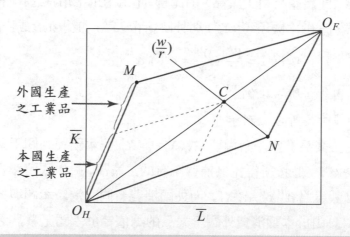

由於兩國皆生產具有差異化之商品，當要素相對報酬 $(\frac{w}{r})$ 決定後，就可以決定出其所要生產的量來進行產業內貿易。

圖 8–5　產業內貿易發生之分析

老師叮嚀

在尋找商品統計資料時，我們皆依據聯合國國際貿易商品分類規則的四位數字碼 (4-digital Code)將商品予以歸類成十大類，再細分為部 (Division)、群 (Group)、組 (Sub-group)、項 (Section) 與補助項目 (Subsidy Headings)。

 隨堂測驗

1. 國際貿易型態中的「產業內貿易」所指為何？
2. 發生產業內貿易的經濟因素為何？（91 年特考）

第三節 水平差異商品之特徵性偏好模型

本節依據蘭卡斯特 (Lancaster) 模型來探討商品的水平差異性。蘭卡斯特認為：每個商品都有一組不同於其他商品的偏好特性 (Love of Characteristics)，這種特性也就構成了商品的水平差異性。不同消費者對不同的特性會產生不同的偏好。例如，有人搭乘通勤火車，是為了上班、上學，有人為了觀光、商務，而改搭快速列車。但是消費者無法購買某一商品並具有多個特性且可將它們「混合」起來得到一個新的商品來更加滿足自己的偏好。這就是說，一個消費者只能針對一個商品中的某些特性進行購買，而不可能把兩個商品的特性都具備來滿足其更多的慾望。

蘭卡斯特模型是以商品特性為基礎的商品差異性模型，在此我們用最簡單的模型假定，其差異性商品只具有兩個特性，而消費者則根據這兩個特性的偏好在每個商品中按照比例來排列，這樣的排列方式可以得到商品的特性範圍，這就是所謂的「光譜分析法」(Spectrum Approach)。在圖 8–6 中，線段 ab 代表了商品特性的範圍。在線段的 a 端，商品只具有特性 A；隨著逐步右移，就會慢慢出現 B 的特性，當比例逐步提高，到了最右的 b 端，商品中就不再有特性 A 而只有特性 B 了。

1. 需求假設

假設消費者偏好某理想中的商品，且願意付錢購買，圖 8–6 中的假設商品 v_0 是

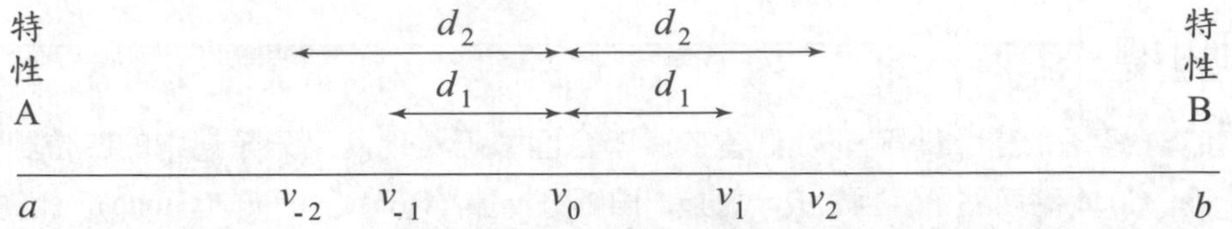

| 特
性
A | | | | | | | | 特
性
B |

$$\begin{array}{ccccccc} & \overleftrightarrow{d_2} & & \overleftrightarrow{d_2} & \\ & \overleftrightarrow{d_1} & & \overleftrightarrow{d_1} & \end{array}$$

| a | | v_{-2} | v_{-1} | | v_0 | | v_1 | v_2 | | b |

特性 A 與特性 B 的比例

商品特性愈往兩極端走，其具有的獨特性質就愈大。

圖 8–6　商品特性的範圍

某一消費者的理想商品，因此他對該商品的需求就取決於其所得收入和該商品的價格。假設其所得收入是固定的，他的需求就可用圖 8–7 中的需求曲線 $D(v_0)$ 來表示。當然消費者還會購買其他商品，但在價格和所得收入既定的條件之下，離他理想的商品特性越遠的其他商品，就會買得越少。這就是說在任一既定的所得收入水準之下，消費者對於較不偏好的商品需求曲線，會低於其較偏好商品的需求曲線。

其次，我們假設偏好具有對稱性，即消費者對於「高於」他的理想商品特性距離為 d 的商品，和「低於」其商品特性距離也為 d 的商品，兩者的偏好是無差異的。就圖 8–6 來看，理想商品為 v_0 的消費者，對於 v_1 和 v_{-1} 這兩個商品，其偏好是有所差異的，因為它們與理想商品 v_0 的距離都是 d_1，因此他對這兩個品種中任何一種的需求曲線都是一樣，如圖 8–7 中的 $D(d_1)$。

同樣地，對於離理想商品 v_0 更遠的商品，如 v_2 和 v_{-2}，他的需求曲線就是 $D(d_2)$，而且處在更低的位置上。因此，如以需求面來表示，則

$$D_v = D_v(P_v, P', d) \tag{8-10}$$

需求函數 D_v，是商品自身價格 (P_v)、其他商品價格向量 P' 與不偏好商品之間的距離 d 所形成之函數，其中 $\dfrac{\partial D_v}{\partial P_v} < 0, \dfrac{\partial D_v}{\partial P'} > 0, \dfrac{\partial D_v}{\partial d} > 0$，表示當商品特性在光譜間距離 d 愈大時，其替代性降低。此時，如能透過產業內貿易的話，商品的偏好種類增加，消費者的滿足也就增加。

消費者對某一既定商品的需求除了受所得收入和價格影響外，還受其他商品存在的影響。假定一個消費者由於其理想商品 v_0 不存在時轉而購買 v_1，如果 v_2 的價格夠低的話，他就會轉而購買 v_2。因為 v_2 離 v_1 的距離越近，讓他改變主意所需要的價格差距就越低。這就是說，消費者對 v_1 的需求將受它本身價格變動的影響。

此外，如果消費者對商品的偏好是不一樣的，為簡化起見，我們假定消費者是

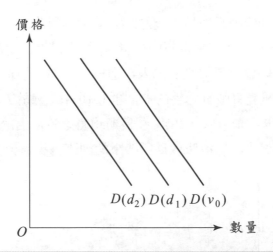

圖 8–7　消費者的需求隨其他商品特性與其理想商品特性距離的擴大而下降

平均地分布在圖 8–6 中的光譜上。我們還假定「極端的」消費者所選擇的理想商品特性在極端點點 a 和點 b 上，但一般消費者對商品偏好仍有一定距離，所以原則上他們仍舊能選擇特性比例與他們理想商品種類高或低的商品。

2. 供給假設

在供給方面，蘭卡斯特模型假設廠商可以自由進入或退出市場，並能生產任何商品且成本都相同，這一模型還假設，規模經濟效果，此時平均成本隨著產量增加而下降。以成本面函數來表示為：

$$C_v = \alpha + \beta X_v, \ \alpha, \beta > 0 \tag{8–11}$$

因為廠商必須決定他們生產哪一種特性之商品並以什麼樣的價格出售，例如，廠商索價越低，其銷售量就越大。在其他條件不變之下，廠商降價就會吸引那些其理想商品距離較遠的購買者。如果兩個相鄰的商品特性之間的距離太小，那麼兩家廠商都無法售出足夠多的商品來彌補其成本；此時兩家廠商中的一家撤離市場，或者是其中一家改變生產的商品，也有可能是兩家都會改變生產，以確保沒有兩家廠商會生產相同的商品。反之，如果兩個相鄰商品特性之間的距離太遠，就會有新的廠商進入市場利用這一機會來獲利。

3. 貿易效果

當兩國發生貿易，透過前面產業內貿易效果分析，該商品的需求將增加兩倍，

從圖 8-8 分析中需求曲線由原先的 D_v 變成 $2D_v$，故其對應之 MR 等於原先的 D_v，此時在均衡條件 $MR = MC$ 之下，決定新的產量 Q_1 與價格 P_1。由於 P_1 高於平均成本，在有利可圖的情況下，會有新的廠商加入，造成商品的種類增加，故此時原廠商的獨占力減弱，需求曲線變為較有彈性的 D_j，並相切 AC_v 線於 E_2 點。生產量增加 ($Q_1 \rightarrow Q_2$)，價格更進一步下降 ($P_1 \rightarrow P_2$)。在長期均衡之下，由於規模經濟所產生的生產效果，使商品種類減少，但消費效果所帶來的卻比貿易前更多的商品種類。

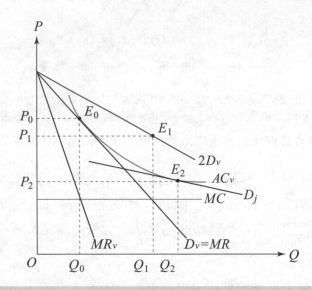

在規模經濟之下，由於平均成本曲線為遞減的狀態，當 $MR = MC$ 決定出均衡產量與價格時，在仍有利可圖的情形之下，會吸引更多廠商加入使獨占力變小。

圖 8-8　蘭卡斯特模型下之產業內貿易效果

　　自由進出市場、相同商品特性的偏好以及相同的成本函數，確保了蘭卡斯特模型在長期均衡中實際生產的商品會平均地分布在光譜上，並且保證每一商品的生產數量和銷售價格都相同，因此每一廠商都獲得「正常的」利潤，使價格等於平均成本，這種情況也就稱之為完全壟斷競爭 (Perfect Monopolistic Competition)。

第四節　水平差異商品之多樣性偏好模型

　　產業內貿易理論在上一節模型所討論的問題在於所謂的水平差異性 (Horizontal Differentiation)，認為商品之間的差異性來自於它們特性 (Characteristics) 上的不同。這種特性可以是「實際的」(Actual)，如黃金的純度；也可以是「感覺的」(Perceived)，

如黃金的光芒。儘管每個消費者會根據不同商品偏好的程度對各商品作出評價或排列，但是所有的消費者不會都對不同的商品作出唯一的評價。當然，我們很難想像有哪一種實際商品是具有水平差異性而沒有垂直差異性的。但對有些商品來說，水平差異性可能起主導作用。因而下面我們要討論水平差異商品之多樣性偏好 (Love of Variety) 模型。

水平差異商品之多樣性偏好模型最具代表性的就是克魯曼 (Krugman) 模型。在這模型中，一國被假定為只有一種生產要素——勞動 (*L*)，並且其供給是固定的，以及存在著許多廠商，每個廠商都生產一種商品，其生產的種類都用下標 *i* 表示。廠商可以自由進入或退出該產業，但每個廠商需要固定數量的勞動投入，然後每個廠商都以相同的邊際勞動投入來生產商品，這樣廠商 (*i*) 所需要的總勞動投入就是

$$L_i = \alpha + \beta X_i \tag{8-12}$$

α 代表生產第 *i* 種商品所需的固定勞動投入量，而 β 則代表額外增加 1 單位商品所需增加之勞動投入量。這裡需要注意，隨著產出的增加，平均勞動投入下降，顯示規模經濟的現象存在，所以每一家廠商最多只能生產一種商品。由於廠商數目多，所以不需考慮對手的反應，在壟斷性競爭之下，只要邊際收益等於邊際成本 (*MR = MC*) 即可。因此

$$MR_i = P_i + X_i P'_i = P_i(1 - \frac{1}{\varepsilon_i}) = MC_i \tag{8-13}$$

克魯曼模型還假設每個消費者的效用函數都相同，而且所有的商品都可以加總到效用函數內。這就是說，每增加 1 單位任何商品的消費，總效用的增加是相同的；同時消費的商品越多，總效用增加越多。因此實際效用函數就是：

$$U = \sum_{i=i}^{n} V(C_i) \tag{8-14}$$

其中 C_i 代表對第 *i* 財之消費，而且 $\frac{\partial V(C_i)}{\partial C_i} > 0, V''(C_i) \leq 0$，其說明在保持總消費不變的情況下增加另一個商品則會提高福利水準，但會隨著消費數量之增加而遞減。

從上面所探討的模型假設，例如，固定的勞動供給、廠商自由進出、平均勞動投入遞減以及所有商品對稱性加總得到的效用函數等，可以說明沒有兩個廠商會生產相同的商品，並且得以確定該經濟中廠商與商品的數目。

如果每個廠商都面臨一個給定的工資率 *w*，那麼其總成本就是 $w(\alpha + \beta X_i)$。如果品種 *i* 的價格為 P_i，那麼每個廠商 *i* 的利潤就是

$$\pi_i = P_i X_i - w(\alpha + \beta X_i) \tag{8-15}$$

但是如果廠商能夠自由進入該產業，長期均衡就要求每一個廠商都只能得到正常的利潤，因此在長期均衡中其價格就等於平均成本，亦即：

$$P_i = w(\frac{\alpha}{X_i} + \beta) \tag{8-16}$$

當每個廠商會以同樣的平均成本將其所選擇的商品以同樣的數量生產，並以相同的價格銷售，而生產所有商品所要使用的勞動不能超過總固定的勞動供給這一條件，就決定了廠商的數目。假設每個廠商使用一定數量的勞動 ℓ，其中 $\ell = \alpha + \beta X$。如果總勞動供給為 L，那麼廠商的數目 n 就由下式確定，且 n 一定時，L 增加，會使生產量與消費量皆增加

$$n = \frac{L}{\ell} = \frac{L}{\alpha + \beta \overline{X}} \tag{8-17}$$

由於每一消費者會對每個商品消費完全相同的數量，因此其總效用就是

$$U = nV(C) \tag{8-18}$$

顯然，用於該所有商品的全部開支必然等於支付給勞動的全部報酬。

上述討論是在一個國家（本國）的情形，當世界上還存在另一個國家（外國），如果兩國間進行自由貿易，並且不存在運輸成本或任何其他障礙，以及假設所有條件都與本國一樣的情形，那麼兩國就會進行產業內貿易。其中一個國家會因另一個國家生產完全相同商品而改變其商品生產，或轉而去生產其他廠商都沒有生產過的新商品。廠商之所以會這樣做是因為不論它生產哪一商品，其生產成本都是一樣的，並且它能銷售的新商品數量也與原來的一樣多。這樣一來，隨著廠商的調整，最後每一商品都只由一個廠商生產，也因此每一個商品就只會在兩國中的一國生產。自由貿易的均衡與自給自足下的均衡一樣，每個國家生產的商品，會以同樣的成本生產，並以同樣的價格出售。

事實上，兩國之間發生貿易會使市場擴大，彼此生產與消費商品種類也不同，此時總勞動供給由本國勞動 (L) 增加外國勞動 (L^*) 成為 $L + L^*$，而本國與外國的廠商數目，計算如下：

$$因為\ X_i = (L + L^*)C_i, \ 則 \tag{8-19}$$

$$n = \frac{L}{(\alpha + \beta X_i)} = \frac{L}{[\alpha + \beta(L + L^*)C_i]} \tag{8-19a}$$

$$n^* = \frac{L^*}{(\alpha + \beta X_i)} = \frac{L^*}{[\alpha + \beta(L + L^*)C_i]} \tag{8-19b}$$

$$n + n^* = \frac{L + L^*}{(\alpha + \beta X_i)} = \frac{L + L^*}{[\alpha + \beta(L + L^*)C_i]} \qquad (8\text{–}19c)$$

根據前面公式所述，(8–19a)、(8–19b) 式由於分母增加，貿易後兩國所生產的商品種類減少，但從 (8–19c) 式可知，兩國消費者所得到的商品種類卻比貿易前增加。根據效用函數的特點，我們知道貿易後消費者的效用比在貿易前提高了。在生產方面，兩國也沒有損失，因為兩個國家的廠商數目沒有變，使得實際工資率也沒有變。福利水準的變化只發生在消費方面，因此雖然消費者的消費總數未變，但是他們能夠享用的商品種類範圍卻擴大了，從而獲得更大之效用水準。

在上述模型中，雖然我們可以推斷每個國家會生產的商品數量與種類以及其廠商數，但是我們無法預測哪些商品會在本國或在外國生產，從而無法預測本國和外國各自會出口和進口什麼樣的商品一樣，但我們依據克魯曼模型可以獲得下面幾點結論：

(1)上述克魯曼模型說明，在商品具有水平差異性時，其在生產的平均成本遞減的情況之下，透過貿易使其市場規模擴大，商品種類就會增加，即使在兩個完全相同的國家之間也能展開產業內貿易，並且增進兩國間的福利。其主要在於經由相互間進、出口貿易，獲得比貿易前消費更多種類的商品。

(2)由於模型的假設在運用時受到限制，其中關於效用函數的假設排除了消費者對某些商品（而不是全部商品）偏好的可能性，從而隱含著消費者不可能享有更多的商品，同時商品的特性是完全獨立於需求面上。

(3)在供給面上，當廠商在調整商品生產時是沒有調整成本的，並且展開貿易後沒有一種商品會消失，這樣不符合市場競爭之假設。當一國集中生產具有規模經濟之商品時，會使其生產成本下降，但實際上在貿易前後，其生產成本並無太大變化，只不過透過貿易增加所消費之商品種類而已。

第五節　垂直差異商品之新要素比例模型

由於規模經濟產生壟斷性競爭，使得傳統的赫克紹—歐林模型不能解釋產業內貿易，但並不是所有的經濟學家都不願意再利用這一模型了。相反地，有些經濟學家試圖在產品特性與勞動和資本等基本要素的不同組合之間建立關係，其也可以來自於固定規模報酬與市場完全競爭，並用來解釋產業內貿易的情況。這種試圖建立在要素稟賦基礎上的模型被稱作新要素比例模型 (Neo-factor Proportion Approach)，主要是由范爾威 (Falvey) 等人建立的一種模型假設。

假設世界仍由兩個國家組成，並具有兩種生產要素：勞動 (*L*) 和資本 (*K*)。我們假設勞動可以在兩個產業間移動，但是資本是屬於一種產業特定生產的要素，就像前面討論過的特定要素模型一樣，而且每一種商品所需的資本不同。由於兩國生產兩種商品，其中之一的生產是無差異性商品。另一商品生產則具有差異性，其基礎在於商品的品質。以這個角度考慮的差異性常被稱作垂直差異性 (Vertical Differentiation)，對不同品質商品的需求，是取決於商品的價格和消費者的所得收入。

根據上述並簡化說明，假設有兩種差異性商品：C_1 和 C_2，其中 C_2 的品質優於 C_1（$C_2 > C_1$）。再假定每個消費者在一定期間內都會購買一定數量的 C_1 和 C_2。消費者在所得收入較低的時候雖然更喜歡 C_2，但是受到所得收入的約束，不能不把大部分收入用於購買 C_1。而在所得收入較高的時候，消費者就會消費較多的優質商品，而減少劣質商品之購買。

以生產的角度來看，廠商為了生產品質較高的商品就必須每單位勞動配置較多的資本。假設本國為生產 1 單位商品需要 1 單位的勞動投入與所需要的資本數量為 α，商品的品質愈高，α 的數值也就愈大，因此我們可以用 α 作為商品品質指數。這樣，本國生產 1 單位品質為 α 的商品成本為

$$C(\alpha) = w + \alpha r \tag{8-20}$$

其中 $w\,(w^*)$ 和 $r\,(r^*)$ 分別是本國（外國）的工資率和特定品質的資本報酬。同樣，外國生產 1 單位相同品質 α 的商品成本為

$$C^*(\alpha) = w^* + \alpha r^* \tag{8-21}$$

假如 $w^* < w$，並且 $r^* > r$，我們就可以把本國看做是資本相對豐富的國家，而外國為勞動相對豐富的國家，在不同品質的商品中，高級品會在本國生產，而次級品

會在外國生產。當兩國單位成本相等來作為衡量標準時，此時的商品品質為 α_1，其 $C(\alpha_1) = C^*(\alpha_1)$，並可由下式表示

$$w + \alpha_1\gamma = w^* + \alpha_1\gamma^*$$

或

$$\alpha_1 = \frac{w - w^*}{\gamma^* - \gamma} \tag{8-22}$$

這樣我們就可以把兩國生產任何其他品質商品的單位成本相對於這一邊際品質商品的差異寫成

$$C^*(\alpha) - C(\alpha) = \frac{w - w^*}{\alpha_1}(\alpha - \alpha_1) \tag{8-23}$$

本國在生產品質為 α 的商品時，只有當該商品的單位成本低於外國，即 $C(\alpha) < C^*(\alpha)$，才會具有比較優勢。由於 $w^* < w$，得到 (8-23) 式右邊第一項必為正，因此只有 $\alpha_1 < \alpha$，才會發生 $C(\alpha) < C^*(\alpha)$。反之，對外國來說，只有當 $\alpha_1 > \alpha$，其單位成本才會低於本國，即 $C(\alpha) > C^*(\alpha)$。其分析請參見圖 8-9，以 α_1 為界，品質比 α_1 劣的商品，因外國相對於本國便宜，由外國加以生產出口，而品質比 α_1 優的商品，則由本國出口之。其中所生產的品質 α，則將符合於 α_L 與 α_U 之間。

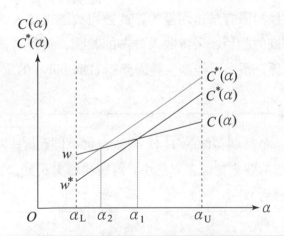

以 α_1 為界，① $\alpha < \alpha_1$，由外國出口，② $\alpha > \alpha_1$，由本國出口。當對外國商品課徵進口關稅時，外國平均成本線上升至 $C^{*'}(\alpha)$，造成本國生產的商品種類增加，外國生產的商品種類減少。

圖 8-9　垂直差異性產業內貿易效果的發生

當本國對外國商品課徵關稅 $t\%$ 時，短期而言，外國的平均成本線會上升至 $C^{*'}(\alpha) = (1+t)(w^* + \alpha\gamma^*)$，此時與本國的平均成本線交於 α_2

$$\alpha_2 = \frac{[w - (1 + t)w^*]}{[\gamma^*(1 + t) - \gamma]} \tag{8-24}$$

因為 $\alpha_2 < \alpha_1$，表示本國生產商品的種類增加，而外國生產商品的種類減少，可見關稅具有保護國內生產者之效果。但長期之下，由於本國生產商品種類增加，所以導致本國資本與勞動報酬 (γ, w) 皆上升；反之，外國要素報酬皆下降，如更進一步考量要素價格的變化，本國生產商品種類在長期之下會比短期減少些許。

另一種關於產業內貿易的「要素比例」的解釋就是在基本模型中把技術工人中的人力資本包括進來。如果一種商品中品質較高的商品內含有較高比例的人力資本，那麼用 H–O 模式就能夠預測貿易進行方向；那些人力資本稟賦較多的國家會生產及出口那些密集使用人力資本的商品，並進口那些密集使用非熟練勞動的商品。

此外如果商品是垂直相異的，廠商要開發一個品質較高的商品就要在商品投入市場之前進行研究與開發 (R & D)，這種研發的費用就被視為固定成本。假設其平均變動成本是不變的（或假設為零），但隨著品質的改進而緩慢提高。假設消費者都具有同樣的嗜好的條件之下，他們會根據商品品質而產生排序。但是消費者的所得收入不同，品質的高低決定了消費者所要購買的商品。此時廠商的決策首先要決定是否進入一個既定的市場；然後他要決定生產什麼品質的商品；最後要決定銷售該商品的價格。這些決策取決於既存於市場裡的廠商數目與隨後進入的廠商數目，而均衡中的參數值，包括廠商的數目、所得收入分布的範圍、消費者偏好、平均變動成本與商品品質之間的關係，很有可能產生雙邊壟斷 (Duopoly) 的現象。

 隨堂測驗

何謂產業內貿易理論? 其與傳統的 H-O 理論有何不同? 此一理論的形成要根據哪些經濟理論? 兩國的要素稟賦差異愈小，對貿易量有何影響? 以產業內及 H-O 理論說明之。(86 普考)

第六節　我國國際產業競爭力之探討

提及我國國際競爭版圖特別是科技產業，從過去的技術接受國到技術移轉國，累積不少的國際投資經驗及資金。藉由此過程，讓企業在未來多國籍運作中，產生許多運作模式。國際產業分工，因各國要素稟賦差異之不同，在「比較利益」原則

之下，形成企業對外投資分工生產。多國籍企業 (MNEs) 對外投資之發展，主要是為提高母子公司的銷售總額，並希望能減少母國對地主國貿易順差，降低母國對地主國間的貿易摩擦，冀求企業與國家經濟發展。而在母國必須採取國際產業分工，可提高「水平分工」與「垂直分工」之最佳效果。

我國在現今全球的資訊產業結構上，已成為資訊業的重心，在資訊產業逐漸普及化、成熟化及產品日新月異的情形之下，資訊軟硬體所提供之服務將再創成長之空間。由於臺灣產業結構的改變及社會的急速變遷，造成資本外移的情況日漸增加，根據臺灣資訊通信市場系統 (MIC) 資料分析，其將資訊業分為基本的軟硬體之外，並進一步將其衍生的資訊服務業區分為六大類，其分別為：a.套裝軟體服務 (Software Products)、b.轉鑰系統服務 (Turn-key System)、c.資訊系統整合服務 (System Integration)、 d.專業諮詢與開發服務 (Professional Advice and Development)、 e.資料處理服務 (Data Processing)、 f.電子網路服務 (Electric Network)。

1. 國際產業競爭力之衡量

國際產業競爭力可從其產業的「貿易特化係數」(Trade Specification Coefficient) 計算而得，依據國際著名經濟學家入江豬太郎與林彩梅 (2003) 提出，以貿易特化係數作為國際分工計算模式，以便瞭解國際分工進展程度，計算導出產品之國際競爭力指標所下之定義，可計算出各國在產業間是屬於何種產業結構，並可得知是否會產生產業內貿易之情形。

$$TSC = \frac{輸出\ (X_i) - 輸入\ (M_i)}{輸出\ (X_i) + 輸入\ (M_i)} \tag{8-25}$$

式中 TSC = Trade Specification Coefficient

　　　X_i = 一國特定期間特定產業 i 之出口金額

　　　M_i = 一國特定期間特定產業 i 之進口金額

當(1) $X = M$　　　則 $TSC = 0$　　　表示該國水平分工程度最高，垂直分工為零。

　(2) $X > M$　　　則 $1 \geq TSC > 0$　　表示該國屬於輸出特化面，有產業內貿易現象。

　(3) $X < M$　　　則 $-1 \leq TSC < 0$　表示該國屬於輸入特化面，有產業內貿易現象。

　(4) $M = 0$　　　則 $TSC = 1$　　　表示該國完全輸出特化（無進口）。

　(5) $X = 0$　　　則 $TSC = -1$　　表示該國完全輸入特化（無出口）。

在(4)、(5)兩條件，垂直分工程度最高，表示國際分工兩國極端值，另外再予以細分，如表 8-1。

表 8-1　　產業貿易特化係數歸類表

指數程度	說明
a. $+0.3 \sim +1$ (± 0.05)	垂直分工，技術差異，持有競爭力之輸出特化。
b. $-0.3 \sim -1$ (± 0.05)	垂直分工，技術差異，沒有競爭力之輸入特化。
c. $-0.3 \sim +0.3$ (± 0.05)	水平分工，技術較近，競爭力之差距不大。
d. $-0.3 \sim 0$	無競爭力之水平分工。
e. $0 \sim +0.3$	有競爭力之水平分工。

2.產業貿易資料分析

今以我國資訊通信產業 1994, 1998, 2002 年度的上述三項指標計算其對全世界的貿易特化係數，由於我國資訊通信產業 2002 年的貿易特化係數為：

$$TSC = \frac{16,039 - 8,246}{16,039 + 8,246} = \frac{7,793}{24,285} = 0.321$$

⑴ 2002 年度資訊通信產業商對全世界國際競爭力指數 $TSC = 0.321$。

⑵ 2002 年度資訊通信產業商對美國的競爭力或垂直工業指數為 0.852。

⑶ 2002 年度資訊通信產業商對日本的競爭力或水平工業指數為 0.15。

⑷ 2002 年度資訊通信產業商對歐盟的競爭力或垂直工業指數為 0.858。

⑸ 2002 年度資訊通信產業商對東協的競爭力或垂直工業指數為 -0.498。

從以上五式之計算可分別得知臺灣 2002 年度資訊通信產業商對全世界之貿易特化係數或競爭力指數，並知悉屬於對技術低落國家如東協五國為輸入且傾向於垂直分工型的產業，對技術先進國家如美國、歐盟各國為輸出且傾向於垂直分工型的產業，但對日本為輸出且傾向於水平分工型的產業也印證了委託代工型 (OEM) 的特性（詳見表 8-2，表 8-3）。知道資訊通信產業對美國、歐盟是垂直分工的輸出型及東協是接近垂直分工的輸入型之競爭力指數後，應進一步知道如何保持市場上的競爭優勢或所應採取之策略。

臺灣地區資訊通信產品可從我國資訊通信產業貿易特化係數來表示，根據「中華民國台灣地區進出口貿易統計月報」(1994~2003) 與「中華民國台灣地區進出口貿易經濟趨勢預測」(1994~2003) 等相關資料，將我國目前具有國際競爭力並與資訊科技相關之產業資料整理如下：有通訊機械、電腦設備產業、半導體業、事務機械產業、製造設備產業、資訊通訊產品業、醫藥業、精密儀器產業、航太產業、核能產業。從資料蒐集期間分析，大多數的產業其國際競爭力也日漸滑落，唯有通訊機械、電腦設備產業與資訊通訊產品業仍維持強勢之競爭優勢，參見圖 8-10，圖 8-11。從上

表 8–2 我國資訊相關產業貿易特化係數分析表

年度 產業	1994			1998			2002		
	出口	進口	TSC	出口	進口	TSC	出口	進口	TSC
通訊機械產業	577,047	−115,529	0.666	357,873	−153,479	0.400	374,615	−146,847	0.437
電腦設備產業	525,381	−125,035	0.616	1,165,673	−354,489	0.534	1,192,537	−616,597	0.318
半導體產業	1,598,956	−1,949,335	−0.099	107,056	−153,059	−0.177	152,699	−187,963	−0.104
事務機械產業	2,943	−4,880	−0.248	6,275	−4,309	0.186	4,192	−6,803	−0.237
製造設備產業	122,742	−220,496	−0.285	130,637	−454,272	−0.553	214,406	−699,412	−0.531
資訊通訊產品業	6,791	−1,758	0.589	13,758	−5,297	0.444	16,039	−8,246	0.321
醫藥產業	4,652	−37,861	−0.781	5,206	−59,590	−0.839	5,168	−89,134	−0.890
精密儀器產業	3,725	−30,359	−0.781	4,942	−74,655	−0.876	15,082	−94,932	−0.726
航太產業	806	−110,962	−0.986	13,634	−228,561	−0.887	12,475	−91,716	−0.761
核能產業	0	−1,189	−1.000	0	−11,324	−1.000	0	−35,673	−1.000

資料來源：王騰坤 (2004)，及中華民國台灣地區進出口貿易統計月報，(2003，4月)。

表 8–3 我國資訊產業與歐、美、日、韓、東協之貿易特係數化比較表

年度 產業	1994			1998			2002		
	出口	進口	TSC	出口	進口	TSC	出口	進口	TSC
東協五國	433	−526	−0.097	506	−1,355	−0.456	833	−2,487	−0.498
日本	423	−622	−0.190	1,224	−1,247	−0.009	1,960	−1,450	0.150
美國	2,388	−380	0.725	6,026	−655	0.804	5,561	−445	0.852
歐盟	1,664	−67	0.923	3,378	−572	0.710	3,429	−263	0.858
南韓	73	−31	0.404	29	−836	−0.933	213	−2,072	−0.814

資料來源：王騰坤 (2004)，及中華民國台灣地區進出口貿易統計月報 (2003，4月)。

述之統計資料中顯示，精密儀器產業、航太產業、核能產業等基本科技研發產業仍高度依賴先進國家，但接近國際水平分工之產品有半導體業、事務機械產業，表示我國在此行業的技術水準已日漸提升。因此，為維持及提升我國國際競爭力，高度依賴輸入的產業必須積極引進外國高科技廠商投資，或對先進國家購買先進技術或技術移轉，成為臺灣應積極努力之目標。

從上述分析得到通訊機械、電腦設備產業與資訊通信業具有強勢之競爭優勢，茲再就資訊通信產業來分析，從與先進國家（日本、歐盟、美國）或與我國具有相同競爭地位的國家（南韓、東協五國）之貿易特化係數分析來看，我國一方面從先進國家取得技術，並將其產品技術加工再輸出至先進國家如美國、歐盟；另一方面，將技術移轉至其他亞洲國家（東協五國等），再將其所製造之產品回銷至我國，其所獲之利潤，再向先進國家購買高科技之技術。

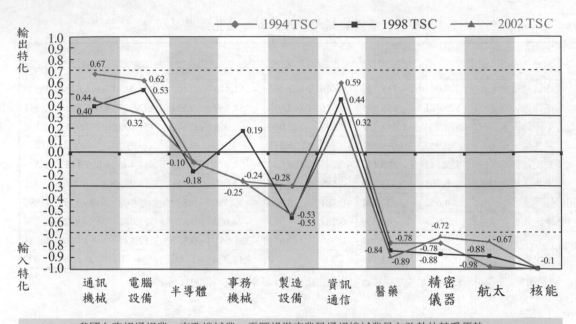

我國在資訊通訊業，事務機械業，電腦設備產業及通訊機械業具有強勢的競爭優勢。

圖 8-10　我國資訊科技相關產業國際競爭力指數圖（1994、1998、2002 年）

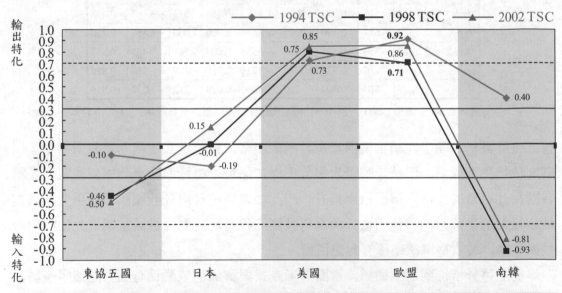

我國在國際分工的角色扮演中，具有技術移轉功能的作用，對美國、歐盟取得先進技術，再移轉至東南亞各國。

圖 8-11　我國資訊通信產業與歐、美、日、韓、東協之貿易特化係數比較圖

3. 資訊產業僑外投資與競爭環境評估

我國對全球資訊產業主要商品國際競爭力分析，可從表 8-4、圖 8-12 得知，我國的個人電腦（包括桌上型與筆記型）仍占出口之大宗，雖從一些書面資料得知，我國的電腦製造仍以桌上型電腦為主（此分析資料含主機板及相關支援個人桌上型電腦之周邊，如光碟機等），但慢慢地將被筆記型電腦所替代生產，特別是桌上用筆記型電腦。

根據產品生命週期理論，此階段之電腦產品已進入成熟期階段，但高階之筆記型電腦仍屬於導入期階段。印表機與投影機屬於輸入貿易特化產業，投影機資料顯示出這一方面之技術有待提升，印表機的資料包含點陣式印表機、雷射印表機、菊列式印表機及其他印表機等，無法顯現是何種印表機進入衰退期，但從相關資料可知，點陣式印表機已將技術移轉給東南亞國家進行生產，但高階印表機仍向先進國家進口。掃描器則進入衰退期階段，其次在本文評估中可能是光學數位相機的快速成長，取代了相關掃描的不便。

我國擁有高級的技術人力及資本，即使在 1997 年亞洲金融風暴，及 1999 年的 921 地震後，外來的投資仍然成長，顯示我國所擁有之相關技術，已獲得國際間之肯定。但在 2000 年後，大陸市場蓬勃發展，導致資金外流，見圖 8-13，再加上我國政府政策的不明確性，使得其在世界國際競爭力之排名，特別在與具有相當競爭環境之亞太國家，名次卻往下滑落，尤其在政府效率評估方面，請參考表 8-5。

表 8-4　我國對全球資訊通信產業主要產品國際競爭力

單位：美元

		桌上型電腦	筆記型電腦	掃描器	投影機	數位攝影機	印表機
1998	出口	11,656,733,784	5,909,873,244	837,502,210	6,043,502	134,710,675	17,790,543
	進口	3,544,893,379	26,192,948	8,184,790	8,342,633	33,073,715	185,924,396
	TSC	0.53	0.99	0.98	−0.16	0.61	−0.83
2000	出口	16,157,466,074	11,278,216,568	261,529,628	4,578,965	177,001,723	26,475,859
	進口	7,935,591,200	101,008,517	24,863,301	9,481,905	36,061,753	194,903,440
	TSC	0.34	0.98	0.83	−0.35	0.66	−0.76
2002	出口	11,925,372,491	7,434,953,535	81,222,507	8,578,564	55,578,717	26,676,600
	進口	6,165,973,949	247,664,888	21,975,500	3,480,320	16,615,477	163,581,464
	TSC	0.32	0.94	0.57	0.40	0.54	−0.72

資料來源：中華民國臺灣地區進出口貿易統計月報（2004，4 月）。

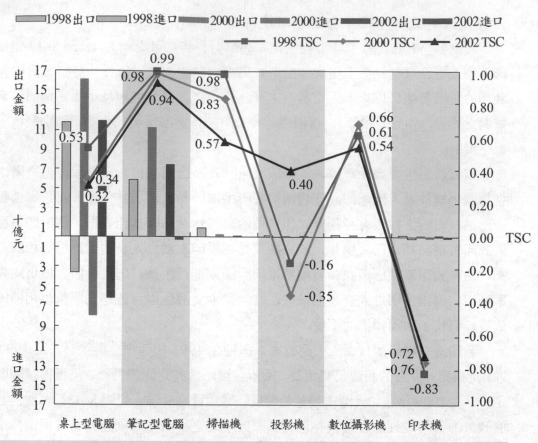

我國在資訊商品除了印表機與投影機外，其它皆具有國際競爭力。

圖 8-12　我國對全球資訊產業主要商品國際競爭力

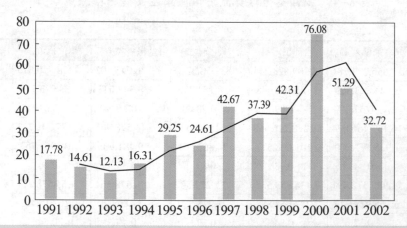

僑外來華投資受到我國投資環境改變的影響，到 2000 年後有下降的趨勢。

資料來源：經濟部投審會（2003，12 月 31 日）。

圖 8-13　僑外來華投資金額變化圖

表 8-5　亞太地區投資環境分析表

考量類別 評量細項 地區	能源 電力成本 （美元 / 千瓦）[I]	勞工		行政效率		資金		交通
		勞動成本 生產力比 （分）[B]	勞動生產力 （美元 / 時）[I]	文官制度 （分）[B]	政府效率 （分）[I]	長期融資 創投基金 （分）[B]	創業投資 （分）[I]	通訊與運 輸建設 （分）[B]
臺灣	0.061	2.9	24.41	2.6	60.88	2.6	6.47	3.0
排名	33	2	23	5	21	9	9	11
香港	0.106	*	24.12	*	80.03	*	6.51	*
排名	47	*	24	*	4	*	8	*
新加坡	0.079	2.9	22.60	3.1	90.62	2.4	6.43	3.3
排名	42	2	27	2	1	12	10	4
南韓	0.062	2.0	19.11	2.1	57.93	1.2	5.67	2.3
排名	35	18	30	19	25	35	14	24
馬來西亞	0.056	2.4	10.05	1.9	65.99	1.4	5.30	2.0
排名	25	6	40	25	19	29	18	28
泰國	0.061	2.4	6.02	1.5	55.39	1.1	4.35	1.8
排名	33	6	45	34	27	37	29	31
印尼	0.027	1.7	3.53	1.3	32.84	0.8	2.65	1.5
排名	5	6	45	34	27	37	29	31
菲律賓	0.090	1.6	4.82	1.3	15.50	1.2	3.23	1.6
排名	46	36	46	39	37	35	38	34
越南	*	1.5	*	1.0	*	1.0	*	0.6
排名	*	44	*	49	*	39	*	50
大陸	0.032	1.9	3.72	1.7	50.35	1.5	2.99	1.6
排名	6	22	47	28	30	28	43	34

註：*B*：瑞士商業風險評估公司 (BERI)，2002 年第三次投資環境風險評估報告。
　　I：瑞士國際管理學院 (IMD)，2002 年國際競爭力報告。
　　排名：為世界排名。
　　* 無資料。

資料來源：中國時報（2003 年 3 月 30 日），第 14 版，http://news.chinatimes.com。

通用汽車與大宇結盟失敗的剖析

　　1984 年 6 月，美國通用汽車與韓國的大宇集團簽署一項協議，由雙方各出資 1 億美元

在韓國南部建立一家各持股 50% 的合資企業——大宇汽車公司，以生產小型汽車——龐蒂亞克，其車款式由通用汽車在德國子公司生產之小型車——歐寶，加以改款而成。

　　該聯盟的管理工作大多由大宇行政人員執行擔任，而通用汽車僅提供少數管理人員和技術移轉設施。因當時美國的勞動力成本相當高，於是通用汽車認為若能把德國成熟生產技術與韓國廉價勞動成本加以結合，必將帶來極大的競爭優勢，當時各界都相當看好這樣的組合。對通用汽車來說，它取得較低廉的勞動成本，而大宇集團則可獲得通用既有的工程技術及美國汽車市場。

　　然而，就在聯盟成立不久，韓國政情隨著總統選舉趨向民主化發展，原本安定的生產環境下產生了丕變，許多勞動者罷工走上街頭要求工廠增加工資。面臨如此大的壓力，大宇被迫將工人的薪資增加一倍，如此一來，在德國生產歐寶汽車反比在韓國生產便宜得多，雖然德國工資依舊很高，但其生產率更高。

　　接著連續 8 年的虧損，讓雙方彼此間產生激烈的摩擦及互相指責現象。通用汽車認為大宇生產線的汽車品質上有問題，也因此該車在美國 1991 年的銷售劇降至 37,000 輛，相較於 1988 年最高時，下挫了 86%；相對地，大宇汽車在韓國汽車市場中的占有率也從 1987 年的 21.4% 下降到 1991 年的 12.3%。至於大宇集團，則認為通用汽車管理人員態度怠慢並阻止大宇集團在歐洲開拓市場一事（因為通用認為歐洲是通用德國子公司的勢力範圍）更耿耿於懷。在交互猜忌無法妥協之下，雙方原本的合作，最後走上分手一路。

　　在 1991 年當時，大宇集團曾要求通用汽車同意擴展合資企業的生產設備，這項計畫需要雙方各再投資 1 億美元，使大宇汽車的產量能夠倍增，但通用汽車認為增產並無法真正幫助大宇汽車，反以先改善品質為優先的理由拒絕。談判破裂之後，通用汽車的管理階層向大宇汽車提交了一份尷尬的建議，內容為雙方彼此可以買下對方合資中的股權。最終，大宇集團在 1992 年 11 月以 1.7 億美元，分 3 年買下通用汽車在大宇汽車旗下的 50% 股權，就此結束雙方的結盟關係。

　　問題 1：美國通用汽車與韓國的大宇集團為何要進行結盟，所考量的優勢在何處？

　　問題 2：試就其結盟失敗的原因進行探討，並就你的觀點來看，是否真的無法挽回？

第七節　結　論

　　我們至此介紹了幾個不同的有關產業內貿易的模型，根據不同的假設條件進行不同結果的產業內貿易分析，雖然這些模型之間有不同的發生原因，但是仍能找出它們的一些共同之處。

　　首先，在這些模型中都能推斷出產業內貿易發生的原因，如國際貿易與分工等因素，但是這些模型都不能預測哪一個國家會出口哪一種商品。其次，由於消費者偏好的不同也產生了重要的作用，也對產業內貿易產生重要的影響。第三，貿易國彼此間所得水準與商品特性愈相似，愈可能展開產業內貿易。第四，規模經濟常常是產業內貿易模型的一個重要因素，在生產的平均成本遞減的情況之下，透過貿易使其市場規模擴大，商品種類就會增加，即使在兩個完全相同的國家之間也能展開產業內貿易，並且增進兩國間的福利。最後，我們注意到產業內貿易後調整的代價要比產業間貿易之下調整的代價低，雖然有的廠商改變其生產或離開市場，但貿易之後市場本身擴大了，離開市場的廠商所釋放出來的生產要素會繼續在市場中被其他廠商所雇用，而不是轉移到其他產業去，這表示著再培訓工人、改造機器設備等等的成本反而會比改變產業別來得較低。這樣，在產業內貿易情況下進行調整所帶來的要素相對報酬和實際報酬的變動就可能比在產業間貿易下進行調整所帶來的變動要小。

　　產業內貿易就是國家之間同時進、出口相同或相似的商品。它涉及到各種不完全競爭的特點，一般不能建立在完全競爭假設上的傳統國際貿易理論來解釋，因而就出現了許多模型。例如，在許多廠商競爭的假定下依據水平差異商品之特徵性偏好的蘭卡斯特模型、水平差異商品之多樣性偏好的克魯曼模型，以及依據傳統赫克紹─歐林框架內用商品的垂直差異性來建立新要素比例的范爾威模型，它說明了如果兩個國家所得收入水準不同，就會產生產業內貿易，高收入國家出口優質商品，低收入國家出口劣質商品。在產品具有水平差異性，並在生產的平均成本遞減的情況下，即使在兩個完全相同的國家之間也能展開產業內貿易，且會增進兩國間的福利。在寡占市場假設下，在附錄中介紹了巴納德─克魯曼模型，其利用古諾行為建立猜測變量，接而推導初期本國與外國的反應函數進行討論納許均衡。

　　針對臺灣資訊產業之探討，全球資訊產業廠商的利潤宛如半導體的技術，從「微」薄變成「奈米級」。因此 PC 大廠無不積極調整其經營策略，亦紛紛提出「新 PC 時代」

的來臨，將焦點由運算時脈的提升轉移至無限網路及整體平臺效能等周邊規格的加強，藉以達到刺激消費者買氣的目的。

展望未來，除非技術或應用科技能重現跳躍式的進步，否則整體資訊通信市場恐將持續著持平或個位數的成長率，直到下一個汰換週期出現為止。因此建議我國資訊廠商，當務之急是積極尋找與轉進新興戰場。此外，對於以代工製造生產為主的我國資訊產業而言，如何配合國際大廠客戶的策略發展，快速跟隨，將是整體資訊產業維持優勢的關鍵。

另針對我國資訊通信產業之桌上型電腦、筆記型電腦、主機板等主力產品中，除了筆記型電腦尚能維持成長外，其餘皆處於衰退狀態。相對其他衍生產品方面，如 PDA、LCD 監視器與 3G 手機等，卻正在蓬勃發展，穩定成長中，因此建議廠商應思考如何增強在衍生產品的優勢（如持續提升自身在創新、設計乃至行銷與服務等層面的能力），同時迅速掌握新 PC 時代來臨的契機，發展有助維繫我國資訊產業競爭力的新世代產品。

由於多國籍企業採取「技術全球化」之管理策略，利用國際間共同研究提升資訊通信產業之研發能力，要求政府擴大研發預算，並加強高科技人才之培訓，再結合各區域之研發機構，依據比較利益原則決定技術移轉之程度，整合研發資源，提高生產效能。除此之外，可先從先進國家移轉先進技術，開發更優越之商品，並加強國際研發技術合作。當技術成熟後，以策略聯盟或技術授權方式轉出，將所獲得的利潤作為繼續引進先進技術之來源。

重要名詞與概念

1. 產業間貿易
2. 產業內貿易
3. 產業內專業化生產
4. 生產集中化
5. 鑽石理論
6. 商品差異化
7. 相互傾銷
8. 產業內貿易係數
9. 蘭卡斯特
10. 光譜分析法
11. 完全壟斷競爭
12. 水平差異性
13. 多樣性偏好
14. 克魯曼
15. 新要素比例模型
16. 范爾威
17. 垂直差異性
18. 雙邊壟斷
19. 策略性相互依賴
20. 猜測變量

21.古諾行為　　　　　　　　　25.修正後的產業內貿易指數

22.冰山理論　　　　　　　　　26.產品生命週期

23.歐洲經濟共同體　　　　　　27.技術生命週期

24.國際貿易商品分類規則　　　28.貿易特化係數

課後評量

1. 請說明產業內貿易發生的原因及理由。

2. 多國籍企業為擴大國際市場，依據國際分工理論，請說明對產業內與產業間分工之影響。

3. 請比較說明產業內與產業間貿易之差異。

4. 請透過 Helpman-Krugman 利用艾吉渥斯箱型圖說明產業內與產業間貿易發生的原因與相互間之關係。

5. 試比較說明「垂直分工」與「水平分工」之異同，請利用產業的「貿易特化係數」說明之。

6. 運輸成本引入這種產業內貿易的方法可利用相互傾銷模型解釋之，請詳加說明相互傾銷之意義以及其為何會發生？

7. 蘭卡斯特所提出的水平差異商品之特徵性偏好模型，來說明商品的偏好特性，請說明其對產業內貿易之影響。

8. 在克魯曼所研究之水平差異商品之多樣性偏好模型中，利用效用函數來分析產業內貿易發生之原因，請概要說明以模型所產生的分析結果進行分析。

9. 范爾威等人建立新要素比例模型，對不同品質商品的需求，是取決於商品的價格和消費者的所得收入，請以圖形分析說明之。

10. 根據「新要素比例模型」，資本相對豐富的本國會出口品質較高的布，而勞動相對豐富的外國會出口小麥和品質較低的布。

    ⑴這種貿易是否對兩國都有利？

    ⑵貿易對兩國的要素所有者的實際收入有什麼影響？

    ⑶貿易對消費者會有什麼影響？

11. 如果運輸成本是佔出口銷售的一定比例，則兩個屬於不同國家的寡占企業在 Cournot 行為假設下如何確定在本國市場與外國市場銷售的量？請利用本章附錄說明之。

12. 在 H-O 理論的模型架構之下，只要運輸成本存在，會達成完全的要素價格均

等，請說明之。

13. 有兩個假設條件完全相同的國家，在貿易前分別各有一家廠商生產兩種相似
但不同質的商品。如果進行貿易，結果可能會出現哪幾種貿易模式？請論述之。

14. 產品生命週期 (*PLC*) 與技術生命週期 (*TLC*) 兩者和搭配，請說明之。

15. 請簡要說明 Linder 的所得相似理論，為何所得相近的國家彼此的貿易量較大？

16. 要得知我國的國際競爭力，可從哪兩個國際知名的管道獲得？

附錄　巴納德—克魯曼 (Brander-Krugman) 相互傾銷模型

之前討論的都是有許多廠商存在情況下的產業內貿易模型，在此我們將以寡占模型來考慮產業中廠商之間的策略性相互依賴 (Strategic Interdependence) 的現象。如果市場上的一家廠商知道它的決策會大到影響其他廠商的利潤時，因此它也就要考慮其競爭對手會針對其決策作出什麼樣的反應。一般把這種對競爭對手的反應稱做「猜測變量」(Conjecture Variation)。

接下來我們將針對此一現象，介紹巴納德和克魯曼首先提出的反應模型，這是一種部分均衡分析。其假設有兩個國家，並有各自一個生產者，以相同的成本生產同質的商品，並且兩國對該商品的國內需求函數也一樣。兩國廠商採取的是「古諾行為」(Cournot Behavior)，也就是說每家廠商在決定自己的產出水準時都把對方的產出作為既定的。這也就是猜測變量。

我們將兩家廠商共同的總成本函數 $C(Q)$ 假設為線性函數，即

$$C(Q) = FC + cQ \qquad (8A-1)$$

其中 Q 是產出水準，FC 代表固定成本，c 是（不變的）邊際成本。其中上標表示消費商品的國家 i ($i = H$ 是本國，$i = F$ 是外國)，下標表示商品生產者，(1 = 本國生產，2 = 外國生產)，其需求函數表示是

$$P^i = a - b(Q_1^i + Q_2^i) \qquad (8A-2)$$

本國生產者在本國市場上的收益就取決於他本國的銷售和外國競爭者的銷售，可表示為：

$$TR_1^H = [a - b(Q_1^H + Q_2^H)]Q_1^H$$

同樣，本國生產者在外國市場上的收入就是：

$$TR_1^F = [a - b(Q_1^F + Q_2^F)]Q_1^F$$

所以本國生產者的總成本是

$$C_1 = FC + c(Q_1^H + Q_1^F)$$

因此，本國生產者利潤就是

$$\pi_1 = [a - b(Q_1^H + Q_2^H)]Q_1^H + [a - b(Q_1^F + Q_2^F)]Q_1^F - FC - c(Q_1^H + Q_1^F) \tag{8A-3}$$

相應地，外國廠商的利潤就是

$$\pi_2 = [a - b(Q_1^H + Q_2^H)]Q_2^H + [a - b(Q_1^F + Q_2^F)]Q_2^F - FC - c(Q_2^H + Q_2^F) \tag{8A-4}$$

古諾行為的假設表示廠商都是在對方數量銷售不變的假定下，選擇它利潤最大化下的銷售。其必須滿足其最大化一階條件為零之要求

$$\frac{\partial \pi_1}{\partial Q_1^H} = a - 2bQ_1^H - bQ_2^H - c = 0 \tag{8A-5}$$

以及

$$\frac{\partial \pi_1}{\partial Q_1^F} = a - 2bQ_1^F - bQ_2^F - c = 0 \tag{8A-6}$$

同樣，外國生產者的銷售目標也要滿足其最大化一階條件為零之要求

$$\frac{\partial \pi_2}{\partial Q_2^H} = a - bQ_1^H - 2bQ_2^H - c = 0 \tag{8A-7}$$

以及

$$\frac{\partial \pi_2}{\partial Q_2^F} = a - bQ_1^F - 2bQ_2^F - c = 0 \tag{8A-8}$$

生產者的均衡可以透過 (8A-5)～(8A-8) 式來得到。然而，由於我們假定邊際成本為 c 不變，透過解 (8A-5) 和 (8A-8) 式來得到本國市場上的均衡銷售量；再透過解 (8A-6) 和 (8A-7) 式來得到外國市場上的均衡銷售量。我們可以用圖形來說明這種均衡以及達到均衡的途徑。根據 (8A-5) 式關於本國廠商在本國市場的銷售量得到

$$Q_1^H = \frac{1}{2b}(a - c) - \frac{1}{2}Q_2^H \tag{8A-9}$$

(8A-9) 式決定了本國生產者在本國市場的反應函數，即它說明了本國廠商面臨外國競爭者在本國市場的任何銷售量，為了使利潤最大化的銷售量。同樣，(8A-7) 式決定了外國廠商在本國市場的銷售量，可以得到外國廠商在本國市場的反應函數

$$Q_2^H = \frac{1}{2b}(a - c) - \frac{1}{2}Q_1^H \tag{8A-10}$$

圖 8-A 顯示了本國市場上的這兩個反應函數。R_1 是本國生產者的反應函數，R_2 是外國競爭者的反應函數。兩條函數的交點就是該市場的均衡點，也就是納許均衡 (Nash Equilibrium)。

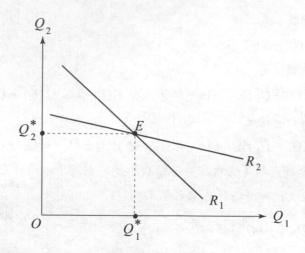

圖 8–A　本國市場上的均衡

透過巴納德－克魯曼分析把運輸成本引入寡占模型中，其也稱作相互傾銷 (Reciprocal Dumping) 模型，也就是假定有一定比例的出口是因運輸費用而被「吸收」(Absorbed) 了，這是所謂的運輸成本「冰山」(Iceberg) 模型。我們假定每單位出口商品中只有一個比例 g $(0 < g < 1)$ 能在出口市場上銷售。這就是說，廠商要在出口市場售出 1 單位商品就必須增加 $\frac{1}{g}$ 單位水準，所增加的部分就是運輸費用。這就使得為出口市場所進行的生產，其邊際生產成本要高於為國內市場所進行的生產。引進運輸成本之後，我們就要修改每個生產者的利潤函數。如果仍把生產者在兩個市場的銷售量作為決策變量，生產者的成本就必須適當改變。此時，本國生產者的利潤改為

$$\pi_1 = [a - b(Q_1^H + Q_2^H)]Q_1^H + [a - b(Q_1^F + Q_2^F)]Q_1^F - FC - f(Q_1^H + \frac{Q_1^F}{g}) \tag{8A–11}$$

FC: 為生產之固定成本

$f(*)$: 為引入運輸費用之成本函數

假設生產者對自己國內市場的反應函數沒有改變，只是對其競爭對手在該市場的銷售作出反應。但是，每個生產者對出口市場的反應函數必然要受到影響。例如，對本國生產者的利潤函數 (8A–11) 式就出口銷售求一階偏微分為：

$$\frac{\partial \pi_1}{\partial Q_1^F} = a - 2bQ_1^F - bQ_2^F - \frac{f}{g} = 0 \tag{8A–12}$$

整理可得：

$$Q_1^F = \frac{1}{2b}(a - \frac{f}{g}) - \frac{1}{2}Q_2^F \qquad (8A–13)$$

模型的對稱性意味著外國生產者在本國市場的反應函數現在就是成為

$$Q_2^H = \frac{1}{2b}(a - \frac{f}{g}) - \frac{1}{2}Q_1^H \qquad (8A–14)$$

　　由於 g 小於 1，$\frac{f}{g}$ 必然大於 f，因此外國生產者在本國市場上的反應函數必然比以前更靠近原點。在圖 8–B 中，R_2^* 就是存在運輸成本時外國在本國市場的反應函數。在有運輸成本時本國市場的均衡點就是點 E^*。現在把點 E^* 與沒有運輸成本時的均衡點 E 進行比較，我們可以看到，外國生產者對本國市場的出口減少了，而本國生產者的銷售增加了。在外國市場上，情況必然也是一樣，即外國生產者在它國內市場銷售增加，而本國生產者對外國的出口減少。由於對稱性市場分析的兩個市場上的價格是相同的，而且每個生產者在自己國內市場的售價必會高於他在出口市場銷售減去運輸成本的價格，此稱之為產業內貿易之相互傾銷分析。

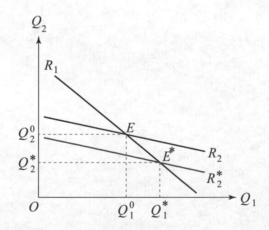

當考量運輸成本的時候，外國生產者的反應函數由 R_2 下降至 R_2^*，均衡點也由 E 變為 E^*，國內生產增加，國外生產減少。

圖 8–B　有運輸成本時本國市場的均衡

第九章

國際貿易政策之探討

國際經貿體系是個多重的空間現象，不同國家可能因其各自利益考量而捨棄自由貿易之看法。而在政治經濟功能主義抬頭的社會裏，福利國家是否會存在危機當中，如果大家都不能捨棄自我的觀點，那樣權衡性的政策就無法形成效果，社會福祉就無法提升。

林伯克 (A. Linbeck, 1930～　)

《本章學習方向》

1. 執行貿易政策，是否會保護特定利益團體
2. 各國在執行貿易政策所依據的理由
3. 說明自由貿易與限制性貿易政策之差異，並以經濟角度分析
4. 貿易政策的實施對國家福利效果之評估分析
5. 貿易政策對所得分配之探討
6. 產業結構的差異對貿易政策之影響
7. 國際談判與貿易政策

本章章節架構

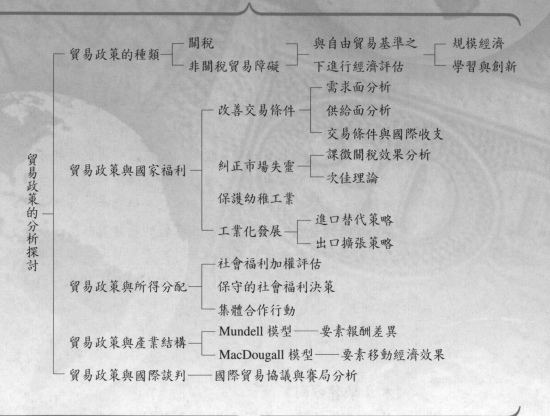

貿易政策的分析探討
- 貿易政策的種類
  - 關稅
  - 非關稅貿易障礙 ── 與自由貿易基準之下進行經濟評估
    - 規模經濟
    - 學習與創新
- 貿易政策與國家福利
  - 改善交易條件
    - 需求面分析
    - 供給面分析
    - 交易條件與國際收支
  - 糾正市場失靈
    - 課徵關稅效果分析
    - 次佳理論
  - 保護幼稚工業
  - 工業化發展
    - 進口替代策略
    - 出口擴張策略
- 貿易政策與所得分配
  - 社會福利加權評估
  - 保守的社會福利決策
  - 集體合作行動
- 貿易政策與產業結構
  - Mundell 模型 ── 要素報酬差異
  - MacDougall 模型 ── 要素移動經濟效果
- 貿易政策與國際談判 ── 國際貿易協議與賽局分析

前面章節我們針對國際貿易發生之原因進行經濟上的分析與討論，但主要仍屬於理論部分之探討。接下來我們將以前面的理論分析為基礎進行貿易政策之探討。雖然大多數經濟學家贊成自由貿易，可是現實社會中為何仍有限制性貿易政策的實施，並偏離自由貿易的觀點？其中一種看法是大國能夠通過運用最適關稅來改善其交易條件；另一種看法是建立在國內市場失靈的基礎上，如果一個國內市場不能有效運作，而直接改善市場機能又因為種種限制原因而不可行時，就可以讓政府在對外貿易方面進行干預。

在現實社會中，貿易政策由於常常受到政府歲入所得分配方面考慮的影響，對貿易政策還沒有一個普遍認可的標準，但已出現了一些有用的思考模式。一是社會福利權重的評估，會導致政府政策的偏向考量。一是保守的社會福利的觀點，認為政府不願意看到任何集團受到損失而制定相關政策。最後是集體合作行動的觀點，它認為貿易政策的決定受不同集團組織起來為共同利益而行動，並受不同外力所影響。由於貿易政策的制定受不同利益集團的制衡，單邊的貿易自由化很難實施，而通過國際談判來削減關稅和非關稅貿易障礙就比較容易推行。

此外，對於開發中國家的貿易政策可以用同樣的分析工具來討論，其貿易政策一般可從三方面加以討論：

(1)消除與已開發國家之間不平等的經濟關係：開發中國家主要出口初級商品，進口已開發國家之製成品，長期來看，初級商品的相對價格是下降的，而製成品卻是上升的，因而交易條件對開發中國家而言是不利的。

(2)促進工業化與產業升級：其主要的觀點是在於保護幼稚工業，支持這一看法的主要有資本市場失靈和保護後所獲得的利益必需超過保護期間所蒙受之損失。利用這些觀點，許多開發中國家推行了進口替代策略，但是這種策略沒有想像中來的成功，但是另一些國家，如亞洲四小龍則推行出口擴張策略，卻獲得了相當的經濟起飛。

(3)對付國內經濟產業結構的不均衡發展：有些經濟學家認為貿易保護等政策，如

關稅，有利國內產業經濟結構差異的消失，但另一些經濟學家批評這種政策只會加劇經濟結構差異之發展，其主要在於認知上的不同，保護結果須視一國的國際收支情況，而採取相對應的貿易政策以為因應。

在貿易政策的實施過程中，會使一國的經濟福利受到影響，即使是個大國，它要課徵關稅增進社會福利水準，也要使關稅率達到最適之水準，並且是在外國不進行報復的情況下才行。但是，為何在現實世界中，不少國家的政府仍在採用這些減少全體福利水準的貿易政策呢？很顯然地，政府在制定政策的時候並不是僅僅從經濟福利的角度考慮的，其中反映了其他非經濟的因素，不是一般經濟分析所能解釋的。

第一節　貿易政策之種類與執行

國際貿易發生之原因皆在自由貿易的前提之下討論，也就是在不考慮政府對貿易政策的干預之下，追求社會福利水準的極大化。但現實社會中，自由貿易僅是一種理想，有時政府為某種政治理由，如保護國內產業、或增加稅收等其他原因，就會採取直接或間接貿易措施來干預國際貿易之進行。

接下來，我們根據歐陽勛、黃仁德 (2003) 書中對於貿易政策之分類，茲整理如表 9–1 說明：

表 9–1　貿易政策之分類與評論

限制觀點	說明	備註
幼稚工業論	由於無法與國外高效率產業競爭，但為一國產業有生存、發展之機會，免於受到國外競爭之迫害，直至發展具有生產技術效率與經濟規模足以跟國外業者相抗衡為止。	a. 幼稚工業在一定期間內能自立成長。 b. 保護所生之利益需超過所蒙受之損失。
國家安全論	關稅之保護應以民生與國防產業為先決條件，使其生產能自給自足，並能以備不時之需。	將會造成資源之扭曲與價格之變化。
經濟多樣化論	藉由經濟多樣化將有助於國內經濟之穩定，避免遭到國際市場價格波動之衝擊。	由生產專業化變為多樣化，將不符合比較利益原則。
保護就業論	貿易政策之實施，可以減少進口，迫使外國廠商至國內投資，會增加國內之有效需求，促使產業擴張、就業及生活水準提高。	會導致國內價格提高，消費者受到不利，反而無效率之生產者獲利。
保護工資論	為免於國外低工資產品之競爭並保護本國較高工資水準之勞工，而施以關稅或配額等貿易措施來進行保護。	工資影響商品價格的大小需視勞動在商品生產過程中之比例。

技術傳播論	先進國家的商品具有比較利益乃是技術領先，其技術知識的傳播也相當的快，除非經常創新，不斷產生比較利益，否則出口競爭能力將無法長久維持。	主要適用在產品生命週期愈短之商品，須不斷提升技術才能維持。
國際收支論	當國際收支發生逆差時，可以藉由貿易政策的實施，來迅速改善國際收支。當有下列事由時，將無法改善：a. 外國採取報復手段；b. 對進口需求缺乏彈性；c. 中間投入的減少；d. 兩國進口相互需求的減少；e. 貨幣的升、貶值。	改善經濟結構與增加出口，並吸引外資流入，才是改善的最佳手段。
交易條件論	在大國的情況之下，以關稅限制進口，將使國際供給價格下跌；限制出口則會使國際供給價格上升，而使交易條件改善，社會福利水準提高。	若一國採報復手段，本國所面對的交易條件不僅無法改善，甚至可能反而惡化。
關稅收入論	判斷一國經濟發展程度高低的標準之下為租稅結構，若租稅收入中關稅所占的比重愈大，表示該國的經濟愈落後，故關稅之執行應要謹慎，而導致資源分配不均造成經濟成長受阻。	應以健全之租稅制度來促進經濟成長，才是一國收入之最佳管道。
資源耗竭論	若一國基於保存其自然資源而限制貿易，則各國將無法互通有無，最後各國所享有之資源將比在自由交易條件之下來得少。	應經由國際合作來開發新資源，而非消極地予以限制。
所得重分配論	自由貿易將將導致一國所得重分配，個人與社會福利因此可能會遭到不利之影響，故應加以限制。	因貿易損害而使福利水準下降，應以國內相關政策予以救濟，而非限制貿易而喪失貿易利得。
社會風俗論	為維護社會善良風俗及民眾身心，避免外部不經濟，一國應限制貿易以提高其經濟自主性。	所造成之不利影響，應尋求適當之國內對策防範。
反傾銷論	當遭到貿易對手國進行傾銷時，應立即採取相當之保護措施，禁止其進口，或課徵反傾銷稅，避免市場被掠奪，產業遭受到損害。	應符合在 WTO 與 GATT 規範與國內相關反傾銷實施辦法的條件下進行調查。

資料來源：歐陽勛、黃仁德 (2003)，《國際貿易理論與政策》，第 7 版，臺北。

　　理論上，自由貿易將使每個國家及國際社會的經濟福利水準提高，但現實的國際社會中往往有許多的貿易障礙存在，自由貿易成為一種理論所存在的理想，限制貿易反而是一種事實的常態。贊成自由貿易者主要為消費者、進口商、出口商、及貿易相關從業人員；支持限制貿易偏向者主要為缺乏效率的進口替代業者及國內市場獨占者。

　　一般而言，貿易政策其執行工具可分為：

(1)價格政策工具：如進、出口關稅與進、出口補貼。

(2)數量政策工具：如進、出口配額。

　　亦可分為關稅及非關稅貿易障礙，後者包括補貼、配額、政府採購政策、行政留難、關口估價、進口平衡稅、調整協助、官方貿易獨占、管制外匯、預先存款要求、附帶條件的貿易、環保要求、及關稅稅率配額等。這些都會阻礙國際貿易的進行，造成社會福利水準的下降，下面我們將以不同觀點，對於國際貿易政策之實施與自由貿易之比較來加以討論：

一、自由貿易和效率

　　要執行貿易政策，我們最好先就政府不干預貿易之理由，也就是推行自由貿易政策之原因進行瞭解；之後，我們就可以把政府干預看作是對自由貿易之挑戰，並就這一假設理由進行分析。在當今世界上，除了香港、新加坡等是真正推行自由貿易、不實施任何關稅和非關稅障礙的地區外，其他國家或地區幾乎沒有一個是完全實行自由貿易的。儘管如此，自從亞當斯密以來，許多經濟學家都大力提倡自由貿易有助於社會福利的增加，但是要推行自由貿易卻並不那麼簡單。首先，經濟學家認為自由貿易可以避免由於保護而導致的效率損失。其次，自由貿易還可帶來除了避免效率損失以外的其他的利益分配效果。最後，即使是那些認為自由貿易不是一種完善政策的人，也會相信自由貿易比政府採用其他貿易政策來要好的多。

1. 自由貿易的效率利得

　　自由貿易最重要的就是它能實現最有效率的資源配置，這一點其實就是關稅政策分析的效果。圖 9–1 說明了一個小國課徵關稅的效果。對一個小國而言，課徵關稅後有生產扭曲和消費扭曲兩塊淨效率損失。如果取消關稅，允許自由貿易，這些因扭曲而造成之效率損失就會消除，而使一國的福利水準增加，而其他相對應之效果，我們留待在後面來進行分析。

　　不少經濟學家曾對一些國家實施關稅和配額等保護措施後導致的損失作估計研究。例如，貝拉‧巴拉薩 (B. Balassa) 曾在 1971 年估計了一些國家因執行保護主義所付出的代價。他估計巴西 1966 年因保護而受到的損失為國民所得的 9.5%，巴基斯坦 1963 年的損失為 6.2%，墨西哥 1960 年的損失為 2.5%，而美國 1963 年的損失僅為 0.26%。顯然，這些因保護而導致的損失是與保護的程度繁密相關的。美國相對說來保護較少，因而其損失也最小。而巴西在 1960 年代中期因過度的保護，其損失也較大。

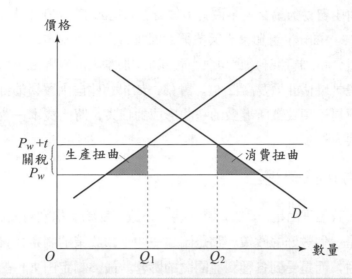

小國課徵關稅之後，價格上漲至 P_w+t，會形成生產扭曲與消費扭曲兩塊淨效率損失。

圖 9-1　小國課徵關稅的效果

2. 自由貿易的優點

除了上述的效率利得外，部分經濟學家認為，自由貿易除了能改善效率以外，還能帶來：

(1)規模經濟：

一個受到保護的市場可使其國內和國際市場分隔開來，加上由於這種受保護的市場競爭力薄弱，但隨著利潤增加，反而誘使相對較多的本國廠商進入該產業。當相對狹小的國內市場上擁擠著相對較多的廠商時，它們的平均生產規模必然較小，由於不具規模經濟，就會導致低的生產效率。以阿根廷的汽車業為例：由於對汽車進口的限制，以保護國內汽車產業，假設平均一個具有規模效率的汽車裝配廠年產量應在 8 萬～20 萬輛之間，但阿根廷擁有 13 家以上的汽車廠，而年總產量卻只有 16.6 萬輛，平均每家汽車廠只有 1.2 萬輛，因此不具生產效率。此外，在國內市場比較狹小的情況下，實施保護後如果沒有很多廠商進入該產業，則可推知國內市場是由具有規模經濟效率的廠商所獨占,那麼這種保護就會導致國內壟斷的產生,從而產生效率上的損失。

(2)學習與創新效果：

自由貿易比保護主義提供了較多的機會，對企業家提供學習和創造新技術、新方法的機會，為出口品與進口品的競爭等等都提供了更大的激勵。上

述贊成自由貿易的論點大多沒有數量分析，但到了 1980 年代中期，經濟學家哈里斯 (R. Harris) 對加拿大與美國之間實行自由貿易後的加拿大貿易利得進行了數量分析。其估計是實現自由貿易後，加拿大的實際經濟成長提高 8.6%，還比一般計量估計的要高 2 倍。顯然，如果這些自由貿易的好處確實存在，那麼，貿易干預政策所導致的扭曲形成的損失，將比成本一收益分析中所衡量的還要大得多。

二、自由貿易的政治理由

自由貿易的政治理由是，即使有時一些干預政策對國家福利可能比自由貿易大，但自由貿易仍是一個較好的政策。這是因為一些干預政策的制定在實踐中往往不是根據國家的利益，而是受到各種利益團體的影響。最終制定出來付諸實施的政策往往就成了政治上影響力較大的利益集團的一種權利再分配的政策。從純經濟的角度看，自由貿易並不一定總是一個最好的政策；例如，在不完全市場競爭情況之下。但是如果政策的制定是受不同利益集團所影響，那還是採行自由貿易的政策比較好。

雖然我們上面列舉了一些自由貿易的好處和理由，但是仍有不少反對或不贊成的觀點，而這些觀點也並不是沒有道理的，因為各國的經濟條件不同，實施自由貿易後，不同國家福利水準的增減也就有所差異。接下來我們將討論貿易政策對國家福利之影響。

 隨堂測驗

兩國「自由貿易協定」(Free Trade Agreement, FTA) 多在一定期間內完成貿易自由化（關稅與非關稅障礙的廢除），多數產業也依據比較利益原則進行市場競爭因應手段，試繪圖說明貿易自由化過程中，其中一國具備 X 產業的比較成本利益 (Comparative Cost Advantage) 時，如何能在另一個國內的同一 X 產業市場取得長期競爭優勢？(92 年高考)

第二節　貿易政策與國家福利

我們知道，大多數關稅、配額等貿易政策措施主要都是為了保護某些利益集團而實施的，但有時它們確也如政治家所說的那樣，是為了全體國民的利益。即使從

經濟角度看，儘管大多數經濟學家認為，對貿易進行干預會降低一國的福利，但有時也有理由相信，積極性貿易政策的干預反而會增進一個國家的總體福利水準，以下我們將以下列幾點來說明，為何要實施貿易政策的理由。

一、改善交易條件

我們知道對大國而言，實施進口關稅能夠使銷售價格變動並影響國際價格；在本國出口價格不變的情況下，它改善了本國的交易條件。當然，實施關稅也有損失，那就是生產扭曲和消費扭曲。但是在有些情況下，交易條件改善的利得會大於因生產扭曲和消費扭曲所形成的損失，反而使淨福利水準增加。其經濟分析證明，我們將留待在第十章討論。

如果說對於一個大國實施進口關稅有助於改善其交易條件，那麼它對出口部門應當採取什麼樣的政策呢？顯然地，出口補貼會使本國交易條件惡化，從而使福利降低。因此最好的政策應當是負的補貼，即課徵出口稅，使本國的出口價格提高而改善交易條件。根據婁勒對稱性定理可以證明，最適出口稅率與最適進口稅率一樣皆為正值，但低於禁止性關稅率。例如，石油輸出組織 (OPEC) 對石油課徵出口稅，使得石油的世界價格上升，因此交易條件改善，福利水準比在自由貿易下變得更好。

但是交易條件改善總是有限度的，必須是在大國情況下並且能夠影響世界價格才行。而事實上大多數國家都是小國，沒有能力影響它們進口品或出口品的世界價格；因此，交易條件論在執行上並不太明顯。對於像美國這樣的大國來說，交易條件的改善確實使它有能力利用其在國際貿易方面的壟斷力量來使本國獲利。但是，這樣的掠奪性政策必然會引起其他國家的反對和報復。因此，交易條件論雖然在理論上是成立的，但在實際使用上卻很有限，故一般國家政府也很少用它作為制定貿易政策的依據。

交易條件惡化對一個國家是不利的，它將使一國的貿易得益減少。普雷畢許 (R. Prebisch) 和辛格 (H. Singer) 在 50 年代初提出了有關開發中國家的「交易條件惡化論」。他們認為，開發中國家主要出口初級品，進口工業品，對開發中國家的交易條件而言長期來看是不利的，我們可藉由以下分析進行討論。

1. 需求面分析

開發中國家的交易條件惡化從需求面角度看，主要是因為初級品，特別是農產品的價格需求彈性相較於工業品來得較低。根據恩格爾定律，隨著所得的增加，人

們消費於生活必需品的部分會相對減少。對一個國家乃至整個世界也是如此，隨著
所得的增加，無論是開發中國家還是已開發國家，對農產品的需求也會相對減少，
即總收入用於農產品支出的部分會下降，而用於工業品的部分會提高。再加上技術
進步的因素，不少天然原料已有了人工添加材料作為替代品，因此初級品在總收入
中所占的部分就更趨下降。

如果初級品與工業品的需求彈性一樣大，那麼兩者都能隨著所得的增加以同樣
的比例、同樣的速度增長，而使兩者的生產、貿易、供給和需求趨於平衡。但是由
於事實上各國對工業品的需求較大，相對農產品的需求較小，這樣的話除非開發中
國家的初級品生產和出口不斷減少，否則從需求角度看，它就必須降價以求售；相反
地，工業品的生產和出口要不斷增加，否則其價格就必然上升，交易條件就會越來
越不利於初級品，這就是臺灣稻米炸彈客所要抗議的事由。

2.供給與交易條件

開發中國家初級品的交易條件長期之下所以惡化，如從供給方面來看，主要是
開發中國家的技術低落、要素產能較低，而已開發國家則技術水準高、要素產能也
相對較高。交易條件受技術進步的影響這一點來看，可以用要素收入與生產效率的
關係以及工業品與初級品的價格比例來說明。一般說來，工業部門比農業部門更容
易技術創新，因而工業部門的技術水準高，其技術進步會提高工業的要素產能而使
要素收入增加。

在一般的情況之下，要素產能的提高會導致商品價格的降低；但是已開發國家與
開發中國家進行貿易之下，已開發國家出口商品產能的提高並不主要表現在商品價
格的降低，而是在要素收入的增加上面。這樣，即使在沒有壟斷的情況下，要素收
入的提高也反映在成本的增加上時，當然就會使商品價格不降反升。另一方面，開
發中國家農業部門的技術都相對比較落後，勞動產能低，其要素的邊際收益也很低。
特別是開發中國家人口相對較多，當農村中出現像阿瑟·劉易斯 (W. A. Lewis) 所說
的剩餘勞動力，農業的邊際勞動生產率為零，甚至為負的時候，農產品價格就不可
能很高。如果開發中國家要素供給和要素收入長期增加的狀況持續下去，則初級品
與工業品之間的相對價格比就會有利於工業品而不利於初級品，其交易條件長期來
看就會惡化。

3.交易條件與國際收支

交易條件的變動影響著一國的進出口貿易，進而影響著一國的國際收支和經濟

成長。我們以兩國兩財 (2×2) 的貿易為例。假定一為開發中國家 (L)，它生產和出口所得需求彈性低的初級品 (p)。一為已開發國家 (D)，它生產和出口所得需求彈性高的工業品 (m)；另令 $\dot{E}_L$ 和 $\dot{E}_D$ 分別代表開發中國家和已開發國家的經濟增長率；e_m 和 e_p 分別為工業製成品和初級品的所得需求彈性，$e_m > e_p$，如果其條件不變，則開發中國家的進口成長 (G_L^M) 和出口成長 (G_L^X) 取決於兩國的經濟成長和需求彈性。假定在貿易之前，兩國的經濟成長率相等 $\dot{E}_L = \dot{E}_D$，我們也可以看到，由於對兩種商品的所得需求彈性不一樣，開發中國家的進出口成長就會不一樣：

$$G_L^X = \dot{E}_D \cdot e_p \tag{9-1}$$

$$G_L^M = \dot{E}_L \cdot e_m \tag{9-2}$$

由於 $\dot{E}_L = \dot{E}_D$，所以當 $G_L^X < G_L^M$，表示開發中國家的出口成長慢於進口成長，其就會使對外貿易和國際收支出現逆差現象。國際收支逆差會引起一系列相關問題，並影響到國內經濟的成長，要使進出口平衡，從貿易角度看就會陷入一個兩難境界 (Dilemma)：

第一，要貿易平衡就必須增加出口。但在需求彈性很小的情況下，要增加出口就只能降低價格，而這會引起交易條件進一步惡化，此為國際金融部分的 J 曲線 (J. Curve) 效果。交易條件的惡化又會使出口收入在出口量增加的同時不增反減，形成更進一步的貿易逆差。

第二，調節國際收支的一個辦法就是貨幣貶值。貨幣貶值可以起到鼓勵出口、限制進口的作用，從而緩解貿易逆差平衡國際收支。但是貨幣貶值的一個副作用就是使本國的交易條件加速惡化。如果交易條件惡化的效應大於貨幣貶值的效應，那麼出口就會變得更加不利，即出口越多，獲利越小，貿易逆差越大，國際收支越不平衡，也就是國際金融談到的過度調整 (Overshooting) 現象。

第三，調節國際收支的另一辦法是放慢經濟成長率。我們知道，貿易逆差主要是進出口貿易不平衡，即進口大於出口引起的。因此，要平衡國際收支，可以通過減少進口來實現，所以利用放慢經濟成長率可以達到減少對進口品的需求，並藉此平衡國際收支。中國大陸在 2004 年因景氣過熱，所採用的「宏觀調控」，就是希望利用此方法來調節國際收支不均衡，以免遭到其他貿易對手的貿易反制與制裁。在上面的例子中，開發中國家要平衡國際收支，就必須使進口等於出口，即 $G_L^X = G_L^M$。由於進口等於開發中國家的經濟增長率乘以對商品的所得需求彈性 (e_m)，即

$$G_L^M = \dot{E}_L \cdot e_m \tag{9-3}$$

所以當進口等於出口，即 $G_L^X = G_L^M$ 時，可整理為

$$G_L^X = \dot{E}_L \cdot e_m, \quad \text{或} \quad \frac{G_L^X}{e_m} = \dot{E}_L \qquad (9\text{--}4)$$

顯然，當進出口失衡，如 $G_L^X < G_L^M$ 時，所得出的經濟成長率 $\dot{E}_L$ 較大。現在為了能使 $G_L^X = G_L^M$，所以 $\dot{E}_L$ 就必須降低。但這樣一來，反而使開發中國家與已開發國家在經濟成長和收入方面的差距更形逐漸擴大。不僅如此，如果再考慮到人口成長因素，當開發中國家的人口成長快於已開發國家時，開發中國家的每人平均所得會更低，與已開發國家的差距就會更大。

上述辦法對開發中國家的經濟發展都會產生不利的影響，因此，經濟學家就主張開發中國家應採取貿易保護主義措施來改善自己的交易條件並改變其貿易結構。那麼，保護主義措施會起怎樣的作用呢?再以前面算式為例,在進出口相等的條件下,開發中國家的出口增長率 $\frac{G_L^X}{e_m} = \dot{E}_L$，將 $G_L^X = \dot{E}_D \cdot e_p$ 代入得

$$\frac{\dot{E}_D \cdot e_p}{e_m} = \dot{E}_L \qquad (9\text{--}5)$$

兩邊同除以 $\dot{E}_D$ 得

$$\frac{\dot{E}_L}{\dot{E}_D} = \frac{e_p}{e_m} \qquad (9\text{--}6)$$

上式說明開發中國家與已開發國家的經濟成長率之比等於初級品與工業品所得需求彈性之比。因此，要平衡國際收支，就必須改善交易條件，也就是改變進出口商品的所得需求彈性。對開發中國家來說，也就是要提高出口初級品的需求彈性 (e_p)，降低進口工業品的需求彈性 (e_m)。

二、糾正國內市場失靈

前面對於關稅等貿易政策的分析是建立在消費者剩餘和生產者剩餘這兩個概念上的，但是經濟學家認為這些概念，特別是生產者剩餘的概念，並不能正確地衡量生產成本和收益。其理由包括①勞動雇用量不足: 某一部門所雇用的勞動力失衡時，可能會造成失業或就業不足的情形，②資本市場和勞動力市場不夠完善: 不能使資源迅速轉移到報酬率較高的部門去，形成資源浪費，③外溢效果 (Spill-over Effect): 一些新興產業或技術創新產業可能產生外溢效應，產生外部經濟並減少額外成本負擔等。現在假定某種商品的生產經驗能夠改善一國總體的技術水準，但是該部門的廠

商並不會因為增產而獲利，所以他們在作出生產決策時是不會把它作為一種因素考慮進去的。但是這時如果能夠增加生產就會產生一種社會邊際收益，而這種收益是生產者剩餘沒有衡量到的，所以這種社會邊際收益就成了實施關稅或其他貿易政策的理由。

　　圖 9–2 顯示了這種反對自由貿易的市場失靈論。圖 9–2 (a)顯示了傳統的有關小國課徵關稅的成本—收益分析。圖 9–2 (b)說明了生產者剩餘中沒有考慮到的，由生產增加而產生的社會邊際收益效果。從圖中可見，徵收關稅後國內價格從 P_w 上升到 P_t，同時生產從 Q_1 增加到 Q_2，導致了生產扭曲，其面積是三角形 a。另一方面，消費從 Q_4 減少到 Q_3，導致了消費扭曲，其面積是三角形 b。如果我們僅僅從消費者剩餘和生產者剩餘的角度考慮，課徵關稅後因扭曲而造成效率損失，使福利水準下降。然後，圖 9–2 (b)顯示，消費者剩餘和生產者剩餘分析忽視了另一種利得，那就是社會邊際收益的增加。生產的增加所帶來的社會邊際收益由社會邊際曲線以下的 Q_1 增加到 Q_2 之間所形成的區域，即 c 那塊面積來衡量。如果把這種利益計算在內，課徵關稅就可能比自由貿易更有利。與交易條件論相似，理論上可以證明只要關稅課徵比較小，c 這塊面積總能大於 $a+b$ 的面積。因此，就存在著一種使福利最大化的最適關稅率，其帶來的社會福利要比自由貿易大。

　　此外，課徵關稅後，進口財國際價格為 P_w，但國內價格上漲至 P_t，這樣的變化產生以下的經濟效果，我們再次也一併加以討論。

(1)生產效果：課徵關稅使得進口品國內價格提高，導致進口替代品之生產由 Q_1 增至 Q_2，形成國內產業之保護效果。

(2)消費效果：課徵關稅使得進口品國內價格提高，使得消費需求減少，Q_4 減至 Q_3，進口數量也由 Q_1Q_4 減為 Q_2Q_3。

(3)關稅收入效果：如果課徵從量稅 t，進口數量為 Q_2Q_3，此時關稅收入為 $FHIK$，也就是區域面積 d 的部分。

(4)交易條件效果：由於是在小國分析的情形之下，其無法去改變國際市場價格，故其交易條件效果不存在。

(5)所得效果：課徵關稅之後，增加了 Q_1Q_2 的產量，國民所得也增加了 Q_1Q_2FE 的部分，主要是因為課徵關稅之後，其收入轉移運用在全體國民身上。

(6)國際收支效果：與自由貿易時相比較，當時進口總量為 Q_1Q_4，故進口總支出為 Q_1Q_4LG，課徵關稅之後，進口量減為 Q_2Q_3，故進口總支出為 Q_2Q_3KH，故可知進口總支出在課徵關稅之後，減少了 Q_1Q_2HG，與 Q_3Q_4LK 的部分，及區域

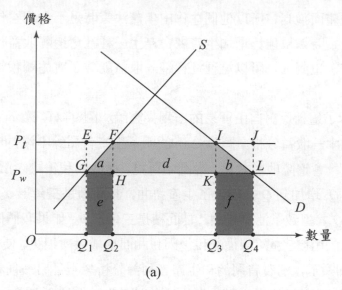

(a)

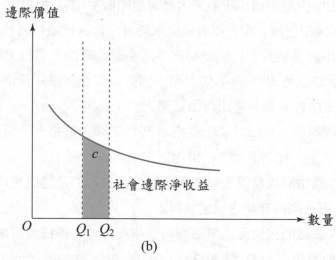

(b)

當課徵關稅時，P_w 上漲至 P_t，會形成不同的經濟效果見圖(a)，但此時會帶來因生產增加而形成的社會邊際淨收益，見圖(b)。

圖 9–2　反對自由貿易的市場失靈分析

面積 e 與 f。

(7)所得重分配效果：未課徵關稅前，其進口數量為 Q_4，消費者剩餘為 P_wDL；課徵關稅後，進口數量為 Q_3，消費者剩餘為 P_tDI，減少了 P_tP_wIL，所減少的剩餘中，P_tP_wGF 是因為增加進口替代品之生產 Q_1Q_2，而轉移給生產者，形成了兩部門間所得重分配之效果。

(8)福利水準效果：課徵關稅之後，消費者剩餘減少了 P_tP_wIL，但 P_tP_wGF 移轉給

生產者，而 *FHLI* = *d* 為關稅收入，故剩下的兩塊三角形部分，即△*FGH* = *a*，為生產的淨損失；△*FGH* = *b* 為消費之淨損失，兩塊三角形面積之加總，即為關稅之社會成本，也就是課徵關稅所導致的社會無謂的損失 (Deadweight Loss)。

(9)社會邊際淨收益效果：此部分是從生產面來看，生產增加帶動社會經濟之成長，改善了社會生產失靈，並可能導致學習之外溢效果現象，此就是 9–2 (b) 圖中，面積 *c* 所形成的區域。

 隨堂測驗

「就一個小國而言，自由貿易是最好的政策，因此任何政策之採行均會對市場扭曲 (distortion)」。試評論此句話的正確性。（86 年高考）

從市場失靈 (Market Failure) 的觀點可以藉由次佳 (Second Best) 理論來加以看出，其認為只有在其他所有市場都不正常運作的情況下，對任一市場採干預政策才是可取的。如果其他市場都是正常運作的情形，那麼此政策對某一市場產生扭曲的干預事實，會抵消市場失靈的影響而減少福利。例如，如果勞動力市場運作不良，未能使勞動力達到充分就業，那麼補貼勞動密集型產業的政策就是個好主意。當然，如果能使工資更有彈性，使勞動力市場能正常運作那就更好；但是如果由於某種原因使這一點做不到，那麼對其他市場的干預，可能就是一個「次佳」的解決問題的辦法。

經濟學家把次佳理論應用到貿易政策上來時，就是要把一個內部經濟運作的不完善的機能透過對外關係的干預來解決，這個觀點承認國際貿易不是問題產生的根源，但是至少認為貿易政策能解決部分的問題。由於在現實世界中幾乎沒有一個國家不存在市場失靈現象；因此，這種保護的觀點一提出來時就形成了對自由貿易極大的挑戰，特別是在開發中國家，市場失靈是相當普遍的。例如，鄉村與城市之間存在的工資差異以及在許多開發中國家都存在的失業現象；在已開發國家，市場機能自然要完善得多，但仍有明顯失靈的地方。例如，進行創新的廠商往往無法得到它們因創新而獲得的全部報酬。

當政策干預會增進福利的可能性存在的時候，對自由貿易還有什麼可言的呢？一般說來，仍有兩論點可為自由貿易下的市場失靈辯護。第一是內部市場的失靈應當用內部政策來糾正，而不是用國際貿易政策來解決。其重要涵義在於，任何的貿

易政策都必須與改善同樣問題的國內政策進行相互比較。如果國內政策的代價較大或有意想不到的副作用，貿易政策才可能就是不可取代的不二法門。第二是經濟學家並不是在任何情況下都能對市場失靈作出正確診斷並開立政策處方的，如外在勢力干擾時，故應利用次佳理論的方式予以解決。經濟理論對運作正常的市場或多或少可以解釋，而對運作不正常的市場卻不能提供多少指導作用。市場失靈存在著許多不同的情況，而對次佳政策的選擇則有賴對市場失靈的細節做深入之瞭解。

三、保護幼稚工業觀點

　　一般而言，開發中國家在勞動密集型產業方面具有比較優勢，但是剛開始新建立的製造業還無力與已開發國家建立完好的製造業競爭；因此，為了使本國的製造業能真正建立和發展起來，開發中國家的政府應當支持此新建立之幼稚產業，直至它們能夠在國際市場上進行競爭。根據保護幼稚工業的論點，可以利用關稅或配額等方式作為臨時性措施來扶持其工業的建立。從歷史的角度來看，當今世界上三個市場經濟最發達的三個國家，美國、德國和日本，都是經過貿易保護而走上工業化道路的。雖然保護幼稚產業聽起來很有道理，而且對政府也很有說服力，但是一些經濟學家卻也指出下列隱含著的問題：

1.要素密集度發生逆轉

　　把將來可能具有比較優勢的產業放到今天來做並不一定是個好主意，假定一個現在勞動豐富的國家正在累積資本，當它累積到足夠的資本以後，它反而會在資本密集的產業生產具有比較優勢。但這並不意味著它應當現在立即發展這些資本密集型產業。例如，臺灣在 80 年代開始出口汽車，但對臺灣來說，其汽車產業在 50 年以後就一直受到保護，當時在臺灣的資金與技術都相對缺乏之情況下，發展汽車產業可能就不是一個好主意，也導致我國汽車產業無法進軍國際市場。

2.受保護之產業未來需具有競爭力

　　有些經濟學家提出了所謂「偽幼稚工業」(pseudo infant industry) 的警告，也就是說，有些工業一開始受到了保護，後來它們變得具有競爭力了，但這種轉變實際上與保護沒有關係，而是因為其他因素起了作用。在這種情況下，對工業的保護看上去是成功了，實際上保護對該國來說卻是一種淨損失，因為不保護它的工業其本身也會變得有競爭力的。例如，巴基斯坦和印度都對製造業部門實施了幾十年的保護，並在 80 年代開始顯著地增加了製成品的出口，但是其出口的商品主要是紡織品等輕

工業品，而不是一直嚴重保護的重工業品。

3. 政府對產業結構的提升

如果一個產業能夠為其要素投入（資本、勞動等等）獲得足夠的報酬的話，為什麼私人部門不能在沒有政府的鼓勵下進行投資呢？有時候有人或許會說，私人投資只計算當前報酬，而沒有把將來的收益考慮進去，這是不符合產業長期之發展的。在已開發國家，投資者常常支持那些目前並不確定但未來前景看好的投資。例如，美國的生物科技產業在 2004 年其商業性銷售企劃都還沒有確定的情況下就已經吸引了數億美元的投資。

要使幼稚工業論言之成理，就不能僅僅停留在產業是新建立時就需要保護的這樣一個論點上。它需要對市場失靈進行深入分析。這也就是說，要指出哪些產業剛剛建立的時候，可能由於某些特定的市場失靈，導致私人市場無法推動這些產業發展。經濟理論上對幼稚工業需要保護的觀點發展出了兩方面的看法：資本市場不完全性和合適性問題。

⑴資本市場不完全性：需要對幼稚工業保護的理由是，如果一個開發中國家沒有一套健全的金融市場與制度，那麼新興產業的發展就會被限制，且現有廠商所獲得的利潤也不會有較快的增長。即使這種投資長期而言，其報酬率是高的，但一開始較低的利潤，就會造成廠商卻步並阻礙投資。這時，最佳的政策當然就是創造一個運作良好的、有效率的資本市場，對新產業的保護可視為一種政策選擇，幫助其提高利潤，從而刺激投資和成長。

⑵合適性：新興產業中的廠商所形成的社會收益大於私人收益時，它們並沒有得到完全的補償。例如，首先進入該產業的廠商要負擔起「沈沒成本」(Sunk Cost)，這些成本包括把技術引進並改造成適合本地環境的投資，或者打開新市場所需負擔的投入等等的成本。之後如果其他廠商跟進就無需付出這些沈沒成本。這樣，先進入該產業的企業就不能得到沈沒成本的全部補償。此外，先進入的企業在生產過程中，還創造出了諸如知識、新市場資訊等等這些無形的利益，但對這些創造效益，往往又無法利用智慧產權予以保護。所以沒有企業家願意進行投資而進入新產業。對此，最佳的政策就是對企業這種無形貢獻給予補償，次佳的辦法就是利用關稅或其他貿易政策實施保護來鼓勵投資者進入新產業。

接下來，我們將討論究竟哪些產業保護政策，可以促進一國經濟與工業化的發展？

1. 進口替代策略

在大多數開發中國家，基本的經濟與工業化策略是用關稅和配額等貿易政策來鼓勵本國商品在國內市場上替代進口品，這種用限制進口來鼓勵本國工業發展的策略稱作進口替代策略。由於此策略不強調出口，希望利用自身能力滿足國內市場需求，並根據前面的貿易理論分析，限制進口而提高關稅的話也必然會減少出口。對進口替代工業保護會使國內資源從實際的或潛在的出口部門轉移出來；因此，選擇了進口替代也就等於選擇了不鼓勵出口的策略。

那麼為什麼大多數開發中國家要選擇進口替代而不是出口增長或其他辦法來實現工業化呢？當然是有政治、經濟等方面的理由。首先，許多開發中國家都對商品出口的可能性持懷疑態度。因為如果商品出口前景暗淡，工業化所追求的目標就必須建立在進口替代而不是出口增加上面。其次，在許多情況下，進口替代策略是與現行的政治偏向是相吻合的。拉丁美洲國家在 1930 年代經濟大蕭條及隨後 40 年代前半期的戰爭期間，被迫發展了本國進口替代的工業，一旦建立起來之後，進口替代策略下所保護的產業，就使得利益集團直接獲利，而出口反而在政治上沒有形成基礎，只有在國內市場基本飽和以後才會轉向出口發展。

開發中國家在 1950～1960 年代，一般是先保護工業化的最終階段商品，如食品加工、汽車裝配等，其國內生產的消費幾乎完全取代了進口商品（雖然這些商品常常是由外國多國籍企業所生產的）。在消費品進口替代基本完成以後，這些國家就轉向中間商品的替代，例如，汽車零件、鋼材、石油化工產品等等。當進口替代降到了一個相當低的水平時，如像電子計算機、精密機床這些產品，其大多數還是需要依靠進口的。

2. 出口擴張政策

印度從 1950 年代早期到 1970 年代初期的 20 多年時間裡，儘管實施了大規模的經濟計畫，但每人平均所得卻增加有限。另外還有像阿根廷這樣的國家，在 1930 年代曾經屬於富國之列，但是緩慢的經濟成長使其國際經濟地位相對大大下降，特別在 1980 年代福克蘭戰役之後。其次，像墨西哥等國家，雖然它們經濟成長了，但是與已開發國家的所得差距並沒有縮小。只有少數幾個國家和地區實現了迅速的經濟成長，並使其收入規模急劇擴大。但是這些國家不是沒有推行進口替代就是及時地改變了產業發展策略。

1960 年代中期以後，一小批原來的貧窮國家和地區通過出口擴張政策而實現了

工業化，使它們的產出和生活水平都迅速提高。這些國家和地區通常被稱做新興工業化國家，其中最突出的就是韓國、香港、臺灣和新加坡這四個所謂的「亞洲四小龍」。除了快速經濟成長外，亞洲四小龍最令人矚目的事情就是他們的貿易開放程度和進、出口值的迅速增長。當然，除了香港、新加坡外，其他國家並沒有推行真正的自由貿易。然而，與實行進口替代策略的國家相比，他們的各產業部門保護程度較低並且變化較少。

　　新興工業化國家和地區的成功經驗是否能為其他發展中國家仿效？四小龍的成功因素是由於他們的低保護率還是由於其他原因？如果像印度這樣的國家也廢除進口替代，其成長率是否會迅速提高？顯然各個國家是不同的，亞洲四小龍的一個共通的特徵，就是施行「儒家文化」。在《論語》一書中，說明孔子與其弟子之間針對人生哲學問題進行討論，顏淵的簞食瓢飲，子路的經商致富，而當時周遊列國的孔子，也發展出一套遵行的國貿政策。其他新興工業化國家的成功或許是來自於如國家對教育的重視、工人的工作態度積極等社會因素。但是在 1950 年代，世界上幾乎沒有人會認為像韓國或臺灣這樣的社會是適合於經濟發展的，特別是經過二次大戰之洗禮後。這顯然對新興工業化國家和地區的成功還沒有一種最後普遍認可的答案，但是至少他們出口擴張政策的成功，動搖了以國內市場為目標的工業化觀點。

 隨堂測驗

開發中國家為求經濟發展，所採取的經濟發展策略為何，並請比較進口替代策略與出口擴張策略之優缺點。

第三節　貿易政策與所得分配

　　前面的討論都集中在貿易政策對國家福利的影響上，先做這樣的討論比較適當，因為這可將國家福利和利益團體予以區分。但是從貿易政策制訂的過程中可以看到，事實上常常並沒有所謂的國家福利的考量，只有個人和團體的利益，但不會完全地反映在政府的目標中。雖然目前還沒有一種理論能解釋政府如何決定其的貿易政策，但仍有一些有影響的假說是值得商榷的。下面就三種比較具有代表性的觀點來予以討論。

一、社會福利加權評估

　　政府在制定貿易政策時，會對福利水準進行社會福利加權評估 (Weighted Valuation of Social Welfare) 成效，但計算的方法有所不同，特別是針對不同社會團體其加權比重也就不一樣。有些團體的計算權數較大，有些則較小，其結果就會導致不公平的現象並傾向對政府所偏愛的團體。以關稅政策來說，在每 1 元關稅收入的社會價值對生產者和消費者都相同時，從前面分析得知實施關稅對小國而言有淨福利損失，但如果政府認為生產者的福利比消費者重要得多，從而在計算中給予生產者較大的權重，這樣，生產者的利得就可能大於消費者的損失。

　　在現實世界中，政府政策的偏向是不一樣的。一些較富裕的國家，政策往往偏向照顧低薪資工人；但有些國家，尤其是一些開發中國家和資源豐富的國家，其政策常常有利城市工人而不利鄉村的農民。所以上述觀點有助於將貿易政策的政治觀點納入分析，依據產業結構之發展，制定相關產業權重比值，就可得知其貿易政策未來之走向。

二、保守的社會福利決策

　　保守的社會福利決策 (Conservative Social Welfare Decision) 觀點認為政府在制定決策時是比較保守的，因為不願意對所得分配進行較大的調整，無論這種調整會使誰獲利或誰受損。這種所謂的保守的社會福利觀點對短期的貿易政策是比較有用的，特別是在進口競爭使得一個產業受到重大損害或者有受到重大損害之虞時，政府才會採取行動對他們進行保護，其探討可參考本書第十六章中之討論，而不論其公共政策的制定是否真正考量過國外的報復或抵制的情形。例如，美國在 1980 年代時，剛於 2004 年過世的雷根總統，其主導的共和黨政府就強烈地支持自由貿易，可是當美國面臨國外汽車的激烈競爭，特別是來自日本的小型省油汽車時，它還是採取了一些保護措施而不願意讓美國汽車業受到損害。

　　這種根據保守的社會福利觀點有助於說明一些臨時性的貿易政策可能會變成永久性的，拉丁美洲的工業化就是一個例子。在 1930 年代，許多拉丁美洲國家實施了進口關稅和配額，將它作為一種緊急措施來對付由於世界景氣衰退所造成的國際收支問題。而這些貿易的措施使當地的工業發展了起來，生產進口替代產品，並隨著第二次世界大戰的發生，進口限制一直被執行著，若要回到比較自由的貿易就相對不可能了，因為進口替代工業已進行了大量的投資，許多工人已經在此產業就業，

要轉換的話會形成許多的社會問題；因此，這種限制貿易的措施就一直持續下來，也阻礙了拉丁美洲經濟的發展。

三、集體合作行動

如果貿易政策執行的成果是成本大於收益時，則會對社會造成巨大損失，但是這些不合理的政策怎麼會存在呢？一個常被引用的答案就是奧爾森 (Mancur Olson) 提出來的觀點，他認為即使有些個人或團體有共同利益，但各自的利益並不是完全相同的。因此，執行貿易政策的政治行動，或者說集體合作行動 (Collective Cooperation Action)，雖然對其中一個團體是有益的，但它並不一定對團體中的每個成員都有利。例如，美國對食糖實行進口配額，這政策會使糖價上漲。假設消費者的損失代價是每年 12.66 億美元，而生產者和政府的收益是每年 7.83 億美元，由於消費者的損失平均起來每人不到 5 美元，因而很少有人會注意這件事，特別是大部分食糖是作為其他食品加工中的一種成分，而不是直接出售。所以事實上，只有少數美國民眾知道美國實施食糖進口配額，造成消費費用提高。由於個人的抗議顯然不會改變這項政策，但對單個消費者來說，知道了這件事也沒有什麼好處。相反地，食糖業者都非常清楚地意識到配額對他們的影響，對任何一個食糖業者來說，配額可能就意味著好幾十萬美元的收益。而且，食糖業者是一個有組織的集團，他們有能力進行集體合作行動，遊說國會議員作出政治奉獻。因此，一項無論怎樣計算都是成本大於收益的政策，會在國會審查中幾乎不受任何挑戰。

上面討論了三種有關所得分配的觀點如何影響貿易政策的執行，那麼在現實世界中，到底哪些產業會得到保護呢？在這裡有兩種特別的現象，以現今國際產業經濟局勢來看，第一：在那些工業商品製造具有比較優勢的國家，反而農民得到保護；反過來說，那些農業或自然資源具有比較優勢的國家，反而工業部門得到保護。因此我們看到，在歐洲和日本這樣人口密集、工業生產率較高的地方，政府為農民提供價格保證收購、實施進口限制與出口補貼，從而使它們的農產品價格平均高於世界價格 10 倍以上。此外，像澳大利亞這樣的天然資源豐富的國家和印度這樣的工業不發達國家，工業部門受到的有效保護率可達百分之幾百。第二：已開發國家受保護的部門沒有清楚界定。據統計，美國的貿易保護主要集中在四個部門：汽車、鋼鐵、食品，以及紡織品。汽車和鋼鐵是資本密集型產業，其工人的薪資大大高於美國平均水準。紡織品，尤其是服裝業，屬於勞動密集型產業，其工人是製造業中工資最低的。而食糖是一種農產品，它是美國較少保護的農產品中的一種，（也是少數幾種美

國農產品具有比較優勢的商品之一）所以不具有「一般化」的性質，是屬於勞動政策的實施對象，故反而使其工人的薪資高於平均水準。

 隨堂測驗

2003 年末，中華民國政府擬推出五年 5,000 億的「新十大建設計畫」，請以學理分析，此計劃的合理性及所應擔心的問題。（92 年特考）

第四節　貿易政策與產業結構

開發中國家採取貿易限制政策，從外部來看經常是他們對已開發國家進行貿易均衡發展的一種反應，而從內部來看，它也是對內部經濟不平衡發展的一種制衡效果。通常一個以傳統農業部門為主的國家裡，因人口眾多、工資低廉，勞動要素在沒有限制的情形之下，會移動至一個相對資本密集且高工資的現代工業部門的國家，其主要是因為生產要素報酬有差異的時候，會造成要素的移動一直到要素價格完全一致為止。

1. 要素報酬差異與國際貿易間之關係（Mundell 模型）

要素報酬差異與國際貿易間之關係，主要有二，即為互補關係與替代關係，當國際要素移動使兩國間貿易量減少時，則彼此間稱之為替代關係；相反地，要素移動反而使兩國間貿易量增加時，我們稱之為互補關係。根據 H–O 理論，當要素價格均等化成立時，要素的移動與兩國間貿易是可以完全替代的。可是現實社會中，H–O 理論的一些假設前提，如完全競爭、齊次生產函數、專業化生產等都不一定能夠成立，因此互補關係也就會產生。在此，我們可以利用 Mundell (1957) 模型來說明：假設全世界有兩國，一國專以生產現代工業品為代表的「工業」部門，另一國則專以為生產初級品的「農業」部門。該工業部門與農業部門形成以下幾點明顯的差異：

(1)產業平均產值之差異：工業部門工人的每天平均產值要比其他部門高得多。一個工業工人生產的商品的價格常常比農業工人同時間內生產的商品的價格高許多倍。

(2)要素報酬的差異：雖然工業工人的薪資是比較高的，但是資本的報酬並不一定高。事實上工業部門的資本報酬是比較低的，故也就會形成要素流動的原因。

(3)貿易障礙的影響：貿易的障礙有鼓勵要素在國際間移動的作用，藉由完全的移動均能使兩國商品與要素價格趨於均等。

(4)沒有要素密集度逆轉：工業部門有較高的平均產值，部分原因是由於生產的資本密集度較高。開發中國家的現代工業其資本密集度一般要比農業部門高得多，可是在已開發國家並不是這樣，有時農業也是相當資本密集的，所以必須在沒有要素密集度逆轉之下，才可進行說明。

(5)社會問題的產生：許多開發中國家都會面臨持續的失業問題，特別是在城市地區，許多人沒有工作，或者只有薪資極低的臨時性工作，這種城市的失業人口與相對高薪資的城市工業工人並存再加上農村人口的湧入與工會的成立，迫使政府必須照顧並稀釋這些失業人口，並對相關貿易政策加以監控，來保護本地產業並提高就業機會。

那麼，這些要素報酬差異與貿易政策有什麼關係呢？這可以從兩個方面來看。一方面經濟效率可能是造成市場結構不能有效運作的原因。在一個市場有效運作的經濟機制中，不同部門的工人薪資不會有巨大的差異。當市場不能良好地運作時，就會有偏離自由貿易的市場失靈情況。產業結構差異的存在也是一種市場失靈的表現，因而常常被用來作為採取貿易政策保護效率較高的部門的理由。另一方面，是貿易政策本身可能對經濟結構差異的產生存在著很大關係。有些批評進口替代政策的經濟學家認為，進口替代政策實際上助長了產業結構差異擴大的情形，並使經濟市場的有效分配機制更加惡化了。

2.要素移動之經濟效果與貿易政策的關係（MacDougall 模型）

當要素報酬有差異時，代表資源無法做到有效的分配，此時可以透過市場價格機能之運作來加以糾正，MacDougall 模型就是說明要素在部門間移動所帶來的經濟效果分析。然而，這種市場失靈對貿易政策能起什麼作用？則是研究經濟發展問題的學者們爭論的焦點之一。

薪資差異對一國勞動力配置的效應可透過前面學過的特定要素模型來表示。假定有兩國（A 國與 B 國，分別代表勞動輸入國及勞動輸出國）只生產一商品，並用兩要素生產：即資本與勞動，這時的資源配置可用圖 9–3 來顯示。圖 9–3 中縱軸代表工資率也就是勞動邊際產值；橫軸代表就業量。A 國就業部門的就業從左面原點 O_A 向右衡量，而 B 國就業部門從右邊原點 O_B 向左衡量。VMP_{LA} 是 A 國勞動力的邊際產值，VMP_{LB} 是 B 國勞動力的邊際產值。

在具有薪資差異的時候，A 國工人得到的薪資比 B 國高。在圖 9–3 中，假定 W_A 是 A 國的薪資報酬，W_B 是 B 國的薪資報酬。兩國生產部門的雇主就會雇用工人直到邊際產值等於其薪資。這樣，圖中 A 國勞動雇用量就是 $O_A L_1$，B 國就是 $O_B L_1$。

假定在該薪資差異經濟體系之下，勞動者從 B 國轉移到 A 國，A 國的產出會增加，B 國的產出會下降。A 國因勞動的增加，會使薪資水準下降；而 B 國則因勞動之移出，勞動供給過剩的情形解除，相較之下薪資就會增加，直至兩國的薪資水準達成均衡 W_F 的水準。剛開始由於 A 國的薪資高於 B 國，資源無法有效配置，因此形成了△ABC 的社會無謂損失，可是藉由要素資源的移轉，這種由於有效配置了勞動而增加的產值相當於圖 9–3 中的陰影部分，因為資源有效率地使用，此塊損失部分將予以填補，故可解決市場失靈的現象。

如果兩國存在著薪資差異，也就是兩國不能有效地配置勞動。如同前面討論過的一樣，貿易政策並不是擴大內部就業的最佳政策。政府的政策最好是直接針對就業問題，來消除薪資差異或者直接給予工人補貼。如果經由生產補貼，不僅鼓勵工廠增加生產，促使勞動遷入，而且鼓勵資本流動，如果此時再採行關稅或配額等貿易政策，可能會導致嚴重的市場扭曲。

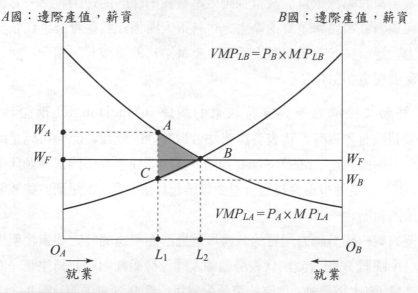

VMP_{LA} 與 VMP_{LB} 分別代表 A、B 兩國的勞動邊際產值。由於兩國的物價與邊際生產力的不同，就會形成薪資的差異。

圖 9–3　兩國對於生產要素的資源配置

　　哈里斯 (John R. Harris)、托達羅 (Michael P. Todaro) 在 1970 年代對開發中國家勞動市場的工資差異論作了重新解釋，他們指出了產業結構改變與失業之間的關係。根據哈里斯一托達羅模型，工作機會的增加只會使城鄉人口流動變大，導致城市的失業實際上更形增加。當製造業部門多雇用 1 個工人，就會有 2～3 名農業工人離開農村，擠到城市的失業隊伍中來。雖然那個幸運就業的工人得益了，但從整體社會來看，其薪資增加的程度會被失業工人的薪資損失所抵消。這樣的話，前面假設的增加就業所帶來的社會收益就沒有了。

　　如同哈里斯和托達羅所分析的那樣，此時貿易政策不僅不能有助於產業經濟差異的解決，反而會導致或加劇其經濟發展。貿易政策對經濟的惡化作用在於它擴大了現代工業部門與農業部門的薪資差距，並促進了現代工業部門中過度的資本密集使用。有的經濟學家認為這種差異是自然的市場反應。因為廠商之所以提供較高的工資，是為了達成市場有效率的生產，另外在許多開發中國家其對提升高資本密集度產業的發展，可能是採行選擇性進口方案措施，如對技術資本商品的進口不用課徵關稅，也不受其他限制，而且有時可得到補貼，這種政策當然進一步鼓勵了資本密集產業，而忽略了勞力密集產業之發展。

第五節　貿易政策和國際談判

　　根據前面對貿易政策的討論，要設計出實際上使一國福利增加的貿易政策是很困難的；在現實社會中，貿易政策常常被利益團體之間的政治鬥爭所左右。從第二次世界大戰之後到 1980 年代初期（烏拉圭貿易回合談判開始），大部分國家，特別是工業發達國家都逐步減少了關稅和其他貿易障礙。從經濟學角度來看，這種逐步消除貿易障礙的貿易自由化過程對全世界人類之福祉是非常有益的，並有助於加強國際經濟的聯繫，以及推動各國貿易和經濟的發展。但是關稅減讓如何在政治上加以實現呢？這當然有各方面的因素考量，其中的一個主要原因是國際談判，各國政府可以通過談判機制達成協議來相互減讓關稅，並使本國與進口替代產業的保護減少，此舉會引起政治上的抵制；但另一方面其他國家對產業保護的消弭也使本國的出口產業得益，從而會獲得政治上的支持。這種進出口互動的效應，有助於抵消或削弱因貿易保護所引起的政治上的障礙。

一、國際談判的利益與賽局分析

在 WTO 與 GATT 成立之後，通過雙邊或多邊談判達成協議來減讓關稅會比一國單方面實施關稅減讓政策容易的多。這是因為單方面實施關稅減讓會引起國內強烈的反對，而雙邊或多邊協議則可以動員國內因關稅減讓而得益的部門與團體的支持。而政府達成協議之後，各自都需承擔國際義務，來推動國際貿易的自由化目標。

另一方面，透過國際談判可以削弱政治上的抵制，這一點是顯而易見的。例如進口替代產業的生產廠商為維護其國內利益，來抵制國內實施的貿易政策，但如果進行國際談判，則能迫使本國出口商為考量避免對貿易對手國進行報復，進而作為一種抵消力量。例如，假定美國與我國達成貿易協議，美國不對其國內的一些製造業實行保護，讓我國商品自由進入，而同時我國也對美國開放其農產品和高技術產品市場。這時，可能會遭到美國國內與我國商品競爭業者的反彈，並反對削減關稅或取消進口配額。但是另一方面對美國消費者而言，在政治上可能並不會反對削減關稅或取消進口配額，即使施行產業保護政策的代價是相當高的，例如，必須支付較高金額來消費商品；但是那些希望進入我國市場的美國出口商就可能會遊說國會批准協議來、取消貿易保護，從而間接地保護了消費者的利益。

國際談判還有助於避免貿易報復戰，我們可以利用賽局償付矩陣表分析。假定現在只有兩個國家: 本國和外國，並且這兩個國家都只有兩種政策選擇: 自由貿易與關稅保護。表 9–2 中的償付數值代表了執行兩種情況下的結果。第一是兩個國家的政府若能將對方國家的政策作為既定條件，就都會選擇關稅保護政策。也就是說，在沒有談判協商的情況下，無論外國採取什麼政策，本國政府選擇關稅保護政策使其獲益最大或損失最小，反之，外國也會採用同樣的方法。

表 9–2　兩國對於貿易政策選擇之償付矩陣

外國 本國	自由貿易	關稅保護
自由貿易	300 300	600 −300
關稅保護	−300 600	−100 −100

　　此償付矩陣表之分析如下：若外國政府採取自由貿易政策，本國採行自由貿易與關稅保護的報償為 (300, 600)，故選擇關稅保護就會有 600 的獲益。如果外國採取保護政策，本國也實施保護，兩者皆會損失 100。前面提到自由貿易總是最好的政策，然而在現實生活中，政府在做決策時，不僅為公共利益考量，而且要為自己政黨的政治利益考量，所以有時政策之制定，不是依據福利水準之極大化，而是根據其利益傾向。表中的第二個假設情況說明，儘管兩個政府各自採取對本身較有利的保護措施，可是雙方都知道如果都選擇自由貿易，雙方都能得益。也就是說，如果僅一國開放市場，本國將受到損失；但是如果外國也同樣開放，本國將不僅不受損失，而且會從中獲利，這就是一般所說的貿易利得。

　　從賽局理論的角度來看，上述情況就是所謂的「囚犯兩難」(Prisoner Dilemma) 情況。每個政府本身作出的最好決策就是關稅保護，但是如果大家都保護的話，其結果就大家都受損 (−100, −100)。如果雙方都不進行保護，雙方都會獲益 (300, 300)。單方面的考量方式似乎是為了本國最佳利益的行動，但最終卻都不能獲得最佳結果；這是因為任何一國採取單方面的保護都會觸發一場貿易報復戰，最終使雙方都受損。顯然這時就需要雙方達成一項協議來約束各自的行動，如果各國政府都能在對方也遵守協議的情況下也限制自己的行為，則這項協議就能使雙方都獲益。

二、國際貿易協議之探討

　　在 1930 年，美國通過了斯摩特─哈雷法案 (Smoot-Hawley Act)。這一法案使得美國在第一次世界大戰後，世界各國競相提高關稅與貿易障礙的同時，來維持其戰後的經濟成長，由於關稅稅率大大提高，同時也造成美國的貿易急劇下降，最後發生美國經濟大蕭條。在該法案通過幾年後，美國政府開始意識到需要削減關稅，可是遭遇到了國內一些政治利益團體對於資源分配不均的問題。任何相關貿易方案都會受到許多代表利益團體的國會議員反對，所以幾乎沒有什麼國會議員會支持減讓關稅，所以要減低關稅就必須把減稅與出口商的實際利益聯結起來。這種關稅談判的消長使得美國的平均進口關稅從 1932 年的 59% 降到第二次世界大戰剛結束的 25%。

　　由於雙邊貿易談判還沒有充分利用國際協商的空間，有時雙邊談判的結果可能會產生「外溢效果」到那些沒有參與關稅減讓的國家。例如，美國與哥倫比亞達成了協議來降低咖啡進口的關稅，但這可能會因美國需求量的增加而導致哥倫比亞與世界咖啡價格的上漲。這時，同屬於南美洲的咖啡出口國也就會從這種漲價中得利。所以有些商品的協議，如民用航空協定，國際牛肉協定等，必須要涉及到多個國家。

因此，國際的貿易自由化進程就逐步走向多個國家的多邊談判。

　　第二次世界大戰以後的多邊貿易談判是在世界貿易組織 (WTO) 與關稅暨貿易總協定的框架下進行的。對於此，我們將在第十四章做進一步討論。但是在關稅暨貿易總協定的多次回合談判中，GATT 主持下的多邊貿易談判使關稅及其他貿易障礙都大大降低了。由於「非岐視性」原則的理念，即一個或多個國家給予另一個或多個會員國某種貿易優惠待遇，其他會員國也都能自動享受。但是在有些情況下，幾個國家相互間給予的優惠安排，別的國家是不能享受的，這就形成了所謂的關稅同盟、共同市場或自由貿易區。對此，我們將在第十五章中再做進一步詳細討論。

第六節　結　論

　　本章我們僅就一般經濟理由分析討論貿易政策的成效結果與自由貿易之比較。在現實世界中，每個國家都有自己獨特的歷史文化背景和具體問題，由於各國發展水平的不同，我們又可以把其大致分為兩類國家：已開發國家和開發中國家。已開發國家約占世界 15% 的人口，但其生產和貿易卻占了全世界的 60% 左右，由於其市場經濟相當發達，市場運作也比較有效率，因此他們對貿易政策的需要和期望都不很高。

　　然而，世界上大部分人生活在開發中國家。這些國家包括南韓、我國這樣經濟迅速增長的國家，也包括利比亞、塔什干共和國這樣經濟停滯、在生存邊緣掙扎的國家。由前面的分析得知，小國貿易因為無能力改變交易條件，因此無法在貿易交換過程之中獲利，由於他們與已開發國家相比在總體經濟上還相當落後，這種落後性使得他們可以利用一些貿易政策，來進行其產業的保護，故其有下列共同的特點。第一，開發中國家希望利用貿易政策來改變這種不利的交易條件。第二，許多開發中國家都試圖利用貿易政策來支持工業——這種產業結構的發展，而不是農業、礦業這些傳統部門的發展，以期待趕上已開發國家。第三，許多開發中國家還試圖利用貿易政策來解決國內的不平衡發展或產業結構落差的問題。

　　當然，在現實世界中有許多國家，自由貿易和完全貿易保護之間也存在著許多程度不同的政策。但不管怎樣，從上面的例子指出，有必要通過國際談判來協調各國的貿易政策；並通過談判達成的協議來預防貿易報復。而目前的國際貿易體系，如WTO 就是建立在一系列國際協議之上所發展出來的。

重要名詞與概念

1. 兩難境界
2. J 曲線效果
3. 過度調整
4. 外溢效果
5. 社會無謂的損失
6. 市場失靈
7. 次佳理論

8. 偽幼稚工業
9. 沈沒成本
10. 宏觀調控
11. 集體合作行動
12. 社會福利加權評估
13. 保守的社會福利決策

課後評量

1. 貿易政策的制定受不同利益集團的制約，對開發中國家的貿易政策而言，其可從哪三面條件進行討論。
2. 對於貿易政策之觀點，請加以分類說明之。
3. 貿易政策的執行工具可以分類為哪些，請說明之。
4. 貿易最重要的利得就是它能實現最有效率的資源配置，請利用圖形分析說明一個小國課徵關稅的效果，以及其會形成扭曲之情形。
5. 為何一國要實施貿易政策？其對國家福利水準之影響如何？
6. 請就交易條件與國際收支之情形分析國際收支逆差會影響到國內經濟的成長的問題，請就貿易的角度來評論之。
7. 為何課徵關稅會產生市場失靈的效果，請利用圖形分析說明之。
8. 何謂次佳理論？要如何把一個內部經濟運作的不完善的機能透過對外關係的干預來解決？真的政策干預會影響一國的福利水準嗎？
9. 為何要保護幼稚工業？其理由何在？請詳述之。
10. 哪些產業保護政策的方法，可以促進一國經濟與工業化的發展？
11. 請就貿易政策對所得分配的觀點來進行討論。
12. 請利用 Mundell 模型說明要素報酬差異與國際貿易間之關係。
13. 請利用 MacDougall 模型請利用要素移動經濟效果與貿易政策的關係。
14. 請說明國際談判如何透過賽局理論來進行分析。
15. 何謂償付矩陣？請試舉一例分析說明之。
16. 請說明美國所通過的斯摩特—哈雷法案 (Smoot-Hawley Act)，以及其影響如何？

17. 下列觀點中哪些對實施進口關稅或出口補貼可能是有效的論點?哪些不是?並說明理由。

(1) 2005 年初,每桶原油上升至歷史新高為 55 美元,當世界性石油短缺時,如果美國的石油越多,則油價會上漲的越高。

(2) 美國向烏拉圭等中南美洲國家進口非當令水果。例如,在夏天進口中南美洲冬季葡萄就占了美國葡萄供給的 80%,並導致了美國相關水果價格大幅下降。

(3) 當加拿大的木材實際價格下跌了 40% 時,數千名從事木材加工的工人開始不得不尋找其他工作。

(4) 半導體產業對技術發展的提升是極其重要的。假設新竹科學園區的華邦電子如果自已以規模經濟方式生產,那麼對其他每一個利用微原子或奈米科技的產業,其相關重要的信息流動就會受到破壞。

第十章

關稅與經濟福利影響之探討

由於高關稅貿易障礙或其它保護主義的限制,使完全競爭
受到破壞,因此柏拉圖與庇古的最佳狀態就不可能實現,
但仍有一個確定「次佳狀態」的問題,可以用來解釋貿易
爭議之現象。

　　詹姆斯‧愛德華‧米德 (James E. Meade, 1907～1995)

《本章學習方向》

1. 關稅的特徵與分類
2. 名目關稅率與有效保護率
3. 課徵關稅之經濟效果分析——大國與小國之情形
4. 最適關稅率的課徵——如何制定最適關稅率
5. 關稅的報復
6. 婁勒對稱性定理
7. 梅茲勒的矛盾

本章章節架構

關稅貿易障礙
- 關稅課徵的方式與目的
- 名目關稅率與有效保護率
- 課徵進口關稅之經濟效果分析
  - 小國 —— 部分均衡分析法
  - 大國 —— 一般均衡分析法
- 透過提供曲線分析說明最適關稅率之課徵
- 關稅報復之情況說明
  - 最適關稅率
  - 關稅報復
  - 關稅循環
- 婁勒的對稱性定理之推導
- 梅茲勒的矛盾之說明

前 言

　　本章將藉由關稅的經濟探討與內容說明，來分析其對國際貿易及進、出口之影響。從而瞭解政府課徵進口關稅的目的，並定義關稅的類型、關稅的特徵、名目關稅稅率和有效關稅稅率以及相關影響等。

　　此外，我們也將關稅進行經濟上的分析與探討，特別在大國與小國就關稅分析上，就應採取一般均衡分析 (General Eguilibrium Analysis) 或是部分均衡分析 (Partial Eguilibrium Analysis) 來加以說明。接下來將透過提供曲線來分析大國與小國分別課徵關稅之情形，由於課徵關稅可以改善施以關稅措施國家之交易條件，但如果貿易對手國也加以施行關稅報復，使損失減至最小程度，其是否會對全世界之貿易有不利之效果？關稅的效果會提高國內進口品的相對價格，可是當採取禁止性限制關稅措施時，又會使貿易回到自給自足的狀態。

　　由於課徵關稅，不僅會使得貿易量減少，也間接地引發生產與消費的扭曲，這些因素在不考慮貿易效果的情況之下，皆會造成社會福利水準下降。本章除了說明關稅效果對社會福利之影響限制外，也會討論妻勒的對稱性定理與梅茲勒的矛盾 (Metzler's Paradox)。而課徵關稅，一般來說會使國內進口財的價格上升，對國內進口替代財產業產生保護作用，若課以關稅反而使進口財之價格下跌，則對所保護之產業有害。

第一節　關稅的種類與特徵

　　從前面的國際貿易理論的討論知道，一般來說，自由發展的國際貿易，對發展貿易的各國皆有利。然而，在當今世界，幾乎沒有一個國家或地區是真正實行自由貿易的。從歷史的角度上看，英國在完成了產業革命後，依據古典經濟學家的思想才採用了所得稅的徵收（以部分彌補關稅削減後的收入損失），並進一步在 1846 年廢除了穀物法，取消了對農業的保護。除了英國基本上是實施自由貿易的國家之外，歐洲其他國家，如法國和德國也逐步降低了關稅，實行了比較自由的貿易。但在兩

次世界大戰之間的時期，特別是 1930 年代的經濟大蕭條時期，各國的關稅急遽提高，貿易障礙增加，貿易保護主義蔓延。然而隨著第二次世界大戰結束後，各國百廢待舉，需要更多的資源做重建的工作，但太高的關稅阻礙了貿易的進展，所以本章先就關稅的定義與方式進行討論，並就其特徵要點進行分析說明。

一、關稅的定義和課徵關稅的目的

關稅的定義是一國政府對於經過關防或國境的商品所徵收的捐稅，分為進口關稅和出口關稅。

(1)課徵進口關稅的目的，主要在三個方面：

　　a.增加政府的財政收入：關稅在政府的財政收入中占有相當大的比重，在經濟不景氣時扮演著資源分配極重要的角色；隨著經濟的復甦，關稅在財政收入中所占的比重相對日益下降。

　　b.保護國內產業：徵收進口關稅的重要目的是限制外國商品的進口，保護國內某些產業的發展和國內市場。

　　c.增加市場競爭力：改變進口商品的國內與國際價格，以達到減少進口數量的目的，並利用價格機能增加國內商品的市場競爭力。

(2)課徵出口關稅的目的則在於：

　　a.保護稀有資源：限制國內的稀有物資和影響人民生活的重要商品出口，避免影響民生必需而造成社會動盪。

　　b.影響國際價格：有的商品徵收出口關稅，是為了避免國際市場上本國出口產品的供應量過大，影響出口商品的國際價格，利用出口關稅限制出口數量。

　　c.平衡貿易收支：當貿易有大量盈餘時，為避免經常帳持續的出超，影響產業結構發展，課徵出口關稅可避免其進一步的擴張。

二、關稅的種類

進出口關稅依據課徵方法又可分為四種：

(1)從量稅 (Specific Tariffs)：以商品的數量、重量、長度、體積和面積作為標準，制定統一的稅率徵收的關稅，亦即對單位進、出口品課徵定額關稅，如果進口品國內價格為 $P_m + t_s$，表示進口品價格 P_m，從量稅為 t_s。

(2)從價稅 (ad valorem Tariffs)：以商品的價格或價值為課稅標準，制定一定的百分比為徵收的關稅，其中一般不包括運輸費用。如果進口品國內價格為 $P_m \times (1 + t_a)$，

表示從價稅稅率為 t_a。

(3)混合稅 (Combined Tariffs)：又稱複合關稅，對於某些商品既徵收從價稅又徵收從量稅的聯合課徵稅制。課徵聯合關稅後，進口品的國內價格為 $t_s + P_m(1 + t_a)$。

(4)選擇稅 (Selected Tariffs)：對於某些商品，政府既制定從量稅稅率，也制定了從價稅稅率，徵稅時哪一種稅額高就選擇哪一種稅率徵稅。

三、關稅的特徵

在 1970 年代以前，美國和一些已開發國家大多數是以從量稅的形式課徵關稅，很少以從價稅為主，但在發生兩次石油危機之後，世界經濟形勢發生變化，從價稅的形式比從量稅更加適應現實的變化，從而成為課徵關稅的主要形式。接下來我們藉由其稅制的特徵，分別就從量稅與從價稅進行分析討論：

1. 從量稅的特徵

(1)操作比較簡單：海關人員只需將商品進行分類，分成按重量、數量、或長度徵稅等即可，與商品的價格無關，不需對進口商品的價格進行再審查。

(2)反制傾銷效果：對外國的出口商進行低價傾銷有著較高的保護作用。

(3)具有累退性 (Regressive)：同類的商品按照其數量或重量徵稅，此時價格高的商品，關稅在價格中所占的比重相對比較低；而價格低的商品，關稅在價格中的比重比較高。

(4)通貨膨脹時無效：在通貨膨脹時期，從量稅將失去其保護作用。由於通貨膨脹的效果也造成商品的價格大幅度地上漲，從量稅的稅率是按照商品數量或重量等來加以確定的；因此，隨著價格的上升，關稅在價格中所占比重也隨之下降。

(5)貨幣貶值時無效：當報價之貨幣貶值時，只會對商品的進口價格影響，並不會對從量稅之稅率造成變動。

2. 從價稅的特徵

(1)不具有累進性，也不具有累退性。由於其課稅基準是按照商品的價格，制定一定的比例徵稅，對同一商品而言，價格高徵收的稅額較多，價格低徵收的稅額較少。

(2)在通貨膨脹時期所制定的從價稅的關稅稅率，不需要隨著通貨膨脹率的變動。價格上漲，關稅額會隨著價格的上升而自動增加。可見，在通貨膨脹時期，

從價稅有較高的保護作用。

(3)一些特殊同質性商品，由於價格相差極其懸殊，課徵從量稅十分困難，如果按照從價稅徵收關稅，比較容易徵收。

(4)基於海關的作業來說，從價稅操作比較複雜，海關人員對於每件進口商品的到岸與離岸價格（C.I.F. 與 F.O.B.）都必須進行審查，不能只憑提單或是發票上的價格徵稅，在審查手續上比較繁瑣。此外，由於商品的種類繁多，其稅目極為繁雜，所牽涉的稅率相差極大，常常由於分類不明會引起不必要的爭議。

(5)對於進口國來說，其要求海關人員盡力地高估進口商品的價格。這種現象稱為 ASPs (American or Australian Selling Prices)，可以課徵較高的關稅，增加稅收。

而關稅依據其課徵的目的可分為① 收入關稅 (Revenue Tariffs)：其目的在於取得關稅收入，通常針對國內沒有生產的商品進行課徵。② 保護關稅 (Protective Tariffs)：為了保護國內產業免於國際競爭之壓力，並削弱外國在本國之市場競爭所制定之關稅，其又可分為禁止性限制關稅 (Prohibitive Tariffs) 與非禁止性限制關稅 (Non-prohibitive Tariffs)。

第二節　名目關稅率、有效保護率與國內資源成本

一、名目關稅率 (Nominal Tariff Rate, NTR)

關稅是貿易政策中最具代表性的財政收入的工具，對於過境的商品不論輸出或輸入均需課稅，讓許多國家有重大的財源基礎。然而，一項最終商品的產生，需要土地、資本、勞動與企業再加上中間原料投入才能完成，不能單由一種商品的名目關稅來決定其保護的程度，必須透過整體關稅結構才能真正瞭解到商品受保護之程度。名目關稅率，是當商品進入海關時，海關按照關稅稅則徵稅的稅率。名目關稅率提供本國產業受保護的程度，但沒有反映實際的保護情形。在真實社會中，各國不僅對最終商品課稅，也對中間投入與原料課稅，不同的商品與中間投入所課徵的關稅率也就不一樣。所以要瞭解商品真正受到保護的程度，除了考量其商品的名目關稅率外，也應該知道該商品中間投入所課徵之關稅方可。

關稅升級制度則是隨著生產加工程度的深入，造成關稅率不斷升高，即對於最終商品課徵的關稅高於中間投入所課徵的關稅，而對於中間投入所徵收的關稅又高於原料所課徵的關稅。制定關稅升級制度的目的是讓已開發國家對於原料進口設置

了較低的關稅率，而對於商品的進口則設置了較高的關稅，其目的在於鼓勵開發中國家出口初級商品，並限制對這些國家最終商品的進口。然而，已開發國家的關稅升級制度卻對開發中國家出口最終商品極為不利，就此開發中國家曾多次強烈要求已開發國家來加以改變這種關稅升級制度，因為此種方法並非有效的保護當地產業，只是傷害國外之經濟成長而已。

二、有效保護率 (Effective Rate of Protection, ERP)

有效保護率 (ERP) 是對於本國產業的真實保護程度的反映，是根據商品課徵名目關稅以及中間投入關稅，隨著其商品附加價值的變化，依其名目之改變而加以課徵關稅。一般而言，最終商品名目關稅率愈高，附加價值就提高愈多，受保護的程度也就愈大。反之，中間投入的關稅愈高，附加價值就降低愈多，商品受到保護的程度也就愈小。目前世界各國主要保護的是最終商品，關稅對於當地產業的實際保護程度，需將商品價格裡中間投入的價格剔除，也就是其附加價值。名目關稅率和有效關稅保護率兩者的差別在於，前者是關稅和商品的總價值之比，而有效關稅保護率則是關稅與附加價值 (Value-added) 之比。

由於大多數商品的生產可分為原料、中間投入與製成品，如汽車生產需要鋼鐵、玻璃、橡膠；電腦的製造需要處理器、半導體等。我們已經知道設置關稅可以鼓勵國內生產，保護其產業，可是這樣的保護程度為何？一般而言，這樣的問題應先計算出一國關稅結構所提供的保護量 (The Amount of Protection)，換言之，就是國內生產者所享有的有效保護率，不是只單純考慮最終商品的關稅率而已，而需同時顧及中間投入的關稅率才行。

以下舉例說明何謂有效保護率，以及有效保護率與名目關稅率的差異。假設生產一套西裝需要 5 碼的布料，再加上以國內主要生產要素（如工資、租金、利潤等）計算，一套西裝的附加成本大約要新臺幣 1,500 元。假設西裝布料以 1 碼新臺幣 600 元的世界價格由國內與國外廠商獲得，在自由貿易與完全競爭的假設下，我們預期一套西裝的價格為新臺幣 4,500 元（5 碼 × [1 碼 = 600 元] + 1,500 元）。

假設今天政府對進口西裝課徵 20% 的關稅，則所有西裝的價格會上漲 900 元（0.2 × 4,500 元），由於布料還是可以用 1 碼 600 元的世界價格在國際市場購買到，因此就算對進口西裝課徵關稅，國內生產者每套西裝以售價 5,400 元銷售，但事實上仍然需支付 3,000 元來購買西裝布料，這 2,400 元就成為國內要素所創造之價值（形成較高的薪資、租金或利潤）。在此例中，關稅使國內價值由 1,500 元上升至 2,400 元，

這就是增加關稅保護後，附加價值的增加（包含利潤）使得國內產業會有較高的產出。以下是對名目關稅率 (NTR) 與有效保護率 (ERP) 的定義：

名目關稅率 $(NTR) = $ 最終財貨關稅 $(T) \div$ 最終財貨價格 (P)

有效保護率 $(ERP) = $（課徵關稅後之附加價值 $V' - $課徵關稅前之附加價值 V）

$\div$ 課徵關稅前之附加價值 V

$$= \frac{V' - V}{V}$$

故字體在本範例中　　　　$NTR = \dfrac{900}{4500} = 20\%$

$$ERP = (2400 - 1500) \div 1500 = 60\%$$

假設今天政府對布料課關稅，假設關稅率為 10%，其結果造成布料價格增加 10%，也就是從 1 碼 600 元變成 1 碼 660 元，製作西裝的原始原料成本增加（從 3,000 元變成 3,300 元，5 碼 × [1 碼 = 660 元]），國內價值變成 2,100 元，而西裝的生產者是否可以將這些成本轉嫁給大眾？答案是不行。因為政府對西裝仍課 20% 的關稅，所以國外的西裝仍是銷售 5,400 元，為維持競爭力，國內的西裝生產者必須自行承擔這較高的成本。以下是比較布料沒有課關稅的 ERP 與布料課關稅的 ERP：

ERP（布料 0% 關稅）$= (2400 - 1500) \div 1500 = 60\%$

ERP（布料 10% 關稅）$= (2100 - 1500) \div 1500 = 40\%$

上述分析為何有此差距，因為對布料課稅，會讓西裝的有效保護率降低，這是一個重要的概念，它告訴我們產業的保護不僅受到該產業的關稅影響，尚會受到相關產業的關稅影響。有效保護率是一個重要且有效的概念，第一，它幫助我們瞭解很多國家的保護結構，對於工業化國家而言，對於原料品或中間投入財之關稅率都較低，反之，對加工層次較高之商品則儘量提高關稅率，以保護國內有關產業，這種隨著加工層次提高而關稅率也跟著提高之現象，稱之為傾斜關稅 (Tariff Escalation by Stage of Processing)，也就是前面所講的關稅升級制度；第二，ERP 的衡量可以瞭解國內產業資源的配置，如果有效保護率較高，該產業的生產要素投入較多（如勞動、資本）；而有效保護率相對較小的產業，該產業的生產規模也較小。產品生產過程需要進口中間投入，然此衡量無法告訴我們很多關於保護率的資訊；第三，有效保護率對政治家與貿易談判者而言，是很有價值的衡量標準，因為有效保護率說明關稅結構如何衡量，可以影響國內生產要素的所得水準與附加價值。

名目關稅率並沒有考慮到關稅對商品不同生產階段的不同影響，如果只是對最終商品課徵進口關稅，就會提高該商品的國內價格，從而提高國內生產同類商品的

附加價值。當關稅是唯一的貿易工具時，我們把關稅對某一特定部門的淨效應稱作名目關稅率。當把非關稅貿易障礙也都包括進來時，那麼這些工具對某一商品的淨效應就叫做有效保護率。如果對商品 j 的有效保護率一般定義為是對商品 j 以及商品 j 用作中間投入品的商品 i 課徵關稅後，該商品的附加價值和以世界價格衡量的附加價值之間的差額除以世界價格衡量的附加價值之比。這就是說，如果 V_j^d 是以國內價格衡量的附加價值，V_j^w 是以世界價格衡量的附加價值，則有效保護率就是：

$$\tau_j = \frac{V_j^d - V_j^w}{V_j^w} \tag{10--1}$$

如果我們把上標 d 和 w 分別表示國內價格和世界價格，同時假定中間投入之間沒有替代性，兩個附加價值就可以分別表示如下，其中 a_{ij} 表示中間投入權重：

$$V_j^d = P_j^d - \sum_i a_{ij} P_i^d \tag{10--2}$$

$$V_j^w = P_j^w - \sum_i a_{ij} P_i^w \tag{10--3}$$

假定國內價格與世界價格之間的差額完全是由課徵關稅引起的，那麼

$$P_j^d = P_j^w(1 + t_j), \, P_i^d = P_i^w(1 + t_i),$$

t_j 代表最終商品 j 所課之關稅，t_i 代表中間投入 i 所課之關稅，如此 (10--2) 式就可以改寫成

$$V_j^d = P_j^w(1 + t_j) - \sum a_{ij} P_i^w(1 + t_i) \tag{10--4}$$

把上面 (10--3)、(10--4) 式帶入 (10--1) 式並作整理就可得到

$$\tau_j = \frac{P_j^w t_j - \sum_i a_{ij} P_i^w t_i}{P_j^w - \sum_i a_{ij} P_i^w} \tag{10--5}$$

另一方面，我們也可以用成本分配（C_{ij}）來考量，即 $C_{ij} = \dfrac{a_{ij} P_i^w}{P_j^w}$ 來計算。這樣，經過進一步的整理之後可得到

$$\tau_j = \frac{t_j - \sum_i C_{ij} t_i}{1 - \sum_i C_{ij}} \tag{10--6}$$

另外，還有一種方式就是先確定商品 j，其所用的中間投入品的平均稅率 $\bar{t}_j$，它是實際關稅率的加權平均，即

$$\bar{t}_j = \frac{\sum_i a_{ij} t_i}{\sum_i a_{ij}} \tag{10--7}$$

然後據此寫出有效保護率

$$ERP = \frac{v' - v}{v} = \frac{t_j - \bar{t}_j \sum_i aij}{1 - \sum_i aij 1 - \sum_i aij}$$

$$= \frac{t_j \cdot (1 - \sum_i aij + \sum_i aij) - \bar{t}_j \sum_i aij}{1 - \sum_i aij}$$

$$= t_j + \frac{(t_j - \bar{t}_j) \sum_i aij}{1 - \sum_i aij} = \tau_j$$

上述不同的有關有效保護率的公式使我們可以得到一些有趣的結論（我們假定 $0 < \sum_i a_{ij} < 1$）。首先，如果對最終商品和中間投入品課徵同樣的關稅 $(t_j = t_i = t)$，則 (10–6) 式告訴我們有效關稅等於名目關稅，即 $\tau_j = t_j$。第二，如果對最終商品課稅 $(t_j > 0)$，而不對中間投入品課稅，則 (10–6) 式說明最終商品的有效關稅大於名目關稅，即 $\tau_j > t_j$。反之對中間投入品課稅，情形則相反。第三，如果中間投入品的平均關稅充分地大於最終商品的關稅，那麼有效關稅就可能是負的，這也就等於國內同類的商品實際上被課稅了。另外，當最終商品關稅率上升（或下降），中間投入的關稅率下降（或上升），則有效保護率則提高（或下降）。茲將上述情形整理如下：

(1)當 $t_j = \bar{t}_j$，則 $\tau_j = t_j$，即有效保護率 = 名目關稅率。

(2)當 $t_j > \bar{t}_j$，則 $\tau_j > t_j$，即有效保護率 > 名目關稅率。

(3)當 $t_j < \bar{t}_j$，則 $\tau_j < t_j$，即有效保護率 < 名目關稅率。

(4)當 $t_j < \sum_i a_{ij} t_i$，則 $\tau_j < 0$，即無法產生保護效果。

三、國內資源成本 (Domestic Resource Cost, DRC)

我們知道，一個國家的經濟中常常存在著各式各樣的市場扭曲現象，這種扭曲會使一個國家顯現出以市場相對價格表示的比較優勢，但是其並不真正反映出實際的比較優勢。國內資源成本分析就是試圖找出哪些國家具有真正比較優勢的商品，藉由資源成本分析的衡量，來保護一國中某一產品所付出的代價以及由其他扭曲（包括市場失靈和政府干預等）造成的福利損失。國內資源成本的計算公式為：

$$DRC = \frac{用本國貨幣以國內價格衡量的附加價值}{用外國貨幣以世界價格衡量的附加價值}$$

　　如果在一個特定的進口替代（或出口）產業進行投資，而其 *DRC* 值低於官方匯率，通過這項投資方案就可以節省（或賺取）外匯成本，因為如果把外匯依據官方匯率換成本國貨幣，在補償了生產成本之後，就會產生利潤。此外，我們還可以利用經由進口替代所節省的外匯或通過出口所賺取的外匯的邊際報酬來表示。在一個小型開放經濟中，如果沒有國內稅收，也沒有關稅等等，市場又是完全競爭的，也就是在自給自足的條件之下，其生產要素的機會成本就等於它的市場價格，而商品的國內價格（經過匯率折算後）也就等於國際價格。這時國內資源成本與官方匯率的比例就等於 1。如果這一比例超過 1，以外匯衡量的本國要素的機會成本就大於以世界價格衡量的這些生產要素的附加價值了，此時就必須對其國內的產業進行保護，並制定相關政策以為因應。

　　此外，如果要素市場是屬於完全競爭性的狀態，則國內資源成本就等於有效保護率加 1，也就是 *DRC = ERP* + 1，因為有效保護率為衡量本國商品附加價值的變動部分與國際附加價值之比，而國內資源成本是本國商品全部附加價值與國際附加價值之比。一般說來，有效保護率能更好地測量貿易保護所產生的激勵，而國內資源成本能更好地估計貿易保護的成本。

第三節　課徵關稅之經濟效果分析

一、部分均衡分析

　　所謂貿易的部分均衡分析是指一種商品在兩個國家之間的貿易分析，它需要利用到消費者剩餘和生產者剩餘等部分均衡的概念，並以其他條件不變的假設進行對單一商品之數量與價格做比較。

1.模型假設

　　現在假定有兩國家，本國和外國。他們都是大國，即他們有能力改變商品的貿易量來影響該商品在另一個國家的價格，假設兩國同樣生產和消費一種同質性的商品 (Homogeneous Good)，且該產業在兩國都是完全競爭的，因此其商品的供給與需求曲線都是市場價格的函數。在這裡我們不考慮匯率的影響問題，也就是假定匯率是固定的，另外，兩國之間的運輸成本為零。

　　顯然，兩國間會進行貿易只有當兩國市場上商品的價格不一樣，貿易就一定會

發生。此時，我們可以用傳統的消費者剩餘和生產者剩餘來顯示兩國實行自由貿易後的福利變化。對出口國家來說，貿易使價格上升而擴大生產，使生產者剩餘增加。同時，價格上升使外國的消費減少，從而使消費者剩餘下降，所以進行貿易會產生一種移轉效應，出口國消費者的一部分福利會轉移到生產者那裡去。從進口國家來說，價格的下降使消費者得益，使生產者受損。顯然，這裡也有福利的轉移的產生，從生產者轉移到消費者，但是兩國間貿易皆會產生貿易利得，其結果皆會大於因福利移轉所形成的損失，也就是淨利得大於零，此部分前面章節已分析過了，在此不再重複。

　　另一種表達貿易後兩國市場均衡的方法就是利用超額需求（進口需求）曲線和超額供給（出口供給）曲線表示的方法。進口需求曲線和出口供給曲線都可以從兩國各自國內的需求曲線和供給曲線導出。本國的超額需求是本國消費需求大於本國生產供給的部分；而外國的超額供給是外國生產供給大於外國消費需求的部分。我們利用此方法來進行大國課徵關稅之部分均衡分析。由於本國需求 + 外國需求 = 本國供給 + 外國供給，因此，世界需求等於世界供給，請參見圖 10–1。

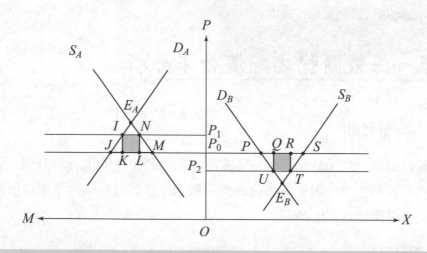

自由貿易之下，B 國出口 *PS* 數量至 A 國，*JM*(= *PS*) 為 A 國之進口，如果 A 國課徵關稅，則 A 國國內價格上升至 P_1，在此價格下，A 國進口 *IN*，B 國出口 *QR*，此時 *IN* = *QR*，貿易達到均衡。

圖 10–1　透過兩國家的超額供給與超額需求的部分均衡分析

2. 大國課徵關稅效應

　　在大國課徵關稅模型中，我們主要是以從價稅進行分析。關稅的最基本效應就是使貿易商品的進口價格（即外國的出口價格）與國內價格之間出現一個差額。假

定現在進口國（本國）政府決定對商品的進口徵收關稅，其直接的效應就是使商品的國內價格提高，而價格的上漲會使國內生產擴大、消費減少，從而使進口需求下降。本國的進口需求下降也就意味著外國的出口必須削減，這又會導致外國商品的價格下跌，其本國商品的價格的上漲幅度要小於關稅的幅度，這是因為外國的價格也下降了，但是兩國價格的差額正好等於關稅。

　　我們利用超額需求與超額供給的分析方法來表示大國課徵關稅後的效應。圖10-2 顯示，本國課徵關稅後，外國的出口價格（本國的進口價格）下降至 P_d，本國的國內市場價格提高到 P_t，本國的進口量（外國的出口量）從 Q_0 下降減少到 Q_t，由圖我們可以得知 a 的面積就是進口國因價格提高造成消費的效率損失，而面積 d 是因為課徵關稅而產生之交易條件利得。面積 c + d 則是進口國的關稅收入，而面積 b + d 則是出口國因生產效率所形成的損失，因此，大國課徵關稅的結果，減少了面積 a + b 的世界福利，也就是社會無謂的損失 (Dead-weight Loss)。

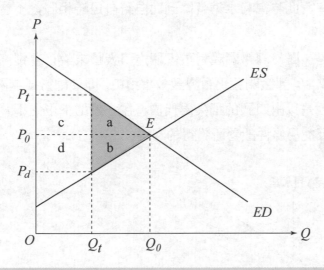

從圖形分析中，c + d 為大國課徵關稅之收入，a 為消費效率的損失，b + d 為生產效率的損失，綜合比較整個世界減少了 a + b 的社會無謂損失。

圖 10-2　大國利用超額供給與超額需求分析課徵關稅後之效果

3.大國最適關稅率分析

　　從前面的分析我們看到，一個進口國可能會因課徵進口關稅而獲利，但同時我們也知道，如果關稅率高到限制了貿易的發展，該國福利必然受損。因此，在自由貿易和禁止性限制關稅之間必然存在一個能使進口國福利最大化的關稅率，稱之為最適關稅率。其經濟分析我們留待下一節討論，這裡先介紹其概念。

　　最適關稅率 (Optimal Tariff Rate) 的存在就是能使交易條件改善所獲得的利得與其所產生之效率損失間的差異達到最大化所適用的關稅。在其他條件不變之下，較低的關稅率從交易條件改善中所獲得之每單位進口品利得較少，但是低關稅率下其進口量較大，當其進口需求彈性大的時候，總合交易條件改善的獲利效果也會較大；另一方面，低進口關稅率也使進口國的價格上漲幅度較小，使進口的減少幅度也較小，造成的總效率損失就較小。如此，較低的關稅率會給進口國帶來淨利得。反過來說，當關稅率很高，雖然交易條件改善中所獲得之每單位進口品獲利較高，但是價格的上升幅度較大，進口減少的幅度也較大，交易條件改善的總利得不一定很大，但所造成的總效率損失卻相當大，因此我們可以預料，較高的關稅率會導致淨損失。從圖 10–3 就表示了關稅率與社會福利之間的關係。我們可以看到，一開始福利會隨著關稅率的提高而增加，並在關稅率達到最適關稅率處達到福利水準最大。此時如再進一步提高關稅率則會降低福利水準。當關稅高到限制貿易進行時，也就是課徵禁止性限制關稅率，此時福利水準就降到與自給自足時相同，不會對社會福利產生任何影響。

　　必須注意的是，雖然課徵關稅對於一個進口大國來說，會提高他的福利水準，但是就整個世界來說，課徵關稅仍會導致效率損失，即使課徵最適關稅率也是相同，這是因為課徵關稅是以出口國的損失為代價，在一般的情形之下，其損失會大於進口國因關稅收入及交易條件改善所獲得的利得。

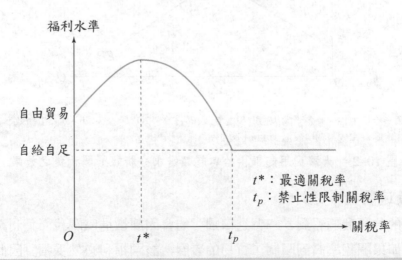

大國課徵最適關稅 (t^*) 之後，福利水準達到最大，但是關稅課徵高到禁止性限制關稅 (t_p) 時，此時福利水準回到自給自足的狀態。

圖 10–3　大國制定最適關稅率對世界福利之影響

4.小國課徵關稅效應

由於世界上絕大多數國家都不是貿易大國，如果一個國家不能改變其進口或出口的數量來影響貿易商品在世界市場上的價格，我們就把這個國家看作為「小國」。因為如此小國是個價格的接受者，其所面臨的就是一條完全彈性的（水平的）進口供給曲線；另一方面，一個出口小國所面臨的就是一條完全彈性的出口需求曲線。由於小國的進出口貿易不能影響其他國家的價格，小國的貿易政策也就不能影響其貿易夥伴的福利，因此，就沒有交易條件改善的效果。

圖 10–4 說明了小國實施進口關稅的情形。我們仍假定本國商品的供給和需求曲線分別是 S 和 D，由於是價格的接受者，其面臨的世界價格是 P_w 為一條水平的供給線。在自由貿易的時候，P_w 也就是進口國的國內價格，在此價格水準上，小國本身的供給為 Q_1，但消費需求為 Q_4，其需求與供給之間的差額 Q_1Q_4 就是進口數量。假定這時該國對進口課徵關稅率為 t 的從價稅，國內價格就會提高到 $P_w(1+t)$。國內價格的提高使該國的生產擴大到 Q_2，需求減少到 Q_3，從而使進口下降到 Q_2Q_3。價格的上升和生產的擴大使進口國生產者的生產者剩餘增加了面積 a；同時，價格上升和消費下降使消費者剩餘減少面積為 a + b + c + d。但是，由於課徵關稅後，政府的關稅收入增加了面積 c，因此產生了 b + d 的效率淨損失，其中 b 為生產效率損失，d 為消費效率損失。

經由 a、b、c、d 這四塊面積來衡量關稅的福利效應，我們得知 a 是消費者向生產

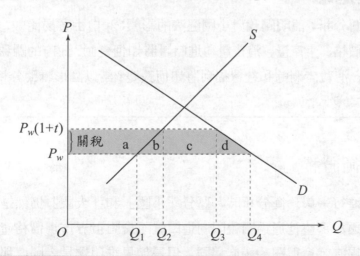

由於小國是價格的接受者，無法產生交易條件改善的利得，課徵關稅後，進口量由 Q_1Q_4 變為 Q_2Q_3，價格也由 P_w 提高至 $P_w(1+t)$，此時關稅收入的部分為 c，生產者剩餘增加 a，消費者剩餘減少了 a + b + c + d，故總福利減少了 b + d。

圖 10–4　小國課徵關稅後的經濟效應

者的收入轉移，而 c 是關稅收入並可以移轉給社會大眾，就整個國家來說，這兩塊面積並沒有使該國的福利水準減少。但是該國仍有 b 和 d 兩塊面積的損失。由於該國沒有交易條件改善效果，這是 b + d 為課徵關稅後的淨損失。因此，對一個小國來說，最適關稅率就是實施零關稅率，也就是執行自由貿易政策，請參閱圖 10–5 之說明。

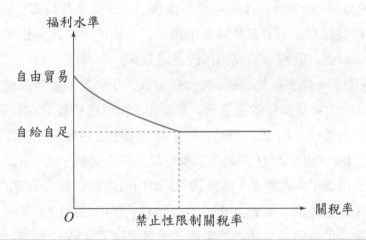

當小國實施最適關稅率時，其福利水準最大是在關稅率為零時，也就是實施自由貿易為其最佳政策。

圖 10–5　小國最適關稅率對福利水準之影響

 隨堂測驗

試以部分均衡分析，說明關稅對小國經濟的影響：和自由貿易比較，被課徵關稅商品的國內價格、生產量、消費量和進口量將如何變動？政府的關稅收入為何？生產者剩餘、消費者剩餘和社會福利將如何改變？請以圖形輔助分析。（90 年特考）

二、一般均衡分析

　　在對關稅進行一般均衡分析時，區分「小國」和「大國」仍然是很重要的。如果進口國是小國，那麼他通過關稅限制進口就不會對世界市場價格產生任何影響，國內價格上漲幅度就會與關稅幅度相同。但是如果進口國是大國，那麼他減少進口就會使世界價格下降，從而他國內價格的上漲幅度就小於關稅的幅度。從前面的部分均衡分析得知，小國最適的貿易政策是執行自由貿易，也就是零關稅政策；再加上

小國無法改變國際市場價格，交易條件無法改善；因此，在本節對於我們分別就小國與大國的一般均衡分析予以探討。

1. 模型假設

透過生產可能曲線分析，在橫軸與縱軸分別表示兩國對於出口財與進口財之生產，在商品相對價格決定之下，決定其生產量與消費量，並形成貿易三角形，其三角形愈大，表示貿易量也就愈多。現在如果相對價格改變，如課徵關稅或實施進口補貼，就會使相對價格改變，交易條件變動，其交易型態也隨之發生變化。

2. 小國課徵關稅效應

一般均衡分析是針對經濟體系內所生產的兩種商品（出口財與進口財）進行影響性分析，在小國的情形之下，由於不會改變交易條件，一旦對進口財課徵關稅，則國內進、出口財的相對價格就會加以改變，圖 10–6 說明了在自由貿易之下，其交易條件為 $TOT_0 = \rho_0$，決定生產點 A，消費點 C，貿易三角形為 $\triangle ABC$。現在對進口財課徵關稅，相對價格線變成了 ρ_d 線，ρ_0 與 ρ_d 線的斜率差距為關稅稅率。由於相對價格改變，其生產點也由 A 點移至 E 點。因為交易條件不變之下 ρ'_0 平行 ρ_0，且通過生產可能曲線的 E 點，ρ_d 線也同時相切於 E 點。如果在 ρ_0 水準下，課徵關稅後，其消費點在 G 點，可是因國內相對價格改變為 ρ_d，此時 ρ'_d 相切於 I_1 於 H 點，且相交於 ρ'_0 於 D 點，此時 $\triangle DEF$ 為課徵關稅後之貿易三角形。

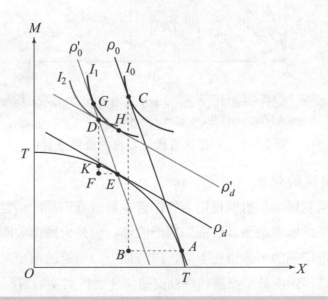

小國課徵關稅的結果使貿易量減少，在無法改變交易條件情況之下，福利水準下降。

圖 10–6　小國課徵關稅之一般均衡分析

由於在 ρ_d 價格水準 EF 的出口只能換取 KF 的進口，但在國際價格 ρ'_0 上卻可換到 DF 的進口，表示 DK 為關稅收入。如果將關稅收入退還給民眾，此時消費均衡點在 D 點，所決定的無異曲線為 I_2，仍小於在國際價格下所決定之消費水準 G 點，因為 $I_1 > I_2$，課徵關稅造成小國社會福利水準下降。

如果以提供曲線的方法來分析，如圖 10–7，在自由貿易下，均衡交易條件為 TOT_0，由於小國是價格的接受者，無法改變交易條件，在課徵關稅之後，小國的提供曲線由原先的 OF 變成 OF'，貿易均衡點也從 E 點移至 D 點，此時大國的交易條件不變，但小國的國內相對價格改變，其貿易無異曲線從 TIC_0^* 下降為 TIC_1^* 與國內相對價 ρ_d 相切於 F 點，因為生產與消費受到扭曲，貿易量減少，而且 TIC_1 與 TIC_1^* 兩曲線相交而未相切，表示未達到國際貿易均衡所需條件，故福利水準下降。

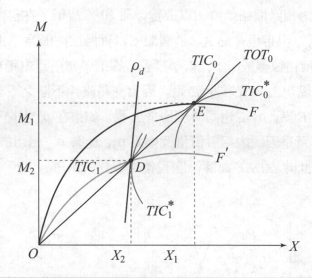

由於課徵關稅後，均衡點由 E 移至 D 點，在 TOT_0 不變之下，兩國的貿易無異曲線相交而未相切，未達國際貿易均衡條件，故福利水準下降。

圖 10–7　小國課徵關稅之提供曲線分析

3. 大國徵收關稅的效應

大國徵收關稅對國內相對價格比例的影響會導致進口品的相對價格上升，從而使國內與進口競爭的部門擴張，使出口部門收縮。但是大國徵收關稅，除了減少進口之外還會導致進口品的世界價格下降，同時使出口供給的減少又會使該商品的世界價格上揚，而進口國由於徵收關稅會使交易條件變得對本身有利。

這一交易條件改善的效應使得大國在課徵關稅的情況下，對福利的影響很難預

測。關稅的課徵會減少貿易量並使福利降低，但是交易條件改善又會提高福利水準。此時福利水準的大小就要視此兩種效果而定。圖 10–8 說明在自由貿易的時候，交易條件由 ρ_w 線的斜率表示，生產點和消費點分別為 A 和 C，課徵關稅以後提高了國內進口品的相對價格，國內的價格比例就變為 ρ_d 線的斜率，但同時關稅又使世界的價格比下降，從而使 ρ_w^* 線比 ρ_w 更陡。新的生產點就移到國內交易條件曲線 ρ_d 與生產可能曲線相切的 E 點上。但是此時消費發生在新的世界交易條件曲線 ρ_w^* 上。但是消費又必須與國內的相對價格比在相同點上，即圖 10–8 中 I_1 與 ρ_d^* 相切之點 D。顯然，這裡的情況與小國相似。課徵關稅使得資源對出口部門轉向與進口競爭的部門，而使出口和進口都減少了。由於新的消費點 D 處於較低的無異曲線上 $(I_1 < I_0)$，因此課徵關稅的效應使大國的福利水準下降。

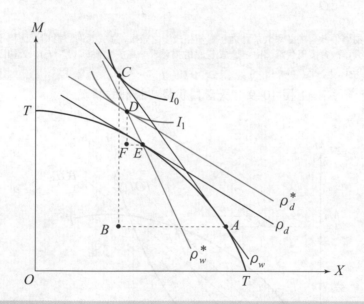

由於國內相對價格改變，課徵關稅使 ρ_w 變成 ρ_d，生產點由 A 點移至 E 點，消費點也由 C 點變為 D 點，貿易量也因課徵關稅由 △ABC 減少成為 △DEF，大國福利水準也從 I_0 下降至 I_1。

圖 10–8　大國關稅降低福利的情況

圖 10–9 說明另外一種可能性，那就是關稅的交易條件改善效果很大並起主導作用。當課徵關稅後，國內進口品的相對價格提高，但是其提高幅度不大，此時生產點由 A 點轉移到 E 點，使得出口財生產減少而與進口財的生產增加。關稅同時使世界市場進口財的相對價格變動幅度較大，世界價格比例就從自由貿易時的 ρ_w 變為課徵關稅後的 ρ_w^*。此時如以 ρ_w^* 線的價格比例進行貿易，消費就必然在 D 上。該點在

ρ_w^* 線上，又是無異曲線相切於國內相對價格線 ρ_d^* 的那一點。這時，D 點處在一條高於 C 點的無異曲線上即 $(I_1 > I_0)$，關稅使得該國的福利水準提高。

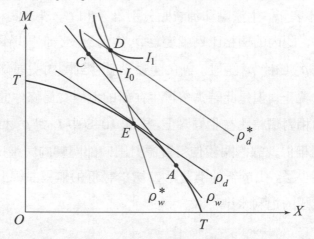

由於交易條件改善的效果大於國內相對價格改變之效果，造成對進口財相對價格下降的幅度較大，故會多消費進口財，造成 D 點的福利水準高於 C 點即 $(I_0 < I_1)$，大國因課徵關稅而使福利水準提高。

圖 10–9　大國關稅提高福利的情況

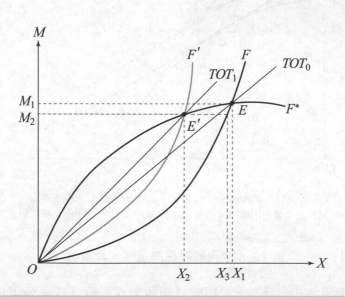

當課徵關稅時，本國提供曲線由 OF 內移至 OF'，交易條件也隨之改善，由 TOT_0 變為 TOT_1。

圖 10–10　大國課徵進口關稅之提供曲線分析

接下來，我們利用提供曲線來分析大國課徵關稅之情形，從圖 10–10 中看出，

本國的提供曲線為 OF，外國之提供曲線為 OF^*，此時貿易均衡點為 E，決定交易條件為 TOT_0，當本國課徵關稅時，因為其是大國，會將交易條件改變，提供曲線也內移至 OF′，本國出口由 X_1 降至 X_2 進口也從 M_1 降至 M_2，顯示出當 TOT_0 改變成 TOT_1 後，本國國內相對價格比大於在自由貿易的時候，因為 $\dfrac{OX_3}{OM_2} > \dfrac{OX_1}{OM_1}$ 雖然交易條件因課徵關稅而改善，但貿易量也因此而縮小。

第四節 最適關稅與關稅報復

一、最適關稅率 (Optimal Tariff Rate)

最適關稅只有在大國的情況才會存在，由於大國課徵關稅能夠改善交易條件，提高福利水準，此時所課徵之關稅能夠使一國之福利水準達到極大，該關稅水準稱之為最適關稅，而該稅率稱之為最適關稅稅率。從前面幾章的分析探討，實施自由貿易政策對小國而言是有利的，故小國的最適關稅為零。

假設一國課徵關稅的結果，若交易條件改善，在其他條件不變之下，社會福利水準將會提高，如圖 10–11 所示，課徵關稅後，使 TOT_0 向左移至 TOT_1，交易條件改善，而貿易無異曲線也由 TIC_0 向左上方移至 TIC_1，福利水準提高。另一方面，由於貿易量減少，會導致社會福利水準下降，所以最後社會福利水準上升或下降，將視交易條件變動效果與貿易量減少的效果而定。

若 OF' 為本國（A 國）通過最適關稅的提供曲線，而 OF^* 為外國（B 國）的提供曲線，此時在原先的交易條件下，我們先畫出一條通過 N 點與 $OG = TOT_0$ 相平行的 RN 線；此時國內價格比 $= \dfrac{P_X}{P_M^d} = \dfrac{P_X}{P_M} \cdot \dfrac{1}{(1+t)}$，而最適關稅 $t_A^* = \dfrac{NV}{GV}$。我們知道交易條件為兩財相對價格比

$$\frac{\overline{P_X}}{P_M} = \frac{VO}{NV}$$

$$\frac{\overline{P_X}}{P_M^d} = \frac{\overline{P_X}}{P_M} \cdot \frac{1}{1+t} = \frac{VO}{GV} = \frac{VO}{NV} \cdot \frac{1}{1+\dfrac{GN}{NV}} = \frac{VO}{NV} \cdot \frac{1}{\dfrac{NV+GN}{NV}} = \frac{VO}{GV}$$

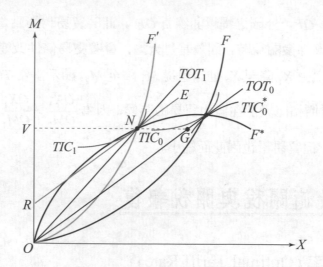

本國最高的貿易無異曲線 TIC_1 與外國的提供曲線 OF^* 相切於 N 點，本國提供曲線由 OF 變為 OF'，此時所課徵之關稅為最適關稅。

圖 10–11　最適關稅與經濟福利

　　在一般的情況之下，本國的貿易無異曲線 (TIC) 與外國提供曲線 (OF^*) 相切的時候，才能實現其效率使用滿足的極大，且貿易無異曲線為一條正斜率的線，當本國要實現最適關稅的目的時，唯有在本國的提供曲線 (OF) 相交於外國提供曲線 (OF^*) 富有彈性的部分才能達成，否則如相交於非彈性的部分，則會產生在第六節中所提到的梅茲勒的矛盾 (Metzler's Paradox)。其與外國提供曲線之彈性證明，請參閱本章附錄。

二、關稅報復 (Tariff Retaliation)

　　我們已經知道，本國課徵關稅會使其提供曲線向內移，並且稅率越高移動幅度越大。這樣如果每個國家都可以用課徵關稅並逐步提高稅率的辦法來提高本國的福利水準時，就必須犧牲他國福利水準為代價。當稅率提高到使本國提供曲線與貿易無異曲線相切並和外國提供曲線相交時，本國福利水準才會最大，這時的關稅率就是最適關稅率。如果此時再繼續提高關稅率就會降低本國的福利。由於關稅不斷提高，本國的提供曲線就不斷向左移動，最後停在原點上與外國的提供曲線相交，貿易完全停止回到自給自足的狀態，這時的關稅率就是禁止性限制關稅率。

　　然而，當本國選擇最適關稅率時，必須以外國福利損失為代價。在圖 10–12 當我們沿提供曲線從原點向上移動時，越向上移福利越大。由於本國徵收關稅後使均

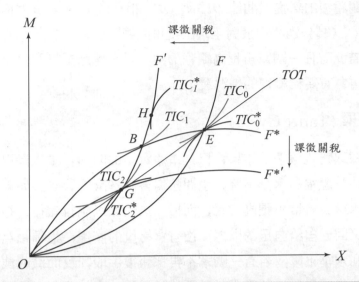

在自由貿易時，其貿易均衡點為 *E* 點，當實施關稅時，其提供曲線皆向內移，若此時另一國家實施關稅報復的話，也會發生同樣情形。假設兩國皆實施最適關稅報復措施，則新貿易均衡點由 *E* 點移至 *G* 點，再進一步課徵關稅的結果，只是徒然減少其福利水準。

圖 10–12　關稅報復

衡點移到外國提供曲線上離原點較低的地方，本國課徵關稅必然降低外國的福利水準。不但如此，本國實施最適關稅後，整個世界的福利也受到損失。圖 10–12 就已指出，在自由貿易的均衡點 (*G*) 時，本國的貿易無異曲線 (*TIC*$_0$) 與外國的貿易無異曲線(*TIC*$_0^*$)相切，這意謂著兩國對於商品的邊際替換率對消費者都是一樣的，任何重新配置商品的均衡都不會增進福利水準。因此，在自由交易條件下，整個世界皆處在柏拉圖最適境界的狀態，任何偏離這一狀態的情況都會降低世界福利。這當然也就意味著在本國徵收關稅後，外國的損失會大過於本國的利得。

　　由於本國課徵關稅使福利水準增加，是在外國沒有採取關稅報復的條件之下，而本國課徵關稅會使外國受損這一事實，外國絕對會不甘心其福利受損，提高了外國也課徵關稅進行報復以補償其損失的可能性。圖 10–12 顯示了外國進行關稅報復的情況。顯然，當本國課徵關稅之後，外國也對其進口課徵關稅會使其提供曲線內移，並使均衡點往原點移動，從而增進其福利水準。

　　在圖 10–12 中，假設在自由貿易情況之下，本國與外國的提供曲線 *OF* 與 *OF** 貿易均衡點為 *E* 點，現在本國課徵關稅，使提供曲線左移至 *OF*′，相交於 *OF** 於 *B* 點，此時本國福利水準提高，外國則降低。現在外國採取關稅報復措施，使其福利水準提高，此時外國提供曲線由 *OF** 向下移至 *OF*$^{*\prime}$，假設兩國皆採取最適關稅報復手段，

兩國課徵最適關稅後的新提供曲線 OF' 與 OF^* 相交於 G 點，此時兩國的貿易無異曲線 TIC_2 與 TIC_2^*（其分別相切於對手國的提供曲線）也相切於此，則 G 點成為新的貿易均衡點。若此時任一國家再提高關稅的話，只是會造成福利水準更進一步的下降而已，故不再會有關稅報復的情況發生。

三、關稅循環 (Tariff Cycle)

各國相互採取關稅報復的結果，只是增添貿易的阻礙，減少世界的貿易量，不僅造成全世界的整體福利水準下降，也間接傷害到各國的貿易。如果各國以犧牲其他各國的福利水準為考量來提高關稅，而另一國也加以施行報復，這樣一直持續下去的話，各國又回到自給自足的狀態，沒有貿易量的產生，這種相互報復的持續現象，會造成福利水準下降，若有一國家不再採報復手段，反而減輕或廢除關稅，以提高福利水準。當貿易對手國發現其若再減輕關稅，會使福利水準更進一步提高，就會減少關稅。可是當另一國家又再度發現實施關稅報復，可使其福利水準提高，再度提高關稅，如此一直重複循環下去，我們稱之為關稅循環。

在前面的分析中，只要兩國皆採行最適的關稅政策時，仍會達成新的貿易均衡。可是現在貿易對手國只是執行關稅政策來達成報復手段或提高福利，故新的貿易均衡狀態就不會發生。此時，在新的經濟理論當中可用賽局理論來給予合理化解釋，在怎麼樣的情境之下會採取關稅報復或減輕關稅措施。在圖 10–13 中，假設本國採關稅保護政策，使其提供曲線內移由 OF 移至 OF'，與外國提供曲線相交於 B 點（步驟①）；此時，外國對本國進行報復，也課徵關稅以為因應，其提供曲線由 OF^* 向下移至 $OF^{*'}$（步驟②）交於 OF' 於 G 點，若本國得知這種報復情形，再提高關稅反制外國的報復措施，其本國提供曲線更進一步向左移至 OF''（步驟③），相交於 $OF^{*'}$ 於 H 點。此時外國發現，若再進行關稅報復，其福利水準會更進一步下降，如果減輕關稅使其提供曲線由 $OF^{*'}$ 回到 OF^*（步驟④），與 OF'' 相交於 K 點，此時福利水準反而提高。當本國得知外國不再報復，其也會減輕關稅，回到 OF'（步驟⑤），交 OF^* 於 B 點。若此時外國再採行關稅報復手段的話，其提供曲線由 OF^* 變為 $OF^{*'}$ 相交於 OF' 於 G 點（步驟⑥）。如此重複執行關稅報復→反制→減輕→報復……的循環過程這是關稅循環。這種重複的關稅循環現象不利於國際貿易的進行，只是徒增對國際貿易的干擾程度，提高貿易的風險與關稅報復的不確定性，更進一步地造成貿易量的減少。

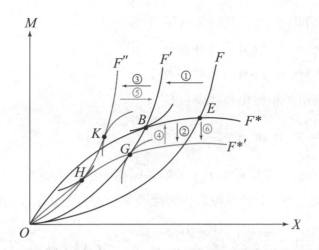

當一國發現提高關稅會造成其福利水準提高時，會造成貿易對手國的反制，可是這樣一直報復下來會對其社會福利水準不利，若一國減輕關稅的話反而使其福利水準提高，如此重複對關稅課徵或減輕的過程，稱之為關稅循環。

圖 10–13　關稅循環

 隨堂測驗

試以「提供曲線」(Offer Curve) 繪圖說明兩國「交易條件」(Terms of Trade) 如何決定，並分析其中一國降低「進口關稅」(Import Tariffs) 對「交易條件」之可能影響結果？（92 年高考）

第五節　婁勒對稱性原理

婁勒 (Lerner) 的研究表明，同樣稅率的出口從價稅和進口從價稅具有相同的效應，其核心思想是進口品的相對價格和交易條件會產生相同的影響。同樣地，對於國內商品之生產或消費課稅或給予補助金，也會間接地影響生產與消費數量，故可視為間接的貿易政策。婁勒進一步的證明指出，在長期靜態分析之下，無論課徵進口或出口關稅，只要稅率相同，就會產生相同的經濟效果，但是在短期之下，課徵進口關稅有助於一國的經濟擴張，課徵出口關稅反而對經濟有緊縮效果。

假定本國進口 Y 財出口 X 財，並對 X 財的出口課徵稅率為 t 的非禁止性關稅（或生產補貼）。進口品 Y 的國內價格 P_Y^A 仍舊與國際價格 P_X^w 相同。然而，出口品的

國內價格 P_X^A 與世界價格 P_X^w，其關係就是

$$P_X^A = \frac{P_X^w}{(1+t)} \quad ; \quad \begin{array}{ll} t<0 & \text{生產補貼} \\ t>0 & \text{出口關稅} \end{array} \tag{10-9}$$

此時本國的國內兩財的相對價格比例就是

$$\frac{P_X^A}{P_Y^A} = \frac{1}{1+t}\frac{P_X^w}{P_Y^w} \Rightarrow \rho^A = \frac{1}{1+t}\rho^w \tag{10-10}$$

它與對 Y 財的進口課徵稅率為 t 的關稅所得到的結果完全一樣。其證明如下：假設在小國的情況之下，由於其沒有影響國際價格的力量，現在對進口品課徵 $t\%$ 的從價關稅，稅後其出口品對進口品的相對價格比為 $\frac{P_X}{P_Y(1+t)}$；反之如果對出口品課徵 $t\%$ 的從價關稅，稅後其出口品對進口品的相對價格比為 $\frac{\frac{P_X}{(1+t)}}{P_Y} = \frac{P_X}{P_Y(1+t)}$，表示出小國無論課徵進口與出口關稅將會導致相同的進口品與出口品的國內相對價格。現將出口財與進口財課徵關稅之情形說明如下：

(1)對出口財課稅

現在本國對出口財 (X) 課徵從價關稅 $t\%$，此時進口財 (Y) 之國內、外價格均相等，即 $P_Y^A = P_Y^w$，但出口財之國內價格 P_X^A 與國際價格卻有差異 P_X^w，其關係式為

$$P_X^A(1+t) = P_X^w$$

從 (10–10) 式得知 $\rho^A = \frac{P_X^A}{P_Y^A} = \frac{1}{1+t}\frac{P_X^w}{P_Y^w} = \frac{1}{1+t}\rho^w < \rho^w$ \hfill (10-11)

(2)對進口財課稅

在自由貿易時，進口財的國內價格 P_Y^A 等於國際價格 P_Y^w。現在政府對進口財 (Y) 課徵關稅，Y 財的國內價格就不等於國際價格，亦即

$$P_Y^A = (1+t)P_Y^w$$

因政府只針對進口財課徵關稅，故 X 財的國內與國際價格相等，即 $(P_X^A = P_X^w)$

故可得知 $\rho^A = \frac{P_X^A}{P_Y^A} = \frac{P_X^{w`}}{(1+t)P_Y^w} = \frac{1}{1+t}\rho^w < \rho^w$ \hfill (10-12)

比較 (10–11) 與 (10–12) 兩者其結果相同，可見婁勒對稱性定理成立。其進一步推導，請參考附錄。

　　由於進口稅和出口稅都會提高進口品在國內市場的相對價格，如果本國是大國的話，他們都會降低進口品在世界市場的相對價格，並使貿易量減少，只要出口稅的用途與進口稅相同，兩種政策的效應就必然一樣。這種進口稅和出口稅的對稱性所推導出的最適出口稅和最適進口稅也同樣成立，因為具有相同的比較靜態效果。

　　另一方面，在進口補貼和出口補貼之間也有同樣的對稱性。即當 $t < 0$ 時，進口補貼和出口補貼都會使國內市場上進口品的相對價格降低，並且都會增加進出口量。如果該國是個大國，兩者又都會提高進口品在世界市場上的相對價格。

　　綜合上述，根據婁勒之對稱性定理，出口關稅等於同時對出口財之生產課稅以及對出口財消費給予補貼之效果，而進口關稅乃等於同時對進口替代財之生產給予補貼，以及對進口財之消費予以課稅之效果，故可整理如表 10–1 說明。

表 10–1　婁勒對稱原理之說明

		出口財（X 財）	進口財（Y 財）
貿易政策		出口稅（出口補貼）	進口稅（進口補貼）
國內政策	生產	＝ 關稅（補貼）	＝ 補貼（關稅）
	消費	＋ 補貼（關稅）	＋ 關稅（補貼）

摘自：周宜魁 (1998)，《國際貿易理論與政策》，四版，臺北。

第六節　梅茲勒的矛盾

　　前面我們討論了關稅對交易條件、國內價格以及要素實際報酬的影響。然而，對這種分析，特別是關稅的價格效應，理論上仍有爭論。接下來我們將討論課徵關稅使進口品的國內價格反而下降所形成的反保護作用的現象。在圖 10–14 中，OF 和 OF^* 分別為本國和外國的提供曲線，與前面不同之處在於，圖中外國的提供曲線在自由貿易的均衡點附近缺乏彈性。也就是在點 E_1 與 E_2 時缺乏彈性，自由貿易時的交易條件為 TOT_1。

　　從圖 10–14 得知 TOT_3 的斜率大於 TOT_1，而此時外國提供曲線 OF^* 處於缺乏彈性的狀態，表示出口財的國內價格上漲時發生了梅茲勒矛盾 (Metzler's Paradox) 的現象。也就是課徵關稅的結果，雖可改善交易條件，但進口財之國內價格反而比課徵關稅前還低，造成進口數量增加，反而傷害國內產業。根據第三章有關提供曲線之

分析在點 E_1 附近，本國提供曲線 OF 較具有彈性，此時本國出口 OX_1，並換取 OM_1 的進口財。現在如果對進口財（Y 財）課徵關稅，本國提供曲線向左移動至 OF'，與外國提供曲線 OF^* 相交於新均衡點 E_2 附近（OF^* 仍處於缺乏彈性之狀態），此時新的交易條件為 TOT_2，本國出口 OX_2 的出口財而進口 OM_2 之進口財。雖然本國的交易條件改善了，但出口數量減少（$OX_2 < OX_1$）而進口數量卻增加了（$OM_2 > OM_1$）。

而對於相對價格之影響，在自由貿易之下 $\rho = \dfrac{P_Y}{P_X} = \dfrac{X}{M} = \dfrac{M_1 E_1}{OM_1} = \rho^*$，國內相對價格 ρ 等於國際相對價格 ρ^*，但課徵關稅之後，交易條件變成 TOT_2，國際相對價格變成 $\rho^{*'} = \dfrac{M_2 E_2}{OM_2}$，國內相對價格比變為 $\dfrac{M_2 E_3}{OM_2} = \rho'$，此部分表示 $\rho^{*'} < \rho'$，因為 $\dfrac{M_2 E_2}{OM_2} < \dfrac{M_2 E_3}{OM_2}$，並說明消費 OM_2 之進口財，原本只需提供 $M_2 E_2$ 的 X 財支出即可，現在還要多支付 $E_2 E_3$ 給政府，此時本國進口財之國內相對價格比例 ρ' 低於自由貿易時的 ρ，表示課徵關稅後，進口財之國內價格反而下降。

由於進口財在國內市場上的價格因徵收關稅而下降，那麼它對所得收入分配的影響就與史托帕一薩穆爾遜定理的方向相反。由於進口財相對價格下降，出口財相對價格上升，此時出口財生產更加有利可圖，資源就會從進口替代財產業轉移到出

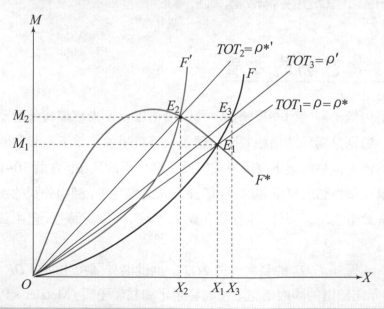

在貿易對手國進口需求缺乏彈性之下，大國課徵關稅的結果，其關稅收入將全用於出口財之購買，就發生了梅茲勒的矛盾。

圖 10–14　梅茲勒的矛盾

口產業。出口部門密集使用的要素的報酬會提高，所得收入分配就會有利於該國較高報酬的生產要素。這一出乎意料的結果，由梅茲勒研究觀察得到。他認為只要下述條件能夠滿足，進口財的相對價格就會下降：

$$\eta < 1 - k \tag{10-19}$$

其中 η 是外國對本國（徵收關稅的國家）出口品的需求彈性也就是外國輸入需求彈性，$1-k$ 是本國出口品的邊際消費傾向。(10-19) 式中說明，只有貿易對手國對課徵關稅國家出口品的需求彈性大於課徵關稅國家的出口品邊際消費傾向時，其進口品價格才會上升。如果課徵關稅國家出口品的消費傾向大於外國的輸入需求彈性，課徵關稅後其進口品的國內價格就會下降。我們觀察到，一國消費其出口品的邊際消費傾向不會大於 1，此時外國需求彈性小於 1，其結論方能成立。

要對梅茲勒矛盾的理解並不困難，只要一個國家的出口品消費傾向越高，其關稅收入中用於出口品的支出也就越大。這樣，對進口品課徵關稅就產生了對出口品的新的需求來源。如果外國對該國出口品的需求彈性很小，這就意味著儘管出口品的相對價格（交易條件）提高，外國的需求也不會大幅減少。在這種情況下，關稅就創造了一種對出口品的額外需求，它使出口品國內市場的相對價格也提高了，而使進口品的國內市場價格反而下降。

老師叮嚀

梅茲勒矛盾，主要在於外國輸入需求彈性小於本國對於出口財之邊際消費傾向。表示儘管出口財價格上漲，但外國對出口財的需求不會減少，反而增加本國出口財的超額需求，此時如對進口財課稅反而使出口財的相對價格上升。

第七節 結 論

關稅是最古老、也是最簡單的貿易政策工具。歷史上，它曾是政府收入最主要的來源。在經濟發展、收入水平提高、所得稅等其他國內稅逐步得到採用之後，關稅在財政收入上的重要性才逐漸下降。當然，關稅更重要的作用還在於保護本國的某些產業或部門，使之避免進口商品的激烈競爭。隨著第二次世界大戰以來，為了促進國際經濟發展，進行多次多邊國際貿易談判，關稅的重要性已大大下降；同時，各種的非關稅貿易障礙也層出不窮的加以出現。但是，就貿易理論經濟分析上來說，

對關稅的理解仍舊是最基本的。瞭解關稅的影響之後，對其他貿易政策的作用也就容易瞭解多了。

關稅主要有從價稅和從量稅兩種，我們下面主要以從價稅為例進行分析。關稅的最基本效應就是使貿易商品的進口價格（即外國的出口價格）與國內價格之間產生差異。假定現在進口國（本國）政府決定對商品的進口徵收關稅，其直接的效應就是使商品的國內價格提高，而價格的上漲會使生產擴大、消費減少，從而使進口需求下降。本國的進口需求下降也就意味著外國的出口必須減少，這又會導致外國商品的價格的下跌。

此外，課徵關稅也會產生靜態與動態效果，其分述如下：

1. 關稅的靜態效果

對進口品課徵關稅，其直接的目的是限制進口。由於課徵關稅提高了進口品的價格，使得消費者對於該商品的需求量減少，從而減少該商品的進口數量，並增加本國同類產品的生產。此外，課徵的關稅又可以作為政府的財政收入。透過收入的再分配，一部分轉移到生產者手中，還有一部分為政府所得並轉嫁到消費者身上。

2. 關稅的動態效果

大多數國際經濟學家們主張自由貿易，認為徵收關稅不僅會帶來國民的淨損失，使得資源不能得到有效的利用，而且損害了消費者的利益，同時徵收關稅對本國經濟還會帶來許多動態的不利的影響。

(1)所得再分配的影響：課徵關稅在所得分配上的影響最為明顯的是為了保護某些生產者集團的利益而損害消費者的利益。消費者一方面要將所得的一部分用以補貼生產者，另一方面要將所得的部分交給政府作為財政收入，並促進本國產業特別對幼稚工業的保護。

(2)經濟成長的影響：課徵進口關稅，對某些產業實施保護，其結果會降低其經濟成長和效率。在自由貿易的條件下，各國之間可以進行專業化的分工，發揮本國的技術或資源的比較優勢，進行產業間貿易，使得本國資源得到合理的配置和有效的使用。而徵收關稅阻礙了國際貿易的發展，限制各國比較優勢和規模經濟的效益的發揮，使得資源不能得到合理的配置和有效的使用，降低了經濟的成長速度。

(3)技術提升的影響：在政府徵收關稅的保護下，企業發展的動力極大地被削弱，就降低了經濟的成長速度。由於政府實施關稅保護，企業的效率下降表現在

生產中間投入的資源保護，所以企業就不需要努力加強研究和開發新的技術和新的商品。

⑷產業結構改變的影響：貿易保護主義政策的核心是限制進口，鼓勵出口。然而，對於進口商品課徵關稅，限制進口，其結果不僅不能鼓勵出口，還會損害本國的出口產業。

⑸外匯減少的影響：由於課徵關稅，進口商品的價格上升，進口數量減少，這就導致為了購買進口商品，換取外匯的需求量減少。對於外匯需求的減少，會導致外匯市場上本國貨幣對外國貨幣比價的上升，造成本國貨幣匯率升值，就不利於出口。

⑹交易條件的影響：當進口商品價格不變，出口商品價格下降，此時交易條件惡化；當進口商品價格不變，出口商品價格上升，那麼交易條件改善。相反，當出口商品價格不變，進口商品價格上升或下降，會出現和上述情況相反的結果。

在 1980 年代以後，由於新科技革命，合成材料大量出現，減少了對於自然原料的需求，加上世界經濟的發展速度減緩，市場上對於商品的需求疲軟，價格下跌所以一些已開發國家不得不提倡貿易保護主義。隨著 WTO 與 GATT 的多邊回合談判，使許多初級產品的價格與關稅率降低到第二次世界大戰以來的最低點，因此關稅影響國際貿易的情形也逐漸式微，但是其重要性仍值得我們去做深入探討。

重要名詞與概念

1. 一般均衡分析
2. 部分均衡分析
3. 關稅循環
4. 最適關稅率
5. 收入關稅
6. 保護關稅
7. 梅茲勒的矛盾

8. 社會無謂的損失
9. 名目關稅率
10. 禁止性限制關稅
11. 非禁止性限制關稅
12. 國內資源成本
13. 有效保護率

課後評量

1. 請說明關稅的定義和課徵關稅的目的。

2. 從課徵關稅依據的方法可以如何分類? 請詳述之。

3. 請分別就從量稅與從價稅進行其稅制特徵之探討。

4. 何謂名目關稅率 (NTR) 與有效保護率 (ERP)，請就其意義說明之並比較兩者之間的關係。

5. 一個國家的經濟中常常存在著各式各樣的市場扭曲現象，這種扭曲現象的存在會使一個國家顯現出以市場相對價格表示的比較優勢，也就形成所謂的國內資源成本，請說明其計算公式為何，其與有率保護率之間的關係又為何?

6. 請利用部分均衡分析法說明小國課徵關稅之經濟效果分析。

7. 請利用一般均衡分析法說明大國課徵關稅之經濟效果分析。

8. 請說明何謂「最適關稅率」? 請利用提供曲線分析說明之。

9. 何謂最適關稅?小國是否有最適關稅?大國的最適關稅稅率如何計算?請說明之。

10. 請利用圖形分析說明「關稅報復」之效果。

11. 請說明關稅、關稅報復、及經濟福利之間的關係如何?

12. 請嘗試剖析課徵禁止性關稅下,兩國之間要素可以完全自由移動的經濟後果?

附錄　最適關稅率之數理分析

根據本國提供曲線的圖形分析，見圖 10–A，首先我們先證明提供曲線彈性 (ε)，接下來再驗證進口需求價格彈性 (e) 與出口供給價格彈性 (η)

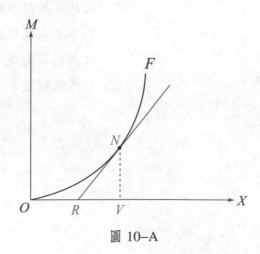

圖 10–A

(1) $\varepsilon = \dfrac{\dfrac{dM}{M}}{\dfrac{dX}{X}} = \dfrac{X}{M} \cdot \dfrac{dM}{dX} = \dfrac{OV}{NV} \cdot \dfrac{NV}{RV} = \dfrac{OV}{RV}$

(2) $e = \dfrac{\dfrac{dM}{M}}{\dfrac{d(\dfrac{P_M}{P_X})}{\dfrac{P_M}{P_X}}} = \dfrac{\dfrac{dM}{M}}{\dfrac{d(\dfrac{X}{M})}{\dfrac{X}{M}}} = \dfrac{X \cdot dM}{MdX - XdM} = \dfrac{OV \cdot NV}{NV \cdot RV - OV \cdot NV} = \dfrac{OV}{RV - OV}$

當貿易收支均衡時 $P_X X = P_M M$, $\therefore \dfrac{P_M}{P_X} = \dfrac{X}{M}$

(3) $\eta = \dfrac{\dfrac{dX}{X}}{\dfrac{d(\dfrac{P_X}{P_M})}{\dfrac{P_X}{P_M}}} = \dfrac{\dfrac{dX}{X}}{\dfrac{d(\dfrac{M}{X})}{\dfrac{M}{X}}} = \dfrac{M \cdot dX}{XdM - MdX} = \dfrac{NV \cdot RV}{OV \cdot NV - RV \cdot NV} = \dfrac{RV}{OV - RV}$

由於 $\dfrac{P_X}{P_M} = \dfrac{OV}{NV}$, $\dfrac{P_X}{P_M^d} = \dfrac{RV}{NV}$, 而 $\dfrac{P_X}{P_M^d} = \dfrac{1}{1 + t_A} \dfrac{P_X}{P_M}$, 因此 $\dfrac{RV}{NV} = \dfrac{OV}{NV} \cdot \dfrac{1}{1 + t_A^*}$

$\therefore RV(1 + t_A^*) = OV \rightarrow RV + RV \cdot (t_A^*) = OV$

$\therefore t_A^* = \dfrac{OV - RV}{RV} = \dfrac{1}{\eta_B}$

我們將此再予以延伸

$t_A^* = \dfrac{OV - RV}{RV} = \dfrac{OV}{RV} - 1 = \varepsilon_B - 1$

或 $t_A^* = \dfrac{OV - RV}{RV} = \dfrac{OR}{OV - OR} = \dfrac{1}{\dfrac{OV}{OR} - 1} = \dfrac{1}{\dfrac{OV}{OV - RV} - 1} = -\dfrac{1}{e_B - 1}$

進口需求彈性 (e) 原取負值在婁勒對稱原理下如以本國表示,則將負值變化為正。
因為定義 A 國進口需求彈性為

$e_A = \dfrac{dM}{dP} \dfrac{P}{M}$

外國進口需求彈性為

$e_B = \dfrac{dM^*}{d(\dfrac{1}{P})} \dfrac{(\dfrac{1}{P})}{M^*} = -\dfrac{dM^*}{dP} \dfrac{P}{M^*}$

另外,我們再延續 (10–10) 式的推導,將本國對 X 財與 Y 財的預算限制表示如下,在此為探討對 Y 財之分析,將 P 定義為 $\dfrac{P_Y}{P_X}$,仍符合婁勒對稱性定理之條件

$$D_X + \rho D_Y = S_X + \rho S_Y + t\rho^* M \tag{10A-1}$$

其中 D_X、D_Y 分別表示本國對 X 財與 Y 財的需求，S_X 與 S_Y 為本國對 X 財與 Y 財之供給，為因應 Y 財國內市場供應不足，故需有 $D_Y - S_Y = M$ 的 Y 財進口，而 $t\rho^* M$ 則為關稅收入且 $\rho = (1+t)\rho^*$，故進一步整理可得

$$D_X + \rho^* D_Y = S_X + \rho^* S_Y \tag{10A-2}$$

對 (10–14) 式做全微分，得到

$$dD_X + \rho^* dD_Y + D_Y d\rho^* = dS_X + \rho^* dS_Y + S_Y d\rho^*，將整理為$$

$$= dD_X + \rho dD_Y + (\rho^* - \rho)dD_Y = -Md\rho^* + [(dS_X + \rho dS_Y) + (\rho^* - \rho)dS_Y] \tag{10A-3}$$

假設在充分就業之下，X 財與 Y 財生產已達飽和，故令 $dS_X + \rho dS_Y = 0$，而 $dD_X + \rho dD_Y = dI$ 為所得改變所引起對兩財消費量之變化，

$$故\ dI = -Md\rho^* + (\rho - \rho^*)(dD_Y - dS_Y) = -Md\rho^* + (\rho - \rho^*)dM \tag{10A-4}$$

當達到最適關稅時 $dI = 0$，所以

$$Md\rho^* = (\rho - \rho^*)dM = t\rho^* dM \tag{10A-5}$$

從 (10A–5) 式整理可得最適關稅

$$t = \frac{Md\rho^*}{\rho^* dM} = \frac{\dfrac{d\rho^*}{\rho}}{\dfrac{dM}{M}} = \frac{\dot{\rho}^*}{\dot{M}} \tag{10A-6}$$

當貿易收支均衡時，本國的進口總值 $\rho^* M$ 等於外國之出口值 M^*，即 $\rho^* M = M^*$，將其做全微分可得 $\dot{M} = \dot{M}^* - \dot{\rho}^*$，（利用乘法公式 $\dot{\rho}^* + \dot{M} = \dot{M}^*$）

代入 (10A–6) 式，得到

$$t^* = \frac{1}{\dfrac{\dot{M}^* - \dot{\rho}^*}{\dot{\rho}^*}} = \frac{1}{\dfrac{\dot{M}^*}{\dot{\rho}^*} - 1} = \frac{1}{e - 1}$$

可與前面最適關稅率之推導相對應。

第十一章

非關稅貿易障礙

一國在經濟高度的成長過程之中，早期常會發生所得分配
不均的現象，一個經濟體系衝破此點之後，也就是所謂的
「商業化點」，就成為產業從傳統部門朝向現代部門的關鍵，
政府不再創造有效需求，而是要讓市場機能出頭。

費景漢 (1923～1996)

《本章學習方向》

1. 瞭解非關稅貿易障礙的定義與分類

2. 配額的原因與方式

3. 配額與關稅之比較——以經濟幾何分析討論

4. 自動出口設限與自動進口擴張

5. 其他行政命令措施——檢疫、環保、關稅稅率配額

本章章節架構

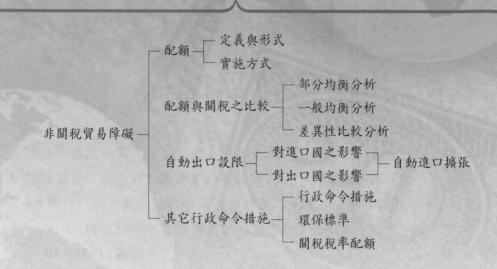

非關稅貿易障礙
- 配額
  - 定義與形式
  - 實施方式
- 配額與關稅之比較
  - 部分均衡分析
  - 一般均衡分析
  - 差異性比較分析
- 自動出口設限
  - 對進口國之影響
  - 對出口國之影響 ── 自動進口擴張
- 其它行政命令措施
  - 行政命令措施
  - 環保標準
  - 關稅稅率配額

前言

　　非關稅貿易障礙 (Non-tariff Barriers) 主要是指除了課徵關稅之外所形成阻礙進口貿易的措施，其包括了進、出口配額 (Quota)、自動出口設限 (VER)、外匯管制，以及利用技術、健康、安全、環保等標準所形成之行政命令措施來阻礙國際貿易之進行。其措施之實行較不易為人們所察覺，但是其重要性卻與日俱增。

　　由於非關稅貿易障礙的效果有時較關稅更為直接有效，而配額、自動出口設限、行政檢疫……等措施可以不經由立法程序就加以實施，所以行政部門會視其實際需要，在滿足福利水準最大化的條件之下來加以進行。讓我們很好奇的是，同樣可以利用關稅來達成限制貿易之效果，為何還要施以非關稅貿易障礙，主要原因在於如果以課徵關稅手段來改善國際收支效果不彰時，改採取如配額等方式可以得到減少進口數量的立竿見影效果；另一方面，課徵關稅，會使進口品的國內價格提高，此時如果外國廠商採取減價策略，就會抵銷掉課徵關稅之效果；最後，如果本國進口需求價格彈性或外國出口供給價格彈性等於零的情況之下，課徵關稅反而沒有效果，只有採取直接的貿易管制措施，才可以減少進口，改善國際貿易收支。

　　而自動出口設限 (Voluntary Export Restraint, VER) 的實施，通常是在一國威脅要實施進口配額，在不會導致國內獨占地位時，要求外國出口商自行設立其定額的出口數量，屬於秩序行銷協定 (Orderly Marketing Agreement, OMA)，但是在 GATT 烏拉圭回合多邊貿易談判後，各國不能再以排除條款來加以實施。出口國實施 VER，會使出口品的國際價格上漲，間接地帶動國外直接投資 (Foreign Direct Investment, FDI)，使出口國將生產移植至進口國，以規避此種設限。

　　在烏拉圭回合談判之後，環保要求與關稅稅率配額等成為國際間新的非關稅貿易障礙，因為這些變相的貿易措施，會加重產業製造的外部成本；因此，各國不同的環境管制標準與 GATT 所容許課徵關稅配額的範圍，會扭曲國際貿易的型態，進而改變國家因受貿易管制所影響的福利水準。

　　本章我們先就配額、自動出口設限、以及相關行政命令措施進行闡述；之後，我們會就其要點進行經濟上的幾何分析，並探討其對國家福利水準的效果影響。

第一節　配　額

一、配額的定義和進口配額的形式

　　配額是政府基於對某些商品在一年內進口量和出口量設置的限額，由於政府只規定商品在某一段時間內的進口數量，故在本章節中我們集中於進口配額的討論。進口配額所使用的方式，有的是對商品「進口數量」實施限制；有的是對商品「進口價值」實施限制，但是一般說來依據前者較多。進口配額一般而言可分為三種形式。第一種為單方面限額，由進口國單方面確定某種商品在一年內的進口限額。這種單方面的限額又有兩種形式：①綜合性的配額：即進口國限制進口總量，不考慮進口商品來源於哪一個國家，一旦滿額以後一律禁止進口。②分攤性的配額：進口國根據被限定的總進口量，按比例地限配給不同的國家或者進口商，大多以公開競爭價格出售方式取得進口許可證，所以可以規定進口數量與進口地區。第二種為協議性限額，進口國和出口國進行雙邊談判或者多邊談判，相互達成協議，分攤配額。由於配額可以不經立法程序予以實施，政府行政部門可依其談判協議或市場波動來調整配額。第三種為自動出口設限，其是要求貿易對手國自行限制其出口量，理論上而言，自動出口設限與進口配額的經濟效果一樣，只是原先進口配額利得的部分歸於出口國所有，也會產生所得重分配的現象。

二、配額分配的方式

　　發放配額的方式可以透過進口許可證 (Import Licenses) 的分配與考量一國福利水準的高低來進行。由於實施配額的行政手續較為麻煩，所支付的行政成本也較大，時常會造成缺乏效率與不公平的現象。針對上述因實施配額所產生之不公平現象，我們將發放配額的方式歸類為三種：第一種是競爭性拍賣 (Competitive Auction)：具有配額的進口許可證，可在市場上公開銷售、拍賣。從拍賣角度來看，政府可公開地或者私下議價拍賣具有配額的進口許可證。如果是公開拍賣，政府定期公布拍賣進口許可證的時間和地點，通過拍賣進口許可證，使得配額會產生一個價格。配額的價格等於該商品的國內價格與世界價格之間差額，也就是商品進口成本與其國內銷售所得之差額，進口許可證拍賣所得收入將與進口相同數量的關稅收入相同。而私下議價拍賣則是政府官員們中飽私囊的一種貪污腐敗行為，易產生官商勾結、貪

污的流弊。第二種是固定受惠分配 (Fixed Favoritism)：政府根據實施配額以前各廠商在進口總額中所占的份額進行分配，不經任何競爭、拍賣的程序，其進口商因固定受惠所獲得的利潤，稱之為配額租金 (Quota Rent)，而政府部門也失去了應先獲得的收入。第三種是資源使用申請程序分配 (Resource-using Application Procedures)：企業根據其生產能力作為投入的生產要素，提出申請分配配額，其可分為先到先得方式與生產產能分配兩種。採行先到先得的方式，會浪費大量的等候時間，形成資金閒置的浪費；而採行生產產能分配，則會造成廠商盲目大量生產，造成社會資源實質的損失。

在討論貿易政策的過程中，政府會藉由不同的政策措施來達成社會福利水準的極大化，可是為了政治與選舉之考量，往往會受到利益團體的壓力影響，如為了保護產業而控制進口數量，或允許部分進口商擁有進口許可證，故此舉不但會引起資源分配不當，而且把原本的生產資源浪費在遊說、賄賂、關說……等非生產性活動上，更會進一步地造成經濟福利水準的下降。此種非生產性活動稱之為追求經濟租 (Economic Rent) 活動，乃指為獲得此經濟地租所進行的活動而言，如果企業參與此項活動愈多時，社會福利水準愈形下降，巴瓦蒂 (Bhawati) 將此稱之為直接非生產利益追求活動。

老師叮嚀

經濟租 (Economic Rent)：其定義為對於某一要素其生產報酬超過其機會成本的部分，其發生最主要的原因在於其供應量固定，無法再行增加，而一般個人或企業為得到此部分所進行之活動，經常額外支出包括關說、賄賂……等非生產性成本。

三、進口配額對經濟和社會的影響

國際經濟學家們在分析配額對經濟和社會的影響時，大多會針對實施進口配額與實施進口關稅相比較，其經濟分析我們留待在下一節討論。在消費者價格方面，在課徵關稅的條件下，如果國內對該商品的需求上升，只要消費者願意承擔關稅的負擔，那麼可以繼續增加進口，其國內價格等於國際價格加上關稅。然而，在實施配額的條件下，因國內需求上升，國內價格也會隨之上升。在國內廠商生產方面，課徵關稅和實施配額對於國內廠商產生不同影響。根據周宜魁 (1998) 之看法，在課徵關稅的條件下，國內廠商對於商品的銷售不可能實施壟斷。如果國內廠商企圖抬

高價格進行銷售，那麼消費者就會轉向購買進口商品，迫使國內廠商只能按國際價格加上關稅後來銷售商品。其次，實施進口配額比課徵進口關稅更加難於操作。課徵進口關稅，只要海關人員按照從價稅或從量稅的稅率課徵，並依照財政部海關關稅稅則上的稅率徵稅即可進口，操作起來相對比較容易，而實施進口配額或發放進口許可證則會形成資源效率分配的不公。由於實施進口配額形成國內價格和國際價格的差額，每一張進口許可證無形中造就其不凡的價值。為了獲取進口許可證，一些廠商將會不惜採用追求經濟地租的活動。此外，如果政府按照固定受惠的方式發放配額，常常出現一些新的企業因無法獲得配額，而出現配額轉賣的現象。有的貿易公司僅僅靠出售配額就可以賺取「利潤」；而一些新的企業常需要購買配額，使得成本大幅度上升，造成資源分配不當的現象。

第二節　配額與關稅之比較

　　由於配額是最主要的非關稅貿易障礙，故本節主要就進口配額進行分析，並比較其與關稅分析之異同，做經濟效果之探討。一般而言，任何數量限制下的進口配額皆可找出與其相對應之特定關稅稅率，使兩者的經濟效果相同。以下我們將針對進口配額與關稅之差異做對等性之分析。

一、部分均衡分析

1. 小國實施配額與關稅之對等性分析

　　透過圖 11–1 所示，橫軸為進口財數量，縱軸為進口財價格。在假設本國為小國的條件下，即小國對國際價格沒有影響力，其交易條件線 (TOT) 為固定在國際價格 P_w 下之水平線；經由小國的供給與需求線，在自由貿易下，本國自行生產 Q_1，進口 Q_1Q_4 數量。現在政府實施進口配額為 Q_2Q_3，在交易條件不變之下，進口財的國內價格由自由貿易時的 P_w 上升至 P_d，國內的總供給線為原本的國內供給線 SS 線再加上進口配額數量 $Q_2Q_3 = AB$ 單位的 P_wDBS' 線，此與實施配額所得到的進口數量與稅後價格皆相同。國內消費由 OQ_4 減為 OQ_3，國內生產則由 OQ_1 增為 OQ_2。就生產者剩餘與消費者剩餘來討論，進口配額與實施關稅兩者皆相同，其差異在於關稅收入等於 $ABCD$ 的部分，原先此關稅收入為政府所有，如實施配額的話則被進口商所獲取。但是如果政府拍賣其「進口許可證」，所獲得的收入也會與關稅收入一致。

2.大國實施配額與關稅之對等性分析

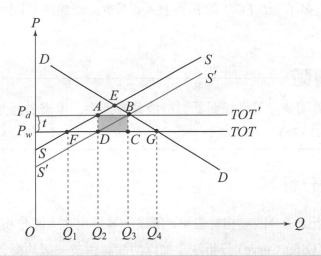

當實施進口配額，進口量由在 P_w 水準下的 Q_1Q_4 減少為在價格 P_d 水準下的 Q_2Q_3。國內的消費減少，但國內生產增加，其與關稅之差異在於關稅收入究竟是誰可以獲得。

圖 11–1　小國實施進口配額與關稅之對等性部分均衡分析

如同小國分析一樣，只是大國在國際市場上有其影響的力量，假設橫軸與縱軸分別代表本國的進口數量與價格。如圖 11–2 所示，在自由貿易之下，進口財之國際價格為 P_w，進口數量為 OQ_w；但一旦大國實施進口配額措施，進口限制在 OQ_d 之數量水準，此時國內價格上升至 P_d，國際價格下降至 P_j；其中 P_dP_j 之差距如同大國課徵從

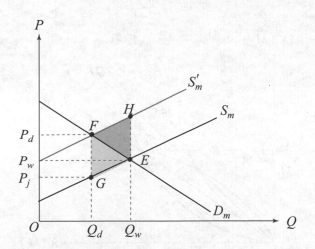

大國實施進口配額時，如限制在 Q_d 水準時，其國內價格變為 P_d。如果我們現在課徵關稅 $t = P_dP_j$，此時供給線由 S_m 左移至 S'_m，進口數量仍為 Q_d。

圖 11–2　大國實施進口配額與關稅之對等性部分均衡分析

量關稅之效果一樣,使進口財的供給減少由 S_m 左移至 S'_m,進口數量為 Q_d 與實施配額的情形相同,但多了 $\square P_d FGP_j$ 的關稅收入,而實施配額的話,則產生了 $\triangle EFG$ 的社會無謂損失。

 隨堂測驗

試以供需模型說明農產品進口配額對於消費者損失、生產者效益及社會淨損失之影響。(91 年特考)

二、一般均衡分析

一般均衡分析由於會改變相對價格,所以大多使用在大國分析上;此外,我們可以透過提供曲線 (Offer Curve) 分析法來加以討論。由於一般均衡分析涉及兩種商品之比較,也因此相對價格之探討成為其重要分析因素探討。在圖 11–3 中,橫軸為出口品,縱軸為進口品,OF 與 OF^* 分別表示為本國與外國之提供曲線。在自由貿易的水準之下,均衡交易條件為 TOT_0,此時本國出口 X_0,進口 M_0。現在大國進行配額措施,將進口限制在 M_1 水準,此時本國的提供曲線由 OF 變成 OF',國際貿易均衡點由 E_0 變成 E_1,由於交易條件線由 TOT_0 左移至 TOT_1,交易條件改善,此時的效果如同課徵關稅一樣,實施進口配額將使其國內價格提高,並與外國提供曲線相交於 E_1 點的結果相同。

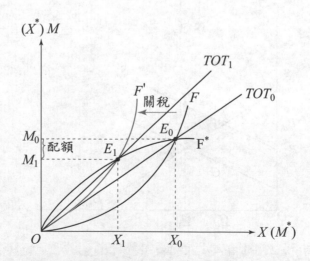

大國實施關稅的結果使本國提供曲線向左移,在外國條件水準不變之下,與實施進口配額的經濟效果相同。大國實施貿易政策皆使其交易條件改善。

圖 11–3 大國實施進口配額與關稅之對等性一般均衡分析——提供曲線

此外，我們也可以再透過生產可能曲線分析法來討論，其結果與利用提供曲線分析法相同，在圖 11–4 中，在自由貿易水準之下，國際相對價格為 ρ_0，決定生產點 E_0 與消費點 C_0，此時進、出口數量分別為 M_0、X_0。如同前面所述進口配額的實施當其進口限制量一定之時，其經濟效果與關稅相同。當我們將進口配額限制在 M_1 水準時，如同提高進口關稅，進口財的國內價格提高，相對價格比也由 ρ_0 轉變為 ρ_1。

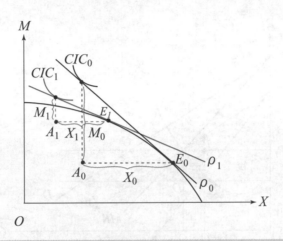

課徵關稅效果與實施配額相同，相對價格線由 ρ_0 變為 ρ_1，表示關稅改變相對價格的結果，同樣地會將進口數量由 M_0 縮減為 M_1。

圖 11–4　大國實施進口配額與關稅之對等性一般均衡分析——生產可能曲線

　隨堂測驗

假如臺灣想保護自己的農業以對抗外國的農產品輸入，則使用進口關稅與進口配額政策其結果是否一樣，何者較佳，請詳細說明。（85 年普考）

三、配額與關稅在獨占下之差異比較

配額與關稅之主要差異在於誰能夠主導價格機能，由於關稅的收入全歸於政府所擁有，而配額可以透過前面所述之不同方式獲得，所以可能造就出潛在的獨占力量。我們知道小國在國際市場上沒有實際價格的影響力，所以其獨占力量無法形成，但是如果其國內只有一位生產者時，就可以形成其獨占力量。根據圖 11–5 之分析，在自由貿易之下，進口財之國際價格為 P_w，進口 CH 數量，現在如果政府課徵 $\overline{P_t P_w} = t$ 的從量稅，進口財國內價格上漲至 P_t，廠商獨占生產 OQ_t 的數量，並進口 $\overline{FG}$ 數量。現在

如果改為實施進口配額，一樣地我們將進口數量限制在 *FG* 水準，此時國內生產者所面臨的是因價格上漲所導致之需求減少。假設其需求減少幅度由 *DD* 移至 *D'D'* 的水平差距等於其配額數量，再依據獨占廠商之邊際均等法則，即決定獨占者利潤最大之條件為其邊際收入等於其邊際成本 ($MR' = MC$)，決定其利潤最大之產量 Q_d 與獨占價格 P_d，故透過獨占力可進一步將進口數量，在相較於實施關稅的情況之下，更形減少。

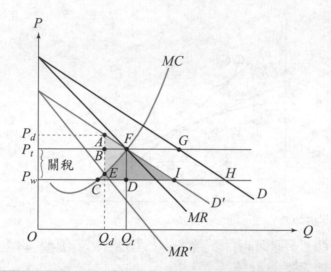

在獨占的條件之下，配額會使進口品的國內價格上漲幅度比在關稅水準之下來得大，且生產數量也比課徵關稅來得少。

圖 11-5　配額導致獨占之情形

課徵關稅，從前面之分析中，價格由 P_w 上升至 P_t，此部分會導致消費需求減少 *ID* 部分，形成消費者無謂的損失等於 $\triangle FDI$；而生產因價格上漲而產量增加 *CD* 部分；因此生產者無謂的損失為 $\triangle FDC$。與自由貿易相比較，配額與關稅均使進口減少 *CI* 數量，其造成的社會無謂損失（＝消費者無謂損失＋生產者無謂損失＝$\triangle FCI$）也均相同。

其次，配額會導致獨占力量的形成，與實施關稅相比較，其產量減少 Q_dQ_t 部分，因而產生 $\triangle ABF$ 的淨消費者剩餘的損失，與 $\triangle BFE$ 的淨生產者剩餘的損失；所以兩者總和 $\triangle AEF = \triangle ABF + \triangle BFE$ 表示配額所形成之獨占市場，所造成的社會福利損失。

第三節　自動出口設限

一、執行自動出口設限的原因

　　自動出口設限是現今廣為採用的一種數量限制的貿易政策工具，最早源於 1957 年美國限制日本紡織品之進口，係進口國利用各種措施迫使出口國自動地限制某種商品對其出口的數量。自動出口設限和實施進口配額實質上是相同的，所不同的是，配額的分配由進口國政府分配給本國的進口公司，而自動出口設限則要求出口商自行將出口數量限制於某一出口標準。自 1970 年代以來，自動出口設限在「關稅暨貿易總協定」(GATT) 的主導下，經過了幾次回合談判，每一回合談判都簽訂了降低關稅的協議。當關稅稅率已經下降到很低的程度時，關稅已經不能作為締約國的主要保護方法。同時，從 1970 年代以後開始，世界經濟的發展相對於 50 和 60 年代普遍減緩，而且國家彼此之間的發展又是極不平衡的，所以世界市場的占有率必然會隨著各國經濟實力的變化而改變。在這樣的條件下，一些已開發國家為了保護其國內市場，再加上 GATT 的條款規定，以及在締約國之間又禁止使用數量限制之措施，故已開發國家既要保護本國的市場和產業的發展，又要繞過 GATT 有關條款的限制，所以只有利用本國的經濟實力，迫使一些貿易對手國實行自動出口設限。

二、自動出口設限對於出口國的影響

　　自動出口設限是一種特殊形式的配額，它對於進口國的影響基本上和進口配額一樣。兩者不同的是，一個是在自願出口限制的條件下，由出口國政府要求出口公司來限制其商品的出口。因此，由於出口數量的限制，導致進口國之進口品供應量減少，引起該商品價格的上升。

　　自動出口設限對於出口國的影響分為下列幾項：⑴在實施自動出口設限的條件下，出口國既會產生損失，也會形成貿易利得。一般而言，獲利部分的可能大於損失。⑵在實施自動出口設限的條件下，對於出口產業的影響有兩種可能性：①是減弱出口產業競爭能力。②增強出口產業的國際談判籌碼。如果實施自動出口設限，產業獲得的淨利大於由於減少銷售量所產生的損失，但是，由於出口數量的減少，產業生產規模也相對地縮小，影響其規模經濟的發揮，削弱其競爭能力。其次，當出口產業要求做自動設限時，表示其有較大的市場需求，可以增進國際談判籌碼，

獲得其他的邊際收入，之後，它們將這邊際收入的部分用於再投資或開發新的商品和研發技術，也可能增強產業的競爭能力。(3)實施自動出口設限，在出口國可能形成既得利益集團，這是因為一些出口產業每年都可以獲得一定數量的生產配額，一方面避免了競爭，另一方面又獲得相當可觀的額外利潤，從而形成既得利益集團。因此，這些利益集團為了維護它們的既得利益，必然竭盡全力進行遊說活動，或對政府的官員賄賂，而忽略了如何增強產業的競爭力。

　　事實上，實施自動出口設限常常達不到進口國所預期的效果，而進口國經常尋找各種辦法來抵銷它的影響。例如，進口國轉向不受限制的同類商品來增加其進口量並滿足市場需要。其次，自動出口設限並非能發揮使進口減少的預期效果，如果出口國透過沒有限制之商品加以生產出口，或以提升商品品質為由而提高售價，以及在沒有進口國要求出口設限的國家來設廠等方式，就可規避自動出口設限的規範。

　　最後，出口國也可以回應進口國提出自動出口設限之要求，來增加其在國際貿易上的談判力量，進口國也因此不必實施配額等相關的貿易保護措施而受到各界輿論的指責，不僅可以保護國內產業，也可以免於無法滿足國內進口品市場需求減少的壓力；所以自動出口設限成為了進、出口國雙方均可接受的貿易政策，也是次佳理論的最好表現。

三、自動出口設限之經濟分析

1. 部分均衡分析

　　自動出口設限雖然是由出口國自行採行，但究其原由是應進口國之要求，所以實際上與進口國實施進口限制並無二致。然而進口國為何不直接自己設限，反而要求貿易對手國實施呢? 其主要是依據 GATT 第 19 條規定緊急輸入限制條款有關，來作為自由貿易的例外原則，其內容說明當國外進口量急增使國內產業遭受實質損害或威脅之虞時，進口國可以暫時限制其進口，但必須事先與利害關係國協商，依據互惠性原則方可採行之。

　　接下來，我們藉由自動出口設限的經濟分析來討論，其與進口配額方式一樣，皆會產生社會無謂的損失，在圖 11-6 中，說明了在自由貿易之下，一國的供給與需求決定其均衡的價格 (P_f) 與數量 (Q_f)，可是當實施貿易限制之後，進口國要求出口國對其出口自動設限，此時的供給線由 S_0S 改變成 S_0S'，國內價格也由 P_f 提升至 P_m，進口數量限制在 Q_m 水準。由於自動出口設限為配額的另一形式，其經濟效果也完全相同，皆會扭曲市場資源的配置，造成 $\triangle ABE$ 的社會無謂損失的產生。

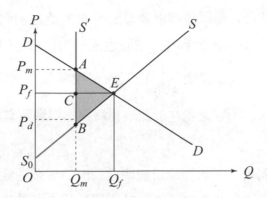

當供給由原來的 S_0S 變成 S_0S' 時，限制了進口數量在 Q_m 水準，此時造成國內價格提高至 P_m；其次，因扭曲了市場資源的配置，形成了 $\triangle ABE$ 的社會無謂損失。

圖 11-6　實施自動出口設限之經濟效果

　　然而自動出口設限並不只限於一個貿易對手國，其商品的供給來自全世界，在圖 11-7 中，假設本國對商品的供給線為 S_hS_h，世界的總供給線為 S_fS_f，D_hD_h 代表本國的需求線。在自由貿易的情形之下所決定的商品價格為 P_f，總消費量為 OQ_4，其中 OQ_1 為本國生產者所供應，其餘 Q_1Q_4 為進口量。現在政府將其進口量限制在 Q_2Q_3 之水準，進口數量減少，其價格就當然提高至 P_1，但對整個世界而言，由於本國供給增加至 Q_2，世界供給就需要減少至 Q_3，世界價格降至 P_2。

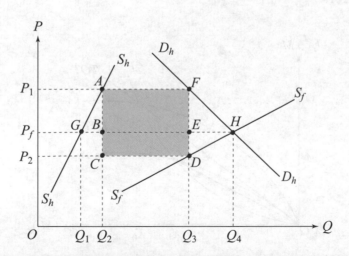

當進口由原來的 Q_1Q_4 因自動出口設限的實施而變為 Q_2Q_3 時，帶動國內價格提高，國內生產供給增加至 Q_2，世界供給減少至 Q_3，其中陰影面積四邊形 $ACDF$ 所產生的利潤歸外國出口商所有。

圖 11-7　實施自動出口設限之利潤分配效果

實施自動出口設限後，每單位產出多增加了 P_1P_2 之超額利潤，所以外國出口商可獲得陰影面積四邊形 $ACDF$ 的利潤。前面也提到如果把進口數量限制在與實施自動出口設限相同水準時，只要課徵 $\dfrac{P_1P_2}{OP_2}$ 之從價關稅率即可，所以陰影部分也就等於課徵關稅時的關稅收入，不同之處在於此塊利潤歸出口國所有。

2.一般均衡分析

接下來，我們再利用一般均衡分析說明自動出口設限的經濟結果，我們知道實施自動出口設限會使國內價格上升，不利於出口，所以此時許多出口國的廠商會至進口國進行投資來加以規避。1980 年代末期許多日本汽車大廠至美國投資設廠，規避自動出口設限是原因之一。

透過提供曲線的分析，如果外國出口商採行自動出口設限將其出口數量限制在 X_1 水準，從圖 11–8 中可看出，其不僅將本國的交易條件予以惡化由 TOT 下降至 TOT'，也會迫使外國的提供曲線改變，由 OF_1^* 變至 OF_2^*，國際貿易均衡點由 E 點移至 E' 點。這個分析讓我們想起第十章所探討的關稅報復的行為，其與外國出口商課徵出口關稅，使其外國提供曲線變成 OF_2^* 與本國提供曲線相交於 E' 的經濟效果相同，皆會使社會福利遭到更大的損失，如再加上對手國的貿易抵制或報復的話，將不利於貿易之進行。

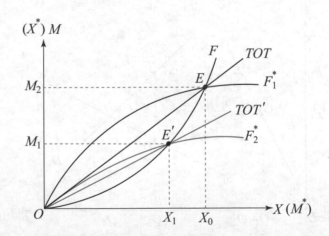

當實施自動出口設限時，會要求外國出口商限制其出口在 X_1 的水準，此時會造成本國交易條件惡化，社會福利遭到更大的損失。

圖 11–8　自動出口設限的一般均衡分析

隨堂測驗

何謂出口自動設限與經常帳盈餘？請闡述經常帳盈餘的經濟意義。（90 年普考）

四、自動進口擴張

自動進口擴張 (Voluntary Import Expansion, VIE) 是與自動出口設限作用相反的貿易政策措施，其是一種擴張而非限制貿易的方法，即進口國要求出口國其商品輸出需占進口國市場的某一比例時。國際間會施行此措施的國家，大多數為了提高產業升級或當貿易收支失衡的時候才進行。例如，美國在 90 年代為了減少對日本的貿易逆差，對於其半導體在日本市場的占有率要求達到 20%，其不僅可以扶助日本半導體產業的技術提升，也可以減少美日間貿易的逆差，不啻為一項好的貿易政策。

個案研究

豐田汽車對保護主義壓力的回應

1960 年代以前，日本豐田 (Toyota) 汽車還是一個微不足道的汽車公司，但隨著其不斷的研發、努力，從 1950 年僅生產 11,700 輛汽車，到 1970 年生產 160 萬輛以及 1990 年為 412 萬輛，在這成長過程當中讓豐田汽車成為世界第三大汽車公司和最大的汽車出口商。大多數經濟分析家認為，豐田汽車因世界經濟提升而產生豐富的利潤大大提高了公司的製造和設計技術，不僅成為世界上最具生產力而且成為不斷生產最高品質和設計的汽車公司。

由於豐田汽車一直從事汽車生產與出口；然而，到 1980 年代初期，在美國和歐洲的政治干預與國產化的要求壓力，迫使豐田不得不重新思考它的出口策略。1981 年豐田汽車同意對美國實行「自動出口設限」，結果讓豐田汽車在 1981–1984 年間的出口呈現停滯成長，故在 1980 年代初期，其開始認真地考慮在海外建立製造與業務的基地。

豐田汽車第一家海外生產廠是 1983 年 2 月 5 日與美國通用汽車公司各出資 50% 的合

資企業，命名為新聯合汽車製造公司，廠址在加州的佛萊蒙德，並在 1984 年 12 月開始為通用生產雪佛萊車，佛萊蒙德廠的最大生產能力為一年製造約 25 萬輛。

對豐田汽車來說，合資生產為它提供了是否可以利用美國工人和美國供應商製造高品質汽車的機會，同時也為它提供了與美國工會（美國汽車工人聯合會）協商的經驗以及對付自動出口設限的辦法。到 1986 年，新聯合汽車製造公司滿載的生產和指標說明，該廠的生產率和品質水準已接近豐田汽車在日本高岡工廠的水準。

受到新聯合汽車製造公司成功的鼓舞，豐田汽車在 1985 年 12 月宣布將在肯塔基州喬治敦建立另一個汽車製造廠。該廠在 1988 年 5 月投入生產，一年能生產 20 萬輛車。到 1990 年初，該廠的年產量達 22 萬輛，並在同年 12 月宣布在喬治敦建立第二個製造廠，這兩個廠和新聯合汽車製造公司帶給豐田汽車每年在北美生產約 66 萬輛汽車的能力。

除了在北美的業務外，豐田汽車還到歐洲建立生產工廠，這也是加速對保護主義者壓力的回應。豐田汽車因歐盟會員國之間降低貿易壁壘，故在 1989 年宣布在英國建廠，到 2000 年該廠年生產能力達到 40 萬輛。由於該廠生產的汽車出口到歐盟的其他地方，這個決定讓法國總理密特朗將英國描述為「接收日本的航空母艦並停在歐洲海岸線外等待進攻的外國勢力」。由於擔心歐盟會限制它的擴張，豐田汽車與其他日本汽車同意至少在未來幾年內，將歐洲汽車市場的占有率保持在 10% 以下，以避免歐洲汽車製造國的反彈。

問題 1：為何美國要求日本實施「自動出口設限」，理由何在？

問題 2：豐田汽車在未來如何面臨國外市場保護主義之壓力下，進行市場擴展。

第四節　行政干預來管制進口

政府干預貿易除了上述原因之外還採用其他各種手段，其中之一是利用行政的手段進行直接干預。政府直接對於進口商品提出各種要求和限制；例如，利用海關管理對進口商品在通關手續上進行種種阻礙；制定各種技術、健康和安全標準來限制進口等，特別是環境保護與關稅稅率配額，成為在烏拉圭回合談判之後的主要國際間非關稅貿易障礙措施。接下來，我們就這些規範進行討論。

1.行政限制

政府利用行政手段，限制外國商品在本國市場上銷售，或者當其市場占有率達到部分水準時會加以抵制。有的國家政府還規定，進口商品只能在政府所指定的商店裡出售，或者設立特別的規定與標準，使得外國廠商往往甚難瞭解其相關程序。

其次對於通關手續的刁難，有些國家的政府為了限制進口或減少進口商品的種類，會儘量拖延外國商品進口程序上的時間，往往在海關管理上給進口商品製造麻煩，並設置種種限制。

此外，為了實行國內產業政策，而利用行政命令干預進口，並協助這些產業做資源的分配與結構之調整，或者與貿易對手國有貿易摩擦時，為了糾正市場機能失靈並引導資源使用至正確的方向，皆會透過行政措施來加以規範。

2.政府採購政策

政府實施國內採購政策是一種歧視外國商品的方法，其主要目的是透過國家制定相關法令，政府採購的全部或部分必須是本國製造的商品。有些國家還規定，除了中央政府以外，省（州）或地方政府，甚至一些事業單位也必須優先購買國貨。例如，中華民國公務人員出國洽公，必須搭乘國內登記之航空器，除非其沒有班次抵達所到達之目的地。此外，還採取種種措施保證政府的工程招標為本國企業所承包。

針對上述問題，「關稅暨貿易總協定」(GATT) 於 1973 年至 1979 年所召開東京回合的談判，達成了九個協議來消除非關稅貿易障礙，其中之一為「政府採購協議」，該協議在 1981 年正式生效。在 1986 年至 1994 年，又召開了烏拉圭回合談判，在這次談判的過程中對「政府採購協議」又進行了修改並於 1996 年開始生效，並交由新成立的世界貿易組織 (WTO) 來加以執行。這協議的基本內容是，政府採購必須依據國民待遇原則。在政府的採購中，外國商品或服務的供應者所享受的待遇不得低於本國的商品或服務供應者的待遇。其目的是在建立一個有效的政府採購的規章、程序並規範其權利與義務的多邊框架，以擴大世界貿易與自由化，改善並協調世界貿易的運作。

在政府採購的法律、規章、程序與做法上，不應對國內外商品與服務的供應商實行差別待遇；並提高政府採購法律、程序與做法的透明度；但有必要的時候就要加以通知、磋商、監督和爭端解決來建立國際程序機制，以確保有關政府採購以公正、迅速的方式實施，並盡最大可能地維護會員國的權利和義務的均衡。該協議第一次將最惠國待遇和國民待遇原則引入在政府的採購領域，要求會員國在採購法律、規章、程序和做法方面，對於來自另一個會員國的商品和服務供應廠商，提供不低於本國商品和本國供應商所享受的待遇。協議還規定，確保在招標程序和手續上國內、外並無差別，並要求會員國公布有關法律、規章、司法或行政裁決以及有關採購程

序，並設立的政府採購委員會提供本國政府採購的年度統計資料。

然而，這一協議在生效以後，其作用甚微，主要原因是：(1)一些會員國為了繞過這一協議的限制，將政府採購契約劃分為小額承包契約，而不受協議的約束。(2)除中央政府以外，許多地方政府的採購沒有被納入在協議之內，形成執行上之漏洞。(3)對於政府的公用事業和服務業沒有包括在協議之內，因為基於政治因素，採購對象僅限於友好國家，而敵對國家則在嚴禁之內。或者是經濟考量，其目的是在穩定進、出口國之間的生產價格與數量。

3. 技術、健康、和安全標準

各個國家在長期的生活中，常會形成一些不同的習慣和規則；因此，政府對一些商品會制定有關技術、健康和安全方面的標準，並對一些商品有著各種不同的要求規範。所以政府對於進口商品制定和實施技術提出健康和安全的最低統一標準的要求，來保障國民之福祉，這些都是合理的及必要的。但是愈來愈多的國家將這些標準作為限制進口的措施和手段，變相地將這些標準變成貿易保護主義的工具。

目前十分重要的是，需要找到一種方法來加以鑑別什麼是合理的技術、健康、安全標準，什麼是以技術、健康、安全標準為名，行貿易保護之實，故應儘速找到區別兩者的尺度。此外，企業需要全面瞭解國際標準，讓商品的各種標準儘快地與國際商品標準接軌；並建立完善檢測體系，改進檢測技術設備以及加強健全認證制度。

4. 環境保護標準

在環境保護方面，各國彼此間制定了一系列的國際公約，要求各國本身自行依據其天然環境制定保護環境的法律。然而，各國的環境標準 (Environmental Standard) 不同，有的為了產業發展，有的為了觀光資源，所以對空氣、噪音、污水、垃圾處理所污染的標準也就不一致。由於各國對環境管制的標準不同，其將會影響國際貿易的型態並扭曲國際市場的運作，例如，環保標準較低的國家，不必負擔因環境污染所形成的外部成本，對於其污染商品的生產相對地具有成本上的比較優勢；反觀於環保標準高的國家，他將迫使廠商提升防治污染技術，因此對於控制防治污染所增加之成本，將會反應在商品的價格之中，其商品的國際競爭力將予以減弱。

隨著世界貿易組織的成立，環保政策與國際貿易彼此間的「魚與熊掌」的問題，也漸漸浮出檯面，在 WTO 的「例外條款」中也提及，為了保障人類、動植物的生命或健康可採行必要性的措施。例如，在加拿大所舉行有關限制氟氯碳化物 (CFC) 使

用量的「蒙特婁公約」中所表示，未來國際經貿情勢及其所導致之糾紛，環保問題將成為主要的討論事項。

此外聯合國也規範將不符合國際環保品質標準的商品限制其進、出口，並制定與推行國際環保標準製程 ISO–14000 的規範，以達成國際間對環保共識的一致性，並自 1990 年起，聯合國由工業發展組織 (UNIDO) 與環境計畫署 (UNEP) 向國際推展 ISO–14000 的環保標準製程，對於未達標準之商品予以限制，對於未達成之國家給予輔導或施以貿易制裁。

5. 關稅稅率配額

關稅稅率配額本質上是非關稅貿易障礙的一種，類似限制貿易措施的季節性關稅，大都適用在農產品等初級產業上。根據 GATT「數量限制之普遍消除」的規定，除課徵關稅、內地稅或其它規費外，任一締約國不得藉由制定或維持配額、輸出入許可證，或其它措施來禁止或限制其它締約國的任一商品輸出與輸入。因為關稅稅率配額屬於 GATT 所容許之課徵關稅範圍，且未禁止或限制進、出口數量，故在執行上屬於合法措施，但是其方法主要是對國內產業之保護，會扭曲市場競爭，是一種過渡期間的措施，故被歸類於非關稅貿易障礙。

關稅稅率配額措施是一國政府以行政命令直接干預貿易活動，利用複式關稅稅率作為對特定商品的一種貿易保護措施，國內政府視其國內產業結構的需要，以行政命令來提高關稅，非經立法程序過程，來暫時性地阻止該商品進入本國市場，避免本國相關產業受到實質損害。

第五節　結　論

前面所探討徵收關稅的目的，一是增加本國的財政收入；另一是限制外國商品的進口，以保護國內的產業發展。儘管關稅能起到保護本國某些產業的作用，但是，往往容易被忽視的是，課徵關稅會帶來不利的影響，不僅會造成淨損失，而且不利本國經濟的發展。

此外，在非關稅貿易障礙方面，於「關稅暨貿易總協定」(GATT) 的主導之下，召開了八回合多邊貿易談判，締約國的平均關稅稅率有了較大的下降空間，關稅已經不再成為國際貿易中的主要阻礙。然而，在 1970 年代以後，隨著貿易保護主義盛行，非關稅貿易障礙成為國際貿易發展的主要障礙。非關稅貿易障礙主要有配額、

自動出口設限、行政命令、環保……等方式，這些形形色色的非關稅貿易障礙阻礙了自由貿易的進行，但為了保護國內某些產業以及基於國家政治、經濟之考量，政府不得不介入貿易政策，但是這些措施對本國的經濟和社會則產生不利的影響。

本章節中，特別針對了配額、自動出口設限……等非關稅貿易障礙，就其定義及施行方式進行討論。從上述分析可以得知，其經濟效果與關稅分析相同，只是這個貿易利得的歸屬究竟在何方身上。藉由非關稅貿易障礙與關稅分析之比較，我們透過部分均衡分析與一般均衡分析的方式，來闡述貿易政策實施的福利效果，並做其比較性分析。

其它以行政命令來干預貿易的政策，如技術、健康和安全之標準，或環境保護與關稅稅率配額措施，我們只做敘述性之分析，主要是要讓讀者瞭解這些政策的背後，隱含著不同利益團體的糾葛，如何在這利益分配不均的過程找到均衡點，則有賴睿智的政府做出滿足福利水準極大的目標抉擇。

重要名詞與概念

1. 非關稅貿易障礙
2. 配額
3. 自動出口設限
4. 國外直接投資
5. 進口許可證
6. 競爭性拍賣
7. 固定受惠分配
8. 經濟租
9. 國際環保標準製程

10. 工業發展組織
11. 環境計畫署
12. 單方面限額
13. 協議性限額
14. 自動出口設限
15. 自動進口擴張
16. 秩序行銷協定
17. 資源使用申請程序分配

課後評量

1. 非關稅貿易障礙包括了哪些相關措施？
2. 為何要實施非關稅貿易措施？其與課徵關稅的方式有何不同，請分析比較之。
3. 請說明配額的定義與進口配額的形式。
4. 請利用經濟模型分析配額與關稅在貿易政策的福利水準影響上之不同。請分別就小國與大國進行對等性分析。
5. 請比較在獨占條件之下，配額與關稅措施之差異。

6. 何謂「自動出口設限」? 其對出口國的福利水準影響為何?

7. 請利用部分均衡分析說明自動出口設限的情形。

8. 政府如何利用行政干預的手段來限制進口,請論述之。

9. 一個小國能以每袋為 10 元的世界價格進口咖啡。該商品的國內供給曲線是:

S = 50 + 5P 需求曲線是: D = 400 − 10P

此外,每單位產品能帶來 10 元的邊際社會收益。

(1)此時世界的均衡價格為何? 可進口幾袋?

(2)計算對進口課徵每單位 5 元的關稅的總福利效果。

(3)計算給予每單位 5 元的生產補貼的總效果。

(4)為什麼生產補貼能比關稅帶來更大的福利水準?

(5)最適的生產補貼是多少?

10. 美國沒有理由抱怨日本和歐洲的貿易政策,因為每個國家有權依據它的最大福利水準來制定其相關政策。美國應當讓其他國家家自行其事,並放棄對自由貿易的偏見,並也像其他國家那樣去做,現在請你從經濟學和政治學的角度對此觀點進行討論。

11. 臺灣目前以 8,000 美元的價格來進口一輛轎車,而政府相信在一定時間內,臺灣的汽車製造商能以每輛 6,000 美元的價格自行生產轎車,但這中間會有個過渡時期,因為一開始臺灣的汽車製造商的成本將達 10,000 美元。

(1)假定每個汽車製造商都要經歷要將高成本降下來的調整時期,在什麼情況下最初的高成本可以作為保護幼稚工業的理由?

(2)現在假定國外有一家汽車製造商承受了最初的學習成本,並以每輛 6,000 美元生產轎車,而其他汽車製造商都可以模仿它,也以每輛 6,000 美元生產。其是否會阻礙該國發展自己的汽車產業? 幼稚工業如何予以保護與幫助?

12. 許多開發中國家試圖對資本密集型的工業製成品實施進口配額,並對機器設備的進口給予補貼,來創造製造業的就業機會。不幸的是,他們往往反而更加劇了失業問題。請對這些論點進行解釋。

第十二章

不完全競爭與策略性貿易政策

邏輯的基礎加上冷靜的思考，能使之鼓起勇氣指出經濟理論的錯誤。穩定的物價使經濟成長與所得平均分配形成相輔相成局面，並強調自由貿易的經濟理念，對於開發中國家的成長，不是靠國外的援助，而是產業的成長、國民儲蓄的增加與政府有效的政策。

蔣碩傑 (1918～1993)

《本章學習方向》
1. 規模經濟與產業政策
2. 策略性賽局個案說明
3. 產業政策之實務探討
4. 巴納德與史賓塞之策略性貿易政策賽局模型
5. 古諾的數量競爭分析
6. 伯泰的價格競爭分析
7. 執行策略性貿易政策的產業選擇與執行困難

本章章節架構

不完全市場
競爭之理由
- 規模經濟與產業政策
- 獨占利潤之觀點
- 策略性貿易
- 賽局個案說明
  - 巴西政府與 IBM
  - 波音公司與空中巴士
- 產業政策之實務探討

不完全市場
競爭之理論
- 巴納德—史賓塞的二階段賽局模型
- 古諾的數量競爭分析——生產補助金
- 伯桑的價格競爭分析——課徵出口稅

從傳統的國際貿易理論來看，如果國與國之間能基於比較利益原則，而實施自由貿易政策，各國生產且出口其具有比較優勢的商品而互相貿易，必能使各國經濟效率提高，使全世界之生產資源能達到最有效之分配，進而使社會福利水準提高。因此，基於公平與效率原則，大部分的經濟學者都反對政府透過一些相關貿易政策（如關稅或補貼等）來干預市場的運作，但是在現實社會中，世界各國反而紛紛採取貿易保護措施，使世界的貿易量大幅度地減少，導致貿易糾紛不斷發生，所以我們不能再以單純的自由貿易理論來說明政府在貿易政策中所扮演的角色，過去的傳統貿易理論在此必須放棄，產業結構也以獨占或寡占來加以取代，並隨著規模經濟的產生，廠商因生產規模的擴大，並藉由學習效果使產業發生規模報酬遞增的現象，使平均生產成本下降，尤其是在高科技產業上。

當不完全競爭市場存在於現實的國際貿易環境中，政府在決策扮演的過程裡也由被動改為主動，因為產業在市場所制定的價格會與其邊際成本發生差距，如果實施自由貿易政策的話，不一定給國家帶來好處；因此，在 1985 年後，由巴納德─史賓塞 (Brander-Spencer) 所提出的策略性貿易政策 (Strategic Trade Policies) 後，開啟了政府對貿易干預的理論依據，在寡占的貿易理論基礎下，具有市場壟斷力的廠商在與對手之間的反應產生了互動關係 (Interdependence)，如果此時政府能夠透過策略性貿易政策的實施，可以幫助本國廠商在與外國對手競爭過程中得到優勢，將外國利潤移轉 (Profit-shift) 至本國來，進而提高福利水準。

在本章當中，我們會先透過策略性貿易政策的個案討論，如美國波音公司 (Boeing) 與歐洲空中巴士 (Air Bus) 的案例分析，藉由賽局理論的償付矩陣 (Pay-off Matrix) 來說明其基於對手的反應而做出最佳決策。從策略性貿易政策的定義得知，其先決條件是在不完全競爭條件下，廠商存在超額利潤；因此，政府可透過貿易政策或產業政策來干預該國之產業資源分配，產生利潤移轉，並提高該國之福利水準。

最後，我們將藉由巴納德與史賓塞的文獻來探討策略性貿易政策與傳統貿易政策的不同。如果本國與外國廠商均是在寡占市場的情況下，一國政府對於其企業進

行補貼，將可降低其生產成本並嚇阻外國競爭；在此，我們將以古諾 (Cournot) 的數量競爭分析與伯秦 (Bertrand) 的價格競爭分析來加以探討。

第一節　規模經濟與產業政策

規模經濟 (Economies of Scale) 又稱為規模報酬遞增 (Increasing Returns to Scale)，在寡占產業之貿易理論愈來愈重視的領域裡，扮演著極為重要的角色。它是指當廠商隨著其生產規模逐漸擴大時，其平均單位成本卻隨著產量的增加而下降。「規模經濟」必須與「不完全競爭市場分析」相結合來建立理論模型，因為傳統的貿易理論對小國而言，實施自由貿易為最佳策略，如果實施貿易政策反而使其福利水準下降；而大國卻是相反，但是隨著「新保護主義」(New Protectionism) 的風潮，部分經濟學家認為貿易政策可以改變一個國家的產業結構，進而作為產業政策之工具；因此，把貿易政策與產業政策相結合，是基於在新保護主義理論下之不完全競爭假設下進行。一般而言，規模經濟可分為：①內部規模經濟 (Internal Economies of Scale)：其指的是廠商的平均成本下降，主要是來自於廠商自身內部的改善，如研發、績效管理……等，使得廠商自身的生產量增加所造成。②外部規模經濟 (External Economies of Scale)：如果廠商的平均成本下降，非來自於廠商的因素，而是來自整個產業的市場變動與技術創新所形成之總產量的擴大。

 隨堂測驗

「當有不良外部性存在時，資源分派 (Resource Allocation) 即遭受扭曲。」
　(1)試以作圖方式說明扭曲的情況。
　(2)為矯正該種扭曲，政府應採取哪些措施？（90 年高考）

由於在此我們主要是在討論產業的變動，故是針對外部規模經濟所形成的產業對貿易的問題進行討論。如果在貿易對手國不採報復手段的前提條件之下，政府實施貿易保護政策可能會使福利水準提高，但是只要有外部規模經濟的存在，就可藉由兩國專業化的生產，使兩國的福利水準提高。其說明可從以下兩方面予以探討：

1. 總產量的增加

當有外部規模經濟存在時，貿易的開放將使兩國市場擴大，故生產量因而增加，

使得商品的單位平均成本下降並且導致其價格的下跌，間接地使兩國的消費者獲益與提高社會的福利水準。

2.商品多樣化

由於生產具有規模經濟的特性，廠商將限制商品的生產種類，使消費者選擇有限，大量生產的結果才能造成平均成本下降；但進行貿易之後，由於消費市場的擴大，本國消費者也可購買外國商品，其購買的選擇性增加當然造成福利水準的提高。

在圖 12-1 中說明了當存在著規模經濟的時候，在其它條件不變之下，例如，消費者偏好、生產技術……等等，兩國會經由貿易而相互獲利。透過兩國兩財的生產可能曲線的表示，在規模報酬遞增情形之下，其曲線形狀凸向原點。在貿易之前提假設下兩國同質且對兩財之消費具有相同的偏好之下，也就是本國無異曲線 U_0^H 與外國無異曲線 U_0^F 相等，即 $U_0^H = U_0^F$，在兩財相對價格為 ρ_0 的條件下，兩國在自給自足的情況下，與生產可能曲線 (RET) 相交於 E 點，由於兩國相對價格比 ρ_0 皆一致，因此，就沒有貿易的進行。

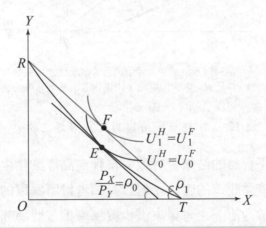

在規模報酬遞增的情況之下，生產可能曲線凸向原點，由於兩國同質故偏好相同，$U_0^H = U_0^F$，在自給自足之情形下，其均衡點為 E，當兩國專業化生產且相互貿易之後，其效用提高至 $U_1^H = U_1^F > U_0^H = U_0^F$。

圖 12-1　外部規模經濟與國際貿易

現在假設兩國開始進行貿易，由於市場的擴大再加上規模經濟的發生，兩國的廠商會選擇其中一種商品來加以專業化生產之，R 點與 T 點分別為專業化生產 Y 財與 X 財之生產點。假設均衡的交易條件為 ρ_1，貿易後的均衡點為 F 點，此時本國專業生產且出口 X 財，而外國專業生產且出口 Y 財，且有效率地分配在兩國市場的消費上。

可是現在當兩國對某種商品的偏好不同時,是否會產生不同的結果?假設兩國同質且對 X 財之偏好大於 Y 財,如果本國仍專業化生產 X 財,外國專業化生產 Y 財,在均衡交易條件為 ρ_2 的情況,兩國同時偏好 X 財的結果使 $\rho_2 > \rho_1$,貿易後的均衡點分別為 G 點與 K 點,因此福利水準也就不同 $U_2 > U_2^*$。為何是如此呢?因為本國專業化生產且出口兩國皆偏好的 X 財,造成其價格 (P_X) 的上揚,導致本國出口一單位的 X 財可換回更多單位進口的 Y 財,在圖 12-2 中可知,貿易後本國的福利水準將大於外國。

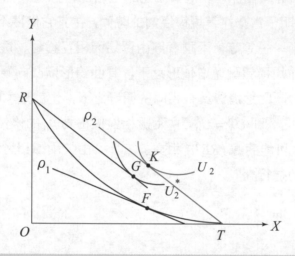

在規模報酬遞增之下,進行貿易的結果,使兩國會專業化生產某一商品,但是因為兩國對 X 財之偏好大於 Y 財;因此,專業化生產 X 財的國家其福利水準必大於專業化生產 Y 財的國家。

圖 12-2　規模經濟與對財貨偏好之改變

由於規模經濟之下貿易的結果會導致對某種商品專業化生產,進而影響其產業結構來改變政府對其產業政策的實施。但政府須考量所採取的政策是否能糾正市場失靈的現象,以及基於政治上之考量來減少貿易摩擦或貿易報復,其政府干預的方式大多透過補貼或課稅的手段來達成資源有效率的分配。在討論規模經濟時必須與不完全競爭市場相連結,主要是可以移轉對手的獨占利潤,導致本國福利水準的增加,接下來,我們將針對獨占利潤予以單獨討論與分析。

第二節　獨占利潤之探討

當存在外部規模經濟的時候,廠商平均生產成本的下降是來自於產業規模的擴大,此時就會產生專業化生產的現象,所以在本節中,我們將以獨占市場的利潤討

論之觀點，來說明其產業間貿易的現象。假設獨占廠商的生產為固定規模報酬，在無運輸成本之考量之下，其邊際成本 (*MC*) 線為一條水平線。

假設廠商的總成本函數以線性來表示為

$$TC = \alpha + \beta Q \tag{12-1}$$

當有外部規模經濟發生時，其單位平均成本將隨著產量的增加而下降，其表示為

$$AC = \frac{\alpha}{Q} + \beta \tag{12-2}$$

其中 β 為邊際成本 $(= MC)$ 為一固定不變之值。如果 D 為本國對外國商品的需求曲線 $(= AR)$，我們可以根據其數學定理推導出其邊際收入曲線 $(= MR)$。

在長期均衡之下，因沒有廠商加入其價格等於其平均成本（即 $P = AC$）。假設廠商的生產水準在 Q_1 的時候，其價格為 P_1，所以

$$P_1 = \frac{\alpha}{Q_1} + \beta \tag{12-3}$$

接下來，我們來計算其生產者剩餘。在自給自足之下，如果廠商生產在 Q_1，且其價格為 P_1 時，其生產者剩餘的面積就是在圖 12–3 第 I、II 區，（$\square P_1 P_2 NE$，與 $\square P_2 C_1 LN$）也就是

$$(P_1 - MC)Q_1 = [\beta + \frac{\alpha}{Q_1} - \beta]Q_1 = \alpha \tag{12-4}$$

現在兩國進行貿易，此時廠商的生產點在 Q_2，其價格為 P_2，所以

$$P_2 = \frac{\alpha}{Q_2} + \beta \tag{12-5}$$

故其貿易之後的生產者剩餘為第 II、III（$\square P_2 C_1 LN$，與 $\square NLFE_2$）區，也就是

$$(P_2 - MC)Q_2 = [\beta + \frac{\alpha}{Q_2} - \beta]Q_2 = \alpha \tag{12-6}$$

根據圖 12–3 表示，根據獨占理論在長期之下均衡條件 $P = AC$，不論在自給自足的情況或是在自由貿易的條件之下，其生產者剩餘顯然沒有改變，此時面積 I = III。

現在如果在自由貿易之下，廠商依據利潤最大化法則，也就是邊際收入等於邊際成本 $(MR = MC)$，其出口量為 Q_2，在價格為 P_2 之下，其廠商利潤為 $\square P_2 C_1 FE_2$ = II + III。本國為獲取這獨占利潤，對外國廠商每單位出口商品課徵 t 元關稅，如同每單位的邊際成本增加 t 元；因此，邊際成本線由 *MC* 線上升至 $MC + t$，在 $MR = MC + t$ 的利潤最大化的條件之下，生產數量為 Q_4，價格為 P_4，此時廠商利潤為 $\square P_4 C_2 GH$，相對於未課徵關稅前，消費者剩餘減少了 $\square P_4 P_5 HK$，但本國增加 $\square C_1 C_2 GM$ 的關稅收入；因此，是否決定要採行貿易政策，須視 $\square C_1 C_2 GM$ 與 $\triangle P_4 P_5 HK$ 之大小而定。但就

如同前面分析，由於生產者剩餘在長期之下是不變；因此，所變化的是消費者剩餘，其主要為獨占廠商與政府部門間的利潤移轉。

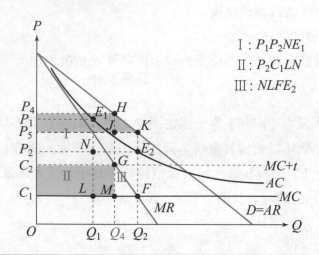

圖中標示：
Ⅰ：$P_1P_2NE_1$
Ⅱ：P_2C_1LN
Ⅲ：$NLFE_2$

對生產者剩餘而言，在長期之下，其是沒有變化的。但就利潤最大化之條件下，消費者剩餘的變動為獨占廠商與政府部門間的利潤移轉。

圖 12–3　在獨占條件下，貿易前後生產者剩餘的變化

隨堂測驗

假定某一長途客運市場的需求為 $D(p) = 50 - 2p$，其中 p 為價格。在解除管制之前，此一市場由一家業者獨占，其成本函數為 $C(q) = 100 + 5q$。

(1) 假定沒有經濟管制，該業者的定價為何？

(2) 在經濟管制下，定價等於平均成本，試求之。

(3) 解除管制後，開放若干家價格接受廠商 (Price-taking Firms) 加入市場競爭，其供給函數為 $S(p) = 2p - 20$，請用靜態主導廠商模型 (Static Dominant Firm Model)，求此一情況下的定價。

(4) 如果該業者想要享有獨占而不受管制的專營權 (Franchise)，它願意為取得該項專營權之付的金額有多少？

第三節　策略性貿易與產業政策

在前言中我們提到最近國際貿易理論的研究會影響貿易變動產生規模經濟的效應。當規模經濟出現時，國內市場便不再是完全競爭，任何產業的廠商都會傾向於減少生產，用「以量制價」的方式，提高利潤空間，因此任一廠商的動作皆會影響到其競爭對手。

一、策略性貿易政策的個案探討

在國際貿易的經濟體系下，任何一國內廠商的動作會影響到其他國家相同產業的競爭對手。這種情況下，進口關稅或出口補貼可能不失為提升國內利益的貿易政策，如果政府因此而採用此種貿易政策，我們可以說該國施行策略性貿易政策（Strategic Trade Policies）。根據巴納德─史賽塞的研究中發現，採策略性貿易政策反而可以提高一國的經濟福利。但是在執行上，當廠商要決定其生產時，必須考慮本國與外國政府對於貿易政策的思考與競爭廠商的反應，也因此策略性貿易政策可用下列兩個例子來加以說明。

1. 巴西進口電腦案

此部分如同前一節有關獨占利潤之探討，透過貿易政策來移轉利潤。假定巴西向美國進口 IBM 的電腦，而且 IBM 是世界電腦的獨占者。如圖 12–4，D_B 代表巴西國內電腦的需求曲線，MR_B 代表其邊際收益，水平線 C 代表 IBM 的邊際成本（$= MC$），在自由貿易情況下，IBM 會追求最大利潤，以 P^* 的價錢出口 Q^* 數量的電腦到巴西，IBM 會賺取圖中陰影部分的超額利潤。

現在假定巴西的電腦製造商必須在電腦價格超過 P^* 時才能有獲利，如此 IBM 只要把價格壓在 P^*，它就能擁有整個電腦市場。此時巴西政府應該課徵進口關稅，但課徵的最適關稅的效應在哪裡？詳細的經濟分析說明已在前面提及，在此不再詳述。因為只要 IBM 想獨占巴西整個電腦市場，它就不會因為關稅的課徵而調高價格，因為對巴西人民沒有影響，但是 IBM 獨占市場的利潤會有一部分變成巴西政府關稅的收入。但是這個關稅應該要訂多高？應該要與 IBM 因為獨占或壟斷市場時所獲得的超額利潤一樣多。但在長期之下，由於價格等於平均成本，生產者剩餘在貿易前後無太大變化（假設在線性成本函數的情形之下），課徵關稅所產生的消費者剩餘的

變化，只是獨占廠商與政府間的利潤移轉而已，對社會福利水準無太大的貢獻，只是拿回人民因為市場壟斷所多付出的部分。

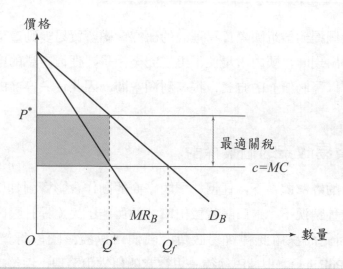

當巴西面臨外國獨占需求曲線 D_B 時，其數量的決定是在利潤極大化條件 $MR_B = MC$ 時所決定的 Q^* 與 P^*，其最適關稅的決定則在 P^* 與邊際成本 (c) 間的差距。

圖 12–4　外國獨占者與貿易政策

2.波音公司與空中巴士

此部分分析依據克魯曼所提出關於自由貿易合法性進行探討，在分析工具上採用賽局理論中的償付矩陣來加以說明。假定兩家都會製造新一代噴射客機的公司，其分別來自於歐洲跟美國，其飛機製造商分別為空中巴士 (Air Bus) 跟波音 (Boeing) 公司。目前兩家公司面對相同的抉擇，假定每一家公司所做的決定只有「生產」與「不生產」，來說明是否要打入新一代噴射客機市場，因為市場只有存在一家時才能獲利，也就是只能允許一家公司的生產。

表 12–1 說明了空中巴士跟波音公司為此賽局所做之推演並如何來影響其利潤情形。矩陣兩邊分別為波音公司跟空中巴士，行 (Row) 代表波音公司之決定，欄 (Column) 則代表空中巴士的決定，其所做的決策只有「生產」與「不生產」兩種。償付矩陣內的數字分別代表波音公司跟空中巴士的獲利結果。

如果兩家公司同時做決策，則矩陣內的四種結果都可能發生，然而如果波音公司趁空中巴士未生產前，決定進入市場，那麼波音公司可先占有市場而獲利，相對地，空中巴士的最佳決策就是退出市場，故在沒有政府干預的情況下，波音公司會有 100 單位的利潤獲利。

在這種情況之下，空中巴士有沒有其他機會進入市場，答案是有的。假定歐洲政府保證不管波音公司是否進入市場的情況下對空中巴士出口生產補貼 10 單位，那麼空中巴士就會在保障獲利的情況下進入市場，而波音公司就會因為賠錢（–5 單位）而退出市場，賽局的結果就會從右上經由左上移到左下，空中巴士賺得利潤 110 單位，扣除掉政府補助的 10 單位，尚有 100 單位的剩餘。所以歐洲政府給予空中巴士補貼，可以遏止波音公司進入市場，讓其可以進入新一代噴射客機市場。

從上述之說明，生產補貼幫助空中巴士在策略上的優勢 (Strategic Advantage)，使它具有保證獲利的情況之下，率先進入市場。基於此理由而主張之貿易政策，我們稱之為「策略性貿易政策」(Strategic Trade Policies)。

表 12–1　策略性貿易政策的影響

償付矩陣（沒有補貼）				
		\multicolumn{2}{c}{空中巴士}	
		生產	不生產
波音	生產	(–5 , –5)	(100 , 0)
	不生產	(0 , 100)	(0 , 0)
償付矩陣（進行補貼）				
		\multicolumn{2}{c}{空中巴士}	
		生產	不生產
波音	生產	(–5 , 5)	(100 , 0)
	不生產	(0 , 110)	(0 , 0)

經濟學家也發現在其他的情況也可以運用策略性貿易政策來加以討論。譬如在某些市場競爭情況下使用進口配額，或者用補貼方式鼓勵國內研發工作，都可以幫助其產業在面臨競爭的時候，給予其保障之地位，進而獨占整個市場。

上述的例子我們可以知道策略性貿易政策以及關稅與配額的運用在現實國際貿易環境中是很重要的。但是，這只能作為參考的案例。首先，因為策略性貿易政策應用的情況是在非常特別並且著重在某些企業行為的假定之下。舉例來說，如果兩家廠商是以改變生產水準來對第三國市場競爭，貿易政策應該用出口補貼方式，但是如果是改變價格方式競爭，那最佳的政策應該為課徵出口關稅。這一點，我們將在下一節予以說明。

其次，即使知道企業彼此的競爭方式，其他因素不變的假定違反了現實世界的法則。以波音公司跟空中巴士的案例來說，這個經濟案例模式便忽略了全球分工在

此所扮演的角色。其實波音公司有一些零件供應商在歐洲，而空中巴士也有許多零件是美國製造的，因此歐洲政府的補貼反而傷害了歐洲零件供應商，幫助美國零件供應商。更進一步地，因為消除了波音公司的競爭，歐洲的航空公司可能會花更多錢去買較不適合的飛機，因此出口補貼政策不再是明智的決策。另一個問題是此種策略貿易政策是否會引起外國政府報復，反而將蒙受其害？最後，即使這些貿易保護政策在某些情況之下被使用並且達到福利改善的目的，經濟學家還需要努力去證實這些貿易保護政策是可以被施行的最佳政策。

 隨堂測驗

請以部分均衡圖形分析說明「價格支持措施」與「生產補貼措施」對國內某特定農產品市場的不同影響。（90 年公務升等考試）

 **個案研究**

波音公司與空中巴士：90 年代的貿易爭端

　　長期以來，飛機製造業發展史一直就是美國在國際競爭中的成功史，直至 1980 年代，美國的飛機製造商仍然占有實際的壟斷地位。儘管空中巴士 (Airbus) 在歐洲崛起，且這一趨勢仍然持續至 90 年代中期，但仍無法抹煞美國在航太工業的龍頭地位。當時美國的兩家公司——波音公司 (Boeing) 和麥道公司 (McDonnell Douglas) 佔據了世界三分之二以上的市場占有率。1996 年末，波音公司宣布他將與其長期競爭的對手麥道公司進行合併，此舉震驚了整個航空業。其合併的原因是波音公司希望在國際航空業務上加強自己的定位，而這點是麥道公司所具有的優勢。

　　由於麥道公司自 1970 年代以後，其國際市場占有率就不斷地下降。而以國內航空業為主的波音公司因為成功地將美國三家主要航空公司：American Airline, Delta Airline 及 Continental Airline 簽訂了長期排他性的供貨契約，以滿足各航空公司 20 年的飛機需求，加上面臨著國外的激烈競爭與國內同業者的成長，麥道公司只能慢慢走向合併的命運。

因為麥道公司與波音公司的合併，估計將占據長達 30 年的固定航空業客戶，此舉引起了空中巴士的不安，其認為航空業者無法有其他的選擇來購買他家的飛機。透過歐盟委員會的官方聲明，要求兩家公司做出說明並舉辦聽證會，否則將堅持這將損害對歐洲市場上的競爭，使歐盟對空中巴士增加生產補貼以增加競爭優勢。

問題 1：為何歐盟同意對空中巴士進行生產補貼，其理由為何？

問題 2：波音公司與航空公司簽訂的長期排他性的供貨契約，依專業的立場，有其存在的必要；但是此舉又會違反公平交易的原則。請問，如何在專業性與公平交易之下取得均衡？

二、策略性產業政策

當本國產業與外國產業在國外第三市場競爭的時候，如果政府能給予及時的協助，幫助本國廠商在市場上先行奪回這市場利潤，例如，給予廠商生產補助金，使其獲得策略上的優勢地位，而所奪回的市場利潤必須超過政府的生產補助，這樣會使得國民所得增加，福利水準提高。

前面有提到，基於不完全競爭市場之下，政府幫助廠商獲得策略上的優勢地位，而主張的產業政策，就稱之為「策略性產業政策」(Strategic Industry Policies)。接下來，我們來看看幾個先進國家產業政策之實務探討，以幫助我們做出正確的抉擇：

1. 日本的產業政策

日本的工業政策在第二次世界大戰之後，可分為兩個階段來加以討論：

(1)早期的日本產業政策

其時間約在 1950～1970 年代初期，此時政府在第二次世界大戰之後，所必須面臨經濟民生的問題，對國內資源有許多控制措施。在 1970 年代以前，日本物資及外匯皆嚴重缺乏，因此日本大藏省 (Ministry of Finance) 和通產省 (Ministry of International Trade and Industry, MITI) 對外匯及物資均施以嚴格管制；後來又被賦予關稅制定和進口管制之職權，來對外國的大量進口措施予以嚴格的管制。

其次，為技術產業升級，將重點放在附加價值高的商品來加以生產。例如，政府將資金由勞動密集的紡織業疏導至附加價值高的鋼鐵業，並試圖藉著發展這種高附加價值的中間產業來加強日本對外國未來之比較利益；結果證明，日本經濟快速起飛與其有正向的關係。

(2)近代的日本產業政策

　　　　約從 1970 年代中期迄今，此時政府多採取自由放任態度，因此政府在政策決定所扮演的角色就顯得愈來愈模糊。近代日本產業朝向技術密集型的高科技產業發展，產業政策主要是以補貼政策為配套組合，這些補貼都是日本政府針對發展高科技產業之需要而設計的。

2. 法國產業政策

　　由於法國幾乎主導整個歐盟 (EU) 的運作，因此法國產業政策也就特別地引人注目，其產業政策主要著重的觀點在於法國政府努力支持法國廠商在不同層面與產業技術上得以和外國競爭而實施之產業政策。自從 1960 年代以來，法國政府開始擔心美國在世界上技術的領導地位，後來又開始注意到日本也在產業技術上有所進步；為了確保法國廠商在世界市場上仍具有競爭力，法國政府鼓勵小公司合併成為大公司；並透過政府的影響力，鼓勵人民購買法國的科技產品，還不時對重要的產業加以特別的補貼，並對於外來的商品給予不平等的對待，例如，在法國巴黎看美國好萊塢電影，其必須是法文發音，因此增加額外的成本。

　　法國這些產業政策的效果如何呢？法國的經濟持續加溫到 1990 年代末期，其經濟成長率比德國略高，並且遠遠地超過英國。然而，從整體來看，雖然法國的經濟狀況表面上很優秀，但是在政府所特別加以補助的產業中，有些仍然是不太理想，例如，法國的資訊業，特別是電腦商品仍然需依靠政府的保護；而航空產業之得以成功卻是在鉅額貨幣補助之下才成功的，例如，在法國南部的吐魯斯 (Toulouse) 已成為世界上最重要的航空訓練區。因此，僅有少數人認為法國經濟成長，其幕後功臣為產業政策之推行。

3. 美國產業政策

　　由於美國是個資本主義觀念濃厚的國家，相當堅持對於市場自由開放觀念，因此反對政府對任何經濟運作加以干預。雖然如此，美國政府仍然在某些方面可以促進該產業之成長，特別是在農業方面的補貼措施上。在前面我們曾經討論過，由於技術上的外部性發生時，會選擇適合的產業政策予以執行。例如，當一個新技術被發現時，可能被數以千計的人所模倣，以至於無利可圖，造成市場失靈現象。所以美國之農業擴展服務 (Agricultural Extension Service) 長期以來即從事於農業技術之改良及宣導工作；這就是一個以產業政策來補救市場機能失靈的好方法。

　　另外美國政府在國防工業上也扮演一個重要的角色。由於美國的國民所得遠高

於世界其他國家，因此其國民也支出了比別人更多的國防支出，造就美國成為世界最大的軍火市場。因此美國在軍火的生產方面具有規模經濟，而在國防工業上所得到的規模經濟卻有助於部分民生必需品的生產。例如，生產 B–52 轟炸機的波音公司，得力於軍方市場的規模經濟，也生產了許多波音系列的客機。故有時候軍事的科技及先進的技術給美國公司許多幫助，使它們可以將這些技術運用在其他產業之生產，達到技術的外溢效果。

　　然而，如果這些先進國家不推行產業政策，其經濟成長是否依然快速進行；或是認為採行產業政策是必須的呢？我們可以從兩個方面來說明採行產業政策是否為需要的。首先，我們無法確定是否產業的成長速度在政策推行之時會比不推行之下更快？如果產業政策是在一個擁有多項管制措施的環境下進行，即使政府不去推動產業政策，仍然會導致同樣有利結果。例如，若政府不去安排廠商海外投資的問題，投資依然能作自動調整機能之決策，其資金必定會自動流向具有比較利益之產業。其次，產業成功的原因有很多，例如，該國擁有高的儲蓄率，高等教育體系，優良的勞資關係，與企業導向的組織文化等，皆有助於產業政策的推動。

 隨堂測驗

何謂策略性貿易政策 (Strategic Trade Policy)？是以國際貿易理論說明之。
（85 高考）

第四節　策略性賽局理論分析

　　在此節部分，我們將著重在賽局理論中的數學模型分析。根據巴納德—史賓塞 (Brander-Spencer) (1985) 與 Krugman (1984) 的雙占 (Duopoly) 模型來說明。假設世界上某一產業只有兩家廠商生產其產品，一為本國廠商，一為外國廠商；每一個廠商的生產皆具有規模經濟，當一家廠商在決定自己的價格與產量時，也必須考量另一廠商可能採取的價格與產量策略。其次，依據 Eaton-Grossman (1986) 之看法，若是採用數量競爭的古諾分析，最適的策略是出口補貼；但若是採用價格競爭的伯秦分析，其最適的策略是課徵出口關稅。

一、古諾 (Cournot) 數量競爭分析

　　根據巴納德—史賽塞之研究，政府幫助本國廠商取得策略優勢，由於採取數量競爭最適的策略就是政府給予出口補貼，在此，我們可以透過二階段賽局理論之分析來探討政府可否在滿足福利水準最大的條件之下，執行貿易政策。在第一階段，政府決定給予本國出口廠商出口補貼 (Export Subsidy)；接下來在第二階段，本國與外國廠商在第三市場進行數量競爭。其解析的過程，我們採用回溯法 (Backward Induction) 來說明其推導過程，請參見本章附錄。

1. 模型設立

　　策略性賽局模型的建立，來自於數量競爭，兩國在生產技術一致之下，也就是兩國生產技術成本皆為相同 ($MC_H = MC_F$)，當地政府對本地廠商給予生產之補貼，在第三國的市場，與外國廠商做數量的競爭。在利潤極大化的原則，可得出兩國廠商對數量競爭所得到之反應函數。在個體經濟分析中，數量競爭所得到之兩國反應函數的情形為負斜率，且彼此斜率不同。其次，為了說明本國政府給予出口補貼，分別對本國與外國廠商之影響，可得知當政府給予本國廠商出口補貼時，會增加本國廠商之生產，進而減少外國廠商之生產。

2. 貿易政策

　　在圖 12-5 中說明了兩國反應函數間的關係，在 N 點時為本國反應函數 (R) 與外

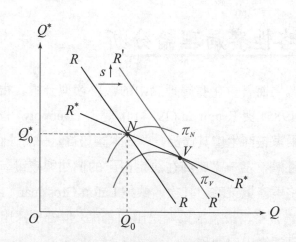

　　當本國政府給予出口補貼 (s) 時，本國反應函數右移，此時均衡點由 N 點移至 V 點。由於 π_V 等利潤線相切於 R^*R^*，故本國則扮演領導者的角色。

圖 12-5　給予出口補貼時，兩國數量反應函數的變化

國反應函數 (R^*) 之相交點，稱之為納許均衡 (Nash Equilibrium)，其為 Cournot 均衡的一般化表示，決定兩國各自生產數量 (Q_0, Q_0^*)。當本國政府決定給予本國廠商生產補貼 (s) 時，RR 右移至 $R'R'$，均衡點由 N 點移至 V 點。就本國的等利潤線來看（愈往右下走，表示利潤愈大），V 點為本國廠商利潤極大點，且 $\pi_V > \pi_N$ 表示利潤增加，當 π_V 相切於 R^*R^* 於 V 點，會決定出最適補貼水準，此時本國廠商扮演領導者 (Stackelberg Leader) 角色，而外國廠商則扮演追隨者 (Stackelberg Follower) 角色。

將最適補貼金 (s) 反映在圖 12–5 上，其為 π_V 與外國廠商反應函數相切於 V 點上所決定的補貼水準。實施出口補貼，本國廠商利潤的增加是來自於外國利潤減少的移轉；因此，是要以犧牲別人為代價的策略性貿易政策。

二、伯秦 (Bertrand) 價格競爭分析

現在，如果我們將反應變量從數量 (Q) 改變成價格 (P) 的時候，在其它條件不變之下，根據 Eaton-Grossman (1986) 之看法，若採取價格競爭的 Bertrand 分析，其最適的策略是課徵出口稅。在此，我們仍透過二階段賽局理論之分析，來討論政府為追求最大滿足所進行之貿易策略。在第一階段，政府決定給予本國廠商課徵出口稅 (Export Tax)；接下來在第二階段，本國與外國廠商在第三國市場進行價格競爭，其解析的過程，仍採回溯法方式來推導其過程，請參見本章附錄。

1. 模型設立

策略性賽局模型的建立，來自於價格競爭，在婁勒對稱性定理之下，假設其他條件不變，如兩國生產技術一致，邊際成本皆相同等，現在本國政府對本國廠商課徵出口稅，並在第三國市場，與外國廠商做價格的競爭。在利潤極大化的必要條件之下，將其一階微分可推導出兩國廠商對價格競爭所得到之反應函數。同樣地，根據經濟分析，價格競爭所得到之兩國反應函數為正斜率，且彼此斜率不同。其次，當本國政府對本國廠商課徵出口稅時，會同時帶動兩國廠商的競爭價格上漲。

2. 貿易政策

在圖 12–6 中說明了兩國反應函數間的關係，在 N 點時為本國反應函數 (R) 與外國反應函數 (R^*) 之相交點，也稱之為納許均衡 (Nash Equilibrium) 表示實際與預期的價格一致，其為 Bertrand 均衡一般化之表示，決定兩國的價格水準 (P, P^*)。

當本國政府決定給予本國廠商課徵出口稅 (t) 時，RR 右移至 $R'R'$，均衡點由 N 點右移至 V 點。就本國的等利潤線來看，其形狀的變動不似於圖 12–5，有興趣的讀

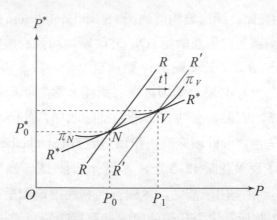

圖 12–6　課徵出口稅時，兩國價格反應函數的變化

者可參閱相關個體經濟學之參考書籍。V 點為本國廠商之利潤極大點，$\pi_V > \pi_N$ 表示利潤的增加。當 π_V 相切於外國反應函數 R^*R^* 時，會決定最適出口稅率 (t)。

　　將最適出口稅率 (t) 反應在圖 12–6 上，其為 π_V 與外國廠商反應函數相切於 V 點上所決定之最適稅率水準。同樣地，本國利潤的增加是來自於外國廠商利潤的移轉所造成的。

　　在巴納德－史賓塞 (1985) 一文中凸顯廠商在競爭上所面臨著利潤移轉的現象，其分析的依據著重在策略性出口政策。在從事古諾數量競爭時，出口補貼可以提高廠商之利潤，當其最適出口補貼 (Optimal Export Subsidy) 存在時，會使一國的福利水準達到極大，成為在雙占模型中的 Stackelberg 的領導者。若從事伯泰價格競爭，課徵出口稅，可以使一國福利水準達到極大。由於策略性貿易政策的實施是以犧牲外國利潤為代價，以提高本國廠商利潤及本國福利，此種方式，我們稱之為「以鄰為壑」(Beggar-thy-neighbour) 政策。

　　由於本國政府補貼廠商出口可移轉外國利潤，並提升福利水準，但是如果外國政府也同樣地進行出口補貼措施的話，兩國的福利水準是否皆可提升?答案是由於反應函數皆往外移，造成等利潤線下降，兩國廠商的利潤水準皆比在自由貿易情況之下來得低，導致兩敗俱傷的下場，我們稱之為「囚犯兩難」(Prisoner's Dilemma)。主要原因是因為出口補貼導致產量增加，但在第三國的市場需求不變之下，商品價格必然下跌，導致兩國廠商利潤下降。

　　當然，我們也可以從事策略性進口政策，例如，對進口課徵關稅，也可以達到

相類似的效果，並說明進口關稅在利潤移轉的過程之中所扮演的角色。而 Krugman (1984) 也提出策略性幼稚工業論 (Strategic Infant Industry Argument)，透過動態規模經濟 (Dynamic Economies of Scale) 與學習效果 (Learning Effect) 說明目前市場的進口管制有助於日後產業的出口擴張，並進一步提高本國廠商之國際市場占有率。

　　高科技產業發達的今天，各先進國家的政府對於研究與發展 (Research and Development, R&D) 活動相當的支持，各國政府對於研發的補貼更是積極。如果政府採行的策略性產業政策，是給予研發補貼，其分析效果如同出口補貼一樣，具有外國利潤移轉之效果，能提高一國之福利水準。由於生產成本因為研發活動的發生而下降，但研發活動投入增加，其研發成本也就愈大。因此，在相關的研究中發現，廠商利潤增加的幅度會隨著研發成本的增加而下降，而研發成本增加的幅度隨著研發活動的增加而增加，也就是說明著研發的邊際收益遞減，而研發的邊際成本遞增。也因此，要給予多少的研發補貼，必須要將政府貿易政策與產業政策相互討論，來追求利潤極大的目標。

 隨堂測驗

在不完全競爭市場下，政府之貿易政策可扮演策略性的角色 (Strategic Role)，請以關稅政策為例，說明一國政府如何透過關稅之採用，以協助廠商獲取更大的利益。又此一角色與傳統之最適關稅 (Optimum Tariff) 理論有何不同?請說明之。
(88 年高考)

第五節　結　論

　　策略性貿易政策是政府為幫助本國廠商能夠在國際競爭當中，將外國廠商利潤移轉過來的手段，其建立的條件必須在「規模經濟」與「不完全競爭市場」的條件之下。在自由貿易的環境之下，基於「公平」與「效率」原則，大多數經濟學家都不希望政府對其經濟活動進行干預措施，但是在現實環境之下，政府卻經常干預市場機能，在廠商彼此間的互動關係上，來實施策略性貿易政策。隨著各國的經濟成長與產業的轉型，政府必須面臨如何將資源最有效的分配，進而提高進一步的福利水準。在資源有限的條件之下，如何選擇未來具有競爭優勢的產業進行鼓勵與保護，我們將從 Krugman-Obstfeld(2002) 所提出下列幾項觀點來說明:

⑴產業關聯性大的產業：產業關聯性，是指產業的本業與其上、下游產業彼此有
很大相關的產業。當政府鼓勵該產業發展時，也間接鼓勵其上游產業之發展，
並有助於下游產業競爭力之提升。

⑵市場潛力大的產業：政府所扶持的產業在未來具有競爭優勢的話，其市場潛力
將無限。市場潛力大代表著廠商目前生產的商品在日後具有較大的市場需求，
如果政府能夠先行幫助其產業發展，一旦國際市場需求提高的時候，能夠帶
動其產業更進一步的成長。

⑶技術密集度高的產業：經濟的不斷成長以及產業結構的轉型，將會使傳統產業
逐漸喪失競爭優勢，高科技產業成為各國政府採行的策略性產業政策所輔助
的對象，因此政府鼓勵高技術密集度產業之發展，俾使能在日後競爭當中以
技術領先其他國家。

⑷附加價值高的產業：由於國民所得是各個生產階段過程中附加價值之加總，如
果一個商品的生產其附加價值愈高，對於國民所得的貢獻度也就愈大，國民
所得愈大也就表示人們的福利水準也就愈高，因此扶持附加價值高的產業有
助於一國福利水準的提升。

在現實的貿易環境中，除了 1997 年之前的香港之外，幾乎沒有一個國家採取完
全自由貿易政策，政府或多或少都會進行干預的措施，不論是來自於政治或經濟上的
壓力，所以會導致資源扭曲的問題，使資源使用與配置的效率降低，並移轉外國的利
潤這種「以鄰為壑」的作法，犧牲外國來提高本國福利水準，可能會招致外國的報復
手段。如果將上述原因再加入考慮，策略性貿易政策的實施反而使福利水準下降。

而策略性貿易政策在執行上也有其困難性，根據陳添枝等 (2002) 之看法，如果
採行策略性貿易政策會發生下面的結果：首先，隨著國際化、全球化的腳步，多國籍
企業在國籍認定的問題上將更不易，貿然實施策略性貿易政策的結果，受益者未必
是本國廠商。其次，政府對於廠商彼此競爭的型態也未能充分掌握，如兩國是在做
Cournot 的數量競爭，或是 Bertrand 的價格競爭？一旦選擇不對的貿易政策，反而使
其福利水準下降。第三、國內所得重分配之影響，一般而言，本國所採行的策略性
貿易政策大多為課徵進口關稅與出口補貼。當對進口課徵關稅時，保護本國廠商並
使其利潤增加，但消費者卻要支付較高的價格，造成所得分配的不公。對出口補貼
也是一樣，本國生產者因補貼而增加利潤，但卻增加政府租稅負擔。第四、造成「尋
租」(Rent-seeking) 現象，形成資源浪費。因為政府無法保證所有的產業會給予保護，
必須針對 Krugman-Obstfeld 所認為挑選產業之條件，進行如「遊說」(Lobbying) 的活

動，造成社會資源的浪費。最後，需考量貿易對手國是否會採取反制的手段，一旦兩國為了各自利益而逕向實施策略性貿易政策，最後的結果一定會造成兩敗俱傷的局面。

重要名詞與概念

1. 策略性貿易政策
2. 互動關係
3. 利潤移轉
4. 償付矩陣
5. 新保護主義
6. 內部規模經濟
7. 外部規模經濟
8. 策略性貿易政策
9. 策略上的優勢
10. 擴展農業服務
11. 雙占
12. 出口補貼
13. 回溯法
14. 安定條件
15. 自身效果
16. 交互效果
17. 納許均衡
18. 學習效果
19. 尋租
20. 遊說
21. 動態規模經濟
22. 策略性幼稚工業論
23. Routh-Harwitz 反應函數安定條件

課後評量

1. 何謂「規模經濟」? 是比較內部與外部規模經濟之差異，並舉例說明之。
2. 請說明為何在外部規模經濟之下，二國專業化之生產可使兩國的福利水準提高，並試論述之。
3. 請利用圖形分析外部規模經濟與國際貿易之間的關係。
4. 請分析說明在獨占條件之下，貿易之後的生產者剩餘之變化。
5. 何謂「策略性貿易政策」，試就賽局分析模式舉一實例分析說明之。
6. 何謂「策略性產業政策」，請上網查詢並嘗試說明目前臺灣產業政策之發展情形。
7. 策略性賽局理論分析，可利用哪兩種分析方式，請簡要說明之。
8. 何謂「Nash Equilibrium」? 並請說明經濟數學中 Routh-Harwitz 的安定條件。
9. 如何運用階段性賽局分析來說明兩國廠商在第三市場作價格競爭? 請利用回溯法 (Backward Induction) 方式分析之。
10. 請說明為何採用數量競爭時是採取「出口補貼」政策;而採用價格競爭時是採

取課徵「出口稅」政策，此稱之什麼政策？請簡要說明之。

11.請根據策略性貿易 (Krugman-Obstfeld) 的觀點說明為何要對未來具有競爭優勢的產業進行保護與鼓勵措施。

附錄　策略性賽局之數理推導

1. Cournot 數理競爭之數理推導

假設本國與外國廠商之生產分別為 Q 與 Q^*，而兩國生產的邊際成本皆為 c，說明兩國生產技術一致，而固定成本分別為 F 與 F^*。由於價格是數量的間接需求函數，也就是價格的決定取決於兩國的生產量，即 $P(Q, Q^*)$，在此須假設其函數是連續且可微分的，也就是 $P(Q, Q^*) \geq 0$。現在當政府對本地廠商給予出口補貼，每單位為 s，並在第三國市場上競爭，其價格為 P；因此，本國廠商與外國廠商的利潤函數可以表示為

$$\pi(Q, Q^*; s) = P(Q, Q^*) \cdot Q - cQ + sQ - F \tag{12A-1}$$

$$\pi^*(Q, Q^*; s) = P(Q, Q^*) \cdot Q^* - cQ^* - F^* \tag{12A-2}$$

在利潤極大化的條件之下，也就是利潤函數的一階微分為零，二階微分小於零的條件之下才能獲得滿足，也就是 $\pi_Q = 0$, $\pi_{Q^*}^* = 0$, $\pi_{QQ} < 0$, $\pi_{QQ}^* < 0$, $\pi_{Q^*Q}^* < 0$, $\pi_{Q^*Q^*}^* < 0$。

在利潤函數對數量分析的一階微分上，我們可得到本國與外國廠商對數量之反應函數

$$\pi_Q = P'Q + P - c + s = 0 \tag{12A-3}$$

$$\pi_{Q^*}^* = P'Q^* + P - c = 0 \tag{12A-4}$$

為了說明政府給予出口補貼 (s) 所產生的變化，並對 Q 與 Q^* 之影響，我們可將 (12A–3)、(12A–4) 式的等式左邊作全微分，即表示為

$$\pi_{QQ}dQ + \pi_{QQ^*} \cdot dQ^* + \pi_{Qs}ds = 0 \tag{12A-5}$$

$$\pi_{Q^*Q}^* dQ + \pi_{Q^*Q^*}^* \cdot dQ^* + \pi_{Q^*s}^* ds = 0 \tag{12A-6}$$

根據 (12A–3) 與 (12A–4) 式，我們得知 $\pi_{QQ} = QP'' + 2P'$, $\pi_{QQ^*} = QP'' + P'$, $\pi_{Qs} = 1$; $\pi_{Q^*Q^*}^* = Q^*P'' + 2P'$, $\pi_{Q^*Q}^* = Q^*P'' + P'$, $\pi_{Q^*s}^* = 0$，在安定條件 (Stability Condition) 之下，邊際利潤的自身效果 (Own Effect) 會大於其交互效果 (Cross Effect)，這也就是 Routh-Harwitz 的反應函數安定條件，其表示為 $|\pi_{QQ}| > |\pi_{QQ^*}|$, $|\pi_{Q^*Q^*}^*| > |\pi_{Q^*Q}^*|$。將 (12A–5) 與 (12A–6) 以矩陣方式排列

$$\begin{bmatrix} \pi_{QQ} & \pi_{QQ^*} \\ \pi_{Q^*Q}^* & \pi_{Q^*Q^*}^* \end{bmatrix} \begin{bmatrix} dQ \\ dQ^* \end{bmatrix} = \begin{bmatrix} -\pi_{Qs} \\ -\pi_{Q^*s}^* \end{bmatrix} ds \tag{12A-7}$$

令 $Det(D) = \begin{bmatrix} \pi_{QQ} & \pi_{QQ^*} \\ \pi^*_{Q^*Q} & \pi^*_{Q^*Q^*} \end{bmatrix} = \pi_{QQ}\pi^*_{Q^*Q^*} - \pi_{QQ^*}\pi^*_{Q^*Q} > 0$，其表示此 $Det(D)$ 處於穩

定狀態我們可以得到 $\dfrac{dQ}{ds} = \dfrac{-\pi^*_{Q^*Q^*}}{D} > 0$, $\dfrac{dQ^*}{ds} = \dfrac{\pi^*_{Q^*Q}}{D} < 0$；所以，當政府對本國廠商給予出口補貼時，會增加本國廠商的生產量，並降低外國廠商的生產量。

依據兩國利潤函數給予一階微分，我們得到本國與外國廠商對數量之反應函數市場均衡穩定的條件必須是本國廠商反應函數的斜率一定要大於外國廠商反應函數的斜率；

完成賽局的第一階段推演之後，接下來我們再繼續第二階段之回溯分析。由於本國所生產之商品，只銷售到第三國市場並與外國廠商競爭，在本國並不消費；因此，本國的福利水準為本國廠商因補貼所產生的利潤，扣除政府所提供的出口補貼金，為追求本國福利水準之極大，其表示為

$$MaxU = \pi[Q(s), Q^*(s); s] - sQ(s) \tag{12A-8}$$

將 (12-7) 式對出口補貼做一階微分為零時，可滿足在福利最大情況得到最適補貼，故

$$\frac{dU}{ds} = \frac{\partial\pi}{\partial Q}\frac{\partial Q}{\partial s} + \frac{\partial\pi}{\partial Q^*}\frac{\partial Q^*}{\partial s} + \frac{\partial\pi}{\partial s} - s\frac{dQ}{ds} - Q\frac{ds}{ds}$$

$$= QP'\frac{dQ^*}{ds} - s\frac{dQ}{ds} \tag{12A-9}❶$$

由於 $QP'\dfrac{dQ^*}{ds} > 0$, 所以當 $s = 0$ 時，$\dfrac{dU}{ds} > 0$，表示如果政府實施出口補貼措施的話，將使本國福利水準提高。如果我們要求得最適補貼水準，此時效用函數對補貼 (s) 的一階微分為零，故最適補貼金 s 為：

$$s = QP'\frac{\dfrac{dQ^*}{ds}}{\dfrac{dQ}{ds}} > 0 \tag{12A-10}$$

2. Bertrand 價格競爭之數理推導

假設本國與外國廠商之直接需求函數為 $Q(P, P^*) \geq 0$ 及 $Q^*(P, P^*) \geq 0$，表示其是連續且可微分之函數。現在當政府對本地廠商課徵出口稅，每單位為 t，並在第三國市場做價格競爭；此時，本國與外國廠商的利潤函數分別為：

$$\pi(P, P^*; t) = (P - c - t)Q(P, P^*) \tag{12A-11}$$
$$\pi^*(P, P^*; t) = (P^* - c)Q^*(P, P^*) \tag{12A-12}$$

---

❶因為 $\pi_Q = 0$, $\pi_s = Q$, 而 $\dfrac{\partial\pi}{\partial Q^*} = QP' < 0$, 且 $\dfrac{dQ^*}{ds} < 0$, 故 $QP' \cdot \dfrac{dQ^*}{ds} > 0$。

在利潤極大化的必要條件之下，其利潤函數的一階微分為零，故

$$\pi_P = (P - c - t)Q_P + Q(P, P^*) = 0 \tag{12A-13}$$

$$\pi_{P^*}^* = (P^* - c)Q_{P^*}^* + Q^*(P, P^*) = 0 \tag{12A-14}$$

(12A-13)、(12A-14) 式可得兩國廠商對價格的反應函數，其圖形可參考圖 12-6。現在再將其兩式給予全微分可得，並以矩陣方式排列可得

$$\begin{bmatrix} \pi_{PP} & \pi_{PP^*} \\ \pi_{P^*P}^* & \pi_{P^*P^*}^* \end{bmatrix} \begin{bmatrix} dP \\ dP^* \end{bmatrix} = \begin{bmatrix} Q_P \\ 0 \end{bmatrix} dt \tag{12A-15}$$

$$\frac{dP}{dt} = \frac{Q_P \cdot \pi_{P^*P^*}^*}{D} > 0, \quad \text{令 } Det(D) = \begin{bmatrix} \pi_{PP} & \pi_{PP^*} \\ \pi_{P^*P}^* & \pi_{P^*P^*}^* \end{bmatrix} = \pi_{PP} \cdot \pi_{P^*P^*}^* - \pi_{PP} \cdot \pi_{P^*P}^* > 0, \quad \text{故我們}$$

可以得到

$$\frac{dP^*}{dt} = \frac{-Q_P \cdot \pi_{P^*P^*}^*}{D} > 0$$

所以當政府對本國廠商課徵出口稅時，會同時增加兩國市場上的競爭價格。

依據兩國之利潤函數，我們可以得到本國與外國廠商對價格之反應函數，在市場均衡的穩定條件下；同樣地，本國反應函數的斜率要大於外國，

同樣地，我們再繼續賽局第二階段之分析，由於是在第三國市場與外國廠商做價格競爭，在本國不消費該商品之下，所以本國的福利水準為本國廠商稅後之利潤，再加上政府的出口關稅收入，為追求本國福利水準之極大化，其表示為

$$MaxW(t) = \pi\{P(t), P^*(t); t\} + tQ[P(t), P^*(t)] \tag{12A-16}$$

將 (12-10) 式對出口稅做一階微分為零時，可滿足在福利最大情況下得到最適出口稅率，故

$$\frac{dW}{dt} = \pi_P P_t + \pi_{P^*} P_t^* + \pi_t + Q + tQ_P P_t + tQ_{P^*} P_t^* = 0$$

$$= (P - c)Q_{P^*} P_t^* + tQ_P P_t = 0 \tag{12A-17} ❷$$

當 $t = 0$ 時，$\frac{dW}{dt} > 0$，表示如果政府課徵出口稅的話，將使本國福利水準提高。當我們要求最適出口稅率時，此時福利水準函數對出口稅 (t) 做一階微分為零，故其最適出口稅率為：

$$t = -\frac{(P - c)Q_{P^*} P_t^*}{Q_P P_t} > 0$$

---

❷ 因為 $\pi_P = 0$，$\pi_t = -Q$，$\pi_{P^*} = (P - c - t)Q_{P^*} > 0$，故 (12A-17) 式之右邊第一項必大於零。

第十三章
國際政治經濟學

經濟學是將外在自然的事實與關於人性的各項真理組合起來,以此決定財富的生產,並在其中探求一個法則,用以說明過去與現在貧富的懸殊差距,在政治考量下作為將來增加財富之依據。

約翰·穆勒 (John Stuart Mill, 1806~1873)

《本章學習方向》

1. 國際政治經濟研究之形成

2. 國際政治經濟分析之方法論

3. 相關國際政經模型之探討

4. 內生化貿易政策分析

5. 優惠性貿易協定

本章章節架構

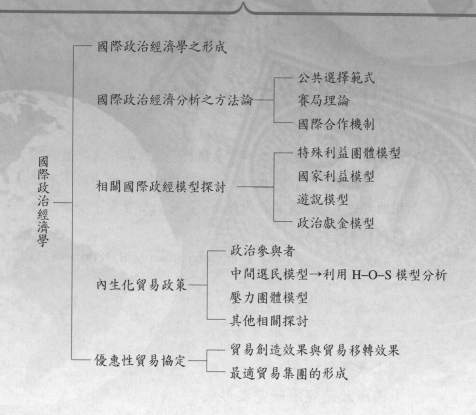

國際政治經濟學

- 國際政治經濟學之形成
- 國際政治經濟分析之方法論
  - 公共選擇範式
  - 賽局理論
  - 國際合作機制
- 相關國際政經模型探討
  - 特殊利益團體模型
  - 國家利益模型
  - 遊說模型
  - 政治獻金模型
- 內生化貿易政策
  - 政治參與者
  - 中間選民模型→利用 H–O–S 模型分析
  - 壓力團體模型
  - 其他相關探討
- 優惠性貿易協定
  - 貿易創造效果與貿易移轉效果
  - 最適貿易集團的形成

前言

　　國際政治經濟學是 1970 年代之後所發展起來的新興學術研究，加上國際局勢的風雲變化與詭譎多變、新科技革命與經濟全球化的發展、霸權主義及區域整合等，讓過去有關國際事務的相關研究理論受到嚴峻的挑戰。國際政治經濟學主要研究的對象及範圍是國際社會中國家定位的對外關係與經濟行為，以及國際政治與國際經濟間之互動關係所形成交叉性邊緣研究。加上相關模型理論的出現，更引起一系列新的問題，讓政治與經濟學者廣泛關注與深入思考。俗話說：政經不分家，為了加強國際政經事務的探討，並對整個國際情勢做出準確分析與正確預測的前提下，特別以本章來提供國家或相關政府部門做出正確決策之依據。

　　本章先從國際政治經濟研究的形成開始討論，並列舉出相關主義之比較，提供較常使用之方法論，例如，公共選擇範式、賽局理論、國際合作機制等來加以說明。接下來，針對此研究提供相關國際政經模型來分析闡明，如遊說模型、政治獻金模型等。另外，政府部門在制訂決策時，常會受到一些壓力，讓市場存在著不完全性而導致內生化貿易政策的發生，藉由經濟模型的分析來說明其影響效果。最後，貿易集團的形成讓各會員國採取共識決的方式去制訂單一的貿易政策，更是國際政治經濟學所要探討的觀點。

第一節　國際政治經濟研究之形成

　　國際經濟政治研究方法 (Research Method)，研究方式 (Research Approach) 以及方法論 (Methodology)，是此領域研討中相當難以理解之概念，前面兩個是指處理政經事務的方法與途徑，在科學研究當中是指某特定研究方向、理論範式 (Paradigm) 或理論學說，而方法論則為一個較抽象的概念，是一種科學哲學之要件。國際政治經濟研究乃是人們瞭解、分析、理解政治現象、經濟行為和國際化過程的一種活動，是對國際關係，政治現象進行的經濟研究。由於研究者的立場不同，因此所產生之觀點也有所不同，見表 13–1 為常見之觀點分類。

表 13-1　國際政治經濟研究之相關主義之比較

客觀主義 (實證主義)	認為國際政治經濟研究是以系統、實證的方法獲取知識的一種活動,使用實驗、觀察、檢驗等方法對客觀現象進行國際政經研究,保證所獲得的知識是真實可靠的,其判斷知識真假的標準是必須依據客觀事實與邏輯法則。
主觀主義 (解釋主義)	認為經濟分析具有主觀意志,但政治行為則是無規律的、無法預測的,社會歷史事件都是獨特、偶然的,不存在普遍的自然規律,因此,對國際社會現象不能使用自然科學的方法進行研究,只能以人文科學的主觀方法對具體的個人、事件與互動關係進行解釋和說明。政經學家不是通過尋找真理和本質來理解社會和國際情勢,而是通過獲得跨文化、區域的知識。
折衷主義 (理解主義)	既承認客觀現實的存在,又強調主觀理解的作用。認為自然現象與社會現象存在本質上的不同,社會現象含有社會成員對自己和他人行為的主觀理解,而社會事實最終必須歸結為可以被人理解的事實,但是又認為社會行為是有一定的規律可循的,研究可以通過一定的手段和方法找到這些規律。因此社會科學必須客觀的觀察行動者的行為和思想,同時依靠研究者的主觀直覺和理解對這些行為和思想的意義作出判斷。

　　西方經濟學家在其有關的國際政治經濟學著作中,甚少提及方法論的問題,認為一般的國際政治經濟研究方法,用一般的經濟學分析模式已經足夠。基本上,經濟學方法可以運用在國際政治經濟理論,但其不同於傳統的國際經濟學與國際政治學,國際政治經濟學說有其自身的獨立特性。對於其理論與實證之研究應具有跨領域、動態與總體面的探討。因此,它是介於經濟學、政治學、國際經濟學與國際政治學間的交叉學說領域,所以在研究方法上,也結合了經濟學與政治學的優點,是一個綜合分析的獨特學門,以下我們將針對此介紹國際政治經濟理論於實證中較常使用的方法論,來進行分析探討。

一、公共選擇範式

　　公共選擇範式 (Public Choice Paradigm) 被稱為「研究政治學的經濟分析方法」,主要是透過現代國貿理論或新古典學派經濟分析方法來探討政經過程與彼此間的交互相連關係,屬於提倡自由貿易學派的主要研究方法。有些重商主義的國際政經學者,也運用此種方法來分析民族國家為何會以國際範圍之界定來劃分國家利益。

　　公共選擇範式主要是運用現代經濟學分析方法對政治過程或彼此間的相互關係進行分析討論,當它做跨領域、國家的探討時,就變成國際政治經濟分析的基礎。它一方面提供政治運作機制,對政府、政黨、選民、利益團體、廠商、官僚行為進行實證分析,另一方面又尋求以規範的角度進行並建立一套有效的分配制度,其主

要特徵為：

　　(1)最小基本分析單位為個人。

　　(2)假設個人是理性的 (Rational)。

　　(3)行為過程必須是經過選擇的。

　　(4)根據個人的效用函數將其利益實現至最大化 (Maximize the Individual Utility)。

　　(5)個人在行為過程中所面臨的選擇是可以進行比較的。

　　根據上述之假設，我們可以將研究所受之限制作邊際的調整，能夠更精確將研究命題做經濟計量 (Econometric) 或政治計量 (Politicmetric) 的實證檢定。國際政治經濟問題在公共選擇範式中常出現下列名詞，如：公共財 (Public Good)、搭便車者 (Free-rider)、政治景氣循環 (Political Business Cycle)、相互依賴法則 (The Principle of Interdependence) 等。由於國際經濟會受到國際、國內政治因素所制衡，例如，一國要施行自由貿易政策或貿易保護措施時，他所關心的不是政策合不合理，而是國家在確立其政策實施時的各種制衡因素，像選舉制度、中間選民 (Median Voter) 的組成、壓力團體的遊說、政府官員的態度、國際情勢的壓迫等，都是要加以考量的。

　　根據公共選擇範式模式，國際政經組織的形成就成為公共財的主要供應者，由於公共財的特性不具強制約束力，所以就會導致搭便車者的行為發生。如何有效地分配，在成效分析效果考量之下，也就是國際政經組織能否有效發揮其功能的關鍵所在，也因此公共選擇範式在國際政治經濟探討中所關注國際組織的決策規則，不同的決策方法（如簡單多數、少數否決、加權投票、大數法則等）皆會產生不同的決策結果，因而在不同國家條件之下，如大國與小國、窮國與富國，就會影響其國際之政經地位。

　　公共選擇範式在國際政經研究上愈來愈受到學者們的青睞，因為它將不同的研究方法，如數理統計、經濟計量、策略分析等理論方法融合在一起，比純經濟分析更能為不瞭解經濟的人們所接受，特別是它將國際經濟問題與國內、外政治問題緊密的結合在一起，正如布魯諾福雷 (Bruno Frey)[1] 所指出公共選擇範式的優點在於：

　　(1)用經濟學分析方法闡明政治問題，較具有科學分析之依據。

　　(2)建立在人類理性行為的基礎上，故能提供解決的理論與檢驗的依據。

　　(3)要求進行經濟計量與政治計量的實證性研究，合乎科學規範。

　　(4)具有跨學科之優點，可用單一理論方法純化國際政治與經濟問題，使之具有

---

[1] Bruno Frey (1984), "The Public Choice View of International Political Economy " *International Organization*, Vol. 38, pp. 119～223.

精確性與規範性。

二、賽局理論

賽局理論 (Game Theory) 有時稱為決策理論，原本是一種數學分析模式，在 40 年代被應用在經濟學上，特別是在產業組織與國際貿易競爭的研究上，可是一直到 60 年代才被廣泛地應用在國際政治經濟領域中。常見的國際政治經濟賽局模型有：囚犯兩難 (Prisoner's Dilemma)、協調性賽局 (Coordination Game)、不平等之威脅賽局 (Threat Games Against Inequality)、零和賽局 (Zero-sum Game)、非零和賽局 (Nonzero-sum Game)、雙邊賽局 (Two-player Game) 與多邊賽局 (N-player Game) 等。

多數研究國際問題的學者認為，賽局理論提供一個研究政治與經濟問題的橋樑，在假定從事賽局的國家都是理性的行為者，在各自追求自身利益的情形之下，會形成不同成本或收益的償付 (Payoff) 結構。起初，國際政經學者透過「囚犯兩難模式」來分析國家間雙邊安全與經濟體系之間的關係。之後，利用「協調性賽局」、「不平等之威脅賽局」來探討已開發國家與開發中國家間的多邊政治經濟方面的問題。

運用在國際政治經濟理論上的賽局模型，與傳統上的賽局有很大的不同：第一，它強調的是「非零和賽局」，亦即國家間之關係特別是經濟依賴關係，並不是「有所得必有所失」的零和結果，而是雙方或多方都可以從中獲益的局面。第二，國際政經所討論的是國家間相互合作的可能性，而非競爭議題上面。最後，對國家間貿易的結果分析不是只停留做一次的靜態賽局，而是強調多邊、多次的動態賽局分析對國際貿易之影響。經過多次競賽之後，雙方或各方經過反覆權衡與彼此協調後就會實現合作的可能，或者可以減緩衝突的局面。

國際政治經濟賽局分析對國際合作之探討是建立在國家是具理性行為主體的理論基礎上，國際間的賽局是由國家居於領導地位，但是國際政治經濟賽局分析無法說明國際組織在國際貿易的協調與合作過程之中所產生的作用。因為賽局理論對國家貿易行為的分析過於理想化了，國際政經情勢很難被以數學模型予以簡化，但是這畢竟是研究當代國際政治經濟理論與實證的一條新的思路。

三、國際合作機制

國際合作機制 (International Cooperation Regime) 是近幾十年來針對國際政治經濟理論分析中所探究的一種新模式，但爭議也頗多，學界對它的定位也不相一致。最早將國際問題提出「國際合作機制」概念的是約翰魯杰 (John Ruggie)，他將國際

合作機制定義為「被國家所接受的一系列相互期望、規定、計畫、組織等相關義務」❷，之後唐納德普哈拉 (Donald Puchala) 與雷孟德霍普金斯 (Raymond Hopkins) 從行為方式的角度認為：「國際體系所提及的每一個問題都存在著某種合作機制，只要在行為規範之內，就必然存在適用於這種合作機制的相關原則，同時合作機制純粹是以一種用以對國家在特定問題行為上所進行描述性分析之方法」❸，將合作機制定位在規範國家在既定問題之下國家間行為之多邊協議。因此國際合作機制可說明：

　　⑴在明確責任規範之下由一國根據合作機制可採行之行為。

　　⑵可用於解釋國際合作的因果關係或構成要素。

　　國際合作機制主要是研究和分析國際政治經濟中的合作問題，特別是國際合作之組織形成、國際合作規範以及國際合作功能的結構性問題。儘管人們對此仍存在諸多疑義，但是多數學者卻普遍認為，國際政治經濟分析中並不只有衝突與對抗存在而已，而是存在著國際合作的遠景❹。隨著國際相互依賴體系的關係不斷加深，合作已經取代衝突成為國際政經分析之主流。當然，國際政經合作是以不同角度去進行分析的，有些從賽局理論或政經策略角度來探討合作機制，有些是從功能結構主義層面來分析國際組織的作用，故以這種角度所進行的國際合作研究，如國際貨幣基金 (IMF)、世界貿易組織 (WTO) 等，多數拋棄了國家的自我偏見以及內部政治過程與經濟狀況對國際合作的影響，來實現世界範圍的國際合作。

第二節　相關國際政經模型探討

　　從前面的國際貿易理論分析中，政府如對貿易進行干預，皆會使得社會福利水準降低，因為改善自身交易條件的結果就是以犧牲他人利益為代價，使資源配置沒有效率並造成市場的扭曲。儘管一個國家會以關稅、補貼、進口許可……等直接效果來干預貿易，或以產業政策、優惠租稅、獎勵投資條例……等間接效果來影響貿易，但這些政策的背後，隱藏多少的利益糾葛，政治的影響力會使政府最適的貿易策略發生改變，無法朝滿足最大效用的方向前進。因此，近來有些經濟學家嘗試以政治經濟的內生或外生 (Endogenous or Exogenous) 角度來說明貿易政策之形成。

---

❷ John Roggie (1975), *International Responses to Technology: Concept and Trends*, p. 570.

❸ Donald Puchala and Raymond Hopkins (1985), *International Regimes: Lessons from Inductive Analysis*, pp. 61～91.

❹ Stephan Haggard and Beth Simon(1987), *Theories of International Regimes*, pp. 491~517.

　　本節將列舉幾種涉及影響政府貿易決策的政治模型，如特殊利益團體模型 (Special Interest Group Model)、國家利益模型 (National Interest Model)、遊說模型 (Lobbying Model)、政治獻金模型 (Politic Collection) 等來加以介紹，以俾讀者能夠更加瞭解以政治力涉入貿易利益時，一國之福利水準是否會朝向更有利的方向進行。

一、特殊利益團體模型

　　政治力的介入會影響貿易政策的擬定，而為何會使政治干預貿易，主要就是不同的特殊利益團體，要追求其特定的利益，利用影響政策的外生手段來引導貿易的方向。例如，政府對出口品進行補貼，就是要保護國家特殊幼稚產業，來扶持其發展，並增加市場競爭力；因此，相關產業就會對政府施壓來增加出口補貼之幅度。

　　然而，這個政治力有多大，要端視其潛在利益大小而定，一般而言就廠商理論來講為追求經濟效益，可得到市場集中度較高的廠商，因其參與的成員少（少數中的優勢），利益集中的條件高，所以政治力的涉入就較強，這就是為何獨占或寡占的廠商，如汽車業、資訊產業在世界各國皆會較傳統完全競爭產業，多得到政府的青睞，將資源多加分配在這少數中的優勢利益團體上。

二、國家利益模型

　　如果政客是以「愛國志士」(Patriot) 角色自居，以全體國民福利水準最大為依歸，不畏特殊利益團體之壓力，以國家利益為出發點來加以制定相關的貿易政策。不同的國情就會產生不同的國家利益，所以在政策制定上，並非「放諸四海皆準」，其國家利益之追求不外乎下列幾項：

　　(1)穩定的成長。

　　(2)資源有效及公平的分配。

　　(3)快速的起飛。

　　(4)財富的累積。

　　(5)社會的公平正義。

　　根據上述之國家利益，政府應當制定相關法案來執行相關措施，以達成國家利益之目標，茲就上述五項國家利益標準，配合相關政策整理成表 13-2 來加以比較說明。

表 13-2　國家利益條件下之相關貿易政策

	國家利益	貿易相關之政策	備註
1	穩定的成長	物價監控法案：防止物價波動。 勞動就業法：減少失業現象。 扶植中小企業相關條例：保護較不具競爭力之中小企業。	物價 失業 競爭力
2	資源有效及 公平的分配	租稅法案：對利潤高的產業課稅，以回饋社會。 利潤匯回限制：外籍企業限制利潤匯回比例。 內部價格移轉限制：國內外母、子公司以內部價格移轉，減 　　　　　　　　　少資源無效率之使用。	效率 配置公平 租稅 利潤率
3	快速的起飛	獎勵投資條例：如新興產業屬於進口替代產業則予以關稅 　　　　　　　保護，若屬外銷產業，則給予補貼。 幼稚產業保護條款：為使幼稚產業能夠成長，應給予適時 　　　　　　　　　的補助。	關稅稅則 補貼 幼稚產業保護
4	財富的累積	外匯管制條例：累積外匯存底。 出口補助條款：鼓勵出口，限制進口以累積財富。	匯率 外匯存底
5	社會公平正義	公平交易法：在公平的競爭基礎進行商品交易。 反傾銷法：避免低於公平交易之價格現象發生來掠奪市場。	反傾銷稅 平衡稅

資料來源：作者自行整理。

三、遊說模型

遊說 (Lobbying) 是一種尋租行為 (Rent-seeking)，因為在資源有限的情形之下，如果假設一國內有出口與進口兩大部門，為了保護自身部門的利益來獲取更多的資源時，必須遊說政府將其有利的條件歸諸於己方，在考量遊說的結果所形成之保護利益以及遊說所付諸之成本後，決定是否要對政府的有關機構進行遊說。由於遊說是一種互動行為，在訊息不對稱的情形之下，政府機構知道你有能力來遊說國會議員，對於貿易政策來進行變動的時候，政府機構就會事先加以考慮遊說的結果，其會對政策的實施造成什麼樣的影響來進行評估。因此，這裡我們必須用賽局理論將遊說視為內生貿易決策因子，來針對特殊利益團體與政府部門間之猜測行為進行互動的比較分析。

四、政治獻金模型

政治獻金模型是強調政府收受政治獻金來維持其政權並延續相關政策的執行，其結合了特殊利益團體模型與遊說模型來影響政府採取對自己有利的政策。其模型

最早由 Grossman 及 Helpman 於 1994 年所提出，在多部門模型下，各部門各擁有一特殊生產要素與一普通生產要素，擁有特殊生產要素的人依照政府圖利該部門程度的大小來決定政治獻金的多寡。政府必須考慮各部門的利益，成為政策的「拍賣者」，並訂定出不同組合的政策，在考慮每一部門所願意提供多少政治獻金的情況之下，來評估一個最適的政策組合，但政府必須事先瞭解，政治獻金會對社會福利帶來負面的影響，並比較政治獻金與福利權重之後，再決定出未來政策的走向。

 隨堂測驗

韓國國會的三大反對黨即大國家黨、新千年民主黨、自由民主聯盟聯手針對盧武鉉親信接受政治獻金一案，於 2004 年 3 月 12 日以 193 票贊成 2 票反對，透過了彈劾總統的動議案。盧武鉉被暫時剝奪總統權力，政府總理高建隨即擔任臨時總統。如果此次投票有效，盧武鉉將成為韓國歷史上首位遭彈劾的總統。潛逃在外的臺灣企業家陳由豪，曾指稱總統陳水扁曾多次接受其政治獻金之後，並再度透過媒體敘述其送政治獻金給陳水扁的過程。此舉在臺灣 2004 年大選再掀波瀾，總統府立即否認陳由豪說法，國民黨、親民黨聯盟則要陳水扁"說清楚"。從選舉的觀點來看，為何大企業往往會對政治如此熱衷，並對不同政黨提供政治獻金，請說明之。

第三節 內生化貿易政策──遊說效果之探討

接下來我們將探討在不完全競爭之下針對國際貿易的處理，由於目前我們只探討到商品市場的不完全性，但是這個不完全性卻在決定貿易政策的過程當中，就變得相當重要。遊說是影響政策制訂時所觀察到的現象，並對社會福利造成負面的影響。歷史的經驗告訴我們，政府部門會受限於政治的壓力來影響其決策。如本人過去研究針對遊說效果在廠商價格設定下之複占模型 (duopoly) 作分析討論，當本國廠商涉入遊說活動時，其可信的結論是不要去遊說，而內生決定之遊說行為會扭曲與先預期下之不同結果。其次，遊說效果如採賽局之分析方法來探討廠商行為，得到與預期不同的結論，根據本人之前有關遊說研究認為「遊說者總是輸的一方」(T. K. Wang, 2004)。

傳統的貿易理論中假設商品是屬於完全競爭市場狀態的，但近來的貿易理論都

承認獨占和寡占市場競爭也是會發生的。巴納德—史賓塞 (Brander—Spencer, 1985) 利用不完全競爭市場架構在國際貿易理論中來衡量策略性貿易政策效果，並使用複占 (Duopolistic) 模型中的古諾行為 (Cournot Behaveiour) 來解釋在本國政府對國內廠商的政策中可藉由出口補貼政策，將國外廠商的利潤移轉至國內廠商，而所增加的利潤是大於先前補貼所付出的。此外這樣的結果是有別於以往傳統的觀念；補貼改變了賽局的初始狀況，並改善交易條件使國家福利水準提高。

　　大部分傳統的貿易理論假設政府的政策是外生的 (Exogenous)，但在不完全競爭之下，部分政府的政策是完全根據真實的世界而內生 (Endogenous) 決定的。當本地廠商要擴大市場占有率時，政府會有誘因去補貼出口也會在本地廠商擴展太快時給予課徵出口稅。然而在不完全競爭下，廠商可以使用內生的經濟現象來影響未來政府的政策，這就是所謂的內生性貿易保護政策。

　　遊說效果對出口商而言不是得到出口補貼就是降低出口稅，所以必須以社會福利為代價；然而，因遊說在現實世界中是受人注意的，以往的經驗告訴我們政府容易受到政治壓力所影響，最近的貿易理論也認知到在市場中的獨占和寡占的競爭是經常發生的。所以在不完全競爭基礎下對遊說效果的分析，可進一步解釋為何內生性效果的效力可以影響本國決策的觀點，主要是因為遊說會扭曲策略性貿易政策的結果，遊說的中心思想是藉由遊說本國政府來影響所執行之政策，而使國內廠商因此可獲得更多利潤，故可用來當作是一種「利潤移轉政策」(Profit-shift Policy)。

　　遊說模型大致解釋如下，本國政府會先制定相關貿易政策，然後國內廠商會遊說政府來影響其政策，根據巴納德—史賓塞說明：廠商對其他對手是採用納許 (Nash) 均衡，而政府對廠商則採用史達貝克 (Stackelberg) 分析方式。這個結果中發現策略性貿易政策將政府目標函數內包含遊說成本，故會降低國家福利，因此政府應該要提升或降低所宣告的政策工具，補償遊說所造成的影響，使國家的社會福利極大化。

老師叮嚀

　　古諾行為是說明市場存在兩家實力相當的廠商，如何透過彼此數量上的競爭而達到市場均衡。納許均衡 (Nash Equilibrium) 是指第一家廠商在已知第二家廠商的選擇之下，找到自己最佳的決策。如果將古諾模型擴充為一個領導者 (Leader)，另一個為追隨者 (Follower) 時，即成為史達貝克 (Stackelberg) 模型。

一、政治參與者 (Political Participated Players)

政治經濟學所探討的過程，可以從圖 13-1 去做瞭解。不可置疑地，此流程圖必須相當的簡化才能構出我們可以處理的模型；此外，更要注意的是箭頭所指的有關跨越不同政治體系時所產生的相對重要性，例如，政客的相對獨立是依據其政黨追求目標不同而有所差異，所以組織決策的法則就會產生極大的差異(如絕對多數對加權多數)，而投票法則本身也會依其國家體制的不同而產生差異(如委任制、比例制、地區制等)。

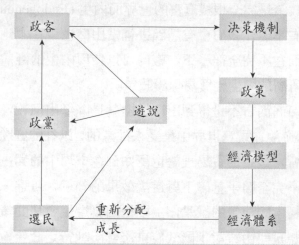

政客、政黨及選民透過政治內生化效果並導入經濟模型內，重新評估政策效果之分析，藉由政治力量的介入來影響決策機制。

圖 13-1　政治內生化影響經濟活動的運作

我們將此部分強調在貿易政策上，很多步驟就可加以簡化，特別在我們不考慮投票的過程，並使用簡單的經濟模型來強調貿易政策的重分配效果 (Redistributive Effect)；除此之外，由於多數的參考文獻來自於國外，它們多不將政客與政黨予以區別。接下來，我們將以三個歸類模型，說明政治經濟力量影響政府決策之情形。第一個為中間選民模型 (Median Voters Models)，也就是說明當政治這個市場變得有效率時，也就是政府所提出的政策計畫符合中間選民的期待。第二為壓力團體模型，如同前面所提，政客會受到政治獻金所影響，不管是來自於金錢或不同壓力團體，因為這些都會直接增加政客面臨選舉或競選連任時的效用滿足水準。接下來，如果再將此類模型予以細分並依據政治奉獻函數以及 Bernheim 與 Whinston (1986) 所提出的菜單拍賣方式 (Menu Auction Approach)，根據所列條件來評估一個最適政策組合來對其政治奉獻予以討論，此部分因涉及相當複雜的模型推導，故在此不予分析，

而其他相關模型之討論則以兩國相互遊說模型來詳加說明與分析。

二、中間選民模型 (Median Voter Model)

此模型的建立主要來自於多數決原則 (The Principle of Majority Rule)。假設政治的市場是完全競爭的狀態（即充分的訊息以及訊息的對稱等），選民透過多數決來制定政策，並可經過經濟模型來加以驗證，如圖 13–2 所示，而中間選民選擇他們最偏好的政策，但並不是意謂代表著所選的是最適政策。

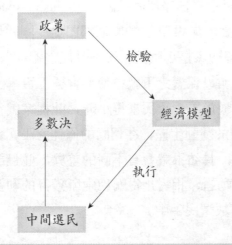

政策的實施會影響到選民是否支持的意願，如果以多數決方式表達贊成，經濟學者可以先透過經濟模型驗證，再加以執行是否真的有利於選民。

圖 13–2　選民以多數決表達政策的看法

接下來，我們來探討在 H–O 模型之下的小國經濟，從前面的分析探討得知，小國最適的貿易政策是自由貿易，也就是最適關稅為零。中間選民因可以從他們所持有的資本量與勞動量來推導出其所得水準（可知所處國家為資本豐富或勞動豐富），但在這裡我們必須假設所有的選民是相同 (Identical) 的情形，才可採用最適的政策，因為如果選民不是在相同的情形之下，個人所擁有的要素稟賦量（如資本 K 與勞動 L）就會不同，就很可能導致貿易政策受到影響，如中間選民所擁有的要素稟賦相對於平均選民比較偏向勞動密集時，就會選擇採用對勞動密集財施以課徵進口關稅的貿易政策，在沒有定額支付 (Lump-sum) 支付的情況之下，就會發生無效率資源分配情事，而此獲得的支付可以用消費者剩餘與生產者剩餘最大化來表示。

運用 H–O 模型來當做政治經濟模型的分析方法有下列幾個缺點，第一個缺點：如史托帕－薩穆爾遜定理是用來預測工人與資本家的觀點與看法。一般而言，他們兩

者會影響貿易政策效果，使朝著不同方向進行，如保護資本密集財有利於資本家，保護勞動密集財有利於勞動工人。事實上，從所觀察的遊說方式可以來說明部門的型態，並可從勞動者與資本家所處的地位來加以保護，這就是導致梅爾 (Mayer, 1984) 所發展出必須依賴在特殊部門模型之下的中間選民模型。

另外一個缺點可以直接從中間選民模型來看，即無法充分解釋產業的成功經常來自於相對較少的選民，而梅爾模型卻可以提供對此現象一個可能獲取的解釋原因。以下，我們將對梅爾模型予以介紹。其假設如每一個潛在選民各擁有一單位的勞動，其可在部門間流通，以及至多一個產業特殊因子 (Industry-specific Factor)，某些個人說明其所擁有的是個人勞動，如果現在有 N 個部門從一剛開始採行自由貿易至部門 G 實施課徵關稅。如果這個國家是小國的情況下其最適關稅為零，由於部門 G 是「勞動偏向」部門，假設現在加以保護之下就會使得實質工資率上漲，當中間選民所擁有的特定部門要素投入相較於平均選民來得小時，此提案就很有可能獲得通過。另外，如果部門 G 是不偏向於勞動生產，在相同的條件之下，此提案就會遭到封殺，因為在投票成本考量之下，其結果就會有不同的差異，並且說明從自由貿易中所獲得的利益會擴散至所有勞動者，相對地從關稅中所獲得的利益，將只分配在使用特殊要素投入部門 G 中的少數選民手中。

 隨堂測驗

一般在多數決 (Majority Voting) 制度下的投票結果是否符合柏拉圖效率 (Pareto Efficiency) 的要件？試解釋之。(90 年特考)

三、壓力團體模型 (Pressure Group Model)

此模型分析方法將使用特殊極端的觀點說明選民只能透過遊說方式影響政客來改變貿易政策的施行。從圖 13–3 可知，遊說行為在選民與政客之間，形成一種尋租行為，來影響利益的移轉 (Profit-shift)。

現在，讓我們考慮一個簡單的經濟模型，在此因生產者受到保護而產生利得，相對之下消費者則蒙受損失。假設在兩個群體（生產者與消費者）之下，其遊說效力所形成的結果可以特別用遊說—政策函數 (Lobbying-policy Function) 來加以表示：

$$t = t(L_P, L_C) \tag{13–1}$$

t: 表示進口關稅，L_P: 生產者的遊說投入，L_C: 消費者的遊說投入

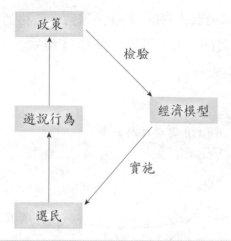

政策的施行是選民透過遊說行為來加以制定，當在其選民意見無法充分表達之下，並由經濟模型的設立來加以驗證是否對選民有利。

圖 13–3　遊說行為對政策形成所扮演的角色

　　以生產者的角度來看，他希望提高關稅來保護其生產產業，故 $t_1 > 0$ 表示關稅函數對生產者遊說投入的一階微分 ($t_1 = \dfrac{\partial t}{\partial L_P}$)，說明生產者希望提高關稅來保護其市場；但以消費者的角度來看，他希望降低關稅來滿足其消費的效用，故 $t_2 < 0$，其表示關稅函數對消費者遊說投入的一階微分 ($t_2 = \dfrac{\partial t}{\partial L_C}$)，說明消費者希望降低關稅來增加購買。在穩定的連續函數下，其二階微分皆小於零，即 $t_{11} < 0, t_{22} < 0$。

　　通常兩個遊說者其反應函數的斜率會依賴遊說目標函數的偏導微分的方向來表示，如果生產者效用函數是 U_P，消費者效用函數是 U_C，其分別表示如下：

$$U_P = \pi[t(L_P, L_C)] - C(L_P) \tag{13–2}$$

$$U_C = CS[t(\bar{L}_P, L_C)] - C(L_C) \tag{13–3}$$

因此可求得反應函數為：

$$R_P = \frac{\partial^2 U_P}{\partial L_P \partial L_C} = \pi' t_{12} + t_1 t_2 \pi'' < 0 \tag{13–4}$$

$$R_C = \frac{\partial^2 U_C}{\partial L_P \partial L_C} = CS' t_{12} + t_1 t_2 CS'' < 0 \tag{13–5}$$

　　在此我們先令 $t_{12} = 0$ 來簡化分析，也就是令其猜測變數等於零，所以兩個遊說的反應函數所依據的條件就是 π'' 與 CS'' 的二階微分反應。從個體經濟學來說明利潤函數 (π) 是生產者價格的凸性 (Convex) 函數，也就是生產者遊說反應函數的斜率是

負的；同樣地，我們也得知消費者剩餘 (*CS*) 是消費者價格的凸性函數，其消費者遊說反應函數的斜率一樣是負的，我們可以從圖 13–4 得知。

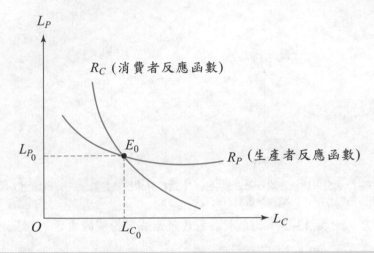

生產者與消費者的遊說投入反應函數所呈現的是負斜率的，表示是在嚴格凸性 (Strictly Convex) 的條件以及在猜測變量 $t_{12} = 0$ 的情況下所導出。

圖 13–4　生產者與消費者的遊說投入反應函數

現在讓我們來做比較靜態，假如世界價格非預期的下降，在既定的生產者遊說 L_P 的情況，消費者將面臨較低的價格。由於消費者剩餘 (*CS*) 的凸性定義，其表示在既定的價格下降幅度（或額外的遊說投入）之下，其邊際收益會增加，見圖 13–5 (a)，也就是說消費者的遊說反應函數向右移，見圖 13–6。

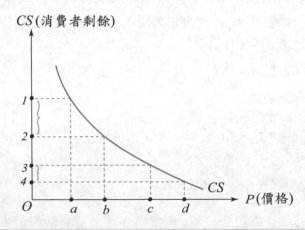

在凸性定義之下，$\overline{cd}$ 表示衝擊前 (before shock) 的既定價格，$\overline{ab}$ 表示衝擊後 (after shock) 的既定價格，d 下降至 c 與 b 下降至 a 的幅度一樣，但消費者剩餘增加的程度就不一樣（$\overline{12} > \overline{34}$）。

圖 13–5 (a)　在消費者遊說投入之下，世界價格對消費者剩餘之影響

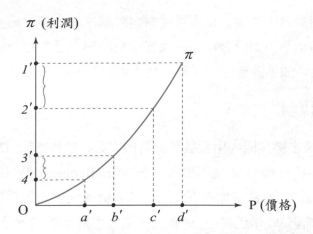

在利潤條件之下，*a′* 上升至 *b′* 的幅度與 *c′* 上升至 *d′* 的幅度相等，造成利潤上升幅度 $\overline{1'2'} > \overline{3'4'}$。

圖 13–5(b)　在生產者遊說投入之下，世界價格對利潤之影響

　　那麼生產者遊說反應函數又如何呢？在任一既定的消費者遊說 L_C 的情況，生產者將面臨較低的價格，因為利潤 π 是凸性定義，也因此在既定的價格上升幅度之下，其利潤將會減少，造成反應曲線向下移動。均衡點從 E_0 下降至 E_1，L_C 上升，L_P 下降，因此會造成均衡關稅下降，見圖 13–6。

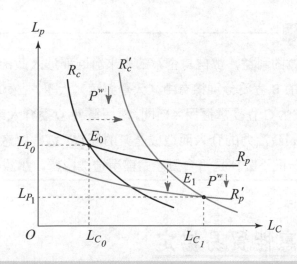

當世界價格下降時，主要是來自消費者遊說希望降低關稅使他們可以享受較低價格優惠；反之，價格下降，也會跟著造成生產者反應函數往下移，因為其利潤也跟著減少。

圖 13–6　當世界價格下降，消費者反應函數向右移，生產者消費函數向下移

　　要注意的是這樣的結果並不完全適用於一般的觀察，其說明產業如受到非預期的衝擊，相對於受保護的情況之下反而獲利更多。一個簡單的解釋是遊說不太可能

是只由生產者與消費者所主導，也有可能來自於第三方之手，因此以利潤和消費者剩餘當作目標函數似乎不太適合，所以反應函數的形狀及其移動須依據利潤函數與消費者剩餘之特性，如果改變目標函數將會劇烈地影響我們所要分析的結果。

四、其它相關探討

　　從 1995 年以來多數有關內生化貿易政策的文獻，如狄克斯 (Dixit)、古諾斯曼—黑爾曼 (Grossman-Helpman) 會使用伯漢—衛斯頓 (Bernheim-Whinston) 所提的菜單拍賣 (Menu Auction) 的方法來加以探討。由於多數的例子皆用傳統分析方式，且皆發生在 80 年代晚期與 90 年代初期，所以接下來我們將討論席爾曼 (Hillman) 與耳思蒲 (Ursprung) 所提的模型來加以分析討論。

　　席爾曼與耳思蒲所採用的是一般均衡模型並只針對單一產業，但有 n 家本國廠商與 m 家外國廠商，假設他們從事數量上的競爭（即古諾行為），並以政治力將此模型分為支持本國與支持外國之兩方，因此就有兩個遊說團體，即本國生產者與外國生產者；而遊說會影響政黨去改變或維持相關貿易措施，主要是透過競選活動的參與，這些活動反而是讓政客去「賄賂」選民；相反地，消費者的無知 (ignorance) 是因為無法透過遊說或選票來表示其自身意願。

 隨堂測驗

時聞經常為了產業的利益，或自身企業的未來發展而涉入政治，例如，國民黨的 A 立委、台聯的 B 立委分別擁有中×大學與清×大學，故加入立法院的教育委員會。而民進黨的 C 立委掌握民×新聞，親民黨 D 立委介入東×與中×新聞，試問這樣會不會因政治力的介入而造成產業的衝擊？這些民意代表如藉由國會遊說而造成資源分配不公，是否會對產業競爭造成影響，請說明之。

第四節　優惠性貿易協定

　　國際貿易在大多數國家間發生，並依其各自本身的條件來制定其優惠性貿易協定，這樣的觀點已經不再正確。近來，許多新增加的貿易政策，其決策來自於由克魯曼 (Krugman, 1993) 所提出的貿易集團 (Trade Blocks) 依據其同利益來決定。最明顯例子就是歐洲聯盟 (European Union, EU) 的建立，其中會員國在參與貿易會談，須

採共識決方式，將歐盟視為單一個體，來制定優惠性貿易協定 (Preferential Trade Agreement)；其次，例如，北美自由貿易區 (NAFTA)、東南亞國協 (ASEAN) 以及加勒比海與拉丁美洲所建立的共同市場等，皆以集體的力量，在國際貿易談判過程中，扮演重要決定性角色。

所有的貿易集團都會力求在會員國彼此之間降低貿易障礙。事實上，由於許多國家也都是 WTO 與 GATT 的會員國，因此其最終的目的也就是在消除存在於彼此間的相關貿易保護措施，其所支付的代價是在 WTO 與 GATT 會員國間免除最惠國待遇原則 (Most-Favored Nation Treatment) 來管理貿易關係，所以最重要的是要先分辨有多少不同型式的貿易集團，我們首先從最開始的自由貿易區 (Free-trade Area) 來看，其是消除所有會員國內部的貿易障礙，但是不會協調其彼此間之貿易政策。第二是關稅同盟 (Customs Union)，其是在自由貿易區會員國間進一步採取一致性對外關稅。第三是共同市場，是指在關稅同盟內生產要素皆可任何在會員國內自由流動稱之。第四是經濟同盟，其是將共同市場內的財政政策 (Fiscal Policy) 與貨幣政策 (Monetary Policy) 予以協調，以來符合其同盟會員國內之經濟需求。最後，在最高層的政治同盟，是指設立其政治統合的最高目標，各國將拋棄彼此政治之意識型態，做更進一步的融合，詳細內容請參閱第十五章。

一、貿易創造效果及貿易移轉效果

Viner(1950) 曾對優惠性貿易協定予以廣泛研究，本節的目的是要去探討貿易集團的形成是否會有可能改善世界資源與商品配置的高度效率。接下來我們的重點著重在關稅同盟理論模型，對於貿易創造效果 (Trade-creating Effect) 與貿易移轉效果 (Trade-diverting Effect) 提出說明。貿易創造效果是指關稅同盟內會員國內部關稅解除之後，商品的供給會從原先不具有生產效率的非同盟國家移至具有生產效率同盟內的會員國製造生產。而貿易移轉效果是指當內部貿易障礙解除之後，商品的供給從生產效率相對較高的非同盟國家，轉換至生產效率相對較低的同盟內會員國製造，相關內容及圖形分析說明見第十五章。

舉例來看，假設現在有 A、B、C 三個國家，在未成立關稅同盟之前，A 國與 B 國的關稅率為 100%，而 A 國與 C 國，以及 B 國與 C 國的關稅率是 50%。如果 A 國只生產鋼鐵，但消費鋼鐵與小麥。B 國生產小麥，其單位固定成本為 m，可是 C 國生產小麥其固定邊際成本是 2，在這種情況下，A 國如果從 C 國進口小麥，其交易條件為 $2 \times 1.5 = 3 < 2m$，也就是在 m 大於 1.5 的條件之下才可以進行。

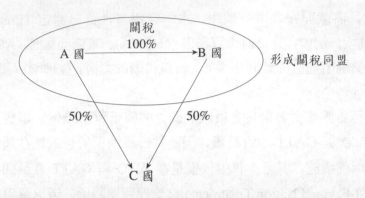

圖 13–7　形成關稅同盟之關稅分析

　　現在如果 A 國與 B 國形成關稅同盟,他們彼此間消除其內部的關稅,並分別對 C 國維持其之前的 50% 關稅。現在 A 國會從 C 國進口小麥只有在 $3 < m$ 的情況下,否則必須向同盟的 B 國採購。

同盟前

從 C 國進口　　　$C = 3$, iff $m > \dfrac{3}{2}$

從 B 國進口　　　$B = 2m$, iff $m < \dfrac{3}{2}$

同盟後

從 C 國進口　　　$C = 3$, iff $m > 3$

從 B 國進口　　　$B = m$, iff $m < 3$

　　而關稅同盟是否會提升世界的生產效率?假設交易條件為 $\dfrac{3}{2} < m < 3$,此時 B 國生產小麥相對於 C 國來得有效率。在此之前,A 國與 B 國之間的高關稅會阻止 A 國進口 B 國的小麥,而 A 國此時就會向生產較無效率的 C 國來購買。關稅同盟成立之後,A 國轉向較具生產效率的同盟 B 國購買,此時會改善生產效率,稱之為貿易創造效果。如果交易條件為 $2 < m < 3$,這時 C 國生產小麥具有效率,在未形成關稅同盟之前,A 國從 C 國進口小麥,對世界生產配置而言是有效率的,可是當同盟形成之後,A 國轉向至生產較無效率的 B 國購買,會將生產效率惡化,此時稱為貿易移轉效果。雖然,上述的分析方法很有用,但會有下列幾點限制:

⑴此分析著重於生產效率之探討，但一個完整的分析應需包括消費的利得或損失 (Gain or Loss)。

⑵只能單方面討論貿易流向，A 國與 B 國貿易及 A 國與 C 國貿易不能同時存在，更無法同時去探討 B 國與 C 國彼此間之貿易。

⑶關稅假設是外生的，適合分析關稅同盟形成前後對最適關稅率選擇之比較。

雙邊主義 (Bilateralism) 是否會對貿易雙方帶來好處，可從兩方面來加以探討，首先，克魯曼 (Krugman, 1991) 從貿易集團的形成是否可能增加或減少世界的福利來分析，這種基本的抵換效果 (Trade-off) 探究是相當簡單的。一方面關稅同盟在其範圍之內創造自由貿易，這對同盟會員國及全世界而言是具有正面影響的，另一方面關稅同盟形成買方獨家壟斷力 (Monopsony Power)，導致其對外最適關稅率提高，這對同盟會員國也是好的，但對全世界而言則造成負面影響。

第二，雙邊主義很容易導致囚犯兩難 (Prisoners' Dilemma)，假設 A 國與 B 國發現在 C、D 兩國形成同盟的條件下，自行成立同盟的話對本身較有利的，同時依此類推下去會發現，一旦這些同盟形成，所有國家的經濟福利會比在未形成同盟前來得惡化；故即使 C、D 國未形成同盟，A、B 國雖有誘因形成同盟，卻很難達成均衡。

二、貿易集團形成的效果

接下來，我們將探討如果全世界有 N 個國家，並存在 B 個貿易集團，所以平均而言，平均每個貿易集團存在 $\frac{N}{B}$ 個國家，每個國家生產單一商品。首先，我們假設各國的消費偏好是相同的，所以將消費函數表示如下：

$$U = [\sum_{i=1}^{N} C_i^\theta]^{\frac{1}{\theta}} , 0 < \theta < 1, \tag{13–8}$$

C_i: 表示對第 i 財之消費　　U: 代表消費的效用滿足水準

而在每個貿易集團的最適關稅條件為：

$$t^* = \frac{1}{\varepsilon - 1}$$

t^*: 為最適關稅率　　ε: 為進口需求彈性

現在，我們要加以探討這個彈性的決定因素所依據的是什麼?從世界其他國家的進口來考量，如將世界其他國家以一個代表性貿易集團來看，其共有 $N[1-(\frac{1}{B})]$ 國家所組成，這些國家所生產商品之對稱性價格是相同的，假設為 1，每個世界其他國

家中的每一國家也生產單位產出 (One Unit of Output)；因此，世界其他國家的產出為

$$y^R = N[1 - (\frac{1}{B})] \qquad (13-9)$$

y^R：世界其它國家 (The Rest of World, R) 的產出

接下來我們再對世界其他國家所生產商品在其境內的總消費加以定義為 v^R，而境內的進口表示為 m^R，所以可以得到

$$y^R = v^R + \rho m^R \qquad (13-10)$$

ρ：是以世界市場表示在代表性貿易集團內進口的相對價格

在假設從價稅 (ad valorem) 不變之下，我們來探討進口價格變動之效果因為進口價格彈性 $\varepsilon_m = -\dfrac{\hat{m}^R}{\hat{p}}$，所以可得 $\varepsilon_m = s + (1-s)\sigma$，其中 $s \equiv \dfrac{\rho m^R}{y^R}$ 表示在集團內以世界價格表示其他國家所得水準之下所占進口比例，接下來集團境內之內部價格會隨境外價格變化，故令 σ 表示為境內生產對境外商品相對價格之反應，詳細之數學推導請參見附錄II。再代入最適關稅之條件 $t^* = \dfrac{1}{\varepsilon_m - 1}$，可以得到最適關稅為

$$t^* = \frac{1}{[(1-s)(\sigma-1)]} \qquad (13-11)$$

因此最適關稅率 t^* 會隨著進口比例 (s) 的增加而上升，要注意的是當 s 趨近於零也就是貿易集團變小時，t^* 仍會維持正值，這是因為商品差異化 (Product Differentiation) 會將獨占力變小的緣故。

接下來，我們討論在集團內貿易之情形，在對稱性均衡之下，所有貿易集團面臨相同關稅，且所有商品以同樣價格銷售，其預算限制線為

$$m + v = y \qquad (13-12)$$

m：表示貿易集團內的進口

v：對貿易集團內所有商品之總消費

y：表示貿易集團下的產出水準

假設此時沒有關稅存在，這時有 $\dfrac{N}{B}$ 商品在集團區內製造，有 $\dfrac{N(B-1)}{B}$ 商品在區外生產，所以加以整理可以得到 $\dfrac{m}{v} = (B-1)$❺。但是如果本地消費者開始支付關稅來購買區外的商品，其情況就會變成

---

❺ $\dfrac{m}{v} = \dfrac{N(B-1)/B}{N/B} = B-1$

$$\frac{m}{v} = (1+t)^{-\sigma}(B-1) \tag{13-13}$$

因為 $Y = \frac{N}{B}$ 將第 (13-12) 與 (13-13) 式結合起來可決定在集團內之進口量 m

$$m = \frac{y}{\left[\frac{(1+t)^{\sigma}}{B-1}+1\right]} = \frac{\left[\frac{N}{B}\right]}{\left[\frac{(1+t)^{\sigma}}{B-1}+1\right]} \tag{13-14}$$

假設在貿易均衡之下，其進口等於出口，即 $m = m^R = X$，如以非集團區內所得所表示區內出口比例

$$s = \frac{m^R}{y^R} = \frac{m}{y^R} = \frac{m}{N(1-B^{-1})} \tag{13-15}$$

根據上述分析我們就可以整理得到

$$s = \left[(1+t)^{\sigma} + B - 1\right]^{-1} \tag{13-16}$$

s 會隨著 t 及 B 的增加而下降。

將 (13-11) 與 (13-16) 兩式結合，來探討 t 與 s 之間的關係，並將其分析狀況以圖 13-8 表示之。在此 E 為初始均衡，此時 E 會反應在「最適關稅率 (t_e) 與進口比例 (s^*) 的均衡上，但本圖必須先假定貿易集團 (B) 與國家數 (N) 為既定所知的情況之下。如果當貿易集團 (B) 減少時，也就是世界貿易的集中情況會增加，在任何既定的關稅之下，貿易集團減少以及進口比例增加就會導致關稅的提高，將使 (13-16) 式條件線往右移，將導致更高的均衡關稅，並得到一個結論：貿易集團愈大，愈會剝削掉其本身愈大的買方獨家壟斷力。

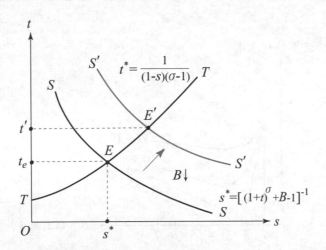

當貿易集團數下降時（B↓），會造成 SS 線右移至 S'S'，形成另一較高關稅下之均衡。

圖 13-8　貿易集團區內進口比例對關稅之影響分析

三、貿易集團數改變之影響

接下來，我們再來看看當貿易集團數目改變後，對世界福利水準之影響，參見圖 13-9。在世界自由貿易的情況下，也就是 B = 1，世界成為一體，成為一條垂直線。可是隨著貿易集團數的不同，其關係也漸漸地成為非線性狀態。如果當貿易集團一開始很多時，也就是 B 值很大，當 B 開始下降的時候，福利水準也就跟著下降，到達 B = 3 的附近才又開始上升。因此，如果將此結果用悲觀的態度予以詮釋，假設全世界朝向只存在三個貿易集團區，其分別為美洲、歐洲與亞洲貿易集團，此時福利水準是最糟糕的情況，也是不智之舉。其理由如下：

(1)在現實社會裡，如存在三個貿易集團時，只有一家會採取共同對外貿易政策，實際上「最適關稅效果」也不會適用於其它二家貿易集團之上。

(2)因為沒有去探討貿易集團所存在的現況，也就沒有理由去相信全世界會收斂在三個對稱且可能最糟情況的貿易集團上。

 隨堂測驗

近來區域經濟組織盛行，歐盟、北美自由貿易地區、亞太經濟合作組織等莫不積極加強該區域組織之功能。有人認為區域貿易自由化可作為全球自由貿易之踏板，因此，在全球自由貿易不可得之情況下，若能從區域自由化著手，未嘗不是一個可行之道。此一說法正確嗎？試闡述之。（88 年高考）

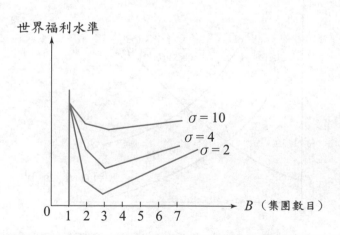

根據實證分析，當全世界的貿易集團收斂成只有三個的時候，世界福利水準將降至最低。

圖 13-9　貿易集團存在情形對世界福利水準之評估

第五節　結　論

　　在冷戰結束之後，國際政治經濟相互依存的關係因科學技術革命的發展而更加緊密，國際政治經濟秩序的互動將比過去更加明顯。國際政治經濟理論的研究，結合政治學與經濟學的優點成為 90 年代之後的顯學，透過其方法論所建立的公共選擇範式、賽局理論與國際合作機制來做跨領域的探討。本章中，我們提出四個相關的國際政經模型來加以討論，例如，①特殊利益團體模型：說明市場集中度高的廠商，其政治力涉入強，比較容易得到政府在制定政策上的關愛。②國家利益模型：貿易政策的制定應與國家的目標相搭配，以追求公平、穩定的成長。③遊說模式：描述政策的形成，在尋租活動之下，由利益團體透過遊說來達成其目標。④政治獻金模式：強調政府收受政治獻金來維繫政權，利益團體藉由「獻金」來購買對其有利的政策。

　　其次，我們談到內生化的貿易政策，其著重在不完全競爭之下，來影響政府的決策，如受限於政府的壓力之下，如何扭曲廠商行為而產生與預期不同的效果。此時，廠商可以透過內生的經濟現象來影響未來政府的決策，這就是所謂的「內生性貿易保護政策」。假如將政治內生化來影響經濟活動的運作的話，就要看政客、選民、與壓力團體間如何對政策進行評估，並藉由經濟分析來決定其影響效果。

　　最後，我們討論貿易集團的形成，其目的在於將會員國彼此間貿易障礙降至最低，藉由優惠性貿易協定的簽訂來建立如：自由貿易區、關稅同盟、共同市場、經濟同盟與政治同盟。但是貿易集團因彼此利害關係而結合，是否真的有助於世界貿易之推展，一直是值得商榷的話題，在相關研究之中，認為集團數目不應太多，否則會稀釋掉因結盟而產生的利益。

重要名詞與概念

1. 研究方法
2. 方法論
3. 理論範式
4. 公共選擇範式
5. 經濟計量
6. 政治計量
7. 公共財
8. 搭便車者
9. 政治景氣循環
10. 相互依賴法則
11. 中間選民
12. 賽局理論

13.囚犯兩難

14.協調性賽局

15.不平等之威脅賽局

16.零和賽局

17.非零和賽局

18.雙邊賽局

19.多邊賽局

20.國際合作機制

21.特殊利益團體模型

22.國家利益模型

23.遊說模型

24.政治獻金模型

25.菜單拍賣方式

26.多數決原則

27.價格的凸性

28.貿易集團

29.貿易創造效果

30.貿易移轉效果

31.雙邊主義

32.買方獨家壟斷力

課後評量

1. 請說明國際政治經濟研究之相關主義之比較？並說明為何它不同於國際經濟學與國際政治學？

2. 研究國際政治經濟學可以用哪些方法論？請詳細說明之

3. 在國際政治經濟學中的公共選擇範式的主要特徵為何？其優點何在？

4. 常見在國際政治經濟學中的賽局模型有哪些？其相互之間的差異何在？

5. 何謂國際合作機制？其主要的研究問題為何？

6. 在「國家利益模型」當中，國家所追求的利益有哪些？請配合相關貿易政策說明之。

7. 請就政治參與者的觀點說明政治內生化來影響經濟活動的運作

8. 在中間選民模型當中，其模型的建立是根據什麼原則？請詳細加以討論。

9. 運作 H–O–S 模型來當作政治經濟模型分析，有哪幾項缺點？

10. 在壓力團體模型當中，假設在生產者與消費者兩群體的條件之下，如何運用遊說效力來對政策產生影響？

11. 為何遊說模型可以用來當作是一種「利潤移轉政策」？

12. 請從國際政治經濟學的角度說明，要幫助幼稚工業成長，是要用高關稅保護之，或由政府編列預算給予生產補貼？何者對社會福利比較有利？請分析比較說明之。

附錄I　席爾曼—耳思蒲模型
(Hillman-Ursprung Model)

由於政客會將其選舉結果可能最大化，意謂著是要將藉由所宣告並追隨的貿易政策在其遊說之下所產生的相關競選活動最大化，所以在此行為情況之下，他們會考量遊說雙方的反應函數，並以此觀點來看，政客的行為對遊說而言如同史達貝克的領導者(Stackelberg Leaders)，且政客們也不太關心有關的關稅收入。

現在我們經由本國遊說(L)與外國遊說(L^*)來定義競選活動，支持本國的政客會嘗試將$\frac{L}{(L+L^*)}$值予以最大化表示，如同支持外國的政客會將$\frac{L^*}{(L+L^*)}$最大化一樣。接下來，我們將考量貿易政策所表示的關稅條件，假設本國廠商的利潤函數是π，在既定關稅下是一個凸性遞增函數，而π^*表示外國廠商的利潤，也是個凸性並隨關稅增加而遞減的函數，而所宣告的本國關稅為t_0，外國關稅為t^*，如果本國遊說會選擇多少投入來獲得最大化，利用 Largrange 分析之：

$$\mathcal{L} = [\frac{L^*}{(L+L^*)}]\pi(t^*) + [\frac{L}{(L+L^*)}]\pi(t_0) - L \tag{13A-1}$$

接下來給予本國遊說的反應函數，可以對 L 做一階微分表示成

$$\frac{-L^*\pi(t^*)}{(L+L^*)^2} + \frac{(L+L^*)-L}{(L+L^*)^2}\pi(t_0) = 1 \tag{13A-2}$$

同樣地，外國遊說的反應函數，也可用 (13A-1) 方式改變成以外國利潤函數表示之

$$\frac{(L+L^*)-L^*}{(L+L^*)^2}\pi^*(t^*) - \frac{L\pi^*(t_0)}{(L+L^*)^2} = 1 \tag{13A-3}$$

如我們將這兩個狀況分割成兩部分，並以反應標準 $R(t_0, t^*)$ 表示之

$$\frac{L}{L^*} = \frac{[\pi(t_0) - \pi(t^*)]}{[\pi^*(t^*) - \pi^*(t_0)]} \equiv R(t_0, t^*) > 0 \tag{13A-4}$$

現在再讓我們回過頭看看政策宣告的兩方，將$\frac{L}{(L+L^*)}$最大化就如同將$\frac{L}{L^*}$最大化；因此支持本國之候選人會選擇t_0，並將$R(t_0, t^*)$予以最大化。如果定義t_P是限制性關稅，其是要將進口水準降至零。要注意的是，一般而言本國所支持的候選人沒有必要去宣告$t_0 = t_P$；因為t_0的增加會使$[\pi(t_0) - \pi(t^*)]$的利潤差異也跟著提高，但也間接地增加$[\pi^*(t^*) - \pi^*(t_0)]$之間的差距。然而支持本國候選人的最適政策的確是$t_0 = t_P$，同樣地也支撐外國候

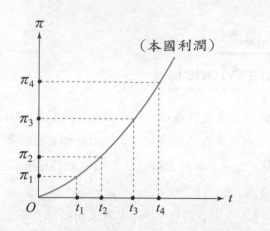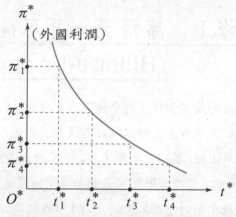

當關稅增加時，會保護本國產業故利潤增加，此時會對外國產業造成傷害。

圖 13-A　關稅提高對本國與外國利潤之影響

選人所產生的最適政策條件，即使最佳政策的宣告，並可以用來解釋 $t^* = 0$（在假設關稅不為零）的假設上。最後我們考量，在既定外國交易條件下，t^* 會跟 t_0 增加來對外國利潤產生變化，所以我們必須瞭解，在既定 t^* 之下，t_0 會產生對外國利潤的小量改變，以及隨 t_0 增加會對本國利潤做較大的改變。

附錄 II　貿易集團形成之分析

在假設從價稅 (ad valorem) 不變之下，我們來探討進口相對價格變動之效果，我們以 "^" 表示相對的變動情形，將 $y^R = v^R + \rho m^R$ 式做全微分，再取自然對數 ln，可得

$$(1-s)\hat{v} + s(\hat{\rho} + \hat{m}^R) = \hat{y}^R = 0 \tag{13A-5}$$

數學證明如下

$$dy^R = dv^R + \rho dm^R + m^R d\rho$$

$$\frac{dy^R}{y^R} = \frac{dv^R}{v^R}\frac{v^R}{y^R} + \rho\frac{m^R}{y^R}\frac{dm^R}{m^R} + \frac{m^R\rho}{y^R}\frac{d\rho}{\rho}$$

$$\hat{y}^R = \hat{v}\cdot\frac{y^R - \rho m^R}{y^R} + s(\hat{m}^R + \hat{\rho})$$

$$= \hat{v}\cdot(1-s) + s(\hat{m}^R + \hat{\rho})$$

其中 $s \equiv \dfrac{\rho m^R}{y^R}$ 在集團內以世界價格表示世界其他國家所得水準之下所占進口的比例；

然而在從價稅之下，內部移轉價格會隨外部價格改變而有所變化，令 $\hat{v}^R - \hat{m}^R = \sigma\hat{p}$，$\sigma$ 表示相對價格變動 1%，造成境內生產變動百分比減去境內進口變動的百分比，可得出：

$$\hat{m}^R = -[s + (1-s)\sigma]\hat{p} \tag{13A-6}$$

數學證明如下：

因為 $\hat{v}^R = \hat{m}^R + \sigma P$，所以

$$\hat{m}^R + \sigma\hat{P} - s(\hat{v} - \hat{m}^R) + s\hat{P} = 0$$

$$\hat{m}^R + \sigma\hat{P} - s\sigma\hat{P} + s\hat{P} = 0$$

$$\hat{m}^R = -[s + (1-s)\sigma]\hat{P}$$

因為進口價格彈性 $\varepsilon_m = -\dfrac{\hat{m}^R}{\hat{p}}$，所以 $\varepsilon_m = s + (1-s)\sigma$，再代入最適關稅之條件

$t^* = \dfrac{1}{\varepsilon_m - 1}$，可以得到最適關稅為

$$t^* = \frac{1}{\left[(1-s)(\sigma-1)\right]} \tag{13A-7}$$

第十四章

關稅暨貿易總協定與世界貿易組織

當滿足穩定條件時，儘管有些經濟條件改變，仍可透過市場的力量，重新獲得均衡；如果不滿足穩定條件時，不均衡幅度反而擴大，靠市場力量無法獲得調整。

亨利・強生 (Harry G. Johnson, 1923〜1977)

《本章學習方向》

1. GATT 的歷史緣由與介紹
2. GATT 的宗旨與原則
3. GATT 各談判回合之介紹
4. WTO 的成立
5. WTO 與 GATT 的原則及其比較
6. WTO 最新發展與坎昆會議
7. 加入 WTO 對我國之意義

本章章節架構

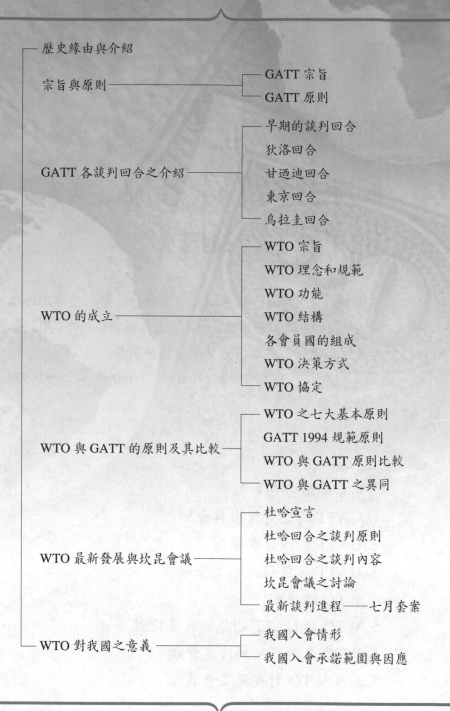

- 歷史緣由與介紹
- 宗旨與原則
  - GATT 宗旨
  - GATT 原則
- GATT 各談判回合之介紹
  - 早期的談判回合
  - 狄洛回合
  - 甘迺迪回合
  - 東京回合
  - 烏拉圭回合
- WTO 的成立
  - WTO 宗旨
  - WTO 理念和規範
  - WTO 功能
  - WTO 結構
  - 各會員國的組成
  - WTO 決策方式
  - WTO 協定
- WTO 與 GATT 的原則及其比較
  - WTO 之七大基本原則
  - GATT 1994 規範原則
  - WTO 與 GATT 原則比較
  - WTO 與 GATT 之異同
- WTO 最新發展與坎昆會議
  - 杜哈宣言
  - 杜哈回合之談判原則
  - 杜哈回合之談判內容
  - 坎昆會議之討論
  - 最新談判進程——七月套案
- WTO 對我國之意義
  - 我國入會情形
  - 我國入會承諾範圍與因應

前　言

　　在第二次世界大戰結束之後，貿易保護主義盛行，以英國和美國為主的資本主義聯盟想重新建立世界新秩序，為解決國際間經濟和貿易問題，建立了一套國際經濟和貿易規範。在美國大力支持與加強國際事務整合，依據國際貿易發展之互惠、互利原則，於 1944 年在美國東北布列敦森林 (Bretton Woods) 召開會議，共計 44 國代表參加，同意成立「布列敦森林機構」(The Bretton Woods Institutions) 作為聯合國 (United Nation, UN) 的特別諮詢組織。當時打算建立三個國際性組織：即國際貨幣基金 (International Monetary Fund, IMF)、國際復興暨開發銀行 (International Bank for Reconstruction and Development, IBRD) 又稱世界銀行 (World Bank)，以及國際貿易組織 (International Trade Organization, ITO)，將世界經貿體制建立在這三個基礎上加以運作。國際貨幣基金是處理有關國際短期融資清償問題，當會員國發生短期國際收支失衡時，就予以幫助解決。國際復興暨開發銀行主要是幫助各國來進行國際性相關投資，剛開始主要是幫助二次戰後國家的重建，後來成為幫助開發中國家向已開發工業國家獲得資金的一個主要機構。最後國際貿易組織則處理國際間所存在的貿易實質問題，並建立一套管理國際貿易的規則與制度，使世界各國慢慢走向自由貿易的市場機制。

　　「關稅暨貿易總協定」(General Agreement on Tariff and Trade, GATT) 由當時包括美國在內的 23 國共同協商簽署，並於 1947 年正式展開關稅談判，其結果共達成約 45,000 項關稅減讓，影響達 100 億美元以上，約占當時世界貿易額的十分之一。1948 年 3 月聯合國通過「哈瓦那憲章」成為設置 ITO 之依據，然因美國將成立 ITO 之條約送請國會批准時遭國會反對而失敗，ITO 確定無法成立而胎死腹中，但各國為避免籌組 ITO 之努力完全白費，加上「ITO 憲章草案」原有關貿易規則之部分條文成為 GATT 原始內容，使 GATT 暫時成為規範各國世界貿易執行之依據。GATT 成立的目標在於消除貿易障礙，並同意以中美英法蘇共同草擬之「暫時適用議定書」(Provisional Protocol of Application, PPA) 之方式簽署，故 GATT 係為一個多邊協定，且是當時國際上唯一管理國際貿易之多邊機制。但此一多邊協定並無國際法人地位，

使得 GATT 成了調節國際貿易關係的一個框架，而當時中華民國亦為 GATT 之第二十三個創始締約國 (Contracting Party) 之一。

　　GATT 雖然沒有成為像國際貿易組織那樣在政府間具拘束力的機構，但其章程中包含了許多建立國際貿易組織的原則，尤其是就貿易政策問題進行多邊諮商，以及作為論壇的功能，並讓締約國依據相關原則解決爭端。在 GATT 1947 的序言指出，締約國的目的為「提高生活水準，確保充分就業，加速實際收入與有效需求的持續增長，使世界資源得到充分使用以及擴大生產與商品交換」，並指出其應大幅降低關稅和其他貿易障礙，同時取消歧視性待遇在內的種種互惠措施，才能使上述目標得以實現。

　　世界貿易組織 (World Trade Organization, WTO) 堪稱為經貿的聯合國，且為臺灣與中國大陸一同參與的國際組織之一。WTO 的重要性在於其目前會員國總數已達 148 個 (迄 2005 年初止)，貿易量占全球貿易比重達 92% 以上，且 WTO 是一個完整涵蓋全球經貿活動的多邊機制，其適用的範圍逐漸擴大，現今國際間相關經貿組織皆將 WTO 基本規範納入其協商與遵行的準則。

　　我國在 2004 年位居全球第十五大出口國 (2%)，第十六大進口國 (1.6%)，在 2,300 萬人口的每人出口總值在亞洲僅次於香港與新加坡。2004 年瑞士洛桑管理學院研究報告中指出我國全球競爭力位居世界第十二名，其可以看出我國累積多年的強勁經濟實力、國家競爭力與對世界的影響力。加入世界貿易組織的多邊機制，有助於成為世界經貿組織成員之一；藉由 WTO 本身的多邊貿易機制，提升我國在世界的經貿地位，並解決國家間的爭端糾紛，共創更透明化、公平的貿易政策。

　　在表 14–1 中列出了一些建立 WTO 重要的里程碑。早期 GATT 的主要工作是圍繞著加入 GATT 的談判，1962 年 GATT 中有關紡織品貿易的規範經多邊談判後被取消，發展成為連續的多種纖維協定。自 1970 年代開始，經過多次的多邊貿易談判逐步將關稅談判擴展到許多非關稅政策，最後導致了 WTO 的創立。其次，本章將依序介紹 GATT 的宗旨與目標、GATT 各回合談判之介紹與 WTO 的成立，接下來再予以說明 WTO 與 GATT 的原則以及 WTO 最新發展與坎昆會議，最後再針對 WTO 對我國之意義予以討論。

表 14-1　從 GATT 到 WTO: 大事

日　期	事　件
1947	GATT 草案完成，並記錄 23 個國家間的關稅談判結果。
1948	GATT 暫時適用議定書生效，其包括 GATT 的 ITO 憲章（哈瓦那憲章）草案完成。
1949	進行安尼西回合關稅談判，13 個國家參加。
1950	中華民國退出 GATT。美國政府放棄敦促國會審議通過 ITO 的努力。
1951	進行多奎回合關稅談判。會議期間成立相關委員會，負責有關使用貿易措施保護及國際收支平衡問題。
1955	在審評會議中對 GATT 的多數條款作了修改，通過建立貿易暨合作組織，但使 GATT 轉為正式國際組織的行動失敗。
1956	第 4 回合多邊貿易談判在日內瓦舉行。
1960	狄倫回合開始（1961 年結束）。
1962	紡織品長期協定開始談判，該協定在 1967 年被重新討論並在 1970 年後再延長了三年。
1965	第四篇關於「貿易與發展」被納入在 GATT 規範內，建立傾向於開發中國家的新貿易政策準則。
1973	東京回合開始（1979 年結束）。
1974	關於紡織品貿易的協定─多種纖維協定開始實施，把進口增加率限制在每年 6%。它在 1977 年和 1982 年被重新談判，並於 1986 年、1991 年和 1992 年被延長執行。
1982	GATT 部長級會議商議建立新的 MTN 工作計畫。
1986	於 punta del Este 展開烏拉圭回合談判。
1990	於布魯塞爾舉行部長會議。
1992	12 月於日內瓦完成最後文件初稿。
1993	美法英德四強在 G7 高峰會議就市場進入問題獲得突破，12 月結束後完成大部分談判。
1994	4 月 15 日，部長會議在馬拉喀什簽署了建立 WTO 和實施烏拉圭回合的最終協定。
1995	WTO 協定開始生效。

 隨堂測驗

布列敦森林會議產生何種重要國際經濟組織? 其主要功能為何? 試扼要說明之。
（87 年外交特考）

第一節 GATT 的宗旨、原則及各回合內容

1. GATT 宗旨

1947 年「關稅暨貿易總協定」(General Agreement on Tariffs and Trade，稱為 GATT 1947)，全文係於 1969 年 1 月 1 日正式生效（原始協定於 1948 年 1 月 1 日生效），其包括自 1958 年 11 月以來之修正部分；之後，經過八次回合談判，歷經將近 50 年時間，於 1994 年修正完成協定內容（稱為 GATT 1994），且明確指出關稅暨貿易總協定之宗旨：

⑴強調締約國間必須依據互惠互利之原則進行貿易協商。

⑵在不歧視原則下，逐步削減關稅及非關稅措施。

⑶擴大貿易往來，並加速商品和服務的生產與貿易。

⑷提高生活水準，確保充分就業，加速提高實際收入和有效需求的持續增長。

⑸確保開發中國家在國際貿易中獲得與已開發國家相對的利益。

2. GATT 1947 基本原則

由於 GATT 成立主要目的在於消除締約國彼此間貿易障礙，並基於下列三個基本原則，來建立起一個自由貿易的經濟體系。

⑴無歧視原則：凡是 GATT 締約國必須接受最惠國待遇 (Most-Favored-Nation Treatment, MFNs)，並公平普遍地適用於所有的締約國，亦即不可對單獨國家施以不同之差別待遇，以達到全面降低關稅並促進貿易自由化的目標。締約國彼此間須依最惠國待遇相互採用優惠稅率，但可對非締約國採取較高稅率。

⑵關稅保護原則：即締約國為保護其國內工業只限於使用關稅的手段來作為貿易政策工具，而配額或是其他管制工具則不得使用，但以下情形例外：①以配額保護本國農業；②以非關稅手段（配額、補貼、外匯管制）等貿易工具來解決國際收支問題。

⑶諮商性原則：各締約國應該在 GATT 所規範的談判架構下，進行多邊關稅減讓與貿易政策的協商，將貿易障礙所導致的損失降到最小，並透過多邊協商以獲得最大共識。

3. GATT 1994 主要規範性原則

由 GATT 的基本原則延伸出以下主要規範性原則

(1)普遍最惠國待遇原則：係指任一國對於來自或輸往其他國家之任一商品，與來自或輸往所有其他國家之同一商品，均給予相同之待遇。

(2)國民待遇原則：係要求締約國對於進口到其國內之其他締約國家商品，給予不低於其本國商品之待遇。

(3)諮商性原則：締約國對於在經貿議題上之爭議，必須基於平等、互惠原則之下來進行諮商，避免不必要的誤會產生。

(4)普遍消除數量限制原則：任一締約國對於其他締約國家間有關商品之輸入或輸出，除課徵關稅、內地稅或其他規費外，不得以配額、輸出入許可或其他措施禁止輸出入等數量上之限制，除非有少數例外情形，如基於國家安全考量等因素。

(5)關稅減讓原則：係指任一締約國自其他締約國輸入其關稅減讓表內所列之商品時，輸入國不得課徵超過載於其關稅減讓表內所承諾之約束稅率。

(6)減少非關稅障礙原則：締約國對於非關稅障礙之各種貿易措施，例如，關稅估價、輸出入手續、產地標示、反傾銷稅與平衡稅及補貼等，均應符合 GATT 1994 之規定，避免對正常貿易造成妨礙。

第二節　GATT 各談判回合之介紹

　　GATT 主持了 8 個回合的多邊貿易談判，整理如表 14–2，並摘要了談判的主要內容，前 5 個回合全部為關稅談判，但從甘迺迪回合開始，談判焦點開始轉移到非關稅貿易障礙和農產品貿易等相關議題。雖然甘迺迪回合僅僅討論了 GATT 中的非關稅障礙，但東京回合則致力於不具 GATT 規則管轄的相關貿易政策之談判（如政府採購和貿易技術障礙）。烏拉圭回合之前，各回合談判主題很少提及有關服務貿易、智慧財產權和原產地規定等議題，但在烏拉圭回合則得到熱烈的討論。

1. 早期的幾個回合

　　多邊貿易談判 (MTN) 的第一個回合是 1947 年的日內瓦回合，GATT 就是這回合談判下的結果，達成了約占世界貿易量一半且將近 45,000 項商品的關稅減讓，其中參與談判的 23 個國家同時也是哈瓦那憲章的起草者（共 56 個國家參與）。GATT 建立之後很快又舉行了多個回合的貿易談判，但這些回合當中卻沒有一個能夠達到與 1947 年談判訂定之平均關稅減讓一樣的水準。

表 14-2　　GATT 各回合談判

年　度	回合	地　　點		談判主題	結　　果	參加國數
1947	1	第一日內瓦回合 (The Birth of GATT)		關　稅	達成 45,000 項關稅減讓	23
		地　點	日內瓦			
1949	2	安尼西回合 (Second Round at Annecy)		關　稅	適度地降低關稅	13
		地　點	安尼西			
1951	3	多奎回合 (Third Round at Torguay)		關　稅	達成 8,700 項關稅項目減讓	38
		地　點	多　奎			
1956	4	第二日內瓦回合 (Fourth Round at Geneva)		關　稅	適度地降低關稅	26
		地　點	日內瓦			
1960～1961	5	狄倫回合 (Dillon Round)		關　稅	1957 年歐體建立後進行關稅調整；約 4,400 項施行關稅減讓	26
		地　點	日內瓦			
1964～1967	6	甘迺迪回合 (Kennedy Round)		關稅及反傾銷措施	已開發國家平均降稅 35%，30,000 項關稅約束；反傾銷和海關估價協議	62
		地　點	日內瓦			
1973～1979	7	東京回合 (Tokyo Round)		關稅、非關稅措施及各項相關規定，如：輸入許可證程序、海關估價、技術性貿易障礙、牛肉及國際乳品協定等	已開發國家平均降稅 1/3（工業製成品達 6%）；所謂的非關稅措施的原則，適用於所有 GATT 成員	102
		地　點	日內瓦			
1986～1994	8	烏拉圭回合 (Uruguay Round)		關稅、非關稅措施、服務業、智慧財產權、爭端解決、紡織品、農業、設立 WTO 等	已開發國家平均降稅 1/3；農業產品和紡織品被列入 GATT；創立 WTO；服務暨貿易總協定和智慧財產權協定	123
		地　點	日內瓦			

資料來源：整理於經濟部國貿局網站 http://cwto.trade.gov.tw

2.狄倫回合（Dillon Round, 1960～1961 年）

　　隨著 1957 年歐洲經濟共同體的建立，GATT 舉行了一系列大幅度關稅減讓談判，但規定任何關稅同盟或自由貿易區的建立都不能對其他 GATT 締約國提出更高的保護關稅。由於關稅同盟的建立而使會員國提高了關稅來進行貿易保護，使得受到負面影響的非會員國有權要求賠償，但此舉導致原本與歐體的雙邊談判發展成為一多邊談判架構，此回合以當時倡導談判的美國副國務卿狄倫 (Dillon) 而命名，但因

只涉及關稅減讓的談判，故其成果不大。

3. 甘迺迪回合（Kennedy Round, 1964～1967 年）

當歐體發展成全面的關稅同盟之後，特別是在農產品方面，美國開始感覺到它的保護主義傾向，甘迺迪政府於是在 1962 年向國會提出了有關相互削減關稅的立法，即所謂的貿易擴展法案 (Trade Expansion Act)，來針對此一情事進行規範。

甘迺迪回合與以前談判的主要不同是它必須全面地削減關稅，但依據什麼樣的準則則成為美國與歐洲國家爭論的焦點。以美國角度來看則贊成「線性減稅」，即所有商品都按同一比例減稅；而歐體則主張「比例減稅」，亦即關稅稅率高的商品減稅的幅度要比較大，這是因為歐體整體的關稅稅率要比美國低得多。最後雙方進行談判所同意的準則是「線性減稅」，使所有關稅減少 35%。

甘迺迪回合的另一個特點是針對五種「敏感性」商品（鋁、化學品、紙和紙漿、鋼、紡織品和服裝）建立了五個小組進行討論。這些小組的建立使得相關利益團體有了很大的遊說 (Lobbying) 空間，進而限制了政府的談判能力，使得互惠原則更難實現（因為每組內的貿易收支情形常常是很不平衡的）。甘迺迪回合談判使已開發國家關稅降低約 36%～39%，並影響世界貿易總值達 75%。

4. 東京回合（Tokyo Round, 1973～1979 年）

在東京回合談判期間，世界局勢變得相當緊張，特別是兩次石油危機的發生。由於非關稅障礙不斷增加，美國、歐體和日本之間的貿易關係也變得詭譎多變起來。許多列入甘迺迪回合議程但又沒有解決的問題又重新被提了出來，其中包含有農業問題、非關稅障礙問題等等。

東京回合在關稅減讓準則經過激烈辯論後有關關稅談判的進展並沒有再遇到挫折，經過四年的討論，終於達成了一個所謂「瑞士準則」的協議，其公式如下：

$$t_1 = \frac{C \cdot t_0}{C + t_0}$$

其中 t_0 是期初關稅，t_1 為期末關稅（都以百分率表示）。談判結果訂定下來的關鍵係數 C 值為 16。應用該準則後，名目關稅率得到了大幅度的削減，其結果見表 14–3。值得注意的是，在關稅減讓之前關稅稅率結構是遞增的，但運用瑞士準則之後，這種遞增性就更強了。

東京回合亦就有關商業政策的規範加以討論，針對非關稅障礙、部門問題、關稅、農業、熱帶產品及保障（緊急保護）等分設研究小組，其中有關非關稅障礙的

表 14–3　東京回合的減稅結果

| | 關稅率 (%) * | | |
	東京回合前	東京回合後	減幅 (%)
全部工業品	7.2	4.9	33
原料	0.8	0.4	52
半成品	5.8	4.1	30
最終成品	10.3	6.9	33

* 經最惠國進口加權後的平均數。

資料來源：Sodersten and Geoffrey (1994), *International Economics*, p. 364.

小組又歸類成了五個分組，其分別為：①關於技術障礙的分組、②關於數量限制的分組、③關於補貼的分組、④關於政府採購的分組以及⑤關於關稅事項的分組，然因這些問題多涉及法律層面需多邊談判，故成效不彰。總而言之，東京回合在關稅減讓方面取得了成功，但在其他許多問題上卻沒有多大進展。

5.烏拉圭回合（Uruguay Round, 1986～1994 年）

東京回合結束以後，世界經濟再度陷入了衰退狀態主要原因是經濟不景氣，當時世界上主要三個經濟體：美國、日本和歐體，其貿易摩擦也日益加劇。美歐的衝突集中在農業問題上；其次，美日關係上，美國則希望日本對外開放市場，特別是美國農產品的開放；最後，歐日的關係上，則要求日本放慢對歐體出口的成長。由於保護主義的抬頭，此時採取多邊談判會比雙邊談判，少受到來自美國和歐體的直接壓力；而一些工業發達的小國如亞洲四小龍，則希望能夠遏制三大經濟體的貿易保護措施，其它農產品出口國關心的則是美國與歐體對農產品的生產補貼，所會對世界市場造成的影響。

烏拉圭回合談判從 1986 年開始，到 1993 年 12 月 15 日落幕，共歷時 8 年，中間幾經周折，最後終於達成了將近 40 個協議和決定的最後文件。烏拉圭回合談判最重要成果有：⑴關稅減讓有更顯著之效果；⑵簽署 WTO 協定（共六項，前五項具國際法上約束力，第六項為選擇性議題），並區別為多邊協定（具有強制性）及複邊協定（具有選擇性）；⑶成立世界貿易組織。

烏拉圭回合為 GATT 史上規模最大、影響最深遠之回合談判。談判之內容包括商品貿易、服務貿易、智慧財產權與爭端解決等。烏拉圭回合最終乃決議成立 WTO，使 GATT 多年來扮演國際經貿論壇之角色正式取得法制化與國際組織法人的地位。更重要的是，WTO 成立爭端解決機構，其所作之裁決對各會員發生拘束力，使國際貿易規

範得以有效地落實。由於參加烏拉圭回合的國家數目為歷年來最多，高達 123 國，其裁決對會員之約束力大且最具代表性。最後，決議 WTO 與 GATT 並存一年至 1995 年 12 月 31 日，即自 1996 年 1 月 1 日起完全由 WTO 取代。

有關全面降低關稅，在烏拉圭回合談判中為促使更進一步市場開放，且不同於過去回合關稅調降僅集中在少數工業品的方式，而採取工業品、農產品全面性降低關稅的方式進行。

⑴工業品：各國關稅以 1986 年為基期，自 1995 年開始分 4 年五階段調降，平均降幅達 40% 左右，部分產品包括製藥、營建設備、醫療器材、鋼鐵、農機、烈酒、啤酒、傢俱等八大項目，以達到零關稅之目標。

⑵農產品：以 1986 年至 1988 年之 3 年平均數為基期，已開發國家未來 6 年關稅平均削減 36%，開發中國家在未來 10 年平均削減 24%。許多受非關稅措施保護的農產品，除稻米等可適用特殊待遇外，其它須以關稅方式開放市場。各國依據經濟實力來減免關稅，可依照不同年限逐步達成關稅減讓及貿易自由化的理想。

由於在 WTO 協定中並未規定各國農、工業關稅減讓之幅度及期程，希望各國透過雙邊談判方式，以 WTO 協定附件之形式將各國之關稅減讓表附加在協定之後。一旦各國所做的關稅減讓經載入關稅減讓表中，即受到約束 (Binding)，除非重新談判否則不得隨意調高。

另外烏拉圭回合首次將貿易規則擴大到服務業，達成服務暨貿易總協定 (General Agreement of Trade in Services, GATS)，並就與貿易相關的智慧財產權及投資措施達成協議。其不僅要求各締約國對外國的服務給予最惠國待遇和國民待遇，而且要求它們具體承諾開放市場，並依據其國內政策和經濟水準，逐步開放全部或個別服務部門，且可允許開發中國家減少開放一些相關服務部門。

在智慧財產權方面，則要求對版權、商標、專利、工業設計、積體電路的外觀設計等，實行充分有效的保護。規定版權的保護期限准予從出版之年算起至少 50 年；商標至少 7 年，並允許商標無限地展期；工業設計不得少於 10 年；而專利自登記之日起不少於 20 年。協議中把化工、醫藥和食品納入保護範圍，要求各締約國的國內立法或行政程序與協議保持一致，並規定司法當局有權命令當事人停止對智慧財產權的侵權行為。

在與貿易相關的投資措施方面，要求各締約國通報所有對貿易有限制或形成扭曲的相關規定，並規範已開發國家在 2 年內、開發中國家在 5 年內、低度開發國家

在 7 年內取消這些規定。由於烏拉圭回合給予低度開發國家的商品貿易特別優惠，配合與其行政制度相互一致的義務、責任和減讓，來發展其有關的金融和貿易。最後同意通過授權進行定期審議，保證有效施予特別優惠措施，提供有實質性成長的技術援助，尋求有利於拓展貿易的各種機會。

第三節　WTO 的成立

由於 GATT 僅為一「暫時適用議定書」的型式，不具有國際法人地位及約束力，於是各締約國於第八次烏拉圭回合談判完成後同意建立世界貿易組織 (WTO)，以有效執行烏拉圭回合於 1993 年 12 月 15 日所通過的各項協定。1994 年 4 月在北非摩洛哥馬拉喀什 (Marrakesh) 舉行的部長會議，各國部長簽署「馬拉喀什設立 WTO 協定」(Marrakesh Agreement Establishing the World Trade Organization)，將維持世界經貿秩序責任交由 WTO 執行。

WTO 是以全球貿易持續自由化為目標，並負責國際貿易規範的制定與執行。其設立目的在執行原有之關稅暨貿易總協定 "GATT 1947" 及歷年來各次回合談判所作修改及決議統稱為 "GATT 1994" 的另一獨立協定，並納入 WTO 之規範。WTO 範圍除了 GATT 傳統規範之商品貿易外，更進一步擴及與貿易相關之投資、智慧財產權、服務業及農業市場開放等項目，並自 1995 年起，WTO 正式成為具有國際法人資格的組織，並以瑞士日內瓦為其總部。

1. WTO 宗旨

根據馬拉喀什設立世界貿易組織協定，說明其宗旨四點如下：

⑴為提升生活水準、確保充分就業、擴大並穩定實質所得與有效需求、加速商品與服務貿易之產出為目標，透過會員彼此間貿易及經濟方面之關係，達成世界資源之最適配置並尋求環境保護與永續發展。

⑵基於互惠及互利之原則，大幅調降關稅及逐步消弭貿易障礙，並廢除國際貿易關係間之歧視待遇。

⑶針對低度開發國家，給予優惠措施並協助其經濟發展之需要，以促進國際貿易之成長。

⑷建立一套完整且靈活運作之多邊貿易制度，並整合世界貿易之發展。

2. WTO 理念與規範

WTO 多邊貿易體系之基本理念基於開放、平等、互惠與互利之貿易原則，在建立一個自由、公平之國際競爭與貿易的環境，達到資源最適配置來提升全球生活水準，並協助開發中國家或低度開發國家之經濟發展。而 WTO 之基本理念規範有三項，分別說明如下：

(1)會員國無歧視性原則：無歧視對待原則可分為對外，對內關係上來看

　①對外關係上

　　GATT 1994 第 1 條所規定各會員國基於平等原則上給予其它會員國最惠國待遇 (MFNs)，以達成貿易減讓成果。此規定亦適用於「與貿易有關之智慧財產權協定」(TRIPs) 及「服務暨貿易總協定」(GATS) 之相關規定。但允許例外原則，如關稅同盟、自由貿易區及對開發中國家之優惠措施等，並在符合一定條件下，對於不公平競爭之商品，採取反傾銷，防衛與平衡措施等予以保護。

　②對內關係上

　　商品一旦進入本國市場後，應享受與同類本國商品相同之待遇，如內地稅及其他貿易措施。以符合 GATT 1994 第 3 條有關「國民待遇」(National Treatment) 之規定，國民待遇原則以不低於本國相同商品待遇亦適用於服務業貿易及智慧財產權相關領域。對於 WTO 架構下的政府採購協定及民用航空器貿易協定等兩項複邊協定，以不低於其給予本國產品、服務及供應商的待遇的適用範圍，同時不得對其他會員有任何差別待遇。

(2)漸進式開放市場及可預期性：在烏拉圭回合談判之範圍，除大多數關稅分為五年調降外，亦擴至非關稅貿易障礙，並納入服務業貿易及智慧財產權之討論。GATT 歷經八次多邊談判結果，關稅已大幅調降，且關稅約束的範圍亦為擴大。某些商品甚至降至零關稅，來為市場開放作調降關稅之承諾。GATT 1994 第 11 條規定，除稅率之上限應受約束外，各國不得對商品之進出口設置配額，且不得對進口產品有差別待遇，說明了市場開放之預期主要決定於關稅及進口稅捐。並描述：①關稅及進口稅捐的實施使各國原則上不得對商品之進出口設置配額，②農產品之非關稅限制（如數量限制、最低進口價格）應轉為關稅，並分六年調降，而對於補貼方式則應逐年削減。

(3)促進產業轉型與公平競爭：WTO 有近 $\frac{3}{4}$ 會員為正屬於經濟轉型之開發中國家，且在談判中所扮演角色越趨重要。WTO 貿易暨發展委員會亦提供技術協助給這些國家，幫助其經濟成長。為促進公平競爭，各會員國需以公開、自由、正義為原則來促進貿易。例如，TRIPs 對涉及概念與創意部分來改善其競

爭條件；而 GATS 則在服務貿易方面建立公平競爭的相關規範；並允許少數情況與不造成貿易扭曲效果下，得採取「限制競爭」措施以維持公平貿易。例如，反傾銷措施，平衡稅措施，關稅估價協定，原產地規則協定，防衛措施協定等。

3. WTO 之七大基本原則

由理念規範所延伸出來的概念，來建立 WTO 之七大基本原則如下：

⑴最惠國待遇原則 (MFNs)：強調無差別與歧視待遇，並以同等優惠措施對待其它會員國。

⑵國民待遇原則 (Most-Favoried National Treatment)：基於對等互惠的觀點來進行關稅減讓，為 GATT 主要目的，給予不低於其本國商品之待遇。

⑶漸進自由化原則 (Progressive Liberalization)：保護方式希望僅限於關稅，並反對非關稅貿易障礙的進行，在互惠原則下逐步開放市場。

⑷對開發中國家予以優惠待遇原則 (More Favorable Treatment to Developing Countries)：對於開發中國家，特別是低度開發國家，輔助其經濟成長，對於進出口商品給予特別優惠。

⑸可預測性原則 (Predictability)：根據相關貿易制度的建立，預測市場開放程度。

⑹公平競爭原則 (Level-playing Field)：在不違反自由的貿易原則及市場競爭效率下，追求各會員國福利水準的極大。

⑺透明化原則 (Transparency)：所有貿易相關資訊皆須公開，達到貿易資源最適配置。

4. WTO 功能

依據 WTO 協定第 3 條的規定，根據目前工作重點所建立之功能有四項，現說明如下：

⑴管理及執行 WTO 各項協定，建立運作架構：各會員國須將執行 WTO 各項協定情形通知各相關貿易委員會，透過全體會員的監督，確實各項工作之執行，並管理及監督世界貿易組織之各項議題。WTO 議題可分為兩大類：

①多邊貿易協定 (Multilateral Trade Agreements)

包括「GATT 與其他商品貿易協定」、「服務暨貿易總協定 (GATS)」、「與貿易有關之智慧財產權協定 (TRIPs)」、「爭端解決瞭解議定書」、「貿易政策檢討機制」。

②複邊貿易協定 (Plurilateral Trade Agreements)

包括「民用航空器貿易協定」、「政府採購協定」、「資訊技術產品協定」。

⑵提供經貿談判論壇：提供會員一個諮商與尋求商務機會的論壇，並有助於會員國間多邊貿易協商之進行。例如，在 2001 年 11 月通過杜哈發展議程 (Doha Development Agenda) 之後，WTO 已正式展開新一回合多邊談判之工作，並設立「貿易談判委員會」來推動相關貿易談判工作之進行。

⑶貿易政策檢討與爭端解決機制之建立：WTO 會定期檢討會員國貿易政策，並加以整合以達到貿易資源最適配置，在符合 WTO 規範下使貿易政策更加透明化。此外，WTO 自成立以來最引人注目之成就，係建立一個具有貿易判決的爭端解決機制。在 WTO 所有會員國共同監督之下，針對控訴國對被告國之指控進行調查，一旦判決確定，敗訴國要在一定期間內修改其國內法律並進行賠償。迄 2004 年 2 月底止，WTO 共受理 306 個爭端案件。

⑷加強與其他國際經貿組織之合作，並協調世界經濟政策之進行：WTO 為執行各項貿易相關協定及借用其他專業性之技術專長等目的，必須與聯合國專門機構如：國際貨幣基金 (IMF) 及國際復興暨發展銀行 (IBRD) 等進行密切之合作，以有效的達成國際貿易的實質面（商品交易）與金融面（貿易融資）的相互支援，使各國貿易收支帳能夠達到均衡。

5. WTO 架構

根據 WTO 協定第 2 條及第 3 條所揭示 WTO 之運作範疇及所期望發揮的功能外，協定中第 4 條亦說明 WTO 組織架構及相對執掌的層級架構。WTO 最高決策之機構為「部長會議」，其下設有「總理事會」、「爭端解決機構」及「貿易政策檢討機構」負責日常事務。另外，總理事會下設有「商品貿易理事會」、「服務貿易理事會」、「貿易與環境委員會」以及「與貿易有關之智慧財產權理事會」，依據其功能與所賦予之職權，推動相關業務之執行。

負責處理 WTO 日常行政事務的是 WTO 秘書處，雖非業務推動機構，但卻是主導 WTO 運作之樞紐。由秘書長 (Director-general) 所掌理，來協助各國執行 WTO 所屬各機構之決議事項，現將 WTO 組織架構圖示如圖 14-1。

資料來源：經濟部國貿局。

圖 14-1　WTO 組織架構圖

6. WTO 會員國組成

成為 WTO 之創始會員國 (Origional Membership) 是能遵守烏拉圭回合協定的 GATT 締約國，並能夠接受有關市場開放之減讓承諾表及有關服務業之特別承諾表者。凡未能在 WTO 生效前完成入會手續之國家，必須依據 WTO 協定第 12 條規定之申請程序加入 WTO，除進行資格審查外，也須經會員國 $\frac{2}{3}$ 以上之投票通過，始可入會。有關新會員之加入 (Accession) 規定，任何國家依其商務關係及多邊貿易協定之相關事項，享有個別關稅領域之充分自主權，並得依其與當事國雙方同意之條件加入成為新會員國，其入會之決議須有 $\frac{2}{3}$ 以上會員同意方可。

7. WTO 決策方式

根據 WTO 協定第 9 條第 1、2、3 項及第 10 條規定說明如下：

⑴決策通則（第 9 條第 1 項）

　主要原則以共識決為基礎，儘量避免票決。當決議無法達成時，除另有規定外，每一會員國均有一票來表達自身立場，以符合民主程序。

⑵多數決（須經 $\frac{3}{4}$ 以上多數通過）（第 9 條第 2，3 項）

　票決：以一會員國一票為原則，並以多數決達成決議。其限定票決事項如下：

　①任何多邊協議，應以 $\frac{3}{4}$ 多數決通過。

　②有關豁免特定會員義務，理事會須於 90 天內以共識決方式達成協議，如在期限內無法達成，則以 $\frac{3}{4}$ 多數決通過。

⑶多邊協定條文修正案（第 10 條）

　依修正案性質之不同，分別由全體會員國 $\frac{3}{4}$ 多數決或 $\frac{2}{3}$ 決議接受後方生效。若涉及會員權利義務之改變，如退出 WTO 可在 $\frac{3}{4}$ 會員表決同意後，撤銷其資格。

⑷新會員加入

　須經部長會議 $\frac{2}{3}$ 通過，但 1996 年後修改為採共識決方式，但原條文以 $\frac{2}{3}$ 表示通過仍有效。

實務上 WTO 係以「共識」(Consensus) 之方式作決策。如無法達成共識時，可以「投票」之方式進行表決（一會員一票）：

⑴解釋協定條文時：應獲得會員 $\frac{3}{4}$ 多數贊成票。

⑵豁免協定義務時：應獲得會員 $\frac{3}{4}$ 多數贊成票。

(3)修改協定條文時: 部分條文之修改, 應獲得全體會員之同意; 其餘條文之修改, 則應獲得會員 $\frac{2}{3}$ 多數贊成票, 惟修改之結果僅適用於投票贊成之會員。

(4)接受新會員入會時: 由各會員在部長會議或總理事會中以 $\frac{2}{3}$ 多數贊成票決定。

(5)複邊貿易協定之決策: 依各該複邊協定之相關規定辦理。

8. WTO 協定

WTO 協定內容除馬拉喀什設立世界貿易組織協定外, 亦包含附件 1A: 商品貿易多邊協定; 附件 1B: 服務暨貿易總協定; 附件 1C: 與貿易有關之智慧財產權協定; 附件二: 爭端解決規則與程序瞭解書; 附件三: 貿易政策檢討機制; 附件四: 複邊貿易協定。

表 14-4　馬拉喀什建立世界貿易組織協定法律結構表

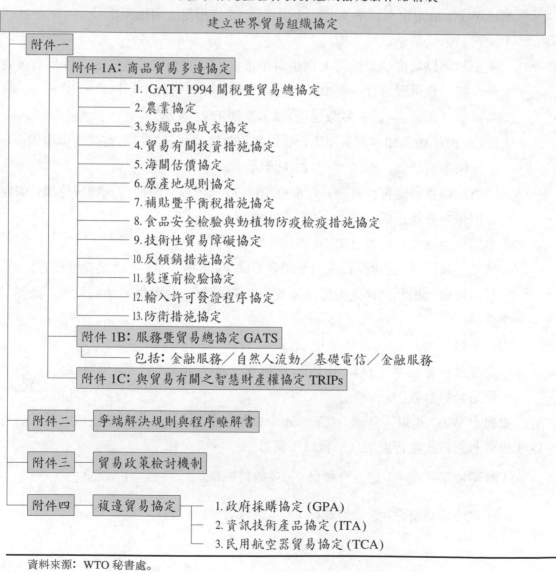

資料來源: WTO 秘書處。

在 WTO 協定中包含以下六大規範協定現分別說明之：

一、商品貿易多邊協定

有關於商品貿易多邊協定內容共有 13 項協定。概述如下：

1. 關稅暨貿易總協定 (GATT)

關稅暨貿易總協定 (General Agreement on Tariffs and Trade, GATT) 全文係於 1969 年 1 月 1 日生效，包括自 1958 年 11 月以後再加上經過八次回合修正部分，並增加了第四篇有關貿易及發展之規定，為各締約國所同意接受。故 GATT 1994 之內容包含了四篇本文，共計 38 條條文。

表 14–5　GATT 1994 條文

GATT 1994	
第一篇	一般最惠國待遇(1)，減讓表(2)
第二篇	國民待遇之內地租稅與法規(3)，關於電影片之特殊規定(4)，過境運輸之自由(5)，反傾銷稅及平衡稅(6)，關稅估價(7)，輸出入規費及手續(8)，產地標示(9)，貿易法令公布及施行(10)，數量限制之普遍消除(11)，為保護收支平衡之限制(12)，非歧視性數量限制之施行(13)，不歧視原則之例外(14)，匯兌管理(15)，補貼(16)，國營貿易事業(17)，經濟發展之政府協助(18)，特定產品輸入之緊急措施(19)，一般例外(20)，國防安全之例外(21)，諮商(22)，取消或損害(23)
第三篇	領域適用、邊境貿易、關稅同盟及自由貿易區(24)，各締約國之共同行為(25)，接受、生效與登記(26)，減讓之停止或取消(27)，減讓表之修正(28)，本協定與「哈瓦那憲章」之關係(29)，本協定之修正(30)，本協定之退出(31)，本協定之締約國(32)，本協定之加入(33)，本協定之附件(34)，本協定於特定締約國間之排除適用(35)
第四篇	貿易與發展原則與目標(36)，承諾(37)，聯合行動(38)

2. 農業協定 (AG)

農業協定 (Agreement on Agriculture, AG) 為 WTO 所重視之議題之一，為了農業貿易活動之進行，使之趨於公平競爭與市場導向，讓進出口當事國對於農業貿易活動的進行能增加彼此信心，以提昇其農業的可預測性及安定性；此外，農業協定針對市場進入、境內支持與出口補貼之承諾、減讓與削減，均設有執行期限，就已開發國家而言，其執行期限為 6 年；開發中國家則延長為 10 年。

3. 紡織品與成衣協定 (ATC)

有關紡織品與成衣之國際間貿易，隱藏著許多的限制措施，由於所涉及的是雙

邊協議的過程，而此等協議大部分係涵蓋於所謂的「多種纖維協定」(Multifiber Arrangement, MFA) 中，使若干國家可以針對特定國家的紡織品及成衣商品的出口，設定數量限制，以保護其國內紡織業者。烏拉圭回合紡織品與成衣協定 (Agreement on Textiles and Clothing, ATC) 之設立目的，即在訂定一套各會員應共同遵循之規範並在多種纖維協定措施完全取消以前之過渡期間內，要求各會員國逐步放寬其限制。原本各會員國在先前 MFA 下所實施之限制措施，應逐步「回歸」至 GATT 規範中，而受雙邊配額約束之紡織品及成衣，也應分階段逐步放寬限制標準來促進貿易自由化。其採行紡織品與成長自由化措施可分兩類：

(1)回歸 GATT 措施：關於列入回歸名單之特定商品（含毛料、紗、布、成衣、製成品等），以 1990 年進口量為基準，並自 1995 年起逐年回歸。

(2)放寬設限數額：依據雙邊配額管制之標準，以 1994 年之限額數及成長率為基準，分階段提高成長率，來增加配額數，並要求所有紡織品及成衣至 2005 年 1 月 1 日起全部回歸 GATT 規範。

4. 貿易有關之投資措施協定 (TRIMs)

為因應全球化的趨勢，各國對第三國市場之投資所引發之貿易相關問題，就需要討論，特別是已開發國家對開發中國家之投資。「貿易有關之投資措施協定」(Agreement on Trade-Related Investment Measures, TRIMs) 的簽訂，將原本沒有在 GATT 規定之下有關投資議題重新納入 TRIMs 評估，並檢討 TRIMs 措施與相關競爭政策。為了回應開發中國家之要求，規定在 5 年內需重新檢討相關投資措施，以合乎全球平衡發展。

由於 TRIMs 所規範的範圍僅限於與貿易有關之投資措施，且不得違反 GATT 第 3 條（國民待遇）及第 11 條（數量限制）來規定可進行之投資措施。對於不符合 TRIMs 之投資措施，各會員國須善盡通知之義務，且自 WTO 協定生效日起，已開發國家須在 2 年內，開發中國家須在 5 年內，低度開發國家須在 7 年內，取消不符合規範的貿易有關之投資措施。

5. 海關估價協定 (CV)

海關為各國貿易之最前哨，針對各項商品進口，以及關稅之課徵具有嚴格把關之功效。而進口商品之關稅課徵，各國就進口關稅之計算方式有採從量課徵，但大多數之情形仍係採取從價課徵方式為之，且以未稅價格為主。根據 GATT 1994 第 7 條規定，有關完稅價格之認定係以「交易價格」為主要評估依據。烏拉圭回合後之

海關估價協定 (Agreement on Customs Valuation, CV) 亦係採用交易價格作為進口商品估定應稅價值之基礎，並嚴格監控關稅估價制度。針對商品之估價應力求公平、一致及保持中立，避免採用虛構之應稅價格或獨斷地自行決定，以充分反映市場的供需情形。

6.原產地規則協定 (RO)

由於商品的製造日趨多元，加上多國籍企業之全球佈局，往往商品之特殊零組件須從他國引進，甚至在第三國組裝，導致商品的原產地不知在何處，故有訂定原產地規則之需要。所謂的原產地規則，係指為有形商品確定之生產製造之來源所訂定之規範。由於各國對原產地之規定並不一致，導致其有可能被用來作為貿易政策之工具以規避銷售國之市場限制，故在烏拉圭回合談判時達成共識，制訂之原產地規則協定 (Agreement on Rules of Origin, RO)，來確保因原產地規則制定所造成之貿易障礙，在符合公平性、透明化、可預測性、一致性及合理性等原則，要求會員國予以遵守，並以正面表列方式為主，負面表列方式為輔的方式來對商品原產地之規範予以監管。原產地規則協定依國際商品統一分類制度所列之章節方式，以商品類別為基礎，來進行分類工作，而有關原產地之認定可分為下列兩種情形：

⑴商品之生產或製造過程僅涉及一個國家者:指商品係在一國生產、製造或完全在一國國內取得時，此一國家即為該商品之原產地。

⑵商品之生產或製造過程涉及兩國或兩國以上者:倘若兩國或兩國以上對商品之生產均有同時參與時，應依照「實質轉型標準 (Substantial Transformation Criterion)」加以決定。對於實質轉型標準之認定，原則上以「稅則號列之變更」為;如有例外情形時，則改以「從價百分比」或「製造或加工作業」之標準認定。

7.補貼暨平衡稅措施協定 (SCM)

為了出口競爭，一國往往會針對其出口商品予以生產或銷售的補貼，有助於廠商利益的保護。另一方面，其對手國對另一國補貼之商品，基於同業經爭之考量，會課以平衡稅，以避免貿易扭曲現象的發生。一般而言，補貼係為許多國家用來做產業發展之貿易措施，對產業競爭有相當大的影響力;此外，為了獎勵投資，一國政府經常對國內廠商施予生產補貼，藉此作為抑制進口同類商品或刺激本國商品出口之方法。為有效規範因實施補貼措施所造成之貿易扭曲，故 WTO 必須對一國所採行之補貼措施納入規範，並制定補貼暨平衡稅措施協定 (Agreement on Subsidies and

Countervailing Measures, SCM) 來加以防範因補貼所造成的貿易扭曲。協定中確定補貼之認定步驟為：①首先應確定該項補貼必須是政府或任何公立機構所提供之財務補助；②隨後則應確定該項補貼措施是否使得企業獲得利益；③最後確定該補貼是否具有特定性質而構成。目前國際貿易體系對於補貼之規範主要為 1995 年 WTO 補貼暨平衡稅措施協定，其最大特色在於規範具有扭曲生產與貿易效果之特定性補貼措施。補貼係許多國家用以發展產業之措施，亦為許多國家作為獎勵投資的方法，惟由於補貼對於產業競爭力有相當之影響，且對國內商品之補貼亦可以作為抑制進口同類商品或增強本國商品出口之方法，故國際貿易規範必須對於一國所採行之補貼措施納入規範。

8. 食品安全檢驗與動植物檢驗防疫檢疫協定 (SPS)

生技科學的進步及基因改造工程的提升，使得食品的分子結構發生改變；此外，為了加速食品的成長，如對牛隻注射荷爾蒙，對玉米施加胺基酸等，使食物的產量呈現倍數的增加，但是這些食物成長革命的背後，卻隱藏著其免疫系統可能降低的憂慮。食品安全檢驗與動植物防疫檢疫措施協定 (Agreement on the Application of Sanitary and Phytosanitary Measures, SPS) 訂定之目的，在於保護人類、動物或植物之生命或健康，以免受疫病侵害，並針對因食品或動植物貿易所引起的跨國傳染，來制定有效的規範。但對於有關環境保護、消費者權益及動物福利等措施，則不屬於 SPS 之保護範疇。

9. 技術性貿易障礙協定 (TBT)

由於市場的多元性以及商品製程日益趨複雜，各國對於技術規章與生產標準要求逐漸提高，加上消費者對於健康、安全及環保之意識抬頭，出口商品是否能合乎其他市場之要求，則成為一大考驗，如果這些標準以技術性的考量來規避外國商品的競爭，即構成所謂的「技術性貿易障礙」。技術性貿易障礙協定 (Agreement on Technical Barriers to Trade, TBT) 之目的，在調和各會員國間日趨多樣且複雜之技術性貿易障礙問題。基於市場競爭以及提高消費標準之考量，各會員國應確保其技術性法規之擬訂、採行或適用，在不違反貿易公平競爭的立場下，來避免此不必要貿易障礙之發生。

10. 反傾銷措施協定 (AD)

反傾銷措施協定 (Agreement on Antidumping, AD) 係訂定有關 WTO 會員採取

反傾銷措施之規範，並針對進口商品若涉及傾銷事實，以及該傾銷商品對國內生產之同類商品之產業造成實質損害，且考慮二者間具有之因果關係後，所採取之片面救濟措施。所謂「傾銷」的定義：係指出口國出口商品之價格，低於其國內「正常價格」或第三國具代表性價格或依生產成本計算之建構價格。

反傾銷報復的實施，主要在於考量實施反傾銷措施的形式與實質要件，形式要件包括通知、調查程序、事證、爭端解決等，實質要件為有傾銷之事實，及對產業造成損害。當遭到國外反傾銷控訴時，廠商常面臨的問題包括：國外調查程序不公、主管機關不當的行政裁量權、以及訴訟成本過高而放棄訴訟等。一旦傾銷案件控告成立後，業者就不得不放棄該市場，重新尋求新市場或轉移生產基地。

WTO 反傾銷措施協定（GATT 1994 第 6 條執行協定）則明確規範反傾銷稅案件成立之三項要件：(1)必須有傾銷之事實（即一國輸往他國商品的出口價格低於其在國內市場銷售之正常價格）；(2)必須有對進口國國內產業造成損害或有損害之虞，或國內產業之建立因而遭到阻礙；(3)進口國國內產業所受到之損害與進口之傾銷商品兩者之間具有因果關係。有關傾銷之詳細說明，可參閱本書第十六章。

11.裝運前檢驗協定 (PSI)

由於進出口貿易之詐騙事件層出不窮，對於商品在裝運上船之前的檢驗工作也就不得馬虎。裝運前檢驗協定 (Agreement on Preshipment Inspection, PSI)，係進口國為查證進口商品之價格、內容或品質是否屬實，而委託檢驗公司在出口國商品裝運前進行檢驗，所設置之管理辦法。檢驗公司必須為進口國在商品之生產地或進行裝運之地點，依照進口國政府與檢驗公司的委託契約所訂定之檢驗程序及條件來進行查驗。另外，裝運前之查驗亦有可能兼具其他之目的；例如，①防止高價低報、②防止低價高報、③防止進口產品之內容、品質或數量等與所申報者有所差異等。

12.輸入許可發證程序協定 (ILC)

為簡化國際貿易之管理與進出口貿易實務程序，在確保會員國之進口簽審方式符合 WTO 之規範原則下，特別制定輸入許可發證程序協定 (Agreement on Import Licensing Procedures, ILC)，來確保執行輸入許可證制度之行政程序，避免因程序不當而發生貿易扭曲，並在顧及開發中國家之經濟發展與貿易成長考量下，依據程序來進行輸入許可證的發給。輸入許可發證程序可分為兩類，即自動輸入許可及非自動輸入許可。

13.**防衛措施協定 (SG)**

　　各國為因應商品市場的競爭，並綜觀產業生態的條件下，若發生不正當的商業行為時，可制定一些保護辦法來予以規範。例如，當進口國因某項商品不正常地急遽增加，造成其國內產業受到嚴重損害或嚴重損害之虞時，未能協助產業適時的應變，緩和國際市場競爭所形成之壓力與損失，在考量 WTO 之減讓義務後，所進行之暫時性緊急措施，即稱之為「防衛措施」。其執行方式包括進口數量限制，提高關稅承諾稅率等。

　　防衛措施協定 (Agreement on Safeguards, SG) 的制定，為有效的規範這些應變措施的適用範圍，其中主要原則包括：①應為暫時發生事件，②僅能在進口商品對國內產業造成嚴重損害或有嚴重損害之虞時始能使用，③應基於非選擇性之考量否則需以最惠國待遇原則為之，④應予以漸進式自由化方式行使，⑤應對貿易受到影響的國家，提供適當的補償。

 隨堂測驗

　　下列何者為關稅暨貿易總協定 (GATT) 規範下所允許的行為? 請說明原因：
　　⑴臺灣對稻米出口給予補貼。
　　⑵臺灣對日本汽車訂定進口配額。
　　⑶臺灣對出口到美國的紡織品訂定自動出口設限 (Voluntary Export Restraints, VERs)。

二、服務暨貿易總協定

　　1994 年 4 月 15 日在北非摩洛哥馬拉喀什，123 個 GATT 締約國部長正式簽署了烏拉圭回合協議的最後法律文件，即服務暨貿易總協定 (General Agreement of Trade in Services, GATS)，並與 WTO 一起同時生效。就法理而言，GATS 包含兩大部分：一是 GATS 法律本文及若干附件；二是承諾清單及各締約國市場進入的承諾表和最惠國待遇的例外名單。GATS 是 GATT 章程的延伸，特別是有關在服務業貿易上的待遇、市場進入、最惠國待遇的條文修正，以及自由化的架構的建立。

　　GATS 最早由美國提出，基於在貿易上具有比較利益以及對多國籍公司競爭優勢之維護，倡議在烏拉圭回合談判中制定 GATS 以規範服務業貿易，而歐盟等已開發國家加以附議，但開發中國家則由反對轉為接受。

1. GATS 之源起及發展

為積極推動全球服務業貿易自由化,故於 1986 年烏拉圭回合談判中由美國主張應擴大涵蓋服務業貿易。由於 GATT 1947 早期未規範服務業貿易,故於 1991 年 12 月 20 日由 GATT 貿易談判委員會 (TNC) 提出一份預擬協議草案,其為服務暨貿易總協定的前身,至 1993 年 12 月 15 日烏拉圭回合談判才達成最終協議並正式定案,成為目前規範國際間服務業貿易之多邊協定。

2. GATS 規範之服務業貿易範圍

GATS 於第 1 條第 3 項第 (b) 款中將「服務」定義為:除「執行政府功能而提供之服務」以外之「各項服務」,並於第 (c) 款明確指出為「非基於商業基礎,亦非與一或多個服務供給者競爭所提供之服務」。根據 GATS 第 1 條第 2 項中規定服務業貿易之範圍應包括牽涉下列四層面之交易型態:茲說明如下:

(1)跨國提供服務 (Cross-border Supply):亦即傳統的商品貿易方式,可是僅就服務本身跨越國界,此種貿易主要透過通訊、運輸、郵寄等方式來提供服務,亦即服務提供者在一國境內向其他會員國境內之消費者提供服務。例如,遠距教學,跨國郵購,函授教學等。

(2)國外消費服務 (Consumption Abroad):例如,觀光,船舶飛機航往國外維修等。

(3)專業人員自然移動 (Presence of Natural Persons):指一會員國之服務提供者在他會員國境內以自然人(個人)身分提供服務,例如,服裝模特兒、工程顧問。由服務提供者移動,但消費者未移動。

(4)設立商業據點 (Commercial Presence):指一會員國之服務提供者在他會員國境內以設立商業據點方式提供服務,例如,外國銀行在他國設立營業據點。

至於何謂服務貿易業?依據 WTO 的統計資訊系統局 (SISD) 按照一般國家標準對全球服務部門進行分類,包括 11 個大類、54 個小類、16 個服務項目。所採用的分類如下:a. 商業服務業(包括:法律、會計、審計及簿記、租稅、工程、建築及獸醫等專業服務業、電腦服務業、研發服務業、租賃服務業、不動產服務業廣告及管理顧問服務業等)、b. 通訊服務業(包括:郵政、快遞服務業、電信服務業、視聽服務業等)、c. 營造服務業、d. 配銷服務業、e. 教育服務業、f. 環境服務業、g. 金融服務業、h. 健康及社會服務業、i. 觀光及旅遊服務業、j. 娛樂、文化及運動服務業、k. 運輸服務業等。

3. GATS 之內容

(1)服務暨貿易總協定條文：GATT 締約國在 GATS 下承諾開放之服務業市場，應依最惠國待遇對所有締約國開放，不得加以互惠條件或其他限制，但允許對少數部門提出最惠國待遇適用豁免或採取保留措施，各類豁免一般限用 10 年且每 5 年應檢討乙次。

(2)服務暨貿易總協定附錄：依不同任務性質所從事之服務，適用同一協定之困難，特別以附錄之方式另行規範性質特殊之服務別，包括最惠國待遇適用之豁免、提供服務之自然人移動、金融、電信、基本電信、空運及海運等 8 項。

(3)服務暨貿易總協定承諾表：依據各國服務貿易自由化程度不同，故 GATS 將市場開放及國民待遇兩原則列為特別承諾，並逐步開放市場，避免各國平等開放造成重大影響，而承諾表即為會員載明其對各類服務貿易在市場開放及國民待遇方面之限制或條件。

4. GATS 之基本原則

GATS 之基本原則分述於下：

(1)最惠國待遇原則 (Most Favored Nation Treatment)：GATS 於第 2 條第 1 項明白揭示，各會員國應無條件地給予任何其他會員國的服務和服務提供者以不低於其給予任何其他國家相同的服務和服務提供者的待遇。

(2)透明化原則 (Transparency)：GATS 第 3 條說明，除緊急情況外，會員國應將涉及或影響運作之所有一般性適用措施於生效前公佈，並將足以影響所作之特定承諾之所有新訂或增修之法律命令或行政準則，通知服務貿易理事會，並在序言當中明確指出要求服務貿易的透明度要提高，以擴大世界服務貿易的範圍。

(3)國民待遇原則 (National Treatment)：根據 GATS 第 17 條規定來自任何一會員國的服務輸出或服務出口商在任何會員國市場上，其法律規章和管理等各方面的規範要求，應與該國的服務或服務提供者享有同等優惠待遇。

(4)市場進入原則 (Market Access)：根據 GATS 第 16 條規定，可說明如下：

①關於供給方式之市場開放：會員國提供給所有其他會員國之服務及服務提供者之待遇，不得低於其已同意並載明於承諾表之內容、限制及條件。

②會員國對已提出市場開放承諾之服務項目：除非承諾表另有載明，否則不得於部分地區或全國境內維持或採行配額數量、獨占或排他性服務。

(5)符合國內規章原則 (Regulatory Situation)：GATS 賦予會員國行使制定各種新

的法規以符合其國內政策的權利，同時要求其它會員承擔義務，避免因國內法規對國際服務貿易造成解釋上的疑義與衝突。例如，司法程序、申請許可資格認定……等。

(6)漸進式自由化原則 (Progressive Liberalization)：為達成服務業貿易自由化之目標，並考量各會員經濟發展的程度不同之下，不宜要求會員貿然地對於服務業作出相同程度的市場開放，在尊重會員國整體以及個別服務對國家政策與發展之影響，來建立檢討機制，並採取漸進式自由化，以確保服務貿易目標的實現。

(7)擴大開發中國家之參與原則 (Increasing Participation of Developing Countries)：根據 GATS 第 4 條規定，各會員應通過談判達成具體承諾的方式，促進開發中國家逐步參與世界貿易，其包括：加強其國內服務能力，效率和競爭力，改善其對銷售通路和資訊網絡的利用；在具有出口利益的部門加強輔導來實現市場自由化的目標。

三、與貿易有關之智慧財產權協定 (TRIPs)

與貿易有關之智慧財產權協定為目前國際間提供智慧財產權種類保護最為廣泛接受之單一多邊協定，其保護範圍包括著作權、商標、專利、地理標示、工業設計、積體電路布局、未公開資訊等，並強調最惠國待遇、國民待遇及執行等，以下針對其內容來加以探討。

1. 重要性

烏拉圭回合談判中首度將智慧財產權 (Intelligence Property Rights, IPRs) 之保護納入多邊談判議程與規範，認為加強對 IPRs 的保護，有助於商品競爭以增加出口。IPRs 又稱為「無體財產權」，故擁有較多 IPRs 之國家，相對而言具有較高之科技及經濟水準在國際上也較具有競爭力。另外，IPRs 為工業所有權及著作權之總稱，工業所有權主要指：專利權及商標權，至於對服務標章、商號名稱、產地標示及防止不正當競爭等，均為 IPRs 保護對象。而著作權則是給予研究、文學藝術、音樂、攝影等之創作者必要的保障，避免其創作被剽竊。

2. 領域

WTO 與貿易有關智慧財產權協定 (TRIPs)，自 1995 年 1 月 1 日生效，其協定主要包含下列五個領域：

(1)遵守現行貿易體系之基本原則與服膺國際智慧財產權協定。

　　(2)充分保護智慧財產權，嚴加禁止飄竊行為。

　　(3)督促各國政府有效執行法令並建立相關防範機制。

　　(4)解決 WTO 會員間有關智慧財產權爭議。

　　(5)擬訂協定智慧財產權過渡期間等相關規定。

　　會員國必須提供對知識產權的最低保護標準，並確立了一套國際上的協商和監督機制，以確保在會員國國內能夠有效實施並建立相關責任歸屬機制。

3. 有效性暨使用範圍

　　(1)著作權及其相關權利（文學藝術、電腦程式出租權保護、表演人、錄音物製作人及廣播機構之保護）。

　　(2)商標。

　　(3)地理（產地）標示。

　　(4)工業設計。

　　(5)專利（根據 TRIPs 第 33 條規定，專利期間自申請日起，至少 20 年）。

　　(6)積體電路之電路布局。

　　(7)未經公開資料之保護（此類資訊應具備三項條件：a. 秘密性、b. 價值性、c. 採取保密措施）。

　　(8)與契約授權有關之反競爭行為之防制。

四、爭端解決規則與程序瞭解書

　　依據爭端解決規則與程序瞭解書的規定❶，WTO 會員認為對其有實質利益 (Substantial Interest) 的爭端案，須依據相關規定來進行諮商並針對案件來加以審理。一般而言，在國際上最具有約束效果者，應屬於貿易體系下之爭端解決機制，用來保障各會員國在 WTO 所轄協定下應有的權利與義務，如對相關條文規定，有疑義應作進一步的釐清與解釋，以確保 WTO 規範能有效的遵守。臺灣自 2002 年成為會員迄今，以第三國身分參加相關爭端解決案件共計 15 件，包括八國聯合指控美國鋼鐵防衛措施案 (US－Steel Safeguards)、美國指控日本蘋果案 (Japan－Apples)、歐盟指控韓國造船補貼案 (Korea－Commercial Vessels)、美國與澳洲指控歐盟基因食品案 (European Communities－Biotech Products)、阿根廷指控美國反傾銷措施落日審查程式案 (US－OCTG Sunset Reviews) 等。

---

❶見本書第 16 章，p.497

五、貿易檢討機制

該機制成立的目標是透過集體檢討方式，評估各會員國貿易政策與措施及其對多邊貿易體系的影響，使之更趨透明化，並要求各會員國恪守多邊貿易協定及複邊貿易協定的規範與承諾。所有會員國之貿易政策及措施均應定期檢討；排名前 4 名之貿易體每兩年接受一次檢討，次 16 名每 4 年接受一次檢討，其他會員每 6 年接受一次檢討。在檢討程序方面，被檢討會員將分別就相關議題提出書面報告，由祕書處提供給會員作參考。各會員國將依相關報告或政策措施，提出問題清單給被檢討的會員，俾有利其於檢討會議中提出口頭或書面答覆。

六、複邊貿易協定

目前在 WTO 協定架構下的複邊貿易協定包括：①政府採購協定 (Agreement on Government Procurement, GPA)，②民用航空器貿易協定 (Agreement on Trade in Civil Aircraft, TCA)，③資訊科技產品協定 (Information Technology Agreement, ITA)。

多邊貿易協定乃為選擇性協定，不強迫會員加入，1997 年前屬於多邊貿易協定的包含牛肉協定（1997 年年底廢除）及國際乳品協定（亦於 1997 年年底廢除）。現分別就政府採購協定、民用航空器貿易協定及資訊科技產品相關複邊貿易協定說明如下：

1. 政府採購協定 (Agreement on Government Procurement, GPA)

政府採購，乃指政府或其代理人以自身為消費者所進行的採購行為。許多國家或地區每年花費於政府採購的比例均相當高，約占世界貿易額的 10% 以上。故多數國家政府已成為全球最大買主，如巴西政府採購 IBM 電腦等。政府採購行為如產生差別待遇時，則成為非關稅障礙，會嚴重阻礙國際貿易之發展。

由於政府採購協定屬於複邊貿易協定，故僅有簽署國須負有該協定的義務，且僅有簽署國始得享有該協定所授予的權利。而非該協定簽署國的其他國家，縱係屬 WTO 會員，亦無法依照 GATT 以及 GATS 最惠國待遇或國民待遇的規定，享受該協定權利。而該協定簽署國間，仍須遵守國民待遇及非歧視原則的義務，故至 2002 年底為止，只有 28 個會員國簽署❷。

2. 民用航空器貿易協定 (Agreement on Trade in Civil Aircraft, TCA)

---

❷陳櫻琴、邱政宗（2003，10 月），《WTO 與貿易法》，五南出版社。

此為 1980 年東京回合談判所達成的複邊協議，主要目的在於達成民用航空器及其零組件與相關設備貿易的自由化，特別是針對政府補貼等干預措施的消弭。民用航空器貿易協定為國際間航太工業合作之規範，並於烏拉圭回合中達成，在已開發國家貿易中占重要地位。由於僅規範民用航空器，開發中國家有時基於產業政策的考慮，也會申請加入。我國在申請入會後，也於 2002 年 2 月 1 日正式成為簽署國。

協定之目標以實現民用航空器、設備、零組件貿易之自由化，其主要內容有：

(1)取消一切關稅及其他相關阻礙貿易之費用。

(2)基於商業及技術考量，民用航空器業者在競爭價格、品質及交貨條件基礎上可自由選擇供應商。

(3)技術性貿易障礙協定及補貼暨平衡稅措施協定予以適用。

(4)不得抵觸 GATT 之規範來限制民用航空器之進口。

3. 資訊科技產品協定 (Information Technology Agreement, ITA)

資訊科技產品在國際貿易逐年占有重要地位，資訊科技產品協定所提之降稅方案，規定各國應依 GATT 第 2 條之精神，約束並削減資訊技術產品之關稅及其他費用，且定期舉行會議，以共識決為原則來針對科技發展進程與資訊技術產品之關稅貿易障礙進行協商。

第四節　WTO 與 GATT 的比較

1. WTO 與 GATT 原則比較

WTO 的七大原則與 GATT 的六大原則，茲整理於表 14–6。

表 14–6　WTO 與 GATT 原則比較

WTO 七大原則	GATT 六大原則
1. 最惠國待遇原則	1. 待遇最惠國原則
2. 國民待遇原則	2. 國民待遇原則
3. 漸進自由化原則	3. 普遍消除數量限制原則
4. 透明化原則	4. 關稅減讓原則
5. 協商性原則	5. 減少非關稅貿易障礙原則
6. 公平性競爭原則	6. 諮商性原則
7. 對開發中國家優惠原則	

2. WTO 與 GATT 異同

⑴ WTO 與 GATT 相同點

　① WTO 與 GATT 皆致力於全球化市場之發展，以增進人類福址而設立。

　② WTO 與 GATT 會員充分利用全球市場資源，謀求本國經濟長期發展，各國
　　政府根據其經濟發展實力，構成了市場多樣化的模式。

　③ WTO 與 GATT 皆要求會員作出關稅減讓的承諾，目的在降低關稅總水準
　　和取消非關稅貿易障礙。

　④ WTO 與 GATT 皆帶來了貿易自由化和經濟全球化所產生的好處。

⑵ WTO 與 GATT 相異點

　①法律地位：GATT 僅為一多邊國際協定，在法律上並不具備國際組織之獨立
　　法人地位；WTO 為一獨立國際組織，並具國際法人地位（WTO 協定第 8
　　條）。

　②組織架構：GATT 之組織架構乃因實際業務需要逐漸形成；但 WTO 則有明
　　確的執行架構，藉由層級關係所明確之相關機構，各司所長來執行任務。

　③締約成員：GATT 非國際法人，其組織成員稱為「締約國」（Contracting
　　Parties）；WTO 乃一國際組織，其成員為「會員國」（Members）。

　④臨時與永久性承諾：GATT 係一臨時適用基礎，並未經所有締約國國會正式
　　批准，且 GATT 並未設立永久組織，故決議以「締約國全體」代表 GATT，
　　而 WTO 經各「會員國」依其國內對 WTO 之承諾具全面性及永久性，承認
　　WTO 為具國際法人人格之永久機構。

　⑤範圍及功能：GATT 1994 僅為一獨立協定，其規範僅及於商品貿易；WTO
　　係執行烏拉圭回合各項協議及決議所設立之「共同組織架構」（Common
　　Institutional Framework），而 WTO 所轄之貿易協定包含 GATT 1947 加上
　　GATT 1994 以及服務暨貿易總協定與貿易有關之智慧財產權協定，爭端解
　　決規則及程序瞭解書等。

　⑥爭端解決程序方面：GATT 雖然在第 23 條訂有爭端之解決規定，但缺乏詳
　　細之程序規定，故在執行上較難以落實；此外，東京回合法典及法律文件均
　　有個別之爭端程序，但未予以統一。WTO 爭端機制則較 GATT 迅速，且具
　　有法律上約束力，經 WTO 爭端機制仲裁之案件對會員國而言其執行較易
　　落實與確定。最後各項貿易爭端將改由 WTO 理事會，依據爭端解決規則與
　　程序瞭解書來做統一處理。

⑦決策方式：GATT 係採共識決，而根據 WTO 架構，一般仍沿襲 GATT 之共識決，唯在無法達成共識時，可改以投票決之方式為之。一般案件僅需要簡單多數即可，重大案件則需要 $\frac{2}{3}$ 或 $\frac{3}{4}$ 之多數同意。

⑧貿易政策檢討機制：WTO 可對各會員國之貿易政策與措施作全面性之定期檢討，以促使各會員國貿易政策更透明化，檢討次數則依會員國貿易量占全球貿易量之比重而定。

 隨堂測驗

> WTO 與 GATT 兩種組織之架構與功能有何異同，請簡要說明之。(87 年外交與商務人員特考)

第五節　WTO 最新發展與坎昆會議

1. 杜哈宣言

　　WTO 第四屆部長會議依據「杜哈發展議程」(Doha Development Agenda) 進行新回合多邊貿易談判，並於 2001 年 11 月發表部長宣言；此外，設立「貿易談判委員會」(Trade Negotiations Committee, TNC) 來負責推動，在 2005 年 1 月 1 日完成談判。第五屆墨西哥坎昆 (Cancun) 部長會議中就各談判議題之相關進展作出政策性指示或決議，並將議題分別架構為「內建議題」(Build-in Agenda) 及「新議題」(New Issue)。所謂的「內建議題」是指 WTO 協定中明文規定將於 2000 年後繼續為推動貿易自由化而進行的談判，如農業協定、服務貿易總協定等。「新議題」是指 WTO 成立之後才提出之議題，如非農產品市場進入、與貿易有關之智慧財產權 (TRIPs)、貿易規則、爭端解決、貿易與發展、貿易與環境、貿易與競爭、政府採購透明化等。

2. 杜哈回合之談判原則

　　杜哈回合之談判原則依據部長會議之內容可歸類為：
⑴政策運作透明化。
⑵貿易的平衡性及公平性。
⑶追求經濟的永續發展。
⑷確保開發中與低度開發國家在經濟轉型與產業發展利益。
⑸給予開發中與低度開發國家特殊及優惠待遇。

(6)套案承諾 (Single Undertaking) 的優先考量❸。

(7)凍結原則 (Standstill) 的採用與執行❹。

3.杜哈回合談判之內容

(1)緣起

①在杜哈部長會議前所展開談判之內建議題

　　a.以農業談判為目標來改善市場進入與減少出口補貼，考量開發中國家之特殊與差別待遇來避免境內貿易扭曲所引發的如:糧食安全、鄉村發展等問題。

　　b.服務貿易談判在確認會員就特定承諾事項提出初始開放清單，來進行請求與要約 (Request and Offer) 的談判模式。

②部長宣言指示進行談判之議題

　　a.改善非農產品市場進入條件❺。

　　b.建立酒類地理標示之多邊通知及註冊制度。

　　c.檢討並釐清有關 WTO 貿易競爭規則❻。

　　d.爭端解決檢討及修改爭端解決程序的相關規定。

　　e.就 WTO 目前相關規定來進行多邊環保談判。

　　f.有關給予開發中國家（含低度開發國家）的特殊與差別待遇 (Special and Differential Treatment) 進行檢討。

③就「新加坡議題」加以討論對於投資、競爭、貿易便捷化、政府採購透明化、電子商務、小型經濟體、外債與融資、技術移轉、技術合作與能力建構、低度開發國家、對開發中國家的特殊與差別待遇、以及談判規劃之組織與管理等十二項議題進行檢討，並於第五屆部長會議中提出報告。

(2)「貿易談判委員會」之成立與授權內容

在「杜哈發展議程」(Doha Development Agenda) 之下所設立「貿易談判委員會」來負責推動多邊談判並完成下列事項:

①農業、服務貿易、非農產品市場進入、智慧財產權、貿易規則、爭端解決、

---

❸除爭端解決議題外，其他談判結果應視為一整體套案，但個別議題若先達成協議時，亦可提前實施。

❹各議題的談判獲致結果時，應召開部長特別會議決定是否採認與執行談判結果。

❺包括降低或取消關稅、改善或消除關稅級距、非關稅貿易障礙。

❻對於反傾銷協定、補貼暨平衡稅措施協定及區域貿易協定的相關條文檢討並釐清。

貿易與發展以及貿易與環境等八項議題。

②再就「新加坡議題」共十二項議題進行檢討。

⑶新回合談判之主要內容

在此，我們先就杜哈回合談判中主要針對以下八項議題重新進行討論❼。

①農業：為改善市場進入狀況，根據七月套案逐步完全廢除出口補貼，在考量開發中國家之特殊與差別待遇及非貿易關切事項下，避免貿易扭曲發生。

②服務貿易：並依據所謂的請求與要約 (Request and Offer) 談判模式，提出全面初始開放清單，而各國依據此模式所辦理之情形如下：

  a.提交初始請求 (Initial Request) 清單：可藉由參加電腦、電信、視聽、海運、法律、環境、能源等 10 個非正式小組之機會，讓國家彼此間就特定議題進行策略聯盟。

  b.提交初始要約 (Initial Offer) 清單之情形：進一步承諾開放的業別，包括電腦、電信、視聽及海運服務業等，並做有效率監督與管理。

③非農產品市場進入：已開發會員國支持「非線性公式減讓」，希望所有商品消除低關稅，讓貿易更進一步的自由化。其次，開發中會員國則支持「線性公式減讓」，考量開發中會員之需求，要求各會員自行決定減讓程度。

④爭端解決：主要談判議題針對下列五點進行討論

  a.針對法律適用程序提出說明

  b.授權上訴機構發回更審之權限

  c.適度擴大第三國之參與

  d.考慮低度開發及開發中國家之需求

  e.設立常任之爭端解決小組 (Panel) 成員

⑤智慧財產權：主要針對酒類產品地理標示多邊通知與註冊制度與公共衛生議題，提出討論，如無法達成共識，則須重新規劃未來諮商情形來進行談判，但可在緊急情況下得強制要求其他會員來進行協商。

⑥貿易規則：針對「反傾銷」、「補貼」（含漁業補貼）以及「區域貿易協定」等三項來進行程序上的討論，並制定相關貿易談判準則，來避免無效率的協商發生。

⑦貿易與環境

依據杜哈部長宣言，成立貿易與環境委員會，並召開特別會議，除規範會

---

❼整理於 WTO 中、英文網站（含中國大陸）有關杜哈回合談判之相關資料。

員國彼此間有關的權利與義務之探討外，再針對貿易所衍生的環保問題進行商議。

⑧貿易與發展

WTO 各協定中給予開發中國家之特殊及差別待遇條款，隨著全球化的腳步有需再次進行檢討與強化之必要。例如：已開發國家與開發中國家有關修正方式的立場色彩鮮明，其差距主因為：已開發國家係授權「檢視」而非「談判」，不可就條文所規範之內容作修改；而開發中國家則係授權「談判」，應逕就條文不符實質內容部分作修改。

4.新加坡議題

有關新加坡議題其分別就①投資、②貿易與競爭③政府採購透明化④貿易便捷化來進行討論，其主要爭論肇因於在杜哈部長宣言中有關新加坡議題部分之解讀不同。部分已開發國家會員認為在杜哈部長會議時，已有「展開談判」之共識；但是以印度、馬來西亞等為首的開發中國家，則認為杜哈部長會議並無此「展開談判」之共識，故在坎昆會議中應先表決「談判模式」才能進行「展開談判」。此外，會員間對於新加坡議題究應以套案方式一併納入談判，或針對個別進展分開處理，仍未有定論。

由於各國立場不同，特別是部分開發中國家會員，憂慮談判結果會侵害國家主權，故強烈反對展開談判；其他已開發國家之部分會員，則並不擔心新加坡議題所建立新的多邊架構，反較偏好就部分議題（如投資與競爭）希望透過雙邊或區域之方式進行談判，達成符合其自身利益之目的。

5.坎昆會議之討論

WTO 第五屆部長會議自 2003 年 9 月 10 日至 14 日於墨西哥坎昆市 (Cancun) 召開，就「杜哈回合談判議題」進行期中檢討，針對農業、非農產品市場進入、新加坡議題等之談判進行非正式諮商，但最後因非洲國家集團 (ACP) 在新加坡議題上無法接受歐盟與日本等已開發國家之立場，致使坎昆會議在未形成具體共識與達成協議之情況下結束。

(1)主要議題談判情形

①農業：依據 WTO 杜哈部長宣言，農業之談判目標包括：a. 改善市場進入，b. 削減出口補貼，c. 減低境內支持，d. 考量開發中國家特殊及差別待遇等非貿易關切事項。

②非農產品市場進入：坎昆部長會議期間逐漸形成立場互異之三大集團。如：

    a. 已開發會員集團：支持「非線性公式」減讓，使所有商品消除低關稅、使貿易進一步自由化。

    b. 開發中會員集團：支持「線式公式」減讓，由各會員自行決定自由化程度，並排除部分商品之適用。

    c. 中間會員集團：認為線性與非線性公式應符合公平性、彈性，並反對消除低關稅，支持部門別減讓以及給予新會員國特別考量。

⑵新加坡議題：新加坡議題分別在「投資」、「競爭」、「貿易便捷化」與「政府採購透明化」等四項議題逐一重複指示，並於坎昆部長會議中以「明白共識決」(by Explicit Consensus) 採認的模式展開談判。但在會議末期，原堅持四項談判議題均須展開之歐盟，最後僅就政府採購透明化及貿易便捷化兩議題展開談判，而非洲國家集團 (ACP) 仍堅決反對就任一議題進行談判，但中間會員，如韓國則堅持四項議題均須納入談判。由於會員歧見過大，無法達成協議而宣布停止諮商。

6. 最新談判進程

⑴杜哈回合談判進展：2003 年 9 月舉行之坎昆部長會議失敗後，各項議題之談判爰告暫停，但仍分別與各會員進行小型非正式諮商，或團長級非正式會議，以達成召開資深官員會議及確定回合談判重新展開。惟對個別議題之立場差距仍大，無法找到共通立場，以致相關會議未能如願召開。

⑵杜哈回合「七月套案」說明：❽ 根據 2004 年 7 月 26 日中華民國經濟部國貿局所提供的線上資料，我國積極參與之 G–10 ❾ 農業談判集團部長會議，其會議主旨在討論並重申集團共同的農業談判立場，俾尋求於「七月套案」之形成過程中，爭取額外之談判空間，並獲得平衡之談判結果。對敏感性商品應納入整體降稅公式之一部分，而非以例外方式處理，且應由會員自行擇定相當數量之敏感商品項目，在不應設定關稅上限及強制性擴大關稅配額的原則下，以烏拉圭回合公式削減關稅。在上述前提下，其餘商品則可進一步考量以不含瑞士公

---

❽資料來源：中華民國常駐世界貿易組織代表團網頁 http://www.taiwanwto.ch/news/2004/07/26，主要討論農業品補貼之廢除。

❾G–10 集團（包括臺灣、日本、韓國、瑞士、挪威、冰島、列支敦斯登、以色列、保加利亞、模里西斯等 10 國）主張應考慮糧食安全、鄉村發展及環境保護等非貿易關切事項，而且貿易自由化宜採漸進方式進行。

式之分段方式來調降關稅。

　　G-10 針對農業談判草案提出修正版本，有關敏感性商品、關稅設限、強制性擴大關稅配額、境內支持個別商品設限等議題，則明確提出其反對的立場。但面對美國、歐盟、出口國組成的「凱恩斯集團」、及開發中國家 G-21 集團❿，G-10 顯然處於相對弱勢，其建議不太可能被完全接納。因 WTO 會員國不願看到杜哈回合談判再度破裂；因此，七月套案文字及規範很可能被重新詮釋，以期望被所有會員國接受。

第六節　WTO 對我國之意義

1.我國入會情形

　　中華民國曾為 GATT 創始締約國之一，後因種種政治原因退出。我國於 1990 年 1 月 1 日向 GATT 重新正式提出會員入會申請，並根據 GATT 第 33 條規定，以「臺灣，澎湖，金門，馬祖個別單獨關稅區」(The Separate Customs Territory of Taiwan, Penghu, Kinmen and Matsu) 加上中華臺北名義提出申請，在此期間，共經 12 年多次艱苦的雙邊談判及十一次工作小組審查，終於在 2001 年月於第四屆杜哈部長會議通過，於 2002 年 1 月 1 日正式成為 WTO 的 144 個會員國，並在同年 3 月我國 WTO 代表團常駐於日內瓦並正式運作。

2.我國入會承諾範圍和因應

⑴我國入會承諾

　　將會依據整體與逐次兩項分類，來作階段性達成。

　　A. 整體分類：

①關稅調降：在農業部分完稅後調降幅度為 35.76%，而工業部分完稅後調降幅度為 31.18%。

②部門自由化：依據烏拉圭回合零對零方案，將部分烈酒、藥品、醫療器材、家具、玩具、鋼鐵等逐年調降為零。

③取消非關稅貿易障礙：對較敏感商品以配額方式限量進口，並取消十八種水果農產品之地區限制，開放服務貿易市場，將商港建設費改為從量稅方式

---

❿G-21 集團（包括印度、巴西、中共、智利、巴基斯坦、阿根廷、埃及、古巴等共 21 國）為開發中國家，強調農業補貼應大幅削減。

課徵；此外，菸酒不再享有專賣權，國營企業民營化，並開放政府採購。

④加入民用航空器貿易協定：限制政府對航太工業之補貼，將民用航空器引擎與零組件之關稅調降為零。

⑤遵守智慧財產權規範：關於著作權、商標、專利法等部分，完成國內修法與立法工作，以保障智慧財產權。

B. 逐次分類：

①關稅調降

　　a. 農產品平均關稅稅率（完稅前），從入會第一年（2002 年）從現行 20.02% 降至 14.01%，並分年調降至 12.89%。

　　b. 工業品平均關稅稅率（完稅前），入會第一年自現行 6.03% 降至 5.78%，並分年調降至 4.15%。

②減少農工產品管制措施

　　a. 對管制進口或限制地區進口之種農產品，除稻米採限量進口外，其餘可分別採關稅配額措施或開放自由進口，但對較敏感之農產品可採行特別防衛措施，以減少衝擊。

　　b. 取消汽、機車之自製率、限制及禁止性出口補貼。

　　c. 小客車及貨車進口，則採地區限制或關稅配額制度，並逐步開放。

　　d. 分別開放 150 c.c. 以上機車與柴油小客車之進口。

③開放服務業市場：開放包括律師、會計師等專業服務、金融、保險、證券期貨、電信、運輸、教育、電影等服務業市場；並將進一步取消外人投資之比例限制等。

④其他重要開放措施：a. 將廢止菸酒專賣制度，進口菸酒改課徵關稅、菸酒稅及營業稅，而國產菸酒則課徵菸酒稅及營業稅；b. 停徵商港建設費，改依使用者付費原則收取商港服務費；c. 政府採購限制之廢除，開放採購市場予其他簽署國之廠商。

(2)我國入會後因應

①產業因應對策：為因應加入 WTO 對產業可能造成的衝擊，加強國際競爭力，爭取全球商機，並將持續推動各項政策，協助產業加速轉型升級❶。

　　a. 農業轉型方面

　　　　訂定短期價格穩定措施，落實動植物防疫檢疫體系，確立以科技及知識

---

❶參考行政院網路針對臺灣加入 WTO 後的產業評估與因應之道所頒佈之政令宣導。

為導向，結合環保與生活的農業轉型政策，推動農業策略聯盟及企業化經營，運用資訊及網路改造農業產銷體系，發展精緻農業與休閒農業。

b. 工業發展方面

積極鼓勵研發創新，加強推動傳統產業升級，推動企業再造，運用 WTO 架構下之救濟措施來保護產業，國營企業民營化。

c. 服務業開放方面

配合市場開放，加速金融改革，提升服務水準，加速推動電子商務及物流業發展，重點發展國內觀光、資源回收及社會福利，加強服務業人才培訓，因應國際化趨勢及市場開放需要。

d. 政府採購方面

為因應政府採購制度健全化、政府採購資訊透明化、投標期限合理化、決標評選多元化、政府採購目的單純化、廠商申訴制度化等需要，政府已制定政府採購法，並由行政院公共工程委員會設置政府採購資訊中心網站，提供政府採購資訊統一管道。

e. 智慧財產權保護方面

將加強宣導智慧財產權觀念，積極加強專利審查作業電腦化與加強優秀審查人員培訓，輔導著作權仲介團體健全運作，以及充實國際著作權法制及實務之研究。

②加強就業政策：為防止加入 WTO 後可能造成結構性失業問題，相關部門應成立跨部會小組，根據就業變化情況，及時研擬各項輔導就業措施。同時，由政府協助繼續改善勞動環境及勞資關係、檢討外勞政策、建構完整就業安全體系，落實促進就業措施等❷。

③兩岸經貿展望

a. 調整兩岸商品貿易：開放兩岸三通（通郵、通商、通航），並分階段擴大開放大陸商品進口，建立大陸商品進口審查機制與防禦機制等。

b. 開放兩岸服務貿易：規劃分階段開放大陸資金來臺投資，先就較為單純且不致對國家安全構成威脅之服務貿易部門先行開放，並採漸進性原則來調整。

---

❷請參閱行政院勞工委員會 91 年 1 月編印之「我國加入 WTO 後對產業的影響評估與因應措施」。

隨堂測驗

WTO 與 GATT 兩者有何關聯?我國何以積極參加 WTO?以何種名義申請加入組織? 預計會引起何種衝擊? (90 年商務人員特考)

第七節　結論

　　二次世界戰後初期,由於國際貿易組織沒有建立起來,關稅暨貿易總協定成為調節國際貿易秩序最重要的機制。一直到 1994 年在 GATT 的主持下共進行了 8 個回合的全球貿易談判,並大幅度地削減了各國的關稅和非關稅貿易障礙,促進了國際貿易的發展。1995 年成立的 WTO 從組織機制上取代了 GATT,但其作用範圍比 GATT 大許多,它包括了商品貿易、服務貿易以及與貿易相關的智慧財產權等貿易規範。

　　GATT 雖然沒有成為像國際貿易組織那樣一個有政府間具拘束力的組織,但它的章程中包含了許多建立國際貿易組織的原則,尤其是關於締約國開會就貿易政策議題進行多邊磋商的原則,以及它可以作為一個論壇,讓締約國依據相關原則解決爭端。

　　1994 年 4 月各國部長在北非摩洛哥馬拉喀什舉行部長會議,簽署「馬拉喀什設立 WTO 協定」,將維持世界經貿秩序責任及擔負執行烏拉圭回合重大決議等交由成立的世界貿易組織來執行。WTO 目前工作重點有,包括: 管理及執行 WTO 各項協定、提供經貿談判論壇、解決爭端、管理貿易政策檢討機制、與其他經貿組織合作以促進世界經濟政策的協調等。其決策主要原則是共識決為基礎,儘量避免票決,如以票決的話,則以多數決來達成決議。

　　WTO 之基本原則分別為: ①最惠國待遇,②國民待遇原則,③漸進自由化,④對發展中國家優惠待遇,⑤可預測性原則,⑥公平競爭原則,⑦透明化原則。而 GATT 之主要規範性原則分別為①普遍最惠國原則,②國民待遇原則,③諮商性原則,④數量限制普遍禁止,⑤關稅減讓原則,⑥減少關稅貿易障礙限制。WTO 與 GATT 相同點皆致力於全球化市場,並要求會員作出關稅減讓的承諾,目的在降低關稅總水平和取消非關稅障礙方面採取一系列實質措施以期帶來貿易自由化和經濟全球化的好處。其相異點則分別就法律地位、組織架構、締約成員、臨時與永久性承諾、範圍及功能、爭端解決程序方面、決策方式、貿易政策檢討機制等方面進行討論。

　　WTO 最新發展依據「杜哈發展議程」進行新回合多邊貿易談判，並設立「貿易談判委員會」負責推動談判工作之進行，責成總理事會負責監督。杜哈回合談判議題主要是針對農業、服務貿易、非農產品市場進入、爭端解決、智慧財產權、貿易規則、貿易與環境、貿易與發展等 8 項議題進行討論，而新加坡議題則主要就貿易與競爭、貿易與投資、政府採購透明化、貿易便捷化進行討論。坎昆會議之討論於墨西哥坎昆市召開，該會議係就「杜哈回合談判議題」進行期中檢討，並就農業，與非農產品市場進入，以及新加坡議題等之談判進行非正式諮商，最後因未能達成具體共識而結束。

　　我國曾為 GATT 創始締約國之一，後因政治因素退出，可是自 1990 年開始向 GATT 重新提出申請，以「臺灣，澎湖，金門，馬祖個別單獨關稅區」名義提出，經過艱苦談判，終於在 2002 年 1 月 1 日完成入會程序，正式成為 WTO 的會員。我國入會承諾依據 WTO 相關之規範所建立關稅調降與市場開放，已逐步加以改善。未來產業的競爭在加入 WTO 後將面臨更激烈之產業轉型等相關問題，更有待政府及相關學者共同戮力來加以因應。

重要名詞與概念

1. 布列敦森林
2. 國際貨幣基金
3. 締約國
4. 世界貿易組織
5. 貿易擴展法案
6. 瑞士準則
7. 多邊貿易協定
8. 複邊貿易協定
9. 農業協定
10. 紡織品與成衣協定
11. 多種纖維協定
12. 貿易有關之投資措施協定
13. 海關估價協定
14. 原產地規則協定
15. 技術性貿易障礙協定
16. 反傾銷措施協定
17. 裝運前檢驗協定
18. 輸入許可發證程序協定
19. 防衛措施協定
20. 內建議題
21. 新議題
22. 套案承諾
23. 凍結原則
24. 請求與要約
25. 杜哈發展議程
26. 初始請求
27. 初始要約
28. 非線性公式減讓
29. 線性公式減讓
30. 明白共識決

31.七月套案　　　　　　　　　35.關稅暨貿易總協定

32.關稅配額　　　　　　　　　36.暫時適用議定書

33.國際復興暨開發銀行　　　　37.食品安全檢驗與動植物檢驗防疫

34.國際貿易組織　　　　　　　　　檢疫協定

課後評量

1. 請詳細說明 GATT 的宗旨與原則。

2. GATT 主持了 8 個回合的多邊貿易談判，其分別為：日內瓦回合 (1947)，安尼西回合 (1949)，多奎回合 (1951)，第二次回合 (1956)，迪倫回合 (1960~1961)，甘迺迪回合 (1964~1967)，東京回合 (1973~1979)，以及烏拉圭回合 (1986~1994)。請就其談判主題略加簡要說明之。

3. 何謂「線性減稅」與「比例減稅」，其分別由哪些國家來主張？

4. 為何開發中國家為何排斥關稅暨貿易總協定的多邊關稅減讓談判？

5. 烏拉圭回合談判最重要成果有哪些？請說明之。

6. 請說明 WTO 的宗旨、理念、規範與功能。

7. 請說明 WTO 的組織架構與決策方式。

8. WTO 協定內容除馬拉喀什設立世界貿易組織協定外，亦包含哪些附件，請說明之。

9. 請說明 WTO 中的六大協定。

10. 有關於商品貿易多邊協定內容共有十三項協定，請簡要概述之。

11. 烏拉圭回合談判所制訂之原產地規則協定 (Agreement on Rules of Origin)，對於原產地之認定可分為哪兩種情形？

12. WTO 補貼暨平衡措施協定 (WTO 補貼協定)，其最大特色在於規範具有扭曲生產與貿易效果之特定性補貼措施，其特定性補貼之認定步驟為何？

13. WTO 反傾銷執行協定明確規範反傾銷稅案成立之三項要件，請詳細說明之。

14. WTO 與貿易有關智慧財產權協定 (TRIPs) 係烏拉圭回合談判 (1986～1994) 的產物，自 1995 年 1 月 1 日生效，TRIPs 協定主要包含哪 5 個領域，請說明之。

15. 請針對 WTO 與 GATT 的原則加以比較，並說明其異同點。

16. 杜哈回合之談判原則其可歸類為何？

17. 請比較杜哈回合談判議題與新加坡議題內容予以說明之。

第十五章

區域經濟整合與貿易合作協定

經濟整合一體化，可能增加福利，也可能減少福利，但創造財富的生產力，比財富本身更加重要，也遠比目前貿易交換價值更形重要。

佛李德里西‧李斯特 (Friedrich List, 1789～1846)

《本章學習方向》

1. 定義不同型態的經濟整合以及如何影響國際企業之經營
2. 描述區域經濟整合靜態和動態影響，以及貿易創造和貿易移轉效果
3. 貿易區域組織之分析
4. 貿易合作協定之探討
5. 討論經濟整合對環境的影響

本章章節架構

經濟整合型式之介紹 ── 優惠性貿易措施
　　　　　　　　　　　　自由貿易區
　　　　　　　　　　　　關稅同盟
　　　　　　　　　　　　共同市場
　　　　　　　　　　　　完全經濟同盟
　　　　　　　　　　　　政治同盟

區域經濟整合 ── 經濟整合分析 ── 貿易創造效果
　　　　　　　　　　　　　　　貿易移轉效果

區域整合介紹 ── 歐盟成立之介紹
　　　　　　　　北美自由貿易區
　　　　　　　　拉丁美洲、亞洲、非洲之區域經濟組織
　　　　　　　　亞太經濟合作會議、經濟合作暨發展組織

貿易合作協定 ── 商品協議 ── 生產聯盟
　　　　　　　　　　　　　國際商品控管協定
　　　　　　　　石油輸出國家組織
　　　　　　　　經濟整合對環境之影響評估
　　　　　　　　道德與社會責任的兩難

前言

　　在前一章中，我們討論世界貿易組織 (WTO) 努力要降低關稅與非關稅的障礙以達到全球自由貿易的最終目標，但是 WTO 的進展緩慢且功能有限，反而在區域性的層級進展較為快速。由於在區域性這個層級，國與國之間互動密切，並已經有了顯著的貿易成長，這是不是重要的進展呢？那我們在這裡所要探討的是區域整合會達成什麼樣的目標呢？在未來的走向又是為何？

　　從 1940 年代末期，許多國家決定幫助第二次世界大戰後的受害國，來提升經濟成長和安定國家內亂，本章將討論一些重要的經濟合作的型態，如區域經濟整合和貿易合作協定。區域經濟整合是國與國之間的政治與經濟協定，給予會員國優惠的待遇，例如，區域經濟組織可能會降低會員國的關稅，但對非會員國則維持較高的關稅。貿易合作協定的結果反映在生產者的合作上，如石油輸出國組織；或在生產者與消費者間，如咖啡和錫的相對貿易。

　　為什麼要瞭解這些協議的本質呢？因為區域性貿易組織嚴重的影響多國籍企業的策略，區域貿易決定了市場及在此區域下之企業所必須遵守的經營規則。對海外擴張初期的企業而言，企業必須注意區域經濟組織所包含的國家之生產製造與海外市場機會。由於全球化趨勢，所以企業必須要改變組織結構和營運策略以獲取區域經濟的優勢。

　　在 WTO 註冊的區域貿易協定 (Regional Trade Agreements, RTAs) 要求其會員國之間要有相同貿易待遇，但是 WTO 也同意這些原則必須由區域貿易協定出發，而且幾乎所有的 WTO 會員國都與其他國家參與區域貿易組織，另外我們也會以這些組織來說明不同整合的型態，但最重要的是要瞭解這些組織如何影響國家政策發展策略與國際貿易合作，本章部份內容整理自相關網站❶。

---

❶ 1. http://www.APEC.com

2. http://www.trade.gov.tw

3. http://europa.eu.int/inst-.htm

4. http://www.nafta.net/naftagre.htm

5. http://www.tier.org.tw

老師叮嚀

1. 企業需要調整組織之結構和經營策略，以獲取區域性貿易組織之優勢。
2. 在 WTO 註冊的區域貿易協定 (RTAs)，許多是雙邊的協定，EU 則是牽涉三國以上的協定。

第一節　區域經濟整合類型之介紹

　　地理上的接近 (Geographical Approach) 是區域整合重要的理由，大部分的經貿組織都是由在相同區域內的國家所組成的，這是很符合邏輯的，鄰近國家結盟的主要原因有：

(1)商品在國與國之間的運輸距離較短。

(2)消費者的偏好相似且消費同質性商品，配銷通路在鄰近國家間也較易建立。

(3)鄰近國家可能有共同的歷史淵源，且更有意願整合他們彼此間的政策。

　　某些國家即使不是鄰近國，如果政治理念相似也會形成結盟，例如，古巴是共產主義國家，所以過去是共產國家聯盟 (The Council for Mutual Economic Assistance, COMECON) 的成員，但該聯盟在蘇聯解體後就解散了。

　　區域經濟整合可分為下列六種類型，並整理於表 15-1。

1. 優惠性貿易協定 (Preference Trade Agreement, PTA)

　　鑑於國與國之間的關稅過高，有礙於彼此間之貿易發展，所以就會進行國與國之間的雙邊或多邊貿易談判，以減少彼此之間過高的關稅。優惠性貿易協定的簽訂需依賴國家間之相互信任，但各個國家只針對簽訂國降低彼此間之關稅或增加其他貿易優惠措施，以擴大彼此之間的貿易量，對於非簽訂國仍採取高關稅政策，或維持既有的貿易障礙，避免貿易赤字的擴大。例如，歐盟 (EU) 對非洲、加勒比海以及太平洋地區等開發中國家的商品給予優惠關稅的洛梅協定 (Lome Convention)，就是屬於單方面的優惠措施，但其多為舊殖民地國家。歐美及日本對開發中國家給予優惠關稅之普遍化優惠關稅體制 (Generalized System of Preferences, GSP) 也是優惠性貿易措施之一，但受益對象遍及所有開發中國家。

2. 自由貿易區 (Free Trade Area, FTA)

　　自由貿易區的目標是廢除會員國之間所有的關稅障礙，通常在關稅全面消除之

前有一段前置期間，在這段前置期間過後關稅即告消除，亦即關稅減讓階段。關稅消除後 FTA 的會員國會進入另一種合作型態，如：降低非關稅的障礙或增加投資的交易，但是主要目標仍是是在消除關稅。另外，每個會員國可以維持自己與非 FTA 會員國的關稅水準，來滿足自身利益。

3. 關稅同盟 (Customs Union, CU)

除了消除內部的關稅之外，會員國對從非會員國之商品進口徵收一致性的關稅而形成之組織，稱為關稅同盟，例如，加拿大、美國及墨西哥的北美自由貿易協定消除了三國間的關稅，但是每一個國家仍維持與世界其他國家不同的關稅。若英國的企業出口商品到美國、加拿大，就像是進入不同關稅率的國家，因為每一個自由貿易協定的會員國可以為自己設定不同的關稅率，但若是美國的企業出口商品到英國和法國這二個同樣也是關稅同盟的歐盟國家，商品可以用相同的關稅率進入該兩國，所以美國企業之產品出口至英國與法國這二個歐盟國家並不會享有關稅上的優惠。

4. 共同市場 (Common Market, CM)

共同市場具有關稅同盟所有的條件，再加上允許生產要素（如勞動和資本）的自由移動，以勞動為例，其是可以在各會員國內自由移動而沒有限制。如果缺少共同市場的協定，勞工若要在外國工作，必須申請移民簽證，但這些簽證可能很難核發。另外，資金所獲得利潤的匯出、匯入也不會受到國家外匯管制措施的影響。

5. 經濟同盟 (Economic Union, EU)

某些國家透過採用共同經濟政策建立起更高的經濟和諧機制，並整合各國的財政和貨幣政策，形成一完整的經濟同盟，例如，歐洲聯盟已經建立了完整的共同貨幣與歐洲央行，這個層級的合作創造了會員國間財經政策的整合，這也表示會員國喪失了一些主權。但事實上沒有一個區域組織已經達到完整的經濟整合，剛剛所談論的歐盟是最接近的。

6. 政治同盟 (Political Union, PU)

在完全經濟整合之後，各國政府間的相關政策不僅只限於財政或貨幣政策而已，其他政府所制定之政策，如社會福利、勞工保險……等政治性議題也需加以協調，此時就會形成政治同盟，來達成組織一體化之目標。目前嚴格來說尚無出現一政治同盟，但如以定義條件來看，只有在 1997 年香港回歸中國大陸之後，變成特別行政

區其名義雖維持 50 年不變，可是實際上香港境內的相關政、經規範與政策執行，皆須與中國大陸協商。

表 15–1　區域性經貿組織比較表

	降低彼此間之關稅	會員國間無關稅障礙	一致性對外關稅	生產要素自由移動	經濟政策的協調	政府政策的協調
優惠性貿易協定	✓					
自由貿易區	✓	✓				
關稅同盟	✓	✓	✓			
共同市場	✓	✓	✓	✓		
經濟同盟	✓	✓	✓	✓	✓	
政治同盟	✓	✓	✓	✓	✓	✓

隨堂測驗

自由貿易地區 (Free Trade Area) 與共同市場 (Common Market) 均為優惠性貿易協定 (Preferential Trading Arrangement) 之一種，試問此兩種協定有何差別? 會員國之福利水準是否必然增加? 請說明之。(89 年特考)

老師叮嚀

1. 優惠性貿易協定: 降低內部間的關稅。
2. 自由貿易區: 消除內部間的關稅。
3. 關稅同盟: 共同對外關稅。
4. 共同市場: 生產要素可自由移動。
5. 經濟同盟: 整合各國財政和貨幣政策。
6. 政治同盟: 結合各國的行政、立法、司法等相關政府政策。

第二節　經濟整合分析

　　區域經濟整合對會員國之影響包括社會、文化、政治與經濟等各個層面，在此我們特別關心整合的經濟影響，如同前面所說明的，課徵關稅與非關稅的障礙破壞商品的自由流動而影響資源的分配，區域經濟整合為會員國降低或消除了這些障礙，

就會產生靜態與動態的效果。所謂靜態效果是指由於貿易障礙的降低，使資源從沒有效率的國家移向有效率的國家；所謂動態的效果指的是市場整體的成長以及產業生產擴張的影響，而達到更大的經濟規模。茲將靜態效果介紹如下：

(1)貿易創造效果 (Trade Creation Effect)：由於比較利益的原因，生產將轉到更有效率的生產者，讓消費者可以接受到更多、更便宜的商品。受國內市場保護的產業當障礙消除後即面臨到實際問題，因為這些產業須與更有效率的生產者競爭。

(2)貿易移轉效果 (Trade Diversion Effect)：貿易會移轉到體系內之會員國生產，即使非會員國的產業在沒有貿易障礙下是比較有效率的，但仍將生產由原本資源使用及生產較有效率的非會員國，移轉至生產較無效率之會員國。

(3)減少行政支出與走私猖獗：由於會員國間彼此廢除關稅，故可減少關稅的行政支出，再加上商品可以自由流通，就不再產生走私問題 (除違禁品外)，也可以減少查緝走私之費用。

(4)加強談判力量：形成同盟之後，為加強整體間的經濟力量，可以採取一致性對外談判，有助於經濟體內交易條件之改善。

動態效果分析，又稱之為次級效果分析，其主要為：

(1)提高資源使用效率：加入同盟之後，彼此間的競爭程度加強，打破原本的獨占或寡占情形，經濟福利水準因此提高，資源使用上更具效率。

(2)專業化形成的規模經濟：同盟之後，經濟成為一體，且其市場因而擴大，加上如果專業化生產就可以獲得內部與外部的規模經濟，降低生產成本。

(3)加強投資促進產業升級：市場擴大之後，投資機會增加，生產規模擴大，就可以做到全面品管 (TQM) 進而改善商品品質，來減少不確定性風險並降低生產成本。其次，由於同盟之後，廠商有能力且願意投資於研發計畫，再加上同盟國相關技術移轉之關稅豁免，可以提升技術水準並改變產業結構，促進產業升級。

(4)生產要素流動性提高加速經濟成長：在整合的經濟體內，生產因素可以在不同國家間自由移動，可促進要素的使用效率，就如前面所講的勞動，可以在同盟內互通有無，減少失業情況之發生。當資源充分利用之後，經濟必可加速成長。

一、經濟整合模型分析——以關稅同盟探討

　　關稅同盟如同自由貿易區和共同市場一般，其區域性貿易自由化的經濟涵義在本質上是相同的。假設世界上有 A，B，C 三生產國，假設 A 國在這個世界上是登山背包的高成本生產者，而最初 A 國以從價稅 100% 課徵來對抗所有外國生產者。如果 A 國每個背包生產價格是 5 美元，那麼 B 國就願意以每個背包 2 美元的價格輸出到 A 國，而這個世界上的較低成本背包生產者——C 國，則也樂意以每個背包 1.5 美元的價格輸出。

　　圖 15–1 說明 A 國內的登山背包市場。線段 S_B 和 S_C 分別表示 B 國及 C 國出口至 A 國市場的供給曲線。在自由貿易下，A 國將會以每個背包 1.5 美元的價格自 C 國進口 IJ 的數量。既然 A 國能自 C 國買到 1.5 美元的價格，那麼就沒有自 B 國進口價格為每個背包 2 美元的需求了。

　　現在，回想我們已經假設 A 國課 100% 的關稅。這個稅率的影響是使進口背包價錢增加一倍。因此，從 C 國進口背包的價錢提高至 3 美元。這個價錢低於從 B 國以 4 美元（2 元加上 2 元關稅）才能進口背包的價格。所以 A 國持續從 C 國以每個 3 美元的價格進口 *EF* 數量。

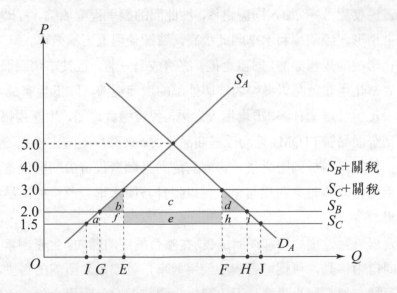

當 A、B 兩國加入關稅同盟之後，原本從生產最具效率之 C 國進口改為從較不具效率的同盟國 B 國進口，此時 *b + d* 的貿易創造效果與 *e* 的貿易移轉效果，其淨福利效果為貿易創造效果與貿易移轉效果的差額。

圖 15–1　關稅同盟經濟分析

　　從 Viner (1950) 在「關稅同盟問題」一書中所提出的關稅同盟經濟分析方法得知，假定 A 國與 B 國協商成立一個關稅同盟。在這樣的一個協定下，商品自 B 國到 A 國不課以關稅。任何商品自 C 國進口的關稅仍保持不變。無疑地，A 國的消費者能以每個 2 美元的價格買到 B 國的登山背包。如果他們要改為從 C 國買進，價格就是每個 3 美元。如此 A 國自然向 B 國而不是向 C 國購買。在過程中，進口數量將會從 EF 擴張至 GH。那麼所有要進口的商品，都會是從 B 國進口而不是 C 國。

　　就像這個例子指出的，一個同盟的形成在國際貿易上會有 2 個影響。首先，自世界最低成本生產國──C 國的貿易來源轉變至同盟最低成本生產會員國──B 國。這個貿易來源的變化即是貿易移轉效果。一般來說，貿易移轉被視為世界福利的減少。判斷這個的直接事實是 A 國不再從一個有自然比較利益的國家（即 C 國）進口，反之，A 國將支持同盟夥伴──B 國。在此過程中，資源被導向離開低成本生產國 C 國，而流向較高成本的製造國 B 國。

　　第二個成立同盟的影響是 A 國的貿易擴展，進口數量由 EF 提高至 GH。這個現象的發生是因為消費者能以較低的價錢購買輸入品。關稅同盟的成立是否對會員國有益，取決於貿易創造和貿易移轉效果之間福利的比較。再回頭看圖 15-1。讓我們計算一下在 A 國和 B 國之間成立同盟後對 A 國福利的影響。如果 A 國與 B 國成立同盟，則 A 國消費者受益。他們支付的價格由 3 美元降至 2 美元。消費者剩餘上升 (a + b + c + d)；生產者剩餘下降 a，且關稅收入也下降 (c + e)。從 (b + d) − e 這些盈餘的變化可知對 A 國的福利衝擊（如表 15-2）。

表 15-2　加入關稅同盟後福利水準之變化

消費者剩餘的改變	a	+b	+c	+d
生產者剩餘的改變	−a			
政府收入的改變			−c	−e
本國福利水準之變化		b	+d	−e

　　因為貿易移轉，A 國不再與 C 國貿易，帶來的影響是關稅收益的減少。這是因為 A 國與 B 國成立同盟，A 國消費者會付給 B 國生產者較高的價錢，超過付給 C 國的成本在 e 區的「高度」表示價格上升的變動，而「寬度」則是自 C 國移轉後的貿易量。因此，B 國生產者對應 C 國生產者所接收後增加的數量，這就是 A 國貿易移轉的成本。然而，因為貿易擴張而產生利益的補償，且 A 國消費者支付較低價格來獲得商品，所以貿易就擴展了。國際貿易的利益為 b + d 的三角形面積和；因此，這

兩個三角形的總和說明 A 國從貿易創造得到的利益。

一般來說，關稅同盟擴大了貿易創造（或者縮小了貿易移轉），對於世界福利將有正面的影響。讓我們回到圖 15–1，並考慮在 A 國與 C 國之間的情形。如果成立同盟的話 A 國將會去除對 C 國的關稅。價格會降至 1.5 美元，而進口將會擴展到 IJ 的量，進口的增加代表淨貿易創造。協定前後貿易移轉為零，則 A 國會與 C 國貿易。對 A 國來說，因為同盟的成立（與 C 國）所獲得的關稅利益是 $(b+f+g+d+h+i)$。C 國也因為出口量提升而獲益。在這個情況下，B 國不會獲益也不會損失，因為貿易沒有被影響。

有個很明顯的問題是，如果 A 國與 C 國成立一個同盟的話能夠促進更多的福利，為什麼 A 國還要與 B 國成立同盟呢? 這個問題有很多答案，但是沒有任何一個能完全令人滿意。其中一個觀點是從優惠貿易關係的形成來解釋，優惠貿易需要靜態的獲利與損失（就是貿易創造與貿易移轉）的計算超過動態獲利的計算。尤其是假設在各種商品的生產具有規模經濟。那麼，當 A 國與 B 國成立同盟後，在這兩個國家中，市場的大小會因為生產者而擴展，使得兩國的生產者擴張生產來降低價格。

第二個觀點是建立同盟是為了政治的（非經濟的）理由建立。舉例來說，歐洲聯盟的形成可視為歐洲政治領導者試圖整合他們的經濟，以避免二十世紀二次戰爭的覆轍。此外，各個工業化以及開發中國家所發展的普遍化優惠計畫，明顯地有個強烈的政治動機。這些計畫對開發中國家商品的製造提供有限（通常在一個數量和價格的基礎上）的特殊貿易優惠（通常是零關稅）。

接下來我們舉例說明探討貿易的動態效果，假設美國公司從墨西哥和臺灣進口相同的商品，若美國與墨西哥同時加入 FTA，而臺灣沒有，那麼有些的貿易就會由臺灣轉到墨西哥以獲取美國與墨西哥間因關稅消除的優勢，但是這並不表示墨西哥商品比臺灣商品還要好，但是較低的關稅讓墨西哥商品有競爭優勢。整合的動態效果是在貿易障礙變低和市場變大時，例如，阿根廷，其人口有 3,570 萬人，是南方共同市場的會員，MERCOSUR 是包含阿根廷、巴西、巴拉圭、和烏拉圭的關稅同盟，總規模是 20,770 萬人，阿根廷的企業在沒有貿易協定前雖然可以出口到鄰近國家，但是高關稅限制了他競爭的能力。當貿易障礙降低，阿根廷企業的市場規模增加，可降低生產的單位成本，此種現象稱為經濟規模。另一個重要的動態效果是因為增加競爭所產生的效率，許多歐洲的企業企圖透過合併來擴展企業規模與成長以便在大的市場中競爭。

主要的區域貿易組織有二種方法來看不同貿易組織: ①以不同區位，②以不同

類型。世界各個區域都有主要的貿易組織，要說明每個區域所包含的所有組織是不可能的，所以本章只說明主要的組織，但是要將每一個組織歸到上述定義的幾個類型中也不太可能（大部分的為 FTA 或關稅同盟）。所謂關稅同盟同時也可能是自由貿易區，而共同市場也可能是自由貿易區和關稅同盟，經濟整合則包括所有的情形，接下來我們將討論的區域貿易組織分類如表 15-3：

表 15-3　區域貿易組織之分類

1.優惠性貿易措施	・洛梅協定 (Lome Convention)	
2.自由貿易區	・歐洲自由貿易聯盟 (The European Free Trade Association)	EFTA
	・中歐自由貿易協定 (The Central European Free Trade Agreement)	CEFTA
	・北美自由貿易協定 (The North American Free Trade Agreement)	NAFTA
	・東南亞國協 (The Association of South East Asian Nations)	ASEAN
3.關稅同盟	・南方共同市場* (Mercado Comun de Sur)	MERCOSUR
4.共同市場	・加勒比海共同體和共同市場 (The Caribbean Community and Common Market)	CARICOM
	・中美洲共同市場 (The Central American Common Market)	
	・南美安迪斯山脈組織 (The Andean Group)	
5.經濟整合	・歐洲聯盟 (The European Union)	EU
6.政治同盟	・香港特別行政區 (Hongkong Special Administrative Region)	

*：MERCOSUR 在經濟部國貿局官方網站稱之為南方共同市場，但在許多原文教科書中則列在關稅同盟之範圍。

第三節　區域組織之介紹

一、歐洲聯盟

1.歐洲聯盟的演進

　　世界上最大也最完整的區域經濟組織是歐洲聯盟 (European Union, EU)，其開始於關稅同盟，而歐元的建立讓歐洲聯盟成為最耀眼的區域性貿易組織。歐洲整合之演進可從第二次世界大戰後留給歐洲脆弱的經濟，並破壞了歐洲的產業結構，開始，美國為了幫助歐洲重建，由國會通過 130 億的馬歇爾計畫，並由 16 國所組成的歐洲經濟合作組織 (OEEC) 來完成，企圖加強貨幣的穩定來結合歐洲經濟的優勢並促進貿易關係。但是 OEEC 並不足以提供必要的經濟成長，因此歐洲需要更進一步的建立合作關係。

　　在 1951 年，當時有 6 個主要的國家——比利時、法國、德國、義大利、盧森堡、荷蘭一起建立歐洲煤鋼組織 (European Coal and Steel Community, ECSC)，在 ECSC 建立後的短期內，另外二個主要的組織——歐洲經濟共同體 (European Economic Community, EEC) 及歐洲原子能組織 (European Atomic Energy Community, Euratom) 也相繼成立，其中 EEC 之出現使歐洲能整合成為當時世界上最有影響力的貿易區域。最初 EEC 之主要目標如下：

(1)消除會員國間之關稅。

(2)建立對外共同關稅。

(3)建立農業與運輸業之共同政策。

(4)創立歐洲社會基金。

(5)成立歐洲投資銀行。

(6)發展會員間之彼此合作關係。

2.歷史回顧

　　歐盟之主要里程碑如表 15–4 所示，歐洲經濟共同體於 1958 年 1 月開始運作，許多的機構緊接著立即成立以處理該組織之事務。隨後廢除了許多的內部關稅而發展出更緊密之歐市整合，最後希望達成經濟合作以避免未來政治之衝突。第一次的關稅減讓是在 1959 年，而所有內部關稅的廢除是在 1967 年，當時也對外課徵共同

一致的關稅，這使得歐洲經濟共同體由自由貿易區 (FTA) 邁向關稅同盟，之後歐洲經濟共同體合併歐洲煤鋼組織與歐洲原子能組織，並更名為歐洲共同體 (European Community, EC)。

表 15-4　歐洲聯盟之里程碑

1946 年	邱吉爾要求成立歐洲聯邦。
1947 年	宣布為振興因戰爭而受嚴重傷害的歐洲經濟之馬歇爾計畫。
1948 年	為協調馬歇爾計畫之執行，創立歐洲經濟合作組織 (OEEC)。
1949 年	簽訂北大西洋條約。
1951 年	比利時、法國、德國、義大利、盧森堡、荷蘭等六國簽訂巴黎條約，建立歐洲煤鋼組織 (ECSC)。
1952 年	ECSC 條約生效。
1957 年	歐洲六國簽訂羅馬條約，建立歐洲經濟共同體 (EEC) 和歐洲原子能組織 (Euratom)，並在 1958 年 1 月生效。
1958 年	建立農業共同政策之基礎。
1959 年	EEC 跨出廢除關稅和限額的第一步。
1960 年	斯德哥爾摩會議建立歐洲自由貿易協會 (EFTA)，包括 7 個歐洲國家（奧地利、丹麥、挪威、葡萄牙、瑞典、瑞士、英國），而 OEEC 成為經濟合作暨發展組織 (OECD)。
1961 年	制定勞動可以在 EEC 中自由移動之第一條規定。
1962 年	建立農業共同政策。
1965 年	合併 ECSC, EEC, 和 Euratom 之條約簽訂，於 1967 年 7 月生效。
1966 年	加值型營業稅之制度達成共識；合併高階歐洲共同體之條約生效；EEC 更名為歐洲共同體 (EC)。
1967 年	所有剩餘之內部關稅取消，並對外課徵共同關稅。
1972 年	歐洲六國同意限制各國幣值之波動在 2.25%，而形成所謂的貨幣「蛇行」。
1973 年	丹麥、愛爾蘭和英國成為 EC 之會員國。
1974 年	理事會設立歐洲區域發展基金 (ERDF) 和區域政策委員會。
1979 年	歐洲貨幣制度 (EMS) 生效；歐洲議會第一次由全體投票選出。
1980 年	希臘成為第十個 EC 的會員國。
1985 年	授予委任理事會於 1992 年完成內部市場的白皮書。
1986 年	西班牙與葡萄牙成為第十一和十二個 EC 的會員國，同時各會員國簽訂歐洲單一法案 (SEA)，以促進決策程序並增加歐洲議會之角色，並在 1987 年 7 月 1 日生效。
1990 年	第一階段的歐洲貨幣聯盟 (EMU) 生效；德國統一。
1993 年	1993 年 1 月 1 日歐洲單一市場生效，理事會達成協議建立歐洲經濟區，並於 1994 年 1 月 1 日生效。
1994 年	歐洲貨幣機構 (EMI) 產生。
1995 年	奧地利、芬蘭、瑞典成為第十三、十四、十五個 EU 會員。

1997 年	簽訂阿姆斯特丹條約。
1998 年	成立歐洲中央銀行並說明 11 個國家將加入歐洲單一貨幣。
1999 年	1999 年 1 月 1 日歐洲單一貨幣——歐元生效。
2000 年	歐盟的 12 國領袖於 2000 年 12 月 7、8 日在尼斯開會，共同研討歐盟的東進策略，要將原來在 1957 年為 6 個國家設計的機構進行改革，擴大編制成擁有 27 個成員。
2001 年	希臘成為歐元區 (Euroland) 第 12 個會員國，而後歐洲聯盟 15 國在 5 月 23、24 日舉行高峰會，討論「經濟成長率」及「亞洲和平」，並於布魯塞爾召開特別高峰會，針對美國 911 恐怖攻擊討論歐洲因應之道。
2002 年	歐盟高峰會於比利時拉肯進行兩天的會談，與會各國領袖簽署「拉肯宣言」。並揭示有關歐盟制憲籌備委員會的組成等問題。 1 月 1 日歐元貨幣正式流通，本國貨幣與歐元雙軌使用結束，歐元成為 12 個歐元區國家的唯一法定貨幣。 愛爾蘭舉辦第二次公民投票，通過「尼斯條約」。
2003 年	馬爾他 (Malta) 針對加入歐盟進行公民投票，多數民眾贊成加入歐盟，斯洛維尼亞針對加入歐盟進行公民投票，多數民眾贊成加入歐盟，此時歐盟和北約於雅典簽訂安全協議。
2004 年	5 月 1 日中東歐 10 國（捷克、愛沙尼亞、塞普勒斯、匈牙利、斯洛維尼亞、拉脫維亞、立陶宛、斯洛伐克、馬爾他、波蘭）加入歐盟，歐盟會員國由 15 個增加到 25 個，而於 10 月 29 日歐盟 25 國在羅馬簽訂 "歐盟憲法條約"。

在圖 15-2 說明歐盟的成員和其他主要的歐洲組織，歐洲自由貿易區 (EFTA) 成立於 1960 年，是另一個企圖要結合歐洲的自由貿易組織，但後來受歐洲共同體之影響而喪失整合之力量。歐洲共同體在 1970 年代結束前發生了兩個重要的事件——組成歐洲議會 (European Parliament) 與建立歐洲貨幣制度 (European Monetary System, EMS)。歐洲議會是由人民直接選出，嘗試要建立民主的歐盟政府；而歐洲貨幣制度是為了要將個別國家的貨幣連結在一起而建立，每個國家設定自己國家兌換其他 EC 會員國貨幣之匯率，同時會員國政府同意介入市場來維持此匯率機制，其目標是要穩定匯率以避免匯率之波動取代了關稅效果進而產生貿易上的差別待遇。而 EMS 經歷歐洲記帳單位 (EUA)、歐洲通貨單位 (ECU)，最後由新的歐元 (Euro) 所產生的歐洲貨幣秩序取而代之。

3. 歐洲聯盟的組織結構

最初歐洲聯盟組織結構，包括執委會、議會、部長理事會、歐洲法庭等，這些歐盟機構創立的目的是建立歐洲聯盟中的國與國間密切關係。歐盟由執委會提案，經議會提供意見加上部長理事會決議，最後由歐洲法庭詮釋。之後，歐洲議會變成直接選舉，並成立歐洲監察庭，而歐洲投資銀行的成立則合併會員國主要的財經資

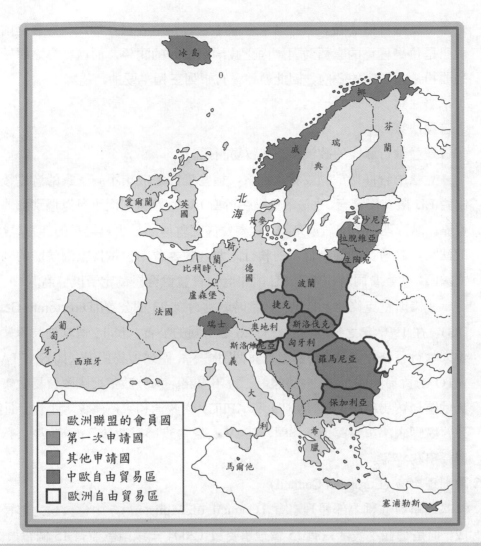

雖然歐盟在歐洲主導貿易優勢，但仍存在歐洲自由貿易區與中歐自由貿易區來促進貿易的流通。

圖 15-2　歐洲貿易和經濟整合

源；此外，經濟與社會委員會也展現存在的價值並與各國就其相關提案進行討論。

　　由於會員國會簽訂各種條約來管理歐盟不同機構之運作，若情況有所變動時，這些條約是允許重新修訂，歐盟這些相關機構相對地也設定了一些條件，所以我們必須要瞭解這些機構與功能，以及他們如何作影響國家的決策，並說明其如何運作與相互搭配。

(1)歐洲執委會 (European Commission)

　　　　在 1999 年結束時，執委會由二十個委員組成，法國、德國、義大利、西

班牙、英國各派 2 位，其他國家各派 1 位，這些委員在加入執委會之前在國內已是位高權重的官員並與國內之政治有良好的關係，而執委會之原始目的是要扮演超國家的政府，因此執委會有下列三個主要的功能：

①草擬法案。

②管理法案。

③管理並執行聯盟的政策和國際貿易關係。

立法的程序始於執委會之提案，這些提案是收集不同國家的意見後再找出對 EU 最有影響者，立法的重點在於對 EU 整體有利而不是以個別國為考量重點。從管理條約的角度來講，執委會決定會員國是否具適當的能力執行 EU 的法案，若會員國沒有適當的執行能力，執委會則會依據歐洲法庭的判決處罰該國；執委會同時也管理 EU 的年度預算並對貿易協定予以協商。

「馬斯垂克條約」通過時，當時執委會有 23 個公署 (Directorate-General, DG)，在 1997 年之後執委會已有 26 個不同的公署，及 15 個其他特殊業務單位來執行任務，如第 I 公署處理與個別國家、區域貿易組織（如 NAFTA）和 WTO 的貿易關係、EU 內部競爭、貨幣事務、海外政策與國際貿易政策、對其他區域貿易組織（如 NAFTA 和 APEC）之政治和經濟關係等工作。而第 III 公署處理內部市場與工業議題，第 IV 公署負責競爭政策，而第 VI 公署掌管農業事務等等。

(2)歐洲理事會 (European Council)

理事會亦稱為部長理事會 (Council of Ministers)，由會員國之部長所組成，但是這並不表示只有 15 個理事委員（2004 年以前歐盟有 15 個會員國），2000 年後每一會員國出任一個理事委員，但有超過 25 種不同的理事會，如海外事務、經濟和金融、農業……等。以農業為例，農業之部長理事會是由所有會員國之農業部長所組成，這個特定部門之委員代表他們國家的政府來決定農業相關議題。從不同觀點來講，理事會比執委會更為民主，因為理事會的委員是由會員國的人民選舉出來，部長理事會之主席由各會員國輪替（每六個月輪一次）。理事會的權力非常的大，因為理事會可以通過、修改、取消執委會所草擬的法案，理事會與歐洲議會對於法案也具有最後的決定權，由於歐洲議會的角色近幾年來愈來愈重要，送交審議之法案也必須要通過議會的同意。

1991 年 12 月 9～10 日馬斯垂克「歐洲高峰會」通過「歐洲聯盟條約」，

即「馬斯垂克條約」，改變創始條約的方向，且創造歐洲聯盟的三個支柱 (Three Pillars)。

第一支柱合併三個創始條約並設立歐洲貨幣同盟，它也增補某些範圍的權力如環境、研究、教育與訓練。

第二支柱建立共同的對外與安全政策，使聯盟可以在外交與安全事務上採取一致行動。

第三支柱為創造司法與區域內事務政策，處理有關庇護、外來移民、民事刑事司法合作與關稅合作、打擊恐怖犯罪、毒品走私與詐欺等議題。

理事會表決的過程非常的複雜，三大支柱的運作必須要由全體或大多數的代表通過，票數是以人口數來計算而不是一人一票，如德國、法國、義大利和英國各具有 10 票，西班牙 8 票，比利時、荷蘭、希臘和葡萄牙各 5 票，奧地利、瑞典各 4 票，愛爾蘭、丹麥和芬蘭各 3 票，盧森堡 2 票。第一支柱所探討的法案，如稅收、產業、文化、區域和社會基金等與歐洲共同體之法令有關，必須全體通過；其他之法案，如農業、漁業、內部市場、環境和交通，則由理事會之多數通過即可。所有理事會的提案至少必須通過 62 票，其他的提案則至少必須要 10 國 62 票的多數通過才行。此外第二支柱的共同對外及安全政策作業，和第三支柱與司法及國家事務之合作作業則由全體決議，參見圖 15-3。

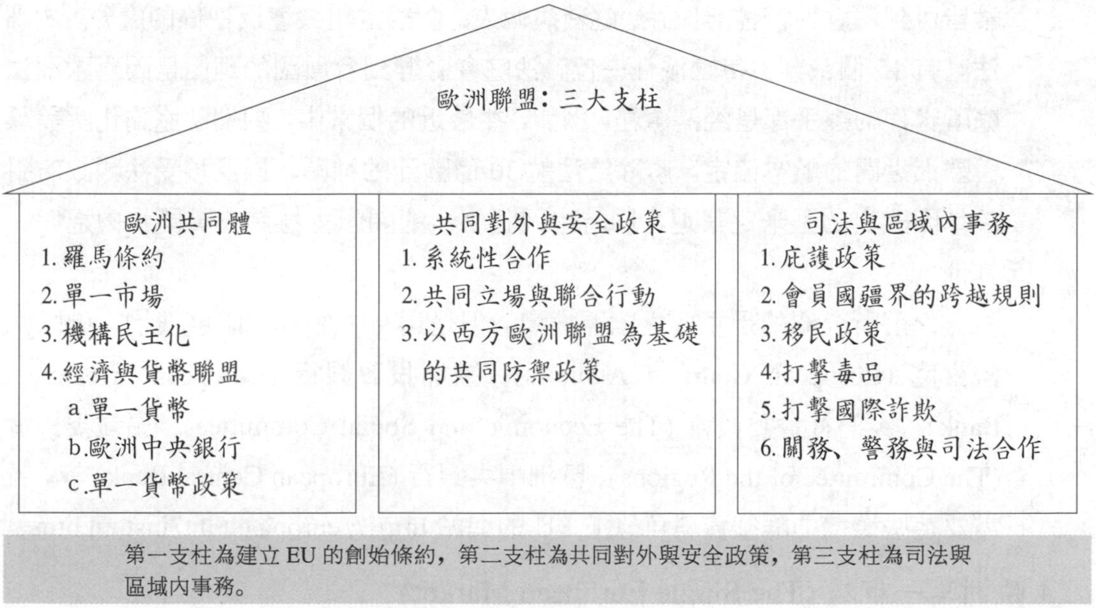

```
歐洲聯盟：三大支柱

┌─────────────────┬─────────────────┬─────────────────┐
│  歐洲共同體      │ 共同對外與安全政策 │ 司法與區域內事務   │
│ 1.羅馬條約       │ 1.系統性合作      │ 1.庇護政策        │
│ 2.單一市場       │ 2.共同立場與聯合行動│ 2.會員國疆界的跨越規則│
│ 3.機構民主化     │ 3.以西方歐洲聯盟為基礎│ 3.移民政策       │
│ 4.經濟與貨幣聯盟  │   的共同防禦政策    │ 4.打擊毒品       │
│   a.單一貨幣     │                 │ 5.打擊國際詐欺     │
│   b.歐洲中央銀行  │                 │ 6.關務、警務與司法合作│
│   c.單一貨幣政策  │                 │                 │
└─────────────────┴─────────────────┴─────────────────┘
```

第一支柱為建立 EU 的創始條約，第二支柱為共同對外與安全政策，第三支柱為司法與區域內事務。

圖 15-3　歐洲聯盟的三大支柱

(3)歐洲議會 (The European Parliament)

　　總共由各國共 626 席代表所組成（見表 15–5），每五年選舉一次，議會議員是按人口數之多寡而決定，其中最多的是德國有 99 席，最少的是盧森堡有 6 席，議員是由各國家的人民直接選舉出來，最初議會只是諮詢的角色，後來在 1993 年單一歐洲法案和歐洲聯盟條約建立後責任則開始加重。歐洲議會的三個主要職權為：立法權、控制預算、監督高階的決策。議員會提案至議會，在送交理事會之前提案必須要先通過議會的決議，議會可以通過、修改或駁回提案，並於每年審核並監督預算。歐洲議會所決議的議案必須要獲得多數票，這代表著議會若要成功通過法案必須要聯合或是妥協。

表 15–5　歐洲議會各會員國議員數

德	99	西	64	葡	22	芬	16
法	87	荷	31	瑞	22	愛	15
義	87	比	25	奧	21	盧	6
英	87	希	25	丹	16	總計	626

資料來源：http://europa.eu.int/inst/en

(4)歐洲法庭 (The European Court of Justice)

　　為確保 EU 法案解釋的一致性與適用性，會員國、共同體機構、個人和企業皆可到法庭進行控訴，由法庭裁決個人、企業或組織違反法條的處分。歐洲法庭有 15 個裁判，每國派任一位。法庭會影響到會員國的理由是因為歐洲法庭所處理的幾乎都是經濟事務，例如，在最近的個案中，歐洲法庭為化解美國與歐洲之間的航空協定，廢除給法航 30 億歐元的補貼，以及接受法國政府對於基因改良的玉米之禁運，同時也因狂牛症的問題支持禁止英國牛肉進口。

(5)其他

　　之前所介紹的是主要之歐盟機構，但是還有一些其他附屬機構，如歐洲監察庭 (European Court of Auditors)、歐洲投資銀行 (European Investment Bank)、經濟社會委員會 (The Economic and Social Committee)、區域委員會 (The Committee of the Regions)、歐洲中央銀行 (European Central Bank) 等，若需要這些機構的詳細資料可以上 EU 的網站 http://europa.eu.int/inst-en.htm。

4.歐洲單一市場 (The Single European Market)

1999 年 EU 的會員國人數與 GNP 緊次於 NAFTA（加拿大、美國和墨西哥）之

後見表 15–6，而在 2004 年 5 月 1 日 EU 擴大為 25 國之後，使得他成為巨大的經濟區。但是在 1980 年代早期，也就是 EU 的困難時期，特別從 1970 年到 1975 年，EC 的 GNP 平均以每年 2.7% 在成長，但在 1980 年到 1985 年掉到 1.4%，相對的美國在此期間的成長率為 2.2% 到 2.5%，日本為 7.6%～3.8%，這表示 EU 真的需要降低更多的關稅來促進經濟成長，所以單一市場是有必要存在的。但 EU 內仍存在各種不同的非關稅障礙，使之不能成為真正的共同市場，更不能享受擴大市場後的真正好處；因此，EU 執委會的主席決定消除所有在自由市場的障礙，如通關作業、不同認證程序、加值營業稅的稅率和貨物稅等。最後，在 1985 年 EU 所提出的報告中表示，確定要達成完全內部單一市場所必須頒布的 282 個提案，這些提案執行的最後到期日為 1992 年 12 月 31 日，並在 1987 年通過「歐洲單一法案」的立法，通過提案後，再回到各會員國政府尋求國內的立法通過。

表 15–6　五個主要的貿易組織之比較

	人口 （千人）	GNP （百萬美元）	個人 GNP （美元）
APEC	2,447,436	$16,918,386	$6,913
ASEAN	495,531	704,787	1,422
EU–15	374,225	8,565,466	22,889
EU Applicant–12	106,095	342,261	3,226
NAFTA	392,272	8,726,695	22,247
MERCOSUR	207,717	1,133,555	5,457

資料來源：1999 年世界銀行。

5. 馬斯垂克條約 (The Treaty of Maastricht)

　　歐盟的領導人於 1991 年 12 月在荷蘭的馬斯垂克會面，並且通過了馬斯垂克條約，此條約帶領歐盟到達更高一層級的整合，其主要有兩個目標：①政治聯盟，②貨幣聯盟。對於政治聯盟的展望產生了許多議題，如成為共同的歐洲公民、共同對外之國防、和共同社會政策等，此外馬斯垂克條約加強了歐洲議會的權力，如前所述，使其具有否決國家法律的權力。馬斯垂克條約不容易訂定的原因，是因為有許多聯邦主義傾向的國家，如：法國、德國，以及厭惡集權主義的國家：如英國和丹麥，其中反對聯邦主義傾向的內容置於主條文的附屬條約內，說明 EU 的干預只限於共同關注的議題上，而大部分的政策應該設定於國家的層級。

6. 阿姆斯特丹條約 (Treaty of Amsterdam Amending The Treaty on European

Union)❷

在 1993 年至 1996 年，擴大經濟暨貨幣同盟 (EMU) 與歐盟運作一直是歐盟高峰會議中二個主要討論之議題，隨著奧地利、芬蘭、瑞典於 1995 年元旦正式成為歐盟會員國，以及政府間的談判，於 1997 年 6 月 18 日阿姆斯特丹高峰會議針對「馬斯垂克條約」的修正內容進行審查表決，完成了「阿姆斯特丹條約」，成為繼「羅馬條約」、「馬斯垂克條約」後的第三個歐盟條約，其目標在繼續推動統合過程並對現有機制進行改革，來為擴大歐洲而做準備。「阿姆斯特丹條約」是各國諮商談判之下的法源規範根據張亞中 (1999) 的看法，具有下列七點特性：

⑴同一性原則：堅持要求所有會員國均參與統合的過程，除非在特殊情形之下，才會同意會員國有「例外權利」，完成歐洲統一的共同目標。

⑵差異性原則：承認會員國間的差異性，對各個領域的統合可以接受不完全一致的看法。

⑶自願性原則：拒絕像聯合國一樣，對常任理事國有一票否決權，引進「建設性棄權機制」(Constructive Abstention)，對不同意見可以宣布不接受該決定，以尊重會員國的意願。

⑷輔助性原則：只有在會員國不能充分執行目標時，歐盟才能予以協助，不然必須在歐盟明確授權下，才能尋求外援。

⑸彈性原則：在各國差異性之情形下，實行區域參與的作法，也就是實行「競速歐洲」的統合。

⑹貫徹性原則：加速並簡化相關立法程序，有關理事會議案擴大以條件多數決的範圍，並建立歐盟政治計畫組織與快速預警機制，以提高效率。

⑺民主性原則：增加「共同決定程序」與「一致同意程序」的表決過程，使得各國議會能參與歐洲立法工作，使公民有更多機會得知歐盟情勢，並尊重民主與人權在歐盟之發展。

7. 歐元 (The Euro) 之發行

馬斯垂克條約最重要的進展是決定朝向共同貨幣的決議，新的貨幣被稱為歐元 (Euro)，此決議乃始於 1979 年之歐洲貨幣制度。EMS 之成立主要是輔助會員國間之貿易，將匯兌波動之影響降到最低，各會員國需加入歐洲匯率機制 (Exchange Rate

---

❷參考資料：張亞中 (1999)，《歐洲統合：政府間主義與超國家主義的互動》，p. 84，揚智文化事業股份有限公司，臺北。

Mechanism, ERM)，而其間的貨幣匯兌關係透過平價欄 (Parity Grid) 來連結。平價欄的範圍即是會員國匯率波動的最高點與最低點，會員國之間的匯率就在此範圍內波動，例如，平價欄將包含德國馬克與法國法郎、荷蘭基爾特、義大利里拉……等等，然後每一個國家必須要負責維持自己國家與他國的匯率在平價欄內，匯率的變動不可以超過 2.25%，如果有升值或貶值的壓力時，例如，若德國馬克相對於義大利里拉要升值，德國與義大利的政府必須要介入外匯市場，將匯率的波動維持於 2.25% 之內，因此就如同「隧道內蛇行」(Snake in the Tunnel) 的運作一樣。

雖然 EMS 想要降低匯率的波動，在馬斯垂克條約之後的下一步是要逐步地以歐元來取代個別國家的貨幣，但是為了達成此目的，首先會員國之經濟結構必須要趨於一致，因為不可能有一個單一的貨幣而有 15 個不同的貨幣政策，所以會員國以下列之方法來使會員國間的經濟結構趨於一致（王騰坤，1997）：

⑴降低通貨膨脹率，讓每一個會員國之通貨膨脹率不超過 1.5%（為歐洲最低通貨膨脹率的 3 個國家之平均）。

⑵降低長期利率，讓每一個會員國之利率不會高於歐洲最低利率的 3 個國家的 2%。

⑶降低政府的赤字預算，使其不超過 GDP 的 3%。

⑷降低公債的餘額使其不超過 GDP 的 60%。

⑸在沒有匯率重整下，會員國需符合在狹窄波動帶裡至少 2 年。

在這些努力之後，EU 內 15 個國家中的 11 個於 1999 年的 1 月 1 日加入貨幣聯盟，而當時不加入的 4 國分別為：英國、瑞典、丹麥和希臘。

歐元由歐洲中央銀行 (European Central Bank, ECB) 管理，歐洲中央銀行成立於 1998 年 7 月，從 1999 年 1 月開始負責為會員國制定貨幣政策和管理匯率制度，因其前身為歐洲貨幣機構 (European Monetary Institution, EMI)，為馬斯垂克條約後由歐洲中央銀行體系 (ECBS) 到歐洲中央銀行之過渡機構。ECB 由六個執行委員會 (Executive Board) 組成並與會員國一起制定貨幣政策，其主要的目標是控制通貨膨脹，這與各國央行的目標相似，所以 ECB 會以操控利率來降低通貨膨脹率。剛開始的時候，ECB 設定每年的通貨膨脹率為 2%，且不允許用貨幣政策來完成其它的目標，如以失業率來平衡其目標（菲利普曲線），雖然 ECB 為 11 個國家設定貨幣政策，但是 11 國之間仍然有不同的成長率。例如，葡萄牙、西班牙、芬蘭和愛爾蘭的成長率平均在 3.2% 到 8.5% 之間，而其他會員國之成長率平均為 1.9%。

進入歐元的時代對企業之影響有二，首先銀行必須要將他們的電子網路更新以處理所有貨幣交換的業務，如處理全球貨幣交換的系統、買賣股票的系統、銀行間

匯款的系統、管理客戶帳戶的系統或列印銀行對帳單的系統等，德意志銀行 (Deutsche Bank) 估計這些轉換的成本極高。另外企業覺得歐元的使用將增加價格的透明度（不同國家價格的比較）和消除匯兌的成本與風險，雖然有些價格的差異是因為運輸成本的關係，但是在實施歐元後還是有許多商品的價格差距必須要調整，例如，福特 Mondeo 在德國的價格幾乎是在西班牙的 50%，對糖尿病醫療藥品最便宜的與最貴的之間的差異約為 300%。在一項對歐洲企業所作的調查中顯示歐洲產品的價格差異幅度為 60%，所以仍有很大的調整空間。由於單一貨幣的實施，匯兌成本應該會縮減，而會員國間之匯兌風險也將消失，不過與非會員國間之匯兌風險仍然存在，例如，歐元與美元間的匯兌風險等，都是必須注意的。

8. EU 的擴張計畫 (EU Expansion)

EU 主要的挑戰之一為其擴展問題，其首次的擴展是在 1991 年所創的歐洲經濟區域 (The European Economic Area, EEA)，這使得 EU 關稅同盟的優惠延伸到歐洲自由貿易協會 (European Free Trade Association, EFTA) 的會員國。EFTA 創建於 1960 年，是歐洲邊緣國家對 EC 的另一個選擇，但是 EFTA 只是簡單的自由貿易協定，這特別符合一些中立國如瑞士的需求，因為瑞士對於高度的政治整合並不感興趣而無意成為 EC 會員，但是在 1995 年由於奧地利、芬蘭和瑞典的退出並加入 EU 成為完全的 EU 會員國，EFTA 目前只剩下挪威、冰島、瑞士和列支敦斯登四個會員國。EEA 與 EU 協定允許人員、商品、服務、資金可以在挪威、冰島和列支敦斯登自由流通，而瑞士因為其國民在 1991 年的投票表決，成為 EFTA 成員中唯一沒有加入 EEA 的國家。

在 1996 年，歐洲人口僅次於德國的土耳其加入了與 EU 相結合的關稅同盟，土耳其現在已經成為歐洲單一市場的一部分，土耳其採用歐洲貿易法規和共同對外關稅，但由於宗教關係，它不是 EU 完全的成員，此外 EU 與世界許多國家簽署自由貿易協定，使得它成為世界上最大的貿易區域，這表示企業在 EU 做生意所接觸到的市場比世界上任何一個地方都還要大。

在蘇聯解體之前，USSR 國家和中東歐國家的貿易關係是結合在一起的，稱為共產經濟互助理事會 (Council for Mutual Economic Assistance, CMEA 或稱為 COMECON)，但是由於蘇聯的解體，所以相關的東歐國家於 1991 年 6 月解散 CMEA，在 1992 年 7 月 1 日成立中歐自由貿易協會 (The Central European Free Trade Association, CEFTA) 開始運作，其成員包括：捷克共和國、斯洛伐克、匈牙利和波蘭，而 CEFTA 的

目標是要在 2000 年以前建立一個具有 EU 基本結構的自由貿易區，但是這些國家比較有興趣加入 EU。由於中東歐的國家大多都很貧窮，對於民主並沒有太多的經驗，且大多依賴農業（占了 GNP 的 20%，EU 會員國平均為 6%），這對於 EU 的財政資源有嚴重之影響，這些國家的平均國民所得 (GNP) 明顯的低於現有 15 個會員國。另一個是日益擴大的管理問題是 EU 的原始會員國，如法國與德國，害怕這些新增的新國家會減弱他們的控制與影響力。

歐盟在 2004 年 5 月 1 日，正式納入捷克、匈牙利、等中、東歐十國（見表 15–7），使歐盟從 15 個會員國，總人口數 37,000 萬人的市場規模擴大為 25 個會員國，總人口數達 45,000 萬人的消費市場，整體 GDP 將高達 104,000 億美元（以 2001 年為基準），貿易額將達到 48,000 億美元，成為世界第一大經濟體。同年 10 月 29 日，25 國元首齊聚於羅馬，並簽訂了歷史性的「歐盟憲法條約」，使歐洲統合劃下歷史的新紀元。

表 15–7　歐盟 25 個會員國

2004 年 5 月前				
奧地利 Austria	比利時 Belgium	丹麥 Denmark	芬蘭 Finland	法國 France
德國 Germany	希臘 Greece	愛爾蘭 Ireland	義大利 Italy	盧森堡 Luxembourg
荷蘭 Netherlands	葡萄牙 Portugal	西班牙 Spain	瑞典 Sweden	英國 United Kingdom
2004 年 5 月加入				
塞普勒斯 Cyprus	捷克 Czech Republic	愛沙尼亞 Estonia	匈牙利 Hungary	拉脫維亞 Latvia
立陶宛 Lithuania	馬爾他 Malta	波蘭 Poland	斯洛伐克 Slovakia	斯洛維尼亞 Slovenia

隨堂測驗

請指出歐洲整合發展之重要條約、機構與內容，並討論歐盟執委會之組成與功能。（90 年高考）

老師叮嚀

《經濟學人雜誌》(*Economist*) 指出五個會深深影響 EU 未來發展的基本變動：

(1) 法、德權力置換：由於二次大戰的關係，法國一直控制 EU 的政治，但是由於東西德的統一，德國恢復了自信，目前是歐洲最大且最富有的國家，也可能是未來唯一能夠帶領歐洲的國家。

(2) 一種認為歐盟應該具備集體軍事行動能力的感覺，而集體行動是可與北約分離的，這在科索夫衝突時得到確認。

(3) 歐元所造成貿易交易成本的影響。

(4) 歐洲執委會勢力轉弱，各會員國政府控制 EU 的命運。

(5) EU 計畫新增會員國已達到 25 國，其中大部分為前共產主義的中、東歐國家。

這些轉變會影響歐洲的有關變化：如工作機會的創造、提升和平、環境保護、控制 EU 的開銷、保障食物的供給等，EU 帶著許多的問題進入 21 世紀，但是相對地也提供企業許多擴張市場的機會與資源供應來源。

個案研究

福特歐洲

美國福特汽車第一次進軍歐洲市場是在 1903 年，也就是在福特公司成立後的六個月出口第一部車到英國，之後福特公司於 1908 年於巴黎設立歐洲的第一個銷售分公司，次年亦成立英國的銷售分公司。英國的裝配生產線於 1911 年開始生產，緊接著 1913 年法國的裝配生產線也開始生產，而 1916 年成立法國子公司，一直到 1925 年福特才在德國運作並開始生產。當時福特在組織上雖然為美國福特公司的子公司，但是並不需要配合美國公司的政策，這是因為歐洲這些個別國家有不同的環境、不同的消費品味和喜好以及獨特的關稅和非關稅貿易障礙。

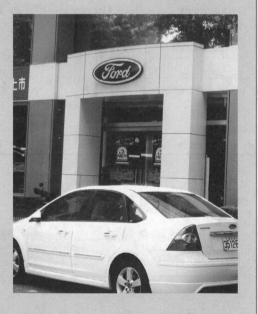

福特的確將歐洲視為一共同的市場而不是個別市場的組合，故在 1967 年福特改變其管理的組織結構，將歐洲列於一區域組織之下稱為福特歐洲，由最重要的英國與德國兩大製造

中心來維持並扮演策略中重要的角色，而不再是分開的兩個獨立生產單位，儘管母國在管理上有部分國家主義的傾向，但福特公司決定從企業的觀點來看，降低工程成本並達到採購與生產的經濟規模。

1990 年代末期，福特汽車公司在歐洲面臨許多關鍵的挑戰，如歐元的採用，代表顧客可以比以前更容易在歐洲比價，並在最便宜的國家採購；亞洲的汽車製造商也開始進攻歐洲市場，此時歐洲以進口限額成功的阻止日本車與韓國車的激烈競爭，但是在 2000 年開始，歐洲聯盟準備消除外國進口的限額，且日本與韓國也準備好了進入歐洲市場，讓福特公司與其他歐洲主要汽車業者所分享多年的歐洲市場占有率和利潤面臨重大威脅。在 1994 年，福特宣布一個新的計畫稱為「福特 2000」，並在一年之後合併北美與歐洲之生產成為單一組織，稱為福特營運 (Ford Automotive Operations)，這個組織結構重整的主要理由是要降低成本與提高國際競爭力。

同時，福特將其以區域來劃分的利潤中心改為以產品線來劃分，福特汽車營運成立五個汽車中心，其中 4 個中心在北美，一個在歐洲，歐洲部分主要負責中小型車的開發。根據福特的區域策略，福特同時也為不同地區的營運設計汽車，如 1993 年由北美與歐洲共同合作開發而推出的 Mondeo。

歐洲為福特提供了重要的市場機會，貿易障礙的消除和歐洲不同國家市場的整合使得福特轉變他們的策略由多國到整個區域，但是福特的 2000 年計畫使福特將歐洲區與美國區之汽車營運整合為一，成為踏出整合過程的第一步。

問題 1：區域的整合對福特公司而言是好是壞，請試以貿易效果分析之。

問題 2：假如你是福特總裁，為何你會將原本以區域劃分的利潤中心改以產品線劃分，其動機何在？

二、北美自由貿易協定

北美自由貿易協定 (North American Free Trade Agreement, NAFTA) 成員包括加拿大、美國及墨西哥，這個協定始於 1994 年生效。不過此協定源自於美加自由貿易協定，並沿襲美國與加拿大早已形成的經濟合作型態。其中之一的汽車商品貿易協議 (Automotive Products Trade Agreement)，此協議在 1965 年生效，提供汽車商品免稅貿易。到了 1980 年代初期美、加兩國只就特定的工業上討論免稅貿易，例如，鋼鐵、紡織。但此協議直到 1987 年的談判才得以擴充到更大的範圍，而 1987 年的這些談判也催生了美加自由貿易協議並在 1989 年 1 月 1 日生效，並希望 1998 年 1 月

1 日將雙方所有關稅降到零。

　　1991 年 2 月墨西哥向美國提議成立自由貿易協議，同年 6 月展開正式談判，此時也將加拿大協議一起納入，最後 NAFTA 正式在 1994 年 1 月 1 日開始生效。就雙方地理位置與貿易重要性而言，NAFTA 提供一個合理的解釋基礎，在協議簽訂時雖然加拿大與墨西哥貿易量並不大，但是美國與墨西哥、美國與加拿大貿易量卻很大，就當時而言，美國與加拿大雙邊之貿易關係已居世界之冠。

　　NAFTA 總人口和國民生產毛額 (GNP) 為世界強大的貿易區塊，此區塊比 EU 原 15 個會員國大，但是比後來另外加入 10 個會員國的 EU 小。表 15–8 顯示 NAFTA 中 3 個會員國在人口、國民生產毛額以及個人生產毛額的分類比較，美國與加拿大或者美國與墨西哥的經濟規模是深具意義的，另外，即使加拿大人口只有墨西哥的 $\frac{1}{3}$，但是卻擁有比墨西哥更富裕的經濟體。

 隨堂測驗

何謂 NAFTA? 其成員包括那些國家? 成立之宗旨為何？其成效如何? (89 年商務人員特考)

表 15–8　　NAFTA 資料比較

NAFTA		人口 （百萬人）	GNP （百萬美元）	個人 GNP （美元）
	加拿大	30,287	$ 594,976	$19,640
	墨西哥	94,349	348,627	3,700
	美國	267,636	7,783,092	39,080
	合計	392,272	8,726,695	22,247

資料來源: 2000 年世界銀行。

目前 NAFTA 在美、加、墨之間所制定的協議，將針對下列幾項進行討論。

(1)市場通路: 關稅及非關稅貿易障礙，政府採購之法源建立。

(2)貿易法規: 安全保護措施、補貼、傾銷及反傾銷稅，健康及安全水準的判定標準。

(3)服務: 提供服務與商品貿易時享有相同的安全保護措施。

(4)投資: 建立投資的規則，來對投資組合、實際資產和多數持有 (majority-owned) 或控制投資加以管理，除此之外，NAFTA 所涵蓋的範圍可拓展到任何與 NAFTA 國家合作企業的投資，而不涉及原始國家之考量。

(5)智慧財產權：三個會員國對於智慧財產權的保證，是要能夠提供足夠且有效的保護及執行，並且保證執行標準本身不能成為合法貿易的障礙。

(6)爭端解決方式：提供各個會員國都須遵循的解決爭論機制，以取代各國單獨來抵制反對團體。

1986 年墨西哥加入 GATT 後在降低關稅方面有了重大的突破，其關稅大部分被直接降到零，或者必須以 2003 年 12 月 31 日為最後終結日，以超過十年為期分段實施，而少數分階段實施的部分最晚也要在 2008 年結束。此外 NAFTA 在貿易轉投資方面，許多美國與加拿大的公司為了取得較廉價的勞工在亞洲成立製造廠，而此時美國與加拿大只要在墨西哥設立製造廠一樣能得到較廉價的勞工。舉例而言,IBM 將先前在新加坡生產的電腦零件移至墨西哥生產，在五年中 IBM 從墨西哥出口到美國的電腦零件由 3.5 億美元增加到 20 億美元，比在新加坡或其他亞洲國家生產再出口到美國將可得到更快速的運送過程。

1. 原產地與區域價值的法規

NAFTA 的成立產生一個非常重要的影響因素為原產地概念，因為 NAFTA 是自由貿易協定而非關稅同盟，會員國必須各自設定對其他國家的關稅，這就是為什麼商品由加拿大進口到美國必須要有商業或海關發票以辨認該商品的最後生產地，否則第三國的出口商可能將以較低的關稅出口到美國,再由美國以免稅的方式出口到另一個NAFTA 國家，而原產地的規定可確保唯有在 NAFTA 所生產的商品才是 NAFTA 合法的關稅減免範圍。根據原產地法規內容，一般商品的淨生產成本至少 50% 必須是在 NAFTA 所創造，例如，福特汽車在墨西哥組裝可以使用來自於加拿大、美國和墨西哥的零件,而勞動與其他的生產要素則於墨西哥取得。而進口到美國與加拿大的車子，根據 NAFTA 的優惠關稅，至少要有 62.5% 的價值是在北美所產生。

2. NAFTA 的特別條款

世界上大部分的自由貿易協議都純粹以降低關稅為基礎，但是 NAFTA 卻有別於其他自由貿易協議，由於剛開始受到勞工聯盟及環保人士的強力抗議，所以在NAFTA 雙邊協議中也必須將這些問題納入。在討論 NAFTA 的時候，反對人士擔心加拿大與美國潛在工作機會將喪失，而墨西哥可能變成廉價工資及鬆散環保評估的生產地，並且認為原本在北美設立工廠的公司將面臨關閉，並使他們設立在墨西哥，結果造成勞工遊說議員強制將勞工標準納入規範（例如，組織工會），而環保團體則推動墨西哥境內的環境標準升級、勞工權利及環保問題，這反而對 NAFTA 來說不啻

成為一件好事。

就環境的觀點而言，NAFTA 附屬協議包括環境認證的開發，對於環境的加強與合作以及有效遵行地主國的環境法規，並促進公共參與來提升透明度。經濟成長與污染問題存在著非常顯著的正相關，因此如果 NAFTA 的成立刺激當地區域經濟成長，而墨西哥污染問題可能就讓其福利水準惡化。1999 年 11 月，勞工與環境問題成功地中止了在西雅圖與華盛頓所召開的 WTO 會議，因此他們希望在 NAFTA 國家中繼續促進勞工權利與加強環境改善。

3. NAFTA 對貿易、投資、和就業的影響

對所有區域貿易組織的檢測是看它所創造的貿易與就業機會，美國的 NAFTA 支持者指出：降低在墨西哥的貿易障礙會增加對墨西哥的出口，創造美國與加拿大的就業機會，因為大部分在美國與加拿大間的貿易都是免稅，且墨西哥又比較容易接觸到美國與加拿大的市場，所以大部分的利益將是美國與加拿大對墨西哥出口的增加淨額。有許多人認為新的投資協定有助於對墨西哥的投資，但在 NAFTA 之前，若干美國與加拿大的企業早已在墨西哥投資，但是多數的支持者則預測美國與加拿大的企業會削減在母國的生產，並移向墨西哥以獲取低成本的好處。

NAFTA 對貿易與就業有何影響？在貿易方面比較容易衡量，表 15-9 顯示 NAFTA 在美國對加拿大與墨西哥在商品貿易的影響，從表中可以看出三個重點：

(1)美國出口與進口到加拿大在總和的百分比上並沒有改變，但是墨西哥從 1993 年到 1998 年期間卻增加了，事實上，墨西哥取代了日本成為美國第二大的出口國，並且是在日本與加拿大之後成為美國第三大的進口國。美國出口到加拿大和墨西哥的貿易量占總貿易量從 1993 年的 31.3%，在 1998 年增加為 35.1%。

(2)美國的出口由 1993 到 1998 年增加 46.7%，加拿大增加 54.9%，墨西哥增加 88.9%。雖然美國從加拿大的進口與總進口的增加比例約略相同（55.2% 和 55.6%），但對墨西哥增加的比例就更多了 (136.4%)。

(3)1994 年墨西哥的貨幣披索 (Peso) 發生危機，造成墨西哥在 1995 年急劇的經濟衰退，引起美國對墨西哥出口的衰退，但是在 1996 年美國對墨西哥的出口就恢復了，到了 1998 年，其出口額將近是在 NAFTA 成立之前的兩倍。

投資與就業的衡量就更為複雜，上述之考量點之一包括投資於墨西哥的資金將巨幅成長，但因為墨西哥的低工資與鬆散的環境標準，如表 15-10 所示，墨西哥的工資明顯的比美國與加拿大低很多，事實上墨西哥的工資也比許多亞洲的新興開發

表 15-9　美國 vs. 加拿大與美國 vs. 墨西哥之商品交易

單位：十億美元

年度	1993	1994	1995	1996	1997	1998	1993～1998 成長 %
加拿大							
出口	113.3	114.8	127.6	135.2	152.1	156.8	54.9
進口	101.2	131.1	147.1	158.7	170.1	175.8	55.2
墨西哥							
出口	41.5	50.7	46.2	56.8	71.1	78.4	88.9
進口	40.4	50.1	62.8	75.1	86.7	95.5	136.4
全世界合計							
出口	456.8	502.4	575.8	612.1	679.7	670.2	46.7
進口	589.4	668.6	749.6	803.3	876.4	917.2	55.6

資料來源：*Survey of Current Business*, July 1999, pp. 94, 96.

中國家低很多，這可以說明為什麼一些公司像 IBM 會在墨西哥投資生產而不是在亞洲。另一方面，美國與墨西哥間的貿易相對來講並不是非常的重要，美國南方一些州，如橙郡、加州的經濟活動都比墨西哥整國還要大，且美國與墨西哥間的貿易比美國 GNP 的 2% 還要少。

表 15-10　製造之勞動力每小時報酬（以美元計算）

地區	工資/小時
德國	$28.28
日本	19.37
美國	18.24
加拿大	16.55
墨西哥	1.75
香港	5.42
韓國	7.22
新加坡	8.24
臺灣	5.89

資料來源：United States Department of Labor, "International Comparisons of Manufacturing Hourly Compensation Costs," *Bureau of Labor Statistics*, 1997. (http://stats.bls.gov/news.release/ichcc.t02.htm)

　　在墨西哥方面最主要擔心還是所得分配的不平均，墨西哥當地生產者的工資和最高出口製造商的工資間就有 67% 的差距，許多在墨西哥的企業是屬於蛙跳技術 (Leap-frogging Technology) 產業，說明企業在建立精密的製造設備要求至少高中畢

業的員工，所以在美國與加拿大企業的員工若到了墨西哥一定可以找到工作，只是不保證他們可以獲得與前一份工作一樣的薪資。

4. NAFTA 的擴張

當美國開始與墨西哥和加拿大討論 NAFTA 時，已意識到未來必須致力於將美國北、中、南合併成一個「美國企業」，這個想法使美國與拉丁美洲國家進入一系列的雙邊貿易談判關係，結果美國就如同車輪之軸心，而其他國家則為輻條，最後美國在這些雙邊關係中變成了一個巨大的多邊關係。然而因為美國的保護主義，而使得美國很難進入與其他國家進行雙邊談判，這個以美國為軸心的藍圖並未發生，倒是加拿大與墨西哥並未停止與其他國進行互動，他們已經與智利進入自由貿易協定，因為智利成為下一個參加 NAFTA 的國家是可預見的。另外墨西哥與 EU 也進入了自由貿易協定簽訂之討論，預計在 2007 年批准，雙邊貿易都將取消關稅。

5. NAFTA 對競爭策略的意涵

當 NAFTA 簽訂時就有許多的預期，第一個預期是各國將視 NAFTA 為最大的區域經濟市場，可以讓企業之生產、商品、財務等等合理化，尤其是在汽車業與電腦產業。加上許多技術層級低的商品製造往南移，歐洲、亞洲和美國企業利用州際 85 號高速公路經過美國東南部到達墨西哥，提供 NAFTA 的市場需求，雖然造成美國傳統產業喪失了許多工作機會，但是卻也因此創造了許多精密製造與高科技的工作。

第二個預期是精密的美國產業在市場開放後將會使加拿大與墨西哥的相關產業無法生存。事實上，美國公司發現加拿大帶給他們的競爭壓力比墨西哥企業還要嚴重。同樣的，許多墨西哥企業必須要進行重整來與美國和加拿大的企業相競爭，缺乏保護的結果使墨西哥的企業面臨更多的挑戰。

最後的預期是認為應視墨西哥為一個消費市場而不只是一個生產據點。剛開始，美國、加拿大因為墨西哥的低工資而獲利；但是，由於許多的投資與商品的出口，使墨西哥的收入持續成長，將會增加墨西哥對外國商品的需求，這樣也可以降低墨西哥對美國與加拿大的貿易逆差，市場也會變得更平衡。

三、拉丁美洲區域經濟組織

雖然 EU 和 NAFTA 是區域整合最成功的例子，但是在世界各地仍有其它經濟整合的例子，在拉丁美洲有二個區域經濟整合：即是拉丁美洲自由貿易協議 (Latin American Free Trade Association, LAFTA) 及加勒比海自由貿易協議 (Caribbean Free

Trade Association, CARIFTA)，後來 LAFTA 改名為拉丁美洲統合協會 (Latin American Integration Association, ALADI)，CARIFTA 改名為加勒比海共同體及共同市場 (Caribbean Community and Common Market, CARICOM)，他們間接地也改變活動焦點，儘管做了這些改變但是其整合最初的基本理由仍被保留下來。由於拉丁美洲市場較小，如再將中美洲共同市場獨立分割出來其市場規模將變得更小，因此二次世界大戰後，決定以進口替代策略來解決因市場規模小而產生的貿易不平衡問題。

　　為了擴大市場規模，某些經濟合作是必須的，如此拉丁美洲國家才具有規模經濟及競爭力。拉丁國家倚重美國為主要的出口市場，不論拉丁美洲的貿易組織規模如何擴大。圖 15-4 說明中美洲的主要貿易組織的分布狀況。

中美洲與加勒比海經濟整合的模式從自由貿易協議形式改變成共同市場。

圖 15-4　中美洲與加勒比海的經濟整合

　　南美洲最主要的貿易組織為南方共同市場 (MERCOSUR)，在 1991 年巴西、阿根廷、巴拉圭、烏拉圭成立 MERCOSUR 並成為 ALADI 的分區，MERCOSUR 由於面積

龐大頗具重要性，最初的 4 個會員創造了南美洲 GNP 的 80%，目前 MERCOSUR 已經和玻利維亞和智利簽訂自由貿易協定，並且正積極與其他國家接洽中。MERCOSUR 的共同對外關稅發展得很慢，且會員國間之經濟問題會妨礙發展進度，加上 1999 年初期巴西貨幣貶值使巴西出口比其他會員更具競爭力，此舉反而威脅到同盟的穩定。

　　此外，我們也將說明南美安地斯山脈共同市場 (Andean Common Market, ANCOM)，雖然其經濟重要性不如 MERCOSUR，但是在南美洲其重要性排名仍為第二。相關佐證資料中顯示從南美安地斯山脈組織 (Andean Group) 在區域貿易活動中已經相當活躍，此組織由原來孤立、中央集權改變為對外開放貿易及投資，見圖 15-5。

拉丁美洲統合協會 (ALADI) 是從拉丁美洲自由貿易協議 (LAFTA) 演變而來，安地斯山脈組織 (Andean Group) 與南方共同市場 (MERCOSUR) 皆是其附屬組織。

圖 15-5　拉丁美洲之經濟整合 (Latin American Economic Integration)

四、東南亞國協

至於亞洲區域整合並不如 EU 或 NAFTA 來得成功，因為大部分的國家都依賴美國成為其商品的主要市場。1997～1998 年亞洲金融風暴，更顯示出由於國家經濟的轉弱，到後來竟然擴散了整個區域。東南亞國協 (Association of South East Asian Nations, ASEAN) 於 1967 年成立，成員包括：汶萊、柬埔寨、印尼、寮國、馬來西亞、緬甸、菲律賓、新加坡、泰國及越南，參考圖 15–6。

ASEAN 在很多領域達成合作關係，包括工業及貿易，以降低關稅及非關稅障礙為原則，使會員國受到保護，由於具有大規模的市場（人口 49,550 萬人），每個會員國對其市場與投資機會都抱著很大的希望。

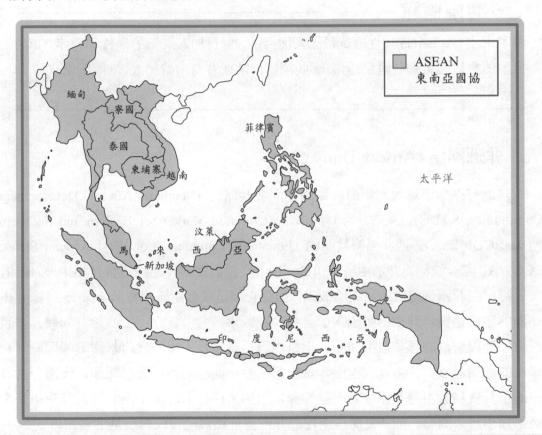

ASEAN 其會員總人口數大於 EU 與 NAFTA，個人 GDP 很低，但經濟成長率卻是世界最高的。

圖 15–6　東南亞國協

　　1993 年 1 月 1 日 ASEAN 正式組成東南亞國家聯盟自由貿易區 (ASEAN Free Trade Area, AFTA)，AFTA 之目的：希望在 2008 年 1 月 1 日前將所有區域內貿易的關稅降到 5% 以下，而較弱勢的國家其關稅減讓准許以更長的年限來分段實施。此外，ASEAN 在 1995 年 7 月允許越南加入為一重大事件，因為越南為共產國家且人口為 ASEAN 第二大會員（大於菲律賓小於印尼），但是越南平均每人國民所得只有 190 美元，卻是 ASEAN 中最貧窮的國家，越南加入之後，柬埔寨、寮國、緬甸也相繼成為 ASEAN 會員，而 AFTA 或 ASEAN 存在著兩個難題：①亞洲金融風暴後重創每一個會員國。②新加入的會員越南、柬埔寨、寮國及緬甸本身都有嚴重的政治問題，當政治風氣非常不穩定，要去調和貿易實在是一件難事。

 隨堂測驗

> 說明東協 (ASEAN) 成立的背景因素與目的，以及加入東協的條件和程序。東協目前的會員國有哪些國家？另有哪些國家申請或有意申請加入，請說明之。(87 年高考)

五、非洲團結 (African Unity)

　　非洲有幾個區域貿易組織，如南非開發共同體 (Southern African Development Community, SADC)、東南非洲共同市場 (Common Market for Eastern and Southern Africa, COMESA)、西非經濟共同體 (Economic Community of West African States; ECOWAS) 等，統稱為非洲團結 (African Unity) 他們在執行運作不會互相排外，例如，象牙海岸在非洲促進政治及經濟改革，但是它卻是很多組織的會員，圖 15-7 顯示出非洲的主要組織。非洲的難題在於雖然非洲國家致力於建立一個政治共同體，並且近來加強調解南非種族自由問題，但是內戰、貪污及不良的政府基礎建設阻礙非洲國家的經濟發展，許多非洲組織本身充滿了政治問題而不是貿易問題，大部分的非洲國家其貿易並不是互相依賴而是仰靠以前的殖民勢力，除了南非外，非洲市場多數都很小且未開發，因此貿易自由化在非洲對於經濟成長只有少許的貢獻度。

六、小結

　　區域整合是否將成為未來的趨勢？或是世界貿易組織 (WTO) 將成為全球經濟整合的重心？WTO 的目的是要降低商品、服務與投資之貿易障礙，區域組織比 WTO 要

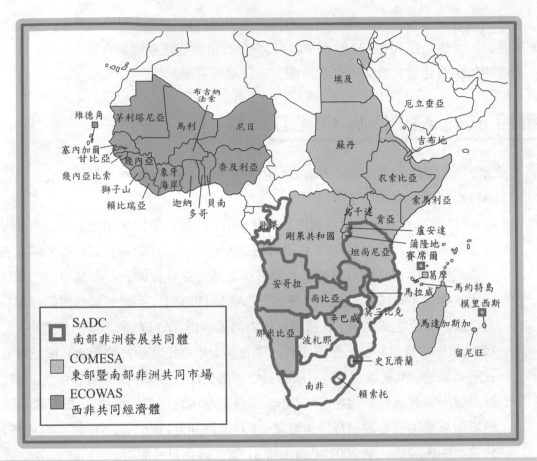

雖然非洲有許多區域經濟組織，但其貿易量卻相當小，大多依賴過去殖民國家的協助。

圖 15-7　非洲團結

做的還要多，EU 已經使用了共同的貨幣，且提高了如安全與對外政策的合作層級，處理特定會員國所面臨的問題，而 WTO 關心的是全世界所有國家的問題，但是區域整合確實有助於 WTO 目標的達成，方向有三：

(1)區域主義可以引導 WTO 不涵蓋的議題並予以自由化討論。

(2)區域主義之含涵國家範圍少，且聯合情況和目標相似的國家，在運作上更具有彈性。

(3)區域主義處理經濟問題，尤其是對發展中國家，更能得到效果。

　　NAFTA 和 EU 是主要的區域經濟組織，在未來，這些組織將繼續發展更密切的關係，然後也將擴展其版圖到其他的國家，NAFTA 之成功關鍵在於美國國會是否可以放棄保護主義，而同意擴展範圍，若沒有辦法做到如此，加拿大與墨西哥將會繼續參與非 NAFTA 國家的雙邊協定，而 EU 也將繼續向東邊發展到俄國才會停止。

非洲的區域整合將因為現存的政治與經濟問題而繼續維持緩慢的腳步，但是亞洲的整合，主要是在 ASEAN 與 APEC，其將負起東南亞國家經濟復甦的責任，但是主要成功的關鍵還是在於 APEC 會員國——日本與美國。

第四節　　APEC 與 OECD

1. 亞太經濟合作會議 (Asia Pacific Economic Cooperation, APEC)

(1) APEC 成立之背景

在 1967 年成立太平洋盆地經濟理事會 (PBEC) 後，美日加澳紐五國企業領袖開始凝聚共識，加上 1980 年代區域經濟整合風潮，咸認為亞太地區的國家有必要成立一類似之區域論壇以共同解決所關切之經貿問題，而當年由中華民國所主導而宣布成立之太平洋經濟合作會議 (PECC)，不過是屬於民間或半官方性質，故希望成立一正式機構來作為溝通橋樑。APEC 澳洲前總理霍克，於 1989 年年初提議在亞太地區成立，成為亞太地區十八個經濟體官方間之非正式諮商論壇。希望藉由各會員國部長之間的對話與協商，協調各自經貿政策，促進貿易與投資自由化之區域合作，維持區域內之成長與發展。APEC 為亞太地區最重要的官方經濟合作論壇之一，其成員涵蓋：東北亞，東南亞，大洋洲，北美，中南美洲，至 2004 年為止共 21 個全球重要經濟體。

(2) 成立之宗旨與政策目標

① 宗旨

a. 維持亞太地區之經濟成長與增進人民福祉，以促進對世界經濟之繁榮。

b. 增加會員國彼此間之相互依存度，鼓勵商品、勞務、資本及技術之流通，加速全球化發展。

c. 開放多邊貿易體系增加亞太地區及其他經濟體之利益。

d. 符合 GATT 之原則，減少各會員國間之商品與服務貿易以及關稅與非關稅之障礙。

② 目標

APEC 的目標，可依據茂物宣言與大阪行動綱領來說明，並整理於表 15–11。

(3) 組織架構

① 非正式經濟領袖會議 (APEC Economic Leaders Meeting, AELM)：APEC 成員國均援例於部長會議後舉行非正式經濟領袖會議，故領袖會議遂成為

表 15–11　茂物宣言與大阪行動綱領之政策目標整理

宣言	茂物宣言	大阪行動綱領
目標	1 加強開放性之多邊貿易體系 2 促進亞太地區貿易暨投資自由化與便捷化 3 強化亞太地區經濟與技術合作	1 全面性 2 與 WTO 與 GATT 一致性 3 可比較性 4 非歧視性 5 透明性 6 凍結性 7 同時性與連續性 8 彈性 9 合作性

APEC 最高層級機構，並成為各舉辦國的一大盛事。

②年度部長會議 (Ministerial Meeting, MM)：APEC 年度部長會議每年舉行一次，由各會員體的經濟或外交部長出席。部長會議主要討論 APEC 發展方向及區域內相關重要的經濟問題，此外如果認為有涉及特殊的共同利益之議題需要處理時，也可召開臨時專業部長級會議。

③資深官員會議 (Senior Officials Meeting, SOM)：資深官員會議為 APEC 運作之核心，由各會員國資深之財經官員擔任，根據任務目標，決定召開 SOM 會議之次數，主席由主辦國代表擔任。主要任務是執行部長會議之決議，監督及協調各工作小組、委員會及專家小組之運作及籌備年度部長會議等。

④貿易暨投資委員會 (Committee on Trade and Investment, CIT)：貿易暨投資委員會 (CIT) 成立，主要負責協調 APEC 貿易暨投資自由化及便捷化工作之執行。

⑤經濟委員會 (Economic Committee, EC)：以任物為導向來從事經濟趨勢分析並針對特定經濟議題來進行研究，尤其是跨領域議題 (Cross-cutting Issues) 之探討，刊載於每年出版 APEC 經濟展望報告 (*Annual APEC Economic Outlook*) 中。

⑥預算暨行政委員會 (Budget and Management Committee, BMC)：針對 APEC 舉辦之年度活動進行預編列，並依據行政程序進行工作結報。

⑦中小企業政策階層非正式小組 (ad hoc, Policy Level Group on Small and Medium Enterprises, PLGSME)：在 APEC 各會員國中，主要成員多數以中小企業為經濟主體，因此，對於各國中小企業相關政策的擬定，就值得加以重視。

⑧農業技術合作專家小組 (Agricultural Technical Cooperation Experts Group)：針對農業合作相關事宜提出討論，而有關農業技術移轉之議題，為主要討論重點。

⑨工作小組 (Working Group, WG)：根據任務編組，針對各項議題設置工作小組以為因應。

⑩ APEC 企業諮詢委員會 (APEC Business Advisory Council, ABAC)：1995 年部長會議通過成立 APEC 企業諮詢委員會 (ABAC)，成為私人企業部門參與 APEC 活動的根據。ABAC 為一常設機構，其前身為太平洋企業論壇 (Pacific Business Forum, PBF)，並成為企業界與政府之間非正式溝通橋樑。

⑪秘書處：1992 年部長會議通過於新加坡設立 APEC 秘書處，並於 1993 年正式運作。秘書處執行長由當年 APEC 主辦國指定，下設一位副執行長、若干技術及行政幕僚人員。其秘書處運作基金之付擔，係由會員體依據其 GNP 之大小比例分配之。

⑷會員國之情形

APEC 至今擁有的會員國達 21 國之多，請參閱表 15–12 說明歷年來會員之加入情形

表 15–12　APEC 現有之成員

參加年度	會員體		合計數
1989	東北亞	日本、南韓	12
	東南亞	新加坡、印尼、泰國、馬來西亞、菲律賓、汶萊	
	北美洲	美國、加拿大	
	大洋洲	澳洲、紐西蘭	
1991	東南亞	中華臺北、香港、中國大陸	15
1993	北美洲	墨西哥	17
	大洋洲	巴布亞紐幾內亞	
1994	南美洲	智利	18
1998 至今	北亞	俄羅斯	21
	南美洲	祕魯	
	東南亞	越南	

⑸ APEC 運作特質

APEC 運作須依據會員國所要追求的目標，故具有下列特質

①開放性區域主義、追求高經濟成長率。

②以共識決程序，尊重各會員之意願。

③採自願主義，各會員無法律拘束。

④以經貿議題為主、解決會員經濟發展程度歧異擴大問題。

⑤低建制化、非以政治角度考量會員係以經濟體而非國家名義加入。

(6) APEC 發展趨勢：APEC 歷年發展的方向與趨勢，根據各回合所談判之議題，茲整理於表 15–13。

表 15–13　APEC 各回合重要議題

屆次	時間	主辦會員	會議重要議題與進展
1	1989 年	澳洲 坎培拉	1. 12 個會員體同意加強開放多邊貿易體制，以追求亞太地區的成長與發展。 2. 會議目的在協商經濟事務，不涉及政治與安全問題。
2	1990 年	新加坡	1. 成立貿易及投資、貿易推廣、工業科技、人力資源發展、能源、海洋資源、電信等 7 個工作小組。 2. APEC 定位於非正式諮商論壇。
3	1991 年	南韓 首爾 (原譯：漢城)	1. 確定 APEC 目標。 2. 臺灣、中國大陸、香港同時入會，成員增至 15 個。 3. 加入漁業、交通與觀光 3 個工作小組。
4	1992 年	泰國 曼谷	1. 決議於新加坡成立永久秘書處，並成立 APEC 中央基金。 2. 鼓勵私人企業參與 APEC 工作小組活動。
5	1993 年	美國 西雅圖	1. 發表「西雅圖宣言」，促請早日完成烏拉圭回合談判，並成立「貿易暨投資委員會」及「預算暨行政委員會」。 2. 首次舉行非正式經濟領袖會議，發表「經濟遠景聲明」。 3. 倡議成立太平洋企業論壇 (PBF)。 4. 成立貿易暨投資委員會 (CTI)。 5. 墨西哥、巴布亞紐幾內亞加入 APEC 成為正式會員，成員數為 17 個。
6	1994 年	印尼 雅加達	1. 發表茂物宣言，確立「已開發國家於 2010 年、開發中國家於 2020 年完成貿易暨投資自由化之目標」。
7	1995 年	日本 大阪	1. 發表大阪宣言，通過執行茂物宣言之自由化行動綱領，提出達成貿易自由化之九大原則、15 項特定領域，以及經濟技術合作之 13 項特定領域。 2. 太平洋企業論壇 (PBF) 改組為 APEC 企業諮詢委員會 (ABAC)。 3. 智利成為 APEC 會員，APEC 成員增至 18 個。
8	1996 年	菲律賓 馬尼拉	1. 提出「蘇比克宣言」，支持尚未成為 WTO 會員之 APEC 會員體儘快入會。

			2. 提出「APEC 加強支持經濟與技術合作架構宣言」。 3. 提出「馬尼拉行動計畫」，內容包括 TILF 之個別行動計畫、共同行動計畫及 ECOTECH 之聯合行動。
9	1997 年	加拿大 溫哥華	1. 執行「加強經濟合作及發展架構」，強調「加強基礎建設」及「永續發展」二項議題之推動。 2. 重視溫室效應、廢氣排放，於日本京都舉行會議，進一步推動「聯合國環境變遷架構」。
10	1998 年	馬來西亞 吉隆坡	1. 通過「APEC 電子商務行動藍圖」，加強電子商務行動基礎建設，重視教育訓練，並強化私人部門在此領域所扮演之角色。 2. 通過「人力資源發展行動計畫」及「邁向 21 世紀科技合作議程」
11	1999 年	紐西蘭 奧克蘭	1. 通過「APEC 加強競爭政策及法規改革原則」，達成茂物宣言目標。 2. 建立「APEC 婦女整合架構」，將加強與民間部門各階層之對話。
12	2000 年	汶萊	1. 提出「新經濟行動議程」，規劃利用資訊科技提升生產力並增進對社區之服務。 2. 確保 e-IAP 網路系統在 2001 年正式啟用。
13	2001 年	中國大陸 上海	1. 宣示落實 APEC 茂物宣言 (Boger Delaration) 自由化時程，重申將繼續推動貿易及投資便捷化。 2. 通過 e-APEC 戰略，為 APEC 各成員實施數位化制定了發展目標。
14	2002 年	墨西哥	1. 各會員體一致譴責在印尼 Bali 島之恐怖爆炸罪行，並支持美國所提「領袖反恐聲明」。 2. 「APEC 區域貿易安全」與「網路安全」也於會中共同討論。
15	2003 年	泰國 曼谷	1. 對多邊貿易體系及 RTAs/FTAs 之具體回應，提出 APEC 日內瓦會議的機制、對農業改革的要求，及加強 WTO 能力建構等做法。 2. 召開第一次的 APEC 衛生部長會議，將安全的定義範圍擴大至衛生 (健康) 安全並重視 APEC 對危機處理的能力，因應 SARS 的爆發，通過成立「衛生任務小組」。 3. 釐定 ECOTECH 的優先議題範圍：與全球經濟整合，促進知識經濟發展，重視全球化之社會面向及反恐能力建構。
16	2004 年	智利	1. 貿易落實發展，加強挑戰能力。 2. 企業穩定成長，體驗多元文化。

資料來源：整理於 APEC 相關網路資料。

(7)我國參與 APEC 之情形

　　現將我國參與 APEC 的政治與經濟目標分別列表說明如下：

①我國加入 APEC 政治目標（整理於表 15–14）

表 15-14　我國加入 APEC 之政治目標

臺灣之目標	行動與獲致成果
提升外交參與層次。	我國於 1991 年加入 APEC 會議，為我退出聯合國後參與層級最高的政府間國際組織。
參加多邊組織。	透過參加 APEC 會議，我國部長與領袖能在與會期間與多數無邦交國家的部長舉行雙邊會談，建立溝通管道，為落實我務實外交的良好途徑。
落實全民外交。	透過參與 APEC，除於外交部國際組織私設 APEC 小組協調 APEC 一般事務及活動外，並由政務次長主持各相關部會司處長級人員參加之「我參與 APEC 專案小組」協調處理高層次問題，另於 APEC 部長會議前邀請相關首長召開協調會議。
促進兩岸的良性互動。	強調 APEC 會議是兩岸良性互動的開始，當面臨國際層出不窮的問題，兩岸應尋求共同合作的模式與機會，協力共謀區域發展與繁榮。

②我國加入 APEC 之經濟目標（整理於表 15-15）。

表 15-15　我國加入 APEC 之經濟目標

我國之目標	行動與獲致成果
因應全球化與區域化趨勢，以達成經濟成長。	透過 APEC 自由化、便捷化以及經濟與技術合作工作之參與，以及分享我資訊科技、中小企業與農業等專長技術與經驗，逐漸提升我國與亞太之全球經濟競爭力與影響力。
建立良好對外經濟合作關係。	藉由與 APEC 會員國之經濟合作，獲取我發展國內經濟、促進產業升級等工作所需之資源，健全國內經濟市場，並有益開拓亞太市場、增進企業之商機及推動策略性聯盟等。

 隨堂測驗

APEC 是何種國際性之組織？其在何時與何種情況設立？其運作及成就？（90 年商務人員特考）

2.經濟合作暨發展組織 (OECD)

⑴ OECD 成立之背景

　　二次大戰後，在馬歇爾計畫 (Marshall Plan) 援助下，於 1949 年 4 月 16 日歐洲十六國在巴黎簽訂公約，成立歐洲經濟合作組織 (Organization for European Economic Cooperation, OEEC)。之後西德在 1949 年 10 月加入，而西班牙

則在 1959 年成為第十八個會員。OECD 是由執行馬歇爾計畫所創制的歐洲經濟合作組織 (Organization for European Economic Cooperation, OEEC, 1948～1961) 所改制而成立的 (1961 年迄今)，總部設在巴黎，為促進會員國間金融貿易合作，每年都會評估會員國的經濟狀況，成為歐洲各國的經濟復興與互動關係的政策協調機構。1960 年 12 月 14 日，歐、美等 20 國再次在巴黎簽署了「經濟合作暨發展組織」專約，並在次年正式生效，OECD 正式成立。

⑵成立之宗旨與政策目標

①成立之宗旨

經濟合作暨發展組織延續 OEEC 經濟合作的精神，追求高度的經濟成長和穩定就業，並兼顧各國財政均衡的發展，來對全世界的經濟有所貢獻。根據 OECD 成立條款的第 1 條至第 3 條規定，OECD 的成立宗旨是：

a.在財政穩定的條件下，追求高度的經濟成長與穩定就業，並提高世界經濟與人類福祉為目標。

b.對較落後的會員國及發展中的非會員國家提供適當的經濟援助，以扶持其成長。

c.遵循國際慣例，執行應盡義務致力於多邊及非歧視的世界貿易。

②政策目標

a.協助會員國經濟之永續發展，並提升生活水準，進而促進全世界之經濟發展。

b.對會員國與非會員國之經濟發展提供協助並做出貢獻。

c.在符合多邊合作、非歧視性原則下提昇全球貿易。

⑶組織架構

①理事會： a.部長理事會，(一年一次)。

　　　　　 b.常駐代表。

②委員會：共有 200 多個委員會及工作小組。

③秘書處：設有 1 個秘書長和 4 個副秘書長。

⑷會員國加入之情形

① 1961～1962：歐洲 18 國，再加上美國、加拿大，共計 20 國。

② 1962～1993：日本 (1964)、芬蘭 (1969)、澳洲 (1971)、紐西蘭 (1973) 先後加入，共計 24 國。

③ 1994～2004：墨西哥 (1994)、捷克 (1995)、匈牙利 (1996)、波蘭 (1996)、

韓國 (1996)、斯洛伐克 (2000) 亦先後加入，目前共計 30 國。

(5)加入程序

①申請為觀察員之程序

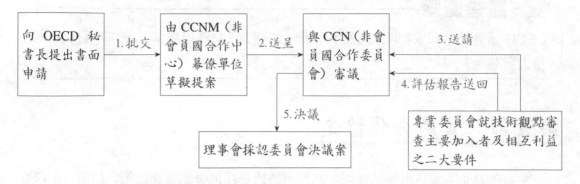

申請為 OECD 之觀察員，需提出書面申請，另應與 CCNM、CCN 協商報請相關委員會決議。

圖 15–8　申請為觀察員之程序

②申請為會員國之程序

　　a.提出申請前之準備階段。

　　b.表達加入意願。

　　c.與 OECD 秘書處之協商。

　　d.與 OECD 各委員會協商。

　　e.正式提出申請。

　　f.理事會採認。

(6)我國參與 OECD 之情形

①1988 年 5 月部長會議中發表聯合公報，我國決定與亞洲新興工業國家 (Dynamic Asian Economies, DAEs) 進行非正式對話；並自 1993 年起，非正式對話關係再擴大至拉丁美洲國家，會議名稱更改為 OECD/DNMEs (Dynamic Non-member Economies) 非正式研討會。

②我國於 1989 年 6 月首次受邀參加非正式研討會，會議主題包括：貿易、競爭、賦稅、行政革新、鋼鐵、造船、知識經濟、中小企業等。

③為了加強與 OECD 關係，我國自 1999 年起三次應 OECD 所請合辦「競爭政策研討會」(1999 年於曼谷，2000 年於吉隆坡，2003 年於普吉島)。我國經多年努力並爭取各會員國政府之支持，OECD 理事會已於 2001 年 12 月 20

日正式通過我國申請成為 OECD「競爭委員會」觀察員案，並自 2002 年 1月 1 日起，以中華臺北 Chinese Taipei 名稱正式成為該委員會觀察員。

 隨堂測驗

OECD 涵蓋那些國家? 何以國際上稱此一組織為「富國俱樂部」，為何? (89 年商務人員特考)

第五節　貿易合作協定

至目前為止本章將重點放在國際間如何透過合作以降低貿易障礙，然而，初級商品 (Primary Commodities) 的生產國與消費國也會企圖聯合成立商品協議 (Commodity Agreement) 來穩定商品的價格與供應。初級商品指的是如: 原油、天然氣、銅、菸草、咖啡、可可、茶葉及糖等，占世界商品貿易量的 25%，在開發中國家大概占其出口利潤的 $\frac{1}{2}$，因此是非常重要的。1997 年亞洲金融風暴使經濟急劇下滑，導致商品需求大減價格下跌; 對消費國而言，商品價格下跌是一種利益增加，但是對生產國而言卻必須蒙受利益減少之苦，本節將討論國際間如何使用商品協議以穩定價格及商品的供應。

1. 生產者聯盟與國際商品控管協議

商品協議的兩種基本型態: 生產者聯盟及國際商品控管協議 (International Commodity Control Agreements, ICCAS)。生產者聯盟在生產國和出口國之間全部以會員制方式簽訂協議，例如，石油輸出國家組織 (OPEC) 及香蕉出口國聯盟 (Union of Banana Exporting Countries); 而 ICCAS 則是生產國與消費國之間的協議，例如，國際可可組織 (International Cocoa Organization, ICCO) 及國際糖業組織。1993 年 ICCO 協定，由 41 個國家組成，產出將近世界 91% 以上的可可商品，並且超過世界 62% 的可可消耗量。

傳統上大部分開發中國家為了供應經濟改革所需的外匯，會依賴一種或二種出口商品，尤其是非洲的開發中國家，然而商品價格並不穩定，消費者與生產者都偏好一種可以規劃未來成本與獲利的價格系統，但是不幸地，許多短期因素，會突然改變供需而使價格不穩定，例如，氣候因素和商業循環等。而對強大的市場力量，國際間企圖透過許多不同的穩定計畫來對抗價格波動:

(1)透過壟斷生產者或生產者卡特爾 (Cartel) 市場力量之運作, 穩定世界商品價格。

⑵透過風險管理工具，例如：商品期貨，來穩定生產者的收入。

⑶透過預先準備的基金來穩定政府收入儲備物資。

⑷補償性融資儲備物資。

⑸透過各種出口稅或關稅、農產市場告示牌、國內儲備物資和穩定基金來穩定國內的生產者和消費者的價格。

直到 1980 年代後期緩衝性存貨系統 (Buffer-stock System) 才被普遍應用。緩衝性存貨系統是一個局部管理商品協定，透過中間商 (Central Agency) 負責監視，價格機能會使市場價格在一個區間波動，若超出此區間，中間商會買進或賣出商品來穩定價格，會員國則提供資金來維持，但是 1980 年代後期價格衝擊相當深遠，不易被緩衝性存貨系統影響，大部分商品協議都因緩衝性存貨系統計畫終止掉。

另外一個方法是配額系統 (Quota System)。此系統將生產國將產出與銷售體系分開以穩定價格。配額系統的運作需要參與國互相配合以避免在供給方面有劇烈波動。當一個國家在生產或消費占世界很大比例時，配額系統就顯得很有效率，因為它能很輕易地控制供給。

關於配額系統有兩個重要的例子：①澳洲控制羊毛供給，②南非 DeBeers 公司控制鑽石開採，其藉著在全世界的市場釋出若干數量以達到控制價格的目的。但是並非每個商品協議都能運作得很好，生產者聯盟的國家較不同意他們配額方式的運作。商品的型態也會影響商品協議的效率。因為許多商品，特別是食物、飲料和農業原料都有很多不同的替代品，例如，茶可以替代咖啡，甜菜糖可以取代蔗糖，這就限制了咖啡和蔗糖等產品控制價格的能力。

老師叮嚀

1. 生產者聯盟——會員國間排除生產與出口國的協議，如 OPEC。
2. 國際商品控管協議——生產國和消費國的協議。
3. 緩衝性存貨系統 (Buffer-stock System)——一個局部管理商品協定的制度，用庫存的財貨來調節價格，目前效用不大。
4. 配額系統——決定生產與消費國數量再除以產出與銷售量，OPEC 運用此種機制。

2. 石油輸出國家組織 (OPEC)

石油輸出國家組織是生產卡特爾 (Cartel) 的特例，它是一個對商品生產有重大控

制力團體所集合而成，目的是控制產出和價格。OPEC 包含大部分能源商品，也包括煤及天然氣。OPEC 並不侷限在中東，其會員有阿爾及利亞、印尼、伊朗、伊拉克、科威特、利比亞、奈及利亞、卡達、沙烏地阿拉伯、阿拉伯聯合大公國及委內瑞拉，並藉由對會員建立配額以控制價格。傳統上，沙烏地阿拉伯在 OPEC 扮演著支配的角色，對價格及供給具有影響力。OPEC 石油首長定期性地聚集在一起（至少每年一次），根據他們供需的評估決定每個國家的配額。

就 OPEC 協議而言，政治問題也是一個重要的領域。OPEC 會員國擁有龐大的人口，需要大筆的石油收入以資助其政府計畫。為了能獲取更多的收入，有些國家會生產超出他們配額的產量，1990 年伊拉克入侵科威特其主因之一就是科威特生產超出其配額的石油，此舉壓低世界油價，伊拉克總統海珊 (Saddam Hussein) 譴責科威特，造成伊拉克石油出口獲利減少，為了控制科威特的石油供應及增加本身石油的供給，而侵略科威特。而在 2002 年 911 恐怖攻擊事件之後，美國對阿富汗發動攻擊，迅速推翻塔拉班政權，根據相關文獻究其原因可能是裏海附近擁有豐富的油頁岩所致。在 2003 年小布希總統（G. W. Bush，為協助科威特復國的老布希總統之子）與英國聯合發動對伊戰爭，在不到三個月的時間解放伊拉克，獲得光榮的勝利，背後的經濟考量點也是石油，由於戰事陷於膠著狀態，除要求日本自衛隊協助外（為第二次大戰後，日本首次以武裝軍事出兵，並造成日本 3 名人質被俘事件），甚至還點名我國，希望徵召 35,000 人陸戰隊員協助在伊零星戰事。

OPEC 會員國生產全世界 40% 的原油及 14% 的天然氣，全世界有關石油的貿易是由 OPEC 成員所製造，因此在石油市場很具影響力。OPEC 的政策有時奏效有時卻不然，2000 年 OPEC 為了拉抬油價在會議中達成較嚴苛的配額，使油價幾乎上漲一倍，政策奏效的原因大概有幾個：①會員國都能遵守配額，②亞洲經濟開始復甦，③美國經濟持續強勁，後造成需求強烈，價格因此被拉抬。

3. 經濟整合對環境影響評估

不論國家、政府或者個人都很關心空氣、陸地、海洋等污染對地球未來會造成什麼威脅。然而許多環境問題事實上是國際問題，有可能在國際間造成錯綜複雜的影響，因此有需要達成多國的協議。例如，美國、墨西哥邊界的水源問題及美國、加拿大邊界酸雨對水源影響等，要處理這個議題應該要站在區域的立場上才能行得通。以全球為立場，區域協議並不能解決問題，而對全球環境協議最具影響力的是聯合國 (United Nations, UN)。聯合國由 191 個國家組成，為一個政治組織，其總部

在紐約，UN 處理各種政治問題，如世界安全與和平，同時也處理人道主義和經濟問題，而經濟問題的關鍵之一是環境問題。1992 年超過 100 個國家元首在巴西里約熱內盧舉行第一次人類高峰會議，會中提出最緊急的環保問題及社會經濟發展，與會領袖簽訂氣候綱要公約 (Climate Change) 及生物多樣性公約 (Biological Diversity)。並簽署里約宣言及森林原則 (Forest Principles)，且正式通過 21 世紀議程 (Agenda 21)，是一個為達成 21 世紀發展的計畫案。

環境惡化的幾個主要型態：臭氧層破壞、空氣污染、酸雨、水源污染、廢料及砍伐森林，臭氧層破壞原因是燃燒石化燃料及臭氧層破壞會使紫外線過度曝曬而導致全球溫室效應及生物毀滅。1987 年針對氟氯碳化物 (CFCs) 破壞臭氧層所制定之蒙特婁公約 (The Montreal Protocl)，在聯合國計畫簽訂，並於 1990、1992、1995 及 1997 年修改，要求 2006 年以前分階段廢除氟氯碳化物及其他臭氧消耗性化學品之使用。聯合國也透過聯合國環境計畫 (UN Environment Programme, UNEP) 處理環境問題，包括化學品管理、危險性廢料處理、海洋環境之保護以及連接環境和經濟觀念，它與全球連繫並能夠安排不同代理機構資源的配置。

國際環境的協議問題主要是不同國家對環境問題的重視程度不同，這個問題在開發中國家尤其嚴重，但法律卻非常的鬆散，有些國家可能為了要節省成本而將生產移向環境保護規定較為不嚴謹的國家，這些是最應該為全球環境負起責任的，故宜重新設計更有效率的製造流程來尋求成本的降低，而不是以破壞環境來降低生產成本。環境議題促使各國與相關企業對經營所在地的環境擔負更多的責任，最初可能會遭受到成本上升的責難，但是對於環境的協議讓所有的企業都站在同一線上，所以對環境的承諾並不會讓企業喪失競爭力。

4. 道德和社會責任的困境

在 1999 年 11 月，WTO 在西雅圖開會決定下一回合貿易談判的主題，開會期間有不同政治主張的反對者來抗爭，如勞工、環境以及其他組織，但沒有人預測最後會變成暴力事件，西雅圖 WTO 會議之反對焦點在於「貿易與環境的關係是什麼?」，像 EU 與 NAFTA 這樣的組織應該推動自由貿易與投資，其是否應該一樣負起促進環境的責任呢?

在西雅圖的會議之前，WTO 為了經貿考量大多忽略了環境的議題，因為 WTO 主導的是貿易自由化，並不是保護環境。在 1990 年代早期，墨西哥對 GATT 抱怨美國不公平的禁止他們用流刺魚網所捕獲的鮪魚進口，因為這樣會不當的殺害海豚，

但 GATT 認為美國對墨西哥有貿易上之差別待遇，要求美國不應該用此來保護海豚，但是美國可以要求墨西哥的罐頭製造商貼上標籤，說明他們的鮪魚是在海豚安全情況之下所捕獲的，讓消費者自己來選擇。

　　當時美國總統柯林頓在 1992 年的選舉中與 NAFTA 相關議題進行爭辯，但是柯林頓總統最後基於現實考量支持 NAFTA 議案，在此之後環境問題變為 NAFTA 重要的議題。其次，WTO 和其他區域貿易協定對自由貿易是否要保護環境時有爭論，但是由於貿易量的增加，所得水準的提高，引發了人們對於環境的關心，且有能力付出清除成本。雖然 WTO 也承認過度增加貿易有害環境，但相對於環保團體所倡導的停止貿易，WTO 則提倡以增加貿易來處理特殊的環境問題，但是開發中國家，如墨西哥，認為增加對環保問題的關心只是變相的貿易保護做法，因此開發中國家並不急於將環境的焦慮置放於貿易協定中。在許多環境的提案中，區域與全球貿易組織需要針對下列情勢有所考慮：

　　⑴對畜牧、漁業、石化業補貼以消減對環境的損害。

　　⑵提供更廣泛的保護生態的產品標籤。

　　⑶評估世界貿易對於環境的影響，作為未來自由化提案。

　　⑷使協定更為透明化、對環境負更多責任，並讓非政府的環保團體更可以理解。

 隨堂測驗

二次世界大戰後，各地區紛紛成立經濟共同體，試分別列舉成功與失敗之範例，並分析其成功或失敗之原因。（87 年外交與商務人員特考）

第六節　結　論

　　區域經濟整合與貿易合作協定是於第二次世界大戰後，各國基於國際合作與市場規模所帶來的好處而產生。經濟整合的主要類型有：優惠性貿易協定、自由貿易區、關稅同盟、共同市場、經濟同盟、政治同盟。最完整的區域整合類型是生產要素可以完全自由移動並形成某一程度的社會和經濟的協調，即達到完全的經濟整合。整合的靜態效果指的是整合所促進之資源有效配置，並進而影響到生產和消費。一旦會員國間保護消除後，貿易創造效果效果就會讓產業基於比較利益之狀況下專業化生產；而貿易移轉效果發生於經濟整合後貿易從非會員國移轉到會員國。此外，尚會

產生整合的動態效果，其指的是由於市場規模所產生的內部與外部的效率。對於全球之區域經濟整合產生的原因，是因為區域小且有地理上位置的接近比較容易達成合作的協議。

　　歐洲聯盟 (EU) 是世界上最大也最有效的共同市場，廢除了大部份生產要素移動的限制，並協調與國家內的政治、經濟、和社會的政策。到 1999 年為止，其成員國包括：奧地利、比利時、丹麥、芬蘭、法國、德國、希臘、愛爾蘭、義大利、盧森堡、荷蘭、葡萄牙、西班牙、瑞典、和英國，在 2004 年 5 月 1 日再加入中東歐十國包括捷克、匈牙利、波蘭、斯洛伐克、斯洛維尼亞、拉脫維亞、立陶宛、愛沙尼亞、塞普勒斯、馬爾他，並於同年 10 月底於羅馬簽訂「歐盟憲法條約」。歐盟的主要目標是要廢除地區間商品、資金、服務、和人員移動的限制、建立共同對外的關稅、達成對農業的共同政策、協調稅與法律系統、設計單一的反壟斷政策、建立共同貨幣和貨幣政策。在 1999 年 1 月，歐盟發行共同貨幣－歐元 (Euro)，並在 2002 年由歐洲中央銀行發行鈔票。歐盟與許多的非會員國家或國家集團訂有自由貿易協定，使其成為世界上最大且最富有的貿易區。

　　北美自由貿易協定 (NAFTA) 是設計來消除關稅的障礙和使投資機會與服務能夠自由化，NAFTA 主要的規定是勞動與對環境的協定，並針對下列事項進行討論，例如，原產地與區域價值法規、特別條款、對貿易投資與就業之影響、NAFTA 之擴張、以及對競爭策略之意涵進行探討。而世界上還有其他地區的貿易組織包括：拉丁美洲的拉丁美洲整合聯盟 (ALADI)、加勒比海共同市場 (CARICOM)，亞洲的東南亞國協 (ASEAN)、和非洲的東南非洲共同市場 (COMESA)、西非經濟共同體 (ECOW-AS) 等。

　　APEC 的設立是為維持亞太地區之經濟成長並對世界經濟之成長與發展有所貢獻，基於亞太地區及其他經濟體之利益，開放多邊貿易體系，且在符合 GATT 之原則，增加會員國間經濟之相互依存度，鼓勵商品、勞務、資本及技術之流通，增進區域及全球經濟之利益。而 OECD 延續 OEEC 的經濟合作精神而來，在追求該組織的各成員國國內經濟穩定的同時，也希望對全世界的經濟發展有所貢獻，達到高度的經濟成長與就業，提高人民的生活水平，並致力於多邊及非歧視待遇為基礎的世界貿易。此外，對較落後的會員國及發展中的非會員國家提供經濟援助，同時維護世界金融之穩定，進而促進全世界之經濟發展。

　　許多開發中國家依賴商品的出口來供應他們經濟發展所需要的強勢貨幣，不穩定的商品價格造成出口所得的波動，故商品協定的運用可以來尋求穩定的價格。雖

然許多環境的議題在國家的層級上可以解決，但是部份議題仍必需要跨國的合作。因此在貿易合作協定上，本章也針對生產者聯盟與國際商品控管協議、OPEC、經濟整合對環境影響評估與道德和社會責任來對國際貿易進行探討。

重要名詞與概念

1. 優惠性貿易協定
2. 自由貿易區
3. 關稅同盟
4. 共同市場
5. 政治同盟
6. 貿易創造效果
7. 貿易移轉效果
8. 建立歐洲貨幣制度
9. 歐洲記帳單位
10. 歐洲通貨單位
11. 歐元
12. 歐洲執委會
13. 歐洲理事會
14. 歐洲議會
15. 歐洲法庭
16. 歐洲單一市場
17. 馬斯垂克條約
18. 歐洲匯率機制
19. 平價欄
20. 歐洲中央銀行
21. 歐洲中央銀行體系
22. 成立商品協議
23. 石油輸出國家組織
24. 緩衝性存貨系統
25. 配額系統
26. 蒙特婁公約
27. 共產國家聯盟
28. 普遍化優惠關稅體制
29. 經濟同盟
30. 歐洲煤鋼組織
31. 歐洲經濟共同體
32. 歐洲原子能組織
33. 阿姆斯特丹條約
34. 歐洲貨幣機構
35. 歐洲經濟區域
36. 歐洲自由貿易協會
37. 拉丁美洲整合聯盟
38. 加勒比海自由貿易協議
39. 拉丁美洲自由貿易協議
40. 加勒比海共同體及共同市場
41. 南非開發共同體
42. 東南非洲共同市場
43. 西非經濟共同體
44. 亞太經濟暨合作會議
45. 經濟合作暨發展組織

課後評量

1. 地理上的接近 (Geographical Approach) 是區域整合重要的理由，大部份的經貿組織都是由在相同區域的國家所組成的，而臨近國家結盟的主要原因有哪些，請說明之。

2. 區域經濟整合可分為哪六種類型，請予以歸類說明之。

3. 區域經濟整合對會員國之影響包括社會、文化、政治與經濟等各個層面，並為會員國降低或消除了這些關稅與非關稅障礙，就會產生了靜態與動態的效果，請簡要說明靜態效果的可能情況，以及動態效果的情形。

4. 請以經濟整合模型分析來說明關稅同盟所產生的效果。

5. 請簡述歐洲聯盟整合的過程，並依據何種條約來加以規範。

6. 1991 年 12 月馬斯垂克「歐洲高峰會」通過「歐洲聯盟條約」，即「馬斯垂克條約」。其改變創始條約的方向，並創造歐洲聯盟的三大支柱，請對其三大支柱說明之。

7. 「阿姆斯特丹條約」。它是繼「羅馬條約」、「馬斯垂克條約」後的第三個歐盟條約，其目標在改革歐盟現有機構，繼續推動統合近程，其具有之特性為何？

8. EMS 之成立主要是輔助會員國間之貿易以將匯兌波動之影響降到最低，各會員國需加入歐洲匯率機制 (Exchange Rate Machism, ERM) 而其間的貨幣匯兌關係透過平價欄 (Parity Grid) 來連結，請說明會員國加入 EMS 之要件？

9. 請說明目前 NAFTA 在美、加、墨之間所制定的協議，將針對何項議題進行討論。

10. 請說明及解釋 APEC 之茂物宣言與大阪行動綱領之政策目標。

11. 請說明 OECD 成立之背景、宗旨與目標政策。

12. 商品協議的兩種基本型態：生產者聯盟及國際商品控管協議 (International Commodity Control Agreements, ICCAS)，其透過緩衝性存貨系統 (Buffer-stock System) 與配額系統 (Quota System)，來加以達成。請詳加說明此兩系統的功能及差異。

第十六章

國際經貿糾紛機制之探討

利用有限、稀少的生產資源來製造商品，並為了現在及未來之消費而將那些商品分配於社會各階層時，應採取何種選擇行動？同時也分析改善資源分配時的成本與效益。

保羅・薩穆爾遜 (Paul A. Samuelson, 1915～)

《本章學習方向》
1. WTO 與 GATT 爭端解決機制
2. 補貼暨平衡措施之影響
3. 反傾銷法案之延革
4. 美國貿易相關措施

本章章節架構

WTO 與 GATT 爭端解決機制 ┬ 爭端解決機制之介紹
　　　　　　　　　　　　├ 爭端解決機制之說明
　　　　　　　　　　　　└ 爭端解決機制之評論

補貼暨平衡措施之影響 ┬ WTO 與 GATT 對補貼之介紹
　　　　　　　　　　　├ WTO 與 GATT 的補貼條款
　　　　　　　　　　　└ 補貼對世界貿易之影響

反傾銷法案之發展 ┬ WTO 與 GATT 相關反傾銷之規定
　　　　　　　　　├ 我國調查反傾銷法案之規範
　　　　　　　　　└ 我國執行 WTO 與 GATT 反傾銷協定之情形

美國貿易相關措施 ┬ 美國提交各國貿易障礙報告書
　　　　　　　　　├ 普通 301 條款
　　　　　　　　　├ 特別 301 條款
　　　　　　　　　└ 超級 301 條款

前 言

　　爭端解決機制的設立目的是在處理會員國在 WTO 與 GATT 的法源規定之下，所引起的有關貿易議題爭議。此體系成功地運作並得到相關人士的信任，但在某些規定方面，也相對地被加以批判。相關的調查結果顯示爭端解決機制在 WTO 與 GATT 的合法架構之下，得到有力的支持，可是其缺陷部分則需加以分析探討。爭端解決機制是 GATT 的重大功能之一，並在 WTO 規範中設置爭端處理的相關機構，以強化其解決處理之機能。

　　其次，我們將討論目前國際貿易體系對於補貼之規範，主要為 1995 年烏拉圭回合 WTO 補貼暨平衡措施協定，其最大特色在於規範具有扭曲生產與貿易效果之特定性補貼措施。補貼係許多國家用以發展產業之措施，亦為許多國家作為獎勵投資措施之一，惟由於補貼對於產業相對競爭力有相當之影響，對國內商品之補貼亦可以作為抑制進口同類商品，或增強本國商品出口之方法，故國際貿易規範必須對於一國所採行之補貼措施納入規範，制訂補貼暨平衡措施協定。

　　WTO 與 GATT 有關傾銷之規定則見於烏拉圭回合後 GATT 1994 之第 6 條之規定，對於當傾銷發生與解決傾銷爭端的認定過程相較於過去而言，其描述更為明確。為了傾銷調查之目的，經常需透過行政程序由政府代表出面來處理決定其傾銷是否發生、傾銷差額是否引起當地產業受到實質損害的最終認定，傾銷與製造國同類商品的正常價值，這些標準須加以被比較與計算。

　　最後本章將就美國貿易相關的報復條款，從普通 301 條款到超級 301 條款、特別 301 條款以及根據美國 1974 年通過的「美國貿易法」規定，美國貿易代表署 (USTR) 必須於每年 3 月底向國會提交「各國貿易障礙報告」(NTE)，指認未能對美國提供足夠與有效智慧財產權保護措施、或拒絕提供公平市場進入機會的貿易對手，提出報復警告，其目的在評估外國貿易障礙對美國貿易的影響。

第一節　WTO 與 GATT 爭端解決機制

　　在世界貿易組織 (World Trade Organization, WTO) 與關稅暨貿易總協定

(General Agreement on Tariffs and Trade, GATT) 的前提規範條件之下，相關國家政府如執行不同的貿易措施來扭曲國際貿易的運作，則會受到相當大的限制。適當的組織運作功能可藉由締約國之間的多次諮商來加以平衡其各自所要求的最大關稅稅率，這是關稅暨貿易總協定最重要的爭端解決方式之一❶。一般而言，WTO 與 GATT 的目標是在控管這些保護性方案，並避免締約國藉由其開放的多邊貿易體系，不當使用其四大原則：即數量限制普遍禁止原則、關稅減讓原則、非歧視性原則、與國民待遇原則，來規避貿易責任。

1.爭端解決機制之介紹

WTO 自 1995 年成立以來，截至 2004 年 2 月底止，爭端解決機構 (Dispute Settlement Body, DSB) 已受理 306 件爭端案，其中尚在爭端解決小組及上訴機構審查有 100 多個案件。小組及上訴機構裁決報告雖只對當事國有約束力，但裁決報告對未來相同條文的解釋有一定的影響力。依據爭端解決瞭解書的規定，WTO 會員認為對其有實質利益 (Substantial Interest) 的爭端案，即依據相關規定在諮商階段及成立小組階段進行探討。

爭端解決 (Dispute Settlement) 一詞在國際法上不是一個新的議題，其在許多國際組織上被當作是以和平的角度來解決爭端的方式。傳統上，爭端方式的解決不外乎下列幾種：協調 (Negotiation)、諮商 (Consultation)、仲裁調解 (Mediation Conciliation)、及組織健全並值得信任的調停機制。在 WTO 有效率的涉入其功能體系的規定之下，爭端解決機制在多邊貿易體系被視為「中流砥柱」(Central Pillar)❷及「不凡的成就」(Resounding Success)❸

1994 年烏拉圭回合談判協議建立了世界貿易組織 (WTO)，同時也建立並頒布爭端解決規則與程序瞭解書 (Understanding on Rules and Procedures Governing the Settlement of Disputes, DSU)，其瞭解書反映 GATT 爭端處理過程中之遲延、不確定性，協商情況缺乏確切的時間限制……等；而反映在解決小組 (Panel) 方面，則缺乏嚴格的合法性及明確的規定性，故尚須做法律上的修正❹。

---

❶Bustamante, R., (1997) "A GATT Doctrine of Locus Standi：Why the U.S. Cannot Stand the E.U.-Banana Import Regime, ", Minn. J. Global Trade, Vol. 6, pp. 533 – 583.

❷In the WTO webpage：http://www.wto.org/english/tratop_e/dispu_e/dispu_e.htm

❸Schoenbaum, Thomas J. (1998), "WTO Dispute Settlement：Praise and Suggestions for Reform, " ICLQ, Vol. 47, p. 647.

❹同❸。

2.爭端解決機制之說明

⑴原始條文解釋不盡完善

在 GATT 第 23、24 條文中，對爭端解決解釋因不夠完善，故於東京回合有瞭解書的出現，並在烏拉圭回合中制定爭端解決規則與程序瞭解書 (DSU)，其中所有階段皆可進行斡旋、調解、調停等❺，見表 16–1。

表 16–1　爭端解決方式

爭端解決方式	內　容	GATT 條文
諮　商	「諮商」係以和平方式解決紛爭的重要方法，希望由發生紛爭的雙方能透過諮商的方式，尋求解決方案來處理貿易糾紛，但是有一重要的前提，那就是協議解決的方案，必須是符合 WTO 的規範。	GATT §4 GATT §22
調　停	代第三人作為斡旋，並介入解決爭端，不僅促使當事國從事談判，而且也提出方案，在談判過程中積極介入並參與談判。	GATT §23
調解小組	為第三人作決定，其並非一個獨立自主的程序，而是作為仲裁或司法解決的預備程序而已。調解程序受到國際聯盟及聯合國憲章採用。由於委員會之報告不具拘束力；且為專家討論之成果，對爭端之處理較冷靜。	GATT §8 GATT §12
仲　裁	強制由第三人作決定並加以執行（經雙方同意具有強制力），由爭端當事國所選定之法官，遵循法律規則，以解決發生的爭端。其特性對於仲裁制度與司法制度之異同，在於仲裁制度是基於爭端當事國同意基礎，而在司法解決下法官是隨機選任的，仲裁制度下法官乃由當事國事先選任的。	
司法審查	只要一方提案，即可進入司法程序，司法管轄權以各國意志為根基，非經國家同意之表示，各國不得將爭端提交國際法律機構處理。	

⑵ WTO 爭端解決程序說明

①過程：由雙方當事國先行諮商，如無法取得共識，則接受建議成立解決小組 (Panel)，假設當事國反對的話，則改採司法程序，進行改正或實施報復行為。而在烏拉圭回合談判之後，其爭端解決程序，不服判決之當事國可向上訴機構提供事實認定，來對解決小組的決議進行法律上的審查，這時他給予改正 (Correction) 或補償 (Compensation)。

②諮商處理程序流程：在爭端解決規則與程序瞭解書 (DSU) 第 2.1 條規範並建立出爭端解決機構 (Dispute Settlement Body, DSB) 來管理 DSU 的相關規定及程序，見圖 16–1。在第 3.4 條規範所有由 DSB 所制訂的規定及建議

---

❺資料來源：經濟部國貿局網站。請參見❶。

必須針對達成滿意的議案處理,第 3.7 條給予締約國權利去判斷決定是否在 DSU 的情況之下其爭端處理的結果較為有利,且會員國彼此之間要有相互良好的共同信念,在處理過程中努力地去解決爭端。

在 DSU 中一些重要的規定說明執行程序的必要條件,其是當爭端處理進行的時候必須加以規範。此時,會員國必須提供足夠的協商機會,如果爭端處理失敗 60 天後,控訴之一方可請求設立解決小組。

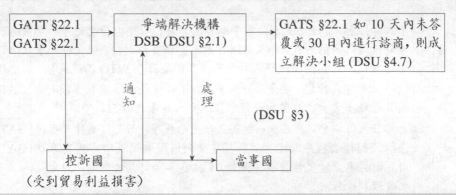

圖 16–1　諮商處理程序流程圖

③解決小組處理程序❻:爭端解決規則與程序瞭解書使複雜的爭端處理聲明及規定予以具體化,而其規定及聲明建立在過去的執行經驗上,見圖 16–2,並在此機制體系的運作之下做出了一些基本的改變❼,其說明如下。

　a.可先行諮商,如果爭端處理失敗 60 天後,控訴之一方可請求設立解決小組 (Panel),而 DSU 也必須在爭端解決處理過程中,當當事國無法合意時提供所需要的諮商、仲裁及協商機制。如必要時,秘書長 (Director-General) 可依據其職權來協助處理並予以解決。即使當爭端處理解決小組開始著手籌設時,這些方式也可以同時持續的進行。

　b.Panel 必須於 6 個月內完成審查,但緊急事件則為 3 個月。

　c.Panel 成員,可為被告國或任意第三國人擔任,並在 10 日內同意由 5 人小組(可包含原被告國國人在內)或由非當事國第三人擔任。

---

❻資料來源:王騰坤 (2002)。

❼Jackson, Davey and Sykes (1995), *Legal Problems of International Economic Relations*, 3rd ed., p. 340.

d.最後審查結果交報告書給當事國雙方，三週後分送 WTO 會員國作為參
　考依據。

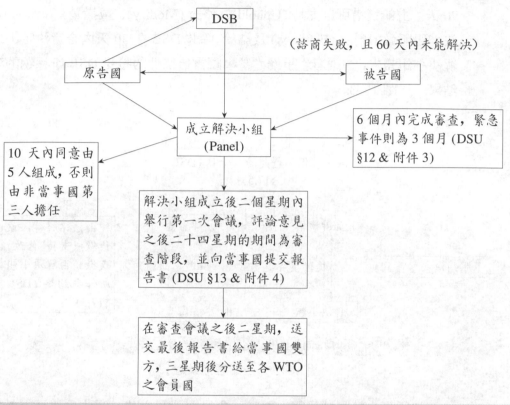

解決小組成立後須針對案件於規定時效內完成審查。

圖 16-2　解決小組處理程序

④上訴程序流程：DSU 第 11 條條文具體說明解決小組需依據事實及所發現的
　證據來做出客觀的評估，以便將來協助 DSB 做出建議，並在總協定所涵蓋
　的條文下提出所依據之規定。在聆聽雙方答辯並做出各自結論之後，解決
　小組需提出過渡階段報告書 (Interim Report) 來陳述其發現及當事國所需提
　交之書面評論有關議案之情節。在給予會員國最終報告書前，當事國也有
　權利要求解決小組去重新審理過渡期間報告書有關正確審查方面之內容。
　而另一項有關 DSU 的重大影響特徵是：終結受理議案所設立的時間期限。
　解決小組從受理議案一開始到結束，其處理需在一年之內完畢，如再加上
　上訴期間，可延長至 15 個月。

DSU 另一個重要且新的特徵是上訴機構 (Appellate Body) 的設立，其有委任的命令並受限去審理解決小組所涉入的法律議題與所得到的法令解釋。第 17.5 條規定上訴至此機構的議案為最終上訴，上訴的過程不可超過 90 天。上訴機構可以支持 (Uphold)、修改 (Modify)、或撤銷 (Reverse)，解決小組所做的判決 (Findings) 及結論。除非 DSB 在 30 天內合意決定不採納解決小組報告，否則發生爭端之當事國需無條件的接受 DSB 所採納的報告結果。見圖 16–3。

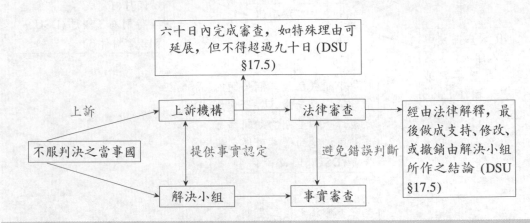

如不服判決，當事國家可再進行上訴，上訴機構僅就法律程序進行審查。

圖 16–3　上訴程序流程

當所提之請求被證明出對某一會員國不利之時，解決小組及上訴機構需予以授權，去對會員國提出建議及解決之道，來符合協定之規範以避免觸法。DSB 在採納所提交的報告之後，需要受理敗訴之一方提出執行此建議方案的合適計畫；然而，此建議方案不見得會被執行，因為勝訴之一方會被賦予請求賠償的權利，或要求相關機構停止先前給予其對手國所獲得之減讓。而對手國如無法執行此建議方案或支付賠償，以及缺乏合意的情形之下，停止減讓 (Suspension of Concessions) 措施可以獲得立即性的處罰性效果。

DSU 第 23 條強調在當會員國依據權利受侵犯所要求之補償無效、或在所規範的協定之下利益受損、或妨礙達成協定的目標時，可以尋求救濟的補救措施，且締約國所作決定應與由 DSB 通過之小組或上訴機構之報告、或依 DSU 所為之仲裁判斷之認定相符。第 24 條說明對低度開發國家

會員之特別程序，在決定爭端之肇因及在爭端解決處理程序之各個階段，如涉及低度開發國家會員時，應對低度開發國家會員之特殊情況予以特別考量。如發現利益受剝奪或損害，係由低度開發國家會員採取之措施所造成，而控訴國如依此程序要求補償、授權暫停減讓或其他義務之適用時，應作適當的考量及節制。涉及低度開發國家會員之爭端解決案件，若諮商過程未獲致滿意解決，於請求設立小組之前，秘書長或 DSB 之主席基於該低度開發國家會員之要求，應提供斡旋、調停及調解，協助解決爭端。其簡要說明如下：

a. DSB 採認小組及上訴機構之報告 (§16.1、§16.4、§17.14)。

b. 執行之合理期間須由相關會員提出經 DSB 批准及當事國和議或經仲裁決定，一般約 15 個月，否則敗訴國得上訴。

c. 執行裁定結果（如質疑敗訴國之修正措施仍不符合規範，則可要求執行裁定 §21.5）然後進行結案。

d. 若認為仍不符合規範則提出授權報復之申請，並將執行監督列入 DSB 會議，直到解決爭議為止，如敗訴國就報復幅度及項目有異議，得要求仲裁 (§22.6、§22.7)。

3. 爭端解決機制之評論

自從世界貿易組織 (WTO) 成立以來，其關於爭端解決機能運作的效率與公平性，一直備受爭議。雖然部分的批評表面是膚淺且毫無意義的，但有些評論卻具有重要的價值；例如，針對國際貿易的遠景發展，爭端解決機能是否能提供給會員國適當的保護，仍值得做進一步的研究。本文敘述了此領域學者提出的評論外，並以合理性地調查、探索及討論理論與實務之間的反應。

Schoenbaum (1998)❽對於 DSB 的處理爭端紀錄和上訴機構的主張內容給予高度肯定，但是之後提出了關於 WTO 爭端解決處理的利害關係之研究，在辯論非司法性之爭端處理判決時，認為經由判決而得來的「基於規定」(Rule Based) 的結論會導致不明智的決策後果，且此舉將會導致 WTO 整個體系成為判決之下的過度負擔。

Bustamante (1997)❾則對這個主張的可行性提出質疑，他指出當美國要求歐洲

---

❽Schoenbaum, T. J. (1998), "WTO Dispute Settlement: Praise and Suggestions for Reform", Vol. 4, I.C.L.Q. 647.

❾Bustamante, R. (1997), "A GATT Doctrine of Locus Standi: Why the U.S. Cannot Stand the E.U.'s Banana Import Regime,", Minn. J. Global Trade, Vol. 6, p. 533.

共同體 (European Community, EC) 撤回與共同體內之會員國的相對貿易國所簽訂的協議，被共同體予以拒絕，並迫使美國開始自行調查其貿易爭端❿，而此一事件並造成與拉丁美洲國家的貿易協商破裂。

Schoenbaum 則保留 GATT 第 23 條有關爭端解決條款的評論，此條款允許會員國針對其利益取消、或利益受損可提出控訴。Jackson et al⓫等人也保留一些觀點並指出，傳統上與總協定 (General Agreement) 抵觸本身，不足賦予當事國權利去要求補償。他們更批評此條款，並認為不需要讓一個會員國為了處於優勢條件之下而遭受損失。Trebilcock 和 Howse (1999)⓬也支持同樣的觀點，為了強調此條款的邏輯性，吾引述了一段話加以詮釋⓭：

「談到利益取消和利益受損的概念，包括從關稅減讓 (Tariff Concession) 合法預期改進到競爭機會等等，在面臨總協定之規範時，如其所設立的措施與總協定相符合，但其權利被剝奪時，將使此競爭機會受挫。因此，為了鼓勵承辦的當事國去取得關稅減讓的權利，如所採用的任一種補救措施，而導致互惠減讓措施的權利使任一當事國遭受損害時，必須給予他們有請求賠償的權利，無論此權利是否有抵觸總協定。」

在 WTO 與 GATT 所面臨的難題中，如何讓開發中國家整合至此體系是其中最困難的部分，尤其是在關於爭端解決處理的問題上，此乃刻不容緩且急需解決之議題。從 WTO 之前所調查案件中可看出，其對開發中和已開發國家，在資源以及經濟方面之影響是不平等的。如果對一個小型開發中國家施行終止關稅減讓之判決，此舉的結果可能會是極具毀滅性的，但是如果不採取此判決，則必然不合於法律之規定。因此，此體系在面對同等地位之國家，採用具有意義之報復措施來彼此抗衡時，可以扮演一個良好的調停角色，但卻不適宜處理發展中國家的問題。很遺憾的，在烏拉圭回合談判中有關體系運作處理與開發中國家的相關議題上並沒有做顯著的改變，尤其當決議在提交 GATT 複審時，很有可能從其報復手段中得到利益。

---

❿同❾，p. 547.

⓫同❾，p. 348～349.

⓬Trebilcock and Howse (1999), *The Regulation of International Trade*, 2*nd* ed., Routledge, London and New York.

⓭同上，p. 531.

4.小結

　　爭端解決機制是 GATT 的重大功能之一，並在 WTO 規範中也設置爭端處理的相關機構，以強化其解決處理之機能。會員國因利益受損而需請求諮商時，對手國需在 30 日內與其諮商，若自請求諮商日起 10 日無回覆、或未於 30 日內諮商、或經諮商但無法於 60 日內解決者，控訴國可要求 WTO 爭端解決機構設立解決小組進行審查，而小組應於 6 個月內提出報告給當事國及爭端解決機構。

　　所以各國需致力於制訂一組準則，在沒有相關和足夠的利益誘因之下，來避免當事人影響小組的決議程序。此外，亦需制訂相關條款，允許開發中國家加入此爭端解決機制，其可以先具體的確認誰具有開發中國家之資格，接著針對那些近似於最後之已開發國家之林的國家來頒布此特殊條款。雖然許多問題有待解決，以期增強這個已經施行且有效的爭端解決機制，然而就如本文所強調的，此爭端解決機制已足以保護遵守 WTO 條款的會員國。

第二節　補貼暨平衡措施之影響

　　世界貿易組織 (WTO) 所制訂的補貼暨平衡措施條款 (Subsidies and Countervailing Measures, SCM) 是否足以解釋來對世界貿易產生的負面影響，已成為締約國值得討論的議題，此節將對此議題加以探討，並分析我國未來在面臨此類似情形時作為借鏡參考。

1. WTO 與 GATT 對補貼之介紹

　　根據經濟分析證明補貼效果會對世界貿易有負面影響。換言之，即是「扭曲市場的自由操作規則」。以經濟學的角度而言，補貼效果將造成資源配置的扭曲，使市場變得無效率，形成社會無謂的損失 (Dead-weight Loss)，將造成生產者與消費者所得分配的不公。

　　補貼的定義，我們可以考慮以下兩種常用的解釋。第一種似乎不夠清楚且有所偏頗，主要是考慮農產品，其陳述如下：「補貼通常意指由國家或公營單位提供金錢補助使商品價格降低，在性質上可能是直接或間接由政府對生產或出口產品提供補助……」；第二種定義雖然以一般說法來描述，但本身已提供了一種比較精確的概念。其描述為：「補貼是由政府單位對企業提供的一種可衡量的經濟利益，無需適當的補償，是一種在同一國內對於一些其他企業或經濟活動的差別待遇。」

在東京回合 (1973～1979) 談判中，被視為 GATT 附加條款的補貼法典 (Subsidies Code) 已經通過同意。再者，在烏拉圭回合中 (1986～1994)，主要訴求為重建 GATT 規範和 WTO 組織機構的成立，而補貼條款亦被視為討論的主題。此外，GATT 的許多條款被重新加以詮釋，而補貼暨平衡措施協定也同樣地被加以提出。這項協議是 WTO 的一部分，不像東京回合的補貼章程；因此，約束了所有的會員國且必須加以遵守。

2. WTO 與 GATT 的補貼條款

根據 GATT 的第 6、16 條規定和補貼暨平衡措施協定 (Agreement on Subsidies and Countervailing Measures)[14]，上述所提之分析不但包括對開發中國家的特別方案，而且也包含有關 WTO 與 GATT 條款中不同形式的補貼方式。

在 GATT 的規定下，有兩項主要議題必須要提出。第一是指對補貼效果認定的一般描述，亦即任何形式的收入或價格支配，其直接或間接操作的結果，會使其增加出口或減少進口到另一國。第二種是直接與反傾銷稅[15]有關，在這種情況下平衡性關稅的強制措施可能被予以授權執行，亦即補貼的效果會對於已建立的國內產業形成威脅、或造成嚴重的傷害、或者阻礙產業之建立（第 16 條）。後者情況也將在本文做進一步分析。

在先前提出有關補貼產生之形式的議題太過於籠統，根據上述條款可能導致不同國家對於法定內容有不同的詮釋；此外，國內的公共政策可能被引起爭議，因其可能會為符合法定行為之下所做的抵制性活動。這種缺乏精確性分析的結果就可能演變成較有貿易優勢的國家，在不公平貿易的做法下片面引用 GATT 條件，以保障其權利。

有關於補貼的定義，以下可歸類為三種，其不但適用工業產品也適用農產品，茲定義為禁止性 (Prohibited)、不可控訴性的 (Non-actionable)、及可控訴性 (Actionable) 之補貼。換言之，可以用「好、壞及普通」的補貼方式加以區別。

⑴禁止性補貼（出口補貼）

禁止性補貼係指那些直接扭曲國際貿易之行為，即補貼進口替代產業。而出口補貼項目則在相關法規中提供了這類的詳盡規定以作為參考。禁止性補貼乃以出口實績或使用本國產品優先於進口產品為前提，而給予之補貼。

---

[14] 發表於烏拉圭回合。

[15] 補貼與傾銷就字面意義而言有極大不同的差異，傾銷是由廠商（出口商）來執行；而補貼則是由政府機關或及代理機構所進行。

WTO 補貼協定附件一，特別針對出口補貼例示十二項目，其中最常被使用者有：a.政府按出口實績給與廠商或產業直接補貼；b.涉及出口獎勵之通貨保留方案或類似做法，如提供出口商較佳之外匯兌換率；c.政府對出口商品提供內陸運輸或運費優惠；d.對出口商品減免應繳納之直接稅或社會福利費用；e.對出口廠商提供較優惠之商品或服務，如水電價格之優惠；f.提供出口商較市場利率為低之貸款等。由於該補貼措施之目的在增加出口，減少進口，故絕對禁止，各締約國應於加入 WTO 時，依該協定之相關規定所定程期予以廢止。該補貼措施若經裁定為禁止性補貼，卻未在特定時間內予以廢止時，則指控國可採取反制措施。

(2)不可控訴性補貼

　　不可控訴性補貼可以是非特定補助，或是對工業研究的特定補助及有比較競爭優勢前的發展活動、或對未受益區域的援助、或某種特定形式的協助其會將現有設備改變以利新的環境法律或規定。WTO 容許之不可控訴性補貼措施有：a.研發補貼，但對工業研究之補貼不超過其研究成本之 75%、或不超過該項產品進入市場前之各項研發活動成本之 50%，如藍圖設計、加工改造等；b.環保補貼，對於廠商為符合新的環保規範而須對現有設施修改或增置設備，致增加廠商負擔所給予之補助不超過適用新規定成本之 20%；c.對於貧瘠地區之補貼，惟若會員認為他國採取之不可控訴性補貼措施已造成其產業嚴重不利影響時，可要求諮商解決或提交補貼委員會審查，以協調解決。

(3)可控訴性補貼

　　不屬於前述禁止性補貼及不可控訴性之其他特定性補貼，稱為可控訴性補貼。當會員採取該補貼措施對其他會員之國內產業造成損害，或影響其他會員透過 WTO 談判已獲得之關稅減讓或市場開放之利益，或嚴重損害其他會員在出口市場（包括第三國或採取補貼措施國家之市場）之公平競爭，則受不利效果之會員得經適當之調查程序後，採取對受補貼之進口產品課徵平衡稅或可向 WTO 爭端解決機制提出指控，尋求救濟。

可控訴性補貼是會引起爭議的，假設在下列的情況之下：

①它們對另外一國的國內產業造成危害。

②它們直接或間接使得其他 GATT 締約國失去利益或利益受損。

③它們對另一會員國利益造成嚴重損害。

在這類情況之下，提出控訴的國家必須證明補貼對於它們的利益是有負面效

果。在補貼暨平衡措施協定下，所有 WTO 的會員國必須提出禁止性及可控訴性補貼的名單。除此以外，任何相關的議題安排必須透過補貼委員會來加以諮商協調。上述委員會應建立在一個永久性之五人專家小組上，其主要功能在於提供意見給會員國及在任何補貼事實存在和性質相關的諮詢意見給委員會，而委員會則被賦予權利來組織審查會和調查任何控訴事件。

補貼暨平衡措施協定也包含了對開發中國家的特別方案處理，如低度開發國家可免除禁止性出口補貼之規定。此外，直到 2003 年此優惠期間內可逐步取消進口替代補貼。開發中國家的出口如果必須接受平衡性關稅調查時，可以獲得優惠待遇。不同於先前對於補貼的規範，補貼暨平衡措施協定在這個主題上貢獻了非常重要的努力成果來達成其廣泛及專業性的內容；更進一步而言，從技術性的角度觀點來看，它是一項卓越並值得信任的法定機制。

3.補貼對世界貿易的影響

這部分的分析主要是要考慮平衡補貼效果所可能採取的救濟措施，關於此有兩種主要的救濟方式可提供給會員國作為參考。第一種是使用 WTO 有關爭端處理程序之可能性，第二種情況是強制課徵平衡性關稅。

禁止性及可控訴性補貼會在 WTO 爭端處理程序中受到異議；除此以外，假設國內廠商因為進口商品的補貼而使其利益受損，平衡性關稅之強制措施可以予以授權實施（通常以 5 年為一期，而且可以再重新更新）。相反的，不可控訴性補貼在 WTO 爭端處理程序中不會受到異議，而受補貼的進口商品也不能課徵平衡性關稅。

至於第一種所提供的救濟方式，雖然在爭端處理程序上有涵蓋很清楚的規定來解決會員國之間的爭端，但是對於補貼之申請還未能顯現其有效性。政治的因素通常會干擾了最後決定之公平性。像這種情形經常發生在許多農產品之爭議上，如歐盟對食糖之補貼案。烏拉圭回合協定條款中要求終止調查的條件是在假如補貼低於按價格計的 1%、或者補貼進口數量的危害是很微小的情況之下。如前所述，對於補貼的第二種救濟方式是強制課徵平衡性關稅，而實際運作上，此方式包含著許多複雜的因素（政治及經濟上）。依據 Trebilcock 和 Howse (1999) 的說法，「…一個國家是最主要的使用者……就如美國身為一個平衡性關稅使用者而言，其證明了美國對於補貼的觀點有很清楚的認知，並限制國際協定有關補貼的法定地位並把其視為政策的利用工具。」

WTO 與 GATT 條款另一項重大的議題是決定考慮課徵平衡性稅 (Countervailing

Duty)。補貼的前提條件是必須造成對國內產業重大的危害、或隱藏重大危害的威脅、或使得國內產業建設有嚴重的延緩影響時，而以上規範條款的主要任務即是在定義「重大危害」的界定範圍。雖然沒有一個很精確的標準來定義，在補貼暨平衡措施協定中則提供一個較廣泛定義的參考變數，亦即國內市場的就業情況或獲利性之評估。然而，在實際運作上，這個名詞的應用對會員國而言是相當不便的。更進一步而言，「不應課徵平衡性關稅在進口品上，如果超過補貼總額時，而其衡量標準是以每單位的補貼商品及出口商品的金額來計算❶。」

　　最後，值得一提的是，法律案件在某些程度上證明 WTO 與 GATT 補貼暨平衡措施程序的規定是無效的。如歐盟對於加拿大的無骨牛肉的生產課徵平衡性稅一例❶，委員會認為無法加以規定，因為審查小組對於「商品」的定義太狹隘。儘管 WTO 與 GATT 條款架構了一個完整且顯著的國際貿易的正式文件，特別是在烏拉圭回合後所草擬的補貼暨平衡措施協定；然而，在衡量最後結果時仍須考慮其它方面的效果所造成之影響。此時，WTO 與 GATT 條款在減少世界貿易扭曲補貼的效果上仍不是一個最為成功的工具。經濟強國在影響相關決定的結果方面，仍然備受考驗。此外，缺乏有效監督爭端解決組織之判決也是在這一領域中被扭曲的因素。

　　WTO 與 GATT 條款確實包含了降低補貼對世界貿易負面影響的必要因素。然而，實際的法律案例卻已證明此判斷標準不全然是公平的，特別是在已開發國家中其首先被考量的政治因素。最後針對法定要件方面，其需要提出有關此議題的正式內容條款的目標，才能夠提供對世界貿易真實問題做出有效的回應。所以在西雅圖部長級會議中，這目標被視為是最重要的討論主題，如此才能夠降低會員國之間的衝突以及避免引起會員國內進一步的社會不安。

第三節　反傾銷法案之延革及臺灣反傾銷發展

　　經過一連串多邊貿易回合的談判，WTO 的會員國成功地將關稅保護的一般水準予以調降，並針對非關稅貿易措施制定新的原則與規範。隨著貿易自由化，「公平貿易」相較於「自由貿易」來的更加重要。在 WTO 與 GATT 的機制之下，針對上述之問題制定兩種主要規範來防止不公平貿易情況之發生，其分別為：

　　⑴針對外國不當出口補貼施以課徵平衡稅 (Countervailing Duty)。

❶補貼暨平衡措施協定 §19.4

❶(SCM/75) Dated 30, July, 1986.

⑵用來抵制掠奪性傾銷效果的反傾銷稅 (Antidumping Duty)。

反傾銷法，無疑地，在國際貿易形成過程有其主要的影響力，表 16–2 比較在 WTO 機制之下所採取的貿易抵制手段，其包括了反傾銷 (Antidumping, AD)，防禦措施 (Safeguard, SG)，補貼暨平衡措施 (SCM)，與爭端處理機構 (DSB) 的案件比較。在 1980 年代末期，有將近 28 個國家制定反傾銷法，以地理的集中度來看，約 95% 的案件則發生在施以反傾銷措施的 4 個主要國家，依序為美國 (30%)，澳大利亞 (27%)，加拿大 (22%)，歐盟 (19%)[18]。在 1900 年代之後，新興開發國家 (Newly Industrialized Countries, NICS)，如巴西，阿根廷，墨西哥，變成主要使用反傾銷法之國家。

表 16–2　全球針對補貼與平衡措施、防衛條款、反傾銷與爭端解決案件統計表

每年案件	補貼與平衡措施 (SCM)	防衛條款 (SG)	反傾銷 (AD)	爭端解決 (DSB)
1995	3	2	160	22
1996	7	7	149	42
1997	9	1	200	46
1998	19	11	235	44
1999	40	14	309	31
2000	20	24	221	30
2001	25	30	313	26
total	123	89	1587	241
(%)	6.03	4.36	77.83	11.82

資料來源 1：Antidumping Practice (AD) Committee, Safeguard (SG) Committee, Subsidies and Countervailing Measures (SCM) Committee, Data from *WTO Annual Report of International Trade Statistics* 1995~2001.
　　　　 2：DSB data from the WTO website：http://www.wto.org/english/tratop_e/dispu_e/dispu_e.htm.

一、WTO 與 GATT 有關反傾銷之規定

傾銷是一種使用價格歧視的方式來說明出口商品所銷售的價格小於其正常價值；廣泛地來說，一國商品的出口價格小於在正常貿易程序或出口國消費之同類商品 (The Liked Product) 的比較性價格時，就會被認定是傾銷行為。根據 WTO 與 GATT 第 6 條規定[19]，對外國供應商施以反傾銷稅必須符合兩項標準：第一是外國不規則性地對本國銷售，造成本國產業受到「實質損害」(Material Injury)，第二是其進口價格明顯地「低於公平價值」(Less Than Fair Value, LTFV)[20]。當這兩個條件皆滿足的情

---

[18] 包括所有歐盟的會員國。
[19] 1994 關稅暨貿易總協定執行條款第 6 條。

況之下才可對外國課徵反傾銷稅，其稅率考量必須等於出口品價格與正常價值之差距。如進口傾銷對進口國當地產業造成實質損害時，才有權利使用反傾銷措施來恢復其損失。

隨堂測驗

請說明在 WTO 與 GATT 之下，進行傾銷案件之控訴，其成立要件為何?在 WTO 機制之下的採取的貿易抵制手段有哪些，請說明之。

許多工業化國家，例如，美國、歐盟等皆有相關的競爭法案，但幾乎約有超過半數的 WTO 與 GATT 之會員國沒有制定相關的競爭法，並缺乏相關的組織能力去執行並管理有效的法令。為瞭解釋國際貿易與競爭政策間的關係，最好是要先瞭解在獨占情形之下對福利水準架構產生的相似性與差異性。如以經濟的觀點來看，市場獨占力是最能反映出廠商競爭能力的指標。如果廠商是個獨占者，他就會嘗試去掠奪既存或潛在的對手市場，並將他們排除在市場之外來處於主導地位。接下來，我們將討論經由在 WTO 與 GATT 的數個回合談判後有關反傾銷規定的詳細內容。

1. 甘迺迪回合反傾銷法典 (The Kennedy Round Antidumping Code)

甘迺迪回合談判開始於 1964 年，而有關反傾銷法案的有關標準與程序的提出是在 1967 年的反傾銷法典 (The Antidumping Code) 第 6 條之執行規定。並在第 4.a 條定義受損害的產業為「全部同類商品的當地生產者」或「生產者製造的產出構成所有生產的最大部分」，而在第 2.b 條對於同類商品的定義為相同且商品在經過考量之下所呈現的觀點都是很相似的，或某種商品，雖然在所有觀點上都不是很相像，但本質上與傾銷的商品有相似的特徵；因此，受損害的產業限制在當地的生產者，他們有權利對傾銷的進口業者採取法律行為。為了減輕損害程度，反傾銷稅的實施必須少於傾銷差額 (Dumping Margin) 的規定。1967 年反傾銷法典詳細說明了傾銷必須是對在任何反傾銷稅施行之情況下，針對產業損害的「具體基本原則」(Demonstrably the Principle Cause) 應予以反制。

2. 東京回合反傾銷法典 (The Tokyo Round Antidumping Code)

---

[20] LTFV 決定有二種方法:

　a. 價格基礎法: 外國供應商在當地收取的價格小於在其他市場相同商品所收取之價格。

　b. 價值建構法: 當地收取的價格低於估計的成本加上正常的利潤。

1967 年反傾銷法典的簽署國必須保證其內國貿易規定與反傾銷法典相一致；然而，使用反傾銷措施最多的 2 個國家——美國與加拿大，卻不認為上述規定可以限制其內國法律，其追溯至 GATT 設立前援用在臨時執行議定書 (Protocol of Provisional Application) 所接受的「祖父條款」(Grandfather Principle)[21]。由於 1967 年的反傾銷法典與美國反傾銷法的不一致，導致美國國會不願去修改其法令，並限制管理當局給予審慎判定的標準。而 1979 年的反傾銷法典，是導源於 GATT 的東京回合談判，嘗試將美國與 GATT 的規範更能相容，例如，不同於需要把「傾銷」當作是「具體地基本理由」(Demonstrably the Principal Cause) 來加以討論。

1979 年法典更能適合於美國所處情形，並強調「其他因素所引起的損害不能歸因於傾銷的進口」，就損害本身而言，產出銷售、市場占有率、利潤、生產力、產能效用……等潛在與實質因素的下降，可用來評估對傾銷發生的影響。雖然東京回合的反傾銷法典包含了更詳細的規範來管理反傾銷執行的措施；而反傾銷措施的使用是用來當作限制進口實質增加的手段。由於受限於反傾銷調查，使得很多外國出口商有很多不愉快的經驗，這些出口國主張反傾銷措施如只是用來限制貿易以及保護當地產業，則無法證明其是具有正當性的。為了改進及修正 1979 年東京回合法典，故在烏拉圭回合的談判過程中決議將此協定予以修正，而修正後的協定提供更清楚及更詳細的反傾銷措施，並規範各國有關反傾銷法令與執行規定。

3. 烏拉圭回合反傾銷協定 (The Uruguay Round Antidumping Agreement)

反傾銷法典得到更進一步的重視是在烏拉圭回合談判之後，其最明顯的改變是反映出在已開發國家所引起的緊張情勢，因為大多數的反傾銷控訴，皆由其所提出。而新興工業國家及開發中國家，相對地成為被告國。反傾銷措施的適用僅在 GATT 1994 第 6 條所處情境之下，並符合所提出調查的規範，且其執行也須遵從在馬拉喀什最終法案之後的規範協定，表 16–3 則將 GATT 第 6 條的規範予以摘要說明。

4. WTO 與 GATT 之反傾銷規範

接下來，我們將針對 GATT 1994 第 6 條執行反傾銷協定予以分析說明：如果一國出口至他國之產品，其出口價格低於通常貿易過程中可資比較之價格 (Comparable Price)，其商品則視為傾銷，並解釋當出口國之國內市場為同類商品在通常貿易過程之銷售，或當地市場銷售量過低的特殊情況亦同。

---

[21] 臨時執行定書管理在 GATT 有登記之會員國，保留在美國與加拿大的祖父條款之規定，且必須尊重這些相關規範。

表 16–3　Article VI of GATT 1994 之條款說明

NO	規　定	NO	規　定
1	原則	10	追溯效力
2	傾銷之認定	11	反傾銷稅課徵及價格具結之期限及檢討
3	損害之認定	12	判定之公告及解釋
4	國內產業之定義	13	司法審查
5	調查之展開與後續調查	14	代表第三國之反傾銷行動
6	證據	15	開發中會員國
7	臨時措施	16	反傾銷實務委員會
8	價格具結	17	諮商及爭端解決
9	反傾銷稅之課徵及收取	18	最終條款

資料來源: 烏拉圭回合多邊貿易談判結果——GATT 1994 執行協定。

有關傾銷差額的決定是須探討同類商品出口至第三國時與可資比較價格的差異，所提出的代表性價格是以原產國生產的成本加上合理的管理、銷售的一般費用以及預期之利潤❷所產生。而此成本指的是「建構成本」(Constructed Costs)。無疑地，這種計算方式留下了很大的套利決策空間，有關當局應該考量所有可獲得的證據在合理的成本配置上，如在通貨貶值期間允許資本支出與其他開發成本的存在。假如在本國市場與銷售的第三國市場沒有價格的差異，其成本所建構的價值應包括要素與勞動成本、銷售總支出、行政管理費用加上貿易在正常程序所產生的合理利潤。其所建立的利潤不應超過國外有效率生產者在銷售同類商品時，在國外（原產國市場）所實現的正常利潤。

 隨堂測驗

何謂傾銷差額 (Dumping Margin)？何謂建構成本 (Construct Cost)？何謂同類商品 (the Like Product)？

其次，產業是否受到損害，允許進口國有關調查當局去評估超過一個國家以上的進口效果，這些國家須同時受制在反傾銷調查，如果每個國家進口的傾銷差額超過微小限制 (de minimis)❸或者傾銷的量是微不足道的 (Negligible)❹。並討論傾銷

❷如有相關證據證明國內銷售比例雖較低，卻有足夠數量可作適當比較，其較低比例亦宜被接受。

❸傾銷差額少於 2%。

之進口與國內產業所受損害之因果關係。這些相關因素包括：未以傾銷價格銷售之進口數量價格、消費需求之減少以及消費型態之改變貿易限制措施內國與外國生產間之競爭、國內產業技術之發展、出口實績及生產力等。

有關實質損害之虞的決定根據第 3.7 條中的描述，其認定是基於事實而非單純之主張，臆測或不相關之可能；而損害之定義，除非特別規範，否則指的是：

(1)對當地產業的實質損害 (Material Injury to a Domestic Industry)。

(2)對當地產業有實質損害之虞 (Threat of Material Injury to a Domestic Industry)。

(3)對產業之建立有重大之延緩 (Material Retardation of the Establishment of an Industry)。

當出口商自動提出修正價格或停止以傾銷價格輸出，須出具符合要求之具結 (Undertaking) 時，得暫停或終止調查程序而不採行臨時措施或課徵反傾銷稅。除非在傾銷所致損害的初步認定條件下，不得向出口商要求或接受其價格具結。當反傾銷稅予以課徵時，須依非歧視條件來收集其適合的傾銷數量，但不可超過其傾銷差額，因此在第 9 條中就需要出口商之個別評估，並在調查期間內不得出口，而是否課徵反傾銷稅之決定需符合執行課徵的所有必要條件，應以非歧視性原則，對一切有傾銷行為並引起損害之所有來源商品，依個案課徵適當之稅額，但不得超過傾銷差額。第 10 條提及臨時措施與反傾銷稅的追溯效力 (Retroactivity)，一旦實質損害或有損害之虞的最終決定形成時❷，則反傾銷稅之課徵得回溯至臨時措施已實施之期間。而說明「落日審查條款」(Sunset Review Clause) 的限制，任何確定的反傾銷稅應自課徵時起滿五年內終止。

 隨堂測驗

反傾銷措施適用在 GATT 1994 第 6 條所提條件，並符合所提出調查的規範，且其執行也須遵從在馬拉喀什 WTO 最終法案之後的規範協定，請簡要說明第 6 條之各條規範。

二、我國調查反傾銷法案之規範

❷ 來自於特定國家傾銷的量少於 3%，或來自於所有會員國所有同類商品進口總量占 7% 以上時，不在此限。

❷ 不包括對產業建立有重大延緩之虞。

　　我國第一個有關反傾銷法案可回溯至民國 56 年關稅法第 46 條第三項之規定，此條款在民國 72 年修改過。之後，財政部於民國 73 年 7 月 3 日公布並配合國際貿易法和相關規則之實施，並參考反傾銷相關個案訂立「平衡稅及反傾銷課徵實施辦法」。繼 GATT 烏拉圭回合制定反傾銷協議之後，該協議中就各國反傾銷法、措施和處理反傾銷個案方式提供詳細說明，故我國亦於民國 83 年 11 月 17 日再次修改該規則。由於我國已於民國 90 年 11 月底與中國大陸相繼成為 WTO 新會員國，因此我國有責任修改其反傾銷相關規則並於民國 90 年 12 月 19 日公布修訂後的「平衡稅及反傾銷課徵實施辦法」其辦法修改比較，見表 16–4。

表 16–4　中華民國平衡稅及反傾銷稅課徵實施辦法修正之比較

處理程序	1984.07.03	1994.11.17	2001.12.19	補充說明
申　請	§4 (1), 5	§5 (1), 6	§6, 7	對同類產品之描述
調查之展開與解決	§6, 8	§7, 15	§8, 17, 18	
調查之原則	§7, 10	§16, 19	§19, 22	
傾銷差額	§17, 18	§24, 25	§33, 34, 35, 36	
同類產品	§4 (2)	§5 (2)	§6 (2)	
國內產業		§5 (3)	§8 (3)	
損害之認定	§19	§26	§37	增加 4 個經濟評估因素
調查機構	§7	§9	§11	關稅委員會調查傾銷，貿易委員會則調查損害
傾銷之調查（期限）	§7, 10, 11（6 個月）	§10 (pd 45, 75 天)，§12 (fd 60，45 天)	§12 (pd 40, 70 天)，§14 (fd 60，40 天)	pd: 初步認定 fd: 最終認定
臨時性反傾銷稅之課徵	§12 (1)	§11 (1)	§13	
保證與具結	§13	§21	§24, 25	
追溯效力之實施	§20	§27	§41, 42, 43	
反傾銷之調查與處理		§13	§16	呈報給委員會後 10 天完成
懲罰之撤除與取代	§21	§28	§44, 45	通知申請人及利益當事人
認定與通知	§14, 15	§14, 22	§16, 26, 42	

資料來源: 參考 1984，1994，與 2001 之中華民國「平衡稅及反傾銷稅課徵實施辦法」。

　　在此辦法第 3 條中提到，官方授權財政部可就進口商品是否造成傾銷之嫌，進行反傾銷之調查。而經濟部則就進口商品之傾銷是否對中華民國造成產業實質損害

之主體事實予以調查，其並由經濟部貿易調查委員會予以執行和監督。根據關稅法和相關規定，課徵反傾銷稅之必要條件有：傾銷事實、產業發生實質之損害，和二者皆具因果關係存在。圖 16–4 則說明我國對反傾銷調查程序情形。

三、我國反傾銷經驗分析

如果一進口財具比較利益且進口國之本國供應商因進口商品傾銷競爭而受到損害、或宣稱該進口商品已遭傾銷時或當我國政府收到國內產業廠商提出申請傾銷之控訴，可根據反銷傾提案程序來提出調查，但有時在一些特殊情形下會以政治規定進行考量。從 1980 年代後，我國的出口迅速擴展，出口經驗已使我國遭許多國家提出反傾銷調查，並形成對其出口競爭之威脅。我國的經濟主要構成為出口導向之製造業，因此常遭到國外競爭對手之指控。

此外，我國由於勞動力短缺、薪資水準上升、勞資糾紛等因素，導致許多下游廠商在中國大陸開設工廠。許多中國製造商品也成為反傾銷控訴之對象。根據我國中華經濟研究院對美國反傾銷個案分析中指出，進口占有率和失業率、非價格競爭，是可以預測出口商可能面臨外國反傾銷調查之預警指標，故值得加以注意。

當我國廠商成為反傾銷調查之主要目標時，通常會為了保護自己而花費大量資金和人力資源，去贏得反傾銷之控訴官司，估計所支出之律師費就高達 100 萬美元和難以數計的法庭出席時數。由於大多數我國企業以中小型公司為主，本身就缺乏資源，所以必須減輕其所負擔之責任而規避控訴。另一方面，有一些大規模廠商會放棄外國小型市場來避免控訴情形發生，以避免其他市場發生波及效果。綜上所述，我國廠商大多寧願選擇停止繼續出口其低價產品，而非涉入及參與有關傾銷之調查，以息事寧人。此外，由於我國製造商以中小型為主，其占我國總產出高達 97% 左右，且占總出口 60% 以上之比重。所以，其通常為了逃避懲罰而放棄外國市場之競爭。但就大型企業而言，其參與調查態度則較為主動，但仍舊是以放棄市場占大多數。然而，為因應市場多角化經營和國外直接投資，大型企業多利用此種方式，成為規避的暫時性解決方法，此和中小企業企圖避免遭到傾銷控訴之行為相似。

一旦反傾銷調查開始進行會持續一段時間，進口商此時得轉移其需求標的到其他供給者身上，如果反傾銷調查結果可能予以課徵反傾銷關稅，將導致受調查之商品在未來幾年之出口數量減少；因此，反傾銷行為之效果將影響出口商頗為深遠，且因減少之出口商品必也會對其商品形象產生負面影響。另一方面，隨著高科技時代來臨，我國產業已成功轉型至資本和技術密集之商品製造，所以傳統低技術之夕陽

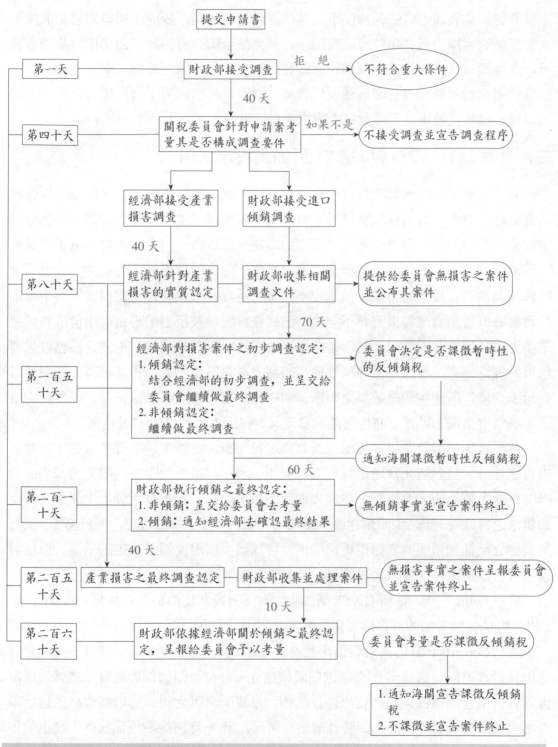

傾銷案件的成立須經由經濟部與財政部共同裁定。

資料來源：引自 http://www.moeaitc.gov.tw/law1.htm。

圖 16-4　我國反傾銷調查申請程序

產業將會面臨外國進口的強烈競爭。基於經濟快速成長，政府相關當局必須開放原先受保護之本國市場並和外國廠商競爭，這也是我國政府當局於認清國際挑戰事實後，立法頒布「平衡稅及反傾銷稅課徵實施辦法」之原因。根據相關資料顯示，可觀察到愈來愈多被報導有關我國反傾銷案件調查，具體說明了國內部分產業已受到進口傾銷威脅，特別以低勞動技術密集產業競爭為主。

三、我國執行 WTO 與 GATT 反傾銷協定之情況

我國廠商參與反傾銷調查時會存在著許多困難，在反傾銷調查期間內若以管理角度的觀點來看，我國當局總是要求廠商得將其相關成本、銷售之詳細資料儲存於電腦磁帶上並予以提交。此措施無疑增加廠商多餘負擔和明顯地承擔失去重要資訊之風險。許多控訴人抱怨並宣稱此類增加措施，是為了運用最好可能的資訊選項來計算反傾銷稅，故也增加了反傾銷稅率，特別是有些訴願者在已提供的資料中表示其資料難以被證實或搜集資料不完整，造成資料提供被拒絕的理由。由於計算傾銷差額之方法通常並不透明，特別是在控訴人不能取得建構價格和價格之調整並如何加以計算之訊息，故政府當局無法檢視尚國內產業已受實質損害或發現進口商品具有傾銷之虞，所產生傾銷效果之判斷。如一國內產業索取較高價格時，即使此定價已是最低之情況下，進口商也可能被發現其對國內產業也造成實質損害。

這些累積的經驗與相關措施都成為審理並判斷其控訴案件是否造成對本國產業傷害之依據，且對於在當地占有率低、主要市場占有率不明顯或出口趨勢減少之情形時，都會產生極大之影響。在過去處理傾銷案件中，其困難之發生主要來自於反傾銷法之行政管理程序；而現在毫無疑問的可根據 WTO 新的協定，對於 WTO 成員所制定之反傾銷措施將會變得更透明，並可以減少濫用反傾銷規定的爭議，目前我國對於反傾銷案件之實際處理情形，可參閱本章附錄。

另一方面，在 WTO 與 GATT 新的協定有下列幾個正面的執行效果。例如，在第 2 條中對於傾銷差額的計算則提供更詳細的規則，而配置成本的標準是當出口價格與「建構」(Constructed) 的正常價值比較時，可確保其真正的比較性，而非任意創建或增加其傾銷差額。第 3 條則強調進口國須建立一套在進口傾銷與對當地產業造成損害間具有清楚因果關係的必要條件。此外，產業所關切之傾銷進口審查必須包括所有相關經濟變數對其產業之影響性評估。然而，第 5 條則說明反傾銷案例提出的程序以及調查如何進行之情形。而條文中也對於微小 (de minims) 差額與進口量之定義來當作終結調查之標準。這些規定將保護我國產業，特別是中小企業可免於不必要

之傾銷調查。

　　最後根據第 11 條第 3 款之規定，反傾銷措施須在執行日起五年內予以終結，除非所形成的認定在事件終止時，其傾銷與損害持續地進行。而「落日審查條款」(Sunset Review Clause) 可以糾正當進口國被處以反傾銷稅懲罰時進行報復而加以濫用之情形，但是這些很少用在反傾銷個案上。反傾銷協定之附件二則列出最佳可獲認真訊息之準則，其可幫助被調查當事國或人減輕非合理性的負擔。而第 17 條闡明爭端處理小組在反傾銷案件處理所扮演的角色，這個機制給予我國有關當局一個有利的工具，可保護並糾舉在未來反傾銷事件調查時所採行之不允許方式 (Impermissible Action) 而形成不必要之爭議。

第四節　美國貿易相關措施

一、美國提交各國障礙報告書

　　根據美國貿易體制共有四大系統，其一為貿易法 201 條款，作為進口救濟及貿易調整協助之工具；其二為關稅法 337 條，用以打擊外國不公平競爭（反傾銷，反補貼等）；其三為貿易拓展法 232 條款對於貿易投資予以規範；其四為貿易法 301 條款，旨在打開外國市場，便利美國商品，服務業及投資得以順利進入他國市場❷❻。並要求各國保護美國業者享有智慧財產權。

　　由於開發中國家或新興工業國家運用關稅與非關稅障礙措施，阻礙美國商品或服務、投資進入當地市場，使得 GATT 架構下的爭端解決程序 (Dispute Settlement Procedure) 無法迅速調節。美國自 1947 年實施之貿易法以來一直到 1980 年後，才開始動用 301 條款，用以制裁外國不公平貿易措施 (Unfair Trade Practices)。301 條款至今引起多國關切，主要在其涉及「域外法權」、「域外管轄權」，將國內法律管轄權之效力，延伸及外國領土實施。

　　美國綜合貿易法中 301 條款及相關條款，主要是針對美國貿易夥伴國政府有不公平貿易措施 (Acts, Policies, and Practices) 時要求對手國修正其措施並逐步開放市場，實行自由貿易並保護美國智慧財產權之法律規定。其內容主要規範下列三個條款：§301 條款（普通 301）；§310 條款（超級 301）；及 §182 條款（特別 301）。

　　根據美國 1974 年通過的「美國貿易法」規定，美國貿易代表署 (USTR) 必須於

---

❷❻邱正宗 (1994)，《現代國際貿法》，初版，永然文化出版社，臺北。

每年 3 月底向國會提交「各國貿易障礙報告」(NTE)，指認未能對美國提供足夠與有效智慧財產權保護措施，或拒絕提供公平市場進入機會的貿易夥伴，在一個月內列出「特別 301 條款」及「306 條款」的監督國家。美國貿易代表署 (USTR) 每年定期向國會提交並對外發布 NTE 報告，主要目的在評估外國貿易障礙對美國貿易的影響。

2003 年貿易障礙報告共有 58 個國家被點名，包括中國、日本在內；上榜的國家，未來可能會被列入特別 301 名單或特別 306 名單，遭到美國的貿易報復。根據美國貿易代表署公布 2004 年度「各國貿易障礙報告」(NTE)，美方認為臺灣已於 2002 年 01 月 01 日加入 WTO，接受 WTO 規範，故予以排除。

我國目前是美國第九大出口市場，第六大農產品市場。由於美國過去連續指責我國保護智慧產權不力，而將我國列入特別 301 的優先觀察名單中，所以特別受到關注。此外，美國也關切我國市場上假藥增加和缺乏足夠資訊來保護商品的現象。根據內容報告研析，有關我國部分則顯示智慧財產權保護仍為美方關切事項，包括著作權法修正進度、藥品資料保護、及盜版光碟之執行取締等。

二、普通 301 條款 (Section 301 of the U.S. Trade Act)[27]

(1)說明

普通 301 條款為美國對於他國不公平貿易措施的救濟規定，授權總統得採取適當措施，以對抗外國政府任何不正當 (Unjustifiable)、不合理 (Unreasonable) 或歧視性 (Discriminatory) 的政策或行為，使美國所生產之競爭商品在美國或其他外國市場的銷售量遭受減少或損害。美國使用普通 301 條款的目標在於美國出口，而非進口。該條款首在促使外國讓步，而非報復。凡外國違反貿易協定或外國政府法律，政策或措施有任何不正當，不合理，或歧視性待遇，並對美國商業形成負擔或對美國之出口有妨礙者，都可能成為報復對象。其威力不在於條款本身，而在於其所帶來的報復性後果，以維持美國的貿易利益。

美國於 1984 年公布「關稅暨貿易法」，對於普通 301 條款之適用有所提示，認為不正當措施是指美國之國民待遇或最惠國待遇或創造或保護智慧財產權之權利，受到不公平對待。而不合理措施是指該國否定美國進入公平進入市場之機會。另外，歧視待遇，是指外國對美國商品、服務業及投資否定

---

[27] 資料來源：http://www.moneydj.com/z/glossary/glexp_4014.asp.htm。

給予國民待遇或最惠國待遇。

美國 1988 年的「綜合貿易暨競爭力法」乃將 301 條款之決定及執行一併移交美國貿易代表署 (USTR)，授權與貿易對手國進行諮商談判，新法著重於超級 301 條款及特別 301 條款的制定上。

(2)意義

USTR 依各界指控 (Petition) 或依其職權 (Self-initiated) 對貿易夥伴國之不公平措施發動調查，而決定是否採貿易制裁報復。普通 301 條款將對手國之不公平措施分為：

①不正當行為：1988 年綜合貿易法將以下各行為視為不正當行為，並強化 301 條款之適用範圍：

a.外國違反貿易協定，需採強制報復。

b.採策略性產業措施，致使美國對外貿易增加負擔或受到限制。

c.長期枉顧勞工權利。

d.外國政府容許民間企業的反競爭行動，使廠商採購美貨受到限制。

②不合理行為：否定美國企業在當他市場公平競爭的機會，並對於智慧財產權的保護採取不適當之手段解決。

③歧視性行為：為對於美國企業生產之商品，採取非理性生自然拒絕、妨礙或不公平對待之方式。

(3)立法目的

普通 301 條款之立法目的在禁止外國政府以不正當、不合理、或歧視性措施、妨礙美國商品之輸出，故予以立法來保護美國相關產業。

(4)實施步驟

美國業者提出控訴 (USTR 亦可自行提出)，USTR 於 45 天內決定是否受理，如受理則於 30 天內召開聽證會，則向被調查國提出諮商要求，若未能在一年之內諮商且對手國沒有重大改善時，即及實施報復，報復金額為美國受損利益金額。其作業流程說明，請參見圖 16–5。

三、特別 301 條款 (Special 301 Provision)

(1)說明

特別 301 條款源自於 1974 年貿易法第 182 條款（§182, 1974 Trade Act as amended），1988 年加以修正，明訂對美國智慧財產權保護不周之國家，USTR

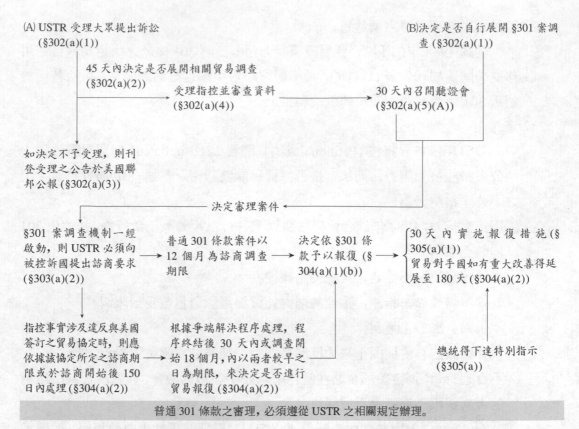

圖 16–5　普通 301 條款作業流程

應於 6 個月內與該國諮商，否則必須依照 301 條款予以強制報復 (Mandatory Retaliation)，稱之為特別 301 條款。乃因只針對智慧財產權保護結果，限制他國對智慧財產權之自由使用，與貿易自由化精神不同。該條款專門為保護美國專利、商標及版權等知識產權而制定，美國一旦單方面認為某國影響美國之利益，必須按照美國安排的時間進行談判。如果對方不接受美國的安排或意願行事，美國會對這些國家向美出口的商品實施高額關稅報復。

⑵意義

　　美國 USTR 根據對智慧財產權保護不周的國家，分別列入「特別 301 條款」觀察名單，其可分為「優先指定國家」(Priority Foreign Country)，「優先觀察名單」(Priority Watch List) 與「一般觀察名單」(Watch List)。美國在公告 6 個月之後會對優先指定國家展開調查並進行諮商，而 USTR 必須每年在 4 月底以前，對未能適當有效保護美國智慧財產權之國家，列出優先報復國家

名單，進而提出特別 301 條款之調查。並規定授權 USTR 與外國諮商，如無法達成協議，美國總統亦得依據特別 301 條款採取報復行動。「優先觀察名單」與「一般觀察名單」國家不會立即面臨報復措施或要求諮商；另外若美國認為當年度某一國家有檢討之必要，會將該國增列為「不定期檢討」對象。

　　我國曾經就美國諮商電信自由化問題，俄羅斯也曾因錄影帶之非法拷貝，遭到 USTR 之報復與調查。值得注意的是特別 301 條款，要求對手國諮商談判期限只有 6 個月（即與美國智慧財產權相關問題，必須在美國 USTR 提出 6 個月期限諮商有結果，若逾期限無結果者，即得施以報復）。其缺失為：a.違反多邊協商原則、b.任意擴張 GATT 之共識、c.使規範商品貿易之國際貿易原則擴及對智慧財產權之保護、d.可能有礙開發中國家之產業發展。

⑶立法目的

　　特別 301 條款之立法目的在規定對美國及其他外國人之智慧財產權保護不周之貿易夥伴國，美國貿易代表署必須於 6 個月內與該貿易對手國諮商，否則必須依照 301 條款予以報復。

⑷實施步驟

　　會排定優先國家向國會報告並限期諮商解決（6 個月），否則會強制採取經濟制裁報復。

四、超級 301 條款 (Super 301 Provision)

⑴說明

　　超級 301 條款係根據 1988 年綜合貿易法修正 1974 年貿易法而新增的 310 條款 (§310, 1974 Trade Act as Amended)，其之所以被稱為超級 301 係因其涵蓋之範圍廣泛，不只對貿易夥伴不公平措施 (Unfair Trade Practices) 予以規範，甚至及於各相關之貿易障礙 (Trade Barrier)，如：出口目標 (Export Targeting)，出口比例限制 (Export Performance Requirement)，勞工保護法令，進口關稅及非關稅貿易障礙，智慧財產權之保護等。給予強烈要求並選定優先國家 (Priority Countries) 所產生的貿易不公平現象及優先障礙 (Priority Practices) 進行諮商，於三年內要求改善其貿易相關措施。被選定國家必在三年之內設法消除受指控之障礙，進行諮商，承諾修改其國內法令措施。如諮商效果不能令美國滿意，則 USTR 可以據 301 條款，實施貿易制裁與報復措施因此各國認為其威力大，稱之為「超級 301 條款」。

(2)意義

　　依超級 301 條款，USTR 每年 3 月 31 日以前向國會提出貿易障礙報告，
其實行時間，於每年 4 月 30 日以前列出優先貿易障礙 (Priority Practices) 及優
先報復國家 (Priority Foreign Countries)。USTR 評估外國不公平貿易障礙過去
一年對美國對外貿易之影響，美國國會於提出報告 21 日內，需與有關貿易對
手國家進行協商談判，若無法在 18 個月內消除貿易障礙或提出合理補償，此
時 USTR 必須根據調查結果，評估外國貿易行為是否不正當，不合理或歧視
性待遇，再決定是否進行報復。如結果是肯定的，即進行貿易報復。美國一
般是在與其貿易夥伴的貿易糾紛比較大，涉及的領域比較多時，才動用超級
301 條款，而且在公布名單時，要指出它們在哪些主要領域影響了美國市場或
對美國沒有開放市場，影響美國之經濟利益。

(3)立法目的

　　超級 301 條款目的在期待國會之監督下，促使行政部門與各貿易夥伴國
進行諮商，以求解決美國巨額貿易赤字問題。

(4)實施步驟

　　每年 3 月 31 日以前 USTR 向國會提出貿易障礙報告，排定優先排除障礙
國家及優先排除貿易障礙項目並向國會報告，如未能於一年之內諮商解決則
採取強制報復手段，如：懲罰性關稅、限制或禁止進口、免除優惠待遇等。

 隨堂測驗

請比較說明美國特別 301 與超級 301 條款之差異與功能區別。

第五節　結　論

　　爭端解決機制是 GATT 的重大功能之一，並在 WTO 規範中也設置爭端處理的
相關機構，以強化其解決處理之機能。會員國因利益受損而需請求諮商時，對手國
需在 30 日內與其諮商，若自請求諮商日起 10 日內無回覆、或未於 30 日內諮商、或
經諮商但無法於 60 日內解決者，控訴國可要求 WTO 爭端解決機構設立解決小組進
行審查。在面臨 GATT 之規範時，如其所設立的措施與 GATT 相符合，且其權利被
剝奪並使此競爭機會受挫時，就應從關稅減讓方式去改進競爭機會，但涉及利益取

消和利益受損的概念，並鼓勵承辦的當事國去取得關稅減讓的權利。

世界貿易組織所制訂的補貼條款對世界貿易而言是負面影響，由於補貼使商品價格降低，在性質上可能是直接或間接由政府對生產或出口商品提供補助，是一種可衡量的經濟利益，會對於一些其他企業或經濟活動的產生差別待遇。本章中所提到的禁止性及可控訴性補貼會在 WTO 爭端處理程序中受到異議；除此以外，假設國內生產商因為進口商品的補貼而使其利益受損，可以授權實施平衡性關稅之強制措施。相反的，不可控訴性補貼在 WTO 爭端處理程序中不會受到異議，而受補貼的進口產品也不能課徵平衡性關稅。

在全球市場日益嚴重的競爭條件之下，各國的反傾銷法就成為對抗進口競爭來保護當地產業的策略性工具。面對當地產業的需求，如果政府有關當局能在傾銷調查與認定過程中，公開透明的程序與提供充分的證據，此時反傾銷法就能達成維持貿易公平競爭環境之目標；很不幸地，反傾銷措施通常都被任意使用，而近年來有關反傾銷案例之爭端則呈現不尋常地增加的現象。為了改善及澄清 WTO 與 GATT 的反傾銷協定，1994 年烏拉圭回合談判的協定內容針對於 1979 年東京回合之協定所欠缺的正確與詳細的資訊，來加以修正與加強。而這些改善會迫使有關當局在行政處理上更加謹慎，並減少對出口國所造成的負面效果。然而，實質損害的效果須依據有關當局是否堅持繼續對當地產業施以保護，而成為探討的重點。

301 條款為美國對於他國不公平貿易措施的救濟規定，授權總統得採取適當措施，以對抗外國政府任何不正當、不合理或歧視性的政策或行為，以避免美國產業受到損害。凡外國違反貿易協定或外國政府法律，政策或措施有任何不正當、不合理、或歧視性待遇而對美國商業有妨礙者，可能成為報復對象。1988 年的「綜合貿易暨競爭法」乃將 301 條款之決定及執行一併移交美國貿易代表署 (USTR)，來與貿易對手國進行諮商談判。USTR 每年向國會提出貿易障礙報告，並列出優先貿易障礙及優先報復國家來保護其產業在美國市場上與國外競爭時遭到不公平對待時的貿易報復手段，但隨著 WTO 的設置，此條款面臨了與 WTO 與 GATT 相關條文的抵觸，因此，美國在提出貿易報復時，也需與相關國際機構及當事國進行談判與解決，才不至於淪為政治報復的工具。

走向全球化的星巴克公司

　　星巴克 (Starbuck) 原本由三位合夥人於 1971 年在美國華盛頓州西雅圖市以經營咖啡豆銷售的咖啡公司。在因緣際會下,原來銷售煮咖啡機的霍華德 (Howard, S) 結識了此三位合夥人,因此就辭掉了他先前在紐約一家器皿公司美國經營部的副總裁一職,轉而投入他們的經營行列,當時他年僅 29 歲。

　　有一次霍華德在義大利之旅中路過米蘭廣場,當地的景色給了他極大的靈感。他注意到咖啡是義大利浪漫文化中不可或缺的飲品,若能將此風氣帶到美國將會大有可為。抱著此信念,他回美國之後迫不及待地將他的構思與三位合夥人討論一番,可惜的是他們對此提案興趣缺缺。不願輕易放棄的霍華德只好另尋投資者,終於在 1985 年 4 月開設了第一家咖啡吧——喬那力二世,之後更接二連三地開設出更多的咖啡吧。在 1987 年,星巴克老闆們同意將商店以 400 萬美元轉讓給他,就此他將原本的喬那力二世咖啡吧更名為星巴克。

　　霍華德致力於業務擴張,他深信終有一天星巴克會遍佈全美。在最初的擴張行動,因為必須大量雇用管理人才,使公司遭受長達三年的虧損。不過霍華德並沒有因短期利潤不佳所屈服,而犧牲了長期的整體價值。從 1989–1990 年連續三年的會計年度虧損達 120 萬美元後,開始轉虧為贏。1991 年銷售額上升了 84%,到了 1992 年該公司股票以每股 17 美元的價格公開上市。

　　儘管如此,星巴克業務擴大的野心並未退卻,為了防止競爭者群起效尤,其不斷增設新店以及兼併了其他連鎖店。如今,只要星巴克所到之處,顧客們總是願意支付 1.85 美元一杯的咖啡。在 1996 年時,星巴克的總雇用員工共 16,600 人,且未曾發生過罷工情形,讓管理階層深信其與顧客的關係極佳有關。

　　現今的星巴克,仍不斷地將其觸角往國外延伸,國際擴張更是它樂此不疲的一項挑戰,尤其對日本和其他亞洲國家特別感興趣,而日本更是全球第三大咖啡消費國。在這激烈的競爭過程當中,星巴克由原先僅出售咖啡豆及優質包裝咖啡的商店轉型為咖啡吧,在裡面還可

點選飲料及糕點。無庸置疑星巴克徹底地改變了美國人對咖啡的習慣。此外，星巴克一直是美國增長最快的企業之一。他擁有遍及全國的 1,006 家零售店，年平均收益增長率達 61%，達到 4,200 萬美元。

儘管如此，由於近年來消費者對飲料含有咖啡因的咖啡對身體健康有影響，喝咖啡的人數有逐漸下滑的趨勢，雖然含低咖啡因的咖啡隨即將上市，但其口味並未受消費者青睞，所以這將會是往後咖啡業經營即將面臨的一大難題。

問題 1：星巴克如何拓展國際業務？請就你去星巴克的實際情形說明之？

問題 2：未來星巴克所面臨的趨勢與挑戰為何？你如何幫他們規劃未來的營運路線？

重要名詞與概念

1. 平衡稅
2. 反傾銷稅
3. 同類商品
4. 傾銷差額
5. 建構成本
6. 落日審查條款
7. 過渡階段報告書
8. 上訴機構

課後評量

1. 爭端解決在許多國際組織上被當作是以和平的角度來解決爭端的方式，傳統上，爭端解決的方式有哪幾種，請簡要說明之。

2. 請說明 WTO 爭端解決程序的諮商處理程序流程與決議小組處理程序。

3. 爭端解決規則與程序瞭解書中 (DSU) 對於一個重要且新的特徵是上訴機構 (Appellate Body) 的設立，請說明其上訴程序流程。

4. 補貼效果將造成資源配置的扭曲，使市場變得無效率，形成社會無謂的損失 (Dead-weight Loss)，請說明其補貼的意義，其可歸類為哪三種。

5. WTO 與 GATT 條款中針對補貼的救濟方式是決定課徵平衡性關稅 (Countervailing Duty)，補貼進口的前提條件為何？

6. 請說明臺灣對反傾銷調查程序情形，以及所屬主管機關為何？

7. 傾銷是一種使用價格歧視的方式使一國商品的出口價格小於在正常貿易程序、或出口國消費之相似商品 (The Liked Product) 的比較性價格時，就會被認定是具有傾銷行為。此時對外國供應商施以反傾銷稅課徵須符合哪兩項標準，請說明之。

8. 決定低於公平價值 (LTFV) 的方法有哪兩種？

9. 反傾銷措施的適用需符合所提出調查的規範，且其執行也須遵從在馬拉喀什 WTO 最終法案之後的規範協定，請將 GATT 第 6 條的規範予以摘要說明。

10. 何謂傾銷差額 (The Margin of Dumping) 與建構成本 (Constructed Costs)？

11. 有關實質損害之虞的決定根據第 3.7 條中的描述，其認定之標準為何？

12. 美國綜合貿易法針對美國貿易夥伴國政府有不公平貿易措施要求對手國修正其措施，開放市場，實行自由貿易，並保護美國智慧財產權之法律規定。明訂 3 個條款，請簡要說明之。

13. 根據美國貿易代表署公佈每年度「各國貿易障礙報告」(NTE)，認為加入 WTO，並接受 WTO 規範的國家更應積極去除美方所列舉的八項貿易障礙，請說明此八項貿易障礙的內容。

14. USTR 依各界指控或依其職權 (Self-initiated) 對貿易夥伴國之不公平措施發動調查，根據 301 條款而決定是否採貿易制裁報復。有關對手國之不公平措施可分為哪些，請說明之。

15. 依據特別 301 條款所報復的國家可分為「優先觀察名單」(Priority Watch List) 與「一般觀察名單」(Watch List)，其中美國會在公告六個月之後對優先指定國家展開調查並進行諮商。請說明特別 301 條款的內容及觀察名單如何區分。

16. 何謂超級 301 條款？其內容為何？請詳細說明之。

附 錄 我國歷年反傾銷案件處理情形

歷年反傾銷案件處理情形表 (2003/12/31)

序號	申請年月	核定年月	涉案國家	涉案貨品	處理情形
1	1984.8	1986.10	西德	達馬松農藥原體	當事人申請撤回
2	1985.6	1986.8	日本	苯二酸酐	未依法補件駁回
3	1985.9	1986.12	印尼	合板	印尼採出口底價措施經本部報院核准結案
4	1986.3	1986.8	美國 沙烏地阿拉伯	苯乙烯單體	不合課徵要件駁回
5	1986.9	1986.11	南非	合金鐵	未依法補件駁回
6	1987.6	1987.10	美國 墨西哥	碳煙	不合課徵要件駁回
7	1987.7	1989.4	美國	B 型肝炎檢驗試劑	具結期滿全案終結

8	1988.6	1989.4	巴　西	硝化纖維	當事人申請撤回
9	1989.4	1989.4	日　本	複合板	不合申請要件駁回
10	1989.12	1991.4	韓　國	醋酸乙酯	不合課徵要件駁回
11	1990.4	1992.5	南　非	鋁板、片、條	具結期滿全案終結
12	1990.9	1992.3	韓　國	鍍鋅鋼捲、彩色鍍鋅鋼捲	具結期滿全案終結
13	1991.1	1992.10	韓　國	PBT 工程塑膠	申請人撤回
14	1991.8	1992.12	日　本	保險絲	1.核定自 81.12.1 起課徵 45.76% 反傾銷稅 2. 88.2.10 經行政院核定停止課徵反傾銷稅
15	1992.1	1994.2	巴　西	硝化纖維	1.核定自 83.2.25 起課徵 32% 反傾銷稅 2. 88.4.15 經行政院核定停止課徵反傾銷稅
16	1992.8	1994.4	巴西、韓國	鋼　板	期滿終結
17	1992.9	1994.4	巴　西	鐵或非合金鐵棒鋼及線材	1.核定自 83.4.25 起課徵反傾銷稅 2. 88.5.6 經行政院核定停止課徵反傾銷稅
18	1992.10	1994.5	韓國、日本	聚丙烯	核定自 83.6.1 課徵反傾銷稅，並自 84.4.22 停止課徵
19	1992.10	1994.3	韓　國	冷軋鋼捲（片）	不課徵結案
20	1992.10	1993.1	韓　國	不銹鋼棒鋼及線材	申請人撤回
21	1992.11	1994.5	韓　國	低密度聚乙烯、高密度聚乙烯	核定自 83.5.16 起課徵反傾銷稅，並自 84.4.22 停止課徵
22	1993.6	1993.11	韓　國	褙紙鋁箔	不合申請要件駁回
23	1993.7	1995.8	美國、加拿大、巴西、印尼	紙　漿	不課徵結案
24	1993.7	1995.2	日　本	異戊四醇	不課徵結案
25	1993.8	1994.12	韓　國	鄰苯二甲酸二辛酯 (DOP)	不課徵結案
26	1993.10	1993.11	日本、韓國、澳洲、南非、巴西、美國、加拿大	熱軋鋼捲	不合申請要件駁回
27	1993.11	1994.7	波　蘭	己內醯胺	申請人撤回
28	1994.1	1995.3	日　本	不銹鋼棒鋼及線材	申請人撤回
29	1994.2	1995.10	巴基斯坦	棉　紗	不課徵結案
30	1994.4	1994.8	韓　國	碳　煙	申請人撤回
31	1994.12	1996.4	日　本	不銹鋼條及桿	核定自 85.4.16 起課徵反傾銷稅
32	1996.7	1998.12	澳洲、韓國、波蘭、俄羅斯	H 型鋼	波蘭、俄羅斯、韓國核定自 87.12.14 起課徵反傾銷稅，而澳洲則具結中
33	1997.8	1998.10	巴西、印度、阿根廷	預力鋼絞線	不課徵結案
34	1997.8	1998.12	韓國、印度、西班牙	預力鋼線	印度、韓國核定自 87.12.14 起課徵反傾銷稅印度 6.10%～9.95%、韓國 25.39%～42.38% 西班牙不課徵結案
35	1998.2	1999.4	西班牙、義大利、南非	鋼珠、鋼礫	本案雖有傾銷事實，惟未對國內產業造成損害，本案不課徵反傾銷稅，應予結案

36	1998.9	1999.12	日　本	熱軋型 H 型鋼	本案經最後調查認定有傾銷事實，且有危害中華民國產業之事實，依規定報請行政院核定課徵反傾銷稅
37	1998.10	2000.1	印尼、泰國	非塗布紙	本案傾銷進口產品未對國內產業造成實質損害，亦無實質損害之虞，因此不課徵結案
38	1998.10	未結	日本、印尼	銅版紙	日本涉案廠商有傾銷事實，且對我國產業造成實質損害，決議報請行政院核課反傾銷稅
39	1999.1.26	2000.3	俄羅斯、烏克蘭、巴西	鋼　板	本案不課徵結案
40	1999.3.12	2000.3	美　國	動態隨機存取記憶體	1. 88.11.5 經行政院核定臨時課徵反傾銷稅，為期四個月 2. 經濟部認為未危害國內產業之調查認定結論簽陳核定後刊登公報結案，並補提關稅稅率委員會備查，並以不課徵結案，並停止對該涉案貨物臨時課徵反傾銷稅，以及退還已臨時課徵之反傾銷稅
41	1999.6.1	1999.12	美國、日本、韓國	丙　烯	本案傾銷進口產品未對國內產業造成實質損害，亦無實質損害之虞，因此不課徵結案
42	2000.10	2001.11	韓國、泰國、馬來西亞	預力鋼絞線	不課徵結案
43	2001.06		韓國、菲律賓	波特蘭水泥	審查中
44	2001.07		印　尼	預力鋼絞線	審查中

資料來源：中華民國經濟部貿易調查委員會。

參考文獻

中、日文書籍

1. 木村福成 (1996)，《特殊要素モデひ──經濟セシナー》，日本評論社，東京。
2. 中華民國對外貿易發展協會 (1998)，《國際貿易疑難問答彙編》，增訂第六版，中華民國對外貿易發展協會，臺北。
3. 日本通商產業省 (2002)，《通商白書 2002》日本通商產業省，平成 12 年 5 月。
4. 日本貿易振興會 (2002)，《世界と日本の海外直接投資》，ヅエト口投資白書 2002 年版，日本貿易振興會編。
5. 王騰坤 (1997)，《歐洲貨幣整合──理論分析與現況探討》，初版，商田出版社，臺北。
6. 竹森俊平 (1999)，《國際經濟學》，第四版，東洋經濟新報社，東京。
7. 周宜魁 (1998,2002)，《國際貿易原理與政策》，第四版，第五版，臺北。
8. 林彩梅 (2003)，《多國籍企業論》，第五版，五南書局，臺北。
9. 邱政宗 (1994)，《現代國際貿易法》，初版，永然文化出版社，臺北。
10. 若杉隆平 (1998)，《國際經濟學》，第四版，岩波書局，東京。
11. 陳財家 (2001)，《反傾銷制度與公共利益》，政治大學博士論文，未出版。
12. 黃得炳 (2004)，《信用狀交易之陷阱及風險規避》，宏典文化出版，臺北。
13. 黃清政、劉正松 (2003)，《國際貿易實務：方法．技巧．效益》，第五版，前程出版社，臺北。
14. 黃智輝 (1988)，《國際貿易與經濟發展──臺灣的理論實證與政策》，三民書局，臺北。
15. 臺灣金融研訓院 (2003)，《信用狀統一慣例 + 電子信用狀統一慣例》(UCP500+eUCP V1.0)，臺北。
16. 劉碧珍、陳添枝、翁永和 (2002)，《國際貿易理論與政策》，初版，雙葉書廊，臺北。
17. 歐陽勛、黃仁德 (2003)，《國際貿易理論與政策》，第七版，三民書局，臺北。

中文期刊

1. 王騰坤 (2001)，〈國際擔保信用狀 (ISP98) 與請求保證統一規定 (URDG) 之規範分析：補充 UCP500 討論〉，月旦法學，第 87 期，臺北，pp. 125～188。
2. 王騰坤 (2002)，〈國際法源下 GATT/WTO 爭端解決機制論析〉，《今日合庫》，第 28 卷，第 2 期，臺北，pp. 51～66。
3. 王騰坤 (2003)，〈WTO 有關補貼條款對世界貿易之衝擊與影響〉，《臺灣經濟金融月刊》，

第 39 卷，第 1 期，臺北，pp. 115～119。

4. 中華經濟研究院 (1994)，〈我國主要輸出國家非關稅工業保護措施對我國產業貿易之影響〉，經濟部工業局研究報告。

5. 中華經濟研究院〈電子業生根台灣之全球及兩岸佈局〉(2001)，兩岸分工研討會。

6. 吳榮義 (1986)，〈我國工業保護政策之探討〉，國科會研究計畫 NSC–74–0301–H005–07，臺北。

7. 林廷機、簡士超 (1999)，〈傾銷在行銷價值體系對產業損害之因果關係研究〉，《貿易調查專刊》，第 4 期，臺北。

8. 高慈敏 (1990)，〈台灣地區產品循環理論之實證——以電腦硬體工業個案分析〉，《台灣銀行季刊》，第 41 卷，第 2 期，pp. 168～219。

9. 高鴻翔 (2002)，〈積極開放兩岸經貿政策後對我國高科技產業發展之影響〉，中華經濟研究院，臺北。

10. 梁國樹 (1972)，〈台灣對外貿易與就業〉，《經濟論文叢刊》，第三輯，pp. 225～273。

11. 連文榮 (1999)，〈貿易指標資料庫之建立〉，中華經濟研究院，臺北。

12. 曾巨威 (1998)，〈先進國家進口救濟制度對我國貿易之影響〉，經濟部貿易調查委員會，臺北。

13. 經濟部國貿局 (1994)，烏拉圭回合一九九四年關稅暨貿易總協定第六條執行協定，臺北。

14. 經濟部國貿局 (1994～2004)，〈中華民國台灣地區進出口貿易統計月報〉。

15. 經濟部統計處 (1994～2004)，〈中華民國台灣地區生產統計月報〉。

16. 劉孔中 (1998)，〈論傾銷、反傾銷制度與公平交易法之關係〉，《國科會研究會刊——人文及社會科學》，第 8 卷，第 1 期，臺北。

17. 劉碧珍、翁永和 (2000)，〈影響台灣廠商外銷接單與出口行為因素之探討〉，經濟部研究報告，臺北。

18. 蔡宏明 (1995)，〈烏拉圭回合反傾銷協定對我國反傾銷制度之影響〉，《進口救濟論叢》，第 6 期，中華民國全國工業總會及進口救濟處理委員會，臺北。

19. 蔡英文 (1992)，〈反傾銷稅法與差別待遇之比較〉，《公平交易季刊》，第 1 期，公平交易委員會，臺北。

20. 羅昌發 (1995)，〈反傾銷稅，課徵或價格具結後之行政檢討〉，《進口救濟論叢》，第 6 期，中華民國全國工業總會及進口救濟處理委員會，臺北。

21. 〈我國資訊產業發展策略〉(1996)，http://it.moeaidb.gov.tw/yearbook/85/1_4_3.htm.

英文書籍

1. Baldwin, R. E. (1985), *The Political Economy of U. S. Import Policy*, Cambridge, MA,

MIT Press.

2. Bael, I. and J. F. Bellis (1990), *Antidumping and Trade Protection in the EEC*, Oxford: CCH.

3. Bernhofen, D. M. (1993), *Vertical Integration and Anti-competitive Behaviour.*

4. Black, J. and Hinley B. (1978), *Current Issues in Commercial Policy and Diplomacy*, St. Martin's Press, New York.

5. Boltuck, R. (1991), *Assessing the Effects on the Domestic Industry of Price Dumping*, in P. K. M. Tharakan (ed.), Policy Implications of Antidumping Measures.

6. Bourgeois, J. H. J. and Demaret P. (1995), "*The Working of EC Policies on Competition, Industry and Trade: A Legal Analysis*", in P. Buigues, A. Jacquemin and A. Sapr (eds.), "European Policies on Competition, Trade and Industry: Conflict and Complementarities", Edward Elgar, Alderhotuk.

7. Brander, J. A. and Spencer B. J. (1984), "Tariff Protection and Imperfect Competition", in H. Kierzkowski ed., *Monpolistic Competition and International Trade*, Oxford: Clarendon Press, pp. 194~206.

8. Cass, R. A. and Boltuck, R. D. (1996), "Antitrust and Countervailing-Duty Law: the Mirage of Equitable International competition", in *Fair Trade and Harmonization*, Vol. 2 (Eds.), Bhagwati, J. Jagdish and R. E. Hudec, The MIT Press, Cambridge, pp. 351~414.

9. Caves, E. (2000), *Multinational Enterprise and Economic Analysis*, 2nd Edition, University of Cambridge.

10. Corden W. Max (1971), *The Theory of Protection*, Oxford: Clarendon Press.

11. Daniels and Radebaugh (2001), *International Business: Environment and Operations*, 9th Edition, New York.

12. Deardorff, A. V. (1987), "Safeguards Policy and the Conservative Social Welfare Function", in H. Kierzkowski ed., *Protection and Competition in International Trade*, Oxford: Basil Blackwell, pp. 22~40.

13. Dussauge P. and Garrette B. (2001), *Cooperative Strategy-Competing Successfully through Strategic Alliances*, HRC-School of Management, France.

14. Ethier, W. J. (1993), "An Antidumping Law with a Distorted Home Market", in H. Herberg and N. V. Long (eds.), *Trade, Welfare, and Economic Policies: Essays in Honour of Murray C. Kemp*, Ann Arbor: Michigan University of Press.

15. Economist (1998), "Against Anti-dumping", *The Economist*, 349 (8093).

16. Finger, J. M. and Murray T. (1993), "Antidumping and countervailing duty enforcement in the United States", in J. Michael Finger (ed.), *Antidumping: How It Works and Who Gets Hurt*, Ann Arbor: Michigan University Press, pp. 241～254.

17. Haberler, G. (1937), *The Theory of International Trade with its Application to Commercial Policy*, London: William Hodge and Co., Ltd.

18. Helpman Elhanan & Krugman Paul R. (1985), *Market Structure and Foreign Trade*, The MIT Press, Massachusetts.

19. Helpman Elhanan & Krugman Paul R. (1989), *Trade Policy and Market Structure*, The MIT Press, Massachusetts.

20. Husted, S. and M. Melvin (2001), *International Economics*, 5th Edition, New York: Addison-Wesley Publishing Company.

21. Jagdish N. et al. (1998), *Lectures on International Trade*, 2nd Edition, The MIT Press, Massachusetts.

22. Krugman, P. and M. Obstfeld (2000,2002), *International Economics: Theory and Policy*, 5th, 6th Edition, New York: Addison-Wesley Publishing Company.

23. OECD (1984), "International Trade and the Consumer", Report on the 1984 OECD Symposium.

24. Ohlin, B. (1933), *Interregional and International Trade*, Cambridge: Harvard University Press.

25. Schaffer Richard, Beverley Earle and Agusti Filiberto (1996), *International Business Law and its Environment*, 3rd Edition, West Publishing Company, USA.

26. Thisse and Norman (2000), *Market Structure and Competition Policy*, Cambridge University Press.

27. Trebilcock Michael J. and Howse Robert (1999), *The Regulation of International Trade*, 2nd Edition, Chapter 7.

28. Tsai, Ing-wen (1996), *Trade Reform in the Context of Rigorous Competition Laws and Policies: Case of Chinese Taipei*, p. 28.

29. USITC (1995), "The Economic Effects of Antidumping and Countervailing Duty Orders and Suspension Agreements", Investigation No. 332～344.

30. Viner (1950), *The Customs Union Issue, Carnegie Endowment for International Peace*, New York.

31. Viner, J. (1966), *Dumping: A Problem in International Trade*, N.Y.: Augustus M. Kelley.

32. Wares, W. A. (1977), *The Theory of Dumping and American Commercial Policy*, Lexington, MA: D. C. Heath and Company.

33. WTO Annual Report 1999~2004, http://www.wto.org/english/res_e/anrep_e/anre01_e.pdf.

英文期刊

1. Armitage, S. (1995), "Event Study Methods and Evidence on Their Performance", *Journal of Economic Surveys*, 8, pp. 25~52.

2. Anderson, J. (1992), "Domino Dumping, I: Competitive Exporters", *American Economic Review*, 82, pp. 65~83.

3. Anderson, J. (1993), "Domino Dumping, II: Anti-dumping", *Journal of International Economics*, 35, pp. 133~150.

4. Anderson, S. P., N. Schmit and J. F. Thisse (1995), "Who Benefits from Antidumping Legislation?", *Journal of International Economics*, 38, pp. 321~337.

5. Balassa, Bela (1965), "Tariff Protection in Industrial Countries——An Evaluation", *Journal of Political Economy*, 73, pp. 573~594.

6. Bhagwati, J. N. (1956), "Immiserizing Growth: A Geometrical Note", *Review of Economic Study*, 25, pp. 201~205.

7. Bhagwati, J. N. (1980), "Revenue Seeking: A Generalization of the Theory of Tariffs", *Journal of Political Economy*, pp. 1069~1087.

8. Bian, J. and G. Gaudet (1997), "Anti-dumping Laws and Oligopolistic Trade", *Journal of Economic Integration*, 12, pp. 62~86.

9. Blonigen, B. A. and Y. Ohno (1999), "Endogenous Protection, Foreign Direct Investment and Protection-building Trade", *Journal of International Economics*, 46, pp. 205~227.

10. Bourgeois, J. H. J. (1989), "Anti-trust and Trade Policy: A Peaceful Co-existence? European Community Perspective——I", *International Business Lawyer*, pp. 58~66.

11. Brander, J. A. and P. R. Krugman (1983), "A 'Reciprocal Dumping' Model of International Trade", *Journal of International Economics*, 15, pp. 313~323.

12. Brander J. A. and B. J Spencer. (1985), "Export Subsidies and International Market Share Rivalry", *Journal of International Economics*, 18, pp. 83~100.

13. Bronckers, M. C. E. J. (1996), "Rehabilitating Antidumping and Other Trade Remedies Through Cost-benefit Analyses", *Journal of World Trade*, 30, pp. 5~37.

14. Corden W. Max (1966), "The Structure of a Tariff System and the effective Protective Rate", *Journal of Political Economy*, 74, pp. 221~237.

15. Das, S. P. (1990), "Foreign Lobbying and the Political Economy of Protection", *Japan and the World Economy*, Vol. 2 (2), pp. 169~179.

16. De Figueiredo, John M. and Tiller Emerson H., (2000), "The Structure and Conduct of Corporate Lobbying——How Firms Lobby the Federal Communications Commission", National Bureau of Economic Research, from http://www.nber.org/paper/w7726

17. Dick, A. R. (1991), "Learning-by-doing and Dumping in the Semiconductor Industry", *Journal of Law and Economics*, 34, pp. 133~159.

18. Dixit, A. K. (1988), "Anti-dumping and Countervailing Duties under Oligopoly", *European Economic Review*, 32, pp. 55~68.

19. Dornbusch, Rudiger, Stanely Fischer and Paul Samuelson (1997), "Comparative Advantage, Trade and Payments in a Ricardian Model with a Continuum of Goods", *American Economic Review*, 6, pp. 823~839.

20. Eaton, J. and G. M. Grossman (1986), "Optimal Trade and Industrial Policy under Oligopoly", *Quarterly Journal of Economics*, pp. 383~406.

21. Egellhoff, W. G., "Strategy and Structure in Multinational Corporations: A Revision of the Stopford and Wells Model", *Strategy Management Journal*, 19, pp. 1~14.

22. Esteban, J. and Ray, D. (2000), "Wealth Constraints, Lobbying and the Efficiency of Public Allocation", *European Economic Review*, Vol. 44, pp. 694~705.

23. Ethier, W. J. (1982), "Dumping", *Journal of Political Economy*, 90, pp. 487~506.

24. Ethier, W. J. and R. D. Fischer (1987), "The New Protectionism", *Journal of International Economic Integration*, 2, pp. 1~11.

25. Finger, J. M., H. K. Hall and D. R. Nelson (1982), "The Political Economy of Administered Protection", *American Economic Review*, 72, pp. 452~466.

26. Finger, J. M. and T. Murray (1991), "Policing Unfair Imports: the United States Example", *Journal of World Trade*, 24, pp. 39~55.

27. Fischer R. (1992), "Endogenous Probability of Protection and Firm Behaviour", *Journal of International Economics*, 32, pp. 149~163.

28. Fung, K. C. (1989), "Tariff, Quota, and International Oligopoly", *Oxford Economic*

Paper, 41, pp. 749～757.

29. Goldstein, J. (1986), "The Political Economy of Trade: Institutions of Protection", *American Political Science Review*, 80, pp. 161～184.

30. Hansen, W. (1990), "The International Trade Commission and the Politics of Protectionism", *American Political Science Review*, 84, pp. 21～45.

31. Hartigan, J. C. (1995), "Collusive Aspects of Cost Revelation Through Antidumping Complaints", *Journal of International and Theoretical Economics*, 151, pp. 478～489.

32. Heckman, J. J. (1979), "Sample Selection Bias as a Specification Error", *Econometrica* 47 (1), pp. 153～161.

33. Hillmans A. and H. Ursprung (1988), "Domestic Politics, Foreign Interests and International Trade Policy", *American Economic Review*, 51, pp. 59～79.

34. Huang, Z. H. (1998), "The Meaning and Importance of Stable Import Relief System After Joining WTO", *Trade Investigation Report in Taiwan*, 3, pp. 15～20.

35. Jones, Ronald W. (1965), "The Structure of Simple General equilibrium Models", *Journal of Political Economy*, 73, pp. 557～572.

36. Krugman, P. (1983), "New Theories of Trade Among Industrial Countries", *American Economic Review*, 73, pp. 343～347.

37. Krugman, P. (1987), "The Narrow Moving Band, the Dutch Disease, and the comparative Consequences of Mrs. Thatcher", *Journal of Development economics*, 27, pp. 41～55.

38. Lancaster, K. (1980), "Intra-Industry Trade under Perfect Monopolistic Competition", *Journal of International Economics*, 10, pp. 151～175.

39. Leidy, M. P. and B. M. Hoekman (1990), "Production Effects of Price and Cost Based Antidumping Laws under Flexible Exchange Rates", *Canadian Journal of Economics*, 23, pp. 873～895.

40. Leontief, W. (1953), "Domestic Production and Foreign Trade: The American Capital Position Re-examined", *Proceedings of the American Philosophical Society*, 97, pp. 331～349.

41. MacDougall, G. D. A. and A. Emmanuel (1951), "British and American Exports: A study Suggested by the Theory of Comparative Costs", *Economic Journal*, 61, pp. 697～724.

42. Marsh Sarah J. (1998), "Creating Barriers for Foreign Competitors: A Study of the Im-

pact of Antidumping Action on the Performance of U. S. Firms", *Strategic Management Journal*, 19, pp. 25~37.

43. Mah, J. S. (2000), "Antidumping Decision and Macroeconomic Variables in the USA", *Applied Economics*, 32, pp. 1701~1709.

44. Mayer, W (1984), "Endogenous Tariff Formation", *American Economic Review*, pp. 970~985.

45. Metzler, Lloyd (1949), "Tariffs, the Terms of Trade, and the Distribution of National Income", *Journal of Political Economy*, 57, pp. 1~29.

46. Moore, M. (1992), "Rules or Politics?: An Empirical Analysis of ITC Antidumping Decisions", *Economic Inquiry*, pp. 449~466.

47. Moore Michael O. and Steven M. Suranovic (1993), "Lobbying and Cournot—Nash Competition", *Journal of International Economics*, 35, pp. 367~376.

48. Prusa, T. J. (1996), "The Trade Effect of US Antidumping Action", NBER working paper No. 5440.

49. Prusa, T. J. (1999), "On the Spread an Impact of Antidumping", NBER working paper No. 7404.

50. Rybczynski, T. M. (1955), "Factor Endowment and Relative Commodity Prices", *Economica*, 12, pp. 336~341.

51. Sleuwaegen, L., R. Belderbos and C. Jie—A—Joe (1998), "Cascading Contingent Protection and Vertical Market Structure", *International Journal of Industrial Organization*, 16, pp. 697~718.

52. Stopler, Wolfgang F. and P. A. Sammuelson (1941), "Protection and Real Wages", *Review of Economic Studies*, 9, pp. 58~73.

53. Vandesbussche, H., J. Konings and L. Springael (1999), "Import Diversion under European Antidumping Policy", NBER working paper No. 7340.

54. Vermulst, E. and B. Driessen (1997), "New Battle lines in the Antidumping War, Recent Movement on the European Front", *Journal of World Trade*, 31, pp. 135~157.

55. Vernon R. (1966), "International Investment and International Trade in the Product Cycle", *Quarterly Journal of Economics*, 53, pp. 190~207.

56. Webb, M. (1992), "The Ambiguous Consequences of Anti-dumping Laws", *Economic Inquiry*, 30, pp. 437~448.

中文索引

十二畫

 十三畫

二十畫

 二十三畫

專業國貿人才的養成之路

—— 除了國際貿易原理與政策之外，您還要有

◎ 國際貿易實務　張錦源、劉玲／編著

對於國際貿易實務的初學者來說，一本內容簡潔且周全的入門書，可使初學者有親臨戰場的感覺；對於已經有貿易實務經驗者而言，連貫的貿易實例與統整的名詞彙編更有助於掌握整個國貿實務全貌。本書期能以簡潔的貿易程序、周全的貿易單據、整套貿易文件的實例連結及附加價值高的名詞彙編，使學習國際貿易實務者，皆能如魚得水的悠游於此一領域。

◎ 英文貿易契約撰寫實務　張錦源／著

本書為一本理論與實務並重之著作。在理論方面，作者參考中外名著及教學心得，從法律觀點，闡明貿易契約之意義及重要性、貿易契約條款之結構、各種契約用語，以及各種貿易慣例；在實務方面，則說明如何撰寫貿易契約書、經銷契約書、國外合資契約書等。讀者如能仔細研讀，相信可具備訂立各種完善貿易契約書之能力，防範無謂之貿易糾紛，進而開展貿易業務。

◎ 貿易貨物保險　周詠棠／著

本書首先闡釋海上保險一般原理、所適用之國際性規則及其對國際貿易之功用，然後以貿易業者之立場，探討各種重要承保條款之內容，著重在其對被保人權益之保障。其次討論國際貿易條件對貨物運輸保險之要求，如何選擇適用之保險條款，貿易當事人之投保責任分攤與投保實務。再其次兼論其他運輸方式所需之保險，如空中運輸、陸上運輸與郵寄包裹運送保險。最後討論發生保險損失時之索賠手續。本書主要為提供從事貿易業者、保險業者、航運業者，與大專院校未來有志於此等行業青年之適當參考。

特別推薦

◎ 國際貿易法　張錦源／編著

　　廣義的國際貿易法是指規範國際貿易活動關係之法律規範的總和。狹義的國際貿易法則是指規範營業地處於不同國家的企業組織或個人間，具有私法性質之貿易關係的法律規範體系。本書所探討的國際貿易法即屬狹義的國際貿易法，其範疇涵蓋：國際貨物買賣法、國際貨物運輸法（含海上貨運、航空貨運、陸上貨運及複合運輸等）、國際貨物運輸保險法、國際貿易支付法（含票據、信用狀、銀行保證、銀行託收等）及國際商務仲裁法等。讀者如能詳讀本書，對於從事國際貿易商務，必有很大的助益。

◎ 國際金融理論與實際　康信鴻／著

　　本書主要介紹國際金融的理論、制度與實際情形。在寫作上除強調理論與實際並重，文字敘述力求深入淺出、明瞭易懂，並在資料取材及舉例方面，力求本土化。全書各章均附有內容摘要及習題，以利讀者複習與自我測驗，並提供臺灣當前外匯管理制度、國際金融與匯兌之相關法規。本書論述詳實，適合初學國際金融者，也適合企業界人士，深入研讀或隨時查閱之用。

◎ 海上保險原理與案例　周詠棠／著

　　本書從海上保險觀念之起源，闡釋保險補償原理的歷史演進過程，進而敘述近代海上保險體制之形成，並搜集中外古今有關海上保險賠償爭訟之典型案例百則加以印證。此外以英、美兩國之海上保險規制為論述主幹，配合具有實用之最新資料，為大專院校之理想教材，並可供保險、貿易、航運及金融界人士之業務參考。